YI JING
EL LIBRO DE LOS CAMBIOS

YI JING
EL LIBRO DE LOS CAMBIOS

Con los comentarios de Cheng Yi y Zhu Xi

YI JING – El Libro de los Cambios – Con los comentarios de Cheng Yi y Zhu Xi
© y traducción 2024-2025 por Daniel Bernardo

4ª EDICIÓN

Todos los derechos reservados bajo las convenciones
Internacional y Pan-Americana de copyright.

ISBN: 978-1-7390445-7-2

Introducción

Esta traducción intenta reflejar el *Libro de los Cambios* tal como lo veían Cheng Yi (1033-1107) y Zhu Xi (1130-1200), e incluye la traducción al español de sus comentarios.

Desde la dinastía Ming hasta la dinastía Qing, es decir desde el siglo XIV hasta inicios del siglo XX, la interpretación de Zhu Xi fue promovida por el gobierno imperial. A su vez, Zhu Xi, basó su comentario en el de Cheng Yi, aunque tienen algunas diferencias de interpretación.

Para Cheng Yi, el *Libro de los Cambios* permitía aprender e interiorizar el principio moral, o el principio del Camino (*Dao li*, 道理), el orden moral de las cosas y las personas. El comentario de Cheng, que él concluyó en 1099, adquirió rápidamente renombre dentro de la red de eruditos que se convertiría en la escuela Cheng-Zhu un siglo más tarde.

El *Yichuan Yizhuan* de Cheng se complementó en 1188 con el comentario de Zhu Xi, y ambos adquirieron carácter oficial en 1715, cuando se volvieron a publicar juntos en una nueva edición patrocinada por el imperio, el *Zhouyi zhezhong*, 周易折中 (Anotaciones Balanceadas de los Cambios de los Zhou). Esta fue la edición que Richard Wilhelm y muchos otros sinólogos occidentales del siglo XX, tomaron como base para sus traducciones.

Zhu Xi es conocido como el "sintetizador" del renacimiento confuciano de la dinastía Song, aunque su síntesis fue muy selectiva. Lo que es justo decir es que sintetizó las enseñanzas de la escuela Cheng en un todo coherente y las elevó a un nuevo nivel de sofisticación. En particular, en lo que respecta al *Libro de los Cambios*, sintetizó los enfoques *xiangshu* y *yili* de Shao Yong y Cheng Yi, desarrollando una teoría de interpretación completamente nueva que daba la misma importancia a las dimensiones gráfica y textual del *Libro de los Cambios*.

Este libro combina en un solo volumen una traducción del *Libro de los Cambios* que incluye, para cada hexagrama:

- *El Dictamen:* un texto oracular (*Guaci*, 卦辭), atribuido al rey Wen.
- Textos para cada trazo del hexagrama (*Yaoci*, 爻辭), atribuidos al hijo del rey Wen, el duque de Zhou.
- *La Imagen:* un texto tomado de una de las *Diez Alas*, el Comentario de las grandes imágenes (*Daxiang zhuan*, 大象傳).
- Los comentarios de Cheng Yi y Zhu Xi para *El Dictamen*, *La Imagen*, y los textos de los seis trazos.
- Nuestro propio comentario, que analiza diferentes enfoques de la situación.

Información útil para la comprensión y el uso del *Libro de los Cambios*

CHENG YI usa la palabra "Camino" en el sentido daoísta, indicando que se sigue el *Dao*. Para más información al respecto ver **Dao** en el **Glosario**.

Los trazos regentes de los hexagramas se indican con un círculo, en el caso de los regentes gobernantes, y con un cuadrado, en el caso de los regentes constituyentes. Consultar **Regente** en el **Glosario** para ver más información sobre esto.

Al final del libro, hay varios apéndices:

- **Como Consultar el Oráculo**, que enseña como plantear las preguntas, cómo obtener las respuestas (con monedas o palillos), y cómo interpretarlas.
- **Los Ocho Trigramas**, que explica el simbolismo de los mismos.
- El **Glosario**, que explica muchos términos que se repiten en la traducción, por lo que sería conveniente leerlo en primer lugar.
- El **Indice**.
- Finalmente la **Tabla de Trigramas y Hexagramas**, para conocer el número de cada hexagrama según sus trigramas superior e inferior.

Realidad y Discurso

Los autores del *Libro de los Cambios* tenían valores diferentes de los de nuestra sociedad contemporánea. Ellos vivían en una sociedad feudal altamente jerárquica y patriarcal; lo mismo se puede decir de CHENG YI y ZHU XI.

Debido a eso, algunas ideas o la terminología usada por esta traducción pueden resultar ofensivas o extrañas para una sensibilidad contemporánea. En mis propios comentarios al texto del *Libro de los Cambios* trato de mostrar las ideas originales del texto desde un punto de vista moderno. He buscado utilizar palabras de género neutro tanto como el lenguaje español me lo permite, sin perjudicar el estilo del texto. Pero fundamentalmente intenté atenerme el texto original, tanto como fuera posible, porque mi intención es ofrecer una traducción fidedigna.

Por otra parte, traduje los comentarios de CHENG YI y ZHOU XI con tanta precisión como pude, porque mi intención fue reflejar fielmente la visión que ellos tenían del *Libro de los Cambios*, sin intentar modificarlos para que coincidan con nuestra moralidad contemporánea.

EL TRADUCTOR

LOS 64 HEXAGRAMAS

1 Lo Creativo | *Qian*

乾 ䷀

El carácter que le da nombre a este hexagrama muestra al sol ascendiendo entre los árboles de la selva.

Este es uno de los ocho hexagramas que están compuestos por un mismo trigrama repetido dos veces, en este caso es ☰, *Lo Creativo*.

Se puede ver más información de *Lo Creativo* en **Los Ocho Trigramas**.

Significados asociados

Poder espiritual, creatividad, fuerza, dinamismo, acción vigorosa, fuerte y constante actividad, el cielo, principio generador (masculino), padre, soberano, poder por encima de lo humano, la fuerza *yang*, actividad, apariencia vigorosa.

El Dictamen

Lo Creativo.
Éxito sublime. La determinación es favorable.

> Este hexagrama está compuesto por seis trazos enteros, *yang*, que indican claridad, acción incesante y fuerza. Describe una gran acumulación de energía y la necesidad de actuar con cuidado y perseverancia para poder canalizar la fuerza en la dirección adecuada.
> La figura del dragón aparece como protagonista en cinco de los trazos de este hexagrama.
> El dragón de la cultura china, a diferencia del dragón occidental maligno, no es malo, sino benéfico. Es un animal legendario, una fuerza poderosa que surge de las aguas y está asociada con la lluvia, inundaciones, el cielo y el hexagrama 1. Se considera que tiene un poder celestial sobrenatural. Se encuentra en su elemento propicio, ya sea bajo las aguas (al comienzo de su desarrollo) o volando en el cielo. Se lo relaciona con la autoridad suprema (el emperador). En este hexagrama el dragón simboliza a alguien con sus mismas cualidades y sus trazos describen su ascensión, desde una posición baja, sumergido en el agua, donde está oculto y por ello es desconocido, hasta lo alto del cielo.

Este es uno de los pocos hexagramas que mencionan "las cuatro virtudes cardinales": *yuan, heng, li, zhen*, que significan "sublime", "éxito", "propicio" y "determinación o perseverancia".[1]

Una o más de las cuatro virtudes aparecen en 50 de los 64 hexagramas, pero sólo los hexagramas 1, 2 (con una modificación), 3, 17, 19, 25 y 49 incorporan las cuatro virtudes en su dictamen.

Desde la dinastía *Han* en adelante, las cuatro virtudes se convirtieron en palabras claves del pensamiento confuciano, identificando cuatro cualidades o virtudes aplicables tanto al Cielo como al noble.

En la tradición confuciana el dragón se asocia con las cuatro virtudes cardinales. Todo oráculo que incluya estas cuatro virtudes indica que el éxito está garantizado, pero sólo si el consultante se comporta correctamente; por esta razón la perseverancia en el camino correcto es la clave del éxito.

CHENG YI. — En la antigüedad, el sabio comenzó trazando los ocho trigramas: el Camino (*Dao*) de las tres causas activas quedó, por tanto, completo. Luego utilizó esta base combinando estos ocho trigramas simples, de a dos, por superposición, para abarcar la totalidad de las modificaciones en el universo, y así obtuvo el hexagrama perfecto de seis trazos. El trigrama *Qian*, repetido sobre sí mismo, constituye el hexagrama perfecto. *Quian* simboliza el Cielo, 天 *tian*. *Qian*, es la sustancia y la forma del Cielo; *Qian* es la naturaleza y el sentimiento del cielo[2]; *Qian* equivale a "fuerza de acción" o "actividad".

---

[1] Damos el significado tradicional de las cuatro virtudes, tal como es definido en las "Diez Alas". El comentario de CHENG YI al Dictamen de este hexagrama desarrolla este tema.

[2] Estos términos se utilizan sólo en sentido figurado cuando se habla del Cielo. La naturaleza es la naturalidad particular del ser considerado; el sentimiento es el efecto manifestado de lo natural. CHENG YI dice: "La sustancia o esencia de la actividad es su naturaleza; los efectos de esta actividad son lo que llamamos sentimiento".

Ahora, cuando se trata del cielo (*tian*), si hablamos de él de manera absoluta, es el Camino (*Dao*); es precisamente: "el cielo que, además, no se opone". Si hablamos de distinguirlo, entonces, desde el punto de vista de la forma y la sustancia, decimos "el Cielo" (*tian*); desde el punto de vista del poder que gobierna, decimos "el poder supremo"; desde el punto de vista de la acción y de los efectos[3], decimos "espíritus y genios"; desde el punto de vista de los efectos trascendentales, decimos "el espíritu"[4]; desde el punto de vista de la naturaleza y del sentimiento, decimos *Qian* o "actividad".

Esta actividad, expresada por el carácter *Qian*, es el origen y comienzo de todos los seres y de todas las cosas[5]; por eso *Qian* representa el Cielo, *yang*, el padre, el príncipe.

Causa inicial, éxito, bien, determinación, son las que llamamos las cuatro virtudes. La primera, expresada por el carácter *yuan*, 元, es el comienzo de todos los seres y de todas las cosas. La segunda, expresada por el carácter *heng*, 亨, es el crecimiento de todas las cosas; la tercera, expresada por el carácter *li*, 利, es la facultad de satisfacer las necesidades, tal como resultan de la condición de cada ser; la cuarta, expresada por el carácter *zhen*, 貞, es el desarrollo normal y perfecto de todas las cosas.

Sólo los hexagramas *Qian* y *Kun* (*Lo Receptivo*) tienen estas cuatro virtudes; en los otros hexagramas, se modifican según el tema, de modo que la primera expresa especial y exclusivamente el bien y la grandeza; la tercera consiste sobre todo en la rectitud y la firmeza, y las sustancias de la segunda y la cuarta corresponden en cada caso a la naturaleza especial del sujeto. El significado de estas cuatro virtudes es amplio y extenso.

ZHU XI. — Estos seis trazos forman el hexagrama trazado por Fu Xi. Los trazos sólidos son impares, un número *yang*. *Qian* es la fuerza de acción o creatividad, la naturaleza de la fuerza *yang*. En los comentarios, *Qian* es el nombre de los trigramas. El trigrama de abajo es el trigrama interior; el de arriba es el exterior. En el texto, *Qian* es el nombre del hexagrama[6].

FuXi levantó los ojos para contemplar; los bajó para examinar. Vio que *yin* y *yang* tenían números pares e impares, de modo que trazó un trazo entero para simbolizar a *yang* y uno quebrado para simbolizar a *yin*; luego agregó otro segundo, y después un tercer trazo, para completar los ocho trigramas. Vio que la naturaleza de *yang* es la actividad y que la mayor de sus formas realizadas es el Cielo; por eso al trigrama compuesto de tres trazos simples lo llamó *Qian* para simbolizar el Cielo. Completados los tres trazos, y completados los ocho trigramas, los aumentó agregándoles otros tres trazos, para llevar el número de trazos a seis, es decir, encima de cada uno de los ocho trigramas, añadió sucesivamente cada uno de estos mismos signos, para formar los sesenta y cuatro hexagramas perfectos.

En este hexagrama, los seis trazos son todos enteros; el trigrama inferior y el trigrama superior son ambos el trigrama *Qian*, por lo que el hexagrama expresa la pureza de sustancia *yang* y la actividad extrema, y es por eso lo nombró *Qian*, para representar el Cielo.

Los caracteres *yuan*, *heng*, *li*, *zhen*, son la fórmula adjunta a este hexagrama por el Rey Wen, para definir los augurios auspiciosos o dañinos de todo el hexagrama; esto es lo que llamamos *tuan*, el "Dictamen" de un hexagrama. *Yuan* expresa grandeza; *heng*, inteligencia; *li*, utilidad; *zhen*, rectitud y firmeza. El Rey Wen consideraba que el Camino de la actividad expresaba grandeza de inteligencia y extrema rectitud. Cuando al consultar el oráculo se obtiene este hexagrama, y ninguno de los seis trazos se transforma, el significado adivinatorio expresado es que se debe poseer una gran inteligencia y que entonces ciertamente habrá ventaja a través de la rectitud y la firmeza; una vez que se cumplan estas condiciones, es posible garantizar el éxito final. Así es como los sabios, al hacer el *Libro de los Cambios*, enseñaron a los hombres a consultar el destino mediante el caparazón de la tortuga o mediante los palillos de milenrama, que permiten llegar a la idea pura y exacta sobre el destino, empresa, o la realización de una cosa o asunto. Esto es aplicable a todos los demás hexagramas.

La Imagen

La acción del cielo es fuerte y dinámica.
Así el noble nunca deja de fortalecerse a sí mismo.

---

3 Fenómenos naturales como lluvia, rayos, etc.

4 Los espíritus y los genios no son más que acción y reacción, contracción y expansión (del éter); la acción y los efectos son las manifestaciones visibles. En cuanto al espíritu, es una expresión para designar la causa misteriosa de todas las cosas. Esta causa misteriosa y trascendente reside precisamente en la mente; cuando se manifiesta y lo vemos en su acción y sus efectos, designamos esta acción y estos efectos con los términos espíritus y genios. Pero aquello que no se puede alcanzar se llama mente (CHENG YI).

5 CHENG YI no está muy alejado del taoísmo; aquí sus palabras se relacionan al menos tanto con el libro de Laozi como con las palabras de Wen Wang.

6 En todos los hexagramas formados por el mismo trigrama duplicado (1, 2, 29, 30, 51, 52, 57 y 58) el mismo carácter es el nombre, tanto del hexagrama, como de los trigramas que lo constituyen, aunque en el hexagrama 29 se agrega un segundo carácter al nombre del hexagrama.

Lo Creativo

Los astros en el cielo, con su movimiento incesante dan el ejemplo a seguir en este tiempo. Para mantenerse a la par de las demandas de la situación, la persona creativa debe cultivar y renovar sus dones diariamente. Éste es el tiempo propicio para actuar y sentar las bases firmes para el progreso.

CHENG YI. — Cada hexagrama, tiene un símbolo (*La Imagen*) que describe sus regulaciones. El camino de *Lo Creativo* tiene el significado simbólico de cubrir cobijando y generando, que es el más extenso y el más importante; quien no sea un sabio es incapaz de seguirlo o ponerlo en práctica. Además, con la intención de que todos los hombres sin distinción puedan encontrar una regla al alcance de todos, el comentario no se refiere nada más que a la práctica de la actividad. La actividad extrema es ciertamente suficiente para ilustrar el camino inmutable del Cielo; el noble lo imita esforzándose constantemente, se adapta a la actividad de la acción del cielo.

ZHU XI. — El Cielo es la imagen simbólica de Lo Creativo. Siempre que un hexagrama se forma mediante la repetición de un mismo trigrama, se repite el significado atribuido a este trigrama; sólo en el presente caso no es así; el Cielo es uno y único. Pero desde el momento en que hablamos de la acción del Cielo, vemos que se trata de su revolución diurna, seguida de nuevas revoluciones idénticas. Es nuevamente la imagen simbólica de una repetición continua; sin una actividad extrema, esta acción sería imposible. El noble tiene como regla no permitir que la energía de la virtud celestial[7] sea alterada por los deseos humanos, para no cesar en sus propios esfuerzos.

Al comienzo un nueve (muta al hex. 44/1)

Dragón sumergido. No actúes.

> Los lugares adecuados para el dragón son sumergido bajo el agua o volando en el cielo. Se creía que el dragón causaba la lluvia al ascender al cielo, por eso los dragones se consideraban benéficos, porque la lluvia regaba las cosechas.
> De la misma forma, la personalidad creativa beneficia al mundo con sus obras, pero sólo puede hacerlo después de ascender por encima de sus orígenes. En este momento el dragón aún está hibernando, todavía no está listo para dejar su marca en el mundo. Ello indica que aún no es el tiempo propicio para que actuemos y que debemos aguardar y no llamar la atención prematuramente, antes de estar en condiciones de llevar a cabo lo que nos proponemos hacer.

Trabajo: Por el momento no habrá novedades ni cambios. Cualquier acción prematura sería perjudicial porque aún no estamos preparados.

Vida privada: Vida tranquila y retirada. No es tiempo para innovar ni destacarnos.

Salud, sentimientos y relaciones sociales: Buena salud. Reposo en la tranquilidad del hogar. Seamos discretos.

CHENG YI. — El trazo inferior es descrito como "al comienzo un nueve"; el número nueve es la perfección en los números *yang*, por lo que se utiliza para designar los trazos enteros, *yang*.
Su principio[8] no tiene forma visible, por lo que utilizamos una imagen simbólica para aclarar el significado. El hexagrama *Qian* tiene al dragón como su símbolo. El dragón, considerado como ser, es un espíritu[9] cuyas modificaciones son ilimitadas, por lo que se elige como símbolo de las modificaciones y transformaciones del camino de actividad expresado por *Qian*. Cuando la fuerza *qi yang*[10] aumenta o disminuye, el noble avanza o retrocede; el trazo inicial está en la parte inferior del hexagrama, se considera que constituye el punto de partida del comienzo de los seres. En el momento en que el *qi yang* germina, el noble todavía está en la cuna; es como si el dragón aún estuviera escondido, y aún no pudiera actuar por sí mismo; conviene que se desarrolle en la sombra esperando el momento oportuno.

ZHU XI. — Nueve al principio, es la designación de un trazo *yang*. Cada vez que se dibuja un hexagrama, se comienza desde abajo y se avanza hacia arriba, por lo que el trazo inferior se considera el primero. En cuanto a los números *yang*, el número nueve expresa vejez y el número siete, juventud; lo viejo cambia, lo joven no cambia, y por eso a los trazos *yang* mutantes se les asigna el número nueve.
"Dragón sumergido. No actúes". Éste es el texto escrito por el Duque de Zhou para determinar el valor auspicioso u ominoso de cada trazo, que se llama *yaoci*, 爻辭. El dragón, que es una criatura *yang*, está "sumergido",

---

[7] El hombre al nacer está dotado del principio de todas las virtudes, las leyes del Cielo.

[8] La razón de la existencia de una cosa es la causa; *Dao*, el camino racional, es el efecto de esta razón de ser y la ley que de ella resulta.
[9] Espíritu, ling (λόγος), inteligencia inmaterial, sin cuerpo.
[10] El *qi*, 气, es la energía vital que fluye en el cuerpo humano. El equilibrio del *qi* depende del flujo de varios tipos de *qi*, masculino (*yang qi*, 阳气) y femenino (*yin qi*, 阴气). El **Glosario** explica el término *qi* con más detalle.

u oculto, invisible. El primer trazo *yang* está en la parte inferior del hexagrama, y todavía no puede extender su efecto y desarrollarlo; además la imagen simbólica es la del dragón escondido y el significado adivinatorio dice: "No actúes". Cada vez que obtenemos el hexagrama *Qian*[11] y este trazo se transforma[12], conviene considerar esta imagen simbólica y meditar sobre su significado adivinatorio. Esto es aplicable a todos los demás trazos.

Nueve en el segundo puesto (muta al hex. 13/2)

Aparece un dragón en el campo.
Es favorable ver al gran hombre.

> Recién estamos entrando en nuestro campo de acción en la vida, donde comenzaremos a interaccionar con nuestros pares. Salir al campo asimismo indica que somos visibles, que ya no estamos escondidos.
> El carácter traducido como "campo", 田, *tian*, también significa "cacería"; la cacería simboliza la búsqueda de nuestro destino y vocación.
> Ver al gran hombre quiere decir nos sería muy beneficioso conseguir un guía o mentor en este momento, pero también indica que tenemos que crecer espiritualmente y en entendimiento.
>
> **Trabajo:** Será propicio conseguir el soporte de nuestros superiores para poder aprovechar las buenas condiciones imperantes. No hay obstáculos que nos detengan, podremos progresar y aprender nuevas cosas.
>
> **Vida privada:** Nuestra buena conducta y excelente reputación nos ayudarán a avanzar exitosamente y nos granjearán el respeto de otras personas.
>
> **Salud, sentimientos y relaciones sociales:** Buena salud. Este es un excelente momento para establecer relaciones interpersonales.

CHENG YI. — El campo está en la superficie de la tierra. El dragón sale y se hace visible sobre la tierra; su virtud ya está manifestada. Considerado desde el punto de vista del noble, ésta era la época en la que Shun cultivaba la tierra y se dedicaba a la pesca[13]. Es propicio ver a un príncipe dotado de gran virtud[14]; del mismo modo, el príncipe se beneficia de ver a un súbdito dotado de gran virtud[15] para que lo ayude en la realización de su obra[16]. El mundo se beneficia de ver al hombre dotado de gran virtud, para quedar imbuido de su influencia benéfica. El príncipe dotado de gran virtud es el quinto trazo. La sustancia de cada uno de los dos hexagramas *Qian* y *Kun* no presenta variaciones; no se divide en trazos *yang* y *yin*; además, en estos dos hexagramas, se considera que su identidad de cualidades constituye su correspondencia simpática[17].

ZHU XI. — El nueve en el segundo lugar es firme y activo, central y correcto[18]; emerge y deja de estar oculto; su influencia benéfica llega a los seres, que se benefician al verlo. Su imagen simbólica es un dragón visible en el campo, y el significado adivinatorio es: "es favorable ver al gran hombre".

Aunque el nueve en el segundo lugar aún no ocupa una situación definida[19], sin embargo su virtud, que es la de un gran hombre, ya es evidente; un hombre corriente sería incapaz de responder a estas indicaciones, por lo que cuando encontramos que este trazo se transforma[20], sólo expresa que es ventajoso ver a este hombre y no a otro. De hecho, este trazo indica que el gran hombre aún está situado en una situación inferior, de acuerdo la posición [baja] del segundo trazo; de esta manera, esta posición y la persona que consulta el oráculo son considerados respectivamente como un huésped y su anfitrión[21] y la regla a la que cada uno está sujeto es la misma; si posee las virtudes del dragón que se ha manifestado visible-

---

11 Término de adivinación; Primero buscamos el hexagrama, luego el trazo particular correspondiente a la pregunta formulada.
12 Es decir muta, *yang* se transforma en *yin* y viceversa.
13 Detalle de la vida de Shun, cuando aún no había sido llamado al poder por Yao y llevaba una vida agrícola, en la oscuridad.
14 Yao.
15 Shun.
16 Asociándolo con su reinado.
17 Términos técnicos. Se cree que los trazos que ocupan el mismo puesto en cada uno de los dos trigramas superpuestos (1 y 4, 2 y 5 y 3 y 6) se corresponden. En general, sólo existe correspondencia en la medida en que un trazo es *yang* y el otro *yin*. Aquí el quinto y el segundo trazo son excepciones (porque ambos son *yang*); si se corresponden comprensivamente, es por sus virtudes comunes.
18 *Yang*: firmeza y actividad; *yin*: suavidad y maleabilidad. Tanto el segundo como el quinto trazo ocupan el puesto intermedio de uno de los trigramas, de ahí su condición de "central" y "correcto". En general, la corrección consiste en que el trazo sea entero si ocupa una posición impar (1, 3, 5) y partido si ocupa una posición par (2, 4, 6); sin embargo, según el caso, los comentaristas nunca dejan de encontrar una razón concluyente cuando estas condiciones no se cumplen y el significado aceptado, que siempre debe ser justificado, exige la idea de corrección.
19 Es a partir del tercer puesto que el trazo ocupa una posición definida; el tercer trazo está en la posición de un subordinado; el cuarto indica la posición de un gran dignatario, un ministro o consejero del príncipe; el quinto la posición del príncipe.
20 Al consultar el oráculo.
21 Expresión muy comúnmente utilizada para expresar que dos personas, o incluso dos cosas, ocupan respectivamente posiciones análogas entre sí. También es una alusión a las reglas rituales del decoro.

Lo Creativo

mente, se beneficiará de ver al gran hombre que ocupa un rango superior y que está representado por el nueve en el quinto lugar.

Nueve en el tercer puesto (muta al hex. 10)

El noble es diligente sin pausa durante todo el día.
Durante la noche es cauteloso,
como si estuviera en peligro.
Sin culpa.

> Este es un tiempo de incesante actividad creativa, pero nuestra resistencia y energía creativa estarán a la altura de las circunstancias. Cuando sea posible actuar –durante el día–, no desperdiciemos nuestro tiempo; cuando no sea posible hacerlo –por la noche–, no bajemos nuestra guardia. Si nos mantenemos alertas y ocupados en cosas útiles podremos evitar posibles problemas.
>
> A medida que nuestra reputación y dedicación sean conocidas por más personas, nuevas oportunidades se ofrecerán ante nosotros. Tendremos que administrar bien nuestros recursos para estar a la altura de nuestras responsabilidades, no dejemos que otros nos enreden en sus problemas.
>
> No aplacemos las cosas de las que tenemos que ocuparnos y evitemos que otras personas decidan por nosotros qué es lo que tenemos que hacer.
>
> **Trabajo:** Tendremos muchas obligaciones y preocupaciones, pero si somos cautelosos y dedicados, podremos salir adelante sin problemas.
>
> **Vida privada:** Necesitaremos de toda nuestra fuerza y habilidad para manejar nuestras obligaciones. Debemos ser muy cuidadosos para evitar complicaciones con otras personas.
>
> **Salud, sentimientos y relaciones sociales:** Excelente salud. Por momentos podemos sentirnos un poco estresados.

CHENG YI. — Aunque el tercer trazo representa la posición del hombre[22], este trazo es al mismo tiempo el trazo superior en la sustancia del trigrama inferior; representa a aquel que aún no ha abandonado los niveles inferiores, pero que ya se distingue por su ilustración; este es el momento en que se extendió la fama de la virtud trascendente de Shun[23]. Día y noche, sin ceder a la negligencia, el noble está esencialmente atento [temeroso] a los problemas a que se enfrenta, de modo que, aunque se encuentre en un terreno peligroso, no comete errores[24]. Cuando se trata de un hombre colocado en condición inferior y en quien ya se manifiestan las virtudes del príncipe[25], el mundo tiende a venir hacia él; el peligro y las razones para sentir miedo son obvias. Aunque se trata de lo que corresponde al noble, si la fórmula no incluyera una advertencia, ¿cómo podría considerarse que constituye una enseñanza para los hombres? Éste es el espíritu con el que se escribió el *Libro de los Cambios*.

ZHU XI. — El nueve en el tercer puesto está una posición correcta (*yang* en posición impar), pero este trazo doblemente firme no es central[26]. Ocupa el puesto superior del trigrama inferior, este es un terreno peligroso. Pero su naturaleza y sustancia[27] es firmeza y actividad, por lo que es la imagen simbólica de actividad incesante, miedo y peligro, lo que es su significado adivinatorio. La expresión "el noble" designa a quien consulta el oráculo; si éste puede actuar con diligencia, pero también con tranquilidad y circunspección, aunque se encuentre en terreno peligroso, no cometerá falta alguna[28].

---

22 Los dos primeros trazos representan a la Tierra, el tercer y cuarto trazo a la humanidad, y los dos últimos, al Cielo.
23 Quien se convirtió en el segundo emperador de la época histórica, según Confucio.
24 El carácter, *jiu*, 咎, aquí traducido como "errores", tiene el significado de" falta, error, defecto, culpa, poco propicio, infortunio, calamidad, mala suerte"; la elección del significado de esta palabra depende de la frase.
25 Alusión a la historia del Rey Wen, que aunque era un simple feudatario, su virtud atrajo las simpatías del imperio y, al mismo tiempo, las celosas persecuciones del último emperador de la dinastía Shang.
26 Los puestos impares son *yang*; un trazo *yang* colocado en una posición *yang* (impar) indica la repetición de la cualidad de dureza energética. No tiene centralidad porque no ocupa el centro de un trigrama, eso le resta equilibrio.
27 Su naturaleza es su cualidad como trazo *yang*; su sustancia, es decir el trigrama del que forma parte, en este caso es *Qian*, actividad. Todas estas expresiones son términos técnicos que surgen continuamente en relación con cada trazo; al principio es difícil entenderlos, luego uno se acostumbra fácilmente, porque no son demasiados.
28 ZHU XI dice: Este trazo es un nueve, es *yang*, también ocupa una posición *yang* (impar): por tanto tiene un exceso de positividad o energía. Al no estar en el medio (no es central), le falta equilibrio. Ocupa el rango más alto en su esfera, lo que constituye un peligro. Por lo tanto, debe desarrollar continuamente su actividad a lo largo del día y permanecer en guardia por la noche, aunque éste sea el tiempo que suele dedicarse al descanso. Entonces, a pesar del peligro, no cometerá errores. Ésta es exactamente la característica del noble que describe el texto del trazo.

Nueve en el cuarto puesto (muta al hex. 9)

Vacila antes de saltar sobre el abismo. Sin defecto.

> Varios caminos divergentes se abren delante del dragón. Lo que decida ahora definirá su vida futura. El carácter traducido como "abismo", 淵, *yuan*, también significa "aguas profundas, precipicio". Eso indica que nos enfrentamos a un desafío importante y hasta atemorizador. También quiere decir que estamos frente a un umbral, un punto de transición difícil de cruzar. Este trazo indica indecisión y un tiempo para ensayar distintas alternativas. Podemos asumir más responsabilidades y obtener una posición importante en el mundo, ganando fama y poder; o podemos seguir un camino más personal, dedicándonos a nuestros intereses privados.
>
> **Trabajo:** Es tiempo de tomar una decisión. No debemos precipitarnos, la mejor opción sería hacer algunas pruebas y tomarnos todo el tiempo necesario antes de elegir qué cosa haremos.
>
> **Vida privada:** Este es un período de transición, cuando tendremos que hacer importantes ajustes en nuestra vida. Es natural que tengamos vacilaciones y dudas hasta que encontremos por nosotros mismos el camino adecuado.
>
> **Salud, sentimientos y relaciones sociales:** Mantengámonos receptivos y abiertos a las novedades. Si somos sinceros, el panorama se aclarará y podremos elegir libremente lo que queremos hacer.

CHENG YI. — El abismo es el lugar de descanso del dragón; pero este es un momento de incertidumbre. Salta o no salta; si salta sólo será en el momento oportuno y para buscar satisfacción. El movimiento del noble nunca es ajeno al momento en que se produce. Esto describe el período cuando Shun estaba haciendo sus experimentos para establecer el calendario[29].

ZHU XI. — Ésta es una expresión de duda e indeterminación. Saltar es llegar repentinamente a un entorno sin tener ningún acceso para alcanzarlo[30], especialmente sin volar. Abismo es el vacío de los espacios más elevados o las profundidades de los abismos marinos, lugares profundamente oscuros e insondables, el hogar de los dragones. Como cuando, habiendo descendido al campo de arroz, sucede que salta y se eleva, dirigiéndose por tanto hacia el Cielo. Es un nueve, es decir un trazo *yang*; pero la cuarta posición es negativa (*yin*); ocupa el puesto inferior del trigrama superior; por tanto es una circunstancia que implica cambio y reforma, un momento en el que hay indeterminación sobre la oportunidad de avanzar o retroceder, y por eso tal es la imagen simbólica. El significado adivinatorio es que, si se puede avanzar o retroceder según la oportunidad y conveniencia del momento, no habrá error ni culpa.

○ Nueve en el quinto puesto (muta al hex. 14)

Dragón volando en el Cielo.
Es favorable ver al gran hombre.

> Volar en el Cielo simboliza haber alcanzado una alta posición y poder avanzar sin ningún impedimento. Aquí el dragón alcanza su lugar de pertenencia, porque el Cielo es el lugar adecuado para los dragones. Volar en el Cielo indica que la fuerza creativa alcanza su punto máximo y puede expresarse libremente. Lo que hagamos tendrá gran visibilidad.
> El dragón volador simboliza a una personalidad destacada cumpliendo con su destino, alguien con gran influencia que es un ejemplo para los demás.
> Ver al gran hombre indica que aún después de alcanzar una alta posición todavía se pueden aprender cosas de alguien con más sabiduría.
>
> **Trabajo:** Tendremos gran éxito y progresaremos velozmente. Nuestros esfuerzos serán reconocidos y nuestros aportes respetados.
>
> **Vida privada:** Nuestros deseos se cumplirán y nuestros proyectos serán exitosos
>
> **Salud, sentimientos y relaciones sociales:** Gozaremos de muy buena salud y claridad mental. Sabremos como influenciar y relacionarnos con las personas. Pero aún podemos beneficiarnos del consejo de alguien más sabio.

CHENG YI. — Avanza para ocupar la posición del Cielo[31]. Desde el momento en que el noble alcanza la posición del cielo, es propicio que vea al gran hombre que está debajo de él[32], para terminar juntos de regular los asuntos del mundo[33]. Por otro lado, el mundo obviamente se beneficia al ver al príncipe dotado de grandes virtudes.

---

29 Alusión a la historia de Shun, que fue un emperador legendario de la antigua China.
30 Como un pez saltando fuera del agua.
31 El puesto supremo; el príncipe realiza en la tierra el plan de la providencia; él representa el Cielo y mantiene su ley entre los hombres.
32 El segundo trazo.
33 Nueva alusión a la asociación de Shun con el imperio.

Lo Creativo

ZHU XI. — Firmeza, actividad, centralidad y rectitud; así ocupa la posición preeminente, como quien, con la virtud del sabio, ocupa la posición que le corresponde a un sabio. Por eso la imagen simbólica y el pronóstico adivinatorio son similares a las del nueve en el segundo lugar. Sólo que quien se beneficia de ver al gran hombre es el trazo situado en el puesto superior. Si quien consulta el oráculo se encuentra en esta situación, se beneficiará de ver al gran hombre colocado en un rango inferior, representado por el nueve en el segundo puesto.

Al tope un nueve (muta al hex. 43)

Dragón arrogante.
Habrá ocasión para el arrepentimiento.

La ambición y arrogancia desmedidas nos harán perder el contacto con la realidad y nos llevarán a un camino sin salida. Nuestro orgullo nos aislará de las personas que nos rodean y cuándo más las necesitemos no estarán para ayudarnos.
Reconozcamos nuestras limitaciones y no olvidemos a nuestros amigos y compañeros, de esa forma evitaremos ser humillados.

Trabajo: No insistamos en seguir adelante a toda costa. Es mejor perder algo o renunciar a nuestra ambición que perderlo todo.

Vida privada: Si nos obstinamos en imponer nuestra voluntad hasta las últimas consecuencias quedaremos aislados y tendremos graves problemas.

Salud, sentimientos y relaciones sociales: Nuestra salud sufrirá si sobre-exigimos a nuestro cuerpo. Nuestros amigos nos abandonarán si somos demasiado dominantes.

CHENG YI. — El nueve al tope se encuentra en la más elevada de todas las posiciones, en el límite de la justicia y la rectitud, el límite extremo del momento oportuno; al superar este nivel se llega a un exceso de elevación.
También hay arrepentimiento. Cuando hay exceso, hay arrepentimiento. Sólo el sabio sabe avanzar y retroceder, permanecer o retirarse, sin excederse en su acción, para no acabar en arrepentimiento.

ZHU XI. — El carácter *kang*, 亢[34] expresa la idea de que se ha superado la altura adecuada y que ya no hay posibilidad de bajar. Habiendo desarrollado la fuerza *yang* al límite extremo de elevación, si continúa adelante, eso lo llevará al arrepentimiento, de ahí la imagen simbólica y el pronóstico de este trazo.

Se presentan solamente nueves[35]

Aparece un grupo de dragones sin cabeza. ¡Ventura!

Cada dragón, es fuerte por sí solo, un grupo de dragones es una fuerza poderosa que difícilmente puede ser detenida. El grupo de dragones simboliza a un conjunto de personas capaces y determinadas abocadas a una tarea en común.
Que los dragones no tengan cabeza indica que actúan de acuerdo entre sí, sin que ninguno de ellos se destaque sobre los demás, es decir sin tener un jefe.[36]
Cuando todos los trazos mutan, *Lo Creativo* se convierte en el hexagrama 2: *Lo Receptivo*. Al combinar la fuerza de *Lo Creativo* con la devoción de *Lo Receptivo* se puede alcanzar un equilibrio perfecto y podemos hacernos cargo de cualquier tarea con facilidad. Las posibilidades son enteramente buenas.

Trabajo: Formamos parte de un grupo de personas de gran capacidad, trabajando juntos en armonía.

Vida privada: Este es un buen momento para cooperar con nuestra familia y amigos. Es favorable llevar adelante proyectos creativos grupales.

Salud, sentimientos y relaciones sociales: Excelente salud y muy buena interacción social.

CHENG YI. — Que se presenten solamente nueves indica el camino de la creatividad y la actividad. Dado que la energía *yang* es parte de la sustancia del hexagrama *Qian*, se trata de determinación mezclada con firmeza. La dureza[37] y la receptividad[38] corrigiéndose mutuamente constituyen la justicia, mientras que aquí, debido a la unidad de sustancia de la energía *yang*, hay exceso de esta energía. Que aparezca una tropa de dragones, indica que entre los trazos *yang* de este hexagrama; ninguno tiene prioridad sobre los demás, lo que es un feliz augurio. Considerar la firmeza como la primera condición que debe cumplirse en el universo es un camino que lleva hacia la desgracia.

---

34 Traducido como arrogante, altanero, rígido, que no se dobla.

35 Sólo los dos primeros hexagrama, Lo Creativo y Lo Receptivo, tienen un texto oracular para cuando todos los trazos mutan.
36 El carácter traducido como "cabeza", 首, *shou*, también significa "líder, jefe". Eso indica que los dragones no tienen un líder, sino que actúan de común acuerdo.
37 *Yang*.
38 *Yin*.

ZHU XI. — "Se presentan solamente nueves", indica que ningún trazo tiene el valor siete (*yang* joven, no mutante). Hay ciento noventa y dos trazos *yang* en los 64 hexagramas. En este hexagrama, la energía *yang* es pura, sin mezcla.

Por eso el sabio nos enseña que, cuando uno se encuentra con este hexagrama y todos los trazos se transforman (sólo obtenemos nueves), es precisamente este pronóstico adivinatorio el que debe aplicarse. Cuando se modifican todos los seis trazos *yang*, eso indica firmeza capaz de gentileza; lo que es un camino auspicioso, por eso este pronóstico menciona la imagen simbólica de una tropa de dragones, ninguno de los cuales tiene prioridad sobre los demás, y si quien consulta el oráculo está en estas mismas condiciones, será un feliz augurio. El comentario *zuo*, en los *Anales de primavera y otoño* dice, en referencia a la transformación de *Qian* en *Kun* (*Lo Receptivo*): "una tropa de dragones sin cabeza, auspicioso". En efecto, ésta es precisamente la idea contenida en la fórmula del hexagrama *Kun*.[39]

---

[39] Elevado éxito favorable por la determinación de una yegua.
Si el noble sigue sus propios objetivos se extraviará,
pero si va en seguimiento obtendrá un señor.
Es favorable conseguir amigos al Oeste y al Sur,
apartarse de los amigos al Este y al Norte.
Una determinación tranquila trae ventura.

2 Lo Receptivo | *Kun*

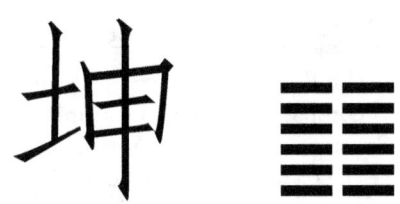

Los componentes del carácter que le da nombre a este hexagrama son are: *shen*, "estirar" y *tu*, "tierra": extensión de tierra.
Este es uno de los ocho hexagramas que están compuestos por un mismo trigrama repetido dos veces, en este caso es ☷☷, *Lo Receptivo*.
Se puede ver más información sobre *Lo Receptivo* en **Los Ocho Trigramas**.

Significados asociados

Tierra, naturaleza; receptividad, conformidad, consentimiento, docilidad, devoción, subordinación; materia, superficie del campo, extensión; feminidad, crianza, maternidad, la fuerza *yin*.

El Dictamen

Lo Receptivo.
Elevado éxito favorable por la determinación
de una yegua.[1]
Si el noble sigue sus propios objetivos se extraviará, pero si va en seguimiento obtendrá un señor.
Es favorable conseguir amigos al Oeste y al Sur, apartarse de los amigos al Este y al Norte.[2]
Una determinación tranquila trae ventura.

>Una yegua es fuerte pero también es dócil. La determinación de una yegua quiere decir que es favorable perseverar, pero bajo la guía de otra persona.
Somos parte de un grupo y deberíamos trabajar para el bien del mismo, no para ganar beneficios individuales para nosotros mismos.
Si tenemos un trabajo sería mejor que tratemos de progresar dentro del sitio donde trabajamos actualmente en lugar de independizarnos o buscar otro lugar. Si formamos parte de una familia, seamos leales con nuestros familiares y cumplamos con nuestras responsabilidades, para el beneficio de todos.
El Oeste y el Sur indican que debemos trabajar con otras personas y no solos, el Este y el Norte indican avance solitario,[3] que debe ser evitado en este momento
Conseguir amigos significa trabajar para y con la comunidad, con solidaridad y dentro de un grupo.
Tranquila determinación indica la necesidad de seguir adelante dentro de las normas pautadas, con tranquila perseverancia.
Este es uno de los pocos hexagramas que mencionan "las cuatro virtudes cardinales": *yuan, heng, li, zhen*, que significan "sublime", "éxito", "propicio" y "determinación o perseverancia".
Todo oráculo que incluya estas cuatro virtudes indica que el éxito está garantizado, pero solo si el consultante se comporta correctamente; por esta razón la perseverancia en el camino correcto es la clave del éxito.

CHENG YI. — *Lo Receptivo* es la antítesis de *Lo Creativo*; las cuatro virtudes son iguales, pero la esencia[4] de la determinación es diferente. En *Lo Creativo*, se considera que la firmeza y la certidumbre constituyen la determinación; en el caso de *Lo Receptivo*, es a través de la dócil gentileza y la pasividad que se logra la determinación. La yegua es mansa y obediente, además marcha con energía[5]; por eso se toma como símbolo, y por eso el Dictamen dice: "determinación de una yegua". En su acción, el noble actúa con gentileza y obediencia, y sus actos son beneficiosos y perseverantes, al alinearse con las virtudes

---

1 Aquí la determinación (*li*) es definida como la determinación de una yegua, indicando perseverancia en el cumplimiento del deber.
2 El Oeste y el Sur significan la retirada y Este y Norte indican el avance, debido a que la dinastía Zhou tenía su territorio situado al Sudoeste de la capital de los Shang –la dinastía previa, que finalmente fue depuesta por los Zhou. Asimismo, el Sur está relacionado con el trabajo en comunidad y el verano, mientras que el Norte se asocia con un viaje solitario para rendirle cuentas al amo, y el frío y oscuro invierno.
3 Ver la nota anterior.
4 Este es el término que generalmente se traduce como sustancia.
5 Equivalente a la energía o actividad de Lo Creativo.

de *Lo Receptivo*. La fuerza *yin* sigue a la fuerza *yang*, sigue el compás para estar en sintonía[6].

Si *yin* precede a *yang*, esto constituye ceguera y error; si se queda atrás, entonces obedece la regla. Guíate por el bien, lo cual, para todos los seres depende de lo que designa la palabra *Kun*; su nacimiento y desarrollo son obra de la Tierra. Lo mismo ocurre también con el camino moral del sujeto; el príncipe ordena, el súbdito actúa[7]; utilizar la propia fuerza en la ejecución de los asuntos, tal es la función del sujeto. El Sudoeste es una región *yin*; el Nordeste es una región *yang*. *Yin* debe seguir a *yang*; al separarse de los de su propia especie[8] y abandonar a sus amigos, entonces podrá realizar un meritorio trabajo de transformación y generación y disfrutar de la buena fortuna de la determinación tranquila. Siguiendo la regla, contentándose y manteniéndose dentro de la regla, alcanza la perfección: por esto tiene ventura.

ZHU XI. — El trazo quebrado significa docilidad [*shun*, 順] obediencia, la naturaleza de la fuerza *yin*, y tiene un número par. El nombre del trigrama, *Kun*, Lo Receptivo, le da nombre a este hexagrama.

Entre las formas definidas de la fuerza *yin*, ninguna es tan grande como la Tierra. En este trigrama, los tres trazos representan la dualidad; por eso lo llamamos *Kun* y simboliza la Tierra. Al repetirlo sobre sí mismo, obtenemos la imagen de lo que expresa el carácter *Kun*, de modo que es realmente la representación de la pureza de la sustancia de la fuerza *yin* y el colmo de la pasividad, además ni el nombre ni la representación simbólica cambian.

La yegua[9] es pasiva, obediente, y marcha con actividad[10]. *Yang* precede, *yin* sigue; *yang* se guía por el deber, *yin* se guía por el bien [utilidad]. El Sudoeste es una región *yin*; el noreste es una región *yang*. La calma es el estado de *yang*; la determinación es el acto de obedecer.

Este hexagrama pronostica "elevado éxito", y se considera que la ventura es el resultado de una actividad obediente. Si hay algo que emprender, si se intenta liderar habrá confusión, mientras que "si va en seguimiento obtendrá un señor". Si vamos al Sudoeste obtendremos amigos y si vamos al Nordeste los perderemos. "Una determinación tranquila trae ventura".

La Imagen

La condición de la tierra es la receptiva entrega.
Así el noble, de carácter generoso,
sostiene todas las criaturas vivientes.

> Tal como la tierra nutre a todos los seres, el noble es virtuoso, generoso y tolerante, ayudando y guiando a todos los seres.
> Mantengamos nuestra mente abierta y estemos listo para ayudar a cualquiera que lo necesite.
> Cumplamos con nuestro deber pensando más en el beneficio de los demás que en nuestra propia ventaja.

CHENG YI. — La grandeza del camino de *Lo Receptivo* es tan grande como la de *Lo Creativo*. ¿Como podría realizarlo[11] aquel que no fuera un sabio? La Tierra es vasta y la fuerza natural inherente a su condición la hace cumplir un papel pasivo y reverente[12]; por eso *La Imagen* dice" receptiva entrega". El noble contempla la imagen simbólica de *Lo Receptivo* y tolera y sostiene a los diferentes seres, abrazándolos con su extensa y profunda virtud.

ZHU XI. — La Tierra es la imagen de Lo Receptivo; es única, por lo que no se trata simplemente de la repetición del trigrama sino de la pasividad obediente que constituye la fuerza inherente a su condición. De esta manera, vemos la eternidad infinita de la relación entre lo alto y lo bajo[13]. Pasividad extremadamente obediente, una magnitud tan superlativa que no existe nada que no sea abrazado por ella.

Al comienzo un seis (muta al hex. 24)

Caminando sobre escarcha se alcanza el hielo firme.

> Caminar sobre la escarcha tiene varios significados asociados:
> - el invierno que se aproxima; signos de decadencia;
> - un futuro matrimonio; dos odas del *ShiJing*[14] usan la misma palabra con ese significado;
> - una caminata ceremonial sobre la escarcha, que se realizaba durante los sacrificios otoñales.

---

6 Término técnico en música. Escucha el tono dado por la persona que dirige la orquesta y se pone en sintonía.

7 El término del texto designa el sujeto, pero incluye la idea de ejercer una función pública o un servicio encomendado por el príncipe.

8 Abandonar el propio género; es decir, sacrificar afectos privados, abandonar a familiares y amigos para entregarse por completo al príncipe.

9 Entre lo que vaga por el Cielo, nada es comparable al dragón; entre lo que vaga por la Tierra, nada es igual al caballo. Por eso Lo Receptivo tiene como símbolo la yegua.

10 Los comentaristas más bien adoptan el significado de actividad, fuerza equivalente, pero en realidad se trata de una relación de correspondencia establecida o supuesta entre los dos hexagramas o trigramas.

11 Ponlo en acción, en práctica. Literalmente, darle cuerpo.

12 La Tierra es horizontal y el Cielo se extiende en las alturas; ésta es la explicación aceptada.

13 Cielo y Tierra, príncipe y súbdito, etc.

14 El *ShiJing* es la más antigua colección de poesía China; sus odas provienen del mismo período histórico cuando la parte más antigua del *Libro de los Cambios* (*Zhou Yi*) fue escrita.

Lo Receptivo

La primera acepción es la interpretación más común; caminar sobre escarcha indica que el peligro se aproxima y las buenas condiciones están por terminar, porque el invierno duro y frío se acerca. Estemos alertas a los primeros indicios de problemas y no dejemos que la situación escape de nuestro control.

La referencia al hielo firme también puede indicar que nuestro progreso será detenido, como si estuviera congelado, en el futuro cercano.

Trabajo: Un período de prosperidad y avance sin impedimentos está terminando. Estemos alerta contra posibles complots en nuestra contra. No nos aislemos, una alianza sería de gran ayuda.

Vida privada: Dificultades están por venir. Nuestro camino puede ser más resbaloso que lo que esperamos. No seamos ingenuos ni despreocupados, tomemos precauciones de antemano.

Salud, sentimientos y relaciones sociales: Podemos llegar a tener problemas con nuestros pies o nuestra movilidad.

CHENG YI. — Los trazos *yin* tienen el número *seis*; que expresa el perfecto florecimiento de la fuerza *yin*. *Yin* comienza a surgir desde abajo, pero todavía es muy pequeño. En el momento en que *yin* comienza a surgir, el sabio, considerando que está a punto de desarrollarse, da una advertencia. Cuando *yin* comienza a cristalizar, se forma la escarcha; cuando pisoteamos la escarcha, debemos saber que *yin* aumentará gradualmente y alcanzará el estado de hielo sólido. Asimismo, aunque los inicios de los efectos de la acción del hombre inferior sean diminutos, no se debe permitir que crezcan; porque finalmente, alcanzarían efectos extremos.

ZHU XI. — Seis es el número asignado a los trazos *yin*. En los números *yin*, seis es vejez y ocho es juventud, por eso, los trazos *yin* tienen el número seis. La escarcha es la cristalización del *qi yin*[15]; cuando esta concreción ha alcanzado su perfecto desarrollo, el agua se endurece y se convierte en hielo.

En este trazo, la fuerza *yin* comienza a surgir en la base del hexagrama; su germen es extremadamente tenue, y la fuerza natural de su condición hace que necesariamente deba llegar a su perfecto desarrollo. Además, la imagen simbólica es que si uno pisa escarcha, debe saber que se acerca al hielo sólido. Ahora bien, *yin* y *yang* son la esencia fundamental de la creación y la transformación; uno no puede existir sin el otro, y tanto su decadencia, como su desarrollo, están sujetos a reglas constantes; sigue siendo algo que el hombre no puede ni disminuir ni añadir. Pero *yang* gobierna la vida; mientras *yin* gobierna la muerte, por lo que su diferencia genérica consiste en la distinción entre lo bueno y lo malo. Por eso, el sabio al escribir el *Libro de los Cambios*, después de haber dejado claro lo que se refiere a la actividad (*Lo Creativo*) y a la pasividad (*Lo Receptivo*), a la humanidad y al deber, que nunca pueden existir el uno sin el otro, sin privilegiar ninguno de ellos, se ocupa finalmente de las circunstancias de su erradicación y su desarrollo y de la distinción entre el bien y el mal, de modo que nunca deja de llegar a la idea de la influencia recíproca de *yang* y *yin*, a uno de los cuales soporta, mientras reprime al otro.

Así es como transforman y producen, y cómo se ponen en contacto activo el Cielo y la Tierra. El tema es profundo. No se trata simplemente de su significado adivinatorio; la idea de la necesidad de circunspección en las cosas más pequeñas está suficientemente clara.

○ Seis en el segundo puesto (muta al hex. 7)

Derecho, cuadrado y grande, sin experiencia.
Sin embargo nada que haga dejará de ser favorable.

El cuadrado es un símbolo de la tierra. Una traducción alternativa sería "honorable, sincero y extenso, sin practicar" o también "honesto, directo". El significado es que por ser correcto y fuerte el éxito se alcanza naturalmente, sin que se requiera tener experiencia previa.

Si somos sinceros y seguimos nuestros impulsos naturales, nuestra actuación será exitosa y sin fallas.

Trabajo: Nuestras cualidades naturales nos ayudarán a prosperar en nuestro trabajo o negocio. Este es un buen momento para iniciar nuevos emprendimientos.

Vida privada: Seamos tolerantes y abiertos, estemos dispuestos a aceptar lo que la vida nos ofrece. Tenemos todo lo que necesitamos para prosperar y disfrutar de una buena vida.

Salud, sentimientos y relaciones sociales: Nuestra franqueza y naturalidad nos ayudarán a relacionarnos felizmente con los demás. Disfrutaremos de buena salud.

---

15 Energía *yin*. El *qi*, 气, es la energía vital que fluye en el cuerpo humano. El equilibrio del *qi* depende del flujo de varios tipos de *qi*, masculino (*qi yang*, 阳气) y femenino (*qi yin*, 阴气). El **Glosario** explica el término *qi* con más detalle.

CHENG YI. — El segundo trazo ocupa una posición *yin* en el trigrama inferior, por lo que es el regente[16] de *Lo Receptivo*, y manifiesta plenamente su Camino. Es central, correcto y está situado en una posición inferior, todo lo cual es el Camino natural de la Tierra. Estas tres cualidades de "derecho, cuadrado y grande", representan y conforman los efectos de su virtud. Estas simples palabras agotan lo que se puede decir del modo natural de la Tierra. Procediendo con rectitud, regularidad y grandeza, incluso sin estudio o ejercicio preparatorio, nada dejará de ser favorable. Sin ejercicio preparatorio, es decir de forma espontánea. El Camino de la pasividad, es lo que sucede por sí mismo, sin la intervención de nadie; cuando se trata del sabio, es calma en estricta conformidad con la moral. Rectitud, regularidad, grandeza, esto es lo que Mencio llama "grandeza extrema, energía extrema a través de la rectitud". Aquí se trata de la sustancia del hexagrama *Lo Receptivo*, por eso la palabra "fortaleza" se reemplaza por la palabra "cuadrado"; por la misma razón, sobre la palabra "determinación", el texto del *Dictamen* agrega las palabras: "de una yegua". Cuando Mencio habla del *qi* [energía], lo primero que dice es "grande"; la grandeza es la esencia del *qi*; en cuanto *Lo Receptivo*, antes que nada es "derecho y cuadrado"; es a través de la rectitud y la honestidad que hay grandeza. Las palabras "rectitud, honestidad" y "grandeza" son suficientes para agotar la definición del Camino de la Tierra. Depende del hombre saberlo. Los dos hexagramas, *Lo Creativo* y *Lo Receptivo* expresan la pureza de la sustancia. En cuanto a la correspondencia mutua entre las posiciones, siendo el segundo trazo el regente gobernante de *Lo Receptivo*, no notamos su correspondencia con el quinto trazo, y no se considera que este último exprese el camino del príncipe; en cambio en *Lo Creativo*, el segundo y el quinto trazo se corresponden entre sí.

ZHU XI. — Docilidad, pasividad, rectitud y firmeza: tal es la honestidad de Lo Receptivo[17]. El don de definir las formas es obra de su cuadratura; la unión ilimitada de las virtudes constituye su grandeza. El segundo trazo posee dócil gentileza, obediencia y centralidad con rectitud; es más, implica la pureza del Camino de la pasividad. Por dentro, su virtud es la rectitud; afuera, es cuadratura y, finalmente, la absoluta perfección de la grandeza. Expresa la inutilidad del ejercicio preparatorio para lograr un resultado propicio. El significado adivinatorio es que si quien consulta el oráculo tiene tal virtud, el augurio será favorable.

Seis en el tercer puesto (muta al hex. 15)

Resplandor oculto;
puede ser determinado.
Si sigues al servicio de un rey no habrán logros,
pero habrá un final.

Concentrémonos en nuestro deber y no busquemos alcanzar distinciones egoístas.

Nuestros talentos serán premiados cuando el tiempo esté maduro, por ahora lo mejor que podemos hacer es servir a los demás. Quizás no veamos ningún progreso, pero podremos realizar correctamente nuestra tarea.

Si no somos independientes, pero trabajamos para otro, haremos un excelente trabajo, aunque no conseguiremos ninguna ventaja inmediata.

Trabajo: Aunque no obtendremos un éxito inmediato, si nos manejamos con modestia y determinación alcanzaremos nuestros objetivos a largo plazo.

Vida privada: Mantengámonos en segundo plano, este no es buen momento para destacarnos. Podremos progresar de una manera modesta, sin pretensiones, posiblemente trabajando desde nuestra casa.

Salud, sentimientos y relaciones sociales: Si somos modestos y discretos, la gente nos apreciará más que si tratamos de destacarnos o llamar la atención.

CHENG YI. — El tercer trazo ocupa el puesto superior en el trigrama inferior; y alcanza cierta posición social[18]. Pero su camino le exige silenciar y ocultar sus méritos y talentos; si hace algo bueno, le da el mérito al príncipe, y de esta manera puede mantenerse con continuidad y rectitud. De esta manera, su superior no se dejará llevar por la sospecha y los celos; el inferior actuará con gentileza y la sumisión. "Puede ser determinado", significa que es posible mantenerse con perfecta firmeza y, además con continuidad duradera y permanente, sin arrepentimientos ni culpas[19]. Si algunas veces se encarga, mientras se ocupa de ellos, de los asuntos de su superior, no se atreve

---

[16] Este trazo es el regente gobernante del hexagrama, literalmente su "maestro". No sólo está en una posición correcta (trazo *yin* en posición par, es decir *yin*), sino que también es central, está en el medio del trigrama inferior.

[17] Indicada por la palabra "derecho" en el texto del trazo.

[18] Tradicionalmente el tercer puesto se refiere a un funcionario, que ocupa un puesto alejado del poder central (el príncipe, que ocupa el quinto puesto).

[19] También podría indicar que es posible determinar claramente que camino conviene seguir, o que es un buen momento para consultar el oráculo.

LO RECEPTIVO

a atribuirse la autoridad exclusiva y el mérito del trabajo realizado; sólo se ocupa de la ejecución de su tarea, para garantizar el buen resultado. Observar los deberes del propio puesto para llevar los asuntos hasta su conclusión, tal es el camino a seguir.

ZHU XI. — Este es un trazo *yin* en una posición *yang*. Mantiene escondidas sus bellas cualidades, y puede alcanzar la perfección mediante la estricta observación de las leyes de su propia condición. Pero este trazo ocupa el puesto superior en el trigrama inferior; no puede encerrar ni esconder sus talentos indefinidamente, por eso a veces sale de su retiro, se adelanta y se ocupa de los asuntos del superior, de modo que aunque no tiene autoridad al principio, finalmente la consigue, y llega a la meta.

Seis en el cuarto puesto (muta al hex. 16)

Bolsa atada.
Sin defecto, ningún elogio.

> Mantengamos nuestras opiniones y nuestros planes en secreto. No atraigamos la atención de nadie sobre nosotros mismos.
> Es conveniente que actuemos con mucha prudencia, mantengámonos apartados de los problemas y no nos comprometamos con nadie hasta que la situación se aclare. Mantengamos un perfil bajo y escatimemos nuestras palabras.

Trabajo: Hemos llegado a un punto muerto. No nos conviene retroceder ni avanzar, porque el peligro nos rodea. Es mejor quedarnos en nuestro lugar y seguir una política de no intervención hasta donde sea posible. No busquemos la aprobación de los demás y no corramos ningún riesgo.

Vida privada: Por ahora la situación está estancada, no obtendremos ganancias ni sufriremos pérdidas. Si actuamos con discreción y prudencia no tendremos problemas.

Salud, sentimientos y relaciones sociales: No es buen momento para dedicarnos a las relaciones sociales, estaremos un poco aislados por un tiempo. Seamos cautos y no confiemos en nadie, eso nos evitará muchas complicaciones. Aprovechemos las características de este tiempo para descansar un poco.

CHENG YI. — El cuarto trazo ocupa una posición cercana al quinto, pero no por eso están de acuerdo entre ellos; este es el momento en que el superior y el inferior se separan y no se entienden. Tiene una posición correcta, pero está un terreno dudoso y peligroso. Si se

esconde y oculta su conocimiento, como al atar y cerrar la abertura de una bolsa, sin dejar que se vea lo que contiene, entonces se mantendrá libre de culpa; de lo contrario sufrirá una desgracia. Dado que esconde y oculta su conocimiento, naturalmente no recibe elogios.

ZHU XI. — "Bolsa atada" significa atar la boca de la bolsa para que no salga nada. La palabra "elogio" indica falsos reconocimientos. Actuando con misteriosa circunspección no cometerá falta alguna, pero tampoco recibirá elogios. El cuarto trazo es doblemente *yin*[20], pero no es central, lo cual explica el pronóstico del texto de este trazo. En efecto, a veces hay que hacer las cosas con prudencia y circunspección, ocasionalmente es mejor esconderse, retirándose a un lado.

Seis en el quinto puesto (muta al hex. 8)

Falda amarilla. Habrá ventura sublime.

> Amarillo es el color de la Tierra e indica moderación y seguir el camino del medio, evitando los extremos. La falda o ropa amarilla[21] también simboliza humildad y virtud en alguien que ocupa un lugar de honor (el quinto puesto es la posición del regente o príncipe).
> Si somos sinceros, tenemos buen trato y no somos pretenciosos, la gente responderá muy bien a nuestra influencia.

Trabajo: Nuestra habilidad para manejar la situación con modestia, tratando con diplomacia a nuestros subordinados y sin ocasionar perturbaciones nos ayudará a progresar en nuestra carrera.

Vida privada: Moderación y tacto en el trato con otros son la clave para evitar problemas y tener éxito.

Salud, sentimientos y relaciones sociales: Disfrutaremos de excelente salud y nuestras relaciones sociales serán armoniosas. Tendremos gran pureza y claridad interior.

CHENG YI. — Aunque el hexagrama *Lo Receptivo* expone el Camino del súbdito, el quinto trazo representa la posición del príncipe, por lo que el texto dice: "Falda amarilla. Habrá ventura sublime." El amarillo es el color del centro[22]; la falda es la prenda inferior. La palabra "sublime" expresa grandeza y bondad. Si preserva su centra-

---

20 Trazo *yin* en puesto *yin*. Recordemos que los puestos pares son *yin*.
21 Otras traducción alternativa para la palabra "falda" sería delantal o ropa; denota las ropas ceremoniales usadas por personas de elevado estatus. Amarillo es el color del emperador y de la Tierra.
22 El centro indica equilibrio, moderación, justicia.

lidad [equilibrio] y se mantiene una posición subordinada habrá ventura sublime. Dado que la "falda amarilla" garantiza el feliz augurio, se deduce obviamente que ocupar una posición preeminente ocasionaría una gran desgracia para el mundo. Los hombres de siglos posteriores[23] no han comprendido esto, que se ha oscurecido, por lo que es imprescindible aclararlo. El quinto puesto representa una situación preeminente; en otros hexagramas, cuando un trazo *yin* ocupa el quinto puesto, a veces representa gentileza y pasividad, a veces expresa elegancia de forma e inteligencia, y en ocasiones, finalmente, tiene el significado de debilidad y oscuridad. En *Lo Receptivo* ocupa un puesto eminente. El Camino de los súbditos y de la mujer es *yin*. Por ejemplo, ministros como Yi y Mang ocuparon esta posición de respeto. También algunas mujeres ocuparon esta posición preeminente, como Nu Wa y Wu, pero estas no son circunstancias ordinarias en la evolución y no podemos hablar de ellas, por lo que el texto incluye la advertencia de la falda amarilla[24], pero sus comentarios no son exhaustivos. Podríamos preguntarnos, dado que todavía se habla de los asuntos de Tang y Wu[25], ¿por qué en este caso no se hablaría de ello? Ahora bien, la elevación o la disminución son circunstancias ordinarias que resultan del principio de las cosas, pero ocupar la situación preeminente con cualidades *yin* no es una circunstancia ordinaria de la evolución.

ZHU XI. — El amarillo es el color del centro, la falda es la prenda más inferior. El quinto trazo *yin* ocupa una posición preeminente, tiene la virtud de la centralidad y obediencia, totalmente en el interior, pero también manifestada en el exterior. Por eso el presagio es "ventura sublime". Si la virtud de la persona que consulta el oráculo es la misma, entonces el feliz augurio le será aplicable. Según el comentario tradicional de Chunqiu zhuan, Nan Kuai, al borde de la rebelión, consultó el oráculo y obtuvo este trazo, que consideraba un feliz signo de grandeza. Zifu Huibo dice: "Cuando se trata de fidelidad y buena fe, esto es posible, pero en cualquier otro caso, el resultado final será la destrucción. Fuerza y energía exterior, con gentileza interior, eso es fidelidad; la armonía guía la pureza, es decir la buena fe, por eso el texto dice: 'Falda amarilla, habrá ventura sublime'. El amarillo es el color del centro, la falda es la prenda más inferior, 'sublime' expresa el desarrollo del bien. Sin fidelidad interior, este color no es adecuado; si el inferior no se guía por el amor al bien público, la falda amarilla no puede vestirse; si la materia en cuestión no se ajusta al bien, no puede alcanzar su desarrollo extremo. Además, de hecho, el *Libro de los Cambios* no debe utilizarse para consultar el destino sobre cosas o asuntos indebidos o malsanos. Si falta una de estas tres virtudes, aunque la respuesta oracular parezca propicia, en realidad no lo es." Finalmente, Kuai fue efectivamente vencido, y este ejemplo puede servir para mostrar la ley que rige la adivinación.

Al tope un seis (muta al hex. 23)
Dragones luchan en la pradera.
Su sangre es negra y amarilla.

El principio *yin* es el complemento de la fuerza *yang*, pero debería ser sumiso y no intentar tomar el mando. Aquí se describe una lucha insensata entre las dos fuerzas, el verdadero dragón [*yang*] y el falso dragón rebelde [*yin*];[26] pero este conflicto sólo causará calamidades. Una puja violenta por el control, disputando el poder de los líderes legítimos, perjudicará mucho a ambos contendientes. Seamos cooperativos, no competitivos.

Trabajo: Es conveniente que evitemos las confrontaciones violentas, porque dañarán a todos los implicados y finalmente nos harán perder nuestra posición.

Vida privada: Conflictos y peleas causarán muchos problemas y pérdidas.

Salud, sentimientos y relaciones sociales: La envidia y la intransigencia pueden destruir nuestra felicidad.

CHENG YI. — *Yin* sigue a *yang*, pero, sin embargo, cuando ha llegado al límite extremo de su desarrollo, lo resiste y entra en lucha con él. Habiendo llegado al límite extremo de elevación, este trazo *yin* aún pretende seguir avanzando; necesariamente debe haber combate y lucha, por eso el texto dice: "Dragones luchan en la pradera". El carácter traducido como pradera[27] expresa que el avance continúa hacia el exterior del hexagrama. Desde el momento en que se oponen como enemigos, ambos necesariamente resultan heridos, por eso "su sangre es negra y amarilla".[28]

---

23 Los siglos posteriores a la época de Confucio.
24 Es decir advierte que es importante mantener el equilibrio y actuar con humildad, sin buscar la preeminencia, sino manteniendo una posición subordinada.
25 Tang y Wu también son mencionados por CHENG YI en uno de los comentarios de las *Diez Alas* (que no está incluido en esta traducción) del hexagrama 49, La Revolución: "Los reyes Tang y Wu se sometieron al mandato del Cielo, arriba, y correspondieron al corazón humano, abajo".

26 Negro es el color del Cielo y amarillo el color de la Tierra, de modo que los distintos colores identifican al verdadero dragón (negro) y el falso (amarillo).
27 *Ye*, 野, traducido como pradera, expresa el espacio situado más allá de las regiones habitadas.
28 Ver la penúltima nota.

Lo Receptivo

ZHU XI. — Habiendo llegado la fuerza *yin* al límite extremo de su desarrollo, hasta el punto de entrar en lucha con la fuerza *yang*, ambas quedan afectadas y heridas. Si esta es la situación de la persona que consulta el oráculo, el mal augurio es evidente.

Cuando aparecen puros seis[29]

Es favorable una constante determinación.[30]

Estamos en el camino correcto, rumbo al éxito final, pero solo si seguimos adelante con constancia. La palabra determinación no sólo indica que debemos perseverar sino que también tenemos que estar listos para evaluar la situación momento a momento, para efectuar cualquier corrección que sea necesaria, sobre la marcha y sin demora alguna.

Trabajo: Seamos persistentes con nuestros planes y responsabilidades.

Vida privada: Persigamos nuestros objetivos con firmeza, ateniéndonos con lealtad a nuestros principios.

Salud, sentimientos y relaciones sociales: Gozaremos de buena salud. Nuestra dedicación a una buena causa nos mantendrá en buenos términos con nuestros colegas.

CHENG YI. — Cuando aparecen puros seis indica lo mismo que cuando sólo aparecen nueves en Lo Creativo, es el Camino del uso y los efectos de la fuerza *yin*. El Camino del *yin* es la dócil suavidad, aunque le cuesta mantener una constante determinación. Por eso, cuando aparecen puros seis, el bien consiste en el perfecto desarrollo de la grandeza final. Poder terminar con grandeza es la perfección duradera.

ZHU XI. — Cuando al consultar el oráculo obtenemos sólo trazos *yin* que se transforman [número seis], ningún número ocho, el significado adivinatorio será "Es favorable una constante determinación". De hecho, la fuerza *yin* y la docilidad, no pueden subsistir ni mantenerse firmemente; se transforman y se vuelven *yang*, lo que lleva a una perfección duradera. Por eso el texto advierte a quien consulta el oráculo con las palabras: "constante determinación", que corresponden precisamente a las palabras: "la determinación es favorable", en el Dictamen de Lo Creativo. Como esta nueva fuerza *yang* proviene de la transformación del Lo Receptivo, no se incluyen las otras dos virtudes: "elevado éxito".

---

29 Sólo los dos primeros hexagrama, Lo Creativo y Lo Receptivo, tienen un texto oracular para cuando todos los trazos mutan.
30 Note que el primer trazo del hexagrama 52 tiene el mismo texto.

3 La Dificultad Inicial | *Zhun*

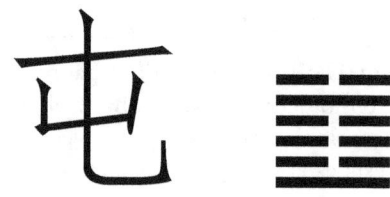

Las representaciones más antiguas del carácter que le da nombre a este hexagrama muestran claramente una planta brotando a través de la superficie de la tierra. La planta debe atravesar los obstáculos en su camino y establecer su presencia en un nuevo territorio lleno de potenciales peligros, de ello surge la idea de la dificultad inicial.

Significados asociados

Dificultad; brotar, comenzar a crecer; liderazgo; reunir, acumular, atesorar; establecer una guarnición con soldados; agrupados, apretujados.

El Dictamen

La dificultad inicial.
Sublime éxito. La determinación es favorable.
No debe tratar de alcanzarse ningún objetivo.
Es propicio nombrar funcionarios.[1]

> En las primeras etapas del crecimiento, tanto los seres inmaduros como las nuevas empresas, requieren alimentación, cuidado y firme determinación.
> Éste es el momento adecuado para poner en su lugar la base para futuros desarrollos, para afirmar el potencial innato. La raíz debe de estar firmemente asentada en la tierra antes que la planta pueda emerger sobre la superficie.
> La situación es inestable y no será posible seguir adelante sin la ayuda de colaboradores. No podremos alcanzar nuestros objetivos hasta que hayamos establecido un mínimo de orden y desarrollo. Por eso mismo la planificación a largo plazo es imprescindible.
> Este es uno de los pocos hexagramas que mencionan "las cuatro virtudes cardinales": *yuan, heng, li, zhen,* que significan "sublime", "éxito", "propicio" y "determinación o perseverancia".
> Todo oráculo que incluya estas cuatro virtudes indica que el éxito está garantizado, pero solo si el consultante se comporta correctamente; por esta razón la perseverancia en el camino correcto es la clave del éxito.

CHENG YI. — La Dificultad Inicial indica un camino de gran progreso. Para quienes se encuentran en estas condiciones; el éxito se consigue mediante determinación y firmeza. Sin perfecta determinación, ¿cómo podemos superar la Dificultad Inicial? Durante el tiempo descrito por este hexagrama no se puede iniciar nada. Cuando todo está obstaculizado, ¿cómo puede remediarlo la fuerza por sí sola? Es absolutamente necesario recurrir al auxilio y la ayuda de otras personas, por lo que resulta ventajoso nombrar funcionarios[2].

ZHU XI. — *Zhen* y *Kan* son los nombres de dos trigramas que forman este hexagrama. En el trigrama inferior, *Zhen,* ☳, un solo trazo *yang* se mueve por debajo de dos trazos *yin*, su virtud es el movimiento y su imagen simbólica es el trueno. En *Kan,* ☵, un trazo *yang* se inserta entre dos trazos *yin*; su virtud es la caída, el peligro, y su imagen simbólica es la nube, la lluvia, el agua.[3]
El nombre de este hexagrama es *Zhun*; esta palabra expresa dificultad; sugiere los seres que acaban de nacer y aún no disfrutan de su libertad de expansión. Este carácter representa un brote que atraviesa la tierra, que comienza a emerger y aún no se ha enderezado. En este hexagrama, *Zhen,* se encuentra con *Kan*, el resultado es que *Qian,* ☰ y *Kun,* ☷, comienzan a unirse y se encuentran en el medio del peligro, de ahí el nombre del hexagrama, La Dificultad Inicial. *Zhen,* movimiento, se encuentra abajo de *Kan,* peligro; de ahí la posibilidad de movimiento en medio del peligro. Aunque el movimiento sea exitoso o penetrante, al estar en peligro, conviene ser correcto y firme y no avanzar apresuradamente. El significado oracular, para quien obtenga este hexagrama es "sublime éxito mediante una firme determinación", pero no hay que actuar ni avanzar precipitadamente. El trazo *yang* inicial, es

---

[1] *Hou,* 侯: feudatario, príncipe vasallo, marqués; alto funcionario, gobernador, jefe.
[2] Para ayudar en el gobierno.
[3] Sírvase ver **Los ocho trigramas,** para saber más acerca de ambos trigramas.

La Dificultad Inicial

el regente constituyente del hexagrama; es la imagen de un subordinado capaz y enérgico, que con sabiduría, sabe ponerse por debajo de los hombres, y gana el cariño del pueblo, lo que le permite gobernarlo. Cuando uno consulta el oráculo sobre el nombramiento de un príncipe, si obtiene este hexagrama, es una señal auspiciosa.

La Imagen

Nubes y trueno: la imagen de La dificultad inicial.
Así el noble ordena y regula el tramado de las leyes.

> Nubes y trueno es una referencia a los dos trigramas que constituyen este hexagrama. Nubes y trueno simbolizan un estado caótico, pero lleno de posibilidades. Para convertir las posibilidades potenciales de una situación en realidad, es necesario ordenar y clasificar las cosas. Para poder aprovechar de manera efectiva las oportunidades hay que poner cada cosa en su lugar; ese es el significado de la frase "ordena y regula el tramado de las leyes".
>
> Liderazgo firme y reglas claras son un requisito indispensable para ordenar la situación y alcanzar el éxito.

CHENG YI. — Respecto al trigrama *Kan*, ☵, el comentario no dice "lluvia", sino "nubes"; las nubes están formadas por la lluvia que aún no está a punto. Como la lluvia todavía no puede caer, esto constituye la Dificultad Inicial. El noble considera la imagen simbólica de la Dificultad Inicial y prepara la trama y la urdimbre[4] del tejido de todos los asuntos del universo, para remediar el impedimento y la dificultad. La trama es el conjunto de hilos colocados longitudinalmente, la urdimbre es el conjunto de los hilos verticales que cruzan la trama. Esto expresa la idea de ordenar y regular.

ZHU XI. — El comentario utiliza la expresión "nubes" y no habla de agua[5]; esto indica que aún no es posible avanzar. Trama y urdimbre son términos técnicos de tejeduría; la palabra trama expresa la idea de conducir; la palabra urdimbre expresa la idea de regular para poner en orden. El tiempo de la Dificultad Iniciales cuando el noble debe actuar.

○ **Al comienzo un nueve** (muta al hex. 8)

Buscando como sobrepasar un obstáculo.
Es favorable mantener la determinación.
Es favorable designar ayudantes.

> Puede que tengamos que ensayar distintas formas de abordar la situación antes de poder sobrepasar un obstáculo; algunas dudas y vacilaciones serán inevitables, pero si nos mantenemos concentrados en nuestros objetivos finales alcanzaremos el éxito. Este es un tiempo preparatorio, todavía no es el momento propicio para avanzar.
>
> Es importante que reconozcamos los méritos de nuestros subordinados y hagamos uso de ellos de manera efectiva; sólo con la ayuda y el soporte de otras personas podremos salir adelante exitosamente.

Trabajo: Este es un buen momento para formar un grupo de trabajo y dedicarnos a la tarea como un grupo unido, de manera organizada.

Vida privada: No dejemos las cosas libradas a sí mismas. Tomemos las riendas en nuestras manos, ofrezcamos guía y ayuda a nuestra familia y amigos. Mantengamos la fe en nuestros objetivos, no permitamos que otros nos desanimen, en cambio persistamos en nuestros planes.

Salud, sentimientos y relaciones sociales: Podemos llegar a tener algunos problemas con nuestros pies o con nuestra movilidad. Tendremos algunas dudas.

CHENG YI. — El primer trazo *yang*, indica a alguien inteligente y enérgico, que enfrentando un período de dificultades, ocupa una situación inferior. Todavía no le corresponde emprender la tarea de remediar la Dificultad Inicial y por eso está tan inmóvil como una piedra o un pilar[6]. Situado al inicio de la Dificultad Inicial, permanece inmóvil, como fijo en el suelo; si avanza prematuramente, se encontrará bloqueado. Por eso es conveniente que sea recto y tenga planes bien estructurados. Cuando los hombres se encuentran en situaciones embarazosas y difíciles, muy pocos son capaces de mantener el equilibrio; sin determinación y rectitud, tienden a fallar en el cumplimiento de su deber; ¿Cómo podrán entonces superar la Dificultad Inicial? En un período de obstáculos, y frente a las dificultades, estando en una posición inferior, lo importante es conseguir ayuda y asistencia; ésta es la manera de mantenerse firme y poder superar la Dificultad Inicial, por eso el texto dice "es favorable designar ayudantes", lo que significa pedir ayuda.

---

4 El carácter traducido como "ordena y regula" en La Imagen, 經, *jing*, literalmente se refiere a la ondulación de una tela, la trama y la urdimbre de las cosas que corren a lo largo, como las líneas de significado a través de la tela del tiempo.

5 El trigrama *Kan* también simboliza el agua.

6 Los dos primeros caracteres de este trazo son *pan*, 磐 (que literalmente es una "roca grande", traducido como "obstáculo") y *pan*, 桓 (literalmente "pilar", duda, retroceso); ambos son traducidos como "Buscando como sobrepasar un obstáculo".

ZHU XI. — Estar inmóvil como una piedra o un pilar[7] es una expresión que indica inmovilidad e imposibilidad de avanzar. Situado al principio de la Dificultad Inicial, este trazo *yang* está en una posición inferior, pero forma parte del trigrama *Zhen*, ☳, que indica movimiento y, está en correspondencia con el trazo *yin* del cuarto puesto, que está en una posición con peligro de caída[8], y por eso está inmóvil, como una piedra o un pilar. Sin embargo, firme en su posición, posee determinación[9], de ahí que el significado adivinatorio sea: "es favorable mantener la determinación". Además este trazo es el regente gobernante del hexagrama. Debido a que, siendo *yang*, está por debajo de los trazos *yin*, el pueblo se dirige hacia él por ayuda. Éste trazo también es la imagen simbólica del funcionario[10]. Si quien consulta el oráculo se encuentra en estas condiciones, entonces le será ventajoso ser nombrado funcionario.

Seis en el segundo puesto (muta al hex. 60)

Como luchando, como vacilando.
Caballo y carro se separan.
No es un bandido, sino un pretendiente.
La doncella tiene determinación, no se compromete.
Después de diez años se compromete.

> El caballo separado del carro indica cuan difícil es organizar esfuerzos cooperativos entre distintas personas.
> Un obstáculo todavía bloquea el avance y los malos entendidos están complicado el trabajo en equipo. Alguien nos ofrecerá su ayuda cuando menos lo esperemos. El recién llegado nos inspirará algunas dudas y vacilaremos antes de aceptarlo.[11]
> La doncella simboliza el lado más débil que tiene dudas en aceptar una alianza, porque no quiere abandonar sus planes. Finalmente ambas partes llegarán a un acuerdo satisfactorio y se consagrará la alianza, por eso el texto dice "Después de diez años se compromete".
> Los diez años indican un largo período, de la misma forma que en los hexagramas 24.5 y 27.3.

El carácter traducido como "compromete", *zi*, 字, también significa "concebir, preñez, criar", lo cual indica una alianza que finalmente fructifica. Otra interpretación, sería que los diez años se refieren al tiempo que pasa antes de dar a luz.

Trabajo: Establecer una alianza o formar un buen equipo de trabajo nos llevará bastante tiempo y esfuerzo, pero vale la pena tomarnos todo el tiempo que sea necesario para hacerlo, porque el resultado será sumamente positivo. Tendremos buenas oportunidades a largo plazo.

Vida privada: Después de experimentar algunas privaciones, siendo perturbados por conflictos y dudas, nos asociaremos con alguien o nos casaremos. Es posible que haya un nacimiento en la familia, aunque se demorará.

Salud, sentimientos y relaciones sociales: Problemas de movilidad. Desconfianza y vacilaciones dificultarán nuestras relaciones sociales con alguien que nos interesa, pero finalmente estableceremos una buena relación.

CHENG YI. — El segundo trazo utiliza la gentileza y suavidad *yin* para atravesar un período de confusión y obstáculos; aunque se corresponde con un trazo superior[12], también está encima del primer trazo *yang*, de ahí la confusión y los obstáculos[13]. "Como" es un término auxiliar que no cambia el alcance de los términos utilizados. Subirse a un carro es querer avanzar y moverse; quiere seguir a aquel con quien se corresponde, pero no puede avanzar. El carácter *ban*, 班, "separarse", tiene el significado de ordenar en formación; desmontar para ordenarse en formación, de modo que el caballo y el carro[14] quedan separados y en diferentes lugares. El segundo trazo se encuentra ante un período de dificultades y obstáculos; aunque no puede remediarlo por sí mismo, mantiene su equilibrio y centralidad[15] y su determinación. Como se corresponde con el quinto trazo, no falta a su deber. Sin embargo, está presionado y se encuentra próximo al primer trazo; *yin* es buscado por *yang*, la dócil suavidad es oprimida por la dureza en acción, lo que

---

7 Ver nota anterior.
8 Porque el cuarto trazo está al comienzo del trigrama *kan*, ☵, que significa tanto peligro como caída.
9 Porque es un trazo *yang* en una posición impar, y por lo tanto es correcto.
10 Que menciona El Dictamen, cuando dice: "Es propicio nombre funcionarios".
11 Hay distintas interpretaciones de este trazo, algunos (como Wilhelm) consideran que el segundo trazo inicialmente cree que su pretendiente (el quinto trazo) es un bandido, pero finalmente todo se aclara.

12 El trazo *yang* en el quinto puesto.
13 Inmediatamente viene a la mente la idea de una doncella con dos pretendientes.
14 En la época cuando se compuso la primer parte del *Libro de los Cambios*, el *Zhou Yi*, los chinos no cabalgaban, sólo usaban los caballos para arrastrar sus carruajes, por eso la traducción dice "caballo y carro se separan" (siguiendo a Wilhelm), en lo que difiere de algunas traducciones.
15 En medio del trigrama *Zhen*, ☳.

La Dificultad Inicial

ocasiona dificultades. Si no fuera perseguido y seguido de cerca por un bandido, entonces llevaría a cabo su unión matrimonial. El matrimonio se refiere a la correspondencia entre los trazos 2 y 5; el "bandido" es quien actúa sin guiarse por ningún principio. El segundo trazo tiene centralidad y rectitud; no se une desconsideradamente al trazo *yang* inferior, lo que significa que no hay acuerdo ni compromiso. Si mantiene firmemente su determinación, sin variar, durante un período de diez años, el obstáculo, llegado a su límite extremo, debe finalmente dar paso a la libertad de acción; entonces el segundo trazo logrará poseer aquello con lo que se corresponde, y la obra de la concepción estará cumplida. Si una joven mujer de suavidad *yin*[16], que respeta las convenciones y sigue sus propias tendencias, finalmente logra alcanzar su libertad de acción, con mayor razón el noble podrá seguir el camino correcto sin apartarse de él. Se considera que el primer trazo representa a un bandido que oprime y perjudica a alguien. Esto resulta naturalmente de tener en cuenta la situación del segundo trazo *yin*, cercano a un trazo firme, y de deducir de eso un significado, sin tener en cuenta las cualidades específicas del primer trazo, cualesquiera que sean. Ésta es, en el *Libro de los Cambios*, la manera de definir el significado de los trazos.

ZHU XI. — El carácter *ban*, 班, "separarse", tiene el significado de ordenarse en formación, sin avanzar. *Zi*, 字, significa "promesa en matrimonio"; el *Libro de los Ritos* dice: "la joven concedida en matrimonio es adornada con un alfiler y recibe un nombre". El segundo trazo *yin* está dotado de dócil suavidad, centralidad y determinación; se corresponde con el quinto trazo del trigrama superior, pero cabalga sobre el primer trazo firme, *yang*. Es por estos motivos que está frenado por las dificultades, perplejo y dando vueltas sin avanzar. Sin embargo, el primer trazo no se considera representativo de un bandido, él sólo desea casarse con el segundo trazo, pero este último mantiene su centralidad y no consiente. Después de mantener su determinación por diez años, los obstáculos se agotan; quien lo solicitó injustamente se va, mientras que quienes se corresponden con simpatía y centralidad se unen y el lícito celebrar el compromiso. La imagen simbólica de este trazo es una advertencia para quien consulta el oráculo.

Seis en el tercer puesto (muta al hex. 63)

El que persigue al ciervo sin guardabosques,
se extraviará en las profundidades del bosque.
El noble capta los indicios y prefiere desistir.
Si sigue adelante lo lamentará.

---

16 El segundo trazo.

Encegueido por nuestro deseo intenso podemos llegar a meternos en problemas, entrando a un lugar o situación desconocida sin haber tomado las precauciones necesarias y sin tener un guía. Como resultado perderemos la orientación y nos extraviaremos.

El ciervo simboliza al deseo; el bosque significa lo desconocido y los peligros que se encuentran por adelante, donde nuestro deseo ciego o nuestra ambición pueden precipitarnos.

Los indicios son indicaciones sutiles, que de ser ignoradas, nos llevarán a perdernos y nos harán pasar vergüenza.

Trabajo: Tomemos todo el tiempo que sea necesario para planificar lo que pretendemos hacer. Si no tenemos suficiente ayuda ni experiencia y no planificamos con cuidado, fracasaremos y seremos humillados. Ejerzamos autocontrol y actuemos con prudencia.

Vida privada: Si nos dejamos arrastrar por nuestras fantasías, sin escuchar la voz de la prudencia, perderemos el tiempo buscando cosas inalcanzables y nos complicaremos la vida inútilmente.

Salud, sentimientos y relaciones sociales: Experimentaremos sentimientos de desconexión y pérdida. Una compulsión obsesiva puede perjudicarnos.

CHENG YI. — El tercer trazo *yin*, con su dócil suavidad, ocupa un puesto que implica firmeza. Desde el momento en que la mansedumbre no es capaz de aliviar las dificultades, ocupando un puesto firme, pero sin centralidad ni rectitud, se moverá en el momento equivocado. Aunque desea apasionadamente obtener lo que persigue, no es capaz de poner las cosas en orden por sí mismo y, además, no tiene un trazo correspondiente que lo acoja. ¿Puede entonces saber como aliviar las dificultades? Es como el hombre que persigue al ciervo sin tener un guía. El que se adentra en un bosque debe tener un guía que le conduzca; sin conductor sólo vagará por las profundidades del bosque. El noble está atento a los primeros indicios de las cosas; es mejor darse por vencido y cesar la persecución; en caso de emprenderla sólo estaríamos encaminándonos lo que causa miseria y aprensión.

ZHU XI. — Éste trazo *yin* reside en el trigrama inferior, sin ser central ni correcto; tampoco tiene correspondencia con el sexto trazo, debido a eso sus acciones son inapropiadas y conducen a la miseria y el sufrimiento, de ahí la imagen simbólica de perseguir al ciervo sin guía, deambulando en medio de un bosque. El noble ve desde el primer momento que es mejor darse por vencido y retirarse; si prosiguiera la búsqueda en lugar de abandonarla, ciertamente eso llevaría a confusión y desgracia. Es una advertencia al que consulta el oráculo, para prevenirlo contra actuar de esta manera.

Seis en el cuarto puesto (muta al hex. 17)

Caballo y carro se separan.
Busca la unión.
Avanzar trae ventura.
Todo será propicio y sin defecto.

> Las fuerzas a nuestra disposición están en discordia y esparcidas. El carro simboliza un proyecto que no puede avanzar por falta de unión. Si no estamos calificados para solucionar los problemas por nosotros mismos, deberíamos buscar un aliado para poder reanudar nuestro avance y llevar nuestros proyectos hasta una conclusión exitosa.
>
> **Trabajo:** La mejor forma de lograr buenos resultados sería asociarnos con otras personas o entrar en un grupo. Buenas perspectivas para el trabajo en equipo.
>
> **Vida privada:** Es hora de reconocer que no podemos hacer todo por nosotros mismos; solicitemos la ayuda de nuestros amigos y nuestra familia. De esa forma nuestra vida será mas agradable y próspera.
>
> **Salud, sentimientos y relaciones sociales:** Tendremos muchas dudas y nos costará mucho decidirnos. Tratemos de superar nuestro aislamiento.

CHENG YI. — El cuarto trazo *yin*, con su gentileza y sumisión, ocupa una situación cercana al príncipe; aunque es solidario con su superior, sus capacidades son insuficientes para remediar las dificultades, de modo que aunque quiere avanzar, debe detenerse: "caballo y carro se separan". No siendo capaz por sí mismo de remediar las dificultades y obstáculos del momento, si puede recurrir a la ayuda de los sabios, entonces podrá lograrlo. El sabio, representado por el firme trazo *yang* del primer puesto, está en correcta correspondencia con el cuarto trazo; si éste busca una alianza matrimonial con el trazo *yang* en el primer puesto, y se compromete con él a ayudar al príncipe dotado de firmeza *yang*, centralidad y rectitud, para remediar las dificultades de los tiempos, entonces "avanzar trae ventura. Todo será propicio y sin defecto". Quienes ocupan las posiciones de duque y dignatario[17], aunque sus propias capacidades no sean suficientes para remediar las dificultades y dificultades del momento, sin embargo, si buscan la ayuda del sabio[18] colocado debajo de ellos, se apegan a él y lo emplean, ¿cómo pueden fallar?

ZHU XI. — Éste dócil trazo *yin* está obstaculizado por un obstáculo impenetrable. Por eso "caballo y carro se separan". Pero el trazo *yang* en el primer puesto se mantiene en su puesto inferior con rectitud y está en correspondencia con este trazo, por eso el significado adivinatorio es que si uno busca una alianza matrimonial abajo[19], será venturoso.

○ Nueve en el quinto puesto (muta al hex. 24)

Dificultades para dispensar favores.
Es propicio perseverar en pequeñas cosas.
Desventura en grandes determinaciones.

> Preservemos nuestra energía y nuestros recursos, esperemos a que llegue un tiempo más propicio antes de intentar grandes cosas. Por ahora sólo podemos hacernos cargo de pequeñas cosas. Evitemos tomar decisiones importantes o iniciar proyectos complicados. El carácter 膏, *gao*, traducido como "favores", también significa "riqueza", por eso este es un mal momento para realizar inversiones.
> En este momento no estamos en condiciones de ayudar a los demás en cosas importantes. Nuestra cortesía podría ser mal interpretada.
>
> **Trabajo:** Concentrémonos en los pequeños detalles de nuestras obligaciones cotidianas y no intentemos llevar adelante nada importante.
>
> **Vida privada:** No es un momento propicio para ayudar a otras personas en asuntos importantes, no podremos solucionar sus problemas y sólo nos complicaremos la vida. Por ahora sólo podemos llevar a cabo pequeñas cosas.
>
> **Salud, sentimientos y relaciones sociales:** Tendremos sentimientos de incompetencia y estaremos un poco aislados

CHENG YI. — El quinto trazo ocupa una posición preeminente; posee centralidad y se encuentra enfrentando el tiempo de la Dificultad Inicial. Si consigue la ayuda de un hombre sabio dotado de inteligencia y firmeza, podrá superar estas dificultades. Su influencia se ve obstaculizada porque no tiene ministros. Incluso en un período de obstáculos y dificultades, la eminencia del príncipe no disminuye, ni pierde su fama ni su posición;

---

17 Cuarto y quinto trazos.
18 El trazo *yang* en el primer puesto.
19 Con el trazo *yang* en el primer puesto.

La Dificultad Inicial

pero su influencia no siempre puede sentirse y el efecto benéfico de su virtud no puede descender sobre el pueblo. De ahí la frase "dificultades para dispensar favores". Esto es lo que, para el príncipe, constituye la Dificultad Inicial. La influencia benéfica de su virtud encuentra ciertos obstáculos y no siempre puede alcanzar a quienes se encuentran debajo de él, debido a que la autoridad y el poder ya no residen en el príncipe. Si este pretendiera corregir apresuradamente este estado de cosas, se dirigirá hacia la desgracia. Eso fue lo que les pasó al Duque Zhao de Lu[20] y al Duque del Distrito Gaogui[21]. Por eso "es propicio perseverar en pequeñas cosas"; esta frase significa corregir las cosas gradualmente, como lo hicieron Pan Geng[22] y el Rey Xuan[23], recuperando la virtud y empleando a los sabios, retornando a las instituciones políticas de los primeros reyes, lo que hizo que todos los príncipes feudatarios volvieran a la Corte. Esto es lo que llamamos lograr resultados lentamente utilizando el camino moral y actuando sin violencia. Además, no se trata de la inacción de una calma impasible e imperturbable[24], como en los casos de Xi y Zhao de la dinastía Tang. Si se sigue el camino de la inacción, incluso una simple dificultad ordinaria llega a provocar una caída[25].

ZHU XI. — Aunque el quinto trazo tiene firmeza *yang*, y es central y correcto, ocupando la posición preeminente, sin embargo, en presencia de un momento de Dificultad Inicial, ha caído en medio del peligro. Aunque posee la correcta correspondencia del segundo trazo *yin*, este último sólo tiene dócil suavidad *yin*, y sus habilidades son débiles e insuficientes para remediar o navegar a través de los peligros del momento. El primer trazo *yang*, en su posición inferior, posee las simpatías del pueblo; toda la multitud se reúne a su alrededor. El quinto trazo *yang* es parte de la sustancia del trigrama *Kan*, ☵,[26] posee una virtud dócil y beneficiosa, pero no puede hacer sentir su influencia. Esta es la imagen de" dificultades para dispensar favores". Si quien consulta el oráculo sólo se ocupa de cosas de menor importancia, eso será propicio, pero si se ocupa de asuntos serios, entonces, aunque mantenga la rectitud, no podrá evitar la desgracia.

Al tope un nueve (muta al hex. 42)

Caballo y carro se separan.
Se derraman lágrimas de sangre.

> Las lágrimas de sangre simbolizan desmesura y descontrol. Hemos ido demasiado lejos y ahora estamos asediados por los problemas, pero en lugar de lamentarnos amargamente sería mejor que tratáramos de reformar nuestra vida.
> En este momento no tenemos a nadie que pueda ayudarnos, ni donde refugiarnos, pero tampoco podemos quedarnos quietos. Aceptemos la realidad como es, renunciemos a nuestra fantasías y comencemos desde cero.
>
> **Trabajo:** Habiendo llegado a un punto muerto y sin tener opciones viables para salir adelante, es tiempo de aceptar nuestras pérdidas y comenzar de nuevo, desde el principio.
>
> **Vida privada:** Podemos llegar perder una propiedad o a un miembro de nuestra familia.
>
> **Salud, sentimientos y relaciones sociales:** Sufriremos depresión. Lamentarnos no nos ayudará; busquemos nuevos intereses que nos permitan seguir adelante con nuestra vida.

CHENG YI. — Este trazo ocupa el último puesto de la Dificultad Inicial con suavidad *yin*. Está en el colmo del peligro y, sin correspondencia con otro trazo que lo soporte. Si permanece en su lugar no estará en paz, si se mueve no tendrá adónde ir. "Caballo y carro se separan", significa que quiere emprender cosas, pero no puede avanzar. Este es un exceso de desgracia y peligro, hasta el punto que "se derraman lágrimas de sangre", lo cual es el último grado de la Dificultad Inicial. Si tuviera la firme energía *yang*, y obtuviera ayuda, habiendo llegado la Dificultad Inicial a su punto máximo, podría remediarla y superarla.

ZHU XI. — Suavidad *yin*, sin correspondencia[27], colocado al final de la Dificultad Inicial, no puede dirigirse a ningún lugar; sólo tiene tristeza y miedo; de ahí la imagen simbólica.

---

20 Cuando el duque Zhao intentó recuperar el poder perdido, falló y fue exiliado.
21 Cao Mao fue el cuarto emperador del estado de Cao Wei durante el periodo de los Tres Reinos. Él recibió el título feudal de Duque del Distrito Gaogui. Murió en una batalla, cuando intentaba recuperar su poder.
22 Pan Geng fue un rey de la dinastía Shang. Se le conoce sobre todo por haber trasladado la capital de la dinastía Shang a su ubicación definitiva en Yin.
23 El Rey Xuan de Zhou fue el undécimo rey de la dinastía Zhou de China. Trabajó para restaurar la autoridad real, después del interregno Gong He.
24 Alusión a la doctrina budista.
25 La destrucción de la dinastía.
26 Que expresa peligro, caída, etc.

27 Con el trazo *yin* del tercer puesto.

4 La Necedad Juvenil / Ceguera | *Meng*

El elemento fonético del carácter que le da nombre a este hexagrama, *meng*, significa "cubrir con hierba, ocultar", de ahí el significado de estar a oscuras, ceguera. Remover falsos conceptos e ilusiones insensatas es parte del proceso de maduración humano; por eso, otra idea asociada con este hexagrama es que deberíamos poder ver la realidad tal cual ésta es antes de poder aprender a manejarnos en la vida. Algunos autores traducen *meng* como *cuscuta*, una hierba parasítica, pero aquí nos atendremos al significado clásico.[1]

Significados asociados

Ignorancia, inmadurez, falta de experiencia; tapar, oculto, estar oscurecido; avanzar con los ojos cubiertos, ceguera; engaño, ocultar, engañar.

El Dictamen

La Necedad Juvenil tiene éxito.
No soy yo quien busca al joven necio,
el joven necio me busca a mi.
Al primer oráculo le informo,
pero una segunda o una tercera vez es una impertinencia.
Cuando molesta no doy información.
Es favorable la determinación.

> La inmadurez es una etapa del aprendizaje. Un joven necio puede ser exitoso porque el contacto con la experiencia le ayudará a adquirir un poco de sabiduría. El estudiante debería mostrar respeto hacia su maestro, de otra forma los esfuerzos del maestro se desperdiciarán. Los estudiantes revoltosos sólo se humillarán a ellos mismos.

El oráculo nos dice que las personas que buscan su consejo deberían tomar seriamente la instrucción que él les brinda y evitar preguntar una y otra vez sobre un mismo tema. El oráculo también nos advierte que no suministrará información a los impertinentes.

CHENG YI. — Al pie de la montaña hay peligro[2], el peligro está dentro y es imposible permanecer donde estamos; afuera hay un obstáculo y no podemos avanzar; todavía no sabemos qué debemos hacer, y es por eso que se considera que el símbolo tiene el significado de oscuridad y ceguera. "La Necedad Juvenil tiene éxito": el éxito se debe a la acción en el momento propicio, la concordancia precisa con el momento; por momento nos referimos a cuando tenemos la simpatía del príncipe; por concordancia exacta entendemos que se trata de mantenerse en el centro; cuando estemos en el centro, habrá llegado el momento. "No soy yo quien busca al joven necio, el joven necio me busca a mí": las tendencias se corresponden muy bien. El segundo trazo, tiene la sabiduría que otorgan la firmeza y la inteligencia, pero está en un puesto inferior; el quinto trazo es "el joven necio", pero ocupa la posición superior. No es el segundo trazo quien busca al quinto; de hecho, las tendencias del quinto hacen que corresponda con simpatía al segundo. El sabio se encuentra en una posición inferior, ¿cómo podría presentarse por su propia voluntad para tratar de obtener algo del príncipe? Si lo intentara, no habría razón para que el príncipe tuviera confianza en él y lo empleara. Es por esto que los hombres de la antigüedad esperaban a que los príncipes mostraran su respeto, o se hubieran cumplido todos los deberes rituales de conveniencia, y sólo entonces seguían adelante. No porque quisieran engrandecerse y exaltarse, porque sólo exaltaban la virtud y se complacían en la moral, pero si no hubieran actuado así, habrían estado por debajo de lo que les imponía su deber. "Al primer oráculo le informo, pero una segunda o una tercera vez es una impertinencia. Cuando molesta

---

1 Esta es una traducción del *Libro de los Cambios*, es decir, la obra que se generó al combinar el *Zhou Yi*, que fue el texto original, con el pensamiento confuciano. Esta traducción intenta reflejar el *Libro de los Cambios*, tal como lo veían CHENG YI y ZHU XI, por lo que siempre nos atenemos al significo clásico de los caracteres chinos, no a las reconstrucciones de su significado primigenio en el *Zhou Yi*.

2 El trigrama inferior, *kan*, ☵.

La Necedad Juvenil

no doy información". "Al primer oráculo" significa que se busca con absoluta sinceridad como salir de la ceguera; en este caso conviene actuar con firmeza y centralidad, para instruirse y disipar esta ceguera. "Una segunda o una tercera vez", es decir un gran número de veces, indica que las intenciones de quien acude a consultar son múltiples, no pueden ser directas y centrarse en un solo tema, lo que indica descuido y ya no es adecuado responder. Si se diera una respuesta, esta no podría recibirse con confianza, sólo constituiría una repetición inútil. El comentario dice que "es una impertinencia". Tanto quien pregunta como el que responde están igualmente cansados de la repetición. El *Dictamen* dice "es favorable la determinación"; el comentario al texto vuelve a explicar el significado de estos términos para aclarar que no se trata sólo de una advertencia dirigida al segundo trazo, sino realmente el camino a seguir para esclarecer la ceguera. La ignorancia aún no disipada se llama *meng*, Necedad Juvenil o ceguera. Tomar a la ceguera, esta Necedad Juvenil aún no esclarecida y rectificarla e instruirla es realizar una sabia obra. Alimentar la rectitud de la Necedad Juvenil es la máxima excelencia en la enseñanza. Entre los seis trazos de la Necedad Juvenil, los dos trazos *yang* son los que remedian la Necedad Juvenil y los cuatro *yin* representan a aquellos que están inmersos en la Necedad Juvenil.

ZHU XI. — Explicación del Dictamen utilizando sus componentes. El segundo trazo *yang* sigue el camino natural que disipa la Necedad Juvenil, o ceguera de los hombres y, además, se ajusta a la oportunidad exacta del momento. Las tendencias se corresponden muy bien, el segundo trazo tiene inteligencia y energía; el quinto, inmerso en la oscuridad, es suave y dócil, de modo que el segundo no invoca al quinto, sino que el quinto invoca al segundo. Sus tendencias son naturalmente amigables. Al ser firme y central, el segundo trazo puede enseñar con moderación. El término traducido como "impertinencia" indica repetición; si se consulta el oráculo repetidamente, es una molestia, y quien responde se cansará. La rectificación de la Necedad Juvenil es la obra del sabio, lo que explica el significado de las palabras "es favorable la determinación".

La Imagen

Al pie de la montaña surge un manantial:
la imagen de La Necedad Juvenil.
Así el noble actúa con resolución y cultiva su virtud.

> La montaña es fuerte, firme, pero el manantial que surge de sus laderas está buscando establecer su propio cauce. El agua del manantial corre el riesgo de estancarse si no consolida su curso; de la misma forma, si la inexperiencia juvenil se desvía por un curso erróneo el proceso de maduración se postergará.
> El cultivo de la virtud significa que es preciso desarrollar los dones naturales, ese es el camino que lleva al éxito.

CHENG YI. — Al pie de la montaña nace un manantial; brota y encuentra un obstáculo; todavía no estableció su flujo ni su dirección; es la imagen simbólica de la Necedad Juvenil, como la ceguera de la ignorancia del hombre en su temprana edad, cuando aún no sabe a qué debe aspirar. El noble contempla la imagen de esta ignorancia y "actúa con resolución y cultiva su virtud". Considerando que esta agua que brota aún no puede fluir libremente, decide lo que tiene que hacer; considera entonces que aún no ha hallado la dirección de su cauce, y alimenta y cultiva las facultades de su inteligencia[3].

ZHU XI. — La fuente es el agua que empieza a salir; necesariamente debe correr e incrementarse gradualmente.

Al comienzo un seis (muta al hex. 41)

Para desarrollar al necio es favorable
disciplinar al hombre.
Deben quitarse las trabas.
Si continúa así lo lamentará.

> La disciplina sirve para fortalecer la voluntad, pero no debería llevarse demasiado lejos. Si las trabas (literalmente "grilletes o esposas") son excesivas, la buena voluntad y creatividad del estudiante se perderán. Al fin y al cabo, la disciplina es una herramienta, pero no una meta en sí misma.

Trabajo: La disciplina es importante, pero sin exagerar al punto de dificultar el desenvolvimiento natural o de coartar toda espontaneidad.

Vida privada: Puede haber algunas reyertas. Las reglas deberían ser aplicadas con discernimiento y de acuerdo a las circunstancias presentes dentro de la familia. Usemos nuestro buen criterio, no seamos inflexibles.

Salud, sentimientos y relaciones sociales: Podemos llegar a tener problemas con nuestros pies; ejercitarnos mejorará nuestra movilidad.

---

3 "Facultades de su inteligencia" traduce el carácter 德, *de*: virtud, poder espiritual, habilidad para seguir el curso correcto; cualidad, naturaleza, carácter, disposición.

CHENG YI. — Este trazo, sumido en oscuridad *yin*, ocupa el puesto inferior; indica la ignorancia ciega de la gente común y el texto muestra como disiparla. Para esclarecer al pueblo llano, es necesario mostrarle claramente las penas y las prohibiciones, para disciplinarlos. A partir de eso hay que instruirlos y guiarlos. Desde la antigüedad, los sabios reyes, en su régimen de gobierno, instituían penas y castigos, para mantener en orden a la multitud, y hacían claras sus enseñanzas, para mejorar la moral. Una vez establecidas las penas y los castigos, podía tener lugar la acción transformadora de la enseñanza. Aunque el sabio valora la virtud y no estima el castigo, nunca adopta exclusivamente uno de estos dos medios abandonando por completo el otro. Lo que precede el comienzo del gobierno, es el establecimiento de las reglas.

Al comenzar a esclarecer la ignorancia, se hace sentir el poder de la autoridad a través del castigo, para liberar a los hombres de las cadenas de la ignorancia y la ceguera. Los dos caracteres traducidos como "trabas" expresan vínculos restrictivos. Si no quitamos los obstáculos de la ignorancia y la ceguera, la enseñanza del bien no tiene forma de penetrar; por el contrario, cuando se han utilizado penas y prohibiciones para disciplinar a los hombres, aunque su corazón aún no haya llegado a estimar el bien por sí mismo, se ven obligados a temer el poder de la autoridad y a obedecer al gobernante, sin atreverse a dar rienda suelta a los deseos que surgen de la ignorancia y la ceguera. Entonces, poco a poco, los hombres podrán aprender a conocer el camino del bien y corregir las malas inclinaciones de su corazón. También es posible cambiar la moral y mejorar las costumbres. Si los castigos se emplean exclusivamente como medio de gobierno, entonces, aunque el miedo pueda coexistir con la ignorancia, en última instancia la ceguera no puede disiparse; si, por el contrario, están exentos de estas penas y no sufren vergüenza alguna, el efecto transformador del régimen de gobierno no puede prevalecer y completarse.

ZHU XI. — Dado que este trazo *yin* ocupa el puesto más bajo, expresa una ceguera extrema. Quien consulta el oráculo y encuentra este trazo debe disipar la ceguera; pero la forma racional de disiparla pasa por pausar por un momento el castigo, para ver los resultados obtenidos. "Si continúa así lo lamentará" es una advertencia al que consulta el oráculo.

○ **Nueve en el segundo puesto** (muta al hex. 23)
Tolerar La Necedad Juvenil trae buena fortuna.
Es venturoso tomar una esposa.
Un hijo puede hacerse cargo de la familia.

No se debería esperar demasiado del estudiante hasta que tenga tiempo para incorporar las cosas aprendidas. Soportar La necedad juvenil significa tener tolerancia con las debilidades humanas.

La imagen del hijo tomando una esposa y haciéndose cargo de la familia indica habilidad para relacionarse con cortesía y amabilidad con las personas que uno tiene bajo su responsabilidad y también refuerza la idea de que hay que tolerar las debilidades de los demás.

El estudiante que es educado con bondad y consideración, cuando se haga cargo de su familia, los tratará con la misma consideración que él recibió de su maestro.

Trabajo: Este es un excelente momento para asumir nuevas responsabilidades. Sabemos bien como debemos tratar a nuestros subordinados.

Vida privada: Puede que debamos hacernos cargo de otras personas o quizás formemos nuestra propia familia.

Salud, sentimientos y relaciones sociales: Nuestra motivación y firme decisión nos permitirán encarar nuevos desafíos. Este es un excelente momento para conocer nuevas personas y asumir responsabilidades.

CHENG YI. — Tolerar es aguantar, contener. El segundo trazo *yang* ocupa una posición en un tiempo de ceguera; posee firmeza y claridad, y se corresponde con el príncipe representado por el quinto trazo *yin*. Ambos poseen la virtud de la centralidad; son quienes, en este tiempo, tienen la autoridad. Deben extender su tolerancia y mostrar piedad e indulgencia hacia aquellos que son toscos e incultos. Entonces podrán disipar y extinguir la ceguera del mundo. Su camino es amplio y sus efectos son considerables, por eso habrá ventura. Este hexagrama sólo tiene dos trazos *yang*. El sexto trazo *yang*, tiene firmeza, pero en exceso; sólo el segundo trazo posee las virtudes de firmeza y centralidad y se corresponde con el quinto trazo. Indica a alguien que está iluminado, pero si se complace en su inteligencia y se apoya exclusivamente en su autoridad personal, su virtud no tendrá grandeza. Por eso "es venturoso tomar una esposa", aunque se trate de la ignorancia suave y dócil de la mujer, conviene tomar lo que hay de bueno en ella, para que aumente la

La Necedad Juvenil

claridad. El texto habla de "una esposa", refiriéndose a los trazos *yin*. En el mundo nadie alcanza la santidad de Yao y Shun sin comunicarse diariamente con la gente común, aprovechando lo bueno que pudieran aportar. El segundo trazo puede tolerar e indagar, por lo que es capaz de poner en orden los asuntos del príncipe, como un hijo que dirige la familia. Dado que el quinto trazo tiene las cualidades de suavidad *yin*, se deduce que el mérito de disipar la ceguera recae enteramente en el segundo trazo. Si es una familia, el quinto trazo representa al padre y el segundo trazo representa al hijo. El segundo trazo, siendo capaz de presidir la obra de guiar a los ignorantes, representa por tanto al hijo capaz de dirigir la familia.

ZHU XI. — El segundo trazo *yin*, con su firmeza, es el regente del trigrama inferior; que supervisa los dos trazos *yin* del mismo; él es quien actualmente está investido de la autoridad necesaria para disipar la ceguera. Pero como sus gobernados son muchos, y como la naturaleza de los seres no es uniforme, no debe utilizar medios absolutamente invariables en todos los casos, por eso la virtud de este trazo, que es firme sin exceso, constituye la imagen simbólica de la tolerancia. Además, al ser *yang*, el que soporte a los trazos *yin*, constituye la imagen simbólica de "tomar a una esposa". Finalmente, ocupando una posición baja, puede soportar el peso de los asuntos del superior, lo que constituye la imagen simbólica del hijo capaz de dirigir la familia. Si el que consulta el oráculo posee esta virtud y se encuentra en un caso similar, tendrá un resultado venturoso.

Seis en el tercer puesto (muta al hex. 18)
No te cases con una muchacha que cuando ve
un hombre de metal,
pierde la posesión de sí misma.
Ningún lugar [objetivo] es favorable.

> Una persona débil puede seguir ciegamente y dejarse avasallar por un carácter más fuerte, eso está simbolizado por la muchacha que pierde posesión de sí misma ante un hombre de metal, el que simboliza la fuerza *yang*.
> Ese tipo de relaciones no son sustentables ni positivas. No es correcto permitirle a otra persona que se rebaje de esa forma.
> Este trazo también puede interpretarse de otra forma, muchas veces una persona más débil o más pobre, puede seguir a alguien con más poder o riqueza sólo para sacar ventaja personal. Obviamente, tampoco en ese caso se pueden esperar buenos resultados.

Cuando se escribió el texto de este trazo, unos mil años antes de Cristo, el oro era raramente usado. El bronce brillante y pulido era un metal precioso y un signo de riqueza. El carácter 金, *jin*, traducido aquí como "metal", significa "metal, oro, bronce, riquezas", de modo que "un hombre de metal", bien podría traducirse como "un hombre adinerado".

Trabajo: No confiemos en aquellos que nos siguen ciegamente y no permitamos que los aduladores nos manipulen. De la misma forma, tampoco seamos serviles con nuestros jefes, ni intentemos convertirnos en su favorito.

Vida privada: No nos rebajemos, mantengamos nuestra dignidad. No animemos a otros a que dependan de nosotros, ni permitamos que personas inferiores se cuelguen de nuestras faldas.

Salud, sentimientos y relaciones sociales: Nuestras relaciones sociales deberían basarse en afinidades naturales, no en el interés egoísta. No puede esperarse nada bueno de una relación motivada por la ambición.

CHENG YI. — El dócil trazo *yin* en el tercer puesto, ciego y oscuro; no tiene centralidad ni rectitud, es como una muchacha descontrolada. Aunque se corresponde con el trazo superior del hexagrama; ella no puede acercarse a él, porque está muy lejos. Cerca de ella ve el segundo trazo *yang*, que representa aquel a quien siguen los oscuros trazos *yin*, y que posee la relativa perfección del momento presente; esto la hace abandonar el trazo correspondiente al tope. Es una mujer que está indebidamente interesada por la riqueza del hombre. Cuando una muchacha sigue a un hombre, debe hacerlo de acuerdo con la rectitud y las reglas rituales[4]; pero este trazo mira la mayor o menor cantidad de oro que posee el hombre, se alegra y lo sigue, pero eso no garantiza que ella le pertenecerá a ese hombre[5]. De ahí que "ningún lugar es favorable".

ZHU XI. — El tercer trazo *yin* es dócil y carece de centralidad y rectitud; es la imagen simbólica de una muchacha a la que sólo le interesa la riqueza del marido, y que no podrá ser controlada. Si quien consulta el oráculo obtiene este trazo, si toma a una mujer, se encontrará con una persona de este tipo, y nada podrá beneficiarlo. "Un hombre de metal" posiblemente se refiere a uno que exhibe sus riquezas, como Qiu Hu del Estado de Lu; ella se deja corromper por el oro y lo elige.

---

4 Cuando se casa con un hombre.
5 Es decir que no respetará sus deberes ni será fiel.

Seis en el cuarto puesto (muta al hex. 64)

Atrapado por su necedad sufrirá vergüenza.

> Un necio obstinado que prefiere continuar actuando en forma imprudente e inmadura antes que madurar, llegará a un punto muerto, perdiendo contacto con la realidad y quedando atrapado en sus propias fantasías. A causa de su terquedad será humillado. Debería arrepentirse y reconocer sus limitaciones.
>
> **Trabajo:** Hasta que no aprendamos como realizar nuestras tareas en la forma debida, continuaremos cometiendo errores y seremos avergonzados por nuestras propias limitaciones.
>
> **Vida privada:** No le demos la espalda a la realidad. Maduremos y aprendamos a hacer las cosas de otra forma. Estemos dispuestos a adaptarnos y aprender cosas nuevas.
>
> **Salud, sentimientos y relaciones sociales:** El carácter traducido como "atrapado", 困, *kun,* también significa "rodeado, asediado, agotamiento, ansiedad"[6]. Este es un momento de ansiedad, cuando no vemos salida, pero eso se debe a que, en nuestra ansiedad, actuamos apresuradamente, repitiendo los mismos errores que no nos permiten salir adelante. Hasta que no aclaremos nuestros sentimientos, seguiremos atrapados. Es recomendable buscar la ayuda de un maestro o un profesional en la salud mental.

CHENG YI. — El cuarto trazo, por su suavidad *yin* y su ignorancia ciega, sin recibir asistencia ni ayuda de los trazos firmes, esclarecidos, es incapaz de disipar su propia ceguera por sí mismo, y se siente miserable. Su vergüenza es extrema. El término traducido como "vergüenza"[7] indica insuficiencia; esto significa que algo le falta.

ZHU XI. — Alejado de los trazos *yang*, este trazo no tiene correspondencia ni centralidad; constituye la imagen simbólica de la miseria en la ceguera. Si quien consulta el oráculo se encuentra en tal caso, experimentará confusión y aprensión de los males futuros; pero si logra invocar las virtudes de la energía y la inteligencia y acercarse a quien las posee, podrá escapar a las consecuencias de este pronóstico.

---

6   Este mismo carácter es el nombre del hexagrama 47, La Opresión.

7   CHENG-YI se refiere al carácter 吝, *lin,* el cual indica un problema. Su significado abarca tanto una situación externa objetiva como la reacción subjetiva emocional. Literalmente significa: arrepentimiento, humillación, vergüenza, angustia, aflicción, sufrimiento.

○ Seis en el quinto puesto (muta al hex. 59)

La necedad infantil trae ventura.

> La flexibilidad, inocencia y disposición para aprender de un niño serán provechosas.
>
> Aquel que tenga la mente abierta podrá aprender de sus errores y descubrir cuáles son sus limitaciones, de esa forma podrá mejorar y no le avergonzará pedir ayuda a otros.
>
> Este trazo describe una disposición exactamente inversa a la del cuarto trazo. Aquí se muestra a alguien flexible que está dispuesto a adaptarse a la realidad, el trazo anterior describe a una persona testaruda que cierra los ojos a la realidad.
>
> **Trabajo:** Nos conviene delegar responsabilidad en gente de confianza, que pueda complementar nuestros puntos débiles y ayudarnos con las cosas que no podemos hacer por nosotros mismos. No dudemos en pedir ayuda.
>
> **Vida privada:** Mantengámonos bien dispuestos a escuchar y seguir los consejos de nuestra familia y amistades. No podemos hacerlo todo por nosotros mismos y tampoco lo sabemos todo; hagamos un buen uso de nuestras relaciones.
>
> **Salud, sentimientos y relaciones sociales:** Nuestra humildad y sencillez nos harán muy querido y nos permitirán progresar.

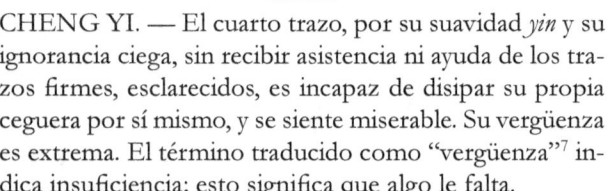

CHENG YI. — El quinto trazo *yin*, con sus caracteres de suavidad y sumisión, ocupa la posición del príncipe; y tiene una relación de correspondencia con el segundo trazo del trigrama inferior. Por sus virtudes de gentileza y centralidad, inviste de autoridad a aquel cuyas cualidades son firmeza e inteligencia[8], la cual es suficiente para remediar la ceguera del mundo, por eso la sentencia dice "la necedad infantil trae ventura". La palabra "infantil" indica que la ceguera aún no se ha disipado y que está recibiendo instrucción de otros. Si el príncipe puede, con perfecta sinceridad de intención, conferir autoridad al sabio para que éste realice la obra, ¿qué diferencia hay entre él y aquél que realiza la obra por sí mismo?[9]

ZHU XI. — Este dócil trazo *yin* es central y ocupa la posición preeminente; se corresponde con el segundo trazo *yang*. Tiene perfecta simplicidad sin mácula y escucha a

---

8   El segundo trazo.

9   Aquí CHENG-YI compara las virtudes del príncipe, en el quinto puesto, y el sabio, en el segundo puesto.

La Necedad Juvenil

los demás, de ahí la imagen de la Necedad Juvenil, y siendo tal el significado adivinatorio, el augurio es venturoso.

Al tope un nueve (muta al hex. 7)

Castigar La Necedad Juvenil.
No es favorable actuar como un bandido,
pero es favorable defenderse de los bandidos

> Un necio testarudo y recalcitrante puede requerir correcciones disciplinarias, pero sólo hasta el punto que sea necesario para detener su mal comportamiento. La severidad del castigo depende de la persona; en algunos casos una leve amonestación puede ser muy efectiva, pero ciertas personas pueden requerir un castigo más severo.
> Los castigos son la última opción y no deberían ser aplicados como venganza o en un momento de perturbación emocional.
> No permitamos que se abusen de nosotros, pero tampoco abusemos de los demás.
>
> **Trabajo:** Aquellos que tienen otras personas bajo su liderazgo deben saber como aplicar correcciones disciplinarias, no sólo para protegerse ellos mismos o para mantener su negocio funcionando correctamente, sino también como un medio para educar a sus empleados, para que estos aprendan a comportarse bien.
>
> **Vida privada:** Ciertas personas no van a dejar de aprovecharse de nosotros hasta que los detengamos; palabras o actos firmes pueden ser requeridos. Pero los conflictos deberían ser temporales, no deben convertirse en una pelea interminable.
> Quizás tengamos que presentar cargos judiciales o defendernos de las acusaciones de otras personas. Mantengámonos en guardia contra los abusadores.
>
> **Salud, sentimientos y relaciones sociales:** Podemos llegar a sufrir de depresión o tener sentimientos de culpa ocasionados por conflictos interpersonales. Mantengamos el equilibrio, no nos dejemos manipular por otros, pero tampoco avasallemos a los demás.

CHENG YI. — Un trazo *yang* ocupa el último puesto de la Necedad Juvenil; este es un momento de máxima ceguera. Aquí la ceguera y la grosería ignorante del hombre han llegado a un punto extremo, como cuando el pueblo Miao se negó a dejarse guiar, y actuaron con violencia, sin freno y como bandidos, entonces fue adecuado atacarlos y subyugarlos. Pero este trazo *yang* ocupa el puesto superior; su firmeza es extrema y carece de centralidad, por lo que el texto advierte que "no es favorable cometer abusos"; dar rienda suelta a la dureza y la violencia es "actuar como un bandido". Por ejemplo, cuando el emperador Shun subyugó a los Miao, y el Duque de Zhou ajustició a los tres rebeldes, ellos sólo estaban resistiendo a los bandidos. Pero cuando el emperador Qin Shi Huang y el emperador Yuan de Han, llevaron la guerra y la destrucción a todas partes, ellos actuaron como bandidos.

ZHU XI. — El firme trazo *yang* que ocupa el puesto superior, reprime la Necedad Juvenil con exceso de dureza, de ahí la imagen de atacar al ignorante, lo que incluye necesariamente la idea de exceso; la acción correctiva es demasiado severa. De ello se deduce inevitablemente que, por el contrario, el resultado será perjudicial. En cambio si sólo nos limitamos a reprimir los abusos externos, para preservar intacta la pura inocencia, aunque tengamos exceso de severidad, el efecto obtenido seguirá siendo adecuado y por eso el texto advierte esto a quien consulta el oráculo. En todos estos asuntos, nunca hay que dejar de iluminar a los hombres instruyéndolos.

5 La Espera | *Xu*

El significado original del carácter que le da nombre a este hexagrama es "detenido por la lluvia, esperando que pare la lluvia", de ahí un significado adicional: mojarse.

Significados asociados

Esperar, demorarse, detenerse; mojarse; servir a otros. El significado de "necesitar", fue agregado mucho después que la primer parte del *Libro de los Cambios* fuera[1] escrita, por eso ese significado no es pertinente.

El Dictamen

La Espera.
Con sinceridad tendrás esplendor y éxito.
La determinación es favorable.
Es propicio cruzar el gran río.

> Esperar no es lo mismo que renunciar. Quien tiene sus objetivos claros puede aguardar pacientemente, siguiendo atentamente la evolución de la situación, para actuar cuando llegue el momento adecuado para avanzar.
> En la China antigua, cruzar un río, ya fuera vadeándolo o pasando por encima del mismo cuando este se congelaba, no era una tarea sencilla porque no había puentes. Cruzar un río era peligroso y no era nada fácil; de ahí que la frase "es propicio cruzar el río" es una metáfora que indica que este es un buen momento para llevar adelante un emprendimiento de importancia, aunque sea peligroso, pero no debe ser tomado a la ligera.

CHENG YI. — El significado de este hexagrama es "esperar", debido a que el peligro está por delante, no debemos avanzar apresuradamente, por eso es necesario esperar para luego actuar. Con la firmeza del trigrama *Qian*, ☰, y pudiendo esperar sin moverse descuidadamente, no habrá por tanto caída en el peligro; el significado no implica una detención indefinida. El movimiento de un hombre dotado de energía y actividad implica necesariamente determinación y rapidez; saber esperar y luego moverse es lo mejor que se puede hacer. Por eso Confucio dice "el significado de la Espera es que la situación miserable no es definitiva".

ZHU XI. — El significado de La Espera se explica a partir de sus dos trigramas.[2]

La Imagen

Nubes ascienden al cielo: la imagen de La Espera.
Así el noble bebe, come y festeja.

> Las nubes acumulándose en el cielo simbolizan un proceso o situación que evoluciona lentamente. La conclusión de ese proceso será la lluvia, la cual simboliza la liberación del estrés.
> Comer, beber y festejar significa que este es el momento adecuado para relajarnos, ponernos cómodos y disfrutar de la vida. El tiempo de la espera puede ser disfrutado, la vida normal debe continuar adelante, no es posible paralizar todo hasta que lo que uno espera suceda finalmente.
> Otro significado es mientras esperamos, es un buen momento para alimentarnos y cultivar las relaciones interpersonales.

CHENG YI. — El *qi*[3] de las nubes se condensa y se eleva hacia el cielo; hay que esperar la armonía y la unión

---

1 Hace aproximadamente tres milenios, cuando fueron escritos los textos (El Dictamen, *guaci*) que acompañan a cada hexagrama.

2 Aquí tenemos al trigrama *Qian*, ☰, energía, firmeza, detenido frente al trigrama *Kan*, ☵, agua, un torrente, peligro; es decir la fuerza y la determinación detenida frente a un peligroso obstáculo. Además, dado que el significado original del carácter que le da nombre a este hexagrama es "detenido por la lluvia, esperando que pare la lluvia", fácilmente podemos imaginarnos a alguien, detenido frente un peligroso río torrencial, hinchado por las lluvias, esperando que estas cesen, y que el nivel del río descienda, antes de poder cruzarlo. Así La Espera podría tener tanto el significado de esperar que llueva, como menciona La Imagen, como también el significado antitético de esperar a que la lluvia cese.

3 *Qi* es energía, consultar el **Glosario** para ver más detalles.

La Espera

entre *yin* y *yang*, sólo entonces caerá la lluvia. En el momento en que las nubes comienzan a elevarse hacia el cielo, la lluvia aún no se ha formado, lo que conlleva la sensación de que es preciso esperar. Los *qi* de *yin* y *yang* se unen y fusionan, pero aún no han completado la producción de la lluvia benéfica. Lo mismo ocurre con el noble, que cultiva sus virtudes y sus capacidades, desarrollándolas, pero que todavía no las utiliza. El noble considera la imagen simbólica de las nubes que ascienden al cielo, espera a que se produzca la lluvia; se apega a sus virtudes morales[4], permanece tranquilo esperando el momento oportuno, bebe y come para mantener su sustancia material[5], se dedica al descanso y disfruta de la vida, para mantener la armonía en su corazón y en sus pensamientos, esto es lo que llamamos permanecer a gusto esperando el destino.

ZHU XI. — La nubes se elevan hacia el cielo; no queda sino esperar hasta que se establezca la armonía entre *yin* y *yang* y la lluvia se produzca de forma espontánea. Mientras uno espera no es necesario hacer cosa alguna. Sólo hay que beber, comer, mantener la calma y distraerse, esperando que el acontecimiento suceda por sí solo; si hubiera algo que hacer, ya no sería esperar.

Al comienzo un nueve (muta al hex. 48)

Esperando en el campo.
Es favorable tener perseverancia.
Ningún defecto.

Nuestra vida se desarrollará normalmente, por ahora no tendremos novedades.
Si mantenemos nuestra posición, alejados del peligro, y nos ocupamos de nuestra rutina diaria con cuidado, no tendremos ningún problema.

Trabajo: Continuemos con nuestras tareas habituales. Por ahora no habrá novedades ni desafíos que nos perturben.

Vida privada: Disfrutaremos de un periodo de quietud y tranquilidad. Vida pacífica en el campo.

Salud, sentimientos y relaciones sociales: Tendremos buena salud y estaremos satisfecho con lo que tenemos, aunque podemos llegar a sentirnos un poco aislados.

CHENG YI. — Quien espera, se detiene porque encontró el peligro, lo que significa que hay espera y luego avance. El primer trazo es el que está más alejado del peligro, por lo que espera en el campo. Situado en un lugar desierto y remoto, es propicio que se dedique tranquilamente a las tareas ordinarias de la vida, para que no haya culpa ni errores. Si no podemos contentarnos con la situación actual, y nos movemos antes de tiempo, confrontaremos las dificultades [antes de estar preparados para hacerles frente]. En este caso, hay que esperar en la lejanía sin cometer errores.[6]

ZHU XI. — El campo es un lugar desierto y lejano, imagen simbólica que indica que aún estamos lejos del peligro. Pero este primer trazo *yang* es firme, símbolo de que podemos permanecer en donde nos encontramos. Por eso el texto advierte a quien consulta el oráculo que, si puede cumplir estas condiciones, quedará libre de culpa.

Nueve en el segundo puesto (muta al hex. 63)

Esperando en la arena.
Se dicen cosas sin importancia.
Finalmente habrá ventura.

Esperar en la arena, en la ribera del río, indica que estamos por cruzar el cauce del río, lo cual simboliza la realización de un emprendimiento importante y peligroso.
Las "cosas sin importancia" que se dicen son chismes o quejas de algunas personas, pero no deberíamos preocuparnos porque las críticas no podrán perjudicarnos y el resultado final será exitoso.

Trabajo: Estamos en un momento de transición, a punto de iniciar un proyecto importante, en una posición expuesta, a la vista de todos. Las personas que nos rodean saben lo que estamos por hacer y por supuesto expresarán sus opiniones y habrá chismorreo, pero todas esas palabras no perjudicarán en lo mas mínimo a nuestros planes. Si nos mantenemos enfocados en nuestro objetivo final y no le prestamos atención alguna a las palabras ociosas de los demás, tendremos éxito.

Vida privada: Nuestra vida está por cambiar para mejor y algunos en nuestra familia o nuestro círculo de amistades nos criticarán o importunarán tratando de darnos consejos.

Salud, sentimientos y relaciones sociales: Podemos llegar a sentirnos un poco nerviosos porque es-

---

4 道德, *dao de*; este es el tema del libro de Lao Tse, al que CHENG YI alude a menudo. Literalmente estas dos palabras significan "facultades o virtudes del camino".
5 Su *qi* y su sustancia o cuerpo.

6 Aquí CHENG YI parece enfatizar la necesidad de no adelantarnos a los hechos y esperar con tranquilidad, sin meternos en problemas.

tamos esperando que suceda un cambio importante en nuestra vida. Nuestra situación está en la boca de todos.

CHENG YI. — El trigrama *Kan*, ☵, representa el agua; cerca del agua necesariamente hay arena. El segundo trazo está un poco más cerca del peligro [que el primero], por lo que el texto dice "esperando en la arena". Al estar algo más cerca del peligro, aunque aún no se ha llegado al punto de la desgracia, hay algunas críticas. En todas las fórmulas relativas al peligro y la desgracia hay matices entre la mayor o menor gravedad de los casos. Cuando se trata de algo de poca importancia, el resultado son observaciones verbales; las heridas causadas por las palabras son las menores. El segundo trazo emplea el poder de la firmeza *yang*, reside en una posición *yin* mientras mantiene su centralidad; se mantiene con grandeza y magnanimidad, he ahí el bien de la espera. Aunque está un poco más cerca del peligro, aún no lo ha alcanzado, por lo que sólo sufre algunas críticas, sin recibir ningún daño grave, y finalmente "habrá ventura".

ZHU XI. — Una posición en la arena se acerca al peligro. Las heridas causadas por las palabras sólo son una pequeña desgracia. Este trazo se acerca al trigrama *Kan*, ☵, de ahí la referencia a la arena. Firme y central, capaz de esperar, finalmente tendrá ventura. El texto advierte de estas condiciones a quien consulta el oráculo.

Nueve en el tercer puesto (muta al hex. 60)

Esperar en el fango atrae a los bandidos.

Debido que hemos avanzado demasiado lejos antes de estar debidamente preparados, ahora nos encontramos en una posición vulnerable. Estamos en peligro de ser atacados o difamados.
Por ahora no podemos continuar avanzando, pero tampoco podemos retroceder. Dado que no tenemos claro como es posible salir de este predicamento, lo mejor sería proceder con suma prudencia y discreción.

Trabajo: De momento nuestros planes y nuestra carrera están bloqueados, e incluso hay peligro de que nos rebajen de categoría en nuestro trabajo. Debido a nuestra vulnerabilidad actual algunas personas pueden tratar de aprovecharse de nosotros.

Vida privada: Por apresurarnos y actuar antes de estar debidamente preparados, sin entender por completo la situación, ahora estamos en problemas, en una posición peligrosa. Debemos ser muy cuidadosos, porque estamos aisladas; puede que nos acosen y traten de engañarnos para robarnos. No confiemos en los extraños.

Salud, sentimientos y relaciones sociales: Nuestra confusión puede convertirnos en una presa fácil. Seamos prudentes y reservados. Hasta que no tengamos más claras las cosas es mejor no innovar en nada.

CHENG YI. — El barro, indica una posición junto al borde del agua. Dada la cercanía del peligro, esto promete culpa y desgracia. El tercer trazo es firme, pero no central; además ocupa el puesto superior en la sustancia del trigrama de la actividad y representa la imagen simbólica de avanzar y moverse, por lo que "atrae a los bandidos". Si carece de circunspección y respeto, llegará al punto de su caída y destrucción.

ZHU XI. — Estar en el barro es estar a punto de caer en el peligro. "Bandidos", indica una gran desgracia. El tercer trazo *yang*, está cada vez más cerca del peligro, su energía es excesiva y carece de centralidad; por eso esta es su imagen simbólica.

Seis en el cuarto puesto (muta al hex. 43)

Esperando en la sangre.
¡Fuera de la cueva [hoyo]!

Esperar en una cueva sangrienta quiere decir que caímos en una trampa o estamos en una situación crítica. En todo caso, hemos llegado esa posición debido a una falta de entendimiento que nos condujo a la crisis actual. Ante todo, no debemos reaccionar irreflexivamente. Apresurarnos sin tener un plan bien definido sólo empeorará nuestros problemas. Mantengamos nuestra sangre fría, esperemos hasta poder ver claramente como podemos salir de esta mala situación.

Trabajo: Nuestro trabajo o nuestra carrera están en peligro. Es importante que mantengamos nuestra ecuanimidad y evitemos complicarnos en más problemas. Por ahora no podemos hacer mucho, no debemos apresurarnos, sino aplicar una política de no intervención y esperar a que la situación se distienda.

Vida privada: Eludamos confrontaciones violentas con otras personas a toda costa. Cualquier acción puede incrementar el peligro. No nos apresuremos, esperemos a que las cosas mejoren por sí mismas.

Salud, sentimientos y relaciones sociales: Cuidado con los accidentes. Posible internación en un hospital.

La Espera

CHENG YI. — El cuarto trazo, con su carácter de suavidad *yin*, está en peligro[7]. Abajo de él avanzan tres trazos *yang*, que amenazan alcanzarlo y herirlo, y por eso el texto dice: "esperando en la sangre". Herido por el peligro, no puede por tanto quedarse en su posición, debe abandonarla absolutamente, y por eso el texto dice "fuera de la cueva". La cueva es el lugar de descanso de los seres. El cuarto trazo se somete pasivamente a las necesidades del momento, sin luchar contra los peligros y las dificultades, lo que evita que llegue al punto de la desgracia. Como es suave y dócil y ocupa un puesto *yin*, no puede luchar; si un trazo *yang* ocupara este puesto, sería necesariamente un presagio de desgracia; de hecho, careciendo de las virtudes de centralidad y rectitud[8], si utilizara sólo la firmeza para luchar contra el peligro, esto conduciría a la desgracia.

ZHU XI. — En la sangre, es decir en un lugar de asesinato y matanza; en la cueva u hoyo, es decir en un lugar peligroso, un precipicio. El cuarto trazo se une a la sustancia del trigrama *Kan*, ☵, y se incorpora a él; ha entrado en el peligro, lo que se considera como la imagen simbólica de la espera en la sangre. Sin embargo, posee una suavidad dócil y es correcto[9]; espera y no avanza, de ahí la imagen de salir de la cueva. Si quien consulta el oráculo está en estas condiciones, aunque enfrente una situación de sufrimiento, al final logrará salir de adelante.

○ **Nueve en el quinto puesto** (muta al hex. 11)
Esperando junto al vino y la comida.
La determinación es favorable.

> Al esperar en el medio del vino y la comida, es decir, la abundancia, podemos restaurar nuestras energías mientras disfrutamos del momento presente. Estamos en el lugar adecuado, mantengamos nuestra determinación.
>
> **Trabajo:** Sin tener preocupaciones inmediatas, podemos disfrutar de la abundancia. Si somos perseverantes tendremos buenos prospectos de progreso.
>
> **Vida privada:** Gozaremos de tiempo libre para relajarnos y disfrutar de la buena mesa.
>
> **Salud, sentimientos y relaciones sociales:** Felicidad y contentamiento. Buena salud.

CHENG YI. — El quinto trazo, con firmeza *yang*, es central y correcto; se encuentra en la posición del Cielo y es capaz de seguir su camino hasta el final. Con estas cualidades y esperando, ¿qué podría desear que no pueda lograr? Por eso permanece tranquilo y descansado en medio del vino y la buena comida y espera; necesariamente debe llegar a poseer el objeto de sus deseos. Desde el momento en que posee determinación y rectitud, lo que espera se hará realidad según sus expectativas, esto es lo que podemos llamar un presagio feliz.

ZHU XI. — El vino y la comida son los elementos del descanso y del placer; esto expresa que está tranquilo en su espera. El quinto trazo *yang* es firme, central y recto; espera en la situación preeminente, de ahí esta imagen simbólica. Si quien consulta el oráculo está en estas condiciones, y si tiene perfecta firmeza, tendrá buena fortuna.

Al tope un seis (muta al hex. 9)
Uno cae en el hoyo.
Llegan tres huéspedes sin invitación.
Trátalos con respeto y finalmente llegará la ventura.

> El carácter traducido como "hoyo", 穴, *xue*, tanto aquí como en el cuarto trazo, también significa "cueva, agujero, morada subterránea". Significa que estamos atrapados en la oscuridad, que no vemos una salida clara y que hemos perdido la esperanza.
> Los tres huéspedes no invitados son nuevas personas, ideas o influencias que, cuando menos lo esperemos, cambiarán por completo nuestra situación, para mejor. Si tratamos bien a nuestros huéspedes y les mostramos respeto, obtendremos la claridad mental que necesitamos para poder salir del hoyo en el que nos encontramos
>
> **Trabajo:** Nuevas oportunidades aparecerán cuando todo parezca estancado. Si no las desperdiciamos, nuestra carrera se renovará y podremos conseguir nuevos negocios o un nuevo puesto. Esas oportunidades pueden consistir en una propuesta innovadora, nuevos socios o nuevos planes que nos abrirán nuevas perspectivas de progreso.
>
> **Vida privada:** Este es un buen tiempo para aceptar nuevas personas o ideas innovadores en nuestra vida. Renovarnos es la única forma de salir adelante.

---

[7] Está situado en el primer puesto del trigrama *Kan*, ☵, lo abismal, el peligro.

[8] Si este trazo fuera *yang*, no tendría rectitud, por ocupar un puesto par.

[9] Recordemos que para tener rectitud, un trazo *yin* debe ocupar un puesto par, y un trazo *yang*, uno impar.

Salud, sentimientos y relaciones sociales: Si estamos abiertos a lo nuevo, nuestra salud física y emocional mejorará.

CHENG YI. — La Espera se produce porque el peligro está por delante; hay que esperar el momento adecuado y luego avanzar. El trazo *yin* al tope está al final del peligro; el fin implica necesariamente una modificación. Colocado en el límite extremo de la espera, que ha durado mucho tiempo, ha llegado el momento de obtener el resultado deseado. *Yin* se detiene en el número seis, por lo que este trazo se contenta con su posición, y por eso se considera que entra en la cueva; siendo la cueva el lugar de descanso[10]. Estando en reposo y ya detenido, lo que lo sigue detrás de él necesariamente debe llegar y alcanzarlo, en este caso los "tres huéspedes sin invitación", expresión que designa los tres trazos *yang* del trigrama inferior; estos trazos del trigrama *Qian*, ☰, no pueden representar cosas o seres que deben permanecer abajo, son los que esperan el momento y avanzan. Habiendo llegado la espera a su límite extremo, el resultado es que todos avanzan y suben. No son invitados, no son llamados, ya que vienen por su cuenta. El trazo *yin* superior, habiendo esperado, alcanza una posición de descanso; entonces llega la firmeza *yang*. No debe dejarse dominar por sus sentimientos de desconfianza y aversión, de ira y de resistencia, si es perfectamente sincero y respetuoso al acogerlos, aunque sean enérgicos y violentos; pero ¿qué razón tendrían para serlo? ¿Acaso son invasivos y tiránicos? Por eso finalmente "llegará la ventura". Podríamos preguntarnos si un trazo *yin*, situado por encima de tres trazos *yang* puede descansar. A esto podemos responder que los tres trazos *yang* son parte de la sustancia del trigrama *Qian*, ☰; sus tendencias les llevan a avanzar hacia arriba. Dado que el trazo superior es un seis en una posición *yin*, esto indica que no pueden detenerse en esta posición y permanecer allí rectamente; por tanto, no tienen pretensión alguna de disputar y usurpar este puesto y, respetándolos, el augurio será feliz.

ZHU XI. — Este trazo *yin* se sitúa en el colmo del peligro; no tiene nada más que esperar, por lo que tenemos la imagen simbólica de caer en el hoyo. Este trazo se corresponde con el tercer trazo *yang*, el cual, junto a los otros dos trazos del trigrama inferior, ha esperado hasta el último momento, y ahora están avanzando, lo que constituye la imagen simbólica de los tres huéspedes no invitados. Este trazo *yin* no puede ordenarles nada, pero puede obedecerlos, la imagen simbólica de respetarlos. Si quien consulta el oráculo está en el medio del peligro; y sin embargo, trata con respeto a quienes llegan inesperadamente, finalmente "llegará la ventura".

---

10 Dado que este trazo es *yin* y ocupa el puesto más alto, siendo el número seis el límite de los números *yin* (que son 8 y 6, *yin* joven y *yin* viejo), esto indica que está satisfecho con su posición, por eso permanece en reposo y, siendo el lugar de reposo la cueva, entra en ella. Esta es la idea expresada por el comentarista.

6 El Conflicto / El Pleito | *Song*

El significado original del carácter que le da nombre a este hexagrama es "palabras" y "disputa pública".

Significados asociados
Conflicto, litigación, disputa, pelea, demandar justicia, acusación, discusión, quejas.

El Dictamen
El Conflicto.
Eres sincero pero te frenan.
Detenerse con cautela a mitad de camino trae ventura.
Seguir hasta el final trae desventura.
Es favorable ver al gran hombre.
No es favorable atravesar el gran río.

> Tener la razón o estar del lado de la justicia no bastan para ganar un conflicto; además aunque ganemos, los costos pueden ser mucho mayores que los beneficios. Detenerse a mitad de camino significa buscar un punto medio donde ambos contendientes puedan llegar a un acuerdo pacífico.
> El gran hombre es un mediador de confianza que puede ayudar a ambas partes para hallar una solución mutuamente satisfactoria.
> Seguir adelante con el conflicto no es conveniente, por eso el *Dictamen* dice que no es favorable atravesar el gran río. Seguir hasta el final sería desastroso, podríamos enredarnos en un conflicto sin fin que se arrastraría por mucho tiempo, con gran costo.
> Este hexagrama se refiere a juicios civiles; el otro hexagrama que está relacionado con asuntos legales es el 21: La Mordedura Tajante, que se refiere a los juicios penales.

CHENG YI. — Éste es ciertamente el camino natural del Conflicto. Además, si nos centramos en las aptitudes o propiedades del hexagrama, el segundo trazo *yang* recurre a la dureza energética, viene del firme trigrama superior y consuma la disputa; este trazo es el amo del Conflicto, es decir aquel de quien depende la disputa. Es firme y se coloca en el centro, es la imagen simbólica de la centralidad [justicia] y de la realidad en sí misma; por eso se considera que tiene buena fe. Colocado en un tiempo de conflicto, aunque posea buena fe y los demás confíen en su sinceridad, necesariamente sufrirá dificultades y estorbos; su libertad de acción se verá constreñida por obstáculos, estará preocupado y será cuidadoso. Si no hubiera obstáculos, no habría ninguna disputa. Además, permanece en medio de peligros y escollos, lo que da la idea de estar entorpecido y obstaculizado, y de sentir circunspección y temor. El segundo trazo emplea la firmeza *yang*, viene del trigrama superior y se ha situado en el centro. Esto indica que aunque tiene firmeza, no irá más allá de los límites apropiados. Por esto que el presagio es favorable. El significado de algunos hexagramas se deriva de las transformaciones que los producen, como constituyentes de su significado, este es precisamente un ejemplo de eso. Si, el sentido del hexagrama no estuviera relacionado con los medios por los que se produce el mismo, *El Dictamen* no mencionaría los trazos que se modifican. *El Dictamen* es bueno, el segundo trazo representa el bien y sin embargo, el texto de ese mismo trazo no es nada bueno. Esto se debe a que efectivamente en el *Dictamen* se tiene en cuenta que hay buena fe y centralidad, mientras que el texto del segundo trazo considera que es alguien que, desde una posición inferior, viene a pleitear contra alguien que está en una posición superior, lo que constituye su significado; las particularidades señaladas no son las mismas en el *Dictamen* y el texto del segundo trazo. "Detenerse con cautela a mitad de camino trae ventura. Seguir hasta el final trae desventura." Llevar cualquier cosa hasta su límite extremo resultará en un presagio de desgracia y por eso el *Dictamen* dice: "Seguir hasta el final trae desventura". "Hasta el final", significa llevar la cosa hasta sus últimas consecuencias. "Es favorable ver al gran hombre"; el conflicto, o pleito, consiste en buscar el esclarecimiento de los pros y los contras; lo que importa en la elucidación es la justicia y la rectitud, y por eso es ventajoso ver a un gran hombre, quien estima y aprecia la justicia y la rectitud. Si quien escucha a las partes no es el hombre adecuado, quizás no podrá decidir según la justicia y la rectitud. El quinto trazo *yang* se refiere al gran hombre, que tiene justicia y rectitud. Los disputantes deben situarse en terreno seguro y tranquilo; si se aventuran en medio de peligros y escollos, caerán en la trampa; esto es lo que significa "No es favorable atravesar el gran río". En el trigrama inferior vemos la imagen simbólica de la justicia, la rectitud, pero también el peligro y las trampas.

ZHU XI. — El Conflicto, disputa y clarificación; arriba, el trigrama *Qian*, ☰, abajo el trigrama *Kan*, ☵. *Qian*, firmeza; *Kan*, peligro. Arriba, la firmeza gobierna y contiene a los inferiores; abajo, el peligro que hace que el inferior recurra al superior. Peligro interior y firmeza exterior; peligro por un lado y fuerza por el otro, ambos siguiendo el camino del conflicto. El segundo trazo *yang* es sólido y central, expresa justicia y realidad, pero no se corresponde con ningún trazo en el trigrama superior, lo se considera un motivo adicional de tristeza y preocupación. Además, desde el punto de vista de la fluctuación de hexagramas[1], este hexagrama proviene de Dun, 遯, ䷠ (33, La Retirada), con el trazo *yang* viniendo a residir en el segundo puesto, encontrándose así en el medio del trigrama inferior. Es la imagen de tener buena fe y encontrarse frente a un obstáculo, de estar preocupado por alcanzar el centro. El trazo *yang* en el sexto lugar tiene exceso de firmeza; ocupa el extremo del conflicto y simboliza a alguien que llevará el pleito hasta las últimas consecuencias. El quinto trazo *yang* posee firmeza, actividad, centralidad y rectitud y utiliza estas cualidades para mantenerse en la posición preeminente; es la imagen simbólica de un gran hombre. Como la firmeza se apoya en el peligro[2], en realidad está encima de un abismo[3], "no es favorable atravesar el gran río". De ahí la advertencia al consultante del oráculo, que seguramente deberá pleitear y que, según como se ubique, obtendrá un presagio de fortuna o infortunio.

La Imagen

Cielo y agua se mueven en direcciones opuestas:
la imagen de El Conflicto.
Así el noble, en todas las tareas que toma a cargo,
planea bien antes de comenzar.

El Cielo se encuentra muy por encima de las aguas. Dado que el movimiento natural del agua es hacia abajo, ésta nunca puede alcanzar el Cielo. Esta relación simboliza a dos partes —los litigantes— que tienen objetivos y perspectivas opuestas.
Para prevenir los conflictos es aconsejable planificar con anticipación —solicitar consejo si es posible— y especificar claramente las responsabilidades y deberes de los involucrados. Si establecemos claramente nuestra posición desde el principio, de esa forma minimizaremos el peligro de malos entendimientos que podrían causar futuras confrontaciones.

CHENG YI. — El Cielo sube, el agua desciende; sus tendencias son opuestas en su acción. Las sustancias de los dos trigramas son antagónicas, de ahí la disputa. Si el superior y el inferior están de acuerdo, ¿dónde podría surgir la disputa? El noble observa la imagen simbólica, y reconoce que los sentimientos humanos tienen una forma natural de causar disputas y peleas, de modo que en todo lo que hace aprecia y calcula las consecuencias desde el principio. Al eliminar cualquier germen de disputa al comienzo de un caso, el resultado será que la disputa no surgirá. El significado de las palabras "planea antes de comenzar" es muy extenso; incluye, por ejemplo, sinceridad y prudencia en los compromisos y claridad en los contratos.

ZHU XI. — El Cielo sube, el agua desciende, sus acciones son opuestas. Al hacer algo, "planea bien antes de comenzar", para abortar el germen de la protesta.

Al comienzo un seis (muta al hex. 10)

Si uno no perpetúa el asunto, habrá algunas críticas, pero finalmente llegará la ventura.

En la etapa inicial del conflicto, cuando todavía no hay mucho en juego, sería fácil detenerse y prevenirlo, antes que las cosas se nos salgan de las manos.
Puede haber algunas críticas, quizás algunas personas hagan comentarios al respecto, pero no pasará de eso. En este caso ventura significa eludir el conflicto, sin comprometernos y sin hacer el ridículo.

Trabajo: Cuando surgen diferencias de opinión, es mejor buscar un acuerdo antes que la situación se complique más. Cuanta más gente se involucre en el problema, tanto más difícil será solucionarlo sin que se agrave aún más.

Vida privada: Si ofrecemos algunas concesiones podremos evitar muchos problemas a largo plazo. En

---

1 Transformación que resulta de la transposición de trazos de un hexagrama a otro. La fluctuación que ZHU XI analiza principalmente es aquella en la que el hexagrama original y el resultante tienen el mismo número de trazos *yin* y *yang*, que se han transpuesto de un hexagrama otro.
2 El trigrama *Qian* sobre el trigrama *Kan*.
3 El segundo trazo entero, colocado encima de un trazo quebrado, o hueco.

EL CONFLICTO / EL PLEITO

este caso, ceder un poco o flexibilizar nuestra posición, al principio de las desavenencias, puede evitar que perdamos mucho más, si dejamos que el conflicto crezca.

Salud, sentimientos y relaciones sociales: Los malos hábitos deberían controlarse apenas se están iniciando, antes de que puedan causar daño. Seamos tolerantes y flexibles con las personas agresivas.

CHENG YI. — Este trazo *yin*, con su dócil suavidad y debilidad, ocupa el puesto más bajo; es quien no puede llevar indefinidamente el conflicto a sus límites extremos. Es por eso que, situado al comienzo de el conflicto, sus aptitudes (o carencias) dan lugar a una advertencia: "Si uno no perpetúa el asunto, habrá algunas críticas, pero finalmente llegará la ventura". De hecho, el conflicto no debería eternizarse. Quien tiene características *yin*, y está colocado en una posición inferior, no puede llevar el conflicto a un final feliz. Debido a que, por encima de él, encuentra un público comprensivo y porque no puede prolongar la disputa, aunque recibe algunas ligeras críticas, al final "llegará la ventura". Ser criticado es una de las calamidades más pequeñas. Evitar que el conflicto se perpetúe llevará a la buena fortuna.

ZHU XI. — Siendo dócil y *yin*, ocupando una posición baja, no es capaz de prolongar indefinidamente el conflicto. De ahí la imagen simbólica y el pronóstico.

Nueve en el segundo puesto (muta al hex. 12)

Uno no puede triunfar en el pleito y escapa
regresando a su casa.
Los habitantes de su ciudad, trescientas familias,
no sufrirán infortunio.[4]

Cuando enfrentamos un poder superior, la mejor opción es retirarnos a un lugar seguro, abandonando el pleito. De seguir adelante con el conflicto, éste nos envolvería no sólo a nosotros mismos, sino que también dañaría a nuestra familia y amigos.

"Regresar a su casa" también indica que es bueno mantener un perfil bajo, no nos arriesguemos entrando en un territorio desconocido.

Trabajo: La mejor decisión estratégica es retroceder hasta una posición segura. Si no cedemos podríamos llegar a perderlo todo e incluso dañar a la organización a la que pertenecemos.

Vida privada: Es mejor renunciar a una pelea que no puede ser ganada para salvaguardar el futuro de nuestra familia, antes que arriesgar todo en un intento vano.

Salud, sentimientos y relaciones sociales: Si no nos moderamos y restringimos un poco, nuestra salud se verá comprometida. Evitemos entrar en conflictos con otras personas, tanto por nuestro propio bien, como por el de nuestra familia.

CHENG YI. — El segundo y el quinto trazo ocupan posiciones que se corresponden mutuamente, pero los dos trazos, al ser ambos firmes, no concuerdan entre sí; son los que están en disputa entre sí. El segundo trazo *yang* viene del trigrama superior; emplea su firmeza para situarse en el medio del peligro[5], de él depende la disputa y por tanto él es quien es el adversario del quinto trazo. El quinto trazo es central y recto, y se sitúa en la situación del príncipe: ¿es posible y lícito convertirse en su adversario? Esto implicaría emprender una disputa que el deber no admite. El segundo trazo reconoce que su deber no permite el pleito, y se retira, retrocediendo, escapando y evitando el conflicto, así evita sufrir infortunio. Retirarse significa dejar de ser un adversario. Las "trescientas familias"[6], indica la pequeñez del distrito. Si estuviera en una posición más fuerte, seguiría resistiendo y luchando. ¿Podría en este caso evitar el infortunio? El término traducido como infortunio[7] indica que hay una falta o error por parte de quien lo sufre, como situarse en un lugar que no le corresponde. Sin embargo, hay que hacer una distinción entre este caso y aquel en el que el mal se comete a sabiendas.

ZHU XI. — El segundo trazo *yang* es firme, el amo del peligro; es quien originalmente quiere pleitear. Sin embargo, aunque es firme y enérgico, ocupa un puesto central y se corresponde con el firme quinto trazo, *yang*, que ocupa la posición preeminente, y no tiene suficiente fuerza para ser un adversario del quinto trazo. De ahí la imagen simbólica y el significado adivinatorio. Un distrito cuya población es de trescientas familias es un distrito

---

4 En la China antigua, quien perdía un litigio debía pagar una pena, o si recibía una penalidad severa, podía conmutarla por un pago. Sus vasallos –los habitantes de su ciudad– estarían forzados a pagar la multa de su señor feudal con su trabajo, de ahí que si su señor se retiraba del juicio antes de perderlo, ellos no sufrirían daño.

5 El trigrama *Kan*, ☵.

6 Los vasallos del nueve en el segundo lugar, que quiere iniciar el pleito, aunque recapacita y retrocede.

7 眚, *sheng*, infortunio causado por una falta u ofensa debida a la ignorancia, o un error de juicio.

pequeño; por eso "escapa regresando a su casa", esto significa restringirse y humillarse para evitar calamidades y desgracias. Si quien consulta el oráculo se encuentra en estas condiciones, no experimentará ninguna calamidad.

Seis en el tercer puesto (muta al hex. 44)

Alimentarse de antigua virtud.
Determinación.
Al final del peligro, ventura.
Si sigues al servicio de un rey no podrás completar tu obra.

> Las costumbres y usos tradicionales son la opción más segura, especialmente cuando nos enfrentamos con adversarios poderosos.
> Este no es el momento apropiado para hacer reformas ni asumir riesgos. La situación no puede ser mejorada, pero podemos mantenerla estable. Una actitud firme y tradicional obtendrá los mejores resultados. Es mejor comportarnos con modestia y mantener un perfil bajo para evitar llamar la atención sobre nosotros mismos.
> La última frase, que dice "si sigues al servicio de un rey no podrás completar tu obra", alternativamente podría traducirse como "si estás al servicio de un rey no podrás sacar ventaja".
> En todo caso, el significado es que debemos cumplir con nuestro deber, sin preocuparnos por la ganancia ni por el resultado final.
>
> **Trabajo:** Cumplamos con nuestras obligaciones a la letra sin tratar de modificar ni mejorar lo que nos ordenaron. Algunos proyectos pueden ser detenidos o pospuestos.
>
> **Vida privada:** No es tiempo para innovar. Mantengamos nuestro estilo de vida y nuestros hábitos sin introducir cambios.
>
> **Salud, sentimientos y relaciones sociales:** No es buen momento para probar nuevas medicaciones o tratamientos ni para cambiar de médico.

CHENG YI. — Aunque el tercer trazo ocupa una posición que implica firmeza y se corresponde con el sexto, el carácter de su sustancia es esencialmente la suavidad *yin*. Está situado en el trigrama del peligro y sirve de demarcación entre dos trazos *yang*; él es quien está en peligro, quien teme y no disputa. El salario asignado a una función pública es proporcional al mérito de quien la desempeña; "alimentarse de antigua virtud" significa mantenerse en una condición modesta y sencilla; "determinación" significa observarse y contenerse con firmeza duradera. "Al final del peligro, ventura", significa que, aunque se encuentre en terreno peligroso, siendo capaz de reconocer el peligro, lo teme, y finalmente llegará la ventura. Manteniendo una posición sencilla y sin pretender obtener nada, no habrá motivo de controversia. Se dice que está en peligro porque está en el trigrama que representa el peligro y porque tanto el trazo que sostiene [el cuarto], como aquel en el que se apoya [el tercero], son ambos firmes; y porque, finalmente, se encuentra, en el tiempo del conflicto. "Si sigues al servicio de un rey no podrás completar tu obra". Lo blando y dócil sigue a lo que es firme energético; el inferior sigue al superior y le obedece; el tercer trazo no disputa, pero sirve al trazo *yang* al tope en lo que éste hace. Por eso se dice que está al servicio de un rey[8]. "No podrás completar tu obra" significa que sigue a su superior obedeciéndole y que la dirección no le pertenece. El conflicto es algo que requiere energía y actividad; por eso el primer trazo no puede perpetuarlo, y el tercer trazo sigue al trazo superior. Ninguno de ellos [el primer y el cuarto trazo] puede apoyar el conflicto. Ambos trazos, por su gentileza *yin*, no prolongan el conflicto y así alcanzan la ventura. El cuarto trazo no puede prevalecer, y al corregirse, también obtiene la ventura. En el conflicto, saber cuando detenerse constituye un bien.

ZHU XI. — La palabra "alimentarse"[9]; expresa lo que disfrutamos. El tercer trazo tiene suavidad *yin*; no es capaz de sostener una disputa. Por eso conserva su antigua posición y se mantiene en su rectitud, de modo que, aunque haya peligro, al final llega la ventura. Pero a veces sale de su retiro y se ocupa de los asuntos del superior; entonces, incluso en este caso, no debe aprovecharse de su mérito y atribuirse el liderazgo. Si el que consulta el oráculo mantiene su situación ordinaria y no la abandona, todo será bueno.

Nueve en el cuarto puesto (muta al hex. 59)

No puede llevar adelante el pleito.
Uno se vuelve atrás y acepta el destino.
Cambia su actitud y encuentra paz.
La determinación aporta ventura.

> Cuando nuestro oponente tiene la razón, aunque tengamos más poder, no tratemos de intimidarlo; nuestra mejor opción es renunciar y evitar el pleito.

---

[8] Esta explicación es poco clara, ya que normalmente el quinto trazo representa al rey, no el sexto trazo.
[9] Alimentarse de los ingresos del distrito. El carácter traducido como "alimentarse" es 食, *yi*: comer, alimentarse, consumir; comida, dar alimento a; subsistencia; salario de un oficial; disfrutar.

EL CONFLICTO / EL PLEITO

Aceptemos la situación tal como es y abandonemos nuestras ambiciones. Esta es la única forma de conseguir paz y buenos resultados a largo plazo.

Trabajo: Aceptemos las cosas tal como se presentan y no tratemos de distorsionar la realidad para sacar ventaja. No dejemos que nuestra ambición nos obsesione o eso nos traerá más problemas que ventajas.

Vida privada: Escuchemos a nuestra conciencia y reconozcamos que estábamos actuando mal. No tratemos de obligar a la gente a hacer las cosas a nuestra manera.

Salud, sentimientos y relaciones sociales: Cuando reduzcamos el estrés y la competitividad en nuestra vida, nuestra salud y estado de ánimo mejorarán. Seamos cooperativos y adaptables en lugar de tratar de dominar o intimidar a los demás.

CHENG YI. — El cuarto trazo emplea la firmeza *yang* y forma parte de la sustancia del trigrama de la actividad, sin poseer centralidad ni rectitud; esencialmente esto es lo que causa la disputa. Apoya al quinto trazo, pisotea al tercero y se corresponde con el primero. El quinto trazo es el príncipe; el deber no admite ninguna disputa en su contra. El tercer trazo permanece en el trigrama inferior y es suave y dócil; no hay disputa por su parte. El primero se corresponde correctamente con el cuarto y lo sigue con obediencia, no hay disputa con él. El cuarto trazo, aunque firme, activo y emprendedor, ávido de disputas, no encuentra oponente que se le resista; la disputa no tiene ningún motivo para surgir, por lo que "no puede llevar adelante el pleito". Además, este trazo ocupa un puesto *yin* y se corresponde con un trazo que tiene esta misma cualidad; esto también indica que puede "cambiar su actitud". Desde el momento en que el deber no permite el pleito, si logra superar sus sentimientos de dureza y de ira, así como su deseo de disputar, puede volver atrás y seguir el mandato, reformar su corazón, calmar sus sentidos, cambiar, tranquilizarse y purificarse, de ahí que "la determinación aporta ventura". La palabra "mandato"[10] designa la verdadera razón del principio de las cosas; no seguir el principio de las cosas constituye lo que se llama "frustrar el destino", por lo que se considera que la sumisión al destino constituye un retorno. Contravenir es no cumplir sumisamente. El *ShuJing*[11] dice: "Frustrar el destino arruinando las relaciones familiares", y Mencio dice: "Frustrando el destino y tiranizando al pueblo". Ahora bien, la firmeza sin centralidad [justicia] ni rectitud conduce a una precipitación intempestiva en las acciones, de modo que no puede tener satisfacción. Al carecer de centralidad y rectitud, no puede poseer la perfección; por eso, no estando satisfecho con su puesto y falto de pureza, disfruta de las disputas. Si el deber no permite disputas y si él no disputa, si en cambio vuelve a la verdadera razón de ser de todas las cosas, si deja atrás el desasosiego y la impureza para estar satisfecho con su suerte y se purifica, entonces habrá ventura.

ZHU XI. — Volver atrás, es avanzar hacia el destino, o mandato celestial, que es la verdadera y justa razón de la existencia de todo. Cambiar es modificarse poco a poco. El cuarto trazo *yang* es firme, pero no central, por lo que es la imagen de la disputa. Precisamente porque ocupa un puesto que incluye la dulzura y la docilidad,[12] también simboliza no poder seguir adelante y volver al verdadero principio de las cosas, modificando poco a poco su propio corazón, contentándose con situarse según la justicia. Si la persona que consulta el oráculo se encuentra en estas condiciones, será un presagio venturoso.

○ **Nueve en el quinto puesto** (muta al hex. 64)
Pleiteando.
Sublime ventura.

El quinto trazo es el regente del hexagrama y simboliza un árbitro justo.
Para resolver el pleito de una forma justa y razonable deberíamos buscar a alguien confiable e imparcial, que esté situado en una posición de autoridad y que sea respetado por ambas partes.
No basta con buscar un mediador adecuado o expresar nuestro deseo de solucionar la situación, sino que también debemos tomar medidas concretas para poder llegar a un acuerdo.

Trabajo: Una solución exitosa del conflicto destrabará la situación y como resultado tendremos buenas oportunidades laborales o de negocios.

Vida privada: Si no podemos solucionar el conflicto, necesitamos a alguien que pueda actuar como intermediario para solucionarlo.

Salud, sentimientos y relaciones sociales: Si moderamos nuestros deseos y comportamiento seremos más felices y disfrutaremos más de la vida.

---

10 命, *ming*: mandato, destino, voluntad del cielo o de una autoridad más alta (ya sea celestial o terrenal, como un rey o un gobierno), órdenes, directiva, investidura.

11 El *ShuJing* (el Libro de la Historia o Libro de los Documentos), es uno de los Cinco Clásicos del canon confuciano que influyó enormemente en la historia y la cultura chinas.

12 La cuarta posición es dócil y suave, *yin*.

CHENG YI. — Dado que el quinto trazo, con centralidad y rectitud, ocupa la posición preeminente, es él quien resuelve las disputas. Responsable de resolver disputas, posee centralidad y rectitud, lo cual es lo que produce la grandeza de la sublime ventura. Puede haber gran ventura sin llegar a un máximo de bienestar, pero el término "sublime ventura" indica que se llega a un máximo de bienestar.

ZHU XI. — El quinto trazo *yang* es central y correcto, y ocupa la posición preeminente; es el árbitro del pleito y sabe lograr la equidad. Quien obtiene este trazo al consultar el oráculo, si su disputa es justa, seguramente obtendrá la reparación de sus agravios.

Al tope un nueve (muta al hex. 47)

Si uno recibe como premio un cinturón de cuero,
para el final de la mañana
se lo habrán arrancado tres veces.

> El cinturón de cuero es un símbolo de rango y autoridad. Perderlo varias veces indica que nuestra victoria no será sostenible, sino que provocará un conflicto interminable. Para tener paz, debemos ser cooperativos, no competitivos.
>
> **Trabajo:** Nuestra situación es inestable, tendremos éxitos y fracasos, acompañados por amargas disputas. Si actuamos con agresividad para mejorar nuestra posición o alcanzar un mejor cargo, nos buscaremos más problemas que ventajas.
>
> **Vida privada:** Experimentaremos ganancias y pérdidas. Si obtenemos algo por la fuerza, eso nos creará enemigos que no nos dejarán en paz.
>
> **Salud, sentimientos y relaciones sociales:** Si nos destacamos en forma agresiva, eso despertará la envidia de otros que buscarán cómo hacernos caer. Nuestra posición es estresante, sería preferible que tuviéramos un perfil más bajo.

CHENG YI. — Este trazo usa su fuerza *yang* para ocupar la posición superior, marca el colmo de la firmeza y la actividad agresiva. Además, está situado al final del Conflicto, por lo que es quien que lleva la disputa a sus límites finales. Cuando la gente, al dar rienda suelta a su energía y a su violencia, prolonga el pleito hasta el extremo, atrae la desgracia y se pierde; el principio de las cosas es ciertamente así. Supongamos que en una disputa se alcanza el triunfo, llevando las cosas hasta el límite sin detenerse y que así se consigue recibir como recompensa las vestimentas de la corte y una misión oficial; hemos obtenido esto a través de lucha contra alguien más. ¿Como podríamos estar seguros de disfrutarlo en paz? Por ese motivo, al final de la mañana[13] el premio es arrancado tres veces, por la fuerza.

ZHU XI. — El cinturón de cuero es un adorno del traje de la corte[14]. Este trazo utiliza su firmeza *yang* y se encuentra en el punto extremo de el Conflicto, prolonga esta disputa indefinidamente y puede lograr imponerse a su adversario, por lo que este trazo simboliza a aquel a quien el soberano le confía una misión y que porta la insignia de una función pública. Sin embargo, es a través de disputas que obtiene estas ventajas, entonces, ¿cómo podría disfrutarlas durante mucho tiempo en paz? A eso se debe la imagen simbólica de que al final de la mañana el cinturón le es arrebatado tres veces. El significado adivinatorio es que, persiguiendo un desafío indefinidamente, sin tener la razón de su parte, a veces puede suceder que se consiga ganar, pero que lo que se obtiene así al final se perderá. La idea de la advertencia dada por el sabio es profunda.

---

13 "Mañana" es el significado original, pero se le agrega al significado de audiencia, porque el rey atendía los negocios de estado temprano en la mañana.

14 "Cinturón de cuero" es la traducción del carácter 鞶, *pan*, un cinturón de cuero grande con un bolsillo; estos cinturones eran un emblema de rango y autoridad.

7 El Ejército | *Shi*

El carácter que le da nombre para este hexagrama muestra a tropas defensoras (匝, *za*) rodeando la muralla de una ciudad (𠂤, *dui*).

Significados asociados

Ejército, tropas, legión, milicias, un grupo disciplinado, multitud; amo, maestro, líder; tomar como un maestro, imitar, seguir a un modelo o una norma; virtudes militares.

El Dictamen

El Ejército.
La determinación es venturosa para un hombre severo.
Sin culpa.

> Para conducir un ejército se necesita un líder estricto que tenga metas claras, expresadas con firme determinación.
> La buena organización y la disciplina evitarán que el ejército se convierta en una turba. Mantener el orden en las filas del ejército es imperativo. También se deben tomar precauciones contra el peligro externo.

CHENG YI. — El camino en los asuntos militares se basa en la rectitud. Cuando se trata de levantar ejércitos, reunir multitudes para dañar el mundo[1], sin que esto sea correcto según la justicia, el pueblo no sigue al agitador y lo repele por la fuerza. En el mando de los ejércitos, lo que importa por encima de todo es la determinación. Aunque el movimiento del Ejército está comandado por la justicia, quien lo manda debe ser un hombre severo, y entonces habrá ventura sin defecto. De hecho, hay casos en los que hay ventura, pero también culpa, y hay otros en los que, sin culpa, sin embargo tampoco hay ventura. Cuando hay ventura y no hay culpa, indica un bien absoluto. "Hombre severo" es una designación para personas eminentes de carácter imponente. El Ejército tiene el significado de reunir y congregar a la multitud. Si el que manda no es respetado y temido, y la multitud no le teme ni confía o se somete a el, ¿cómo podría ser escuchado y seguido por la multitud? Por eso Sima Rangju fue promovido, desde una posición pequeña y humilde, a mandar a la multitud, pero luego, como el corazón de la multitud no estaba con él, pidió que Zhuang Jia fuera nombrado general en su lugar. Lo que se entiende por la expresión "hombre severo" no necesariamente significa que debe ser un hombre ilustre y noble; basta que, de algún modo, la multitud le tema y se someta a él, al reconocer sus capacidades, su virtud y su vocación. Eso es todo lo que se necesita. Como cuando Sima Rangju hizo ejecutar a Zhuang Jia, entonces la multitud lo temió y se sometió a él; fue un "hombre severo". Otro ejemplo es el marqués de Huaiyin, quien ascendió desde una posición baja y humilde al rango de general del ejército; de hecho, su habilidad y su astucia fueron suficientes para llevar a los hombres a temerlo y estimarlo.

ZHU XI. — El Ejército significa tropas. En la parte inferior tiene el trigrama *Kan*, ☵, en la parte superior se encuentra el trigrama *Kun*, ☷; *Kan* representa el peligro, *Kun* la obediencia pasiva. *Kan* es el agua, *Kun* la tierra. En la antigüedad los ejércitos se reclutaban del campesinado. Los trigramas indican soportar peligros extremos con gran sumisión; esconder un abismo insondable en medio del descanso más completo. El hexagrama tiene un único trazo *yang*, el segundo, que ocupa el centro del trigrama inferior; y simboliza al general. Arriba y abajo, cinco trazos *yin* le obedecen y siguen sumisamente; constituyen la imagen simbólica de la multitud. El segundo trazo *yang* emplea una dureza contundente, ocupa una posición inferior y dirige los asuntos; el quinto trazo *yin* emplea suavidad dócil, ocupa la posición superior y le otorga autoridad [al segundo trazo]; esto constituye, por tanto, la imagen simbólica del príncipe ordenando al general que haga avanzar su ejército. Por eso este hexagrama se llama El Ejército. "Hombre severo" se refiere a un hombre fuerte, que debe ser respetado [el general]. Para seguir el camino del Ejército con ventaja, se requiere cen-

---

1 Podemos leer: al imperio.

tralidad [justicia] y un hombre fuerte y maduro al mando; así habrá ventura y no habrá culpa. Es una advertencia a quien consulta el oráculo para advertirle que él también debe cumplir estas condiciones.

La Imagen

La Tierra contiene agua en su interior:
la imagen del Ejército.
Así el noble alberga e incrementa la multitud.

> El trigrama *Kan*, ☵, que aparece en la parte inferior de este hexagrama es el símbolo del agua en movimiento, pero también indica peligro; el trigrama *Kun* ☷, corresponde a los tres trazos superiores y simboliza la Tierra. El Ejército es como el agua en movimiento, que es poderosa y peligrosa, pero en este caso permanece oculta en las profundidades de la Tierra. Un líder poderoso puede movilizar las masas y darles dirección y propósito, tal como el agua es canalizada en la dirección precisa.
>
> El noble es una persona con ideales elevados y capacidad superior, que cuida y soporta a la gente tal como la Tierra contiene el agua. El noble sabe cómo atraer seguidores a su causa y cómo motivarlos y dirigirlos efectivamente.

CHENG YI. — En medio de la Tierra hay agua; el agua se acumula en medio de la Tierra, lo que constituye la imagen simbólica de reunir a la multitud, por eso a este hexagrama se le llama *shi*, y representa al Ejército. El noble considera la imagen simbólica del agua en medio de la Tierra y la utiliza para proteger y soportar al pueblo y para congregar a la multitud.

ZHU XI. — El agua no está fuera de la Tierra, el Ejército no está fuera de la población, de modo que, pudiendo cuidar del pueblo, será posible contar con el apoyo de la multitud.

Al comienzo un seis (muta al hex. 19)

El Ejército debe partir siguiendo las reglas.
Si la disciplina es mala habrá desventura.

> El Ejército requiere organización y disciplina, de otra forma nunca será una fuerza efectiva. Desde el principio se deben establecer reglas y metas claras; avanzar apresuradamente sin una planificación adecuada o con carencia de disciplina sería desastroso.
>
> **Trabajo:** Las primeras etapas de cualquier proyecto que iniciemos deben planificarse cuidadosamente y las responsabilidades de cada persona implicada en el mismo tienen que ser claramente delimitadas para prevenir futuros problemas. Cuánto más gente participe en un proyecto, tanto más se necesitan reglas estrictas y claras.
>
> **Vida privada:** No iniciemos nuevos proyectos con liviandad ni precipitación, tomemos todo el tiempo que sea necesario para considerar cuidadosamente lo que pretendemos hacer, cerciorándonos que las personas que colaboran con nosotros saben claramente qué se espera de ellas.
>
> **Salud, sentimientos y relaciones sociales:** Nuestra salud mejorará si ordenamos un poco nuestra vida. El descontrol perjudicará nuestra salud y empeorará la calidad de nuestra vida.

CHENG YI. — El trazo inicial indica el comienzo del Ejército, cuando este se pone en marcha, y sigue su camino de acción. Es el reclutamiento de ejércitos en un estado o reino; si se realiza según el deber y la razón, será, por tanto, siguiendo las leyes y las normas, que dictan que los ejércitos se ponen en movimiento para reprimir el desorden y castigar la violencia. Si se ponen en marcha sin ajustarse al deber, entonces, aunque sea para bien, será un camino desdichado. La disciplina permitirá prevalecer en la lucha. La palabra "desventura" significa causar daño al pueblo y lesionar el deber. Cuando se trata de la acción de los ejércitos, la palabra "reglas" designa las órdenes del príncipe, las leyes y las instituciones del Estado. El camino de acción de los ejércitos se basa en las órdenes reales y en las instituciones del Estado, medios por los que se concentra la acción general del poder sobre la multitud. Si el Ejército sale sin estar conforme a la ley, aunque obtenga ventaja, seguirá siendo un presagio desafortunado; aunque conduzca a la victoria, seguirá siendo un camino hacia la desgracia. Cuando los ejércitos son guiados sin reglas, a veces puede suceder, por suerte, que no son derrotados e incluso que obtengan ventaja, a esto se refiere la advertencia del sabio.

ZHU XI. — Las "reglas" son la ley. Los dos caracteres 否臧, *fou zang*, traducidos como "si la disciplina es mala", significan "aquello que no es bueno". Chao Yuezhi dice: "La mayoría de los filósofos antiguos tomaron el carácter *fou* indiscriminadamente por *pi* (no, negación); este es el caso". Al estar al inicio del hexagrama, este trazo representa el inicio de la acción del Ejército. El camino para poner un ejército en el campo implica necesariamente prudencia en los preparativos y el comienzo. Si es conforme a la ley, será venturoso; si no es para bien, será

El Ejército

un presagio de desgracia. Es una advertencia preventiva que se da a quien consulta el oráculo para recordarle que debe iniciar las cosas con prudencia y observar las reglas.

○ **Nueve en el segundo puesto** (muta al hex. 2)

En medio del Ejército.
Ventura.
Ninguna culpa.
El rey le encomienda tres veces el mandato.

> Esta es la posición del líder, el único trazo *yang* en este hexagrama. El rey encomendando tres veces el mandato, es decir, otorgando múltiples promociones, confirmando la autoridad del líder, simboliza a un gobernante que soporta y promueve a alguien cualificado como líder del ejército (el segundo trazo); también indica que recibiremos ayuda desde las altas esferas.
>
> **Trabajo:** Seremos promovidos por nuestros superiores en reconocimiento a nuestros méritos.
>
> **Vida privada:** Disfrutaremos de buenas relaciones con nuestros amigos y familia. Somos apreciados por todos y sabremos cómo actuar correctamente en el momento oportuno. Tendremos buenas oportunidades de progreso.
>
> **Salud, sentimientos y relaciones sociales:** Excelente salud y felicidad.

CHENG YI. — En El Ejército, el segundo trazo es el único trazo *yang*, y alrededor suyo se agrupa la multitud de trazos *yin*. El quinto trazo ocupa el puesto del príncipe y es él quien corresponde con simpatía y rectitud con el segundo trazo. El segundo trazo es el regente del hexagrama; él es quien tiene la dirección exclusiva de los asuntos. Ocupar una posición inferior y tener el control exclusivo de los asuntos es una circunstancia que sólo se da en el caso de los ejércitos. Desde la antigüedad, cuando el soberano encomienda una misión a un general, si se trata de asuntos fuera de las fronteras, este último goza de autoridad absoluta. El segundo trazo está en el ejército, goza de autoridad absoluta y se ajusta al camino natural de la centralidad, por lo cual el texto dice "Ventura. Ninguna culpa". En efecto, si el general confía en su autoridad exclusiva y se apoya en ella, no sigue el camino del inferior; si no tuviera autoridad absoluta, no podría tener éxito. Por eso, siendo central, permaneciendo en un feliz término medio, tendrá ventura. Siempre que se trata del camino de los ejércitos, si la autoridad y la armonía son igualmente extremas, habrá ventura. Desde el momento en que, colocado en esta posición [central], el líder completa el camino del bien, puede asegurar el éxito y la paz del imperio y por eso el rey lo favorece encomendándole una misión tres veces. Siempre que algo se repite tres veces se llega al límite extremo[2]. El quinto trazo *yin* está en la posición más alta; además de confiar y delegar autoridad exclusiva, también repite en gran medida el número de sus favores; de hecho, si la consideración no fuera proporcional al mérito, la autoridad no sería suficientemente respetada y los inferiores no confiarían en el líder. En otros hexagramas, también sucede que el segundo trazo *yang* representa a alguien que el quinto trazo *yin* inviste de autoridad, pero es sólo en El Ejército que tiene la dirección exclusiva de los asuntos y que representa a aquel alrededor del cual se acumula la multitud de trazos *yin*, lo que indica que El Ejército tiene un gran significado. Al seguir el camino del ministro, no hay que atreverse a asumir la dirección exclusiva de los asuntos; sólo en el caso de asuntos que tienen lugar fuera de los límites del estado se posee esta autoridad exclusiva. Aunque la dirección reside en él, es mediante la fuerza de los ejércitos que se le han confiado que se puede obtener el resultado; el cual siempre se obtiene por los medios confiados por el príncipe y la consecuencia natural y apropiada de la dignidad que este confiere. Los filósofos de la época discutían el hecho de que los sacrificios ofrecidos en honor del Duque de Zhou se habían realizado con las mismas ceremonias y la misma música usada para el emperador; consideraron que el Duque de Zhou había actuado como un ministro y no tuvieron en cuenta su mérito, por lo que opinaron que debería haber sido tratado como ministro, sin utilizar estas ceremonias y esta música. Esto es no reconocer el camino del ministro. El Duque de Zhou pudo realizar su tarea exhaustivamente gracias a posición que había alcanzado, en cualquier caso, eso era su responsabilidad. El Duque de Zhou había alcanzado la cima de los honores. Lo mismo ocurre con el camino de los deberes de un hijo. Sólo Mencio supo apreciar y reconocer este significado, por eso dijo: "servir a los padres como Zengzi es bueno"; nunca consideró exagerada la piedad filial de Zengzi; de hecho, si el hijo es capaz de hacer algo, es adecuado que lo haga.

ZHU XI. — El segundo trazo *yang* está en una posición inferior; representa aquel alrededor de quien se reúne la multitud de trazos *yin* y tiene las virtudes de la firmeza y la centralidad. Se corresponde con el quinto trazo en lo alto y representa a quien se ve favorecido por la delegación de autoridad. De ahí la imagen simbólica y el significado adivinatorio.

---

2   Regla para interpretar el *Libro de los Cambios*.

Seis en el tercer puesto (muta al hex. 46)

Quizás el Ejército lleve cadáveres en el carruaje. Desventura.

En la China antigua, durante los sacrificios a los ancestros, en ocasiones un niño personificaba al difunto antecesor. Interpretando este trazo a la luz de esa tradición, el llevar cadáveres en el carruaje puede indicar que el verdadero líder del ejército no está presente, sino que es sustituido por alguien incapaz durante la batalla, como resultado habrá una derrota, con grandes pérdidas; cosa que también está simbolizada por los "cadáveres en el carruaje".

Este trazo indica un liderazgo que no está a la altura de la situación, falta de capacidad y malentendidos, lo que impide manejar bien los recursos y las personas que forman el ejército. Tal falta de liderazgo causará resultados desastrosos.

Trabajo: Si estamos en una posición subordinada, podemos llegar sufrir grandes pérdidas o quedarnos sin trabajo por una falla de la dirigencia. El jefe no sabe lo que hace o es reemplazado por un incompetente en un momento crítico. Si estamos en una posición gerencial, esto indica que no estamos a la altura de las circunstancias.

Vida privada: Este no es un buen momento para iniciar nada nuevo. Es mejor ser cuidadoso y no relegar responsabilidades en otros; ocupémonos de atender con cuidado todas nuestras obligaciones.

Salud, sentimientos y relaciones sociales: Puede que tengamos problemas de salud, tristeza, o duelo. Alguien puede llegar a morir en la familia.

CHENG YI. — El tercer trazo ocupa el puesto superior en el trigrama inferior; que es un puesto de comando y autoridad. No sólo tiene suavidad *yin*, sino que además, en asuntos militares, la autoridad debe pertenecer exclusivamente a un solo hombre. El segundo trazo tiene las aptitudes de firmeza y centralidad, y es aquel en quien el superior [el quinto trazo, el príncipe] confía y en quien se apoya, necesariamente él debe tener la dirección exclusiva de los asuntos, y solo así alcanzará el éxito completando su trabajo. Si la gestión de los asuntos se encomendara a varias personas, ese camino seguramente conduciría a la desgracia. La expresión 輿尸, *yushi*, del texto, significa "multitud de amos"[3]; de hecho, este es el tercer trazo, y es eso explica este significado, porque este trazo ocupa el rango más alto en el trigrama inferior [es decir es otro amo]. En cuestiones relativas a tropas y ejércitos, si la autoridad no se concentra exclusivamente en manos de una sola persona, la derrota es segura.

ZHU XI. — "Cadáveres en el carruaje" significa que el ejército vencido se retira en desorden, acarreando cadáveres. Debido a que este trazo *yin* ocupa una posición *yang*, su voluntad es firme, pero tiene escasa capacidad y no es central ni correcto. Por eso usurpa funciones que no le corresponden a su condición. De ahí la imagen simbólica y el significado adivinatorio.

Seis en el cuarto puesto (muta al hex. 40)

El Ejército acampa a la izquierda. Sin culpa.

Acampar a la izquierda significa retirarse del campo de batalla y volver a las barracas. En este momento una batalla sería desventajosa, porque las circunstancias no son propicias, lo mejor es retirarse.

Trabajo: No es conveniente arriesgarnos avanzando o intentar hacer nada nuevo. Es preferible permanecer a resguardo del peligro hasta que podamos avanzar.

Vida privada: Estemos satisfechos con lo alcanzado y seamos prudentes. Puede ser un buen momento para retirarnos de la vida activa y tomar unas vacaciones.

Salud, sentimientos y relaciones sociales: No es buen momento para hacer cambios ni tener una vida social intensa. Mantengámonos en calma, descansando en nuestro hogar, sin hacer esfuerzos ni emprender nada nuevo.

CHENG YI. — El avance de los ejércitos es el resultado del coraje y la fuerza; el cuarto trazo usa la mansedumbre y ocupa una posición *yin*; indica a alguien que no es capaz de avanzar y alcanzar la victoria. Retrocede, porque reconoce que no puede avanzar exitosamente. "Acampar a la izquierda" significa dar la vuelta y darse por vencido. Apreciar la oportunidad de avanzar o retroceder es precisamente lo apropiado; por eso no hay culpa. Ver la posibilidad y avanzar, reconocer la imposibilidad y retirarse, es una regla permanente para los ejércitos. El texto de este trazo sólo menciona la oportunidad y conveniencia de la retirada; y no discute si las habilidades del líder le permiten retirarse. Se da cuenta de que no puede ganar y mantiene intacto al ejército retirándose; esto es preferible a llevar el ejército a la derrota. Si el Ejército se retirara cuando debería haber avanzado, habría culpa. El *Libro de los Cambios* desarrolla este significado para advertir a las generaciones posteriores; el mérito de este pensamiento es profundo.

---

[3] En nuestra traducción, seguimos la lectura habitual que lee 輿尸, *yushi*, como "cadáveres en el carruaje", pero CHENG YI sigue a Hu Yuan, quien lee la frase 輿尸 como "multitud de amos".

EL EJÉRCITO

ZHU XI. — "Acampar a la izquierda" significa retirarse y renunciar. Este dócil trazo *yin* no es central, ocupa un puesto *yin* y [por eso] tiene rectitud; de ahí su imagen simbólica. Mantener el ejército intacto y retirarse es mucho más sabio que lo que hace el tercer trazo, de ahí el significado adivinatorio.

Seis en el quinto puesto (muta al hex. 29)
En el campo hay presas de caza.
Es propicio recordar las órdenes.
Sin culpa. El hijo mayor debería conducir el ejército,
si lo hiciera el menor los carruajes serán usados
para llevar cadáveres.
La determinación es ominosa.

> Las presas de caza en el campo indican que este es el momento oportuno para actuar, y que podremos capturar lo que buscamos. Que la presa esté al descubierto también puede indicar que este es buen momento para atacar porque el enemigo está descuidado o se encuentra en una posición vulnerable.
> "Es propicio recordar las órdenes", significa que no debemos extralimitarnos sino seguir las órdenes al pie de la letra. Una traducción alternativa sería de esta frase sería "es propicio capturarles para interrogarles", eso quiere decir que deberíamos aprehender y analizar la situación en todos su matices, antes de tomar acción. Es importante aguardar hasta que los hechos sean claramente entendidos antes de actuar para solucionar la crisis actual.
> El hijo mayor simboliza un buen liderazgo, pero si el líder no está bien calificado (el hijo menor) es resultado será la derrota.
> "La determinación es ominosa" indica que debemos saber contenernos y sólo avanzar cuanto sea necesario, hasta que nuestros objetivos sean alcanzados, pero no más allá. Si carecemos de auto-disciplina y sobrepasamos los límites debidos, nuestra aparente victoria se convertirá en cenizas.
> **Trabajo:** Se nos ofrecerá una gran oportunidad, cuando aparezca un nuevo factor que cambiará el balance del poder. Si sabemos manejar bien la situación, podremos sacar gran ventaja, pero si fallamos nos perjudicaremos mucho.
> **Vida privada**: La situación cambiará debido a la aparición de alguien o algo nuevo. Es propicio intervenir con firmeza y moderación.
> **Salud, sentimientos y relaciones sociales:** Una intervención quirúrgica puede llegar a ser necesaria. Es importante elegir al cirujano adecuado y esperar hasta tener un diagnóstico claro. Consideremos todas las opciones posibles antes de tomar una decisión.

CHENG YI. — El quinto trazo marca la situación del príncipe; es el maestro en formar ejércitos, y por eso el texto trata del camino para formar ejércitos e investir a alguien de la autoridad de mando. Los ejércitos sólo deben levantarse absolutamente "cuando los pueblos bárbaros perturban al pueblo de Xia o a causa del bandolerismo y las rebeliones criminales"[4], que es la causa de la desgracia de los pueblos; sólo entonces el príncipe da instrucciones para destruirlos. Es como cuando las presas de caza entran en los arrozales y dañan los cultivos y las plantaciones; el deber dicta que sean cazadas y capturadas. Mover ejércitos en condiciones similares no es cometer errores; pero si uno actúa ligeramente, dañando al imperio, entonces la culpa será considerable. "Es propicio recordar las órdenes" significa recibir instrucciones respetuosamente, mostrar claramente a los culpables su culpa y castigarlos. Si este fuera el caso del emperador Qin Shi Huang y el emperador Wu de Han, quienes destruyeron los bosques montañosos para capturar toda la caza, ya no significaría que "en el campo hay presas de caza".[5] El curso adecuado a seguir para conferir autoridad a un general y confiarle un ejército es necesariamente tomar al hijo mayor para comandar el ejército. El segundo trazo está en una posición inferior y es el amo del ejército, es el hijo mayor. Si los hijos menores estuvieran asociados con la dirección del ejército, se daría el caso de que, aunque se actuara con rectitud, el presagio sería desafortunado. El "hijo menor", generalmente se refiere a quien no es el hijo mayor. Desde la antigüedad, cuando los generales han sido investidos con el mando sin gozar de una autoridad exclusiva y absoluta, el resultado siempre ha sido el desorden y la derrota. Éste es, por ejemplo, el caso de la guerra de Xun Linfu de Jin, o el caso de la derrota de Guo Ziyi en Xiangzhou, bajo la dinastía Tang.

ZHU XI. — El quinto trazo *yin* es aquel de quien depende el uso de los ejércitos; es complaciente, pasivo y central; él no es la causa de la guerra. El enemigo lo ataca y no puede hacer otra cosa que responder a la provocación. Estas condiciones constituyen la imagen simbólica de "presas de caza en el campo", mientras que el significado adivinatorio es que hay ventaja en capturar estas presas, y no hay culpa. 言, *yan*, significa palabras, instrucciones verbales[6]. El hijo mayor es el segundo trazo *yang*; los hijos menores

---
4 Libro de la Historia, *Shun Dian*.
5 CHENG YI menciona estos dos emperadores porque fueron famosos por el uso brutal de la fuerza militar.
6 ZHU XI se refiere al carácter 言, *yan*, que es traducido como órdenes en "es propicio recordar las órdenes".

son los trazos tercero y cuarto[7]. Además, el texto advierte al consultante sobre la necesidad de la delegación absoluta de autoridad. Si confiamos a un hombre capaz el cuidado de algún asunto, y al mismo tiempo confiamos a algunos hombres inferiores una participación en la gestión, esto multiplicará el mando y el ejército tendrá que retroceder acarreando cadáveres, de modo que a pesar de la determinación[8] será imposible evitar la desgracia.

Al tope un seis (muta al hex. 4)

El gran soberano tiene el mandato para fundar reinos y ennoblecer a las familias.
No se deben emplear hombres inferiores.

> Después de alcanzar nuestras metas, lo más importante es consolidar nuestra situación. Utilicemos nuestros recursos sabiamente para evitar problemas. El carácter traducido como "mandato", 命, *ming*, significa "comando, mandato del cielo, destino". Eso indicaría que la autoridad o el poder que tenemos es reconocido por todos, también significa que estamos apoyados por las autoridades más altas para hacer lo que nos parezca mejor. "Heredar la casa", indica que recibimos la autoridad y o posesiones del anterior gobernante de la región conquistada. "Ennoblecer a las familias" significa otorgar cargos de responsabilidad. Los "hombres inferiores" se refieren tanto a personas de poco nivel como a deseos impropios; ambos deberían evitarse.
>
> **Trabajo:** Después de que nuestros objetivos hayan sido alcanzados debemos delegar responsabilidades y establecer una estructura administrativa adecuada. Elijamos sabiamente a nuestros colaboradores, evitando utilizar gente que sólo busca su propia ventaja.
>
> **Vida privada:** Podemos llegar a heredar una propiedad o un negocio. Vamos a prosperar, pero nuestra riqueza puede atraer a algunos falsos amigos, no confiemos en personas indignas.
>
> **Salud, sentimientos y relaciones sociales:** En tiempos de gran progreso y cambios, es importante que mantengamos nuestra vida en equilibrio, no comprometamos nuestra salud física y emocional con hábitos poco saludables o amigos de bajo nivel.

CHENG YI. — El trazo superior marca el final del Ejército, el momento en que se completa la tarea. El gran príncipe premia a quienes han adquirido méritos mediante títulos y mandatos. "Fundar reinos" es conferir privilegios como príncipes feudatarios. La palabra 承, *cheng*, traducida como ennoblecer, en "ennoblecer a las familias", significa conferir puestos como dignatarios y grandes oficiales. Aunque hayan adquirido méritos, "no se deben emplear hombres inferiores". Cuando se forman ejércitos y tropas, el camino para ganar méritos a través del éxito no es único. No es imprescindible que todos sean nobles, y por eso el texto advierte que cuando sean hombres inferiores los que hayan adquirido este mérito, no debe ser empleado. Recompensarlos con oro, cosas preciosas [seda], pensiones y títulos es legítimo, pero no se les deben dar reinos, gobiernos regionales ni encomendarles funciones políticas y civiles. En tiempos normales, los hombres inferiores fácilmente se vuelven orgullosos y complacientes; ¿Cuánto más cuando ya han adquirido méritos? Esto es lo que, bajo la dinastía Han, provocó la ejecución de Ying y Peng[9]. Tal es la profundidad de la perspicacia y el alcance de las advertencias del sabio. Se trata exclusivamente del significado relativo de la conclusión de los asuntos del Ejército. No se trata de un significado especial relacionado con este trazo. De hecho, se debe a la grandeza del tema en general. Si se trata específicamente de este trazo, entonces se trata de un trazo *yin* que utiliza la gentileza para ocupar una posición que implica sumisión en el límite del trigrama de la sumisión. El papel del Ejército ya está cumplido, y como ocupa una posición que no indica ninguna situación determinada, se sitúa en el punto correcto y está libre de culpa.

ZHU XI. — Este es el fin del Ejército, y el máximo de la sumisión[10]. Es hora de discutir méritos y otorgar recompensas. El trigrama superior ☷, *Kun* representa la tierra, de modo que es el símbolo de la fundación de reinos y distribución de privilegios con dignidades hereditarias en la familia. Pero a los hombres inferiores no se les debe conferir gobiernos territoriales, aunque hayan adquirido méritos con sus victorias, sino simplemente mostrarles benevolencia recompensándolos con oro o tejidos preciosos. Esta es una advertencia para quienes otorgan las recompensas; de modo que los hombres inferiores no pueden utilizar este pronóstico y si, igualmente, los hombres inferiores encuentran este trazo al consultar el oráculo, tampoco deben utilizar las reglas indicadas por el texto de este trazo.

---

7 El plural no está marcado, podemos leer tanto "el hijo menor" como "los hijos menores".
8 Firmeza absoluta de la posición central del segundo trazo.
9 En reconocimiento a sus contribuciones, Peng Yue recibió el título de "Rey de Liang" tras el establecimiento de la dinastía Han, pero con el tiempo conspiró contra Liu Bang, y fue degradado y exiliado; finalmente fue ejecutado. Yin Bu batalló para el rey de Han, y fue recompensado con un reinado, pero más tarde se rebeló contra la dinastía Han, pero finalmente fue derrotado y ejecutado.
10 Trazo *yin* en puesto *yin*.

8 La Solidaridad | *Bi*

El carácter que le da nombre a este hexagrama muestra a dos hombres (人), uno al lado del otro. Esto se nota mejor en una versión más antigua de este carácter:

Significados asociados
Solidaridad, aliarse con, combinar, unir, asociarse con, ir junto con, seguir, partidario; par, igual, similar.

El Dictamen
La solidaridad trae ventura.
Sigue el oráculo hasta la fuente,
ve si tienes elevación, duración y determinación;
si es así no habrá defecto.
Llegarán de las tierras sin paz.
Los hombres que lleguen tarde tendrán desventura.

> Solo podremos lograr una alianza que nos satisfaga si no tenemos dudas y estamos firmemente convencidos de que la unión es buena para nosotros; de otra forma no tendremos suficiente determinación para lograr una unión satisfactoria.
> La frase "tierras sin paz" se refiere tanto a las personas con dudas como a aquellos rebeldes que no quieren dejar atrás sus costumbres poco solidarias. No importa el motivo, todo el que se demore demasiado perderá la oportunidad de alcanzar la unión.
> El Dictamen muestra a un rey convocando a sus jefes tribales. Aquellos que lleguen tarde no serán bien recibidos, y quizás sean castigados, por ser desleales. Hay un tiempo propicio para entrar en un grupo; aquel que llega demasiado tarde no podrá ser un miembro pleno, como aquellos que llegaron al principio.

CHENG YI. — La Solidaridad es el camino natural hacia la felicidad; los hombres, al reunirse y agruparse, preparan el camino hacia su propia felicidad. *Los hexagramas dispuestos en orden aleatorio*[1] dice: "La Solidaridad ofrece felicidad; el Ejército, tristeza". Los hombres, al unirse para formar un grupo, deben necesariamente seguir un determinado camino moral; si no obedecen este camino moral, se arrepentirán y cometerán faltas; por lo tanto, es absolutamente necesario consultar el destino varias veces para determinar la legitimidad de la reunión y de la agrupación, y sólo reunirse después. "Sigue el oráculo hasta la fuente", significa consultar el significado adivinatorio y decidir las reglas de interpretación; no se refiere a utilizar los medios de adivinación mediante tallos de milenrama o el caparazón de tortuga[2]. Si la persona en torno a la cual uno se agrupa tiene una perfección absoluta y duradera, no habrá culpa. "Elevación", significa "conforme al camino moral del príncipe o superior"; "duración" significa permanente e indefinidamente persistente; "determinación" significa conformidad con el camino del medio. Cuando el superior reúne y agrupa a los inferiores, debe cumplir absolutamente estas tres condiciones; los inferiores, al seguir a un superior, deben exigir absolutamente estas tres condiciones; entonces no habrá culpa. El hombre que no puede asegurar por sí mismo su descanso y tranquilidad, busca llegar, unirse y asociarse formando un grupo; si tiene a alguien a quien pueda tener cerca, podrá garantizar su propia paz. Si se encuentra en un momento en el que no puede estar en paz, sin duda le conviene apresurarse a buscar a alguien a quien pueda acercarse; si permanece aislado y confía en sus propias fuerzas, si su tendencia a buscar un punto de apoyo no es inmediata, si se demora, entonces, aunque sea vigoroso, será un mal presagio. Si este es un presagio desafortunado incluso para el hombre vigoroso, ¡cuánto más lo será para el débil y falto de energía! El carácter 夫, *fu*, del texto, traducido como "hombre", en la expresión "los hombres que lleguen tarde", es una designación uti-

---
[1] La décima Ala.

[2] Los adivinos de la dinastía Shang usaban las escápulas de bovinos, y otros animales, como también el plastrón de las tortugas para las consultas oraculares. Los plastrones se preparaban y se grababan inscripciones en los mismos, incluyendo la consulta oracular. Finalmente se aplicaba calor, que causaba grietas en los caparazones. Estas rajaduras se interpretaban como la respuesta oracular.

lizada para designar a un hombre importante o un gran hombre. El comentario *Zuo* dice: "Zinan es *fu*"; luego dice: "esto significa que nosotros no somos *fu*". Nada de lo que vive entre el Cielo y la Tierra puede preservarse permaneciendo aislado, sin unirse en sociedad; sin importar su firmeza, nadie puede permanecer aislado. El camino de la Solidaridad resulta de dos tendencias que se buscan la una a la otra; si las dos tendencias no se llamaran entre sí, tendríamos el hexagrama 38, El Antagonismo[3]. Ya sea el príncipe que abraza al pueblo bajo su protección, los inferiores que se acercan al superior para ayudarlo, los padres y aliados, los amigos, los conciudadanos, o los asociados, en todos los casos, siempre es así. Además, si bien el superior y el inferior coinciden en sus tendencias a seguirse, si algunos no tienen la idea de buscarse mutuamente, se separarán y esto será un augurio de desgracia para ellos. En general, si los sentimientos de los hombres concuerdan, se unen; si estos sentimientos son opuestos, se dispersan. Constreñirse mutuamente quiere decir que defienden sus derechos, para que nadie saque ventaja. El acercamiento de los hombres entre sí está ciertamente sujeto a una ley lógica, y esto es precisamente lo que significa que, cuando quieran agruparse, no deben posponer ni demorar la unión solidaria.

ZHU XI. — Solidaridad significa acercarse y ayudarse unos a otros. El quinto trazo *yang* emplea su firmeza para ocupar el puesto intermedio en el trigrama superior y concuerda con la rectitud; arriba y debajo de él, cinco trazos *yin* se agrupan y lo siguen; es la imagen simbólica de un solo hombre protegiendo a todos los Estados y la imagen de los pueblos de los cuatro horizontes[4] mirando hacia el mismo hombre. Además, si quien consulta el oráculo obtiene este hexagrama, esto indicará que debe convertirse en el punto de apoyo alrededor del cual los hombres se agruparán para ayudarse unos a otros. Sin embargo, tendrá que consultar nuevamente al oráculo para examinar lo que le concierne personalmente; verificar si tiene las virtudes de elevación, duración y determinación, sólo entonces será digno del movimiento que atrae a la multitud hacia él y estará libre de culpa. Aquellos que aún no han unido fuerzas y que tienen algún motivo para temer por su paz también están a punto de unirse a él. Si alguien todavía se demora y viene tras los demás, para cuando llegue los primeros ya habrán estrechado y fortalecido los lazos de su unión, mientras que él llegará cuando sea tarde y se encontrará con la desgracia. Cuando queramos asociarnos con alguien, debemos comportarnos como indica este hexagrama.

La Imagen

Sobre la Tierra hay agua: la imagen de la Solidaridad.
Así los reyes de antaño asignaban los diez mil diferentes estados y mantenían trato amistoso
con todos los príncipes vasallos.

> La Tierra contiene el agua, la cual a su vez humedece y fertiliza la Tierra; esto muestra cómo la solidaridad beneficia a todos sus participantes.
> De la misma forma, un líder sostiene relaciones mutuamente beneficiosas con sus asociados, manteniendo las vías de comunicación abiertas como si fueran canales por donde fluye el agua.
> Diez mil indica un gran número. En el mundo hay muchos estados, tal como hay muchas grandes masas de agua. La comunicación de las naciones, fertiliza el mundo en la misma forma que el agua que fluye fertiliza la Tierra. De la misma forma, la comunicación entre las personas permite que éstas se unan para colaborar mutuamente.

CHENG YI. — En el mutuo acercamiento y asociación de las cosas entre ellas sin dejar ningún intersticio, nada es como cuando se trata del agua colocada sobre la Tierra, y por eso se considera que este hexagrama expresa la Solidaridad. Los primeros reyes, considerando esta imagen simbólica de Solidaridad, se basaron en ella para establecer todos los Estados y reunir a los príncipes feudatarios. El establecimiento de los distintos Estados era el medio de agrupar al pueblo en la sociedad; reunir a los príncipes feudatarios protegiéndolos con afecto paternal era la manera de agrupar el mundo en una sola sociedad.

ZHU XI. — En la Tierra hay agua, el agua está asociada a la Tierra; no tolera ningún intersticio vacío. Establecer reinos y reunir a príncipes feudatarios fue, igualmente, el medio utilizado por los primeros reyes para unir el mundo sin dejar huecos. La idea del Dictamen es que la gente se acerque al oráculo, consultándolo para salir y estar cerca de la gente.

Al comienzo un seis (muta al hex. 3)

Si hay sinceridad la unión será sin defecto.
Lleno de sinceridad como una rebosante vasija de barro.
Finalmente, llegan otros felices augurios.

> La sinceridad es esencial para mantener buenas relaciones con nuestros amigos y asociados. La rebosante

---

[3] El Antagonismo muestra las dos tendencias del agua y la Tierra; está formado por dos trigramas que representan el fuego y el lago. El fuego tiende a subir, el agua del lago tiende a descender, las tendencias son opuestas y por eso El Antagonismo expresa la idea de oposición y dispersión.

[4] Literalmente: "Desde los cuatro mares mirando hacia un mismo hombre".

La Solidaridad

vasija de barro simboliza un acercamiento sincero y lleno de sustancia, donde no hay falsas apariencias, sino una realidad palpable. Muestra que ofrecemos algo de valor real, con generosidad y sin engaño.

Si tenemos una actitud sincera tal como una vasija de barro cuyo contenido rebosa, y ofrecemos algo real, no meras palabras, así podremos ganar la confianza de los demás y conseguiremos alcanzar una unión plena, que le traerá felicidad a todos sus miembros.

La vasija de barro rebosante también indica que nuestra capacidad y sinceridad atraerá a la gente.

Trabajo: Nuestro aporte será apreciado y nuestra sinceridad reconocida. Buenos negocios y/o una promoción están por llegar.

Vida privada: Este es un excelente momento para estrechar los vínculos, no solo con nuestros seres queridos, pero también con nuevos conocidos que sean atraídos por nuestra sinceridad.

Salud, sentimientos y relaciones sociales: Compartamos nuestras bendiciones sinceramente con nuestros seres queridos. Nuestra sinceridad nos permitirá gozar de una excelente vida social.

CHENG YI. —El primer trazo *yin* representa el comienzo de la Solidaridad; el camino de la Solidaridad se basa en la sinceridad y la confianza; Si alguien no lleva la buena fe en su corazón y se acerca a los demás, ¿que hombre querría aliarse con él? Al comienzo de la Solidaridad debe haber absoluta fe y sinceridad, entonces no habrá defecto. La fe interna es la confianza y sinceridad absoluta que tenemos dentro de nosotros mismos, como cuando algo llena por completo el interior de un jarrón. El carácter traducido como "vasija de barro", designa un objeto elaborado con un material sencillo y sin ornamentación; esto expresa que el interior de un jarrón se llena por completo, sin agregar ningún adorno al exterior. Luego, "finalmente", puede suceder que haya otros augurios felices; "otros" indica que difieren de los ya indicados. Si la veracidad y la sinceridad llenan el interior, todos deben sentir la influencia de estas cualidades y finalmente seguirán a quien las posee. La fe y la sinceridad son las bases de la Solidaridad.

ZHU XI. — Lo que hace noble el comienzo de la Solidaridad es que hay buena fe, por eso no hay defecto. Si esta buena fe llena completamente [el corazón], entonces habrá otros augurios felices.

Seis en el segundo puesto (muta al hex. 29)

La Solidaridad procede del interior.
La determinación es venturosa.

Nuestra afinidad con cierta persona (el quinto trazo *yang*, alguien con una posición superior) al principio solo será manifestada en forma interna, como un sentimiento compartido. Una relación de esas características, verdadera, sin intereses espurios, nos traerá buena fortuna.

La solidaridad procedente del interior también indica que deberíamos permanecer leales a nuestros camaradas y amigos.

Trabajo: Si compartimos nuestras ideas y esperanzas con nuestros colegas y asociados, ellos apreciarán nuestro aporte. Este es un buen momento para trabajar dentro de un grupo, nos quedemos solos.

Vida privada: Si nos expresamos con sinceridad, los lazos que nos unen a nuestros seres queridos serán firmes y puros porque proceden de afinidades naturales.

Salud, sentimientos y relaciones sociales: Seamos fieles a nosotros mismos. No nos auto censuremos ni reprimamos, expresemos libremente nuestros sentimientos

CHENG YI. - El segundo y el quinto trazo se corresponden correctamente; ambos poseen centralidad y rectitud; son quienes se solidarizan y agrupan siguiendo el camino del centro[5] y la rectitud. El segundo trazo está situado en el trigrama interior; "del interior" significa de uno mismo, del propio movimiento. Aunque el príncipe (el quinto trazo) es quien tiene el derecho de seleccionar y utilizar las habilidades del súbdito (el segundo trazo), sin embargo, el hecho de dedicar la propia persona al servicio del príncipe debe ciertamente salir de la propia voluntad del súbdito. Poseer en uno mismo el sentimiento de estar de acuerdo con el camino moral del príncipe y ponerse a su servicio es conformarse a la justicia, y por eso "la determinación es venturosa". Utilizar el camino del medio y la rectitud para responder con simpatía al llamado del príncipe es actuar por cuenta propia y sin fallar. Apresurarse prematuramente en la búsqueda de la

---

5 El "camino del centro" o "camino del medio" significa evitar los extremos y guardar el equilibrio; mantenernos lejos, tanto de la indulgencia sensual, como de la excesiva austeridad. En el caso de la Solidaridad, "el camino del medio" también indica el balance entre nuestros propios deseos y lo que otros esperan de nosotros.

solidaridad no es el camino hacia la autoestima, tal como lo practica el noble, es decepcionarse a uno mismo.

ZHU XI. — Este trazo tiene las cualidades de mansedumbre, pasividad, centralidad y rectitud y se corresponde con el quinto trazo *yang*. Que la Solidaridad provenga "del interior", significa un movimiento de acercamiento hacia algo externo y de acuerdo con la justicia; es un camino hacia la ventura. Si quien consulta el oráculo está en estas condiciones actuará con rectitud y el augurio será venturoso.

Seis en el tercer puesto (muta al hex. 39)
Solidaridad con la gente incorrecta.

> Los dos caracteres chinos traducidos como "gente incorrecta", 匪人, *fei ren*, también significan bandido, persona despreciable, fuera de la ley[6]. No le brindemos nuestra confianza y solidaridad a personas de bajo nivel, porque sólo nos engañarán y tratarán de sacar provecho de nosotros.
> No hay pronóstico adjunto, pero si nos mezclamos con malas compañías nuestro futuro no será prometedor y nos impedirá relacionarnos con mejores personas.
>
> **Trabajo:** Deberíamos reconsiderar nuestras alianzas y lealtades, porque no tenemos buenas perspectivas con nuestros actuales asociados.
>
> **Vida privada**: Si nos relacionamos con gente de baja moralidad nos perjudicaremos a nosotros mismos.
>
> **Salud, sentimientos y relaciones sociales:** Los vicios y los malos hábitos, dañarán nuestra salud física y obstaculizarán nuestro desarrollo espiritual. Evitemos caer en dependencias degradantes.

CHENG YI. — El tercer dócil trazo *yin* carece de centralidad y rectitud, y tampoco se solidariza con nadie que tenga estas virtudes. El cuarto trazo *yin* es dócil, y carece de una posición central, mientras que el segundo trazo *yin* se solidariza y se corresponde con el trazo inicial; todos carecen de centralidad y rectitud; son hombres indignos. Al solidarizarse con hombres indignos, las desventajas son obvias y no hay necesidad de hablar de remordimiento o temor de males futuros. A pesar de la centralidad y la rectitud del segundo trazo, se le califica como un "hombre indigno"[7]; el significado se adopta según la oportunidad del momento y es diferente en cada caso.

ZHU XI. — El tercer dócil trazo *yin*, no tiene centralidad ni rectitud; los trazos contiguos (2 y 4), y aquel con quien se corresponde (6) son todos *yin*; todos aquellos con quienes se asocia tienen la imagen simbólica de hombres indignos. El significado adivinatorio es un mal presagio, y esto es obvio sin necesidad de mencionarlo.

Seis en el cuarto puesto (muta al hex. 45).
Solidaridad con gente del exterior.
La determinación es venturosa.

> No nos dejemos esclavizar por la rutina, ni nos relacionemos únicamente con nuestros viejos conocidos. Este es un buen momento para buscar contactos por afuera de nuestro círculo social o laboral habitual.
> Este texto describe el momento cuando se toma abiertamente la decisión de unirse a alguien o de relacionarse con nueva gente, con costumbres diferentes a las nuestras, o provenientes de un lugar lejano.
>
> **Trabajo:** Este es un excelente momento para establecer alianzas y expandir nuestros horizontes.
>
> **Vida privada**: Salgamos al exterior, ya sea de nuestro país o de nuestro entorno social habitual, y busquemos nuevas relaciones. Podremos encontrar personas o intereses buenos y provechosos.
>
> **Salud, sentimientos y relaciones sociales:** No seamos tímidos, podemos conseguir buenos nuevos amigos que quizás vengan del extranjero o tengan un estilo de vida distinto al nuestro.

CHENG YI. — El cuarto trazo no se corresponde con el trazo inicial, sino que se asocia con el quinto trazo, hacia el exterior; esa determinación es venturosa. Es correcto que el príncipe y el ministro se solidaricen. La solidaridad, el acercamiento, una asociación entre unos y otros, esto es lo que conviene y es oportuno. El quinto trazo es *yang*, firme, central y recto; él es sabio; ocupa el rango preeminente y está en una posición superior. Ahora bien, acercarse al sabio, seguir al superior, es justa Soli-

---

6 El significado de *fei ren* no está muy claro. Aparentemente así eran llamados los que no eran parte de la estructura social imperante: los bandidos, aquellos fuera de la ley, los descastados, parias, proscritos o marginales; quienes parecían inhumanos porque no seguían las normas usuales o porque provenían de tribus bárbaras. *Fei ren* sólo aparece en dos lugares en el *Libro de los Cambios*: en este trazo y en el dictamen del hexagrama 12, El Estancamiento.

7 CHENG YI aclara esto porque, efectivamente, el segundo trazo es central, y podrían surgir dudas por las palabras de CHENG YI, que dice "todos carecen de centralidad", concerniente a los trazos segundo y cuarto.

LA SOLIDARIDAD

daridad, por eso la determinación es venturosa. Un trazo *yin* ocupando el cuarto puesto también tiene el significado de estar de acuerdo con la justicia. Finalmente, un hombre dócil y *yin*, sin centralidad, que puede asociarse con un sabio dotado de energía, centralidad, inteligencia y rectitud, indica acuerdo con la rectitud y ofrece un feliz augurio. Solidarizándose con el sabio, siguiendo al superior, y recorriendo el camino de la rectitud habrá buena fortuna. Todas estas definiciones están interconectadas y completan el significado de este trazo.

ZHU XI. — El cuarto trazo utiliza una gentileza dócil y ocupa un puesto que implica gentileza; en el exterior está asociado con el quinto trazo *yang*, al cual se acerca; esto se considera una expresión de acuerdo con la justicia y un camino hacia la ventura. Si el que consulta el oráculo está en estas condiciones, será correcto y tendrá ventura.

○ **Nueve en el quinto puesto** (muta al hex. 2)
Solidaridad manifiesta.
El rey usa batidores por tres lados para las presas de caza, y deja ir a los animales que van enfrente de él.[8]
Los habitantes del distrito no desconfían.
Ventura.

> Este trazo describe cómo el líder, la persona que es el núcleo de la unión solidaria, motiva a la gente y los pone en movimiento, pero sin forzar la decisión final de nadie.
> Aquellos que lo conocen, "los habitantes del distrito", son personas de su misma organización o familia, ellos confían en él y no necesitan ser convencidos.
> Los animales que son batidos son las personas que el líder busca atraer a su lado. Aquí la unión es completamente voluntaria; la gente decide por sí misma si ellos quieren unirse al líder o si lo rechazan.
> La unión entre lo alto (el líder, el quinto trazo) y lo bajo (la gente, los trazos *yin* inferiores) traerá ventura para todos.
>
> **Trabajo:** Este es un buen momento para la publicidad, las promociones, las relaciones públicas y también para incorporar nueva gente a nuestro negocio. Si alguien no quiere colaborar, no tratemos de retenerlo.
>
> **Vida privada**: Manifestamos un liderazgo natural que despierta la confianza de la gente y eso nos asegurará recibir un apoyo generalizado.

Salud, sentimientos y relaciones sociales: Este es un buen momento para conocer a otras personas y para hacernos conocer. Si alguien se muestra reacio a nuestros avances, no insistamos, dejemos que la otra persona se acerque naturalmente.

CHENG YI. — El quinto trazo ocupa la posición del príncipe; es central y posee rectitud; es él quien completa el bien en el camino de la Solidaridad. El camino del príncipe que agrupa el mundo en Solidaridad consiste en ilustrar y mostrar claramente el camino de la Solidaridad, por ejemplo, mediante la sinceridad de sus ideas en la manifestación hacia los demás, por el desarrollo de las instituciones sociales y la práctica de la humanidad, de modo que todo el mundo aspire a experimentar la influencia benéfica de sus cualidades. Este es el camino del príncipe para unir el mundo en la Solidaridad. En tales condiciones, ¿quién no se acercaría al superior y se agruparía en torno a él? Pero si sólo actuara mediante la violencia y si su humanidad fuera mínima; si ignorara el camino moral y buscara la adulación, si sólo buscara obtener el apoyo de los inferiores, su camino estaría deprimido y reducido; ¿le sería entonces posible obtener así el apoyo del mundo? Además, el noble utiliza la centralidad que tiene, como quinto trazo *yang*, cumpliendo perfectamente las prescripciones del camino solidario y toma como ejemplo "los batidores por tres lados". El texto dice: "El rey usa batidores por tres lados para las presas de caza, y deja ir a los animales que van enfrente de él. Los habitantes del pueblo no desconfían. Ventura." Los primeros reyes consideraban las cacerías de las cuatro estaciones como una costumbre que no se podía abandonar, por lo que desplegaban la humanidad de sus corazones, colocando batidores sólo en tres lados. Esto es lo que expresa el *Libro de los Ritos* al decir: "El emperador no cierra la circunvalación".[9] La expresión de Cheng Tang[10], sobre la continuidad de la red, tiene el mismo significado.

En el área de caza, el emperador tenía batidores que cerraban completamente tres lados, mientras que en la parte delantera se dejaba un camino transitable, para que las presas de caza pudiera pasar y salir, para no exterminar a todos los animales[11]; esta es la humanidad manifestándose en el amor a la vida. Sólo tomaba los que no sabían preservar su vida, los que en lugar de salir entraban al cercado; las aves y otros animales que huían por delante podían escapar, por eso el texto dice "deja ir a los anima-

---

8 "La antigua norma para expediciones de caza era que después que los batidores completaban su trabajo y el rey estaba listo para tomar sus presas, un lado de la cerca dentro de la cual se había llevado a los animales, se dejaba abierto y sin guardia. Esto demostraba la benevolencia del rey, que no quería matar a todos los animales capturados ahí adentro". (Legge)

9 Empalizada o zanja circundante; sitiar; corral de ganado.
10 Rey de la dinastía Shang.
11 "Incapaz de soportar la destrucción absoluta de los seres".

les que van enfrente de él". El rey ilustra y muestra claramente el camino de la Solidaridad; el mundo viene espontáneamente a agruparse a su alrededor. Envuelve con su cariño y protección a quienes acuden. Ciertamente, no se trata de un afán desordenado nacido de la codicia, que le hace buscar la ayuda y la compañía de los seres. Así, en el ejemplo de los batidores por tres lados, los animales que salen no son impedidos ni perseguidos, mientras que los que vienen son capturados. Ésta es la grandeza del camino del príncipe, que permite al pueblo disfrutar del bienestar sin saber de quién proviene. "Los habitantes del distrito no desconfían. Ventura"; este pasaje expresa el extremo al que se lleva el desinterés y la ausencia de egoísmo, sin distinción entre lo cercano o lo lejano, lo personal o lo extraño. El distrito es el lugar de residencia; en el *Libro de los Cambios,* lo que se entiende por la palabra distrito es siempre el lugar donde el rey tiene su corte, el reino central en medio de los distintos estados feudatorios. El término traducido como "desconfían" expresa la idea de asignar un límite. La gente que vive dentro de los límites del distrito no desconfía de quienes tienen unidad de acción en la forma de recibir y tratar a las personas, sin limitar el afecto a quienes residen en el distrito; en estas condiciones habrá ventura. El noble gobierna el mundo por la grandeza del desinterés y la ausencia de egoísmo; y así clarifica a quienes se solidarizan con él. La forma en que el príncipe se solidariza con el mundo no es la única que se basa en estos principios; en general, en la asociación entre los hombres nunca ocurre de otra manera. Si hablamos de ello desde el punto de vista del sujeto hacia el príncipe, completando la lealtad y la sinceridad, desarrollando su capacidades y fuerza de acción hasta sus últimos límites, es para ilustrar el camino moral de la Solidaridad con los intereses del príncipe y su fortuna. Estar empleado o no estar empleado depende únicamente de la voluntad del príncipe; no debemos, mediante una aprobación servil, seguir adelante con nuestra elección y buscar la aprobación de quienes nos rodean. Entre amigos esto es similar; uno puede corregirse a uno mismo y actuar sinceramente en las relaciones con los demás, pero que respondan a los sentimientos manifestados o no, depende de los sentimientos de los demás y no de la propia voluntad. No debemos utilizar la "charla ingeniosa y las maneras afectadas"[12], ni estar demasiado pendientes de ellos o aprobarlos en todo para que se solidaricen con nosotros. En cualquier grupo, en la familia, o entre aliados, en cualquier pueblo, nunca es de otra

manera; este es el significado de los batidores por tres lados y las presas que huyen por delante.

ZHU XI. — El único trazo *yang* ocupa el puesto preeminente; tiene firmeza, actividad, centralidad y rectitud; la multitud de trazos *yin* en el hexagrama se agrupa en torno a este trazo *yang*; esto es para demostrar ostensiblemente la Solidaridad sin ningún motivo ulterior de interés privado. Es el emperador quien no cierra el paso sino deja abierto un lado de la red. Los que vienen no son rechazados; los que se van no son perseguidos. Además, se considera que este hexagrama expresa la imagen simbólica del empleo de los batidores por tres lados, dejando ir a los que van al frente, sin que los hombres del distrito se preocupen por ello. De hecho, esto depende de cada uno, no deja de ser un ejemplo de la idea expresada anteriormente; si no hay desconfianza la caza será exitosa. Todo esto expresa siempre un camino propicio que conduce a la buena fortuna, y si quien interpreta el significado adivinatorio se encuentra en estas condiciones, el augurio es venturoso.

Al tope un seis (muta al hex. 20)
Solidaridad sin un líder.
Desventura.

> La alianza fracasa porque no ofrece propuestas atractivas y no hay un buen liderazgo. Las consecuencias son el aislamiento y la tristeza.
> La falta de liderazgo puede deberse a desacuerdos entre los miembros del grupo o a intereses divergentes, esos conflictos pueden destruir a cualquier grupo.
>
> **Trabajo:** Un proyecto, un negocio o una oportunidad laboral, va a fracasar debido a desavenencias, intereses encontrados o simplemente falta de liderazgo.
>
> **Vida privada**: Si desaprovechamos el momento apropiado para establecer una alianza, nos quedaremos solos.
>
> **Salud, sentimientos y relaciones sociales:** Si ignoramos la oportunidad para solidarizarnos con los demás, quedaremos aislados y deprimidos.

CHENG YI. — Este trazo *yin* ocupa el puesto más alto. Este es el fin de la Solidaridad. La palabra traducida como "líder", 首, *shou*, cabeza, penúltimo carácter del texto, también significa comienzo, origen. En el desarrollo de cualquier asociación, si el principio es bueno, el final también será bueno; pero a veces sucede que al

---

12 Cita de *Analectas* 1. 3; texto que también es mencionado por CHENG YI en el comentario al texto del quinto trazo del hexagrama 58, Lo Alegre.

La Solidaridad

comienzo no le siguen buenos resultados; pero nunca puede suceder que si hay un fin no haya un comienzo. Por eso, si hay "solidaridad sin un líder", al llegar al fin, el resultado será la desventura. Esto se dice en relación al final de la Solidaridad. Sin embargo, el trazo superior es *yin*, es decir dócil y carente de centralidad; está situado en el colmo del peligro; obviamente es aquel que no puede lograr el resultado deseado. Buscar la Solidaridad por un camino que no sea el correcto y llegar a una imposibilidad final es un caso frecuente.

ZHU XI. — La dócil suavidad de este trazo *yin* ocupa el lugar más alto; no está asociado con los trazos inferiores; lo que es un camino hacia la desgracia, de ahí la imagen simbólica de la ausencia de liderazgo; y el significado adivinatorio es la desventura.

9 La Fuerza Domesticadora de lo Pequeño | *Xiao Chu*

Los dos caracteres chinos que le dan nombre a este hexagrama son *xiao*, "pequeño" y *chu*, "acumular; alimentar, criar; cultivar; domesticar", dando la idea de cultivo o crianza de animales en pequeña escala.

Significados asociados

Acumular, alimentar, soportar, cultivar, agricultura, domesticar, hacerse cargo de cosas que no son muy importantes. Todo hecho en pequeña escala.

El Dictamen

La Fuerza Domesticadora de lo Pequeño tiene éxito. Densas nubes, ninguna lluvia desde nuestras fronteras del Oeste.[1]

> Las nubes, sin lluvia indican resultados parciales, un trabajo en progreso que aún no fructifica. La lluvia simboliza el éxito final de los esfuerzos realizados.
> Por ahora sólo se pueden hacer pequeñas cosas. Este no es tiempo para efectuar gastos excesivos ni para tratar de lograr grandes cosas.
> Es propicio actuar con moderación, planeando para el futuro. Este es un buen momento para consolidar el terreno para una futura expansión.
> Es importante brindar buena atención a todos los pequeños detalles y mantener el objetivo final en mente. Acumulemos información, perfeccionemos nuestros planes y verifiquemos que nada quede librado al azar, para que cuando podamos actuar en gran escala estemos preparados.

CHENG YI. — Las nubes están formadas por *qi yin* y *qi yang*; si los dos tipos de *qi* se unen armoniosamente, y producen lluvia. Cuando *yang* marca el tono y *yin* lo iguala conformándose a él[2], esto es lo que produce la armonía; si *yin* precede al tono que debería marcar *yang*, ya no se ajusta a él, de modo que falta la armonía. Desde el momento en que la unión no es armónica, ya no puede llover. Cuando las nubes detenidas y amontonadas, aunque espesas, no producen lluvia, es porque vienen de las llanuras occidentales. El Nordeste es una región *yang*; el Suroeste es una región *yin*; la concordancia, o melodía, está dada por *yin*, por lo tanto no hay armonía y es imposible que llueva. Desde el punto de vista del observador, el movimiento ascendente de los vapores de las nubes siempre se produce desde uno de los cuatro puntos del horizonte, por lo que en el texto dice "fronteras"[3]; las llama "nuestras" porque son las fronteras occidentales[4]. Lo que domestica los trazos *yang* es el cuarto trazo *yin*; que es el maestro[5] del hexagrama.

ZHU XI. — *Sun*, ☴, es el nombre del trigrama superior; se compone de un trazo *yin* y dos trazos *yang*, sus virtudes, o aptitudes, son la suavidad, o introducirse, sus imágenes simbólicas son el viento y la madera. La pequeñez es una cualidad *yin*. "Restringido", significa "detenido", 止, *zhi*, por algo. *Sun*, está arriba, y *Qian*, ☰, abajo; la fuerza *yin* restringe la fuerza *yang*. Además, en el hexagrama, sólo el cuarto trazo es *yin*; y los cinco trazos *yang* colocados encima y debajo representan todo lo que está restringido, de ahí el nombre de este hexagrama, La Fuerza Domesticadora de lo Pequeño. *Yin* puede restringir a *yang*, esto es posible, pero el efecto no puede ser duradero, y esto constituye la imagen simbólica de la Fuerza Domesticadora de lo Pequeño.

El trigrama interior es fuerte, el exterior apacible; tanto el segundo como el quinto trazos son *yang*; cada uno de

---

[1] Este texto es similar al del quinto trazo del hexagrama 62, El Exceso de lo Pequeño. Las fronteras del Oeste son una referencia a la ubicación de la tierra natal del rey Wen, quien fue el fundador de la dinastía Zhou y el autor del *Zhou Yi* –de acuerdo a la tradición–. Nubes, pero no lluvia es una referencia a cuando los Zhou aún no eran los suficientemente fuertes como para conquistar a la dinastía Shang.

[2] Expresión tomada de la música y de uso frecuente en el idioma chino.

[3] El término del texto es vago; designa un espacio distante, fuera de los límites del imperio (probablemente debajo del horizonte).

[4] Ver la nota en el Dictamen de este mismo hexagrama.

[5] El cuatro trazo es el regente constituyente del hexagrama.

La Fuerza Domesticadora de lo Pequeño

ellos ocupa el centro de uno de los trigramas y dirige la acción o practica la virtud indicada. Poseen firmeza y son capaces de centralidad, es la imagen simbólica de las tendencias susceptibles de prevalecer, además el significado adivinatorio expresa que debe haber libertad de expansión y acción. Sin embargo, la restricción no es absoluta y el efecto aún no se produce, de ahí la imagen simbólica de espesas nubes, sin lluvia, provenientes de nuestras fronteras occidentales. De hecho, las nubes espesas son *yin*; las fronteras occidentales son una región *yin*. El Rey Wen utiliza el pronombre "nuestras" para marcar algo que es personal para él; cuando el Rey Wen estaba escribiendo el *Zhou Yi*, mientras estaba en Youli[6], él consideró a los Zhou en Qi como una región occidental. Este fue precisamente un tiempo de Fuerza Domesticadora de lo Pequeño[7]. Si obtenemos este hexagrama consultando el oráculo, la interpretación del significado adivinatorio será tal como la imagen simbólica[8].

La Imagen

El viento recorre el cielo: la imagen de la Fuerza Domesticadora de lo Pequeño.
Así el noble cultiva la manifestación
de su poder espiritual.

> El carácter traducido como poder espiritual, 德, *de*, también significa "virtud, naturaleza, carácter, habilidad, integridad moral".
> Cultivar la manifestación del poder espiritual significa que nos preocupamos por tratar amablemente, con cortesía y tolerancia a todas las personas, es decir, manifestarnos con virtud. No es propicio que actuemos como un hosco ermitaño, sino que deberíamos aprender a relacionarnos bien con las personas y saber como proyectar una imagen positiva.

CHENG YI. — La actividad y la firmeza de *Qian*, ☰, son restringidas por la suavidad de *Sun*, ☴; ahora bien, la naturaleza de la actividad y la firmeza es tal que sólo pueden detenerse mediante la suavidad y la sumisión. Si bien estas cualidades son capaces de restringir a *Qian*, sin embargo no pueden contener definitiva y firmemente su actividad y energía; la suavidad y la sumisión sólo pueden utilizarse para restringirlo momentáneamente, y por eso se considera que este hexagrama se llama la Fuerza Domesticadora de lo Pequeño. Domesticar y reunir[9] tiene el significado de la acumulación; lo más importante que acumula y retiene el noble es la aptitud para las prácticas fundamentales del camino moral de la virtud; en el orden inferior de las cosas, se manifiesta como arte y talento en las bellas letras. El noble considera la imagen simbólica de la Fuerza Domesticadora de lo Pequeño y la usa para "cultivar la manifestación de su poder espiritual"[10]. En los preceptos relativos a la conducta y a las virtudes, el camino de este hexagrama se aplica a las pequeñas cosas.

ZHU XI. — El viento está compuesto de *qi* pero no tiene carácter físico; puede restringir, pero esto no puede durar mucho, lo que constituye la imagen simbólica de la Fuerza Domesticadora de lo Pequeño. "Cultiva la manifestación de su poder espiritual" indica que el sujeto aún no ha podido acumular una suma considerable de estas virtudes y extender su efecto benéfico a lo largo y lo ancho.

Al comienzo un nueve (muta al hex. 57)

Retorno al propio Camino.
¿Como podría ser un error?
Ventura.

> Es preferible retroceder, ejerciendo dominio sobre nosotros mismos, aunque tengamos que renunciar a alguna cosa, antes que exponernos al peligro.
> El carácter traducido como "propio", 自, *zi*, también significa "fuente, origen", eso indica que deberíamos regresar a nuestra vocación o punto de partida original, del cual nos alejamos; retornar a la vida normal después de habernos extraviado.

Trabajo: Es recomendable enfocarnos en los aspectos básicos de nuestro negocio o profesión, descartando todo lo que nos es ajeno y concentrándonos en lo que realmente nos interesa.

Vida privada: Estamos al final de un ciclo, es tiempo de evaluar nuestras prioridades, y el texto nos recomienda que cambiemos de dirección, volviendo a nuestro Camino original, del que nos apartamos.

Salud, sentimientos y relaciones sociales: Quizás renovemos viejas costumbres o nos reencontremos con personas de nuestro pasado.

CHENG YI. — El trazo inicial es *yang* y forma parte de la sustancia de la actividad[11]; el *qi yang* es algo que tiende a aumentar. Además, tiene firmeza y vigor, lo que es sufi-

---

6   En la prisión.
7   Porque los Zhou, y el mismo Rey Wen, estaban restringidos por los Shang.
8   Es decir nublada.
9   CHENG YI se refiere a las nubes que se acumulan en el Cielo.

10 Es decir mejorar sus forma de actuar y manifestarse y sus habilidades.
11 El trigrama inferior, *Qian*, ☰.

ciente para avanzar hacia arriba y retornar con los trazos superiores que comparten las mismas tendencias. Este avance, que conduce hacia arriba, constituye precisamente su Camino, y por eso el texto dice "retorno al propio Camino". Puesto que el retorno se produce hacia el propio Camino, ¿qué culpa o error podría existir? No hay error y, además, el augurio es venturoso. En los textos de los distintos trazos, cuando se dice sin error, sin culpa o sin defecto, es porque, actuando en la forma indicada, no habrá culpa ni error; además, cuando se utiliza esta expresión "sin error", lo bueno compensa lo malo. Aunque el significado del texto es esencialmente bueno, esto no quita que, si uno no actuara de esta forma[12], podría haber culpa. En el caso del primer trazo *yang*, este sigue su camino y no hay culpa ni error, y por eso el texto dice: "¿Como podría ser un error?" Es muy claro que esto indica que no hay culpa ni error.

ZHU XI. — El trigrama inferior, *Qian*, ☰, tiene la actividad como sustancia; siempre y esencialmente tiende a la elevación, su tendencia es ascender, pero este movimiento se ve frenado por la fuerza *yin*. Sin embargo, el primer trazo *yang*, es parte de *Qian*; ocupa una posición inferior, y es correcto; además está distante del cuarto trazo *yin*; aunque se corresponde con él, mantiene su rectitud. No es él quien se detiene, sino que tiene la imagen simbólica de avanzar, retomando su propio camino. Si quien interpreta el significado adivinatorio se encuentra en tales condiciones, estará libre de culpa y el augurio será venturoso.

Nueve en el segundo puesto (muta al hex. 37)

Dirigido hacia el retorno.
Ventura.

> Después de ver lo que hacen otras personas en una posición similar a la nuestra, decidimos que es bueno volver atrás. El carácter chino traducido como "dirigido", 道, *qian*, también significa "guiado a mano, halado, arrastrar, tirar de, arrastrar un animal con una cuerda". Eso quiere decir que alguien puede convencernos, influenciarnos o presionarnos para que volvamos atrás.
>
> Este momento marca el final de un ciclo. Volver atrás será enteramente positivo; de esta forma evitaremos problemas y alcanzaremos el éxito en el futuro. Posiblemente tendremos más suerte en el próximo intento.

Trabajo: Nuestra posición es insostenible. Sigamos el ejemplo de otros, demos un paso atrás y busquemos otra manera para hacer las cosas.

Vida privada: Es tiempo de revaluar nuestros objetivos y métodos. Evitemos conflictos y sigamos el buen consejo de nuestros amigos.

Salud, sentimientos y relaciones sociales: No nos aislemos, no podemos seguir adelante solos. No abusemos de nuestra salud ni de nuestras fuerzas.

CHENG YI. — El segundo trazo *yang* ocupa el centro de la sustancia del trigrama inferior; mientras el quinto trazo, con las mismas cualidades, ocupa el centro del trigrama superior. Ambos, se mantienen en la rectitud con su energía *yang*, pero son restringidos por la fuerza *yin* y quieren regresar a las regiones superiores juntos. Aunque el quinto trazo está por encima del cuarto trazo, ambos[13] son detenidos por el mismo trazo. Se trata, por tanto, de aquellos cuyas tendencias son idénticas. Quienes padecen los mismos males, comparten sus quejas; los trazos segundo y quinto tienen las mismas tendencias, por lo que se entrenan mutuamente y regresan. Los dos trazos *yang* avanzan al mismo tiempo, de modo que el trazo *yin* no puede prevalecer sobre ellos y su movimiento de retorno puede, en consecuencia, realizarse libremente, de modo que el augurio es venturoso. Podríamos preguntarnos: ¿si logran retornar pueden librarse de lo que los restringe? Respuesta: en todos los texto de los diferentes trazos, siempre se dice que si una determinada cosa está en ciertas condiciones, esto puede resultar en otra condición; si la cosa de que se trata ya está terminada, es porque ya ha cambiado el momento. ¿Qué advertencia y lección podríamos sacar de esto? El quinto trazo es parte de la sustancia del trigrama *Sun*, la suavidad restringe al trigrama *Qian*, aunque, por el contrario, el quinto trazo y el segundo se entrenan mutuamente. ¿Cómo puede ser esto así? Respuesta: si nos referimos a las sustancias de los dos trigramas, entonces la suavidad, *Sun*, detiene la actividad, *Qian*[14]; si hablamos de ello desde el punto de vista del conjunto general del hexagrama, entonces un solo trazo *yin* frena cinco trazos *yang*. En el *Libro de los Cambios* el significado se determina según la ocasión que se presenta y ésta es una regla constante.

ZHU XI. — Las tendencias de los tres trazos *yang* son idénticas, el segundo trazo *yang* se acerca gradualmente al

---

12 Es decir, si no retornara al propio camino.
13 Es decir el segundo y el quinto trazo.
14 El trigrama *Sun*, colocado en el exterior, dificulta el movimiento natural del trigrama *Qian*.

cuarto trazo *yin*; pero es gracias a su firmeza y centralidad que puede unirse con el primer trazo y regresar, lo cual es el camino hacia la ventura. Si quien interpreta el significado adivinatorio se encuentra en estas condiciones, será un feliz augurio.

Nueve en el tercer puesto (muta al hex. 61)

Se remueven los rayos de las ruedas del carruaje.[15]
El hombre y la mujer evitan mirarse a los ojos.

> El carruaje simboliza un proyecto que ha sido detenido por completo, tal como un carruaje que no puede avanzar porque sus ruedas están rotas; no hay posibilidad alguna de avanzar.
> El hombre y la mujer que no se miran indican falta de cooperación, conflictos, indiferencia, gente con objetivos contradictorios o con severos desacuerdos. El conflicto entre el hombre y la mujer también puede significar falta de entendimiento y buena voluntad en la familia o entre un jefe y sus empleados.
>
> **Trabajo:** Falta de cooperación y un liderazgo ineficiente evitarán que nuestros proyectos laborales prosperen
>
> **Vida privada:** Conflicto entre cónyuges, dentro de la familia o con amigos cercanos. Hasta que un diálogo sincero aclare y distienda la situación, no habrá forma de superar los desacuerdos.
>
> **Salud, sentimientos y relaciones sociales:** Soledad y desilusión. Podemos llegar a sufrir problemas digestivos o sexuales.

CHENG YI. — El trazo *yang* en el tercer puesto no es central y se acerca en secreto al cuarto; *yin* y *yang* se atraen mutuamente. Aunque se acerca al cuarto trazo, el tercer trazo carece de centralidad y la fuerza *yin* lo restringe y domina, de modo que no puede avanzar; es como una rueda a la que le han quitado los rayos, es decir, que ya no puede rodar. "El hombre y la mujer esquivan mirarse a los ojos"; aunque normalmente *yin* es controlado por *yang*, aquí *yin* domina a *yang*, y es como el marido y la mujer que eluden mirarse a los ojos. Hacer contacto visual significa mirarse con ojos enojados. Ella no obedece al marido y, por el contrario, lo domina. Cuando la mujer casada es objeto de la pasión ciega de su marido, cuando ha conseguido, a pesar de las reglas, dominarle, es imposible que este marido no haya perdido el Camino. Por eso el tercer trazo habla de rayos removidos y miradas esquivas.

ZHU XI. — El tercer trazo *yang* también quiere avanzar hacia arriba; pero si bien es firme, carece de centralidad; presiona contra el cuarto trazo *yin* y, además, carece de correspondencia con el trazo *yang* al tope. Sin embargo, aunque *yin* y *yang* se complacen mutuamente, el trazo *yin* lo detiene y lo frena; no puede avanzar como quiere, lo que indica el símbolo de un carruaje al que le removieron los rayos de las ruedas. Sin embargo, como sus tendencias son enérgicas, no puede estar en paz y lucha contra lo que le detiene, de modo que eso origina un conflicto entre marido y mujer, que evitan mirarse. Es una advertencia que se da a quien interpreta el significado adivinatorio; si se encuentra en estas condiciones, no podrá avanzar y tendrá motivos de disputa.

☐ Seis en el cuarto puesto (muta al hex. 1)

Si eres sincero, desaparece la sangre
y las preocupaciones son echadas de lado.
Sin defecto.

> Si manifestamos nuestra sinceridad claramente, nuestros antagonistas perderán su desconfianza, estarán más dispuestos a dialogar y será posible evitar futuros conflictos. La sangre simboliza odio, violencia y mala voluntad. Después que la confianza se recobre, el riesgo de conflictos violentos disminuirá y todas las personas afectadas se sentirán aliviadas.
> La única forma de desactivar el conflicto y evitar más complicaciones es actuar con honestidad, solo así podremos a llegar a un acuerdo con la parte contraria.
>
> **Trabajo:** No intentemos engañar a nuestros colegas o jefes, total sinceridad es la única forma de evitar malentendidos y desconfianza y así evitar más problemas.
>
> **Vida privada:** Los desacuerdos y los conflictos son generados por los malentendidos y las sospechas. Si les hacemos saber nuestras intenciones y sentimientos a todas las personas implicadas y les explicamos claramente nuestro punto de vista, ellos serán más comprensivos y colaborarán con nosotros.
>
> **Salud, sentimientos y relaciones sociales:** Abramos los ojos a la realidad, tanto la externa como la de nuestros propios sentimientos. No escondamos nuestros sentimientos sino aceptémoslos. Mantengamos abiertas las vías de comunicación con quienes nos rodean. Sólo de esta manera podremos armonizar nuestra vida y disminuir el estrés de nuestra situación.

---

15 Compare este texto con el segundo trazo del hexagrama 26.

CHENG YI. — El cuarto trazo, en el tiempo de la Fuerza Domesticadora de lo Pequeño, está cerca del puesto del príncipe[16], es quien lo retiene. Si tiene buena fe y sinceridad en sí mismo, las tendencias del quinto trazo le llevarán a tener confianza y a permitir que lo restrinjan. En el hexagrama hay un solo trazo *yin* que detiene la multitud de trazos *yang*. Las tendencias de los diversos trazos *yang* se dirigen hacia el cuarto trazo; si este último quiere, desconsideradamente, utilizar la fuerza para detenerlos y retenerlos, siendo un trazo *yin* aislado, que enfrenta a un grupo de trazos *yang*, eso necesariamente resultará en sufrimiento y daños. Sólo colmando la buena fe y la sinceridad para simpatizar con estos trazos *yang* será posible someterlos a su influencia; de esta manera se alejará el sufrimiento y los daños, y se evitarán el peligro y el miedo. Así será posible que no haya culpa; pero si no fuera así caso el mal sería inevitable. Esta es la manera de restringir con suavidad la firmeza. Dada la formidable majestad del príncipe y la pequeñez del súbdito, si el último puede restringir y contener los deseos del primero, es porque utiliza la buena fe y la sinceridad para ejercer su influencia.

ZHU XI. — Al ser un solo trazo *yin* quien detiene a la multitud de trazos *yang*, es inevitable que este trazo *yin* experimente dolor y aprensión. Como este trazo utiliza su dócil mansedumbre para conformarse a la justicia, ya que está libre de prejuicios[17], forma parte de la sustancia de la suavidad[18], y es asistido por dos trazos *yang*, se cumple lo que dice el texto de este trazo: "si eres sincero, desaparece la sangre y las preocupaciones son echadas de lado". Por eso el texto advierte a quien interpreta el significado adivinatorio que, si también posee esta virtud, quedará libre de culpa.

○ **Nueve en el quinto puesto** (muta al hex. 26)

Si eres sincero la alianza con tus vecinos
traerá prosperidad para todos.

> El carácter chino traducido como "vecinos", 鄰, *lin*, también significa "vecindario, familia extendida, asociado, asistente".
>
> Nuestra sinceridad convencerá a la gente que nos rodea a que colaboren con nosotros. Si estamos dispuestos a compartir nuestra prosperidad con otras personas, a largo plazo eso será beneficioso para todos, y también para nosotros mismos.
>
> **Trabajo:** Un clima de confianza entre los jefes y sus subordinados favorecerá el florecimiento de nuestros negocios y aumentará la productividad. El trabajo en equipo impulsará los proyectos para adelante y beneficiará a todos. Posible promoción o avance en nuestra carrera o negocio.
>
> **Vida privada:** Compartamos nuestros sentimientos y aspiraciones con nuestros seres queridos y cooperemos con nuestros vecinos por el bien del vecindario. Seamos generosos con el personal doméstico.
>
> **Salud, sentimientos y relaciones sociales:** Tendremos muy buena comunicación y relaciones sociales con la gente que nos rodea. Disfrutaremos de buena salud y estaremos satisfechos con nuestra vida.

CHENG YI. — Este hexagrama, representa un tiempo cuando la multitud de trazos *yang* es detenida por un trazo *yin*. El quinto trazo ocupa una posición preeminente con centralidad y es confiable y sincero; por eso todos los trazos de su mismo tipo le corresponden con simpatía, de ahí que el texto diga "la alianza con tus vecinos"; esto significa que todos están apegados a él y que se siguen mutuamente. El quinto trazo debe necesariamente acogerlos para que todos se ayuden los unos a los otros, para obtener "prosperidad para todos". El quinto trazo, por la fuerza natural inherente al puesto preeminente que ocupa, es como un hombre rico que extiende el beneficio de sus riquezas y recursos y los comparte con quienes lo rodean. Los nobles son frustrados por los hombres inferiores; el hombre recto y honesto está en peligro por la multitud de malvados; por eso quien está en inferioridad de condiciones debe apegarse absolutamente al superior y seguirlo para avanzar al mismo tiempo que él. El superior, a su vez, debe acoger y guiar al inferior, con el objetivo de unir sus fuerzas; y esto, no sólo para beneficiar a los inferiores, sino también para beneficiarse él mismo de la ayuda de los inferiores y complementar sus fuerzas.

ZHU XI. — Los tres trazos que forman el trigrama *Sun*, ☴, que expresa la idea de suavidad, unen sus fuerzas para detener la actividad representada por el trigrama inferior *Qian*, ☰, es la imagen simbólica de la asociación entre vecinos y, como el quinto trazo se mantiene en el centro y ocupa el puesto preeminente, la fuerza natural de las cosas hace que sea capaz de actuar para asimilar indistintamente tanto lo que está por encima, como lo que está por debajo de él. Por eso se considera que expresa

---

16 El quinto trazo.
17 Literalmente: "vacío en el medio", ahuecado por dentro, en sentido figurado este término expresa que el corazón está libre de toda prevención.
18 Es decir, la sustancia del trigrama *Sun*, ☴.

La Fuerza Domesticadora de lo Pequeño

la imagen simbólica de tener confianza inquebrantable y buena fe y de utilizar la fuerza que resulta de la riqueza y el poder para la ayuda mutua con quienes le rodean. En el texto, el término 以, *yi*, que es traducido como "con", se toma en el mismo sentido que esta misma palabra en los *Anales de primavera y otoño*[19] que dicen "con tal maestro"; expresa la idea de asistencia y competencia. Si quien interpreta el significado adivinatorio tiene buena fe, también puede encontrarse en estas mismas condiciones.

Al tope un nueve (muta al hex. 5)

Cayó la lluvia y puede descansar.
Acumula admirable virtud.
La determinación es peligrosa para una esposa.
La luna está casi llena.
Si el noble marcha[20] habrá desventura.

> Poco a poco, acumulando pequeños detalles, hemos llevado adelante nuestro proyecto hasta alcanzar la consumación del mismo. La lluvia indica relajación después de un tiempo de estrés y significa que este es el momento adecuado para detenernos y descansar.
> La gente que nos rodea nos aprecia y reconoce nuestro valor, pero el texto nos previene contra dejarnos llevar por el orgullo, si intentamos sobrepasar lo que hemos obtenido, pondremos todo en peligro.
> La referencia a una esposa indica que hemos alcanzado nuestros logros gracias a la suma de pequeños y meticulosos esfuerzos, no utilizando la fuerza o los medios directos (*yang*), sino con astucia y meticulosidad (*yin*). Notemos la referencia a la luna que está casi llena[21]. El poder *yin* está en su punto de máximo poder cuando la luna está llena, pero a partir de ese momento comenzará a declinar, por eso este no es un tiempo propicio para marchar adelante con ambición. Es preferible que nos contentemos y disfrutemos de lo que hemos ganado, sin buscar nada más.
> La luna llena también indica que un ciclo está por terminar y todo está por cambiar.

Trabajo: Este es el momento propicio para que nos detengamos y consolidemos nuestros logros. Si no sabemos como controlarnos a nosotros mismos y dejamos que nuestra ambición nos domine, no sólo perderemos lo que hemos ganado hasta ahora, sino que incluso podemos perder nuestro empleo o negocio.

Vida privada: Tenemos la confianza nuestros amigos y familiares. Estemos satisfechos con lo que hemos conseguido, no tratemos de controlar todo ni de extendernos más o nos expondremos a muchas pérdidas y problemas.

Salud, sentimientos y relaciones sociales: Este el momento propicio para que nos relajemos y descansemos. No tentemos a la suerte intentando conseguir más de lo debido, no abusemos de nuestras relaciones ni seamos duros con los demás.

CHENG YI. — Este trazo *yang* y emplea el colmo de la humildad[22]; ocupa el puesto superior y se sitúa al tope; es quien sufre la restricción y permanece inmóvil; lo detiene el cuarto trazo *yin*. Ya ha llovido, reina la armonía; todo está en su lugar; por tanto, detenido. En la detención de la fuerza *yang* por la fuerza *yin*, si no hay acuerdo armónico entre los dos elementos, no pueden permanecer inmóviles en su lugar; si existe la armonía y ambos permanecen en su lugar, así se completa el camino de la Fuerza Domesticadora de lo Pequeño. La Fuerza Domesticadora de lo Grande[23] representa la grandeza en la detención, de modo que en su límite extremo la restricción está dispersa; en el caso de la Fuerza Domesticadora de lo Pequeño es una cuestión de la pequeñez en la detención, además, en su límite extremo, la detención se cumple. "Acumula admirable virtud": el cuarto trazo emplea las virtudes de la suavidad y la humildad; cuando estas virtudes se acumulan y está lleno de ellas, alcanza la perfección. La restricción de la firmeza por una suavidad dócil no es algo que se pueda lograr entre la mañana y la tarde, sino que se produce mediante una acción lenta y repetida. ¿No deberían tomarse precauciones? El carácter , *zai*[24], significa acumular, llenar, cargar; el *Clásico de Poesía*[25] dice: "Este ruido llena las carreteras". "La determinación es peligrosa para una esposa"; la palabra "esposa" denota la fuerza *yin*; cuando *yin* restringe a *yang*, domina su firmeza con suavidad. Si es mujer y se apega con determinación inquebrantable a mantener este estado de cosas estará siguiendo un camino hacia el peligro. ¿Cómo podría ser que la mujer dominara al marido, que el súbdito impusiera su voluntad al príncipe y que al mismo tiempo exis-

---

19 Los *Anales de primavera y otoño* son uno de los más antiguos textos históricos chinos, atribuidos tradicionalmente a Confucio. Es uno de los Cinco Clásicos.
20 El carácter traducido como "marcha", es 征, *zheng*, que está relacionado con la guerra e incursiones punitorias, en este caso puede significar iniciar una campaña, castigar, disciplinar, atacar, invadir, conquistar. Aplicado a la vida de relación, indica tratar agresivamente o castigar a los demás.
21 Vea referencias similares en los hexagramas 54.5 y 61.4.

22 Porque se coloca en el puesto superior del trigrama *Sun*, ☴.
23 Se refiere al hexagrama 26.
24 Traducimos *zhi*, como "acumula", en la frase "acumula admirable virtud".
25 El *Clásico de Poesía*, o *Shi Jing* es uno de los Cinco Clásicos.

tiera la paz? Cuando la luna está llena está en oposición al sol; cerca de su plenitud significa que su crecimiento está a punto de alcanzar su perfección. La fuerza *yin* ya no puede detener a la fuerza *yang* y, sin embargo, el texto dice "la luna está casi llena". ¿Cómo sucede esto? En este tiempo, es a través de la suavidad y la humildad como se controlan las tendencias de los trazos *yang*; no se pueden dominar por la fuerza; pero si el efecto no cesa, entonces la fuerza *yin* está a punto de llegar a su perfecto desarrollo pasando por sí misma al estado de *yang*, y esto es un presagio desafortunado. Respecto al momento en que se acerca la plenitud de la fuerza *yin*, éste se convierte en el enemigo de *yang*. "Si el noble marcha habrá desventura"; el noble designa la fuerza *yang*; si *yin* es su enemigo, en este momento, marchar causaría un conflicto dañino.

"La luna está casi llena": este es el momento en que la plenitud está por terminar; si ya estuviera llena, *yang* ya se habría disipado y no habría motivo de alerta[26].

ZHU XI. — Cuando la Fuerza Domesticadora de lo Pequeño ha llegado a su punto extremo y consumado, *yin* y *yang* están en armonía, por eso el texto dice "cayó la lluvia y puede descansar". En efecto, exaltando y estimando las virtudes de la fuerza *yin* estas virtudes logran acumularse hasta completarse y se obtiene el resultado [buscado]. *Yin* influye en *yang* y por eso a pesar de que el trazo es correcto, el augurio es desafortunado. Pero desde el momento en que *yin* ha alcanzado su perfecto desarrollo y reprime a *yang*, el noble ya no es capaz de actuar. Éste es el significado adivinatorio y la advertencia es profunda.

---

26 El perfecto desarrollo de una cosa implica la fuerza *yang*; pero esta fuerza sólo existe durante el difícil momento en que se completa el desarrollo. Tan pronto como se completa, *yang* desaparece y da paso a *yin* que comienza con el decrecimiento.

10 Pisar / El Comportamiento | *Lu*

El carácter que le da nombre a este hexagrama muestra a un hombre caminando con sus zapatos.

Significados asociados

Pisar, hollar, caminar, huellas, pista, recorrer un camino; conducta, porte, comportamiento; zapatos, sandalias.

El Dictamen

Pisa la cola del tigre.
Éste no muerde al hombre.
Éxito.

> Pisar la cola del tigre indica un período de peligro, cuando nos enfrentamos con personas o situaciones que requieren que actuemos con gran prudencia y cuidado para no sufrir graves perjuicios. El hecho de que el tigre no muerda al hombre significa que somos capaces de comportarnos correctamente frente al peligro. Este no es un tiempo para ser desafiantes o despreocupados. La actitud que garantizará el éxito y evitará caer en el peligro es una de atención al detalle y cortesía.
> El tigre simboliza una fuerza poderosa y salvaje; cuando nos enfrentamos a personas con esas características, no debemos antagonizarles, sino avanzar suavemente, pero con firmeza. El tigre notará que pisamos su cola, pero nos tolerará, si no lo irritamos indebidamente.

CHENG YI. —El hexagrama Pisar expresa el camino que sigue el caminante. El Cielo, ☰, está arriba y el lago, ☱, está colocado debajo; la suavidad sirve como una estera o alfombra, bajo los pies de la firmeza; tanto el superior como el inferior cumplen con su deber. Pisar indica extrema sumisión en todas las cosas, gran corrección en el respeto de la ley. Cuando los pasos y las acciones del hombre están así regulados, aunque camine sobre un terreno extremadamente peligroso, nada puede ser dañino o perjudicial para él, de modo que "pisa la cola del tigre", pero el animal no lo muerde, y alcanza el éxito.

ZHU XI. — *Dui* es el nombre del trigrama inferior, ☱, que tiene un trazo *yin* sobre dos trazos *yang*, por lo que su virtud es la alegría y su imagen simbólica es el lago. Pisar significa avanzar pisando sobre algo. Cuando el trigrama *Dui* se encuentra con el trigrama *Qian*, ☰, lo suave camina placenteramente sobre lo firme, lo que está indicado por la imagen de pisar la cola del tigre sin ser dañado. Por eso este hexagrama se llama Pisar y de ahí viene su significado adivinatorio. Quien que se encuentre en estas condiciones estará en peligro, pero no experimentará ningún daño.

La Imagen

Arriba el Cielo, abajo el lago: la imagen de Pisar.
Así distingue el noble entre alto y bajo
y establece el propósito del pueblo.

> La distancia entre el cielo y el lago simboliza el rango de diferentes comportamientos en la sociedad humana. El noble trata de entender las expectativas, motivaciones y anhelos de la gente, para evitar conflictos y poder motivar y mantener la mente del pueblo enfocada en ideales positivos.

CHENG YI. —El Cielo está arriba, el lago está abajo; éste es el principio correcto de la superioridad y la inferioridad [la jerarquía]; el hombre en su caminar debe fijarse en esto; por eso se utiliza este símbolo para este hexagrama. El noble considera esta imagen simbólica de las convenciones sociales y la utiliza para distinguir las jerarquías y para determinar, fijándolas, las tendencias y aspiraciones del pueblo. Ahora bien, cuando la condición de los superiores e inferiores está claramente marcada, se sigue naturalmente que las aspiraciones del pueblo están determinadas; cuando las aspiraciones del pueblo están fijadas, se puede decir que el orden está establecido. Si las tendencias de la gente no son fijas, el mundo no puede estar de acuerdo y en orden. En la antigüedad, la posición de los duques, señores, ministros, y otros puestos menores, se correspondía exactamente a sus virtudes.

Ocupaban su puesto durante toda su vida y se conformaban a su propia condición. Cuando la situación no se correspondía con las virtudes del hombre que la ocupaba, el príncipe lo escogía, y lo ascendía. Los eruditos se perfeccionaban; cuando sus estudios estaban completos, el príncipe recurría a ellos, pero ellos nunca se promocionaban a sí mismos. Agricultores, artesanos, comerciantes y mercaderes desarrollaban su actividad en su propio ámbito, y la libertad de acción de la que disfrutaban tenía límites, de modo que las tendencias y aspiraciones de cada uno eran fijas y determinadas. Los corazones, de todo el mundo estaban unificados. En épocas posteriores, tanto la gente sencilla y los eruditos, como los duques y los dignatarios, han buscado la ambición y la gloria; mientras los agricultores, artesanos, mercaderes y comerciantes, buscan la riqueza y el lujo; en esta multitud innumerable, el corazón de cada uno lucha activamente en una competencia general por el lucro. El mundo ha quedado naturalmente sumido en la confusión. En estas condiciones, ¿cómo pueden unificarse los sentimientos? Es imposible evitar los desórdenes y disturbios, y esto se debe a que las aspiraciones de los superiores y las de los inferiores no están determinadas ni limitadas. El noble observa la imagen de este hexagrama y "así distingue el noble entre alto y bajo y establece el propósito del pueblo", para que todos ocupen la condición que merecen, para fijar las aspiraciones y sentimientos del pueblo.

ZHU XI. — El comentario tradicional de CHENG YI es perfectamente completo y suficiente.

Al comienzo un nueve (muta al hex. 6)

Comportamiento [pisada] sencillo. Avance sin defecto.

> Al comenzar algo nuevo, antes de estar comprometidos, no tenemos asignadas responsabilidades y somos libres de seguir nuestra voluntad sin complicaciones. Por eso una actitud relajada es adecuada en este momento.
>
> **Trabajo:** Estamos en libertad de elegir nuestro camino, siguiendo nuestra voluntad. Podemos quedarnos en nuestra posición actual o buscar un nuevo trabajo.
>
> **Vida privada**: Mientras no exijamos demasiado de nuestra vida ni asumamos grandes responsabilidades, podremos movernos libremente y dedicarnos a lo que realmente nos interesa.
>
> **Salud, sentimientos y relaciones sociales:** No tendremos problema alguno con nuestra salud ni nuestras relaciones sociales. Disfrutaremos de paz y armonía.

CHENG YI. — Pisar significa no quedarse quieto, su significado es caminar. El primer trazo se sitúa en el puesto más bajo; es quien, con sencillez, se encuentra en una posición inferior. Pero debido a las capacidades de su firmeza *yang*, puede avanzar hacia arriba. Si se contenta con la sencillez de su posición humilde e inferior y actúa en consecuencia, no cometerá ningún error. Pero si un hombre es incapaz de contentarse con la sencillez de una situación pobre y humilde, y sigue adelante, buscando salir de la pobreza y la humildad, guiado por sus pasiones y no por el deseo de hacer algo, cuando haya logrado avanzar, su orgullo infaliblemente se desbordará, de modo que inevitablemente cometerá errores. [En cambio] el sabio está satisfecho con caminar con sencillez y disfrutar de lo que le corresponde; si permanece en su lugar está alegre, si avanza es para poder actuar, de modo que si avanza, no habrá hecho otra cosa que el bien. Así mantiene su comportamiento sencillo.

ZHU XI. — Dado que este trazo *yang* está en una posición inferior y ocupa el primer puesto de Pisar, expresa la corrección en los pasos y la conducta, que aún no ha sido alterada por las malas influencias. Este trazo representa a alguien que mantiene la sencillez en su comportamiento. Si quien interpreta el significado adivinatorio se encuentra en estas condiciones, actuará y permanecerá sin defecto.

Nueve en el segundo puesto (muta al hex. 25)

Pisando un camino llano y fácil.
La determinación de un hombre solitario es venturosa.

> El carácter traducido como "solitario", 幽, *you*, también significa "oscuro, apartado". El hombre solitario simboliza a un sabio que sigue su propio camino sin buscar fama o fortuna. Es humilde, reconoce sus limitaciones y no pide mucho de la vida, es modesto y sigue su real vocación, por eso su camino es fácil de recorrer.
>
> **Trabajo:** Si nos concentramos en cumplir nuestra tarea o seguir nuestra vocación, sin preocuparnos por las recompensas inmediatas, podremos obtener los mejores resultados con un mínimo de estrés.
>
> **Vida privada**: Estamos satisfechos con nuestra suerte, aceptamos nuestras limitaciones, así no complicamos nuestra vida.
>
> **Salud, sentimientos y relaciones sociales:** Buena salud y balance emocional. No es buen momento para establecer relaciones sociales.

PISAR / EL COMPORTAMIENTO

≡≡

CHENG YI. — El segundo trazo *yang* ocupa un puesto que implica suavidad dócil; es grande y generoso y posee justicia; el camino por el que camina es liso, plano, regular y fácil de seguir. Aunque se trata de caminar con paso llano y sencillo, aún es necesario que sea un hombre tranquilo, pacífico, sereno y apartado; entonces podrá seguir su camino con perfección inquebrantable, y el presagio será venturoso. El trazo es *yang*; sus tendencias lo llevan a avanzar hacia arriba; por eso el texto advierte que el presagio se aplica a un hombre solitario.

ZHU XI. — Firmeza y centralidad en una situación inferior, sin correspondencia con un trazo superior. Este trazo ofrece la imagen de caminar por un camino parejo y llano, con corrección, en el retiro y la soledad. Si un hombre retraído y oscuro sigue este camino y recibe este oráculo, todo será correcto y venturoso.

□ **Seis en el tercer puesto** (muta al hex. 1)
Un tuerto puede ver, un tullido puede pisar.
Pisa la cola del tigre y este muerde al hombre.
Desventura.
Un guerrero actúa como si fuera un gran príncipe.

> Si tratamos de vivir por encima de nuestras posibilidades solo nos buscaremos problemas. Un tuerto que cree que puede ver perfectamente o un tullido que piensa que puede caminar correctamente, indican a alguien que ignora sus limitaciones y se expone al peligro al intentar realizar cosas que están fuera de su alcance. El tigre que muerde al hombre insensato y la desventura indican importantes pérdidas y un gran retroceso. El guerrero que actúa como si fuera un príncipe significa que cuando actuamos con osadía encarando algo que está por encima de nuestras propias fuerzas o más allá de nuestra experiencia, tendremos desventura.
> Este trazo también podría traducirse como "Un guerrero actúa siguiendo las órdenes de su príncipe". Tomando esta traducción alternativa obtendríamos una interpretación diferente. Exponernos al peligro intentando hacer algo que está por encima de nuestras propias fuerzas, solo estaría justificado si lo hacemos siguiendo órdenes, y no tenemos otra alternativa.
>
> **Trabajo:** No nos dejemos arrastrar por la ambición desmedida. Si somos demasiado atrevidos sólo nos meteremos en problemas.
>
> **Vida privada**: Las actitudes temerarias nos pondrán en peligro. Si ignoramos nuestras limitaciones nos expondremos a la desgracia.

Salud, sentimientos y relaciones sociales: Si tenemos ínfulas de grandeza y somos prepotentes con los demás, no obtendremos un buen resultado, sino desventura. Si exigimos demasiado a nuestro cuerpo perjudicaremos nuestra salud.

CHENG YI. — Aunque es *yin*, el tercer trazo ocupa un puesto *yang*; sus tendencias lo conducen hacia la dureza, pese a que su sustancia es la dócil suavidad *yin*. ¿Cómo podría seguir con firmeza su camino? Además, es como quien ve, aunque por ser tuerto, su visión no es clara; es como quien camina, pero por ser un tullido, no llega muy lejos. Desde el momento en que sus capacidades son insuficientes y, además, carece de centralidad, su enfoque y sus pasos no son correctos. Camina de esta forma porque aunque es suave se esfuerza por ser duro; así pisa un terreno peligroso y por eso el texto dice "pisa la cola del tigre". Caminar sobre un terreno peligroso sin poder asegurar el paso, ciertamente debe llevar a desgracias y calamidades, y por eso el texto dice: "Pisa la cola del tigre y este muerde al hombre. Desventura. Un guerrero actúa como si fuera un gran príncipe". Por ejemplo, un hombre exaltado y violento que se encuentra colocado por encima de los demás hombres, da rienda suelta a su violencia y a su ira, sin preocuparse por nada; no puede comportarse de manera constante y moderada, ni llegar muy lejos. Al no tener centralidad ni rectitud, sus tendencias lo llevan a la dureza, concordando con los trazos *yang* que están por encima de él. Camina firme y apresuradamente hacia el peligro, y así llega a la desventura.

ZHU XI. — El tercer trazo *yin* carece de centralidad y rectitud, es blando, pero sus tendencias lo empujan hacia la dureza; en estas condiciones, colocado como en un trampolín, bajo la actividad representada por el trigrama *Qian*, ☰; todo esto indica que tendrá inconvenientes y penurias. De ahí la imagen simbólica, y el significado adivinatorio de desventura. Es la imagen de un guerrero que persigue sus metas, que es duro y violento y da rienda suelta a sus arrebatos como, por ejemplo, la dinastía Qin o Xiang Ji.[1] ¿Cómo podría durar mucho tiempo?

---

[1] Qin fue un estado que llegó a ser la primera dinastía China, durante los años 221-206 a. C. La dinastía Qin llegó al poder con violencia, pero no pudo mantenerse por mucho tiempo. Xiang Ji, más conocido como Xiang Yu (233-202 a. C.), se rebeló contra los Qin y los derrotó, convirtiéndose en un poderoso caudillo, pero unos pocos años después fue derrotado por Liu Bang y terminó suicidándose.

Nueve en el cuarto puesto (muta al hex. 61)
Pisa la cola del tigre con suma cautela.
Al final habrá ventura.

> La situación es complicada y estamos bajo presión, pero actuando con mucha cautela y prudencia todavía podemos tener éxito.
>
> **Trabajo:** Aunque estamos bien encaminados, nuestra posición es delicada; sólo si prestamos extrema atención al detalle y somos muy cautelosos, podremos desarrollar nuestros planes con éxito.
>
> **Vida privada**: Sabemos bien lo que tenemos que hacer para lograr buenos resultados. Si somos cuidadosos y no cometemos errores podremos superar la difícil situación actual.
>
> **Salud, sentimientos y relaciones sociales:** Las situación es muy complicada, pero si tomamos las precauciones adecuadas nuestra salud mejorará. En cuanto a la esfera social, es preciso que actuemos con suma prudencia y cortesía, para evitar conflictos.

CHENG YI. — El cuarto trazo *yang* es firme, y su sustancia es la de la actividad[2]; aunque ocupa el cuarto puesto, su firmeza prevalece. Estar cerca del príncipe[3] es estar en un lugar donde hay mucho que temer; lo que no impide que ambos estén de acuerdo y se convengan mutuamente. El quinto trazo, a su vez, representa el exceso de firmeza en la decisión. Es por esto que el cuarto trazo "pisa la cola del tigre con suma cautela"; está atento, es circunspecto y cauteloso. Si puede ser tanto circunspecto como bravo, "al final habrá ventura". De hecho, aunque este trazo *yang* es firme, su tendencia natural es la suavidad. Aunque está cerca del príncipe, sin embargo no intenta extralimitarse; de modo que sabiendo ser prudente y atento, con temor y estando en guardia, finalmente escapa al peligro y asegura la ventura.

ZHU XI. — El cuarto trazo *yang* no es central ni correcto, y es pisoteado por la firmeza del quinto trazo *yang*; pero como con su firmeza acepta un puesto que implica dulzura y maleabilidad, puede mantenerse en guardia y alcanzar finalmente la ventura.

○ **Nueve en el quinto puesto** (muta al hex. 38)
Comportamiento decidido.
La determinación es peligrosa.

> Si las circunstancias cambian deberíamos ajustar nuestros métodos. Sepamos adaptarnos a las cambiantes exigencias de cada momento y no nos aislemos, escuchemos a quienes nos rodean.
>
> **Trabajo:** Mantengamos nuestros objetivos pero estemos preparados para aceptar algunos compromisos. Si somos demasiado rígidos tendremos problemas.
>
> **Vida privada**: Nuestra situación es peligrosa y si nos aislamos será aún peor. Pongámonos en el lugar de los demás y estemos dispuesto a escuchar las propuestas que nos hagan.
>
> **Salud, sentimientos y relaciones sociales:** Tratemos de lograr un balance entre nuestros deseos y la realidad. No presionemos más allá de lo conveniente, tanto nuestra salud como nuestra vida social pueden resentirse si nos extralimitamos.

CHENG YI. — Firmeza y dureza en la decisión. El quinto trazo *yang*, enérgico y activo, ocupa la posición preeminente entre todos; es quien decide y entonces actúa. De esta manera, aunque gobierne con justicia, todavía estará en peligro. Los sabios de la antigüedad, que ocupaban el puesto supremo en el mundo, eran, por su inteligencia, capaces de juzgar y, por su energía, capaces de decidir; por la fuerza inherente a sus cualidades eran capaces de gobernar todas las cosas con autoridad exclusiva. Sin embargo, nunca dejaron de agotar los medios para obtener información. Aunque se tratara sólo de cosas tan insignificantes como quemar hierbas,[4] aún así se consideraban obligados a escuchar todas las opiniones. Precisamente por esto eran sabios. Si quien está colocado en el trono y posee una inteligencia brillante sólo se atiene su propia opinión, y actúa duramente, sin consultar a nadie, incluso si se supone que debe guiarse por la justicia, entonces sigue un camino peligroso. ¿Cómo podría permanecer a salvo por mucho tiempo? Aún con las habilidades que otorgan la energía y la inteligencia, una personalidad excluyente, que sólo utiliza su propio criterio, sigue un camino peligroso. ¡Cuanto mas cuando la energía y la inteligencia son insuficientes! En el *Libro de los Cambios*, cuando encontramos los términos "la determinación es peligrosa", el significado difiere según el caso; esto se puede ver en el próximo hexagrama.

ZHU XI. — El quinto trazo *yang*, firme, central y correcto, ocupa la posición del príncipe, mientras responde a la satisfacción y placer de *Dui*, , abajo. Cada vez que

---

2 Es decir, forma parte del trigrama *Qian*, ☰.
3 El quinto trazo.

4 Una referencia a *El Clásico de Poesía*, o *Shi Jing*, uno de los Cinco Clásicos.

PISAR / EL COMPORTAMIENTO

tiene que hacer algo no tiene motivos para la duda y la incertidumbre. El significado simbólico es la decisión en los procedimientos; pero se supone que debe ser guiado por la justicia. Aún así, el camino que sigue es peligroso, de modo que el texto adivinatorio advierte que, incluso con la justicia[5], todavía hay peligro. La advertencia es profunda.

Al tope un nueve (muta al hex. 58)

Examina tu conducta y considera los signos favorables. Cuando el nuevo ciclo comience llegará elevada ventura.

> Un ciclo está terminando. Ahora es un buen momento para mirar atrás y evaluar lo realizado. Si las consecuencias de nuestras acciones fueron buenas, eso será un buen presagio. Nuevas posibilidades y nuevos caminos se abrirán.
>
> **Trabajo:** Después de terminar con un negocio o un trabajo, analizar lo que hemos logrado es una buena práctica para poder determinar qué es conveniente hacer y qué cosas deben evitarse en el futuro.
>
> **Vida privada**: Si aprendemos, tanto de nuestros errores como de nuestros aciertos, eso nos ayudará a convertirnos en una mejor persona.
>
> **Salud, sentimientos y relaciones sociales:** Revaluemos lo que hemos alcanzado, a la luz de nuestros sentimientos y aspiraciones. Comienza un nuevo ciclo.

CHENG YI. — El trazo superior se coloca al final del hexagrama; desde su puesto, habiendo alcanzado al final de una empresa, puede examinar las acciones y el rumbo seguido, para escudriñar los aspectos buenos y malos y los bendiciones o aflicciones que pueden resultar de lo realizado. Completar esta evaluación constituye un bien y, además, es un buen augurio. "Cuando el nuevo ciclo comience" significa algo enteramente completo, es una acción circular que abarca todo el horizonte sin excluir nada. Cuando escudriñamos y consideramos el fin o resultado de nuestros pasos, si abarcamos absolutamente todo en este examen, desde el origen hasta la terminación, sin omitir nada, este es el límite extremo del bien, y es por eso que el presagio es "elevada ventura". La felicidad y la infelicidad dependen enteramente de nuestras acciones; según al resultado sea más o menos bueno o malo, nuestra felicidad o infelicidad serán mayores o menores.

ZHU XI. — Al examinar nuestra conducta y escudriñar los augurios, si la investigación abarca todos los casos posibles, sin excepción, alcanzaremos elevada ventura. El significado adivinatorio es que, ya sea desgracia o felicidad, todo es resultado de nuestras acciones; primero debemos examinar el terreno que estamos pisando, y el camino que estamos siguiendo, antes de determinar cosa alguna.

---

5 Es justo porque es central y correcto, por ser un trazo *yang* en un puesto *yang*, en el centro del trigrama superior.

11 La Prosperidad | *Tai*

El carácter que le da nombre a este hexagrama consta de dos sinogramas: un hombre (大) fusionado con dos manos (廾), en la parte superior, y 水, que indica agua corriente, abajo. Indica una posición elevada y próspera.

Significados asociados

Grande, exaltado, abundante, próspero, exitoso; excesivo, extremo, arrogante; influenciar, impregnar, esparcirse y alcanzar todos los lados. *Tai* también es el nombre de una montaña sagrada, en la provincia de Shandong, en China del Este.

El Dictamen

Prosperidad.
Lo pequeño se va, lo grande viene.
Ventura y éxito.

> Esta es una época cuando gente de todo tipo coopera solidariamente. No hay lugar para la avaricia o intereses personales mezquinos.
> Lo grande que se acerca significa que los resultados de este estado de prosperidad serán excelentes y traerán abundancia para todos.
> Habrá armonía porque las necesidades materiales y el plano espiritual están equilibrados, todo está en su posición correcta.
> Esta es una buena época para el trabajo de equipo y para llegar a acuerdos y establecer asociaciones. Una cultura de cooperación y buena disposición para compartir facilitará el progreso, tanto de los individuos como de los negocios.
> La tolerancia y armonía hacen más placentera la interacción social. Las preocupaciones se desvanecen y la gente confía en los demás.

CHENG YI. — "Lo pequeño" se refiere a los trazos *yin*; "lo grande" indica los trazos *yang*. "Se va", es viajar hacia afuera [el trigrama exterior], lo que "viene" es llegar y ocupar el trigrama interior[1]. El *qi yang* desciende, mientras el *qi yin* asciende y así interaccionan. *Yin* y *yang* se penetran armoniosamente, de modo que todos los seres nacen y se desarrollan según la ley de su organización, esta es la prosperidad del Cielo y de la Tierra. Si hablamos de ello desde el punto de vista de las cosas humanas, lo grande es el príncipe o el superior; lo pequeño es el súbdito o lo inferior. El príncipe se atiene a la sinceridad para gobernar a los inferiores; el súbdito agota su sinceridad al servicio del príncipe; las tendencias del superior y del inferior concuerdan libremente: ésta es la prosperidad del gobierno. Los trazos *yang* se refieren al noble; los *yin* al hombre inferior. El noble viene a situarse dentro; el hombre inferior se situará fuera; por lo tanto, el noble adquiere una posición y el hombre inferior está por debajo de él: esto es prosperidad en el imperio. El camino de la Prosperidad es un camino hacia la felicidad y el éxito. Aquí el texto no dice "sublime ventura" ni "sublime éxito"; según la época hay una tendencia a la decadencia o la prosperidad; el orden en el gobierno es más o menos grande; aunque se trata de prosperidad, ¡cómo es posible que solo incluya un modo! Al decir "ventura y éxito", *El Dictamen* lo abarca todo.

ZHU XI. — *Tai* significa penetración. Este hexagrama se compone de los trigramas del Cielo y la Tierra uniéndose, cuyos *qi* se penetran libremente; por eso se considera que expresa prosperidad. Es el hexagrama del primer mes del año. "Pequeño" significa *yin*; grande, significa *yang*, esto indica que *Kun*, ☷, se va al exterior y que *Qian*, ☰, viene al interior. Desde otro punto de vista, este hexagrama deriva del hexagrama *Gui Mei*, 歸妹 [54, La Muchacha que se Casa], en el que el un trazo *yin* parte para ocupar el cuarto puesto, mientras que un trazo *yang*

---

[1] Recordemos que el trigrama superior también es exterior, y el inferior, interior. Este texto se refiere a la interacción de los trazos *yin* y *yang*.

viene y ocupa el tercer puesto[2]. Si quien consulta el oráculo tiene la virtud *yang* de la firmeza, el augurio será feliz y su accionar será exitoso.

La Imagen

El Cielo y la Tierra se relacionan estrechamente:
la imagen de la Prosperidad.
Así el soberano regula y completa el curso del Cielo
y la Tierra, y asiste al Cielo y la Tierra
de la forma adecuada; con lo cual ayuda al pueblo.

> El Cielo y la Tierra representan las fuerzas *yang* y *yin*, macho y hembra, actividad y pasividad. *Yang* y *yin* son fuerzas complementarias y cuando se relacionan armoniosamente todo el mundo prospera.
> Para los chinos de la antigüedad la interacción del Cielo y la Tierra producía las estaciones, y el soberano regulaba la actividad en sus dominios para que se ajustara a su marcha.
> Aplicado a circunstancias actuales, esto nos enseña a seguir el camino natural, adaptarnos a las circunstancias y necesidades del presente para poder hacer el mejor uso de las mismas.

CHENG YI. — Cuando el Cielo y la Tierra se unen, *yin* y *yang* se armonizan, todas las cosas florecen siguiendo el curso de las leyes de su organización; es a través de esto que hay prosperidad. El príncipe debe realizar la imagen simbólica de la libre prosperidad del Cielo y la Tierra. "El Cielo y la Tierra se relacionan estrechamente: la imagen de la Prosperidad. Así el soberano regula y completa el curso del Cielo y la Tierra, y asiste al Cielo y la Tierra de la forma adecuada; con lo cual ayuda al pueblo". Los caracteres traducidos como "regula" y "completa" expresan la idea de realizar el camino de la unión próspera del Cielo y la Tierra y de especificar, al determinarla y cumplirla, la regla de efectos y acción de este camino; el príncipe logra esta libre prosperidad y le da sustancia elaborando reglas y leyes, para que el pueblo aproveche los momentos marcados por el Cielo, para aprovechar los productos de la Tierra, facilitar el trabajo de creación y transformación productiva, y completar las ventajas que le presenta la abundancia. Por ejemplo, el *qi* de la primavera da vida a todas las cosas; de ahí las normas relativas a la siembra y la plantación; mientras el *qi* del otoño completa y madura todas las cosas; de ahí las reglas relativas a la recolección y la cosecha. Esto es para contribuir a la ejecución del plan natural trazado por el Cielo y la Tierra para ayudar y asistir al pueblo. La vida o la existencia de las personas depende necesariamente de las reglas e instrucciones establecidas al efecto por el príncipe y los superiores, quienes les enseñan a seguirlas y les ayudan a practicarlas. Entonces podrán vivir y mantenerse según las necesidades de su organización, esto es lo que significan las palabras "asiste" y "ayuda".

ZHU XI. — Él "regula y completa", para evitar excesos; "asiste", para suplir las carencias.

Al comienzo un nueve (muta al hex. 46)

Arranca cañas arrastrando otras del mismo tipo que tienen sus raíces entrelazadas.
Marchar trae ventura.

> Al arrancar una caña, otras la acompañan. Esta es una analogía que indica como en tiempos florecientes, cuando alguien inicia algún emprendimiento, otros siguen su ejemplo y colaboran libremente.

Trabajo: Tendremos buenas oportunidades para iniciar un nuevo emprendimiento o para agrandar nuestro negocio actual con la ayuda de buenos colaboradores o socios. Puede que seamos promovidos en nuestro trabajo.

Vida privada: Con la ayuda de nuestra familia y amigos podremos concretar nuestras aspiraciones.

Salud, sentimientos y relaciones sociales: Gozaremos de buena salud y disfrutaremos de excelentes relaciones sociales.

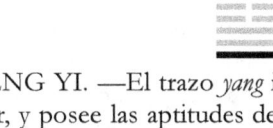

CHENG YI. —El trazo *yang* inicial ocupa el puesto inferior, y posee las aptitudes de firmeza e inteligencia. Si fuera un momento de estancamiento[3], el hombre talentoso retrocedería y se colocaría en una posición inferior; pero, siempre que hay un tiempo de prosperidad, sus tendencias le empujan a avanzar, ascendiendo. El avance del noble arrastra a quienes comparten su misma naturaleza; es como el caso de ciertas hierbas que vuelven a crecer a través de sus raíces; al tirar de una, ésta arrastra a las demás. Las raíces conectan entre sí las cañas, por eso se toman como símbolo. "Del mismo tipo", indica que son de naturaleza análoga. El sabio avanza con los de su especie, sus tendencias similares los llevan a seguir su camino, y es por ello que el augurio es venturoso. El avance del noble debe realizarse de acuerdo con los de su especie; no sólo sus tendencias lo llevan a estar a la

---

2 ZHU XI quiere decir que cuando los trazos 3 y 4 del hexagrama 54, La Muchacha que se Casa, mutan, se obtiene el hexagrama 11, Prosperidad. Este es un ejemplo de la "fluctuación de hexagramas", *gua bian*, 卦變, utilizada por ZHU XI, donde trazos de diferentes hexagramas intercambian sus posiciones.

3 El Estancamiento es el siguiente hexagrama.

vanguardia con ellos, sino que disfrutan haciendo el bien juntos y, en realidad, esto es confiar el uno en el otro para el bien de la humanidad. Además, tanto el noble como el hombre inferior, nunca han podido mantenerse aislados, sin contar con la ayuda de personas de su misma naturaleza. Desde la antigüedad, cuando un noble se encontraba en el poder, sabios de todo el imperio acudían a su corte, animados por las mismas tendencias y uniendo sus fuerzas, para completar la prosperidad del mundo. Asimismo cuando un hombre inferior ocupaba una posición importante, los desclasados avanzaban al mismo tiempo y el resultado era que sus camarillas prevalecían y el mundo se derrumbaba. De hecho, cada uno sigue a los de su propia especie.

ZHU XI. — Los tres trazos *yang*, abajo, avanzan conjuntamente; es la imagen simbólica de arrancar cañas interconectadas y el feliz presagio del avance. Si quien consulta el oráculo tiene firmeza, si sigue adelante el presagio es venturoso.

○ **Nueve en el segundo puesto** (muta al hex. 36)

Acepta a los incultos, vadea el río, no descuides
lo lejano, olvida a los amigos.
Conseguirás honores si te mantienes
en el camino del medio.

> Este es un buen momento para hacer planes a largo plazo y para tomar todas las precauciones posibles para prevenir problemas.
>
> En la China antigua, cruzar un río, ya fuera vadeándolo o pasando por encima del mismo cuando este se congelaba, no era una tarea sencilla porque no había puentes. Cruzar un río era peligroso y no era nada fácil; de ahí que la frase "es propicio cruzar el río" o "vadear el río" es una metáfora que indica que este es un buen momento para llevar adelante un emprendimiento de importancia, aunque sea peligroso, pero no debe ser tomado a la ligera.
>
> Alternativamente, "vadear el río", también podría ser traducido como "usar a aquellos que vadean el río", es decir aquellos que cuentan con menos recursos, ya que no tienen un bote o un carruaje para cruzar el río. Todos pueden colaborar en este tiempo, incluso personas con poca educación o de origen humilde.
>
> No nos limitemos a usar sólo nuestros amigos y gente de nuestro propio círculo social como colaboradores. Deberíamos incluir personas con diferentes capacidades para que nuestros planes fructifiquen. Colaboradores y amigos valiosos pueden hallarse donde menos lo esperamos. Superemos nuestros prejuicios y estemos dispuestos a colaborar con diferentes personas, aunque no pertenezcan a nuestro círculo social.
>
> Es importante tener una perspectiva amplia y a largo plazo, viendo más allá de nuestros intereses inmediatos y el beneficio de nuestro círculo estrecho de asociados.

Trabajo: No nos limitemos a repetir las fórmulas que ya conocemos, pensemos de manera creativa y estemos dispuestos a buscar talentos fuera de nuestra empresa. Si nos mantenemos alertas y previsores y no nos dejamos influir por los grupos de presión reaccionarios de nuestra organización, obtendremos el reconocimiento de nuestros superiores y podremos llevar a cabo exitosamente nuestros planes.

Vida privada: Seamos tolerantes y permanezcamos abiertos a lo nuevo. No nos limitemos a asociarnos siempre con la misma gente. Podemos encontrar nuevos amigos en donde menos lo esperamos, si superamos nuestros prejuicios.

Salud, sentimientos y relaciones sociales: Nuevas ideas y relaciones pueden ayudarnos. Seamos cuidadosos pero también flexibles y progresistas. Si evitamos los excesos gozaremos de buena salud.

CHENG YI. — El segundo trazo, que posee firmeza *yang* y es central, se corresponde perfectamente con el quinto trazo *yin* del trigrama superior, que es suave y sumiso, y también es central; y se corresponde muy bien al segundo trazo. El príncipe y el súbdito tienen las mismas virtudes. Debido a su firmeza y centralidad, el superior le confiere autoridad exclusiva al segundo trazo. Además, aunque el segundo trazo ocupa la posición del súbdito, de él depende la prosperidad del gobierno; por eso se dice que el superior y el inferior están aliados y sus tendencias son idénticas, y es por ello que, desde el punto de vista del camino hacia la prosperidad en el gobierno, el segundo trazo es el maestro[4]. "Acepta a los incultos, vadea el río, no descuides lo lejano, olvida a los amigos", son cuatro propuestas que expresan el camino a seguir para transitar el tiempo de la Prosperidad. Cuando los sentimientos del hombre siguen su curso libremente, las instituciones sociales se descuidan gradualmente y los preceptos de las reglas se abandonan y olvidan. Cuando todo está desordenado, el camino hacia la regularización debe incluir una justa medida de tolerancia a los incultos, para que su acción sea amplia y magnánima al disipar las tinieblas, renovando la razón de ser de todo; de esa forma los hombres lo toleran. Sin esta medida y esta tole-

---

[4] Nótese que el segundo y el quinto trazo son los regentes gobernantes de este hexagrama.

La Prosperidad

rancia, el espíritu de los hombres se perturbaría con ira y pasión, ya no aceptarían los planes amplios y previsores, sólo sentirían el inconveniente de la violencia que cansa e irrita; los males profundos no serían extirpados y la aflicción estaría cercana. Es por estas razones que este camino consiste en la tolerancia a los incultos.

En tiempos de paz y prosperidad, los sentimientos del hombre se acostumbran a una calma prolongada; se contenta con preservar el estado actual y ordinario de todas las cosas, es propenso a la rutina y al miedo a las novedades y al cambio. Sin el coraje de exponerse al caudal del río, es imposible anticiparse a las necesidades de los tiempos y satisfacerlas. "Vadea el río" significa que la energía y la decisión son suficientes para atravesar la profundidad de la corriente y superar el obstáculo. Desde la antigüedad, durante los períodos de orden y prosperidad, siempre hemos llegado progresivamente al libertinaje y al estancamiento. En efecto, a través del hábito de la calma y la inactividad, el mal se insinúa y se desarrolla, para acabar manifestándose repentinamente.

Si no hubiera un príncipe dotado de energía y decisión y ministros hábiles y activos[5], sería imposible recurrir a medidas excepcionales y enérgicas para poner fin al mal. Por eso el texto habla de exponerse a los peligros de un río. Se podría pensar que estas dos proposiciones son contradictorias, ya que primero se habla de aceptar a los incultos, es decir, de mostrarles tolerancia y paciencia, y que luego se trata de vadear el río, es decir, recurrir a medios bruscos para modificar y reformar. Pero no lo son, el empleo de la tolerancia, la energía y la decisión es el modo de acción propio de los sabios.

"No descuides lo lejano". En tiempos de prosperidad y de paz, el corazón del hombre se acostumbra al bienestar, de modo que se abandona al reposo de la ociosidad y la imprevisión. ¿Cómo podría seguir siendo capaz de tener pensamientos profundos y contemplar aquello que está distante? El que gobierna durante La Prosperidad debe abarcar todas las cosas en su punto de vista; aunque sean pequeños detalles y consecuencias todavía lejanas, no debe descuidar nada. Por ejemplo, las cosas que parecen sin importancia y aún están en la sombra, los hombres capaces de conocimiento y sabiduría, aún confundidos en los rangos subalternos, son todas circunstancias cuyas consecuencias aún están lejanas y en tiempos de prosperidad se descuidan.

"Olvida a los amigos". Ahora bien, siendo un tiempo de prosperidad, los hombres ciertamente están acostumbrados al descanso de la paz; sus sentimientos y sus pasiones siguen su libre curso y olvidan las prescripciones de las leyes morales. No podremos regularlos ni enderezarlos, si no dejamos de lado todos los vínculos privados que resultan del apego y de las relaciones habituales, y por eso el texto dice "olvida a los amigos". Desde la antigüedad han sido frecuentes los casos en los que al establecer leyes y dictaminar sobre hechos, dominados por las pasiones y sentimientos humanos, los esfuerzos finalmente fracasaron. Cuando se promulgan prohibiciones contra el desperdicio y la extravagancia[6], eso puede resultar inconveniente y perjudicial para los seres queridos y aliados; cuando se trata de leyes sobre la prosperidad agrícola y la industria, las familias ricas las desaprueban. En tales casos, cuando uno es incapaz de decidir únicamente en interés del bien general y de actuar sólo con vistas al deber, se verá frenado por los lazos de la amistad. Gobernar el estado durante la prosperidad, sin mostrar favoritismo a los amigos es algo muy difícil. Si el camino a seguir durante el tiempo de La Prosperidad está sujeto a estas cuatro reglas, quienes las cumplan podrán igualar la virtud del segundo trazo *yang*, y por eso el texto dice "si te mantienes en el camino del centro". Esto significa que ellos pueden mantenerse en el mismo curso que el segundo trazo. El carácter traducido como "mantienes" tiene el significado de "alcanzar el nivel de...".

ZHU XI. — El segundo trazo *yang* es firme y está en una posición que implica gentileza; situado en el centro del trigrama inferior; en la parte superior, se corresponde con el quinto trazo *yin*, que es el regente de quien depende la prosperidad y quien sigue el camino del centro[7]. Si quien consulta el oráculo puede tolerar a los incultos, si es decidido y enérgico en sus decisiones, si no descuida lo lejano, en fin, si no muestra favoritismo a sus amigos, entonces será capaz de seguir el camino del centro, tal como lo hace este trazo.

Nueve en el tercer puesto (muta al hex. 19)

No hay llanura sin cuestas, ni avance sin retroceso.
Determinación ante las penurias.
Sin defecto.
La sinceridad sin reservas conduce al disfrute de la felicidad.

> Todas las cosas en la vida cambian y finalmente se terminan. Si aceptamos la naturaleza pasajera de la vida podremos disfrutar plenamente de los buenos momentos y estaremos preparados para aceptar los malos tiempos.

---

5 CHENG YI se refiere al quinto y segundo trazo.

6 Aquí CHENG YI se refiere al desperdicio de los recursos públicos para satisfacer la ambición por el lujo de los asociados del gobierno, mostrándoles favoritismo.

7 Según Li Guangdi este hexagrama tiene dos regentes gobernantes, el segundo y el quinto trazo, pero ZHU XI sólo parece considerar el segundo trazo.

Trabajo: La situación no es estable. Podemos tener ganancias y pérdidas. Hagamos buen uso de nuestros recursos y estemos dispuestos a aceptar algunas pérdidas. No corramos riesgos.

Vida privada: Nuestra vida tendrá subidas y bajadas. Seamos cuidadoso con nuestro dinero, amigos y familia; alguien puede tratar de engañarnos. Ocupémonos de nuestros propios asuntos. Tomemos cada día como va llegando, veamos nuestros triunfos y fracasos como ocurrencias transitorias.

Salud, sentimientos y relaciones sociales: Puede que nuestra salud empeore, pero con el tiempo mejorará. Disfrutemos de lo poco o mucho que tenemos y seamos pacientes, los problemas pasarán a su debido tiempo.

CHENG YI. — El tercer trazo se encuentra en el centro de este hexagrama; está en la cima de todos los trazos *yang*; tiene completa perfección en la Prosperidad. La razón de la existencia de las cosas es como la rotación de un círculo, lo que está abajo debe subir y lo que está arriba necesariamente debe bajar; cuando la Prosperidad dura mucho tiempo, debe llegar el Estancamiento. Por eso, en la completa perfección de la Prosperidad, y en el momento en que los trazos *yang* están por avanzar, el texto nos advierte: "no hay llanura sin cuestas, ni avance sin retroceso"; es decir, no hay prosperidad constante. No hay movimiento continuo en una dirección, sin retorno en la dirección opuesta; es decir, la fuerza *yin* debe regresar. Las llanuras tienen cuestas; en el viaje de ida está el regreso, esto es lo que constituye el Estancamiento, expresado por el siguiente hexagrama. Debemos conocer la fatal necesidad expresada por el principio del Cielo; en el momento en que comienza la Prosperidad, no hay que entregarse al descanso ni a la inactividad, hay que anticipar continuamente los peligros y las dificultades, enderezar y fortalecer la conducta y las acciones, y de esa forma será posible evitar los errores. Si al seguir el camino de la Prosperidad, somos capaces de alcanzar la perfección en el peligro, también debemos ser perseverantes en la preservación de la Prosperidad. Si no nos atormentamos con preocupaciones para obtener lo que deseamos, pero tampoco olvidamos nuestras metas, nos beneficiaremos aún más en materias de bendiciones y alimentación. Los términos "bendiciones y alimentación" se refieren al bienestar material.[8] Cuando las personas virtuosas son prósperas, su felicidad puede aumentar; de hecho, a medida que sus virtudes y su bondad aumentan diariamente, su bienestar material aumenta de la misma manera. Si sus virtudes exceden la proporción de su bienestar material, es porque, aunque hayan llegado a la perfección, nunca se saciarán.[9] Desde la antigüedad, el éxito y la grandeza siempre han ido acompañados de negligencia moral y de la ruina.[10]

ZHU XI. — Este trazo está a punto de ir más allá del justo medio; la Prosperidad se acerca a su punto máximo y el Estancamiento comienza a amanecer. "Lamentarse" es estar triste; "determinación" es no abandonar nuestras metas. Esta advertencia a quien consulta el oráculo le recuerda que preservando su pureza en los peligros y dificultades estará libre de culpa y será feliz.

Seis en el cuarto puesto (muta al hex. 34)

Aleteando y revoloteando.
Él no usa su riqueza con sus vecinos.
Sin tener que pedir nada tiene su confianza.

Aleteando y revoloteando indica fluctuaciones y dudas. Tratemos de establecer buenas relaciones con nuestros vecinos evitando toda ostentación o jactancia. Si somos sinceros y humildes podremos establecer buenas relaciones con la gente que nos rodea.

Trabajo: Para obtener genuina cooperación con nuestros colaboradores es preciso que actuemos con empatía y establezcamos una relación personal con ellos.

Vida privada: Aún no estamos seguros de como comportarnos con nuestros amigos o vecinos, pero nuestra indecisión nos hará actuar con cautela y gracias a eso no cometemos errores; finalmente ganaremos su confianza, después de que ellos se convenzan de nuestra sinceridad.

Salud, sentimientos y relaciones sociales: Tendremos muchas dudas y preocupaciones, pero con el tiempo, y con sinceridad, nuestra situación se estabilizará.

CHENG YI. — La posición del cuarto trazo *yin* sobrepasa el centro del hexagrama; como es un trazo *yin* que está en una posición elevada, sus tendencias le llevan a descender. Las tendencias de los dos trazos *yin* superiores los empujan de manera similar hacia los puestos

---

8 CHENG YI lee el texto que tradujimos como "disfrute de la felicidad", como "comer es una bendición", ateniéndose al sentido literal de los caracteres que lo conforman.

9 Es decir, seguirán buscando como mejorarse a sí mismos.

10 Este parece ser un recordatorio final de que "no hay llanura sin cuestas, ni avance sin retroceso", es decir a la Prosperidad le sigue el Estancamiento (la decadencia).

inferiores. "Aleteando y revoloteando" indica la apariencia de volar con rapidez; el cuarto trazo revolotea hacia las regiones inferiores, al igual que sus vecinos. "Vecinos" designa aquellos que son de la misma especie; es decir, los trazos quinto y sexto. Ahora bien, cuando un hombre es rico y los de su misma especie le siguen, es por el beneficio que de ello sacan; pero si no es rico y la gente igualmente le sigue, es porque comparten tendencias similares. Los tres trazos *yin* son objetos que, por su esencia, se relacionan con la inferioridad. Al ocupar los puestos superiores, están fuera de su entorno, y sus tendencias los llevan a querer retroceder hacia abajo. Además, aunque se siguen mutuamente "sin usar su riqueza", no esperan recibir una advertencia o una reprimenda, y la sinceridad de sus ideas es la misma. Pero el movimiento ascendente o descendente de *yin* y *yang*, en los tiempos de Prosperidad o Estancamiento, en la secuencia del tiempo; ya sea que se unan o se separen, sigue siempre una ley constante. Cuando la Prosperidad excede los límites justos, tiende a transformarse. El sabio, respecto al tercer trazo, dice que con "determinación ante las penurias" se alcanza la felicidad. En efecto, el tercer trazo alcanza el centro, y si escucha la advertencia del sabio podrá protegerse. El cuarto trazo ya sobrepasó el centro y el principio de las cosas exige que haya un cambio; por eso dice "aleteando y revoloteando". La prosperidad depende del quinto trazo[11], por lo que se vuelve a hablar del significado de estar situado en la Prosperidad.

ZHU XI. — Este trazo ya ha sobrepasado el punto medio; la Prosperidad ya está en su apogeo. Los tres trazos *yin* emprenden el vuelo y descienden. No prestan atención a las riquezas, y se siguen mutuamente; no esperan advertencias ni reprimendas y tienen confianza. El significado adivinatorio es que hay hombres inferiores que se unen para violar el Camino correcto; esto es lo que el noble debe tener en mente. *Yin* es el vacío, *yang* es lo pleno; por eso las palabras "no usa su riqueza", siempre se aplican a los trazos *yin*.

○ **Seis en el quinto puesto** (muta al hex. 5)

El soberano *Yi* concede su hija en matrimonio.[12]
Esto trae felicidad y sublime ventura.

---

11 Este trazo es uno de los dos regentes de este hexagrama, y el que ocupa la posición preeminente.
12 Yi fue el nombre del penúltimo emperador de la dinastía Shang, quien le otorgó su prometida al señor de los Zhou. El hexagrama 54, en su trazo 5, tiene un oráculo parecido. "Yi fue el primero en establecer una ley que determinaba que las hijas de la casa real, al casarse con príncipes de otros estados, deberían estar subordinadas a los mismos, como si ellas no fueran superiores a sus esposos en rango jerárquico". (Legge)

Una alianza entre alguien situado en una posición elevada y otra persona más humilde, traerá prosperidad y felicidad para todos los involucrados.

Trabajo: Posiblemente seamos promovidos en nuestro trabajo. La cooperación es la clave del éxito.

Vida privada: Posible matrimonio. Unión feliz, la familia crecerá. Prosperidad.

Salud, sentimientos y relaciones sociales: Disfrutaremos de excelente salud tanto física como espiritual. Nos relacionaremos con alguien situado en una posición mucho más alta que la nuestra. .

CHENG YI. — Los anales informan que Tang[13] reinó bajo el nombre de Tian Yi. Lo sucedió Di Zuyi, que también fue un rey sabio. Bastante más tarde, hubo un gobernante conocido como Di Yi. La mayoría de los autores dicen que, desde Tian Yi hasta Di Yi, no hubo príncipe que no tuviera inteligencia, virtud, caridad y piedad. No sabemos exactamente a quién se hace referencia aquí como Di Yi[14]. A juzgar por el significado de este texto, Di Yi fue quien estableció los rituales y ceremonias para el matrimonio de las princesas con personas de rango inferior al de ellas. Desde la antigüedad, aunque las hijas de los soberanos siempre se han casado con personas de rango inferior al suyo, sólo desde Di Yi se establecieron reglas rituales para estos matrimonios con el fin de disminuir su eminencia y su nobleza, de modo que fueran sumisas y obedientes a sus maridos. El quinto trazo ocupa la posición del príncipe con dócil suavidad *yin*; y se corresponde con el hombre sabio dotado de energía e inteligencia representado por el segundo trazo *yang*. El quinto trazo puede otorgar la responsabilidad del poder a un sujeto sabio y escuchar sus opiniones con deferencia; de la misma forma que la hija del soberano Yi, cuando la eminencia del rango disminuye y la mujer se somete al marido. De esta manera hay "felicidad y sublime ventura". Esto expresa el mérito de gobernar perfectamente en la Prosperidad.

ZHU XI. — Este trazo *yin* ocupa la posición preeminente en la Prosperidad, de él depende la Prosperidad. Es un trazo suave en el centro y hace caso omiso de sus prerrogativas. Se corresponde con el segundo trazo *yang* en el trigrama inferior; este es un camino que lleva a la ventura. Cuando Di Yi entregó en matrimonio a su hija, al consultar el oráculo obtuvo este trazo. Si el que consul-

---

13 *Tian Yi*, 天乙, fundador de la dinastía Shang.
14 Literalmente, Emperador, o Soberano *Yi*, ya que ese es el significado de 帝, *Di*.

ta el oráculo está en estas condiciones, tendrá "felicidad y sublime ventura". Cuando el texto cita a un personaje de la antigüedad, por ejemplo Gao Zong o Ji Zi[15], etc., siempre debemos proceder por analogía.

Al tope un seis (muta al hex. 26)
La muralla se desploma de vuelta al foso.[16]
¡No emplees ejércitos!
Proclama tus órdenes sólo en tu propia ciudad.
La determinación trae humillación.

> Un ciclo natural está por concluir. La muralla que se derrumba simboliza algún plan o estructura que se está cayendo abajo y no puede ser sostenido de ninguna manera. Perder la muralla también indica que nos encontramos desprotegidos, en una posición vulnerable.
> Es imperativo que pongamos orden en nuestro entorno inmediato. No nos preocupemos por lo que no nos concierne o afecte directamente, o atraeremos sobre nosotros mismos la vergüenza.
> No tratemos de solucionar nuestros problemas usando la fuerza.
>
> **Trabajo:** Una retirada voluntaria disminuirá nuestras pérdidas. Aceptemos la nueva realidad y tratemos de proteger lo que podamos salvar. Si intentamos sostener nuestra posición sin ceder en nada, los resultados serán peores y pasaremos vergüenza. Limitémonos a nuestra área de influencia inmediata y evitemos inmiscuirnos en lo que no nos corresponde.
>
> **Vida privada:** Cuidemos nuestra propia familia nuclear y evitemos involucrarnos en reyertas ajenas. Si intentamos abarcar demasiado sólo nos buscaremos problemas.
>
> **Salud, sentimientos y relaciones sociales:** Podemos llegar a sufrir una enfermedad o tener problemas de movilidad.

CHENG YI. — Al cavar un foso, la tierra se acumula y apila para formar una muralla. De la misma forma, cuando el rumbo seguido en el gobierno ha mejorado hasta el punto de proporcionar Prosperidad, esta Prosperidad, habiendo llegado a su fin, está a punto de volver a caer en el Estancamiento, como la tierra de la muralla que, al derrumbarse, vuelve a caer en el foso. El trazo superior es el fin de la Prosperidad. Como este trazo es *yin*, se refiere a un hombre inferior que está colocado en un puesto elevado; sus acciones tienden a traer estancamiento. "¡No emplees ejércitos!": lo que permite al príncipe beneficiarse de los esfuerzos de la multitud es la comunidad de sentimientos entre el superior y el inferior que hace que el corazón de cada uno esté dispuesto a seguirlo; en el momento presente, cuando la Prosperidad toca a su fin, se ha perdido el camino de la Prosperidad y los sentimientos del superior y del inferior ya no concuerdan mutuamente; el corazón de la multitud está alienado, ya no tiende a seguir al superior. ¿Cómo podría emplear a esta multitud y sacar provecho de sus esfuerzos? Si quiere usarla, sólo resultará en desorden. Desde el momento en que ya no puede emplear a la multitud, comienza a recurrir a sus allegados, los llama y les confía sus misiones. Incluso suponiendo que aquellos a quienes llama para confiarles sus órdenes puedan conformarse a la justicia, es posible que sientan aprensión y miedo de cometer un error. El término "ciudad" designa el distrito donde reside, es decir el hogar de sus padres y parientes. En general, las llamadas y pedidos deben realizarse empezando por lo que está cerca[17]. Siempre que el texto utiliza las expresiones: "la determinación trae humillación" o "la determinación trae desventura", estas frases tienen dos significados: al observar cierta cosa con determinación, el augurio es desventura o humillación; a veces, aunque se ajuste a la justicia, el presagio seguirá siendo desafortunado o habrá motivos para temer. Aquí, el texto no menciona la desventura, pero utiliza las palabras "la determinación trae humillación". En el momento en que el Estancamiento está próximo, este trazo está a punto de llamar a otros y encomendar misiones; hay motivos para temer incomprensión y errores, aunque el Estancamiento no procede de estos llamados y estas órdenes.

ZHU XI. — A la Prosperidad que alcanza su punto máximo le sigue el Estancamiento; esta es la imagen simbólica representada por la muralla que se derrumba en el foso. Es una advertencia para quien consulta el oráculo de que no debe luchar con violencia, sino simplemente estar atento y protegerse. Aunque posee determinación, no puede librarse del temor a cometer errores.

---

15 Gao Zong fue un rey de la dinastía Shang durante segunda mitad del siglo XIII a. C. Yi Zi fue un sabio semi-legendario; antiguos documentos chinos lo describen como el virtuoso tío del último rey malvado de la dinastía Shang.

16 Las "murallas" se refieren a las paredes que rodean a la ciudad, o a terraplenes y almenas. La típica ciudad fortificada de la época estaba rodeada por una pared alta y un foso.

17 El comentario de CHENG YI se basa en otra lectura. Según él, el texto debería traducirse como: "No emplees a la multitud, empieza por convocar a tu propio séquito para encomendarle misiones".

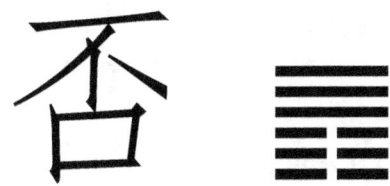

12 El Estancamiento / La Decadencia | *Pi*

Los dos caracteres que forman el sinograma que le da nombre a este hexagrama son: *bu*: no, arriba y *kou*: boca, abajo: obstruir la boca o una abertura.

Significados asociados

Detención, punto muerto, estancamiento, callejón sin salida; obstruido, atascado; malo.

El Dictamen

El Estancamiento.
Bandidos no favorecen la determinación del noble.
Lo grande se va, llega lo pequeño.

> Este es un período de complicaciones y retrasos, cuando las personas capaces son obstaculizadas por gente mezquina y maligna.
> Las cosas están estancadas debido a la falta de cooperación y la desconfianza, y la presente situación favorece a los peores elementos humanos.
> El progreso está detenido porque el egoísmo y la mentalidad imperante, de miras estrechas, promueve el Estancamiento.
> Problemas personales pueden obstaculizar nuestros planes. Desde un punto de vista psicológico, podemos ser tentados por otras personas, o por nuestros propios bajos deseos, a tomar el mal camino. No intentemos forzar el avance, seamos pacientes y esperemos hasta que la situación mejore.

CHENG YI. — Cuando el Cielo y la Tierra se unen, entre ellos nacen todos los seres. Inmediatamente existen las tres causas activas. El hombre es la más espiritual, además es el primero entre todos los seres. Todo lo que nace entre el Cielo y la Tierra sigue siempre el camino del hombre. Cuando el Cielo y la Tierra no se unen, no dan lugar a los seres y las cosas, por lo que el camino del hombre no existe, razón por la cual el texto dice 匪之, *fei ren*, "no hombre, bandidos"[1], que significa que este no es el camino propio del hombre. Extinción y crecimiento, expansión y contracción son recíprocamente causa y efecto y esta sucesión no tiene fin; habiendo llegado la Prosperidad a su límite extremo, debe haber una reacción; cuando el Estancamiento está en su apogeo, debe dar paso a la Prosperidad; la razón de ser de las cosas no comprende la duración permanente sin alteración; ¿cómo sería una excepción el camino del hombre? Desde el momento en que hay Estancamiento, debe haber Prosperidad. Ahora bien, la libre unión entre lo superior y lo inferior, la coincidencia de la firmeza y la dócil dulzura, constituyen el camino del noble. El Estancamiento será lo contrario; por lo tanto, la pureza del noble no tiene ninguna ventaja. El verdadero camino del noble es que en casos de Estancamiento y obstrucción no actúa. "Lo grande se va, llega lo pequeño". *Yang* se va, *yin* viene; es la imagen simbólica del camino del hombre inferior en expansión y del camino del noble en disminución, y es por eso que este hexagrama expresa Estancamiento.

ZHU XI. — *Pi*, el Estancamiento, es el hexagrama del séptimo mes. Ésta es la antítesis exacta del *Tai*, la Prosperidad, y por eso el texto dice: "bandidos", es decir no es el camino humano[2]. El significado adivinatorio es que los "bandidos no favorecen la determinación del noble"; de hecho, el trigrama *Qian*, ☰, está en el exterior, y el trigrama *Kun*, ☷, pasa a ocupar el interior. Además, este hexagrama, proviene del hexagrama 漸, *jian*, ䷴ [53, *Avance gradual*], mediante la *fluctuación de hexagramas*[3], cuando un trazo *yang* abandona el tercer lugar para residir en el cuarto y un trazo *yin* en el cuarto lugar pasa a residir en el tercero. Algunos piensan que la palabra "bandidos" [*fei ren*] proviene, por error, del texto del tercer trazo *yin* de 比, *Bi*,

---

1 Usualmente *fei ren* se traduce como bandido, o fuera de la ley (ver la nota al tercer trazo del hexagrama 8, La Solidaridad), pero en este caso, siguiendo a Kong Yingda y Hu Yuan, CHENG YI lo lee literalmente, como "no hombre", o "ningún hombre". En nuestra traducción *fei ren* significa "bandidos", tal como lo lee ZHU XI.
2 Esta es otra referencia a *fei ren*. Ver la nota anterior.
3 Ver el **Glosario** para más información sobre este término.

[8, *La Solidaridad*]. También es notable que el comentario tradicional de CHENG YI no explique su significado[4].

La Imagen

El Cielo y la Tierra no se relacionan:
la imagen del Estancamiento.
El noble restringe la manifestación de sus virtudes
y así escapa de las dificultades.
No permite que le honren con rango ni salario.

> El Cielo y la Tierra representan los dos extremos de la sociedad humana, lo más alto y lo más bajo. Cuando las distintas clases sociales se miran con desconfianza y odio y conspiran una contra otra, las cosas no prosperan y no puede llevarse a cabo nada bueno.
> La debilidad interna (simbolizada por los tres trazos inferiores, *yin*), aunada con una actitud dura en el exterior (indicada por los tres trazos superiores, *yang*), indica que gente con una moralidad débil está situada en el poder. El carácter traducido como "virtudes", 德, *de*, en: "el noble restringe la manifestación de sus virtudes", también puede ser traducido como "capacidad, cualidades". Significa que cuando no podemos progresar sin involucrarnos con el mal, deberíamos retirarnos y no colaborar con gente deshonesta y maligna o con amigos que no sirven para nada. Es mejor mantener un perfil bajo y no manifestar públicamente nuestros talentos o habilidades.
> No aceptemos favores ni distinciones de los elementos inferiores que están en el poder y mantengámonos a distancia de ellos. Es mejor que nos privemos de algo antes que comprometernos.
> Podemos sentirnos tentados, pero consideremos que todo lo que podamos obtener a cambio de sacrificar nuestros principios será transitorio, pero si nos mantenemos al margen tendremos nuestra conciencia tranquila y evitaremos futuros problemas.

CHENG YI. — El Cielo y la Tierra no se unen libremente, por eso este hexagrama expresa Estancamiento. En momentos de Estancamiento, el camino del noble decae; debe contemplar este símbolo del Estancamiento y ocultar sus méritos y así evitar desgracias y dificultades. No debe destacarse en un puesto oficial remunerado. El Estancamiento es el tiempo en que las tendencias del hombre inferior siguen su libre curso; si el noble ocupa una posición brillante y destacada, las desgracias y los peligros afectarán inevitablemente a su persona, de modo que le conviene situarse en las sombras y confinarse, conteniéndose.

ZHU XI. — Él oculta sus virtudes, no las manifiesta externamente, para evitar el peligro que proviene del hombre inferior. Un hombre no debe hacer alarde de sus habilidades en un puesto oficial remunerado.

Al comienzo un seis (muta al hex. 25)

Cuando se arrancan cañas,
salen adheridas otras del mismo tipo.
La determinación trae ventura y éxito.

> El primer trazo describe el comienzo de un período de Estancamiento. Las cañas, cuyas raíces están entrelazadas, arrastran a otras al ser arrancadas; de la misma forma, si nos retiramos antes de involucrarnos con los malos elementos imperantes, nuestros asociados y amigos cercanos seguirán nuestro ejemplo.
> Si nos retiramos a tiempo evitaremos comprometernos con malas compañías y de esa forma no seremos humillados cuando los malhechores sean castigados.

Trabajo: Una retirada estratégica, incluyendo nuestros asociados cercanos nos librará de muchos problemas. Mantengamos altos nuestros estándares y no permitamos que otros nos induzcan a seguir por el mal camino.

Vida privada: Es mejor permanecer distantes y no asociarnos con personas de bajo nivel. Mantengámonos cerca de aquellos que comparten nuestros ideales y no nos comprometamos con gente que puede ocasionarnos problemas.

Salud, sentimientos y relaciones sociales: No dejemos que otros nos seduzcan para participar en actos inmorales. Las curas mágicas no funcionan, no nos dejemos engañar.

CHENG YI. — Los hexagramas Prosperidad y Estancamiento utilizan ambos la imagen simbólica de cañas cuyas raíces se conectan y entrelazan, porque la multitud de trazos *yang* o la multitud de trazos *yin* se colocan en el fondo de manera idéntica.
Esta expresión es un símbolo de la idea de arrastrar atrayéndose unos a otros. En el tiempo de la Prosperidad, es la acción de caminar juntos lo que lleva a la ventura; en el tiempo del Estancamiento, será la condición de poseer la misma pureza la que procurará el éxito. En primer lugar, es esta circunstancia de que el hombre inferior está dentro y el noble afuera, lo que se considera que expresa la idea del Estancamiento. El primer trazo *yin*, situado en el fondo del Estancamiento, expresa el camino del noble. En el *Libro de los Cambios* el significado depende del momento, es variable y cambia sin mantenerse constante.

---
4 CHENG YI lo lee literalmente, ver la nota al comentario de CHENG YI para el Dictamen de este mismo hexagrama.

El Estancamiento / La Decadencia

En tiempos de Estancamiento, el que está en inferioridad es el noble. Aunque cada uno de los tres trazos *yin* de este hexagrama se corresponde con un trazo *yang* en el trigrama superior; en un momento de Estancamiento y aislamiento, la separación es tajante y no hay libre comunicación, por lo que no se menciona el sentido de correspondencia. Si el primer trazo *yin* puede, con los de su especie, mantener la determinación en la observación de los principios con firmeza pura e inquebrantable, conllevará el Estancamiento en las mejores condiciones y ésta será la ventura de seguir este camino. Quienes, pueden avanzar, aunque enfrenten el Estancamiento, son los hombres inferiores; el noble rectificará su camino y se contentará con evitar la desgracia. El noble, en sus movimientos hacia adelante o hacia atrás, nunca actúa de otra manera que los de su propia especie.

ZHU XI. — Los tres trazos *yin* están en el fondo; en tiempos de Estancamiento, es la imagen simbólica de los hombres inferiores que se arrastran unos a otros y avanzan juntos. Sin embargo, los vicios del primer trazo aún no se muestran y manifiestan de forma visible, por lo que el texto dice que "la determinación trae ventura y éxito". De hecho, al poder actuar así, cambiará y se convertirá en un noble.

Seis en el segundo puesto (muta al hex. 6)

Ellos soportan y toleran.
Ventura para los vulgares,
Estancamiento para el gran hombre.
Éxito.

> Quienes soportan y toleran son los vulgares, quienes seguirán a cualquier líder sin preocuparse por las consecuencias finales, pero el *Libro de los Cambios* ha sido escrito para personas con altos ideales, quienes deberían evitar involucrarse en la mala conducta generalizada. El noble no puede evitar el Estancamiento, pero al menos puede permanecer libre de mácula, eso significa el éxito.
>
> **Trabajo:** Mantengámonos apartados de las políticas erróneas promovidas por la dirigencia, aunque eso nos traiga aparejado algún costo. De esa forma no nos comprometeremos con los malos actos imperantes y tendremos éxito cuando termine el período de Estancamiento.
>
> **Vida privada:** Es mejor estar solo que mal acompañado.
>
> **Salud, sentimientos y relaciones sociales:** Nos encontramos en un punto muerto. Esperemos hasta que la situación mejore y no aceptemos compromisos. Es mejor que seamos prudentes y conservadores.

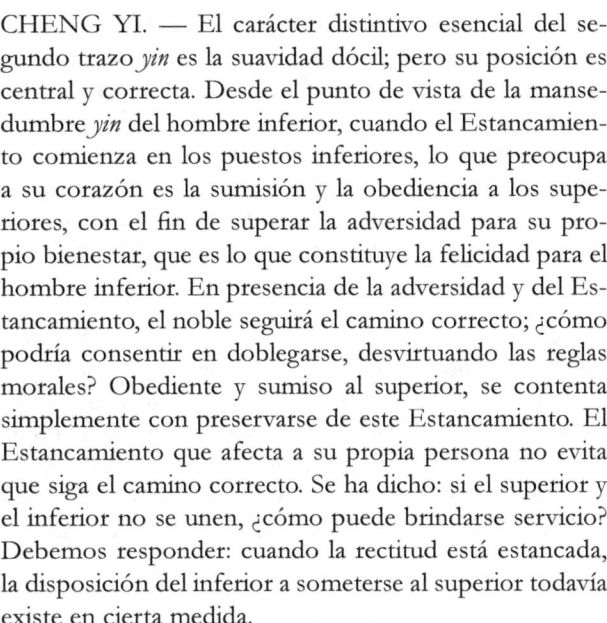

CHENG YI. — El carácter distintivo esencial del segundo trazo *yin* es la suavidad dócil; pero su posición es central y correcta. Desde el punto de vista de la mansedumbre *yin* del hombre inferior, cuando el Estancamiento comienza en los puestos inferiores, lo que preocupa a su corazón es la sumisión y la obediencia a los superiores, con el fin de superar la adversidad para su propio bienestar, que es lo que constituye la felicidad para el hombre inferior. En presencia de la adversidad y del Estancamiento, el noble seguirá el camino correcto; ¿cómo podría consentir en doblegarse, desvirtuando las reglas morales? Obediente y sumiso al superior, se contenta simplemente con preservarse de este Estancamiento. El Estancamiento que afecta a su propia persona no evita que siga el camino correcto. Se ha dicho: si el superior y el inferior no se unen, ¿cómo puede brindarse servicio? Debemos responder: cuando la rectitud está estancada, la disposición del inferior a someterse al superior todavía existe en cierta medida.

ZHU XI. — Este trazo *yin* es central y correcto; símbolo del hombre inferior capaz de sumisión y obediencia al superior. Es un camino feliz para el hombre inferior. Si quien consulta el oráculo es un hombre inferior, y si se encuentra en estas condiciones, el augurio será feliz; si es un gran hombre, tendrá que contentarse con soportar la adversidad hasta que su camino se libere. De hecho, aunque otras personas se muestren inclinadas a mostrarle sumisión no significa que él mismo deba romper las normas que observa.

Seis en el tercer puesto (muta al hex. 33)

Ellos soportan la vergüenza.

> Aquellos que ocupan puestos por encima de su capacidad serán humillados. Los que prosperaron mediante halagos y servilismo serán incapaces de manejar en forma debida sus responsabilidades y caerán en la ignominia.
>
> **Trabajo:** Si asumimos responsabilidades por encima de nuestra capacidad, seremos humillados y posiblemente seamos rebajados de categoría.
>
> **Vida privada:** Reconozcamos nuestras limitaciones, si intentamos hacer algo para lo cual no estamos bien preparados, sólo pasaremos vergüenza.
>
> **Salud, sentimientos y relaciones sociales:** No superemos nuestras propias fuerzas ni nos involucremos en cosas que no entendemos.

CHENG YI. — El tercer trazo emplea suavidad *yin*; no tiene centralidad ni rectitud, y enfrenta el Estancamiento. Además, es el más cercano a los trazos superiores; no puede seguir el camino correcto y estar satisfecho con su destino; finalmente acaba en el error; estas circunstancias y sentimientos llevan al hombre inferior hasta el límite. Lo que cavila, lo que medita, el resultado de sus cálculos, no puede dejar de constituir falsedad, maldad y error.[5] Debe conducir a la vergüenza.

ZHU XI. — Este es un trazo *yin* en un puesto *yang*, carece de centralidad y rectitud; es el hombre inferior cuyas tendencias se vuelven hacia el mal, pero que aún no puede cometerlo, y por eso este trazo es la imagen simbólica de soportar [o contener] la vergüenza. Sin embargo, dado que el resultado aún no se ha manifestado, el texto no incluye advertencias de desventura ni un augurio desafortunado.

Nueve en el cuarto puesto (muta al hex. 20)

Quien sigue el mandato permanece sin defecto.
Sus compañeros compartirán su prosperidad.

> El carácter traducido como "mandato", 命, *ming*, también podría traducirse como "órdenes emanadas de una autoridad superior", "órdenes del Cielo" o "destino", aunque también podría indicar un oráculo. Ello significa que si seguimos fielmente nuestra real vocación o cumplimos con nuestras obligaciones, no cometeremos error alguno y tendremos éxito.
>
> **Trabajo:** Sigamos al pie de la letra lo que nos ordenen nuestros superiores, todos los que nos acompañen se beneficiarán de nuestro éxito. Podemos llegar a ser promovidos.
>
> **Vida privada**: Nuestros amigos y familiares nos apoyarán en todo lo que hagamos y se beneficiarán de nuestro buen liderazgo. Buena suerte.
>
> **Salud, sentimientos y relaciones sociales:** Si seguimos nuestra vocación y escuchamos a nuestros sentimientos, seremos felices y populares.

CHENG YI. — El cuarto trazo *yang*, es firme con el vigor del trigrama *Qian*. Ocupa la situación próxima a la del príncipe, es, por tanto, aquel que tiene las habilidades necesarias para superar la adversidad y que posee una posición elevada. Estas condiciones son suficientes para ayudar al superior a remediar la adversidad de el Estancamiento, pero sin embargo, en presencia de un momento en que el camino moral del príncipe comienza a estancarse, y estando situado en un terreno extremadamente cercano a él, su posición es delicada. Se se atribuyera el mérito por el bien logrado provocaría animosidad en los demás. Si puede dirigir e influir en el movimiento, debe hacerlo de acuerdo con las órdenes del príncipe; si la empuñadura del arma del poder está exclusivamente en manos del superior, entonces [el cuarto trazo] podrá permanecer sin defecto y sus tendencias prevalecerán. Siendo capaz de dirigir todas las cosas siguiendo las órdenes del príncipe, entonces podrá remediar la adversidad del momento y "sus compañeros compartirán su prosperidad". El movimiento de avance del hombre inferior, también se produce con los de su mismo tipo.

ZHU XI. — El Estancamiento está más que medio superado; este es el momento en el que está a punto de ser frenado. El cuarto trazo *yang*, con firmeza, ocupa un puesto *yin*, por eso no lleva la dureza al límite, por lo que el significado adivinatorio es que "sigue el mandato y permanece sin defecto". Finalmente, los tres trazos *yang*, unidos por el vínculo de género, "compartirán su prosperidad". "Mandato" significa destino o "mandato del Cielo"[6].

○ Nueve en el quinto puesto (muta al hex. 35)

El Estancamiento cesa.
Ventura para el gran hombre.
¡Puede perderse! ¡Puede perderse!
Así lo ata a un tupido árbol de morera.[7]

> Finalmente el Estancamiento podrá ser superado. El quinto trazo simboliza a una persona con autoridad que es la encargada de corregir los abusos. La frase

---

5   Para entender mejor lo que dice CHENG YI, consideremos que una traducción literal de este trazo sería: "contiene la vergüenza". El carácter 羞, *xiu*, traducido como "vergüenza" también significa "inferioridad, desgracia". Es decir que las cualidades más íntimas del hombre inferior, lo que contiene en su interior, no están a la altura del camino correcto, por eso no puede eludir la vergüenza.

6   命, *ming*: mandato, destino, voluntad del cielo o de una autoridad más alta (ya sea celestial o terrenal, como un rey o un gobierno), órdenes, directiva, investidura.

7   Atar un talismán a un árbol es un tipo de magia protectora que aún se aplica en algunos lugares y el quinto trazo puede reflejar esta antigua creencia. Asimismo, el carácter 桑, *sang*, que significa "morera", puede haber sido elegido porque rima con 亡, *wang*, que aquí es traducido como "perderse", pero también significa "desaparecer, irse, escapar; morir, perecer, fallar".

El Estancamiento / La Decadencia

"lo ata a un tupido árbol de morera" significa que todas las precauciones posibles deberían tomarse para prevenir el fracaso, porque corregir el Estancamiento no será fácil.

Atar algo a un árbol también indica que deberíamos concentrar todos nuestros recursos en un objetivo específico, para no dispersar nuestras fuerzas y así lograr el éxito.

Trabajo: Podemos mejorar nuestra situación y poner a las cosas en movimiento nuevamente, pero para hacer eso necesitaremos colaboradores. Nuestra posición no es segura, es preciso establecer una base sólida antes de avanzar, y cuidar de todos los detalles con mucha atención.

Vida privada: Nuestra situación mejorará, pero sólo después que pongamos manos a la obra, con dedicación y cuidado.

Salud, sentimientos y relaciones sociales: Nuestra salud mejorará después que solucionemos nuestros problemas actuales.

CHENG YI. — El quinto trazo, con las virtudes *yang* de firmeza y centralidad, ocupa la posición preeminente, además, puede poner fin el Estancamiento del mundo; de ahí que hay "ventura para el gran hombre". El gran hombre digno de su situación puede, siguiendo el camino correcto, detener el Estancamiento del mundo, para restablecer la Prosperidad; pero, sin embargo, aún no ha salido del Estancamiento, de modo que advierte repetidamente: "¡Puede perderse!" Cuando el Estancamiento se detiene y tiende poco a poco, a dar paso al retorno de la Prosperidad, no debemos contentarnos con la calma y el ocio; conviene planificar a largo plazo, estar en guardia contra el regreso de la adversidad. Por eso el texto repite "¡Puede perderse!" dos veces. La expresión: "así lo ata a un tupido árbol de morera", significa estar en el camino hacia un descanso firmemente asegurado, como si estuviera atado a un macizo de moreras. Como planta, la morera tiene raíces profundas y fuertes. La palabra "tupido" indica un grupo de plantas que crecen juntas. Por tanto, la solidez de este tipo de fijación es muy grande. ¡Las advertencias del sabio son profundas! El rey Wang Yun, de la dinastía Han, y Li Deyu, de la dinastía Tang, no entendieron esta advertencia, lo que provocó su pérdida y la ruina del estado. El *Gran Tratado*[8] dice: "Cuando uno se siente seguro de su posición está en peligro; tratar de preservar algo asegura su pérdida. El noble está tranquilo, pero no olvida el peligro; persiste, pero no olvida la pérdida; hace reinar el orden y no olvida el desorden. Así, manteniendo su tranquilidad, puede preservar el reino".

ZHU XI. — El quinto trazo *yang* es firme, central y correcto, ocupando un puesto preeminente. Tiene la capacidad de detener el tiempo del Estancamiento, ésta es la obra del gran hombre. Por eso, el significado adivinatorio de este trazo, si es un gran hombre quien recibe este oráculo, será venturoso. Sin embargo, sigue siendo apropiado que preste atención y recuerde las advertencias dadas en el Gran Tratado.

Al tope un nueve (muta al hex. 45)

El Estancamiento es derrocado.
Primero Estancamiento, luego regocijo.

Este es el final de un período de Estancamiento, cuando los caminos se abren y es posible progresar nuevamente.

Trabajo: Nuestro negocio o carrera prosperará. Quizás seamos promovidos o iniciemos un nuevo negocio.

Vida privada: Nuevas oportunidades aparecerán en nuestra vida y con ellas volverá la felicidad.

Salud, sentimientos y relaciones sociales: Un tiempo de aislamiento y problemas crónicos de la salud está terminando. Nuestra salud y estado de ánimo mejorarán.

CHENG YI. — El trazo superior *yang* representa el fin del Estancamiento. Cuando el principio de una cosa ha llegado al límite extremo de sus consecuencias, ésta debe reaccionar en sentido contrario; por eso, cuando la Prosperidad ha llegado a su punto máximo, debe ser seguida por el Estancamiento, y cuando el Estancamiento llega a su límite extremo, debe dar paso a la Prosperidad. El trazo superior *yang* expresa el Estancamiento cuando está en su máxima intensidad; entonces, el camino del Estancamiento declina, se revierte y se modifica. Primero hay Estancamiento extremo, luego el Estancamiento disminuye, entonces aparece la Prosperidad, "luego regocijo".

ZHU XI. — Dado que la firmeza *yang* ocupa el punto límite del Estancamiento, expresa el Estancamiento en el momento en que declina; el significado adivinatorio es que primero está el Estancamiento y "luego regocijo".

---

8 El Gran Tratado, 大傳, *Da zhuan*, es parte de las Diez Alas.

13 La Comunidad con los Hombres | *Tong Ren*

Los dos caracteres chinos que le dan nombre a este hexagrama muestran una tapa cubriendo una abertura y a un hombre: uniendo a los hombres.

Significados asociados

Comunidad, juntos, reunir gente, compartir en armonía; estar de acuerdo, identificados, iguales; hacer uniforme.

El Dictamen

Comunidad con los hombres en el campo.
Éxito.
Es propicio atravesar el gran río.
Es propicia la determinación del noble.

> La gente se reúne naturalmente cuando un propósito común los une, cuando tienen una esperanza y una responsabilidad compartida. El hecho de que la reunión sea en el campo indica que es una unión de gente de similar jerarquía.
> Un grupo de personas que comparte la misma visión puede lograr gran éxito si todos trabajan para el bienestar común, evitando las peleas internas y permaneciendo unidos.
> En la China antigua, cruzar un río, ya fuera vadeándolo o pasando por encima del mismo cuando este se congelaba, no era una tarea sencilla porque no había puentes. Cruzar un río era peligroso y no era nada fácil; de ahí que la frase "es propicio atravesar el gran río" es una metáfora que indica que este es un buen momento para llevar adelante un emprendimiento de importancia, aunque sea peligroso, pero no debe ser tomado a la ligera.
> La determinación es muy importante para mantener las cosas marchando adelante sin obstáculos y para seguir en el camino correcto, sin perder de vista los objetivos que todos los miembros del grupo comparten.

CHENG YI. — El campo significa las regiones vastas y deshabitadas; esta palabra se toma en el sentido de un lugar externo y distante. Ahora bien, lo que une a los hombres en el camino hacia comunidad en el mundo es la grandeza del desinterés de los corazones de los santos y los sabios; lo que une a los hombres corrientes es la concordancia de sus intereses privados, y éste es, en efecto, un sentimiento que les lleva a asociarse. Además, tiene que ser en el campo, para expresar que su reencuentro no es fruto de sentimientos de acercamiento egoísta. Pero en las regiones lejanas y desiertas, desde el momento en que los hombres ya no se ven frenados por sus intereses privados, siguen el camino del desinterés y de la identidad, y nada está lo suficientemente lejos como para no ser arrastrado al movimiento de reunificación. La libertad de desarrollo de esta inclinación es obvia. Ser capaz de identificarse y estar de acuerdo con el mundo permite el mundo se identifique y se una consigo mismo. Cuando todo en el mundo se identifica, ¿qué obstáculos e impedimentos podrían resultar insuperables? ¿Qué peligros y dificultades no se podrían superar libremente? Por eso "es propicio atravesar el gran río" y "es propicia la determinación del noble". La primera frase dice: "en el campo", esto sólo expresa que no se trata de una asociación íntima y particular. La "determinación del noble" designa el camino de la gran unidad [identificación] del desinterés extremo, lo que significa que aunque colocados a mil años de distancia, aunque nacidos más de mil años después, si actúan conforme a los principios fijados, analizándolos y practicándolos, en la inmensidad situada entre los cuatro mares, en una multitud de un millón de personas, todos, sin excepción, serán parte de esta unidad o identificación. El hombre inferior sólo aspira a intereses privados; cuando se acerca y se asocia, cualquiera que sea la inmoralidad del objetivo, aún practica esta unidad de consideración por las cosas o las personas; cuando experimenta repulsión, cualesquiera que sean las cualidades de los objetos de su aversión, los considera, no obstante, extraños a él y fuera de esta unidad. Además, las reuniones que forma son siempre camarillas nepotistas y, de hecho, su corazón carece de rectitud. Es por estas razones que en el camino La Comunidad con los Hombres, la ventaja consiste en la rectitud y determinación del noble.

La Comunidad con los Hombres

ZHU XI. — El trigrama inferior es *Li*, ☲, que tiene un trazo *yin* apretujado en el intervalo entre dos trazos *yang*. Sus virtudes son la belleza, la elegancia de las formas y de la apariencia, mientras que su imagen simbólica es el fuego, el sol, el relámpago. Los dos caracteres del nombre de este hexagrama, 同人, *tong ren*, significan La Comunidad con los Hombres. En el encuentro de los trigramas *Li* y *Qian*, ☰, el fuego se eleva para encontrarse con el Cielo. El segundo trazo *yin* es central, y se corresponde con el quinto trazo *yang*. Además, en este hexagrama sólo hay un trazo *yin*, y los cinco trazos *yang* están igualmente dirigidos hacia él. Por eso se llama La Comunidad con los Hombres y se considera que expresa acuerdo entre los hombres. "En el campo" significa lejos, en un campo vasto, y sin idea alguna de interés privado. Por tanto, existe un camino hacia la libre expansión. Hay un uso de la actividad para la acción, de modo que es posible cruzar un gran río. El hexagrama está formado, en el interior, por el trigrama *Li*, que expresa claridad o distinción de forma y, en el exterior, por el trigrama *Qian*, que expresa firmeza y actividad energética; el segundo trazo *yin* posee centralidad y rectitud y encuentra correspondencia [con el quinto trazo], por lo tanto indica el camino del noble. Si quien consulta el oráculo se encuentra en estas condiciones, será una señal de libertad de acción, y además, podrá superar los peligros. Sin embargo, es absolutamente necesario que lo que encuentre y con lo que esté de acuerdo esté conforme a las costumbres morales del noble, sólo así será ventajoso.

La Imagen

El Cielo asociado con el Fuego:
la imagen de La Comunidad con los Hombres.
Así estructura el noble los clanes y divide las cosas.

> El trigrama del fuego está debajo del trigrama del Cielo y simboliza un punto de interés común, tal como un fuego en el campo, que congrega a la gente a su alrededor. De la misma forma, una comunidad humana tiene que ser organizada apropiadamente, a partir de un interés común y cada participante debería realizar la tarea más adecuada, de acuerdo con su capacidad.
> Solo siguiendo metas específicas y teniendo reglas claras de conducta, la multitud se convertirá en una comunidad organizada y no será una muchedumbre de gente confusa y desordenada.

CHENG YI. — El texto no dice: "hay fuego bajo el Cielo", ni: "debajo del Cielo hay fuego", sino que dice: "el Cielo asociado con el Fuego". El Cielo es lo que está arriba; la naturaleza del fuego es elevarse; el fuego es idéntico al Cielo [el fuego está de acuerdo con el Cielo], y por eso este hexagrama constituye el sentido de identidad [o acuerdo] de los hombres. El noble contempla la imagen simbólica de La Comunidad con los Hombres y, según el género y la familia, clasifica los seres y las cosas, cada uno según el género y la familia a la que pertenece; distinguiendo lo común y lo diferente. Por ejemplo, las asociaciones entre los nobles o entre hombres inferiores; la razón de la existencia del bien o del mal, de la verdad o de la falsedad; el desacuerdo o unión de los sentimientos de los seres; la disimilitud o semejanza de la razón de ser de las cosas: todas estas diferencias o todas estas relaciones comunes, el noble puede distinguirlas y comprenderlas con claridad; además al asignar el lugar de los seres, nunca pierde la medida.

ZHU XI. — El Cielo está arriba y las llamas del fuego se elevan; su naturaleza es la misma en ambos casos. Distinguir a los seres por género y familia es la manera de reconocer las diferencias y lograr la uniformidad.

Al comienzo un nueve (muta al hex. 33)

Comunidad con los hombres en la puerta de entrada.
Ninguna culpa.

> La comunidad en la puerta indica que la unión se está realizando a la vista de todos, no detrás de una puerta cerrada, ni urdiendo planes secretos. Cruzar el umbral de la puerta simboliza la entrada en la comunidad, atravesar un límite, asumir una nueva relación o una responsabilidad.

> **Trabajo:** Tendremos oportunidad de iniciar un nuevo trabajo o recibiremos una promoción. Si somos sinceros y nos mantenemos receptivos a lo nuevo, no cometeremos errores.

> **Vida privada**: Nuevas oportunidades y relaciones enriquecerán nuestra vida, si estamos listos para cooperar y relacionarnos con otras personas.

> **Salud, sentimientos y relaciones sociales:** Este es un buen momento para compartir nuestros sentimientos y esperanzas con otros. No debemos aislarnos.

CHENG YI. — Un trazo *yang* ocupa el primer puesto de La Comunidad con los Hombres y no está ligado a ningún trazo por una relación de correspondencia; esto indica la ausencia de parcialidad y egoísmo, el gran desinterés de la unión de los hombres. Es por esto que se considera que este trazo expresa el acto de salir por la puerta, para unirse con los hombres. Salir por la puerta significa salir afuera, al exterior, no hay por tanto parcialidad derivada de vínculos privados; el acuerdo es amplio y desinteresado, de esta manera no habrá faltas ni culpas.

ZHU XI. — Al inicio de La Comunidad con los Hombres todavía no hay ninguna dirección impresa por sentimientos egoístas. Como la firmeza está abajo y arriba no encuentra correspondencia, es posible que no haya culpas, y por eso tal es la imagen simbólica y el significado adivinatorio.

○ Seis en el segundo puesto (muta al hex. 1)

La comunidad con los hombres en el clan
lleva a la vergüenza.

> Las intenciones egoístas debilitarán la comunidad y crearán facciones antagonísticas que pueden llegar a destruir el grupo, o al menos complicarán la vida de sus miembros.
> Los subgrupos de personas que se aíslan y conspiran contra los demás para sacar ventajas personales (los clanes o facciones) causarán problemas.
>
> **Trabajo:** Gente reaccionaria y de cortos alcances formará grupos de interés que perjudicarán a los demás. Trabajemos por el interés general en lugar de alinearnos con un grupo egoísta.
>
> **Vida privada**: Estemos en guardia contra el prejuicio y la malicia. No nos dejemos arrastrar por quienes sólo buscan sacar ventaja egoísta.
>
> **Salud, sentimientos y relaciones sociales:** No es conveniente tomar partido en las reyertas o conflictos familiares o entre amigos; no nos mezclemos con gente mezquina y prejuiciosa.

CHENG YI. — Se considera que el segundo y el quinto trazo se corresponden con simpatía, y por eso el texto dice "comunidad con los hombres en el clan". El carácter 宗, *zong*, traducido como "clan" designa a un grupo que desciende del mismo origen. Estar de acuerdo con aquellos a quienes uno está apegado o ligado por la simpatía es estar dirigido por la parcialidad en las propias conexiones; en el caso de La Comunidad con los Hombres, esto se considera un acercamiento egoísta, por lo que debe resultar en vergüenza. Si el segundo trazo fuera *yang*, éste tendría las virtudes de centralidad y firmeza y, en consecuencia, habría unión mutua a través de la centralidad[1], ya no se consideraría una aventura basada en intereses y sentimientos privados.

---

1 CHENG YI se refiere a la relación de correspondencia entre el segundo trazo *yin* y el quinto trazo *yang*, que en el tiempo de La Comunidad con los Hombres es inapropiada.

ZHU XI. — El clan es una facción. Aunque el segundo trazo *yin* está guiado por la centralidad y la rectitud, se corresponde con un trazo superior[2]; no puede practicar una gran unificación y se ve frenado por intereses privados; este es el camino a la vergüenza, de ahí la imagen simbólica y el significado adivinatorio.

Nueve en el tercer puesto (muta al hex. 25)

Esconde armas en el matorral y sube a su alta colina.
Por tres años no se levantará.

> La desconfianza imperante y algunos conflictos sin resolver están haciendo que proliferen las actitudes paranoicas.
> Este trazo describe a alguien que en lugar de cooperar se retira de la vida social y busca una posición segura. En este tiempo, todos desconfían y tratan de sacar ventaja sobre los demás, con planes y arreglos secretos. No hay comunicación, todos están aislados.
> Los tres años mencionados indican que esta lamentable situación perdurará por un cierto tiempo, antes que se pueda superar
>
> **Trabajo:** No tendremos posibilidades de progreso a corto plazo. Debido a la desconfianza y el egoísmo, todo estará paralizado por un tiempo.
>
> **Vida privada**: La falta de confianza imperante evitará que podamos recibir u ofrecer ayuda a otros. Algunas personas pueden conspirar en nuestra contra.
>
> **Salud, sentimientos y relaciones sociales:** Nuestra salud no empeorará ni mejorará. Estamos desconectados de los demás, porque desconfiamos de ellos.

CHENG YI. — El tercer trazo *yang*, ocupa una posición que implica firmeza y falta de centralidad; es un hombre enérgico y violento. En el tiempo expresado por La Comunidad con los Hombres, las tendencias se ponen de acuerdo; en el hexagrama sólo hay un trazo *yin*, las tendencias de todos los trazos *yang* los llevan por igual a unirse con él. El tercer trazo, con su firmeza, se sitúa entre el segundo y el quinto trazo; le quiere quitar el segundo trazo al quinto trazo por la fuerza y así reunirse con él. Sin embargo, el principio de existencia de las cosas no lo permite; el deber no lo tolera, por lo que no se atreve a manifestar abiertamente sus sentimientos. Por eso "esconde armas en el matorral" y alimenta en sí mismo sus designios culpables e ilegítimos. Por eso siente miedo, y" sube a su alta colina" para observar a lo lejos. Esta situación se prolonga durante tres años, pero finalmente, no

---

2 Ver la nota anterior.

La Comunidad con los Hombres

se atreve a iniciar la ejecución de sus proyectos. El texto de este trazo analiza detenidamente la forma de ser y los sentimientos del hombre inferior, pero, sin embargo, no dice que el presagio sea perjudicial. Como no se atreve a ejecutar sus designios, aún no ha llegado al punto de la desgracia.

ZHU XI. — Firmeza y carencia de centralidad, sin correspondencia en la cima [el trigrama superior]. Quiere unirse al segundo trazo, pero no es correcto; teme ser visto y combatido por el quinto trazo, de ahí esta imagen simbólica.

Nueve en el cuarto puesto (muta al hex. 37)

Sube a su muralla pero no puede atacar.
Ventura.

> Debido a la desconfianza, levantamos murallas protectoras y planeamos atacar a nuestros supuestos enemigos. Pero antes de que los ataquemos, comprenderemos que eso no es posible ni conveniente y finalmente lograremos llegar a un acuerdo con ellos. La ventura es el resultado de terminar con el conflicto y reanudar la cooperación.
>
> **Trabajo:** Tratemos de disminuir la tensión y la mala voluntad imperantes. No estamos en condiciones de imponer nuestra voluntad sobre nuestros adversarios, lo mejor que podemos hacer es llegar a un acuerdo con ellos. De esa manera todos se beneficiarán.
>
> **Vida privada**: Tratemos de superar las sospechas infundadas y los conflictos. No hay necesidad de escondernos ni de agredir a los otros.
>
> **Salud, sentimientos y relaciones sociales:** Nos sentimos cohibidos, no sabemos como compartir las cosas con los demás y desconfiamos de ellos. Sería bueno relajarnos y tomar las cosas con más calma. No hagamos una tormenta en un vaso de agua.

CHENG YI. — El cuarto trazo es firme, pero carece de centralidad y rectitud; sus tendencias lo llevan a unirse con el segundo trazo, y es enemigo del quinto trazo. Una muralla es un terraplén que sirve para limitar y separar. El cuarto trazo está extremadamente cerca del quinto, como si solo estuviera separado de él por un muro. Trepa el muro y quiere luchar, pero reconoce que sería ilegítimo desde el punto de vista del deber y no se atreve a hacerlo. Dado que él mismo puede reconocer que sería ilegítimo, "no puede atacar", esto constituye un feliz augurio. Si diera rienda suelta a sus bajos deseos, sin poder volver atrás, ni pensar en el deber y la razón, actuando de manera indebida, atacando y secuestrando [al segundo trazo] por la fuerza, entonces el aciago presagio sería muy grave. El tercer trazo utiliza la firmeza en una posición que involucra energía, de modo que practica el ejercicio de la fuerza hasta el final, sin poder regresar por otro camino; el cuarto emplea la dureza energética, pero ocupa una posición que incluye la suavidad dócil, de modo que se contiene, y puede retroceder a tiempo. Si puede dar un paso atrás, el augurio será venturoso. Respetar el deber y saber corregirse es necesariamente un augurio feliz.

ZHU XI. — Firmeza sin centralidad ni rectitud; sin correspondencias ni alianzas, y sin embargo [este trazo] quiere reunirse con el segundo trazo *yin*, pero está separado de él por el tercer trazo, lo que representa la imagen simbólica de querer escalar el muro para atacar. Pero, al ocupar un puesto que implica dulzura, tiene también la imagen simbólica de volver a sí mismo, sin poder decidirse a luchar. Si quien consulta el oráculo se encuentra en estas condiciones, podrá corregirse y tendrá ventura.

○ Nueve en el quinto puesto (muta al hex. 30)

Los hombres en comunidad primero lloran
y se lamentan, pero luego ríen.
Grandes ejércitos prevalecen, y pueden encontrarse.

> El llanto indica pena por estar separados. El conflicto mantiene a las personas apartadas y causa un sufrimiento innecesario.
> Si damos el primer paso y mostramos nuestro compromiso sincero, la unión se restaurará y todos serán felices nuevamente.
> La risa simboliza la superación de las dudas y la distensión obtenida después de llegar a un acuerdo, cuando la comunidad vuelve a florecer, como poderosos ejércitos que dejan de estar enemistados y se unen en paz.
>
> **Trabajo:** Es posible lograr un acuerdo para solucionar el conflicto que está paralizando nuestro negocio. Puede haber dudas hasta que todos los involucrados se comprometan claramente. El resultado final será armónico y brindará nuevas oportunidades de progreso.
>
> **Vida privada**: Una reconciliación es posible. No seamos tímidos, demos el primer paso, mostremos nuestras buenas intenciones claramente, solo así podremos mejorar la relación con las personas que nos interesan.
>
> **Salud, sentimientos y relaciones sociales:** Expresar abiertamente nuestros sentimientos e intenciones nos permitirá reconciliarnos con nuestros seres queridos.

CHENG YI. — El quinto trazo *yang* se corresponde con el segundo trazo, pero está separado de él por los dos trazos *yang* en el tercer y el cuarto puesto. El deber y la estricta razón hacen que el quinto trazo se contenga, pero no puede soportar la insolente presunción que le estorba, y esto hasta tal punto que se lamenta y derrama lágrimas. Sin embargo, la injusticia no triunfa sobre el bien; aunque esté separado del segundo trazo, finalmente necesariamente se unirá con él, de ahí que "grandes ejércitos pueden encontrarse"; el quinto y el segundo trazo se corresponden con rectitud, mientras que los dos trazos *yang* intermedios los separan sin razón y luchan con él; por lo tanto, es absolutamente necesario emplear grandes ejércitos para poder reducirlos, y luego el quinto y el segundo trazo podrán reunirse. El texto menciona grandes ejércitos y dice que "prevalecen"[3]; esto muestra la fuerza y la violencia de los dos trazos *yang* [que separan al quinto trazo del segundo]. El quinto trazo *yang* ocupa la posición del príncipe y, sin embargo, el texto privilegia el significado de La Comunidad con los Hombres. De hecho, el quinto trazo está guiado exclusivamente por un sentimiento personal de apego y simpatía por el segundo trazo, y pierde sus virtudes de justicia y rectitud. El príncipe debe unirse con el mundo entero; un sentimiento único y personal por un solo individuo no es el camino moral del príncipe. Además, al principio está separado, llora y se lamenta; luego, después del encuentro, se ríe; es un sentimiento de apego egoísta; éstas no son las características de la gran unión. El segundo trazo, que está en una posición inferior, contiene un signo de aprensión por la "comunidad con los hombres en el clan". ¡Más aún cuando se trata del príncipe! Dado que el quinto trazo no sigue el camino del príncipe, el texto no habla de ello y sólo ilumina el sentido de que dos personas animadas por los mismos sentimientos no pueden permanecer separadas. El *Gran Tratado* dice: "En el camino del noble veces es posible avanzar y a veces hay que quedarse quieto, a veces es posible hablar, a veces hay que permanecer en silencio. Cuando dos hombres están animados por los *mismos* sentimientos, su filo puede cortar el metal". Cuando la justicia y la rectitud es lo que los une, ya sea que salgan o se queden, que hablen o callen, todo es igual para ellos y el mundo no puede separarlos. La palabra *mismos* expresa unidad o identidad; lo que es uno no se puede dividir; dividido sería dualidad. Lo que es uno puede penetrar libremente en metales y piedras duras; puede atravesar el agua y el fuego; no hay nada que no pueda penetrar. Por eso el texto dice que "su filo puede cortar el metal". El principio de la existencia de las cosas es lo más sutil, por eso el sabio dice: "cuando sus corazones son uno, sus palabras tienen un aroma similar al de las orquídeas". Esto expresa que la idea y el alcance de sus palabras son profundos y vastos.

ZHU XI. — El quinto trazo es firme, central y correcto; el segundo trazo, con su dócil suavidad, su centralidad y su rectitud, le corresponde desde abajo. Son los que tienen el "mismo corazón". Pero están separados por el tercer y el cuarto trazo; no pueden lograr su unión. Sin embargo, el deber y la razón son los que los hacen iguales [o lo que tienen en común]; ningún ser puede lograr separarlos, de ahí este significado simbólico[4].

Al tope un nueve (muta al hex. 49)
Comunidad con los hombres en la frontera.
No hay arrepentimiento.

> La comunidad en la frontera indica que la unión es adecuada y buena, pero sin tener gran intimidad. El tiempo para lograr una comunidad íntima ha pasado, pero aún así podemos cooperar con los demás de una buena manera.

Trabajo: Aunque estamos en la periferia y no tomamos parte en las decisiones importantes, nuestra posición es firme; no tenemos dudas y podemos participar exitosamente en proyectos comunes.

Vida privada: Nuestra relación con nuestra familia y/o amigos no es íntima ni cercana, pero es lo mejor que podemos lograr y es una relación madura y estable, por eso estamos satisfechos con lo que tenemos.

Salud, sentimientos y relaciones sociales: Nuestra relación con los demás es buena y conveniente aunque no tenemos mucha intimidad con la gente que nos rodea.

CHENG YI. — La "frontera", es un lugar lejano [del Estado] y exterior. Quienes buscan la unión, necesariamente deben acercarse y aliarse mutuamente. Este trazo *yang* superior ocupa el exterior y no tiene correspondencia con otro trazo; es quien, al final, no tiene unión ni

---

3 El carácter chino traducido como "prevalecen", 克, *ke*, También significa" poder", o "poder prevalecer a pesar de la resistencia".

4 En toda la explicación de este hexagrama, la ambigüedad gira en torno a la identidad de dos cosas, consideradas por separado, y a la unión de dos cosas consideradas juntas.

alianza. Cuando hay unión al principio, puede suceder que al final haya arrepentimiento, distanciamiento y desunión. Pero, en el presente caso, aunque no hay unión, tampoco no hay arrepentimiento; aunque hay una tendencia a la unión, esta tendencia no se puede realizar y, al final, no hay motivo para lamentarse.

ZHU XI. — [Este trazo] ocupa una posición externa y no tiene correspondencia comprensiva; ningún ser se une a él; pero sin embargo no tiene arrepentimiento, de ahí la imagen simbólica y el significado adivinatorio. La "frontera" se refiere a zonas rurales incultas y abandonadas, donde no hay unión posible con nadie.

14 La Posesión de lo Grande | *Da You*

Los dos caracteres que le dan nombre a este hexagrama significan "grande" y "posesión"; el segundo carácter —en su forma original— muestra una mano a la derecha (la imagen de la posesión), sobre la luna; algunos eruditos piensan que el carácter situado a la derecha no era el de la luna, sino otro similar que significa "carne". De todas formas el significado es el mismo: posesión en gran escala.

Significados asociados

Gran posesión, gran riqueza, abundancia; soberanía,

El Dictamen

La Posesión de lo Grande:
Sublime éxito.

> Tenemos abundantes recursos y el conocimiento que nos permite utilizarlos exitosamente. La combinación de claridad y fuerza creativa nos ayudará a alcanzar nuestros objetivos.

CHENG YI. — Las cualidades de este hexagrama permiten alcanzar sublime éxito. Siempre que en El Dictamen el nombre del hexagrama antecede a sus virtudes, ellas indican el significado del hexagrama. Así sucede en La Solidaridad (8): "La Solidaridad trae ventura" y La Modestia (15): "Éxito. El noble lleva a buen término". Hay casos en los que, por el significado del hexagrama, su nombre debe tomarse como una enseñanza y una advertencia. Por ejemplo, en El Ejército (7): "La determinación es venturosa para un hombre severo" y La Comunidad con los Hombres (13): "Comunidad con los hombres en el campo: éxito". Otras veces se explica por las virtudes de los trigramas, como es el caso en este hexagrama, "La Posesión de lo Grande: Sublime éxito". Es gracias a la firmeza[1], la claridad[2] y a la correspondencia con el Cielo[3], que cuando se tiene la oportunidad para actuar podrá alcanzarse un "sublime éxito".

ZHU XI. — La Posesión de lo Grande se refiere a los grandes recursos que uno posee. El trigrama *Li*, ☲, está por encima del trigrama *Qian*, ☰; el fuego está por encima del Cielo; no hay nada que no ilumine. Además, el quinto y único trazo *yin*, ocupa el puesto preeminente y es central, mientras que todos los trazos *yang* simpatizan con él, lo que significa que este hexagrama expresa la gran posesión. El trigrama *Qian* indica firme acción; el trigrama *Li* indica claridad; ocupar el puesto preeminente y corresponderse con el Cielo[4], es un camino que implica "sublime éxito". Si quien consulta el oráculo posee estas virtudes, será feliz y tendrá éxito.

La Imagen

El Fuego en lo alto del Cielo:
la imagen de la Posesión de lo Grande.
Así el noble reprime el mal y promueve el bien,
obedeciendo así la buena voluntad del Cielo.

> El fuego en lo alto del Cielo indica claridad mental y un conocimiento claro de la situación, que podemos ver en su totalidad desde nuestra elevada posición. Por otra parte, estar en lo alto también quiere decir que estamos expuestos, todos ven lo que hacemos. Tener una conciencia perceptiva, ocupando un puesto destacado, nos hace responsables de utilizar bien nuestros amplios recursos y conocimiento, limitando el mal y promoviendo lo que es bueno.

CHENG YI. — El fuego está por encima del Cielo; ilumina la multitud innumerable de los seres y las cosas; por eso este hexagrama se llama La Posesión de lo Grande, lo que tiene el significado de multiplicidad y diversidad.

---

1 De *Qian*, ☰, el trigrama inferior.
2 De *Li*, ☲, el trigrama superior.
3 Esto se refiere a la correspondencia del trazo *ying*, el regente, en el quinto puesto (en el centro del trigrama *Li*, ☲), con el segundo trazo (en el centro del trigrama *Qian*, ☰).
4 Ver la nota anterior

La Posesión de lo Grande

El noble contempla la imagen simbólica de La Posesión de lo Grande y "reprime el mal y promueve el bien", haciendo claro y visible todo lo que constituye el bien, "obedeciendo así la buena voluntad del Cielo". En la innumerable multitud de seres, evidentemente existen diferencias determinadas por el bien y el mal; el noble, aprovechando la floreciente perfección de La Posesión de lo Grande, debe complementar la obra del Cielo gobernando y cuidando los innumerables seres, porque el camino del buen gobierno de la multitud, consiste en reprimir el mal y promover el bien. El mal se corrige; se alienta el bien, y es así que sigue sumisamente los decretos del Cielo y asegura la paz de todos los seres vivientes.

ZHU XI. — El fuego está sobre el Cielo; el área que ilumina es vasta, lo que constituye la imagen simbólica de La Posesión de lo Grande. Si una gran posesión no es gobernada por nadie, entonces germinarán la animosidad y el mal. Los decretos del Cielo, o destino, incluyen el bien y no el mal, de modo que reprimir el mal y promover el bien es el medio para obedecer al Cielo. Si trasladamos estos preceptos a nuestra propia personalidad no será diferente.

Al comienzo un nueve (muta al hex. 50)

Ninguna relación con lo dañino.
No hay culpa.
Habrá dificultades pero no desventura.

> Aunque poseemos grandes recursos, carecemos de experiencia. Hasta ahora no nos hemos enfrentado a grandes problemas, pero se acercan dificultades. Si nos mantenemos alerta y empleamos bien nuestras capacidades, nadie podrá reprocharnos nada, porque no cometeremos errores.
>
> **Trabajo:** Seamos prudentes y no avancemos prematuramente sin tomar precauciones. No dejemos que otros nos tienten a involucrarnos en cosas que no podemos manejar bien.
>
> **Vida privada:** Si somos cuidadosos y no nos dejamos engañar, eludiendo las cosas poco claras, aunque nos encontremos con algunos problemas, si los enfrentamos con perseverancia y fortaleza, saldremos adelante sin cometer errores.
>
> **Salud, sentimientos y relaciones sociales:** Quizás tengamos algunas molestias. Seamos cuidadosos con lo que introducimos en nuestro cuerpo y con la gente con quien nos relacionamos.

CHENG YI. — Un trazo *yang* ocupa el primer puesto de La Posesión de lo Grande; aún no ha alcanzado su perfecto desarrollo, se encuentra en una posición humilde y sin ningún aliado[5]; pero tampoco tiene los defectos que dan la vanidad y la arrogancia, por lo que no tiene "ninguna relación con lo dañino", es decir, aún no se ha expuesto al mal. En la mayoría de los casos es raro que la riqueza no vaya acompañada de males; incluso con la sabiduría de Zigong[6], es difícil evitarlos por completo; más aún cuando se trata de alguien que está en inferioridad. "No hay culpa. Habrá dificultades pero no desventura": esto indica que las riquezas y los bienes no llevan, esencialmente a la mala conducta, sino que es el hombre mismo quien llega, a través de la posesión de las riquezas, a cometer faltas. Si uno puede disfrutar de las riquezas, siendo consciente de las dificultades a las que se expone por su posesión, naturalmente no tendrá ninguna culpa. Pero si, poseyendo riquezas, es incapaz de estar ansioso y atento a los peligros de su posesión, surgirán en él sentimientos de orgullo y prodigalidad, y por esto cometerá errores.

ZHU XI. — Aunque este trazo está en un tiempo de grandes posesiones, como un trazo *yang* ocupando un puesto inferior, no estando apegado a nadie por encima de él, por correspondencia, y encontrándose al comienzo del desarrollo de este hexagrama, este trazo representa a alguien que aún no está expuesto al mal. ¿Qué culpa podría tener? Sin embargo, debe tener cuidado al posicionarse, y entonces estará libre de culpa. Es una advertencia para quien consulta el oráculo, si se encuentra en esas mismas condiciones.

Nueve en el segundo puesto (muta al hex. 30)

Un gran carruaje para cargarlo.
Uno tiene una meta.
Ninguna culpa.

> El gran carruaje simboliza no sólo abundantes medios, sino también la habilidad para aplicarlos efectivamente y sin demora en cualquier lugar, para lograr el objetivo que nos propongamos.
>
> El tener un propósito claro (meta) significa que podemos aplicar nuestra energía con eficiencia, concentrándola en un punto específico, con claridad de propósito. Sin culpa indica que no cometeremos ningún error ni seremos criticados.

---

5 CHENG YI quiere decir que no tiene una relación de correspondencia con el trazo *yang* del cuarto puesto, por ser ambos *yang*, y que tampoco se solidariza con el trazo *yang* en el segundo puesto.
6 Zigong fue uno de los discípulos más importantes y leales de Confucio.

Trabajo: Este es el tiempo propicio para llevar adelante nuestros proyectos con determinación, concentrándonos en nuestros objetivos. Tendremos mucho trabajo y quizás recibamos una promoción.

Vida privada: Sabemos lo que queremos y también cómo obtenerlo. Nuestros planes se desarrollarán sin tropiezo alguno, nadie se opondrá a nuestras intenciones.

Salud, sentimientos y relaciones sociales: Gozaremos de buena salud y tendremos mucha energía. Sabemos muy bien como relacionarnos con los demás y tenemos claro lo que queremos.

CHENG YI. — Un trazo *yang*, ocupa el segundo puesto con firmeza; es a él a quien el príncipe, representado por el quinto trazo *yin*, le confía y delega la autoridad. Dotado de firmeza y energía activas, sus habilidades prevalecen; ocupando un puesto que implica una gentileza dócil, es modesto y sumiso; central, y no comete excesos. Siendo tales sus habilidades, esto es lo que lo coloca en posición de poder soportar el peso de la autoridad y de La Posesión de lo Grande, tal como un gran carruaje, cuyos materiales son fuertes y sólidos puede soportar y transportar cargas pesadas. Es capaz de soportar un peso considerable, de llegar lejos, de modo que "tiene una meta. Ninguna culpa". Este hexagrama indica un tiempo de perfecta y floreciente expansión, cuando la capacidad [del segundo trazo] todavía no ha llegado a su límite extremo, por lo que con sus habilidades puede posible emprender algo y no cometer errores. Cuando haya llegado al límite extremo de su perfecto desarrollo, entonces ya no será posible emprender nada.

ZHU XI. — Este firme trazo *yang*, en un puesto inferior, se corresponde con el superior, arriba[7], esto constituye la imagen simbólica de un gran carro utilizado para transportar cargas. Si tenemos algo que emprender y si estamos en estas mismas condiciones, es posible no cometer ningún error. Si quien consulta el oráculo posee estas virtudes[8] entonces el pronóstico del oráculo se aplicará a su situación.

Nueve en el tercer puesto (muta al hex. 38)

Un príncipe ofrenda sus logros al Hijo del Cielo.
Un hombre pequeño no puede hacerlo.

El príncipe que ofrenda sus logros simboliza a alguien en buena posición y con una buena dosis de poder, que pone su riqueza al servicio de altos ideales.
Hacer una ofrenda al Hijo del Cielo indica que deberíamos usar nuestros recursos no sólo para nuestro propio bienestar, pero también para ayudar a otras personas, con grandeza de ánimo.
Monopolizar todo para uno mismo es la marca de una persona vulgar y mezquina.

Trabajo: Cumplamos con nuestro deber con imparcialidad, cooperando y ayudando a quien lo necesite. Concentrémonos en lo que tenemos hacer más que en nuestro propio beneficio.

Vida privada: Estamos en buena posición para ayudar a otros y participar activamente en el servicio a nuestra comunidad.

Salud, sentimientos y relaciones sociales: No nos encerremos en nuestra torre de marfil; abrámonos a los demás y participemos en la vida social con generosidad.

CHENG YI. — El tercer trazo ocupa el puesto superior en la sustancia del trigrama inferior, pero, aunque se sitúa por encima de otros, está en un puesto inferior; esa es la imagen simbólica de los distintos príncipes feudatarios. Los duques y marqueses obedecen al Hijo del Cielo[9] colocado sobre ellos, quien ocupa el rango preeminente en el mundo. Estar al frente de un territorio limitado no es otra cosa que ser súbdito del rey. ¿Cómo alguien que ocupa un rango inferior se atrevería a reclamar la posesión exclusiva de lo que tiene? Todas las riquezas de la Tierra, la multitud de su población, todo es posesión del rey, y esto es la consecuencia exacta de la razón del principio de las cosas. Además, el tercer trazo, en el tiempo de La Posesión de lo Grande, ocupa la situación del príncipe feudatario; posee abundante riqueza y debe utilizarla ofrendándola al Hijo del Cielo. Éste es el deber constante del súbdito. Si un hombre inferior ocupa esta situación, se atribuye el disfrute exclusivo de sus bienes y de sus riquezas que considera que constituyen su propiedad privada; ignora el camino del desinterés en el servicio del superior, y por eso el texto dice "un hombre pequeño no puede hacerlo".

ZHU XI. — El Dictamen tiene el carácter 亨, *heng*, "ofrenda"[10]. En el comentario Zuo de los *Anales de prima-*

---

7 El trazo *yin* en el quinto puesto, que está unido por una relación de correspondencia con el trazo *yang* en el segundo puesto.
8 Firmeza *yang* y centralidad, es decir equilibrio, justicia.
9 El Hijo del Cielo es el rey, el trazo *yin* en el quinto puesto.
10 En el texto del Libro de los Cambios, usualmente *heng* se traduce como" éxito, logro, satisfacción, crecimiento", pero su significado original era" ofrenda, sacrificio", que es el significado que debemos asignarle en El Dictamen de La Posesión de lo Grande.

La Posesión de lo Grande

vera y otoño, *heng* significa ofrecer en sacrificio o presentar como ofrenda con veneración, y se escribe 享, *xiang*. En la antigüedad los caracteres *heng*, 亨, "éxito"; *xiang*, 享, "ofrenda"; y *peng*, 烹 [en 烹飪], "cocinar" se escribían todos como 亨, *heng*. El tercer trazo ocupa el puesto superior del trigrama inferior; es el símbolo de los duques o marqueses. Es enérgico y posee justicia. En la cima está el príncipe, representado por el quinto trazo *yin*, desprovisto de prejuicios[11], con el honorable súbdito debajo del centro vacío, de ahí la idea de ofrendar al Hijo del Cielo. Si la persona que consulta el oráculo posee estas virtudes, ese será el significado adivinatorio. El hombre inferior está desprovisto de las virtudes de firmeza y rectitud, de modo que incluso si obtuviera este trazo, no podría aplicar su significado a sí mismo.

Nueve en el cuarto puesto (muta al hex. 26)

No es arrogante.
Sin culpa.

> El carácter traducido como "arrogante", 彭, *peng*, también significa "plenitud, avasallador". La idea es que no deberíamos jactarnos de nuestras posesiones ni ser autoritarios con los demás. Somos capaces de auto control y sabremos como mantener el equilibrio. No tendremos grandes novedades ni cometeremos errores.
>
> **Trabajo:** Nuestra situación es estable. Seamos modestos y actuemos con equilibrio y humildad, de esa forma evitaremos problemas.
>
> **Vida privada:** Aunque nos sintamos tentados a imponer nuestra opinión, no lo hagamos, de esa forma evitaremos complicaciones y remordimientos. No ostentemos nuestras riquezas, mantengamos un perfil bajo.
>
> **Salud, sentimientos y relaciones sociales:** Con tacto y cordialidad podremos evitar posibles conflictos.

CHENG YI. — El cuarto trazo *yang* se encuentra en el tiempo de La Posesión de lo Grande; ya ha superado el nivel medio; expresa la perfección de las posesiones. Una vez superada la perfección, el resultado son los errores, la culpa. El camino a seguir, para quien se encuentre allí, es evitar la arrogancia, para no tener culpa; es decir, si uno se puede restringir con modestia sin ostentar su abundancia, estará libre de culpa. El cuarto trazo ocupa una posición alta ante el príncipe; si se atribuye el mérito de una gran plenitud, terminará sumido en la culpa y la infelicidad. 彭, *peng*[12] expresa la apariencia de la perfección. El *Shi Jing*[13] dice: "el río Wen fluye con olas tumultuosas, los viajeros son extremadamente numerosos"; aquí el mismo carácter expresa abundancia. En otro pasaje dice: "Los corceles negros y rojos resplandecen", aquí este mismo carácter expresa la perfección de los caballos de guerra del Rey Wu.

ZHU XI. — No se conocen bien el sonido y el significado del carácter 彭, *peng*, antepenúltimo del texto de este trazo. CHENG YI dice "apariencia de perfección"; esto puede ser correcto. El quinto trazo *yin* es el príncipe gentil y justo; el cuarto rasgo *yang* es firme y se acerca a él; tiene celos que surgen de la tendencia a exceder sus derechos y oprimir [a otros]. Sin embargo, como ocupa un puesto que implica gentileza, de ahí la imagen simbólica de no llevar hasta sus límites extremos las ventajas que da la perfección y así seguir libre de culpa. Es una advertencia para quienes consultan el oráculo, para que sigan ese mismo camino.

Seis en el quinto puesto (muta al hex. 1)

Su sinceridad evoca la amistad de los demás.
Con dignidad habrá ventura.

> Nuestra buena fe y habilidad naturales nos ganarán el respeto y la confianza de quienes nos conocen. Ocupando una posición importante, pero actuando con honestidad y dignidad, seremos exitosos en lo que emprendamos, porque tendremos el apoyo de todos los que nos rodean.
>
> **Trabajo:** Gracias a nuestra sinceridad y dignidad obtendremos el sostén y respeto que necesitamos para llevar adelante nuestros planes.
>
> **Vida privada:** Somos un ejemplo para nuestra familia y amigos, que confían en nosotros plenamente.
>
> **Salud, sentimientos y relaciones sociales:** Nuestra vida social es plena, la gente confía en nosotros y nos tienen mucho respeto. Buena salud.

CHENG YI. — El quinto trazo *yin* se encuentra en un tiempo de gran riqueza y ocupa la posición del príncipe; es justo y sin prejuicios[14]; se considera la imagen simbóli-

---

11 Vacío por dentro, es decir, sin prejuicios ni intereses personales que afecten sus actos.
12 Ver nuestro comentario al texto de este trazo.
13 El *Shi Jing* (El libro de la poesía), es uno de los Cinco Clásicos del canon confuciano que influyó enormemente en la historia y la cultura chinas.
14 Ahuecado por dentro y ocupando el centro del trigrama.

ca de la buena fe y la confianza. Si el príncipe se adhiere a la mansedumbre, observa la justicia y emplea la confianza y la buena fe en el trato con los inferiores, éstos lo servirán con máxima sinceridad y confianza; así la buena fe y la confianza del superior y de los inferiores los unen. Empleando gentileza y ocupando la posición preeminente, en un momento de gran posesión, los corazones de los hombres están en reposo y tranquilidad; pero si uno se centra exclusivamente en la gentileza y la sumisión, puede surgir una falta de consideración y respeto, de modo que es absolutamente necesaria la dignidad, y entonces el augurio será feliz. "Dignidad" significa también autoridad y severidad[15]. Desde el momento en que utiliza la mansedumbre y la concordia, la buena fe y la confianza, en sus relaciones con los inferiores, las tendencias de la multitud la llevan a seguirlo y obedecerle con alegría; además, tiene una severidad imponente de modo que también hay motivos para temerle. Si seguimos el camino de La Posesión de lo Grande tendremos ventura.

ZHU XI. — En tiempos de gran riqueza, este trazo *yin* es gentil, condescendiente y central, ocupando una posición preeminente. Se olvida de sí mismo, respondiendo al honorable segundo trazo *yang*, de tal manera que los superiores y los inferiores se unen, a través de la buena fe y la confianza. Sin embargo, el camino del príncipe debe tener firmeza; demasiada condescendencia conduce a la negligencia, y esto debe ser remediado por la autoridad; entonces el augurio será venturoso, de ahí la imagen simbólica y el significado adivinatorio, pero también la advertencia[16].

Al tope un nueve (muta al hex. 34)

Él tiene la protección del Cielo.
Ventura.
Nada que no sea favorable.

> La protección del Cielo significa que recibimos apoyo y reconocimiento desde las altas esferas, o que el destino está de nuestra parte.
> Gracias al apoyo que recibimos, la abundancia de nuestros recursos y nuestra claridad mental, todo será favorable.

Trabajo: Progresaremos mucho, apoyado por nuestros superiores. Si trabajamos por nuestra cuenta, haremos excelentes negocios con clientes de alto nivel.

Vida privada: No estamos solos sino que tenemos el apoyo de importantes personas. Todos nuestros emprendimientos serán exitosos.

Salud, sentimientos y relaciones sociales: Excelente salud. Tendremos muy buenas relaciones con los demás.

CHENG YI. — El trazo *yang* superior está situado al final del hexagrama; ocupa un lugar que no indica situación alguna[17]; es aquel que está en el límite extremo de una gran riqueza, pero no se aprovecha de la misma. Al estar colocado en la posición superior del trigrama *Li*, ☲, este trazo indica el colmo de la claridad. Gracias a su extrema inteligencia[18] no se aprovecha de su riqueza; no lleva las cosas al extremo. Aunque su posesión es extrema, debido a que no se aprovecha de su riqueza, no experimenta las calamidades concomitantes a la plenitud y la saciedad; él puede conformarse al principio de las cosas. El trazo superior se apoya sobre la buena fe y la confianza del quinto trazo, así recorre el camino de la sinceridad y la confianza. El quinto trazo tiene las virtudes de claridad y estructura[19]; el trazo superior es capaz disminuir sus propias tendencias [*yang*] para responderle con simpatía, lo que se considera que constituye el sentido de estimar la sabiduría y exaltar el bien. Estar en esa posición es estar en perfecto acuerdo con el Camino. Naturalmente merece gozar de dicha y felicidad. Por eso "él tiene la protección del Cielo", actúa sometiéndose al Cielo y goza de la asistencia del Cielo, de modo que en todo lo que emprenda, el augurio es feliz y nada puede quedar sin provecho.

ZHU XI. — En el tiempo de La Posesión de lo Grande; el uso de la firmeza para ocupar el rango superior, sin dejar de seguir al trazo *yin* en el quinto puesto, es saber caminar por el camino de la sinceridad, ser adaptable y estimar la sabiduría. Está lleno pero sin excederse, de ahí el significado adivinatorio.

---

15 El carácter 威, *wei*, traducido como "dignidad", también significa: "respeto; impresionante, imponente, terrorífico, intimidante".
16 La advertencia es que debe mantener su dignidad e imponer respeto, por eso el texto dice "con dignidad habrá ventura".
17 Esto es frecuente en el sexto trazo, que se encuentra en el límite, saliendo del hexagrama, por lo que suele ser una posición dificultosa, porque no tiene donde asentarse y suele encontrarse aislado.
18 Claridad o inteligencia.
19 Que son atributos del trigrama *Li*, ☲, al que pertenece.

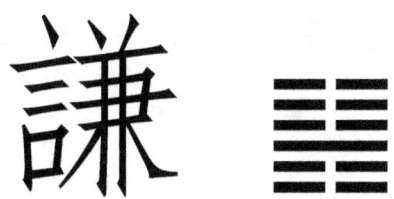

15 La Modestia | *Qian*

El sinograma *qian* contiene dos caracteres: *yuan*, "palabra" y un carácter fonético que indica modestia en el habla. Una traducción alternativa sería "rata", pero aquí usaremos el significado clásico[1].

Significados asociados
Modesto, humilde, auténtico, deferente, dócil, moderado, sin pretensiones.

El Dictamen
Modestia.
Éxito.
El noble lleva a buen término.

> La Modestia nos ayudará a desarrollar nuestros emprendimientos sin poner nuestro ego en el camino. Al concentrarnos en el trabajo por hacer, evitando conflictos o competencia con otras personas, podremos progresar sin impedimentos.
> Ser modesto no quiere decir que somos inseguros o débiles, simplemente significa que sabemos como tratar a los demás y que no necesitamos actuar con prepotencia para influenciar a otras personas. Por el contrario, una actitud modesta tranquiliza a la gente y evita que surjan conflictos.
> La Modestia es una virtud que permite lograr buenos resultados sin perjudicar a otros, conservando siempre el equilibrio y evitando que las cosas se salgan de su cauce.

CHENG YI. — La Modestia permite avanzar hacia el progreso; poseer una virtud y no alardear de ella es lo que significa la Modestia. Cuando el hombre practica la modestia y la humildad, ¿como podría recorrer un camino sin progresar? "El noble lleva a buen término"; las tendencias del noble son modestas y humildes; penetra la razón de ser de las cosas, por eso basa su felicidad en la ley del Cielo y no se opone a esta ley. Sus cualidades internas son sólidas, por eso se retira con modestia, dejando que los demás asuman el protagonismo y no se jacta; se contenta con seguir su camino con modestia, y hasta el final de su vida no cambia. El que se humilla es alabado y enaltecido por los hombres; se pone en la sombra y su virtud se vuelve cada vez más visible y deslumbrante, por eso el texto dice que "el noble lleva a buen término". Si fuera un hombre inferior, buscaría satisfacer su deseo por todos los medios; poseyendo una virtud, se jactaría de ella; aunque intentara actuar con modestia, no podría contentarse con practicarla y mantenerla con firmeza, no podría "llevar a buen término".

ZHU XI. — La Modestia significa tener pero no darle importancia. Aquietamiento en el interior[2] y sumisión en el exterior[3], es el símbolo de la Modestia. La montaña es la más alta y la Tierra la más baja; por eso este hexagrama implica la idea de inclinarse y permanecer agachado, el símbolo de la Modestia. Si el que consulta el oráculo está en estas condiciones, progresará y llevará a buen término. "Llevar a buen término" significa primero ceder y luego extenderse.

La Imagen
En medio de la Tierra hay una Montaña:
la imagen de la Modestia.
Así reduce el noble lo que es excesivo e incrementa
lo que es escaso.
Sopesa las cosas y las distribuye en forma pareja.

---

1 Esta es una traducción del *Libro de los Cambios*, es decir, la obra que se generó al combinar el *ZhouYi*, que fue el texto original, con el pensamiento confuciano. Esta traducción intenta reflejar el *Libro de los Cambios*, tal como lo veían CHENG YI y ZHU XI, por lo que siempre nos atenemos al signifigo clásico de los caracteres chinos, no a las reconstrucciones, de su significado primigenio en el *ZhouYi*.

2 Se refiere al trigrama inferior *Gen*, ☶, el Aquietamiento, que simboliza detención.
3 El trigrama superior es *Kun*, ☷, lo Receptivo, que indica sumisión.

Una montaña escondida dentro de la Tierra es la imagen de una actitud modesta que no hace ostentación de sus virtudes; pero también simboliza tesoros ocultos, recursos a nuestra disposición que mantenemos escondidos. No nos jactamos de nuestra virtudes ni nuestras riquezas –lo que es excesivo– sino que al contrario trabajamos sobre nuestros puntos débiles, incrementando lo que insuficiente. De esta manera nos mejoraremos a nosotros mismo y evitaremos despertar los celos de los demás.

CHENG YI. — La esencia de la Tierra es la inferioridad y la humildad. La montaña alta y grande, que está en medio de la Tierra, es el símbolo de la humildad y el abajamiento externo y de la elevación y grandeza contenida en su interior. Por eso se considera que este hexagrama expresa la Modestia. El texto no dice "La montaña está en medio de la Tierra" sino que dice "En medio de la Tierra hay una montaña"; esto indica que en la humildad y el abajamiento de uno mismo se encuentra la elevación y la gloria. Si dijera que la gloria y la elevación se recogen en el fondo de la humildad, entonces no sería verdadera Modestia. Así sucede con todos los símbolos, se comprenden si se presta atención al texto. El noble disminuye lo numeroso y aumenta lo escaso; aprecia a los seres en su verdadero valor y reparte todo equitativamente. El noble observa la imagen simbólica de la Modestia: una montaña que está debajo de la Tierra, es decir que lo alto es rebajado y lo bajo es exaltado; en esta imagen se ve el significado de inclinar lo alto, bajarlo, y elevar lo bajo; disminuir lo sobrante y aumentar lo insuficiente. Esto significa que el noble toma y quita donde hay mucho y aumenta lo que escasea. Equilibra las cosas para que su influencia se distribuya equitativamente y se alcance la igualdad.

ZHU XI. — Usar la humildad para ocultar la elevación es la imagen simbólica de la Modestia. Disminuir lo abundante y aumentar lo escaso es el medio por el cual [el noble] evalúa las necesidades de los seres y sus conveniencias y por el cual iguala equitativamente su influencia sobre todos. Se disminuye lo alto y se aumenta lo humilde, para tender a la igualdad; esta es la idea de Modestia expresada por este hexagrama.

Al comienzo un seis (muta al hex. 36)

El noble es extremadamente modesto
y por eso puede cruzar el gran río.
Ventura.

En la China antigua, cruzar un río, ya fuera vadeándolo o pasando por encima del mismo cuando este se congelaba, no era una tarea sencilla porque no había puentes. Cruzar un río era peligroso y no era nada fácil; de ahí que la frase "es propicio cruzar el río" o "puede cruzar el gran río" es una metáfora que indica que este es un buen momento para llevar adelante un emprendimiento de importancia, aunque sea peligroso, pero no debe ser tomado a la ligera.
La Modestia abre el camino para alcanzar grandes resultados.

Trabajo: Podremos iniciar proyectos difíciles y coordinar el esfuerzo de nuestros colaboradores con éxito. Para salir adelante será necesario que nos dediquemos enteramente a nuestra tarea. Nuestra sinceridad y modestia nos permitirán progresar y recibir el reconocimiento de nuestros superiores.

Vida privada: Tendremos oportunidad de viajar, mudarnos o iniciar nuevos proyectos. Nuestra dedicación sincera garantizará el éxito.

Salud, sentimientos y relaciones sociales: Tendremos buena salud. Con un estilo discreto y poco pretencioso, podremos salir adelante.

CHENG YI. — El primer trazo *yin* emplea gentileza y sumisión maleables, y se sitúa con modestia. Además, ocupa el rango inferior del trigrama, lo que constituye el grado extremo en la acción de colocarse con humildad en una posición inferior. Es la modestia dentro de la modestia, y por eso el texto dice: "El noble es extremadamente modesto"[4]. Sólo el noble puede hacer esto. Posicionarse con la más extrema modestia es lo que atrae las simpatías universales de la multitud. Si al actuar exponiéndose a dificultades y peligros, no experimenta ninguna perturbación o daño, cuanto más cuando se encuentra en circunstancias fáciles y ordinarias. ¿Por qué el presagio no sería feliz? El primer trazo se sitúa con modestia y utiliza su gentileza para mantenerse en la posición más baja. ¿No es esto un exceso de modestia? La respuesta es que es el curso normal de las cosas que la modestia permanezca en el puesto más bajo; pero aquí se trata de extrema modestia, por lo que no vemos nada que pueda constituir una desventaja.

ZHU XI. — El trazo *yin* que se sitúa en una posición inferior tiene el grado extremo de modestia; éste es el camino del noble. Al utilizar este camino para atravesar el peligro, ¿qué se podría emprender que no se pueda lograr? Además, si la persona que consulta el oráculo se

---

4 Una traducción literal sería "el noble es modesto, modesto", ya que el carácter 謙, qian, aparece duplicado, indicando modestia extrema.

La Modestia

encuentra en estas condiciones, será propicio cruzar el gran río.

Seis en el segundo puesto (muta al hex. 46)

Modestia que se hace patente.
Hay determinación y ventura.

> El carácter traducido como "hacerse patente", literalmente significa "el grito de un ave"[5], indicando que la modestia está anunciando algo públicamente. Ello significa que nuestros logros hablarán por sí mismos y pondrán en evidencia nuestras cualidades. Si seguimos dedicados a nuestra labor, podremos alcanzar el éxito.
>
> Sabemos como debemos actuar para proyectar una imagen positiva, y nuestros actos refuerzan nuestra buena reputación, la cual, a su vez, nos ayuda a conseguir el soporte de los demás, lo cual facilitará nuestra tarea.
>
> **Trabajo:** Nuestras habilidades serán reconocidas. Progresaremos y posiblemente seamos promovidos. Sigamos adelante con nuestra tarea.
>
> **Vida privada**: Nuestra familia y amigos aprecian nuestros esfuerzos y nos ofrecen su apoyo sincero. Estamos en el camino correcto.
>
> **Salud, sentimientos y relaciones sociales:** Lo que decimos se basa en lo que somos y hacemos, sin engaño alguno, por eso la gente confía en nosotros. Tendremos buena salud física y espiritual. Nuestra vida social será armoniosa.

CHENG YI. — El segundo trazo emplea la mansedumbre y la sumisión para ocupar el centro; esto indica que la virtud de la modestia está aumentando en el centro, llenándolo por completo, de modo que aparece en el exterior y se manifiesta en el tono de su voz y en sus palabras, tanto como en su apariencia. Por eso el texto dice: "modestia que se hace patente". Ocupar el centro del trigrama y poseer la virtud que corresponde exactamente a esta posición es poseer las virtudes de la centralidad y la rectitud. Por eso el texto dice: "hay determinación y ventura". Cuando se mencionan los dos términos "determinación" y "ventura", puede significar, que se tiene determinación y que habrá ventura; o que la determinación llevará a la ventura. En el caso del segundo trazo *yin*, estos dos términos expresan lo que esencialmente posee por sí mismo.

---

5 鳴, *ming*: chillido (llamada) de aves (u otro animal); sonido distintivo, voz; proclamar, expresar, anunciar.

ZHU XI. — Este trazo está dotado de mansedumbre, sumisión, centralidad y rectitud; por eso tiene una reputación de modestia y corrección, y es venturoso, como indica el significado adivinatorio.

○ Nueve en el tercer puesto (muta al hex. 2)

Modesto y trabajador. El noble lleva a buen término. Ventura.

> Este trazo representa a alguien que ocupa el lugar de honor en el hexagrama. El camino para alcanzar nuestras metas es el trabajo diligente y modesto, perseveremos en nuestros esfuerzos.
>
> La gente nos apoya porque respetan nuestra seriedad, dedicación y nuestros logros. No olvidemos a quienes nos ayudaron a lo largo del camino, después que alcancemos nuestros objetivos.
>
> **Trabajo:** Para alcanzar nuestras metas deberemos esforzarnos, asegurándonos de recibir el soporte de los demás, el cual es vital para alcanzar el éxito.
>
> **Vida privada**: Seremos muy exitosos. Nuestra popularidad y dedicación nos permitirán llevar a buen puerto nuestros planes.
>
> **Salud, sentimientos y relaciones sociales:** La gente sigue nuestra guía porque confían en nosotros. Gozaremos de buena salud.

CHENG YI. — El tercer trazo emplea las virtudes de la energía *yang* y es parte de la sustancia del trigrama inferior; a él está ligada la multitud de trazos *yin*, y su actitud es digna de la situación que ocupa. Es el superior entre los inferiores, es por tanto quien, desde arriba, es investido de autoridad por el príncipe y quien, desde abajo, es seguido por la multitud; es quien alcanza méritos con sus esfuerzos y quien se apega a la virtud de la Modestia; por eso el texto dice: "modesto y trabajador". Algunos hombres de la antigüedad alcanzaron este nivel, por ejemplo el Duque de Zhou, quien era digno de los más altos cargos del imperio, sirvió a un amo joven y débil con modestia y dignidad, sabiendo manejarse, con circunspección y prudencia como si lo mantuviera alerta una aprensión permanente. Se podría decir que era capaz de trabajar con modestia. Para poder trabajar con modestia, el noble debe practicar este camino hasta el final, y entonces tendrá ventura. Ahora bien, deleitarse en la elevación, regocijarse en el éxito, es el sentimiento común entre los hombres; son raros los que pueden ser modestos en circunstancias ordinarias y afirmarse de esta manera. ¡Cuánto más aquellos que han podido ascender a un rango eminente por su mérito y su esfuerzo! Aun suponiendo que aprecien la belleza de La Modestia, que se esfuercen y la practiquen, hasta que sea aniquilado en ellos el principio innato de vanidad y presunción, esta modestia artificial no puede ser permanente y duradera; quisieran que fuera definitiva pero no pueden conseguirlo. Sólo el noble se contenta con recorrer su camino con modestia y sumisión; ésta es su conducta constante. Por eso, si continúan [por el buen camino] con perseverancia, esto es lo que llamamos "lleva a buen término"[6]. Obtener el resultado final es un feliz augurio. El tercer trazo *yang* emplea firmeza y mantiene la rectitud; él es quien puede perseverar indefinidamente. Las virtudes de este trazo son abundantes, como enfatiza el *Comentario de las pequeñas imágenes*[7].

ZHU XI. — En este hexagrama sólo hay un trazo *yang*, que ocupa la posición superior del trigrama inferior. Duro, firme y poseedor de rectitud, hacia él tienden los trazos superiores e inferiores. Tiene mérito por sus propios esfuerzos y su celo y puede ser modesto; esto es lo más difícil para el hombre, y por si persiste en esta forma de ser tendrá ventura. Si la persona que consulta el oráculo se encuentra en estas condiciones, se cumplirá el buen augurio.

Seis en el cuarto puesto (muta al hex. 62)

Nada que no sea propicio para la Modestia manifiesta.

> Nuestro sincero compromiso y dedicación a nuestra tarea, nos brindarán el éxito. El carácter traducido como "manifiesta" también significa "mostrar, señalar, ondear (una bandera)"[8], eso quiere decir que es importante que promovamos lo que hacemos para que sea conocido por los demás y así podamos recibir el apoyo que necesitamos.
>
> **Trabajo:** Estamos completamente dedicados a nuestra tarea; nuestra honestidad y celo nos han granjeado la apreciación y respeto de los demás. El apoyo generalizado que recibimos, sumado a nuestras cualidades naturales, nos permitirá llevar adelante grandes emprendimientos.
>
> **Vida privada:** Estamos disfrutando de una buena racha. Nuestra dedicación y honradez son bien conocidas y nuestra buen reputación hará que la gente esté de nuestro lado.

---

6   Obtener un resultado definitivo.
7   El Comentario de las pequeñas imágenes (*Xiao xiang zhuan*, 小象傳) contiene breves comentarios sobre cada trazo individual, normalmente citando toda o parte de la declaración del trazo (*yao-a*). No está incluido en esta traducción.
8   撝, *hui*. Viene de 扌 ("手, "mano") y 爲 ("hacer, causar"): mano haciendo señales.

Salud, sentimientos y relaciones sociales: Nuestra modestia y temperancia nos hacen muy queridos y aseguran nuestra felicidad.

CHENG YI. — El cuarto trazo es parte de la sustancia del trigrama superior; está muy cerca de la posición del príncipe, quien, representado por el quinto trazo *yin* también utiliza la gentileza y la modestia para guiarse y posicionarse. El tercer trazo *yang* posee gran mérito y virtud; es a él a quien el superior inviste de autoridad; es a él a quien se adhiere la multitud; ahora bien, estando el cuarto trazo por encima de este último, conviene que sea digno y atento en el servicio del príncipe, modesto y virtuoso y, al mismo tiempo, humilde y sin pretensiones, para dar paso al sujeto modesto y activo [representado por el tercer trazo]. En sus movimientos, acciones o influencia, no hay "nada que no sea propicio" para mostrar y manifestar su propia modestia. El carácter 撝, *hui*, penúltimo carácter del texto [traducido como "manifiesta"], expresa la imagen de extenderse hacia algo, como cuando un hombre señala o hace gestos con la mano. Ya sea que se mueva o permanezca en reposo, ya sea que avance o retroceda, debe demostrar absolutamente su modestia. En efecto, esto es así porque ocupa una posición en la que tiene mucho que temer y en la que, además, se encuentra por encima de un súbdito sabio.

ZHU XI. — Mansedumbre y posesión de la justicia; alto y capaz de inclinarse; el significado adivinatorio es "nada que no sea propicio para la Modestia manifiesta". Sin embargo, al estar colocado por encima del tercer trazo *yang*, es necesario que el texto advierta que debe manifestar y mostrar aún más su modestia, para mostrar que uno no debe de ser presuntuoso.

Seis en el quinto puesto (muta al hex. 39)

Sin usar riqueza puede emplear a sus vecinos.
Es propicio ganar control con violencia.
Nada que no sea favorable.

> No podemos arreglar todos nuestros problemas con dinero. En este caso tendremos que actuar con fuerza y determinación para que las cosas no se desmadren. Los dos caracteres chinos que traducimos como "ganar control con violencia" (侵伐, *quin fa*), literalmente significan "invadir, enviar un ejército a cruzar la frontera para iniciar una guerra".
> No esperemos a que las cosas sucedan, tomemos la iniciativa. La modestia no significa debilidad o sumisión. Usemos cualquier medio que sea necesario para

La Modestia

restaurar la justicia, pero no nos descontrolemos ni usemos más fuerza que la estrictamente necesaria.

Trabajo: Nuestra posición es firme, pero debemos actuar con prudencia y antelación para evitar que las cosas se descontrolen. Nuestro ejemplo y firme guía serán necesarios para mantener el orden.

Vida privada: El dinero no puede solucionar los problemas entre las personas. Usemos nuestra influencia con firmeza para corregir los errores y evitar los abusos.

Salud, sentimientos y relaciones sociales: No seamos reacios a aceptar la ayuda de otras personas, podemos necesitarlos para resolver algunos problemas. No pasemos por alto nuestros problemas de salud, ocupémonos de ellos sin demora.

CHENG YI. — La riqueza es lo que atrae a la multitud. Sólo las riquezas son capaces de unir a los hombres. El quinto trazo, con la eminencia de su posición como príncipe y apegándose a la modestia y la condescendencia en sus relaciones con los inferiores, es seguido por la multitud. Además, "sin usar riqueza puede emplear a sus vecinos". Vecinos significa lo que está cerca; sin riquezas se relaciona con los hombres que se le acercan. Un príncipe que se apega a la modestia y la condescendencia une todos los corazones del mundo. Pero, sin embargo, el camino del príncipe no pasa exclusivamente por la modestia y la gentileza; es absolutamente necesario que la autoridad y el poder militar se unan a estas primeras cualidades, sólo así será posible abrazar y someter el mundo entero. Por eso "es propicio ganar control con violencia". Autoridad y virtud igualmente manifestadas, todas las condiciones del camino del príncipe se cumplen y nada queda sin ventaja. En efecto, la modestia y la gentileza del quinto trazo deben estar en guardia contra los excesos, y es por eso que el texto menciona esto.

ZHU XI. — Quien usa la gentileza para ocupar un rango eminente, quien es alto y puede ser modesto, se considera el símbolo de alguien que "sin usar riqueza puede emplear a sus vecinos". De hecho, la multitud lo sigue y obedece; si todavía hay rebeldes, le convendrá reducirlos por la fuerza de las armas e, incluso en otras materias, no habrá "nada que no sea favorable". Si alguien posee estas virtudes le será aplicable el sentido adivinatorio.

Al tope un seis (muta al hex. 52)

Modestia que se hace patente.
Es favorable poner en marcha ejércitos, para castigar el propio territorio.

Castigar al propio territorio indica un ejercicio de autodisciplina. Cuando algo está mal no debemos culpar a los demás, sino mirar adentro de nosotros mismos o de nuestro propio círculo íntimo para descubrir la causa de los problemas.

Trabajo: Es imprescindible que pongamos en orden nuestra propia esfera de influencia. Las reformas para corregir los errores deben ser llevadas a cabo sin demora alguna.

Vida privada: Sólo podremos corregir nuestros problemas actuales poniendo orden dentro de nuestra propia casa.

Salud, sentimientos y relaciones sociales: Necesitaremos disciplina y moderación para mantener nuestra buena salud física y emocional.

CHENG YI. — Un trazo *yin*, que emplea gentileza, se coloca en el límite más extremo de la gentileza y la sumisión. Además se coloca en la parte superior del trigrama, lo que expresa modestia; es el último grado de La Modestia. Si lleva la modestia a su máximo, pero ocupa la posición más alta, es porque aún no ha podido satisfacer sus tendencias hacia la modestia. Además, como la dócil gentileza ocupa el punto más alto de la modestia, debe manifestarse también en el tono de su voz y en su apariencia, y por eso el texto dice: "modestia que se hace patente". Aunque ocupe un terreno que no implica ninguna situación definida, aunque no esté investido de ningún cargo público, sin embargo, incluso cuando uno actúa por cuenta propia, es absolutamente necesario que la gentileza y la firmeza se balanceen. Sin embargo, la posición más elevada indica el colmo de La Modestia, de modo que ésta se lleva al exceso y, por el contrario, se convierte en un defecto. Por eso es propicio auto-corregirse con firmeza militar. La frase "el propio territorio" es lo que le pertenece a uno mismo; "poner en marcha ejércitos", indica disciplina militar, es decir el uso de la firmeza y la violencia. "Castigar el propio territorio" significa reformarse a uno mismo.

ZHU XI. — La modestia llevada al límite extremo se hace patente; es lo que une a los hombres, para "poner en marcha ejércitos". Sin embargo, la sustancia de este trazo es sumisa, y carece de un cargo oficial, por eso sólo le es posible dominar "su propio territorio", y nada más.

16 La Satisfacción | *Yu*

La etimología del carácter que le da nombre a este hexagrama no es clara. La escuela moderna, siguiendo a *Shuowen*, dice que significa un elefante, pero no existen textos antiguos en los cuales ese carácter tenga tal significado.[1]

Significados asociados

Entusiasmo, felicidad, alegría, entretenimiento; anticipación, tomar precauciones.

El Dictamen

Satisfacción.
Es favorable nombrar oficiales y hacer marchar ejércitos.

> Un líder fuerte estimula con pasión el entusiasmo de sus seguidores. Nombrar oficiales significa que tenemos que elegir a personas calificadas, que compartan nuestros mismos ideales.
> Hacer marchar ejércitos indica que no sólo debemos alistar colaboradores, sino también organizarlos en una fuerza capaz y darles dirección precisa.
> Elegir el momento exacto es muy importante, si actuamos antes de lo debido, o si nos demoramos demasiado, nuestros proyectos fracasarán.

CHENG YI. — Satisfacción indica sumisión y movimiento. "Es favorable nombrar oficiales y hacer marchar ejércitos". Ahora bien, establecer oficiales es plantar un seto de árboles alrededor del trono para protegerlo, y es el medio de asegurar al mismo tiempo la paz del mundo. Si todos los oficiales son cordiales y obedientes, resultará que la masa del pueblo se someterá voluntariamente al nombramiento de oficiales y la marcha de ejércitos; estando todos los corazones llenos de armonía y sumisión, estos ejércitos obedecerán con sumisión y habrá éxito. Por eso el camino de la armonía y la Satisfacción es favorable para el establecimiento de oficiales y la acción de los ejércitos. La imagen simbólica de los dos trigramas es movimiento por encima [*Zhen*, ☳] y sumisión por abajo [*Kun*, ☷]: todos los oficiales siguiendo al rey y los ejércitos sometiéndose a sus órdenes. Gobernar todos los Estados, reunir a grandes multitudes, lograr que se sometan y obedezcan, sería imposible sin concordia y satisfacción por todas partes.

ZHU XI. — La Satisfacción es un tiempo de armonía y alegría; cuando el corazón del hombre está dispuesto a la armonía y a la alegría, está preparado a responder con simpatía al superior. El cuarto trazo es el único trazo *yang* de este hexagrama; los trazos superiores e inferiores le corresponden con simpatía; sus tendencias pueden prevalecer. Además, el encuentro del trigrama *Kun* con el trigrama *Zhen* se considera que constituye sumisión en el movimiento, y es por eso que el hexagrama se llama Satisfacción, mientras que el significado adivinatorio es que "es favorable nombrar oficiales y hacer marchar ejércitos".

La Imagen

El trueno surge impetuoso de la Tierra:
la imagen de la Satisfacción.
Así los reyes de antaño hacían música para honrar los méritos y la ofrecían esplendorosamente al Señor Supremo[2] para ser dignos de sus finados antecesores.

> La música, como el trueno, es algo que atrae la atención de la gente. La música influencia a las personas, estimulando sus sentimientos y los pone en un estado de ánimo receptivo. La música simboliza un mensaje atractivo y armónico que hace que todos los oyentes vibren en la misma sintonía. De esa manera todos

---

[1] Esta es una traducción del *Libro de los Cambios*, es decir, la obra que se generó al combinar el *Zhou Yi*, que fue el texto original, con el pensamiento confuciano. Esta traducción intenta reflejar el *Libro de los Cambios*, tal como lo veían CHENG YI y ZHU XI, por lo que siempre nos atenemos al significo clásico de los caracteres chinos, no a las reconstrucciones de su significado primigenio en el *Zhou Yi*.

[2] Literalmente 帝, *Di*: el supremo dios de los Shang, que también era reverenciado por los Zhou.

LA SATISFACCIÓN

pueden colaborar con mayor eficacia y compartir un propósito más alto que el interés egoísta.

CHENG YI. — El trueno es el *qi yang*, que surge y estalla; *yin* y *yang* chocando y produciendo ruido. La energía *yang* está oculta, encerrada en la Tierra; se produce el movimiento, y sale del suelo, estalla y se sacude. Inicialmente estaba escondida y acumulada, llega el momento en que surge y estalla, difundiéndose libremente y produciendo concordia y paz. Por eso este hexagrama se llama Satisfacción y se considera que expresa entusiasmo y satisfacción. El trigrama *Kun* expresa sumisión pasiva; el trigrama *Zhen* expresa el hecho de manifestarse repentinamente en el exterior; la concordia y la sumisión acumuladas en el interior, estallando en ruido, o sonido; es la imagen simbólica de la música. Los primeros reyes al ver el trueno salir de la tierra y estallar y considerando la imagen simbólica de la armonía, o acuerdo, manifestada en el sonido, hacían música para celebrar e ilustrar el mérito y la virtud; su perfección era tal que la consagraban al Señor Supremo, y la presentaban en nombre de sus antepasados[3]. La palabra "esplendorosamente" significa perfección completa; en el *Libro de los Ritos*[4] encontramos este carácter en una expresión que significa "desarrollo perfecto". Consagrarse al Señor Supremo, "para ser dignos de sus finados antecesores", indica el colmo de la perfección.

ZHU XI. — "El trueno surge impetuoso de la tierra" es la perfección de la armonía. Los primeros reyes inventaron la música para simbolizar su sonido, y también apreciar su significado. La palabra "esplendorosamente" significa la perfección alcanzada.

Al comienzo un seis (muta al hex. 51)
Satisfacción que se hace patente trae desventura.

> Jactarnos de nuestros logros o alardear de nuestros contactos estropeará nuestra relación con aquellos que nos rodean. Tal conducta nos ocasionará muchos problemas.
>
> **Trabajo:** Podemos tener ganancias transitorias porque de momento nuestro jefe nos favorece, pero a largo plazo puede que quedemos aislados. Mantengamos un perfil bajo para evitar futuros conflictos.
>
> **Vida privada:** No presumamos de nuestras riquezas o de nuestros amigos de alto rango. La falta de discreción y tacto nos ocasionará inconvenientes en el futuro.

> **Salud, sentimientos y relaciones sociales:** Vivir por encima de nuestros medios, o nuestra capacidad física, nos causará muchos problemas, tanto física como socialmente.

CHENG YI. — El primer trazo emplea la dócil suavidad *yin* y ocupa el puesto más bajo; el cuarto trazo es el regente del hexagrama, es decir aquel de quien depende la Satisfacción, con el cual se corresponde el primer trazo. El primer trazo es un hombre inferior, sin centralidad ni rectitud, situado en la Satisfacción, que goza del favor del superior. Sus tendencias e ideas son presuntuosas en el más alto grado; no sabe controlar su satisfacción, hasta el punto de que ésta es revelada en el tono de su voz y sus palabras. Siendo frívolo y vanidoso hasta tal punto, debe terminar en la desgracia. "Patente", expresa manifestación a través del sonido[5].

ZHU XI. — El primer trazo es un hombre inferior, suave y *yin*; quien recibe un poderoso apoyo de lo alto; el momento le es favorable y él dirige los asuntos, por eso no controla su satisfacción y la manifiesta él mismo en voz alta. Este es un camino que conduce a la desgracia, y de ahí el significado adivinatorio. El nombre dado a este hexagrama expresa esencialmente satisfacción y alegría; sin embargo el Dictamen significa la felicidad de la multitud, pero todos los textos de los trazos, a excepción del cuarto trazo *yang*, que sigue el significado del Dictamen, se refieren a la satisfacción personal. De esto depende la diferencia entre la ventura y la desventura.

Seis en el segundo puesto (muta al hex. 40)
Sólido como una roca.
No espera hasta el final del día.
La determinación es venturosa.

> "Sólido como una roca" significa que tenemos que confiar en nuestro propio juicio y no debemos desviarnos del camino elegido. No permitamos que otras personas o circunstancias pasajeras nos desvíen de nuestros objetivos. Estemos listos para avanzar o retroceder sin demora, adaptándonos a la situación, sin vacilación y sin hacer caso de lo que dicen otras personas, actuando siempre con determinación.
>
> **Trabajo:** Mantengámonos enfocados en nuestras metas, pero también estemos preparados para hacer ajustes sobre la marcha. Confiemos en nuestra propia

---

3 Para hacerlos partícipes del mérito de la ofrenda.
4 El Libro de los Ritos, *Li ji*, 禮記, es uno de los Cinco Clásicos del canon confuciano.

5 El carácter traducido como "patente", 鳴, *ming*, significa chillido (llamada) de aves (u otro animal); sonido distintivo, voz; proclamar, expresar, anunciar.

visión más que en los consejos de los demás. Si nos mantenemos alerta podremos aprovechar una buena oportunidad.

Vida privada: No dejemos que nadie nos aparte de nuestras aspiraciones. Seamos rápidos para tomar las acciones correctivas que sean necesarias para evitar problemas.

Salud, sentimientos y relaciones sociales: Tendremos excelente salud y mucha energía. Estemos atentos para aprovechar las oportunidades que se presenten.

CHENG YI. — Abandonarse al camino de la satisfacción y los excesos trae consigo la pérdida de la rectitud, y es por eso que entre los diversos trazos de este hexagrama, pocos poseen rectitud y saben ajustar sus habilidades a las necesidades del tiempo. Solo el segundo trazo *yin*, tiene una posición central y recta; además carece de correspondencia con otro trazo, lo que constituye la imagen simbólica de la observación atenta de uno mismo. En presencia de un tiempo de Satisfacción, sólo él puede disciplinarse y mantenerse con centralidad y rectitud. Esto es lo que puede llamarse firmeza en la soledad, y expresa que sus principios son tan firmes como la solidez "de una roca". Cuando el hombre está en un tiempo de satisfacción y placer, su corazón se deleita en ello, de modo que poco a poco llega, dejándose llevar por sus tendencias, a la pasión de los goces y sin poder detenerse en este camino. El segundo trazo conserva su centralidad y rectitud, su firmeza es como la de la roca; la rapidez con la que reprime sus pasiones es tal que "no espera hasta el final del día"; por eso su justicia es perfecta y el augurio es feliz. Los que están en medio de los placeres, no deben entregarse a ellos continuamente y durante mucho tiempo; de lo contrario, después de un período prolongado, su fuerza moral se agotará y se ahogarán en los placeres. Cuando suceden cosas, como en el caso del segundo trazo, esto es lo que podemos llamar: "ver el comienzo de la causa inicial y actuar"[6]. Confucio menciona esta propiedad que tiene el segundo trazo de discernir lo incipiente, al decir: "Conocer las causas iniciales, ¿no es espiritual? El noble no adula a sus superiores, ni desprecia a quienes están debajo de él, porque conoce la causa inicial, u origen de los efectos. Esta causa inicial es la transición imperceptible del reposo al movimiento. Es ver de antemano el feliz augurio. El noble ve la causa inicial y actúa; no espera el final del día. El *Libro de los Cambios* dice: 'Sólido como una roca. No espera hasta el final del día. La determinación es venturosa.' ¿De qué sirve esperar hasta el final del día? Él comprende inmediatamente y toma una decisión. El noble conoce lo que es incipiente y sutil y también conoce lo que es manifiesto; conoce la gentileza como conoce la firmeza. Él es aquel en quien la multitud incontable fija sus ojos". Ahora bien, ver el origen de las cosas en el momento esquivo del nacimiento de su causa es tener un espíritu trascendente. El noble se alía con el superior sin llegar a ser lisonjero; se alía con el inferior sin ser despectivo; de hecho conoce la causa inicial, si no la supiera se dejaría llevar por el exceso sin detenerse. Las relaciones con los superiores deben basarse en la dignidad y la modestia, el exceso es adulación. Las relaciones con los inferiores deben basarse en la amenidad y la facilidad de las formas, de modo que el exceso es un altivo desprecio. Pero el noble mira hacia el origen imperceptible para no llegar a excesos. Lo que llamamos origen insensible de las causas es el primer nacimiento del comienzo del movimiento; la semilla de la felicidad o de la infelicidad ya es visible allí pero aún no se ha manifestado. Para hablar sólo del feliz augurio, si sabemos verlo de antemano, ¿cómo podríamos temer el regreso de la desgracia? El noble es inteligente y perspicaz; ve la causa imperceptible de las cosas, para poder permanecer firme como una roca. Desde el momento en que se observa a sí mismo y se protege con firmeza, nunca queda perplejo y juzga con claridad; ve la causa en su germen y se mueve. ¿Por qué esperaría hasta el final del día? Decidir es distinguir; es bastante obvio que distingue, discierne y luego decide. Las expresiones "sutil" y "manifiesto", "suavidad" y "firmeza" se oponen entre sí; el noble ve lo sutil para saber lo que será manifiesto; ve la suavidad, de modo que reconoce la firmeza. Conocer así las causas iniciales es lo que hace que la multitud tenga los ojos vueltos hacia él, también por eso surge la exclamación de admiración: "¡Él es aquel en quien la multitud de los hombres fija los ojos!"

ZHU XI. — Debido a que la Satisfacción resulta principalmente del placer, fácilmente destruye a los hombres, que se ahogan en la voluptuosidad; este debilitamiento resultante del abandono en la embriaguez del placer se convierte, por el contrario, en causa de dolor. En la Satisfacción, sólo este trazo posee centralidad y rectitud; en tanto que los trazos superiores e inferiores se ahogan en satisfacción. Sólo este trazo puede preservarse a sí mismo en centralidad y rectitud. Su firmeza es como la de la roca; su virtud es tranquila y silenciosa, pero sólida e inquebrantable, de modo que sus pensamientos y sus predicciones se resuelven en juicios claros. "No espera hasta el final del día" y ve el origen esquivo de la causa de

---

[6] El Gran Tratado, 大傳, *Da zhuan*.

La Satisfacción

todo. *El Gran Saber*[7] dice: "La calma de la mente permite la meditación; a través de la meditación se puede llegar a la meta". Este pensamiento corresponde exactamente a este pasaje. Si el que consulta el oráculo está en estas condiciones, actuará con rectitud y el augurio será venturoso.

Seis en el tercer puesto (muta al hex. 62)
Satisfacción que mira hacia arriba trae arrepentimiento.
La vacilación trae arrepentimiento.

Nuestra falta de autonomía e indecisión hará que desperdiciemos una buena oportunidad. Los indecisos que posponen las cosas no serán recompensados.

Trabajo: No esperemos que otros nos muestren el camino ni sostengan nuestra mano, si seguimos sin hacer nada, vacilando, seremos avergonzados.

Vida privada: Mirar a los demás esperando ayuda o con envidia, no soluciona nada. Nos arrepentiremos de nuestra indecisión.

Salud, sentimientos y relaciones sociales: Nos falta energía y determinación. Si no tomamos la iniciativa no lograremos nada, sino que seremos abochornados.

CHENG YI. — El tercer trazo es *yin*, pero ocupa un puesto *yang*; es un hombre carente de centralidad y rectitud. Situado en al hexagrama de la Satisfacción, sin centralidad ni rectitud, buscando su satisfacción, haga lo que haga, se arrepentirá. "Mirar hacia arriba" significa que observa el cuarto trazo, y espera todo de él, de modo que, cuando por su falta de rectitud y centralidad, no es elegido por este trazo, se arrepiente. El cuarto trazo es aquel del que depende la Satisfacción[8]; y el tercero está bastante cerca de él; si se demora sin presentarse, se verá abandonado y puesto a un lado, de modo que se arrepentirá. En efecto, colocándose sin rectitud, ya sea que avance o retroceda, en todos los casos tendrá arrepentimiento y aprensión. Entonces, ¿qué debería hacer? Debe reformarse y nada más. El noble tiene claro el camino para posicionarse; reprime sus pasiones mediante leyes rituales; aunque se encuentra en un momento de satisfacción, no le falta centralidad ni rectitud, de modo que no se arrepiente.

ZHU XI. — El primer carácter del texto de este trazo significa "mirar hacia arriba"[9]. Este es un trazo *yin*, sin centralidad ni rectitud, y además está situado cerca del cuarto trazo, de quien depende la Satisfacción, por eso el tercer trazo *yin* mira hacia arriba, hacia el cuarto, al mismo tiempo que baja y se sumerge en los placeres; es quien, normalmente, debe sentir arrepentimiento, de ahí la imagen simbólica, mientras que el significado adivinatorio es que la cuestión pronto debe traer arrepentimiento. Si nos demoramos en arrepentirnos, ciertamente lo lamentaremos.

○ Nueve en el cuarto puesto (muta al hex. 2)
La Satisfacción origina grandes cosas.
No dudes.
Los amigos se apresuran a unirse a tu lado
como cabellos unidos por una horquilla.

Este es el momento adecuado para la acción. Nuestra certidumbre y firmeza atraerán a personas de ideas afines a nuestro alrededor y obtendremos muy buenos resultados.

Trabajo: Se nos presentará una oportunidad óptima para la realización de nuestros proyectos. Recibiremos abundante apoyo, y si trabajamos en relación de dependencia quizás seamos promovidos.

Vida privada: Nuestros amigos y/o familia nos brindarán su confianza y apoyo. Si no vacilamos podremos alcanzar nuestros objetivos.

Salud, sentimientos y relaciones sociales: Tendremos abundancia de energía y determinación. Gozaremos de buena salud y excelentes relaciones con aquellos que nos rodean.

CHENG YI. — Lo que hace que este hexagrama sea considerado como la expresión de la Satisfacción es precisamente el cuarto trazo *yang*; él es el amo del trigrama del movimiento[10], y el movimiento que produce la gozosa sumisión de la multitud de trazos *yin* da el significado de la palabra Satisfacción. El cuarto trazo ocupa la posición de un alto dignatario del príncipe [un ministro]; el príncipe, representado por el quinto trazo *yin*, lo sigue y lo escucha con sumisión y condescendencia. Actuar con firmeza y llevar el peso de los asuntos del superior, es el origen de la Satisfacción y por eso el texto dice "la

---

7 *El Gran Saber* (大學, *Da xue*) es uno de los "Cuatro Libros" del confucianismo, que desde el siglo XII hasta el año 1905 fueron el núcleo del temario del examen imperial chino.
8 El regente del hexagrama de la Satisfacción.
9 Estos son los principales significados del carácter 盱, *xu*, el primero del texto de esa trazo: mirar para arriba, contemplar lleno de asombro, mirar fijamente.
10 CHENG YI se refiere al trigrama superior, *Zhen*, ☳.

Satisfacción origina grandes cosas", es decir que puede dar, en gran medida, curso a sus tendencias, de lo cual resulta la satisfacción del mundo entero. "Los amigos se apresuran a unirse a tu lado como cabellos unidos por una horquilla"; el cuarto trazo ocupa la situación de un súbdito de alto rango; obedece a un príncipe blando y débil, y soporta el peso del gobierno del imperio; es un terreno incierto y peligroso. El ministro es el único capaz de soportar el peso de la autoridad que delega el superior, y debajo de él no encuentra el auxilio de una virtud semejante a la suya, lo que le inspira aprensión. Simplemente debe ejercer la más extrema sinceridad, no tener miedo ni aprensión, y entonces sus amigos, dotados de un carácter similar al suyo, naturalmente tendrán que unirse y agruparse, porque para inspirar confianza en quienes están arriba y abajo de uno mismo, basta con mostrar la más completa sinceridad. Si extrema la más completa sinceridad, ¿cómo podría sufrir al quedarse sin ayuda? El carácter 簪, *zan*, último del texto, significa reunir. El significado de este carácter proviene del nombre de la horquilla, *zan*, que se utiliza para recoger el cabello enrollado en un moño. Se ha dicho: en este hexagrama sólo hay un trazo *yang*; ¿cómo podría contar con la ayuda de aquellos con las mismas virtudes? He aquí la respuesta: cuando uno ocupa una posición alta y pide ayuda con perfecta sinceridad, el principio de las cosas significa que uno la conseguirá. El texto del quinto trazo *yang* del hexagrama Encuentro Cercano [44] dice: "caído desde el Cielo"; este es precisamente el caso. El cuarto trazo emplea la firmeza *yang*, está muy cerca de la posición del príncipe, y de él depende exclusivamente la Satisfacción. El sabio debe necesariamente ser objeto de una advertencia que a priori no se ve. La Satisfacción es el camino natural hacia el acuerdo y la condescendencia; por este camino de acuerdo y sumisión, no fallamos en la justicia que debe observar un ministro. Cumplir estas condiciones y ser el amo exclusivo de la Satisfacción es dirigir todos los asuntos del imperio y conducir su era hacia la paz y la satisfacción. Por eso el texto simplemente advierte la necesidad de sinceridad absoluta, sin temor.

ZHU XI. — El cuatro trazo *yang* es la fuente de la Satisfacción y por eso esta es su imagen simbólica, mientras que el significado adivinatorio es "la Satisfacción origina grandes cosas". Sin embargo, sigue siendo apropiado que posea la más extrema sinceridad y no vacile, y entonces amigos del mismo tipo se reunirán para seguirlo y obedecerlo. Por eso el texto lo menciona y aún lo hace objeto de advertencia. El carácter 簪, *zan* [último del texto] significa "reunirse", y también, "rápidamente".

Seis en el quinto puesto (muta al hex. 45)

Persistentemente enfermo pero no muere.

La enfermedad crónica que no es mortal indica un período en el que todo se detiene, una paralización del progreso. Estaremos bajo presión y tendremos muchos problemas, pero nuestra determinación nos mantendrá en marcha.

Trabajo: Nuestro negocio o carrera se estancará y tendremos muchos problemas. Perseveremos sin perder la fe en nosotros mismos.

Vida privada: Quienes nos rodean no nos apoyarán, al contrario, nos obstacularizarán. No debemos desanimarnos, sigamos adelante.

Salud, sentimientos y relaciones sociales: Podemos llegar a sufrir una enfermedad larga o crónica. Estaremos estresados y seremos hostigados por otras personas. Notemos que el carácter traducido como "enfermo" también significa "estrés, odio"[11], lo que bien puede sugerir otras connotaciones.

CHENG YI. — El quinto trazo utiliza la suavidad *yin* para ocupar la posición del príncipe; en un tiempo de Satisfacción, se siente abrumado y ahogado por la satisfacción; y no puede mantenerse por sí mismo. Aquel que es el amo del poder, aquel alrededor del cual la multitud se alinea, es siempre el cuarto trazo. La firmeza *yang* del cuarto trazo cautiva a la multitud; está más allá del poder del príncipe suave y débil, perturbado por el abuso de los placeres, contenerla y gobernarla. Es entonces cuando este príncipe débil, incapaz de mantenerse a sí mismo, es controlado por su poderoso ministro. Ocupar con dignidad el puesto de príncipe es la perfección; ser controlado por un inferior presenta dolorosas desventajas; aunque el quinto trazo *yin* ya ha dejado escapar el poder que corresponde al puesto supremo, sin embargo, aún no está del todo destronado, y por eso el texto dice: "la perseverancia lo enferma, pero no muere";[12] esto indica que la perseverancia tiene desventajas, que estas desventajas son permanentes, pero que no muere. Este fue, por ejemplo, el caso de los últimos príncipes de las dinastías Han y Wei. El camino que lleva a los príncipes al peligro y a su destrucción no es único, pero, sin embargo, generalmente es el camino del abuso de los placeres. En el caso del cuarto trazo, el texto no dice que carezca de

---

11 疾, *ji*: enfermedad, daño, defecto, ansiedad; apuro; odio.

12 Esta lectura del texto se aparta de la que ofrecemos en este libro, que concuerda con la de ZHU XI: "Persistentemente enfermo pero no muere".

La Satisfacción

justicia, pero el quinto trazo parece ser oprimido por su fuerza. Esencialmente, el cuarto trazo es impecable, por lo que simboliza un alto dignatario responsable del cuidado de los asuntos estatales; en el caso del quinto, ocupa con suavidad y debilidad el puesto supremo, sin poder mantenerse a sí mismo, porque la autoridad y el poder se le escapan. En cada caso, el significado se determina según el valor particular del trazo, y por eso no siempre es el mismo. Si el quinto trazo no olvida el camino del príncipe, y si el cuarto se esfuerza por satisfacerlo, es porque ha investido de poder al hombre que merecía esta elección, el uno disfrutando del mérito de sus obras, el otro atribuyendo este mérito al primero, como hicieron Tai Jia y el Rey Cheng[13]. También en el hexagrama La Necedad Juvenil [4], *Meng*, un trazo *yin* ocupa la posición preeminente, aunque que el segundo trazo *yang* se considera el regente del hexagrama. Pero allí "trae ventura", mientras aquí causa una enfermedad; porque el tiempo no es el mismo. Ser joven e ignorante y gozar de la ayuda de alguien es precisamente lo apropiado y conveniente; pero verse ahogado en el exceso de placeres y por ello ser disminuido por alguien, por el contrario, es un camino peligroso que conduce a la pérdida. Por eso, en La Necedad Juvenil, la delegación de autoridad se produce entre quienes están de acuerdo con simpatía, mientras que en La Satisfacción, la pérdida de poder se produce entre quienes chocan entre sí. Además, los corazones de los superiores y los inferiores se centran exclusivamente en el cuarto trazo.

ZHU XI. — En un momento de Satisfacción, utiliza la satisfacción para ocupar el rango supremo y se ahoga en el exceso de placeres. Además, este trazo se basa en la energía del cuarto trazo; la multitud no se une a él, y la fuerza inherente a su situación indica peligro, por lo que se considera que este trazo representa la imagen simbólica de las desventajas de la perseverancia. Pero sin embargo, como posee centralidad, todavía se le considera la imagen simbólica de la preservación permanente sin morir. Al contemplar la imagen simbólica, inevitablemente vemos el significado adivinatorio contenido en ella.

Al tope un seis (muta al hex. 35)

Satisfacción confundida.[14]
Pero si al final cambia el curso no habrá culpa.

El tiempo propicio para avanzar con satisfacción está por terminar. Si no nos adaptamos a las nuevas circunstancias y seguimos avanzando ciegamente, cometeremos un grave error. Tendremos una última oportunidad para corregir nuestro camino, no la desperdiciemos.

Trabajo: Nuestros esfuerzos no van a prosperar, al contrario, es posible que nos rebajen de categoría. La situación no es estable; lo mejor que podemos hacer es estar listos para adaptarnos a lo que venga y modificar nuestros objetivos cuando sea necesario.

Vida privada: No nos dejemos ilusionar por proyectos irrealizables. Más bien, estemos preparados para reconsiderar la situación y ajustar nuestras perspectivas.

Salud, sentimientos y relaciones sociales: Si nos damos cuenta a tiempo de que hemos tomado el mal camino, podremos evitar cometer errores.

CHENG YI. — El trazo superior, que es suave y *yin*, no posee las virtudes de la centralidad y la rectitud, y ocupa el puesto más alto con energía *yin*, por eso no es justo. Además, está en un tiempo en el que la Satisfacción llega a su límite extremo; incluso cuando un hombre talentoso se encuentra ante un momento así, conviene que esté advertido y sea prudente, mucho más si se trata de un suave trazo *yin*. Se trata aquí de alguien que está inmerso y ahogado en satisfacciones y placeres, que está cegado en su ignorancia, y no sabe como retomar el buen camino. Situado al final de La Satisfacción, por eso su ceguera es completa. Pero si es capaz de reformarse a sí mismo corrigiéndose, entonces le será posible permanecer libre de culpa. Estar al final de la Satisfacción conlleva el significado de modificación, pero si el hombre corrige sus faltas, siempre le es posible estar sin culpa. Aunque la ceguera causada por el placer ya es completa, aún puede reformarse, y así resultará el bien. El sabio menciona esto para alentar el bien, de modo que no se refiere a la desgracia de la ceguera, y sólo habla de la ausencia de culpa que resulta de la transformación.

ZHU XI. — Un trazo *yin* que ocupa el punto más extremo de la Satisfacción constituye la imagen simbólica de la ceguera en la satisfacción. Como este trazo forma parte de la sustancia del trigrama que expresa movimiento, es también el símbolo de las cosas que, aunque completas, aún pueden modificarse. El texto advierte a quien consulta el oráculo, que si se encuentra en estas condiciones, podrá reparar sus faltas y quedará libre de culpa.

---

13 Tai Jia y el Rey Cheng fueron gobernantes que delegaron el poder a sus ministros.
14 El carácter 冥, *ming*, traducido como "confundida", significa oscuro, oscuridad, oscurecido, ignorante, ciego; el mundo de los muertos.

17 El Seguimiento | *Sui*

Los componentes del carácter chino que le da nombre a este hexagrama son *chuo*, "ir" y un carácter fonético: "seguir".

Significados asociados

Seguir, ir o venir después de, perseguir, seguidor; conformarse, acatar, obedecer, atender.

El Dictamen

El Seguimiento tiene sublime éxito.
La determinación es favorable.
Sin defecto.

> Continuidad, persistencia y adaptación flexible a las exigencias de las circunstancias cambiantes son las claves del éxito en este tiempo.
> El Seguimiento tiene un doble aspecto: tanto seguir, como ser seguido; por lo que saber cuándo es conveniente seguir a otro y cuándo hay que liderar a los demás es muy importante. El Seguimiento también está relacionado con ayudar y servir a los demás.
> Antes de obtener nuestros propios seguidores, deberíamos saber cómo seguir el camino correcto. Mantengamos nuestra mente abierta y estemos perceptivos y atentos, sepamos aprovechar los buenos consejos que recibamos, de esa forma podremos adaptarnos y cambiar nuestro rumbo cuando sea necesario.
> Este es uno de los pocos hexagramas que mencionan "las cuatro virtudes cardinales": *yuan, heng, li, zhen*, que significan "sublime", "éxito", "propicio" y "determinación o perseverancia".
> Una o más de las cuatro virtudes aparecen en 50 de los 64 hexagramas, pero sólo los hexagramas 1, 2 (con una modificación), 3, 17, 19, 25 y 49 incorporan las cuatro virtudes en su dictamen.
> Desde la dinastía *Han* en adelante, las cuatro virtudes se convirtieron en palabras claves del pensamiento confuciano, identificando cuatro cualidades o virtudes aplicables tanto al Cielo como al noble.
> Todo oráculo que incluya estas cuatro virtudes indica que el éxito está garantizado, pero solo si el consultante se comporta correctamente; por esta razón la determinación en el camino correcto es la clave del éxito.

CHENG YI. — Es probable que el camino natural del Seguimiento conduzca a un gran progreso. El camino del noble es el que sigue la multitud; ya sea que alguien nos siga o que elijamos que cosa seguiremos, siempre es el acto del Seguimiento. Cuando el Seguimiento encuentra el camino, puede obtener sublime éxito. Ya sea el príncipe siguiendo al bien, el súbdito o el inferior siguiendo sus órdenes, el hombre de estudio que se ejercita en el ejercicio del deber y que, según la ocasión, sigue al superior, siempre se trata de la acción de seguir. En el camino del Seguimiento "la determinación es favorable". Si al seguir uno lo hace con justicia, se podrá obtener sublime éxito y permanecer libre de culpa; pero si fallamos en la justicia, seremos culpables. Entonces, ¿cómo podríamos progresar?

ZHU XI. — Si hablamos del Seguimiento según la fluctuación de hexagramas[1], proviene primero de *Kun*, 困 (47, *La Opresión*) un trazo *yang* [desde el segundo puesto] pasa a ocupar el primer puesto; de *Shi He*, 噬嗑 (21, *La Mordedura Tajante*) un trazo *yang* [desde el sexto puesto] pasa a ocupar el quinto puesto; finalmente también viene de *Wei Ji*, 未濟 (64, *Antes de la Consumación*). Por el encuentro simultáneo de estas mismas dos transformaciones, en todos los casos, un trazo *yang* se transforma en un trazo *yin* en el Seguimiento. Si hablamos de ello desde el punto de vista de la sustancia particular de cada uno de los dos trigramas, entonces, uno representa el movimiento [*Zhen*, ☳] y el otro el placer [*Dui*, ☱], de ahí viene el significado de seguir. Por eso este hexagrama se llama El Seguimiento. Nosotros mismos somos capaces de seguir a otros, pero también otros nos siguen; se siguen los unos a los otros, con libertad de movimiento; de ahí

---

[1] Ver el **Glosario** para más información sobre este término.

El Seguimiento

el significado adivinatorio "sublime éxito". Si perseveramos correctamente entonces será posible permanecer libre de culpa. Si lo que uno sigue no está de acuerdo con la rectitud, entonces, aunque disfrutemos de gran éxito, no evitaremos la culpa. Los *Anales de primavera y otoño*[2], dicen: "Mu Jiang dijo, Si poseo estas cuatro virtudes[3] el Seguimiento no tiene defecto. Si no tengo ninguna; ¿Cómo me seguirían?". Ahora bien, hay que observar que aunque las cuatro virtudes [en el sentido que les da Mu Jiang] son ajenas al sentido original, sin embargo, sus palabras indican una profunda comprensión del método adivinatorio.

La Imagen

En el medio del Lago se encuentra el Trueno:
la imagen del Seguimiento.
Así el noble descansa en paz en su casa al anochecer.

> Los chinos creían que en invierno el trueno (*yang*, la energía creativa), descansaba en las profundidades del lago.
> Nótese que los caracteres traducidos como "al anochecer", 嚮晦, *xiang hui*, también pueden ser traducidos como "cuando es el momento de ser reticente" o "cuando estás en la oscuridad." Por lo tanto, el significado de la imagen es que debemos descansar y recuperar energías, cuando no sea posible seguir adelante. Hay un tiempo adecuado para la acción y un tiempo propicio para el descanso, el noble comprende intuitivamente cual es el momento adecuado para avanzar o detenerse, porque el significado del Seguimiento es estar en contacto con el tiempo, percibir las necesidades del momento. Lo importante es que seamos lo suficientemente adaptables como para seguir el curso correcto de acción –ya sea reposo o movimiento– en cada momento.

CHENG YI. — El trueno se sacude en medio del lago; el lago sigue (participa de) este temblor y se agita; esta es la imagen simbólica del Seguimiento. El noble contempla este símbolo y se esfuerza por seguir el momento propicio para actuar. La necesidad de seguir el momento propicio es la misma para todas las cosas. El texto toma como ejemplo el caso más claro y observable: "el noble descansa en paz en su casa al anochecer". Durante el día, el noble se esfuerza sin cesar; llega el momento en que se acerca la oscuridad, y entonces entra y permanece adentro; se entrega al reposo de la inactividad para descansar su cuerpo. Se levanta o se queda en su lugar según el momento y la oportunidad. El *Libro de los Ritos*[4] dice: "durante el día el noble no se queda dentro y de noche no se queda fuera". Es el camino de la acción siguiendo el momento.

ZHU XI. — El trueno se esconde en el lago; siguiendo el momento, descansa.

○ **Al comienzo un nueve** (muta al hex. 45)
Las autoridades cambian.
La determinación es favorable.
Si uno sale de la puerta para relacionarse con otros, logrará algo meritorio.

> Este es un buen momento para ampliar nuestros horizontes, conocer gente nueva y aceptar nuevas influencias. Para estar preparados y poder aprovechar las próximas oportunidades debemos estar abiertos a las nuevas alternativas; reconsideremos nuestras prioridades y metas, no sigamos ciegamente ideas anticuadas.
> Utilicemos nuestra autodeterminación para elegir lo que es mejor para nosotros mismos y elijamos sabiamente nuestros objetivos.
> Notemos que el carácter traducido como "autoridades", 官, *guan*, alternativamente podría ser traducido como "sede del gobierno" o "reglas".

Trabajo: Nuevas oportunidades se presentarán y también una posible promoción. Para progresar debemos estar listos para innovar. No nos aislemos, necesitaremos algunos socios para aprovechar al máximo este momento.

Vida privada: Seamos flexibles, no nos quedemos estancados repitiendo la vieja rutina. No tengamos miedo de hacer frente a nuevos retos y expandir nuestro círculo de relaciones.

Salud, sentimientos y relaciones sociales: Comuniquémonos con los demás, no nos quedemos aislados en nuestro lugar, salgamos afuera a conocer el mundo. Si estamos abiertos a lo nuevo podremos incorporar cosas buenas en nuestra vida.

CHENG YI. — Este trazo es *yang*, se encuentra en el tiempo del Seguimiento y forma parte de la sustancia

---

2 Los *Anales de primavera y otoño* son uno de los más antiguos textos históricos chinos, atribuidos tradicionalmente a Confucio. Es uno de los Cinco Clásicos.
3 Mu Jiang se refiere a las cuatro virtudes cardinales. Ver el comentario al Dictamen de este mismo hexagrama.

4 El Libro de los Ritos, *Li ji*, 禮記, es uno de los Cinco Clásicos del canon confuciano.

del trueno[5]; además, de él depende el Seguimiento; él es quien tiene algo que seguir. La palabra "autoridades" se refiere a magistrados, designa a quienes dirigen y supervisan; desde el momento en que uno tiene algo que seguir es porque lo que dirige y supervisa sufre modificaciones y cambios, y por eso el texto dice: "Las autoridades cambian. La determinación es favorable"; si lo que sigue es coherente con la justicia, el presagio será feliz. Si uno cambia y no se ajusta a la rectitud, su movimiento será incorrecto. "Si uno sale de la puerta para relacionarse con otros, logrará algo meritorio"; en general lo que el corazón del hombre tiende a seguir es lo que tiene cerca y aquello que ama. El hombre dotado de sentimientos ordinarios ve el bien en lo que le gusta y el mal en lo que le desagrada; también es muy propenso a escuchar las palabras de su esposa y de sus hijos, incluso cuando le aconsejan el mal, mientras que es reacio a escuchar el bien que le aconsejan aquellos a quienes no ama. Si uno sigue guiado por el afecto o el amor, obedecerá a un sentimiento personal y egoísta. ¡Cómo podría ajustarse a la rectitud! Por eso, salir de la puerta para aliarse, será meritorio. Salir por la puerta significa que no hay ningún vínculo de afecto privado y egoísta; es guiarse de otra manera que por el egoísmo, para que lo que se sigue sea digno de ser seguido y que haya mérito en seguirlo.

ZHU XI. — El significado del Seguimiento es cosas que se siguen [una a otra]; respecto a este trazo se considera que su significado expresa la idea del Seguimiento. El primer trazo *yang* está en una posición inferior; aunque es aquel del que depende el Seguimiento, y es por eso que este hexagrama expresa la acción de seguir. Tan pronto como tiene que seguir algo es porque tiene una tendencia particular hacia esa cosa. "Las autoridades cambian" es un caso común; pero sólo si uno actúa conforme a la rectitud el presagio será feliz. Además, es aconsejable salir más allá de la puerta para formar una alianza; no dejarse llevar por el egoísmo siguiendo algo es tener mérito, de ahí imagen simbólica y el significado adivinatorio, y además la advertencia adjunta.

Seis en el segundo puesto (muta al hex. 58)
Él se une al muchachito y deja ir al hombre maduro.

> El muchachito simboliza una elección superficial e inmadura; el hombre maduro[6] indica una sabia decisión y una buena alternativa.
>
> Relacionarse con gente agradable que no se preocupa por el futuro y sólo vive para el momento actual –el muchachito– no es malo de por sí, al menos si sólo lo hacemos ocasionalmente. Pero si elegimos a ese tipo de personas como nuestras relaciones íntimas cotidianas, perderemos opciones mucho más valiosas y relaciones más maduras.
>
> El punto esencial es que para obtener mejores cosas es preciso abandonar nuestras relaciones con gente, influencias o hábitos de bajo nivel.
>
> **Trabajo:** Si siempre elegimos lo más fácil y agradable, evitando el trabajo duro, eso no nos ayudará a progresar. Tratemos de relacionarnos con gente experimentada y seria y dejemos de lado a aquellos que no cuentan con los conocimientos, las cualidades o el compromiso necesarios para hacer un buen trabajo.
>
> **Vida privada:** Elijamos sabiamente a nuestros amigos. Si sólo nos relacionamos con personas superficiales, eso nos hará perder otras relaciones con mejores personas.
>
> **Salud, sentimientos y relaciones sociales:** Si sólo seguimos nuestros instintos básicos, perderemos lo espiritual, lo más profundo.

CHENG YI. — El segundo trazo se corresponde con el quinto, pero también está asociado con el primero, al que sigue porque está cerca. Este trazo tiene debilidad *yin* y no puede mantenerse en guardia, por lo que [el segundo trazo] recibe la advertencia que si se une al muchachito, perderá al hombre maduro. El primer trazo *yang* inferior representa al muchachito; el quinto trazo, con el que se corresponde [el segundo trazo], en una posición superior y central, representa al hombre maduro. Si el segundo trazo, siguiendo sus tendencias, se une al primero, perderá la simpatía del quinto trazo *yang*; esto es lo que significa "deja ir al hombre maduro". Adherirse al muchachito y perder al hombre maduro; descuidar las simpatías legítimas y seguir lo que no está bien, es un error considerable. El segundo trazo posee las virtudes de centralidad y rectitud; no necesariamente tiene que llegar a este punto; pero en el tiempo del Seguimiento, es bueno que reciba una advertencia.

ZHU XI. — El primer trazo *yang* está debajo, cercano; aunque el segundo trazo se corresponde con simpatía con la rectitud del quinto trazo *yang*, éste está muy lejos. El segundo trazo es suave y *yin* y no puede preservarse, a la espera de la acción de la legítima correspondencia con el quinto trazo, de ahí la imagen simbólica. El desafortunado presagio y la aprensión de males futuros son obvios y no es necesario mencionarlos.

---

5   Está al principio del trigrama *Zhen*, ☳, el trueno.
6   "Maduro", es la traducción de 丈, *zhang*: hombre fuerte, maduro, esposo, mayor; uno que debe ser respetado.

El Seguimiento

Seis en el tercer puesto (muta al hex. 49)

Él se une al hombre maduro y deja ir al muchachito.
El seguimiento obtiene lo que busca.
Una permanente determinación es favorable.

Esta situación es la inversa de la del trazo anterior. Indica que elegiremos una alternativa buena y sabia, que tomaremos la decisión correcta.

Este es un buen momento para superar las relaciones y hábitos que ya no son adecuados para una persona madura.

Siguiendo un buen modelo con perseverancia alcanzaremos nuestros objetivos de manera ventajosa.

Trabajo: Este es un buen momento para adquirir nuevos conocimientos. Nuestros contactos beneficiarán nuestra carrera y quizás consigamos un ascenso. Para progresar, tendremos que dejar atrás algunas cosas.

Vida privada: Después de tomar la decisión adecuada, finalmente estamos en el camino correcto, relacionándonos con gente buena y madura. Nuestra persistencia será recompensada. No permitamos que nadie nos aparte del camino a seguir.

Salud, sentimientos y relaciones sociales: Estamos en el umbral de un nuevo nivel espiritual, sigamos nuestros ideales con determinación.

CHENG YI. — El cuarto trazo *yang* es el hombre maduro; el muchachito es el primer trazo. Aunque el tercer y el primer trazo son parte de la misma sustancia del trigrama inferior, el tercero está más cerca del cuarto, de modo que "se une" a éste. En general, un suave trazo *yin* no puede sostenerse por sí mismo; normalmente se dirige a lo que está más cerca y se adhiere a ello. Si se une al cuarto trazo superior, pierde al primero de abajo. Abandonar al primero para seguir a un trazo colocado más arriba es aprovechar la oportunidad del Seguimiento. Seguir a lo más elevado es bueno; es como la oscuridad siguiendo a la luz. Seguir el bien en los negocios es seguir lo superior. Darle la espalda a la verdad para seguir la falsedad, abandonar la claridad y buscar la oscuridad, es seguir hacia abajo. El cuarto trazo no tiene correspondencia con otro trazo, nadie lo sigue; pero consigue al tercer trazo como seguidor; por lo tanto, necesariamente debe ser bueno y afectuoso con él, de modo que, si el tercero tiene algo que pedirle al cuarto trazo, a quien sigue, lo obtendrá. Cuando un hombre sigue al superior, cuando éste responde a sus atenciones, obtiene lo que busca. Pero, aunque esto sea así, ciertamente no se debe ir contra la razón, siguiendo de manera reprochable a un superior. Utilizar el amor y el cariño para lograr la satisfacción de los deseos sería el caso de un hombre inferior que utiliza la perversión y la adulación para obtener ventaja. Además, el texto dice "una permanente determinación es favorable". Sólo si se sitúa según la justicia "el seguimiento obtiene lo que busca", eso será algo correcto y tal será la acción de seguir al hombre maduro.

ZHU XI. — "El hombre maduro" designa el cuarto trazo *yang*; de manera similar, el "muchachito" designa el primer trazo. El tercer trazo está muy relacionado con el cuarto; se desentiende del primero y lo pierde. La imagen simbólica es exactamente la opuesta a la del trazo *yin* en el segundo puesto. El cuarto trazo está momentáneamente investido de autoridad y el tercero le sigue; si busca algo lo obtendrá. Sin embargo no hay perfecta correspondencia[7], de modo que hay algo que no es correcto y se considera que expresa la [posibilidad de] intriga de la vil adulación. Por eso este es el significado adivinatorio y además el texto advierte que hay que tener una "permanente determinación".

Nueve en el cuarto puesto (muta al hex. 3)

Si uno persigue habrá una captura.
La determinación es ominosa.
La sinceridad con que recorre el camino lo ilumina.
¿Cómo podría haber defecto?

El carácter traducido como "captura", 獲, *huo*, también significa "dar en el blanco, encontrar, tener éxito". Podemos llegar a encontrar o lograr algo tangible, pero también discernir o aprender algo nuevo.

Las cosas van a ir bien por un tiempo, pero si somos complacientes, al final tendremos problemas.

Mantengámonos en guardia y no confiemos ciegamente en la gente que nos rodea, algunos de nuestros seguidores pueden tener intenciones ocultas.

Trabajo: Seamos cuidadosos y fidedignos. La insinceridad es peligrosa, no adulemos a nuestros superiores, y desconfiemos de quienes nos halagan.

Vida privada: Seamos firmes, pero flexibles. Estemos alerta contra los falsos amigos.

Salud, sentimientos y relaciones sociales: Seamos prudentes y evitemos los excesos.

---

7 Recordemos que la correspondencia sólo se da entre trazos *yin* y *yang* que tienen el mismo puesto en los dos trigramas, superior e inferior. Por eso en este caso el tercer trazo no puede tener correspondencia perfecta con el cuarto. El tercer trazo podría corresponderse con el sexto trazo, pero como ambos son trazos *yin* esto no es posible.

CHENG YI. — El cuarto trazo emplea el poder de la firmeza *yang*, y se coloca en el punto más alto de la posición de un súbdito [el ministro]; si logra alcanzar lo que persigue, resultará que, aunque se mantenga conforme a la justicia, "la determinación es ominosa". "Habrá una captura" significa lograr ser seguido por los corazones en todo el mundo. El camino del súbdito es atribuir los beneficios y la autoridad [de que dispone], al superior [el príncipe, el quinto trazo], y que el corazón de la multitud siga siempre al príncipe. Si los propios corazones de los hombres lo siguen [al cuarto trazo], este es un camino peligroso y lleno de aprensión, de modo que el presagio es desafortunado. ¿Qué debe hacer si se encuentra en este camino? Sólo desarrollar y aumentar su sinceridad y buena fe en el centro; moverse sólo de acuerdo con el Camino, y utilizar la inteligencia y la claridad mental para situarse allí[8], y entonces ¿qué culpa podría tener? Entre los hombres de la antigüedad, algunos siguieron este camino, como Yi Yin, el Duque de Zhou y Kong Ming, por ejemplo. En todos, su virtud se extendió al pueblo; lo que les permitió ser seguidos por el pueblo fue que completaron la obra de su príncipe y aseguraron la paz del Estado; ellos mantuvieron una sinceridad extrema; eso es tener buena fe. Su accionar siempre estuvo de acuerdo con el Camino; esto es lo que se expresa en el texto con las palabras "recorre el camino". Fue sólo a través de su inteligencia y claridad mental que fueron capaces de cumplir estas condiciones y el texto lo expresa con las palabras "la sinceridad con que recorre el camino lo ilumina". Y entonces "¿cómo podría haber defecto?" Así confían los inferiores y el superior no desconfía[9]. La situación es extrema, sin que resulte en abuso contra el superior; la fuerza inherente a esta situación es considerable, sin que se cometa ninguna culpa, que consistiría en usurpar el poder. A menos que uno sea un gran sabio o un santo, este resultado es imposible de lograr. Ademas de este tipo de hombres, en un grado inmediatamente inferior, podemos citar a Guo Ziyi de la dinastía Tang, cuya autoridad era suficiente para "sacudir y gobernar como amo" sin que su príncipe se sintiera ofendido. También actuó en pro de la justicia, movido por la sinceridad y la buena fe, por lo que no cometió ninguna falta grave. ¿Sería posible alcanzar este nivel sin inteligencia y claridad mental?

ZHU XI. — El cuarto trazo emplea la firmeza *yang*, ocupando el puesto inferior del trigrama superior. Su virtud es la misma que la del quinto, y por eso el significado adivinatorio es que siguiéndolo logrará alcanzarlo. Sin embargo, la fuerza inherente a él es problemática para el quinto trazo, por lo que, aunque [el cuatro trazo] actúa con rectitud, el presagio es desafortunado. Sólo en el caso de que "la sinceridad con que recorre el camino lo ilumine" podrá estar libre de toda culpa. Quien consulta al oráculo, en un tiempo en el que lleva el peso del poder, debe considerar detenidamente esta advertencia.

○ **Nueve en el quinto puesto** (muta al hex. 51)
La sinceridad lleva a la excelencia.
Ventura.

> La búsqueda sincera de un objetivo superior nos permitirá alcanzar el éxito.
> Una traducción alternativa de este trazo sería "La fidelidad es recompensada". Eso indica que el compromiso y la dedicación al deber nos traerán ventura.
>
> **Trabajo:** No nos contentemos con un resultado mediocre. Este es un excelente momento para desarrollar nuestro negocio o carrera.
>
> **Vida privada:** Las cosas nos irán muy bien. Nuestra sinceridad y dedicación al bien común beneficiará mucho a nuestra familia.
>
> **Salud, sentimientos y relaciones sociales:** Tendremos muy buena salud y disfrutaremos de renombre entre nuestros pares.

CHENG YI. —El quinto trazo *yang* ocupa el puesto preeminente, posee centralidad y está lleno de sinceridad; expresa, pues, justicia y sinceridad en el acto de seguir el bien, y el feliz augurio es evidente. La palabra "excelente", penúltimo carácter del texto, designa el bien[10]. Desde el príncipe hasta el hombre perdido entre la multitud, para todos por igual, el buen augurio, al seguir un camino, consiste sólo en seguir el bien. Este trazo se corresponde con la centralidad y la rectitud del segundo trazo, colocado debajo de él, lo cual expresa el significado de seguir el bien.

ZHU XI. — Este firme trazo *yang* tiene centralidad y rectitud; se corresponde, abajo, con la centralidad y la rectitud [del segundo trazo]; por eso "su sinceridad lleva

---

8 Por eso el texto de este trazo dice: "La sinceridad con que recorre el camino lo ilumina".

9 Un ministro excesivamente exitoso y popular fácilmente puede despertar la suspicacia del príncipe, que puede temer verse desplazado.

10 El carácter traducido como "excelente" es 嘉, *jia*, cuyo significado es: bueno, excelente, contento, complacido, complacer, aprobar; celebración.

El Seguimiento

a la excelencia". Si la persona que consulta el oráculo se encuentra en estas condiciones, el feliz augurio es lo que corresponde.

Al tope un seis (muta al hex. 25)

Agárralo y aférrate a él, atándolo así.
El rey hace ofrendas en la Montaña del Oeste.

> El sexto trazo frecuentemente simboliza a un sabio alejado del mundo o a alguien que está más allá de la situación, porque el tiempo del hexagrama se acaba en este punto.
> En este caso, podemos ser llamados de nuestro retiro para ayudar a los demás.
> La figura del rey haciendo una ofrenda en la Montaña del Oeste indica que nuestro trabajo o ideas serán reconocidos por las autoridades y seremos presentados como un ejemplo a ser imitado por los demás.

> **Trabajo:** Nuestros esfuerzos serán recompensados. Tendremos nuevas oportunidades y comenzaremos una nueva etapa en nuestra carrera.

> **Vida privada:** Nuestros vínculos con alguien de alto nivel nos permitirán introducirnos en un nuevo círculo y se nos abrirán amplias posibilidades.

> **Salud, sentimientos y relaciones sociales:** Vamos a experimentar un despertar espiritual, dejando atrás nuestro apego a la riqueza y a nuestra posición social.

CHENG YI. — El trazo *yin* superior emplea la sumisión, tiene dócil suavidad y ocupa el último puesto en El Seguimiento; es quien lleva esta acción hasta sus límites finales. "Agárralo y aférrate a él", indica el último grado de la acción de seguir, como si estuviera atado y sujeto por un vínculo. El texto agrega "atándolo así", indicando cuan apegado está a lo que sigue, y esto expresa la solidez del vínculo que lo une al objeto seguido. "El rey hace ofrendas en la Montaña del Oeste"; aquí la acción de seguir es llevada hasta sus últimas consecuencias. En el pasado, el Rey Tai practicaba este camino y disfrutaba de prerrogativas reales en la Montaña del Oeste. Para escapar de los peligros que corría ante los bárbaros, el Rey abandonó el distrito de Bin y llegó al monte Qi. Los habitantes de la tierra de Bin, viejos y jóvenes, se animaron unos a otros para seguirlo, tan numerosos como las personas que convergen en un mercado. De hecho, tal es la energía del apego, cuando el corazón de un hombre lo lleva a seguir a alguien. Al seguir este camino, pudo ejercer libremente y en toda su extensión las prerrogativas reales en la Montaña del Oeste, la cual se refiere al monte Qi, el dominio real de los Zhou, allí donde se fundó el reino. El trazo superior ocupa el puesto extremo en El Seguimiento, que expresa la acción de seguir, lo que ciertamente constituye un exceso. Sin embargo, cuando se trata de lograr que la gente lo siga a uno y de tener firmeza en la acción de seguir el bien, se considera que esta condición constituye el bien. Aplicar esta extrema firmeza de apego a otros casos, sería un exceso.

ZHU XI. — Este trazo ocupa el puesto extremo en El Seguimiento. Expresando la acción de seguir, es aquel que se apega tenazmente a lo que sigue y ya no puede separarse de ello. Este grado extremo de sinceridad en sus intenciones, le permite esparcir libremente la claridad espiritual. Por eso el significado adivinatorio es que el Rey sigue la práctica de las ofrendas en la Montaña del Oeste. El carácter *heng*, 亨, "ofrendas", debe tomarse como el carácter *xiang*, 享 en la expresión "ofrecer sacrificios". En relación a la dinastía Zhou, el monte Qi estaba en el oeste. Siempre que consultamos al oráculo sobre el tema de los sacrificios que se ofrecen a las montañas o a los ríos, y obtenemos este trazo, si nuestra intención sincera es similar, el presagio será feliz.

18 El Trabajo en lo Echado a Perder / Corrupción | *Gu*

Antiguas representaciones del carácter que le da nombre a este hexagrama muestran un vaso con gusanos o serpientes.

Significados asociados

Decadencia, corrupción; gusanos venenosos en la comida o el estómago; veneno, influencia maligna; seducción, locura; maldición, embrujo

El Dictamen

El Trabajo en lo Echado a Perder.
Éxito sublime.
Es favorable cruzar el gran río.
Antes del primer día tres días.
Después del primer día tres días.

> La corrupción puede haber sido causada por descuido, errores o falta de adaptabilidad a las cambiantes circunstancias.
> Antes de corregir una situación que se ha estropeado, es importante entender las causas del problema; por eso el dictamen dice: "antes del primer día tres días." La semana de la antigüedad, en China, tenía 10 días y en el primer día el rey emitía sus comandos. Esto significa hay que debemos tomar un tiempo antes de poner manos a la obra para corregir la corrupción, porque es preciso analizar las causas antes de decidir como solucionar el problema.
> La gente se acostumbró a la corrupción imperante y va a pasar algún tiempo antes que se adapten a las nuevas reglas, las cosas no se pueden arreglar en un instante, por eso el texto dice "después del primer día, tres días".
> Corregir una situación en mal estado requiere mantener la esencia de la cosa y deshacerse de la corrupción, eliminar todas las partes que se echaron a perder. La renovación de una situación que fue descuidada durante demasiado tiempo, requiere un gran esfuerzo, pero los resultados serán buenos si estamos dispuestos a hacer un buen trabajo.
> Pero también la corrupción puede ser interna, como en el caso de adiciones, vicios o malas costumbres que perjudican nuestro bienestar; en ese caso debemos examinar bien su causa, corregirla y estar atentos a nosotros mismos para no recaer.
> La frase: "Es favorable cruzar el gran río" indica que nuestro trabajo tendrá buen resultado. En la China antigua, cruzar un río, ya fuera vadeándolo o pasando por encima del mismo cuando este se congelaba, no era una tarea sencilla porque no había puentes. Cruzar un río era peligroso y no era nada fácil; de ahí que la frase "es favorable cruzar el gran río" es una metáfora que indica que este es un buen momento para llevar adelante un emprendimiento de importancia, aunque sea peligroso, pero no debe ser tomado a la ligera.

CHENG YI. — Desde el momento en que algo se echó a perder, hay motivo para volver al orden. Desde la antigüedad, el orden siempre ha sido necesariamente consecuencia del desorden, porque las perturbaciones abren el camino al restablecimiento del orden; ésta es una ley natural. Con las habilidades indicadas por los trigramas, aplicadas a la restauración del orden perturbado, será posible alcanzar un "éxito sublime". Lo más importante en El Trabajo en lo Echado a Perder, es superar, remediándolas, las penurias y dificultades, los peligros y obstáculos del momento presente; por eso el texto dice: "es favorable cruzar el gran río". El "primer día"[1] del texto, expresa el punto de partida de los números o de una serie; el comienzo de las cosas; siempre es la indicación del primer término de una serie, o del origen de una materia. El camino para remediar lo echado a perder es pensar y me-

---

1 El "primer día" es una traducción del carácter 甲, *jia*, que aparece dos veces en el Dictamen. *Jia* significa el primer día de la semana de 10 días, el día para emitir nuevos mandatos; también es un carácter cíclico, el primero de los Diez Troncos Celestiales. En la China antigua se usaba una semana de diez días, con bases puramente numéricas (sin relación astronómica). Los días se asociaban con los Diez Troncos Celestiales (*tian gan*), que son un antiguo sistema numérico cíclico chino.

El Trabajo en lo Echado a Perder / Corrupción

ditar en lo que precede o sigue, tres días antes y tres días después. En efecto, investigar lo que precede y deducir las consecuencias es el camino para que el remedio al mal sea eficaz y tenga un efecto duradero. "Antes del primer día tres días", implica el análisis de las causas naturales de los hecho. "Después del primer día tres días", indica que se debe meditar sobre las consecuencias naturales de un hecho. Se desarrolla durante un día, dos días, hasta tres días; esto expresa la profundidad de la meditación, la amplitud del alcance de la investigación. Al analizar las causas naturales que provocaron el hecho, reconocemos el camino a seguir para remediarlo. Al meditar sobre las consecuencias naturales de los hechos, reconocemos los medios a utilizar para prevenirlos y protegernos de ellos. Si el remedio aplicado es bueno, los inconvenientes originales pueden eliminarse; si las medidas preventivas son buenas, su efecto útil se puede sentir durante mucho tiempo. Tal fue el sistema que los sabios reyes de la antigüedad emplearon para renovar el mundo y legarlo a las generaciones futuras. Quienes en tiempos posteriores tuvieron que remediar lo echado a perder, ya no captaron claramente el precepto del sabio contenido en estas palabras: "antes del primer día tres días. Después del primer día tres días"; sus meditaciones eran superficiales y sólo se aplicaban a las cosas cercanas, por lo que, a pesar de sus esfuerzos por el bien de su tiempo, el desorden nunca fue eliminado; su trabajo nunca pudo realizarse del todo y siempre persistió el germen de males futuros. *Jia* [el "primer día", el Primer Tronco Celestial] expresa el comienzo, o punto de partida de las cosas; *geng* [el Séptimo Tronco Celestial][2] expresa el comienzo de la modificación, alteración y renovación. Cuando se trata de documentos administrativos o legislativos utilizamos el término *jia* para designar el punto de partida; si se trata de dictar ordenanzas o promulgar instrucciones utilizamos el término *geng*, en el mismo caso *geng* quiere decir cambiar, renovar, e indica que hay que modificar o transformar algo.

ZHU XI. — El Trabajo en lo Echado a Perder indica que el deterioro está en su apogeo y hay cosas que hacer. La firmeza del trigrama *Gen*, ☶ ocupa la posición superior; la maleable suavidad del trigrama *Sun*, ☴ ocupa la posición más baja. Lo alto y lo bajo no se alían; abajo humildad y sumisión, y arriba detención. Es por estas razones que este hexagrama se llama El Trabajo en lo Echado a Perder y expresa los motivos de la decadencia. Se ha dicho que lo firme arriba y la suavidad abajo, indica

que mediante la fluctuación de hexagramas[3], este hexagrama viene de *Bi*, 賁, ☶☲ (22, *La Elegancia*), cuyo primer trazo sube mientras que el segundo desciende; o viene de *Jing*, 井, ☵☴ (48, *El Pozo*), cuyo quinto trazo sube y el trazo superior baja; o finalmente proveniente de *Jiji*, 既, ☵☲ (63, *Después de la consumación*), en el que estas mismas circunstancias se encuentran juntas y donde, igualmente, la dureza energética sube mientras la dócil suavidad desciende. En estos tres casos, este mismo cambio produce siempre El Trabajo en lo Echado a Perder, que expresa una degradación o deterioro que llegó a su punto máximo, el momento en que el desorden está a punto de transformarse en orden, por eso el significado adivinatorio es "sublime éxito" y "es favorable cruzar el gran río". El carácter 甲, *jia*[4] indica el primer día en un ciclo, el origen de las cosas. Tres días antes del día *jia*, es el día *xin*[5]; tres días después del día *jia*, es el día *ding*[6]. Lo que precede ha pasado el punto medio y entra en decadencia, de modo que debe renovarse convirtiéndose en el origen de lo que vendrá después, sin que llegue a la destrucción extrema. Lo que seguirá está en sus inicios y aún es nuevo. Sin embargo, lo más importante es alcanzar paz y descanso en el día *ding*. Al examinar los defectos de lo pasado, no nos exponemos a caer rápidamente en un nuevo período de decadencia; esta es la advertencia profunda que da el sabio.

La Imagen

Debajo de la Montaña está el Viento:
la imagen de El Trabajo en lo Echado a Perder.
Así el noble sacude al pueblo y cultiva su moral.

> El viento que sopla en la base de la montaña da la idea de aire estancado en un valle. De la misma manera las personas pueden quedar atrapadas por ideas anticuadas y malos hábitos, y no pueden renovarse ni mejorar.
> La imagen dice que ellos deben ser sacudidos y despertados para que puedan aprender comportamientos más adecuados. Nuevos valores y acciones positivas deberían reemplazar a la lasitud y las actitudes negativas del pasado.

CHENG YI. — "Debajo de la Montaña está el Viento": el viento se encuentra con la montaña y regresa en dirección opuesta, de modo que todas las cosas están

---

2 CHENG YI explica el significado del Séptimo Tronco Celestial en su comentario sobre el quinto trazo del hexagrama 57, Lo Suave.

3 Ver el **Glosario** para más información sobre este término.
4 Sobre el significado de *jia*, ver la nota sobre los Diez Troncos Celestiales, en el comentario de CHENG YI sobre este mismo Dictamen.
5 El octavo Tronco Celestial, o día de la semana
6 El cuarto Tronco Celestial, o día de la semana.

dispersas y en desorden, lo que se considera la imagen simbólica de El Trabajo en lo Echado a Perder. El noble considera esta imagen simbólica del origen de los problemas y la aplica a la práctica de ayudar a las personas, animándolas y cultivando sus virtudes. En relación con uno mismo, la acción consiste en desarrollar las propias virtudes; en relación con el mundo, consiste en ayudar a las personas. De todo lo que corresponde al noble, no hay nada más importante que las dos cosas que aquí se mencionan.

ZHU XI. — "Debajo de la Montaña está el Viento": la gente está molesta y hay cosas que corregir. Pero entre todas las cosas que hay que hacer, no hay ninguna más importante que estas dos: gobernarse a uno mismo y gobernar a los hombres.

Al comienzo un seis (muta al hex. 26)

Corrige la corrupción dejada por su padre.
Porque hay un hijo el finado padre no tiene falta.
Peligro. Finalmente ventura.

> La "corrupción dejada por su padre" indica errores causados por formas que ya no son válidas, problemas que vienen del pasado. Lo que necesitamos es una renovación. Dado que la decadencia es reciente (el primer trazo indica el comienzo de la situación), la corrección de las cosas malas no debería ser demasiado difícil. Si corregimos los errores prontamente, el padre no tendrá ningún defecto.
> Pero si dejamos las cosas libradas a sí mismas, sin aplicar ninguna corrección, habrá peligro de estancamiento. Cuanto más tiempo pase, más difícil será la corrección de los problemas heredados del pasado.
>
> **Trabajo:** Deberíamos cambiar nuestra forma de hacer negocios, o arreglar algo que se estropeó. Es posible que la persona que ocupaba previamente nuestro puesto nos haya dejado una situación complicada.
>
> **Vida privada:** Es tiempo de superar las costumbres anticuadas e inoperantes. Miremos hacia adelante en lugar de rememorar el pasado. Si no nos adaptamos a los nuevos tiempos nuestros problemas empeorarán.
>
> **Salud, sentimientos y relaciones sociales:** Podremos mejorar nuestra salud espiritual y física, pero sólo si somos receptivos a lo nuevo y estamos dispuestos a enmendar los errores pasados.

CHENG YI. — El primer trazo *yin*, aunque ocupa el puesto más bajo, es sin embargo el que determina la formación del hexagrama; por lo tanto incluye el sentido de liderar como amo. Dado que, ocupando la posición más baja es el amo, por eso "corrige la corrupción dejada por su padre". Él sirve como tutor de los asuntos de su padre, "porque hay un hijo", y por eso "el finado padre no tiene falta". En caso contrario, las consecuencias de su propia incapacidad recaerán sobre el padre. Por eso es necesario preocuparse por los posibles peligros, y así será posible lograr un final feliz. Estar colocado en un puesto humilde y ser alguien de quien dependen los asuntos de una persona preeminente debe, naturalmente, inspirar aprensión y temor. Este trazo posee las aptitudes inherentes a los trazos *yin*, es sumiso y humilde, como la sustancia de la que forma parte, que es *yin* y suave; y está en el fondo, sin un trazo que le corresponda; pero al mismo tiempo dirige y sirve de tutor. Sin embargo, no tiene la capacidad para remediar las dificultades desde su propia posición. Pero, si habláramos de ello desde el punto de vista de la imposibilidad de ejercer como tutor, el significado sería muy restringido, y por eso se trata exclusivamente de la trayectoria del hijo guardián de los asuntos de su padre. Es absolutamente necesario que pueda superar las dificultades de su humilde puesto, y entonces no habrá razón para que las consecuencias de su incapacidad recaigan sobre su padre. Si es sumamente cuidadoso, podrá alcanzar un final feliz. Esto es considerar en su totalidad la gran regla de que el hijo sea tutor de los asuntos del padre[7].

ZHU XI. — El carácter *gan*, 幹,[8] traducido como "corrige"; es como el tronco del árbol al que se unen las ramas y las hojas, y que las sostiene. En este caso la corrupción es la consecuencia de lo que los antecesores arruinaron; por eso todos los trazos presentan la imagen simbólica del padre o de la madre. Si el hijo es capaz de servir de tronco, de guardián, podrá brindar cuidados, mejorar y restaurar el orden. En el caso del primer trazo *yin*, las causas del problema aún no son profundas y es fácil remediarlas, además el significado adivinatorio es que "porque hay un hijo", este podrá remediar las causas del problema y liberar al padre fallecido de culpa. Sin embargo, la situación sigue siendo peligrosa. Por tanto, el texto advierte a quien consulta el oráculo de eso. Si el consultante advierte el peligro y acepta el consejo, "finalmente [habrá] ventura".

---

[7] Para entender al comentarista, debemos mencionar la importancia que los chinos otorgan a la continuación del linaje. El hijo que muere sin descendencia es la causa que hace que se interrumpa el culto debido a los espíritus de los antepasados.

[8] 幹, *gan*: ocuparse, hacerse cargo de; corregir, enderezar; tronco (de un árbol o del cuerpo humano), tallo, espina, esqueleto.

EL TRABAJO EN LO ECHADO A PERDER / CORRUPCIÓN

Nueve en el segundo puesto (muta al hex. 52)

Corrige la corrupción dejada por su madre.
No debe ser demasiado duro.

> La referencia a la madre y la advertencia acerca no ser demasiado duro indica que, en este caso, los errores deben ser corregidos con suavidad y delicadeza, sin avergonzar a las personas involucradas y sin hacer cambios radicales.
>
> Un enfoque moderado, teniendo en cuenta las limitaciones de quienes originaron el problema, será la mejor opción.
>
> **Trabajo:** Temas sensibles deben ser corregidos de manera discreta. Algo debe hacerse, pero sin llegar a extremos.
>
> **Vida privada:** Algo no está bien en nuestra familia, intentemos corregirlo con sumo cuidado. No seamos inconsiderados con los sentimientos de los demás.
>
> **Salud, sentimientos y relaciones sociales:** Aprendamos a controlar nuestros estados emocionales, pero con equilibrio y dulzura. No reprimamos duramente nuestros sentimientos, tratemos de encontrar el balance adecuado.

CHENG YI. — El segundo trazo es *yang* y firme; y está en correspondencia con el quinto trazo *yin*. Expresa, por tanto, el empleo de las aptitudes de la firmeza *yang*, en un puesto inferior para encargarse de los asuntos del trazo *yin* con el que se corresponde. Es por esto que el texto menciona a un hijo que "corrige la corrupción dejada por su madre", como un ministro dotado de firmeza *yang*, que ayuda a un príncipe débil y gentil. El segundo trazo forma parte de la sustancia del trigrama inferior [*Xun*, ☴] que expresa humildad y ocupa un puesto que indica dócil gentileza, todo lo cual tiene el significado de sumisión; es la manera del tutor de los asuntos de la madre. Ahora bien, en lo que respecta a los deberes del hijo hacia la madre, conviene que utilice la dulzura y la humildad para ayudarla y guiarla, de modo que actúe conforme al deber. Si le falta condescendencia, el resultado desafortunado será culpa de este hijo. Pero incluso si es proclive a la indulgencia y a la obediencia condescendiente, ¿cómo puede no ser demasiado duro? Si aplicamos este texto a las mujeres, es obvio que se trata de una suavidad *yin*. Ahora bien, si sigue el camino de la firmeza *yang*, y toma una decisión apresurada teniendo en cuenta sólo sus propios impulsos, el hijo actuará con ingratitud, y el daño que resultará será grande. Pero entonces ¿qué camino puede tomar? Simplemente aquel que consiste en doblegarse ignorando las propias ideas, sustituyéndolas con humildad y conciliación para el cuidado de estos asuntos, para que sea correcto y ponga en orden los asuntos. Por eso el texto dice "no debe ser demasiado duro", es decir que no debe ser demasiado exigente y rígido en la observación absoluta del camino firme y recto. De esa forma, seguirá el camino del justo medio. Pero de esa forma, ¿cómo podría ser posible que este camino le permitiera hacerse cargo de un asunto complicado? Esto sólo será posible si trata de seguir el camino intermedio respecto al servicio de un príncipe débil, que ha fallecido, extremando la sinceridad y llevando la lealtad al límite. ¿De qué otra manera sería posible hacer algo grandioso? Sólo siendo un sabio como el Duque de Zhou, que ayudó al Rey Cheng, aunque éste no era demasiado débil, y supo llevarlo a ser un rey consumado, allí detuvo su obra; manteniendo el cuidado del cumplimiento de sus deberes y no fallando en el camino moral esto es posible. Es bastante obvio que este camino no puede usarse para hacerse cargo de los asuntos de Xi, Huang, Yao, y Shun. El segundo trazo tiene en esencia la humildad y posee centralidad; expresa la capacidad de sumisión y humildad y sigue un camino intermedio; esto concuerda con el significado de las palabras "no debe ser demasiado duro"; así se mantiene en conformidad con el camino a seguir al servir como tutor de los asuntos de la madre.

ZHU XI. — El segundo trazo *yang* es firme y central; en la parte superior se corresponde con el quinto trazo *yin*; es la imagen simbólica del hijo que es guardián de los asuntos de su madre y que sigue el camino del medio. Utiliza la firmeza para sustituir la dócil suavidad y corrige sus defectos. Sin embargo el texto dice que no debe hacer gala de una firmeza excesiva, es decir que debe seguir este camino con humildad.

Nueve en el tercer puesto (muta al hex. 4)

Corrige la corrupción dejada por su padre.
Habrá algunas fallas, pero no gran defecto.

> Nuestra intervención para corregir los problemas que han sido descuidados durante mucho tiempo causará algunos conflictos. No recibiremos ayuda de nadie y algunas personas incluso pueden quejarse, aduciendo que somos demasiado duros. Sin embargo, lo importante es solucionar los problemas. Al final todo saldrá bien, porque tenemos suficiente voluntad y fuerza como para corregir la situación.
>
> **Trabajo:** Tenemos una tarea complicada por delante y no podremos evitar enemistarnos con algunas personas. Cumplamos con nuestro deber sin tener en cuenta las quejas.

Vida privada: Nuestros esfuerzos para renovar la situación despertarán un poco de resistencia, pero estamos en el camino correcto. Persistamos hasta alcanzar nuestros objetivos.

Salud, sentimientos y relaciones sociales: Este no es un momento para tomar medidas parciales. Lo importante es corregir nuestros defectos, una intervención a fondo es la única manera de evitar que nuestra vida se estanque.

CHENG YI. — El tercer trazo emplea su firmeza *yang*; ocupando el puesto superior en el trigrama inferior; él es quien actúa como amo sirviendo de tutor. Cuando el hijo que sirve de tutor de los asuntos de su padre utiliza cualidades *yang*, actúa con firmeza, aunque al no tener centralidad, es excesivamente duro. Pero en este caso, sin embargo, forma parte de la sustancia de la humildad; aunque su energía es excesiva, no está exento de sumisión[9]. Servir con sumisión es la base del afecto. Además, el puesto que ocupa implica rectitud, por tanto no comete grandes faltas. Empleando el firme poder *yang*, y siendo capaz de hacerse cargo de los asuntos, aunque sea excesivamente duro y tenga "algunas fallas" no habrá "gran defecto", es decir, que en última instancia, no comete ninguna falta grave, y sólo siente un ligero pesar.

ZHU XI. — Exceso de firmeza, sin centralidad; por eso se arrepiente un poco. Pero su sustancia es la humildad y tiene suficiente rectitud, por lo que no comete grandes errores.

Seis en el cuarto puesto (muta al hex. 50)
Tolera la corrupción dejada por su padre.
Si sigue así lo lamentará.

La inactividad no nos llevará a ninguna parte. Debilidad y adherencia rígida al pasado sólo harán que nuestros problemas actuales empeoren.

Trabajo: Si no rectificamos nuestros problemas actuales seremos humillados.

Vida privada: Si seguimos ignorando o posponiendo la necesidad de corregir la corrupción, lo lamentaremos.

Salud, sentimientos y relaciones sociales: Una actitud complaciente con nuestros malos hábitos puede perjudicar nuestra salud.

CHENG YI. — El cuarto trazo es *yin* y ocupa un puesto *yin*; sus aptitudes son las de suavidad y la sumisión. La manera en que se sitúa es coherente con la rectitud[10] y por eso se le considera la imagen simbólica de alguien que es tolerante y generoso en el cuidado de los asuntos del padre. Ahora bien, teniendo las aptitudes de mansedumbre y sumisión, ocupando su puesto con rectitud, como mucho puede ocuparse de sí mismo y mantenerse, siguiendo el fluir de las circunstancias ordinarias; si intenta encargarse de asuntos de importancia más allá del nivel promedio, será incapaz de llevarlos a cabo, por eso las causas de aprensión son obvias. Empleando gentileza *yin* y desprovisto de ayuda[11] y correspondencia, si emprende algo, ¿cómo podrá lograrlo?

ZHU XI. — Empleando sus cualidades *yin*, ocupa un puesto *yin*; no puede lograr un resultado eficaz; es la imagen simbólica de la tolerancia en los asuntos corrientes[12]. En tales condiciones, sucederá que las cosas en cuestión se deteriorarán cada día más, de modo si tiene que emprender algo [serio], hay claros motivos de aprensión. Es una advertencia al que consulta el oráculo de que no debe actuar de esta manera.

○ Seis en el quinto puesto (muta al hex. 57)
Se ocupa de la corrupción dejada por su padre.
Uno obtiene alabanzas.

Problemas de larga data deben ser corregidos con la ayuda de los demás. Obtener alabanzas significa que nuestros esfuerzos serán reconocidos y apoyados por otras personas.

Trabajo: Podemos ser promovidos o nuestro negocio prosperará si manejamos bien los problemas que enfrentamos en la actualidad. Nuestros esfuerzos serán reconocidos y nuestra reputación se acrecentará.

Vida privada: Nuestros amigos y familiares nos apoyarán en nuestra búsqueda de una solución a los problemas heredados.

Salud, sentimientos y relaciones sociales: Es tiempo de arreglar nuestros problemas con la ayuda de otros. Renacimiento espiritual.

---

9 Porque está situado en el trigrama inferior [*Xun*, ☴] que expresa humildad.
10 Por ser un trazo *yin* en un puesto *yin*.
11 No tiene una relación de correspondencia con el primer trazo, porque ambos son *yin*.
12 El carácter 裕, *yu*, traducido como "tolera" también tiene el significado de "descuidar, posponer".

El Trabajo en lo Echado a Perder / Corrupción

CHENG YI. — El quinto trazo ocupa la posición preeminente, le toca ocuparse de los asuntos del gobierno con dócil gentileza *yin*. Se corresponde con el segundo trazo *yang*, a quien, como un ministro dotado de firmeza *yang*, puede confiar el peso de la autoridad. Aunque se corresponde con el sabio enérgico y activo, *yang*, en el segundo puesto, y le delega autoridad, él mismo es en realidad blando e inactivo, de modo que no puede comenzar nada ni poner las bases de nada; sólo es apto para continuar con las viejas tradiciones. Por eso se considera que este trazo "se ocupa de la corrupción dejada por su padre". Ahora bien, cuando se trata de asuntos como fundar algo para legar a la posteridad, es imposible lograrlo sin las habilidades de la energía y la inteligencia. El príncipe llamado a suceder en un trono establecido, aunque suave y débil, puede, si sabe investir de autoridad a un hombre sabio y enérgico, continuar con dignidad la posteridad de sus antepasados y merecer elogios. Tanto Tai Jia como el Rey Cheng fueron elogiados por las acciones de sus ministros.

ZHU XI. — Este trazo suave y central ocupa el puesto preeminente; además, el segundo trazo *yang* le sirve con sus virtudes. En estas condiciones, ocuparse de la corrupción puede conducir a la fama, y por eso éste es el significado adivinatorio y la imagen simbólica.

Al tope un nueve (muta al hex. 46)

Él no sirve a reyes o señores.
Se ocupa de asuntos mucho más elevados.

> Muchas veces el último trazo indica a alguien que está fuera de la situación. Aquí simboliza a una persona sabia desprendida de las cosas del mundo, centrada en las metas espirituales y la superación personal.

> **Trabajo:** El dinero no es lo más importante para nosotros. Puede que éste sea el momento propicio para retirarnos de nuestro trabajo, para ocuparnos de nuestros propios objetivos personales.

> **Vida privada:** Estamos desapegados de los demás, aunque somos amigables con todos, pero ya no estamos muy interesados en los asuntos de otras personas.

> **Salud, sentimientos y relaciones sociales:** Este trazo retrata a un espíritu verdaderamente libre, que sólo busca el crecimiento espiritual.

CHENG YI. — El trazo *yang* superior se coloca al final de El Trabajo en lo Echado a Perder; no se corresponde con otro trazo por debajo de él y está desvinculado de los negocios; ocupa un lugar sin asuntos de los que ocuparse. Empleando las habilidades de firmeza y la claridad, sin ayuda ni soporte, y colocado en un terreno donde no hay negocios que realizar, es un hombre sabio y talentoso, que no se adapta a los gustos del momento, estimando por encima de todo la práctica del bien sin ostentación y la introspección, sin inmiscuirse en los asuntos de su tiempo. Por eso el texto dice "Él no sirve a reyes o señores. Se ocupa de asuntos mucho más elevados". Entre los hombres de la antigüedad hubo algunos que actuaron de esta manera; estos fueron Yi Yin, Taigong, Wang, Zengzi y Zisi. No rebajaron su moral para adaptarse a las ideas de su tiempo, y tan pronto como ya no pudieron hacer prevalecer su influencia en el imperio, se ocuparon del mejoramiento de ellos mismos, concentrándose en esta ocupación, y preocupándose sólo de seguir sus propias tendencias y los preceptos de la moral. Pero, además, el camino del hombre cultivado, en relación con el autodominio, no es único. Puede consistir en apegarse a la virtud del camino moral, sin conceder nada al tiempo[13], y en preservarse para protegerse de toda corrupción; puede consistir en conocer el camino de la moderación, en retirarse a los márgenes para preservarse; puede consistir en medir las propias aptitudes, en apreciar la propia condición y contentarse con ella sin buscar la fama; puede consistir en observarse a uno mismo con firmeza de sentimientos, sin preocuparse por los asuntos mundanos, y en proponerse únicamente el perfeccionamiento personal. Aunque el terreno en el que cada uno se sitúa presenta desigualdades en cuanto a sus ventajas o inconvenientes, la elección resulta siempre de la gran importancia que se concede a ocuparse de lo que le atañe a uno personalmente; esto es lo que el *Comentario de las pequeñas imágenes*[14] expresa con las palabras "su inspiración es ejemplar". Es el movimiento hacia delante, o hacia atrás, regulado por la vía moral.

ZHU XI. — Un firme trazo *yang* ocupa el puesto más alto; está fuera de servicio; de ahí la imagen simbólica, y en ella también está contenido el significado adivinatorio y la advertencia.

---

13 Es decir sin rebajarse para adaptarse a los malos hábitos imperantes en su tiempo.
14 El Comentario de las pequeñas imágenes (*Xiao xiang zhuan*, 小象傳) contiene breves comentarios sobre cada trazo individual, normalmente citando toda o parte de la declaración del trazo (*yaoci*). No forma parte de esta traducción.

19 El Liderazgo | *Lin*

Los caracteres que forman el sinograma que le da nombre a este hexagrama son *chen*, "ministro, oficial" y *pin*, "tipo, variedad": supervisar diferentes cosas.

Significados asociados

Acercarse, inspeccionar, supervisar (sacrificio).

El Dictamen

El Liderazgo.
Sublime éxito.
La determinación es favorable.
Al octavo mes habrá desventura.

> Debemos estar preparados para aprovechar al máximo las nuevas oportunidades que se aproximan porque no van a durar mucho tiempo. Los ocho meses que pasan representan un período efímero, una vez finalizado, el crecimiento y la prosperidad cesarán.
> Los tres trazos inferiores simbolizan a las personas que están prosperando. Los tres trazos superiores indican a las personas de mayor rango que trabajan con aquellas en posiciones más bajas, ayudándolas y supervisándolas.
> Este es uno de los pocos hexagramas que mencionan "las cuatro virtudes cardinales": *yuan, heng, li, zhen*, que significan "sublime", "éxito", "propicio" y "determinación o perseverancia".
> Una o más de las cuatro virtudes aparecen en 50 de los 64 hexagramas, pero sólo los hexagramas 1, 2 (con una modificación), 3, 17, 19, 25 y 49 incorporan las cuatro virtudes en su dictamen.
> Desde la dinastía *Han* en adelante, las cuatro virtudes se convirtieron en palabras claves del pensamiento confuciano, identificando cuatro cualidades o virtudes aplicables tanto al Cielo como al noble.
> Todo oráculo que incluya estas cuatro virtudes indica que el éxito está garantizado, pero solo si el consultante se comporta correctamente; por esta razón la perseverancia en el camino correcto es la clave del éxito.

CHENG YI. — Desde el punto de vista de los poderes de sus trigramas, el camino a seguir en El Liderazgo se basa en estos poderes; este camino alcanzará "sublime éxito" y será consistente con la rectitud. Los dos trazos *yang* se desarrollan desde el fondo; este es el momento en que su camino natural florece. El sabio advierte esto de antemano y dice que aunque la fuerza *yang* ha comenzado a desarrollarse, "al octavo mes habrá desventura", es decir, cuando llegue el octavo mes, su camino natural se agotará; esto es lo que hace que el presagio sea desafortunado. Generalmente, cuando el sabio da una advertencia, es siempre en el momento en que la prosperidad comienza a florecer; previendo la decadencia en ese momento, será posible prevenir las consecuencias de su desarrollo extremo y planificar para que la prosperidad sea permanente y duradera. Si la advertencia llegara después de que hubiera comenzado la decadencia, carecería de sentido y ya no se aplicaría. Desde la antigüedad, la paz y el orden en el mundo nunca han durado mucho sin que surgiera el desorden; es porque en realidad la advertencia no fue escuchada durante la prosperidad. En el momento en que la prosperidad florece, no sabemos cómo protegernos de los contratiempos de la fortuna, de modo que nos acostumbramos al bienestar y a la riqueza, y nace el orgullo y la prodigalidad; damos rienda suelta a los instintos de placer y desorden, y las reglas fundamentales de la sociedad se corrompen. Al olvidar las desgracias y los problemas, crecen las semillas de la discordia y la disensión. Esto es así porque, ahogados en el desorden de las pasiones, no podemos reconocer que cuando llegamos al punto extremo, el orden da paso al desorden.

ZHU XI. — El Liderazgo [臨, *lin*][1] expresa la acción de avanzar e invadir reprimiendo todas las cosas. Ambos trazos *yang* se elevan y se acercan reprimiendo los trazos *yin*, por eso este hexagrama se llama El Liderazgo. Este

---

[1] 臨, *lin* significa: acercarse, inspeccionar, supervisar (sacrificio), lamentaciones ceremoniales; máquina de asedio.

EL LIDERAZGO

hexagrama corresponde al duodécimo mes; se forma a partir del trigrama ☱, *Dui*, satisfacción, en la parte inferior, y el trigrama ☷, *Kun*, pasividad, en la parte superior. El segundo trazo *yang* emplea la firmeza enérgica y se mantiene en la centralidad; en la parte superior se corresponde con el quinto trazo *yin*, por eso el significado adivinatorio es "Sublime éxito. La determinación es favorable". Pero "al octavo mes habrá desventura". El "octavo mes", está asociado con el hexagrama *Guan*, 觀, ䷓ (20, *La Contemplación*), significa el mes que difiere en un trazo *yang* del hexagrama *Fu*, 復, ䷗ (24, *El Retorno*), o el mes que corresponde al hexagrama *Dun*, 遯, ䷠ (33, *La Retirada*), por fluctuación de hexagramas[2] de sólo dos trazos, es decir, en el momento en el que *yin* prospera y *yang* se desvanece [hexagrama 33, *La Retirada*]. También se ha dicho que los caracteres 八月 [traducidos como "octavo mes"] designan específicamente el octavo mes de verano, que corresponde al hexagrama La Contemplación [20], que es la antítesis de El Liderazgo. Además, es el significado adivinatorio mismo el que constituye la advertencia.

La Imagen

Por encima del Lago está la Tierra:
la imagen del Liderazgo.
Así el noble es incansable en sus propósitos de instruir;
tolera y protege al pueblo sin límites.

> La imagen de este hexagrama muestra una masa de agua escondida, ubicada debajo de la tierra. Esto simboliza un tipo de liderazgo basado en la crianza y la educación de las personas, como un jardinero que riega el jardín para que las plantas crezcan.
> Al igual que las plantas de un jardín, el Liderazgo va a florecer solamente durante un tiempo, hasta que llegue el otoño, por lo tanto, la oportunidad debe aprovecharse sin demora antes que se desvanezca.
> Este es un buen momento para apoyar y enseñar a la gente, delegando autoridad en ellos. De esa manera van a crecer como personas plenamente responsables.

CHENG YI. — Sobre el Lago está la Tierra; la costa del lago es la orilla del agua. Entre todas las cosas que están en contacto y que se penetran conteniéndose, el contacto nunca es tan íntimo como entre el agua y la Tierra. Por eso la Tierra sobre el lago es el símbolo del Liderazgo. El noble contempla este símbolo del acercamiento íntimo de dos cosas, una de las cuales domina a la otra, y "es incansable en sus propósitos de instruir". Observando con afecto a las personas, le mueve el pensamiento de instruirlas y guiarlas. "Tolera y protege al pueblo", lo hace con la más extrema pureza de intenciones, sin oprimirlos. Hace esto "sin límites", los contiene con la voluntad de abrazar a los pueblos bajo su protección sin restricción alguna, es decir con la mayor amplitud de miras y sin que ninguna frontera lo detenga. Este estado, que consiste en rodear y contener, incluye una idea de amplitud y grandeza que da sentido a las palabras "incansable" y "sin límites".

ZHU XI. — La Tierra se acerca al lago; lo superior se acerca a lo inferior y lo vigila; en ambos casos, siempre es el significado expresado por El Liderazgo: vigilar algo debajo de uno mismo. La ausencia de límites en la enseñanza se expresa con el trigrama ☱, *Dui*; la ausencia de límites en la protección se expresa mediante el trigrama ☷, *Kun*.

○ **Al comienzo un nueve** (muta al hex. 7)

Liderazgo conjunto.
La determinación es favorable.

> Nuestra influencia atraerá a personas de ideas afines, si cooperamos con ellos todos se beneficiarán. Colaboremos con los demás, pero sin renunciar a nuestros objetivos personales.
>
> **Trabajo:** El trabajo con personas que comparten nuestros mismos objetivos será venturoso, pero no dejemos que los demás tomen todas las decisiones. Este es un buen momento para recibir promociones y para el trabajo en equipo. Puede que seamos asignados a un nuevo puesto de trabajo.
>
> **Vida privada:** Tendremos excelentes oportunidades para establecer nuevas relaciones e iniciar nuevos proyectos con nuestros amigos o familia.
>
> **Salud, sentimientos y relaciones sociales:** En comunión con los demás, compartiendo un objetivo común, enriqueceremos nuestra vida. No nos olvidemos de nosotros mismos; colaborar con otras personas no es lo mismo que renunciar a la propia individualidad.

CHENG YI. — El carácter 咸, *xian*, traducido como "conjunto", primer carácter del texto, también significa causar o sentir una influencia[3]. A medida que los trazos *yang* se desarrollan y crecen, se influyen recíprocamente con los trazos *yin*. El cuarto trazo se corresponde con el primero, lo influye. Comparado con lo que ocurre en el caso de otros hexagramas, la correspondencia es mucho más importante. El cuarto trazo está cerca de la posición

---

2 Ver el **Glosario** para más información sobre la fluctuación de hexagramas.

3 Ver el hexagrama 31, La Influencia Mutua, 咸, *xian*.

del príncipe; mientras el primero ha ganado con rectitud la posición adecuada[4]; ambos se influyen mutuamente con simpatía. Esto es usar el camino de la rectitud, para investir de autoridad a través de la confianza, a alguien digno de su posición; este trazo es capaz de hacer prevalecer sus tendencias, para obtener algo de los superiores y lograr seguir el camino correcto. Por eso "la determinación es favorable". En otros hexagramas, los textos del primer y el último trazo, no hablan ni de ganar ni de perder una posición; de hecho, es más importante el significado que resulta de comenzar o terminar. En el Liderazgo, lo que se considera importante es que el primer trazo adquiera una posición correcta y mantenga la rectitud. Cuando en el texto se utiliza la expresión "la determinación es favorable", significa que eso será así: a) porque hay rectitud; o alternativamente, b) sólo si se adquiere la rectitud; también hay casos en que, c) el feliz augurio sólo se cumplirá si uno mantiene la determinación y se aferra a ella con firmeza. El texto de cada trazo varía de acuerdo a su situación.

ZHU XI. — En el Liderazgo sólo hay dos trazos *yang*, y cuatro trazos *yin*, a los cuales los dos trazos *yang* se acercan aunadamente. El primer trazo es firme y correcto; por eso el significado adivinatorio es: "la determinación es favorable".

○ **Nueve en el segundo puesto** (muta al hex. 24)
Liderazgo conjunto.
Ventura.
Todo es favorable.

> Recibiremos el reconocimiento de nuestros superiores. Nada detendrá nuestro avance porque tenemos la fuerza y el conocimiento necesarios para impulsar nuestros proyectos hacia adelante.
>
> **Trabajo:** Podremos superar cualquier obstáculo en nuestro camino, ayudados por el soporte que recibiremos de otras personas. Estemos dispuestos a cooperar con los demás.
>
> **Vida privada:** Nuevas oportunidades están llegando. Con la ayuda de nuestros amigos y familiares prosperaremos grandemente.
>
> **Salud, sentimientos y relaciones sociales:** Nuestros amigos nos ayudarán, inspirados por nuestro ejemplo. Disfrutaremos de buena salud.

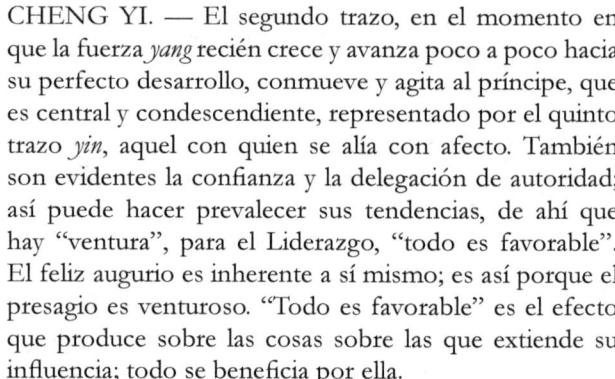

CHENG YI. — El segundo trazo, en el momento en que la fuerza *yang* recién crece y avanza poco a poco hacia su perfecto desarrollo, conmueve y agita al príncipe, que es central y condescendiente, representado por el quinto trazo *yin*, aquel con quien se alía con afecto. También son evidentes la confianza y la delegación de autoridad; así puede hacer prevalecer sus tendencias, de ahí que hay "ventura", para el Liderazgo, "todo es favorable". El feliz augurio es inherente a sí mismo; es así porque el presagio es venturoso. "Todo es favorable" es el efecto que produce sobre las cosas sobre las que extiende su influencia; todo se beneficia por ella.

ZHU XI. — Este firme trazo es central, y su poder avanza hacia arriba, de ahí el significado adivinatorio de "ventura" y "todo es favorable".

Seis en el tercer puesto (muta al hex. 11)
Liderazgo placentero.
Ninguna acción podrá completarse favorablemente
Si se entristece por ello no tendrá culpa.

> Si somos demasiado complacientes o indulgentes fracasaremos. Sin embargo, podremos corregir nuestros descuidos y evitar cometer peores errores si fortalecemos nuestra voluntad y cumplimos con nuestro deber.
>
> Desconfiemos de los halagos y no seamos perezosos ni apresurados.
>
> **Trabajo:** Si no tomamos precauciones nos vamos a arrepentir, evitemos asumir riesgos innecesarios. Seamos cuidadosos y supervisemos bien a las personas que colaboran con nosotros, no nos confiemos demasiado.
>
> **Vida privada:** No demos nada por sentado. La situación parece ir bien pero si bajamos la guardia tendremos problemas.
>
> **Salud, sentimientos y relaciones sociales:** Tengamos cuidado con los excesos en el comer y el beber. Ejercitemos autocontrol. No descuidemos nuestras relaciones personales, evitemos abusar de los demás, pero tampoco permitamos que se aprovechen de nosotros.

CHENG YI. — El tercer trazo ocupa el puesto superior en el trigrama inferior; él es quien vela[5] por los hombres.

---

4 Trazo *yang* y puesto impar.

5 La palabra" vela" es la traducción del carácter chino que le da nombre a este hexagrama: 臨, *lin*, que significa tanto "liderazgo" como "acercamiento; dirigir, vigilar, gobernar".

El Liderazgo

Es suave y *yin* y forma parte de la sustancia del trigrama que expresa satisfacción; además está situado sin centralidad ni rectitud; es quien vela por los hombres para su propia satisfacción. Estar en un puesto superior y gobernar a los inferiores para el propio placer y satisfacción es carecer gravemente de virtud y ninguna ventaja puede resultar de ello. La naturaleza indicada por el trigrama *Dui*, ☱, siendo la de buscar satisfacción y placer, se basa en dos trazos *yang*; cuya fuerza comienza a desarrollarse y se incrementa a medida que avanza, de modo que este trazo no está satisfecho y tiende a aumentar su propio placer. Si sabe reconocer el peligro, "se entristece por ello" y se arrepiente de su conducta, confiando en la modestia y observando la rectitud con sinceridad, entonces "no tendrá culpa". Extraviarse en la propia satisfacción en el egoísmo, pero poder arrepentirse de ello y corregirse, significa no dejar lugar a ninguna culpa.

ZHU XI. — Este trazo tiene docilidad *yin*, sin poseer centralidad ni rectitud, y ocupa el puesto superior entre los inferiores; ésta constituye la imagen simbólica de la acción del Liderazgo con vistas a su propia satisfacción. El significado adivinatorio es que ciertamente este comportamiento no puede resultar ventajoso para nadie. Sin embargo, si puede entristecerse y corregirse, "no habrá defecto". Animar a los hombres a mejorarse constituye la profundidad de la enseñanza.

Seis en el cuarto puesto (muta al hex. 54)

Liderazgo completo.
No hay culpa.

> El Liderazgo está en su punto más alto. "No hay culpa" significa que estaremos a la altura de las circunstancias y sabremos supervisar bien a nuestros subordinados. Si nos mantenemos concentrados en el cumplimiento de nuestras tareas, todo se desarrollará bien y no tendremos ningún problema.
>
> **Trabajo:** El cuarto trazo es el lugar del ministro, un alto ejecutivo en una posición subordinada. Nuestro liderazgo maduro y sensato nos asegurará el éxito.
>
> **Vida privada:** Podremos guiar y sostener a nuestra familia perfectamente, sin cometer errores.
>
> **Salud, sentimientos y relaciones sociales:** Tendremos excelente equilibrio físico y espiritual.

CHENG YI. — El cuarto trazo ocupa el puesto más bajo en el trigrama superior, pero está cerca de la sustancia del trigrama inferior; esto indica vigilancia[6] rigurosa y extrema de los inferiores. En el camino natural del Liderazgo, es la proximidad la que lo hace valioso, por lo que se considera que el contacto indica su grado más alto. El cuarto trazo ocupa una situación correcta y se corresponde con el trazo inferior en el primer puesto, que es firme y *yang*. Está situado cerca del puesto del príncipe; observa la justicia e inviste al sabio [el primer trazo] con el peso de la autoridad, para que lo cuide con solicitud; es por esto que "no hay culpa" y está situado en el lugar adecuado.

ZHU XI. — El cuarto trazo se coloca en una posición para la que está preparado; en el fondo se corresponde con el primer trazo *yang*, muestra el grado extremo de la vigilancia mutua y representa a quien naturalmente está libre de culpa.

Seis en el quinto puesto (muta al hex. 60)

Liderazgo sabio.
Es apropiado para un gran príncipe.
Ventura.

> Un líder sabio (simbolizado por el quinto trazo *yin*) puede emplear a otros para que le sirvan, delegando responsabilidad y promoviendo a las personas con capacidad (el segundo trazo *yang*). El resultado será exitoso.
>
> **Trabajo:** Somos capaces de gestionar bien nuestros recursos, nos rodeamos de subordinados capaces y sabemos cómo estimularlos para que realicen sus tareas con eficacia y dedicación.
>
> **Vida privada:** Disfrutaremos de una vida familiar feliz, armoniosa y próspera.
>
> **Salud, sentimientos y relaciones sociales:** Al mantener nuestra mente y cuerpo relajados disfrutaremos de excelente salud. Nuestra mente está clara y eso nos permite hacernos cargo de todo de la manera correcta.

CHENG YI. — El quinto trazo, con su gentileza, su centralidad y su sustancia pasiva, acepta su posición preeminente, y se corresponde con el trazo inferior, enérgico y justo situado en el segundo lugar. Por eso puede delegar el peso de la autoridad en el segundo trazo, sin dedicar sus esfuerzos al gobierno; así supervisa a los inferiores con sabiduría. Ahora bien, cuando una sola persona tiene que vigilar la inmensidad del mundo, si ella misma tuviera que encargarse de entrar en todos los detalles, ¡cómo

---

6 Ver la nota anterior.

podría ser capaz de abarcar todos los asuntos! Por eso él mismo se ocupa de lo que sabe y confía a personas competentes lo que él no sabe. Sólo puede elegir a los buenos de entre todo el mundo, investir de autoridad a todos los que brillan por su inteligencia, y de esa forma nada escapa a su acción. Su conocimiento es grande porque él lo usa sin congratularse a sí mismo. La condescendencia del quinto trazo se corresponde con la sabiduría del enérgico y justo segundo trazo, al cual le encarga vigilar a los inferiores. Esto significa vigilar el mundo uno mismo a través de la propia inteligencia y del propio conocimiento; lo cual "es apropiado para un gran príncipe". El feliz presagio es obvio.

ZHU XI. — Este trazo ocupa el centro con mansedumbre y se corresponde con el segundo trazo *yang*. No actuar exclusivamente por cuenta propia y confiar la autoridad a alguien es un efecto del conocimiento, y lo esencial en un gran príncipe. Este es un camino racional de feliz augurio.

Al tope un seis (muta al hex. 41)

Liderazgo sincero y generoso.
Ventura. Sin culpa.

> Un sabio generoso y humilde es una bendición para las personas a las que enseña. Tendremos ventura porque estamos dispuestos a compartir nuestra experiencia con otros con el fin de ayudar a las personas dignas con nuestro consejo.
>
> **Trabajo:** Este es un tiempo propicio para dirigir o brindar orientación a otras personas. Nuestro valioso consejo es muy apreciado.
>
> **Vida privada:** Siendo generoso con nuestra experiencia y conocimiento, ayudaremos a la gente que nos rodea con nuestra experiencia.
>
> **Salud, sentimientos y relaciones sociales:** Un enfoque magnánimo y benévolo hacia otras personas nos ayudará a tener buenas relaciones con todo el mundo.

CHENG YI. — El trazo *yin* superior marca el límite extremo del trigrama *Kun*, ☷; se sitúa en el colmo de la sumisión o condescendencia; pero también ocupa el último puesto en el Liderazgo, por lo tanto, indica magnanimidad y grandeza en la supervisión. Aunque no tiene correspondencia con ninguno de los dos trazos *yang*, sin embargo, *yin* es buscado por *yang*. Además, debido a su extrema condescendencia, sus tendencias le llevan a aconsejar a los inferiores; es eminente y escucha a los humildes; es preeminente, pero sigue los consejos de sus inferiores. Respeta a los merecedores y elige el bien; este es el colmo de la grandeza, y por eso el texto dice: "liderazgo sincero y generoso". De ahí que haya "ventura sin defecto". Un suave trazo *yin* situado en un puesto superior, difícilmente puede supervisar a los inferiores, es natural que cometa errores. Es porque muestra grandeza escuchando sumisamente los consejos de los trazos firmes, que hay "ventura sin culpa" es decir que el augurio es feliz porque no comete errores. Este trazo *yin* ocupa el último puesto en el Liderazgo y, sin embargo, no se da el caso de desarrollo extremo llevado a sus límites finales. En la supervisión de los inferiores por parte de los superiores, no existe un límite más allá del cual comience el exceso, por lo que estas condiciones sólo constituyen el sentido de grandeza y amplitud. El puesto superior indica un terreno que no tiene una situación definida; sólo se refiere a alguien entre los superiores en general.

ZHU XI. — Este trazo ocupa el puesto superior, tanto del trigrama, como del hexagrama, se coloca al final del Liderazgo. Expresa grandeza y amplitud en el Liderazgo; es un camino que indica ventura y la ausencia de culpa. De ahí su imagen simbólica y su significado adivinatorio.

20 La Contemplación | *Guan*

Los caracteres que forman el sinograma que le da nombre a este hexagrama son *guan*, elemento fonético y *jian*, "ver".

Significados asociados

Ver, mirar, contemplar, observar, vigilar; considerar, tomar algo en cuenta, examinar, evaluar; paisaje, vista, aspecto. .

El Dictamen

La Contemplación. Se hizo la ablución
pero aún no la ofrenda.
Su sincera dignidad inspira admiración.

> Los rituales sacrificiales en la China antigua se iniciaban con una ceremonia de purificación. Aquí se describe el momento que media entre esa ceremonia y la ofrenda. Ya comenzaron los preparativos, pero el sacrificio aún no se realizó.
> Ese momento de contemplación estaba cargado de significado y de tensión y era concebido para atraer la atención completa de los participantes en el ritual. Aplicado a la vida contemporánea, esto significa que necesitamos ver la situación desde una nueva perspectiva, ver con ojos nuevos, como si fuéramos un extraño, nuestra realidad cotidiana. No nos limitemos a ver la superficie de las cosas; a menudo la gente esconde sus reales intenciones detrás de una fachada amigable. Tratemos de entender las motivaciones de las personas, eso nos ayudará a comprender la situación en la que estamos implicados. No nos excluyamos a nosotros mismos, La Contemplación también implica la necesidad de entendernos a nosotros mismos.
> Contemplación significa ver con entendimiento, si logramos comprender la situación, también podremos influenciar a otros y convertirnos en un ejemplo a seguir.

CHENG YI. — El venerable Hu Yizhi[1] dijo: "El noble que ocupa un puesto superior es como un faro que atrae la atención de los hombres; debe excitarlos a la dignidad y a la gravedad, para que los inferiores fijen sus ojos en él, lo contemplen y se transformen mejorándose. Por tanto, es el punto focal del mundo. Conviene, por tanto, que sea como en el caso de los sacrificios en el templo de los antepasados, en el momento en que el oficiante comienza a lavarse las manos, y no como después de la ofrenda. Entonces los inferiores y el pueblo son llevados a la más perfecta sinceridad de sentimiento y lo contemplan alzando los ojos hacia él con actitud serena." La palabra "ablución", indica el inicio de la ceremonia del sacrificio; el oficiante lava sus manos y vierte en la tierra una libación de vino perfumado; es el momento de la evocación del espíritu. "Ofrenda" se refiere al momento de presentar ofrendas de carne cruda o cocida. El lavado de las manos marca el inicio de las ceremonias; el corazón está absorto en la pureza del pensamiento; es un momento de extrema gravedad en la meditación. Luego, una vez realizada la ofrenda, las reglas rituales se vuelven complejas y el corazón humano se distrae con la atención a los detalles, de modo que la pureza de la atención ya no es comparable a la inicial, al lavarse las manos. Quien ocupa un alto cargo rectifica los ejemplos que da, para ser el modelo y el punto de Contemplación de los inferiores y del pueblo; conviene que se mantenga solemne y serio como al inicio de la ceremonia, al momento de lavarse las manos, sin permitir, por poco que sea, que se distraiga la atención sincera de sus ideas, como después del momento de las ofrendas; entonces nadie en el mundo podrá evitar sentir una fe absoluta y sincera; todos estarán serenos y atentos a sus más mínimos actos. La Contemplación es estar atento, con los ojos fijos en lo contemplado.

---

[1] Hu Yizhi fue el maestro de CHENG YI en la Academia Imperial

ZHU XI. — La Contemplación expresa lo que es capaz de servir de ejemplo y lo que los hombres contemplan. El quinto trazo *yang* ocupa un puesto superior, y los cuatro trazos *yin* lo contemplan. Adentro hay sumisión [☷, *Kun*] y afuera humildad [☴, *Xun*]; además el quinto trazo *yang* utiliza la centralidad y la rectitud para servir de ejemplo al mundo, lo que significa que se considera como lo que es contemplado. 盥, *guan*, "ablución", indica la purificación de las manos, antes de realizar un sacrificio; 薦, *jian*, "ofrenda" expresa la acción de presentar el vino y la comida mediante la realización del sacrificio; 顒, *jong*, "dignidad", indica su apariencia de respetuosa gravedad. Se trata de la perfecta realización de los cuidados de la purificación, sin atención a las cosas accesorias, para que la fe y la sinceridad estén en uno mismo, y los presentes puedan contemplar con recogimiento. Es una advertencia dirigida a quien consulta el oráculo, quien debe estar en estas mismas condiciones. Las palabras "su sincera dignidad inspira admiración", se aplican a los inferiores, que confían y contemplan.

En este hexagrama crecen los cuatro trazos *yin* mientras que los dos trazos *yang* declinan; por tanto, es precisamente el hexagrama del octavo mes[2]; sin embargo el *Gran Tratado* [*Dazhuan*, 大傳] y el nombre del hexagrama[3] revelan otro significado; pero sigue siendo la idea de apoyar con *yang* y restringir con *yin*.

La Imagen

El Viento se mueve sobre la Tierra:
la imagen de la Contemplación.
Así los antiguos reyes visitaban todas las regiones,
contemplando al pueblo
y estableciendo su educación.

> El viento que se mueve sobre la Tierra significa mirar a lo lejos, tratando de entender las costumbres de otras personas con una mentalidad abierta. Los antiguos reyes simbolizan personas sabias que saben cómo adaptar la sabiduría antigua a la realidad actual del pueblo, para instruir y guiar a la gente.
>
> Desde un punto de vista personal, la imagen nos está diciendo que debemos ampliar nuestros horizontes, contemplar nuestra situación desde una nueva perspectiva y adaptar y actualizar las viejas creencias a la circunstancias presentes.

CHENG YI. — "El Viento se mueve sobre la Tierra", envuelve y alcanza todas las cosas, lo que constituye la imagen simbólica de ver por todos lados. Es por esto que los primeros reyes aplicaron esta imagen estableciendo la regla ritual de inspeccionar las regiones, con el fin de observar las costumbres del pueblo y establecer las reglas de educación y las instituciones sociales. El "hijo del Cielo" viaja e inspecciona las cuatro regiones, observa y considera las costumbres de los pueblos y establece reglas sociales y enseñanzas. Así, si el pueblo es propenso a la prodigalidad, la contiene con preceptos de economía; si es propenso a la avaricia, la hace manifiesta con prescripciones rituales sobre los regalos. Inspecciona las regiones y contempla los pueblos; él establece sus enseñanzas para que el pueblo las contemple.

ZHU XI. — Los antiguos reyes inspeccionaban todas las regiones contemplando los pueblos; establecían una enseñanza para ser contemplada por ellos.

Al comienzo un seis (muta al hex. 42)

Contemplando como un muchacho.
No es defecto para un hombre pequeño.
Para el noble es humillante.

> La falta de entendimiento no es un fallo en una persona joven o ignorante. Algunas personas pueden tener una comprensión limitada de la situación, careciendo de capacidad para analizarla. De hecho la ignorancia sería excusable en los jóvenes, pero en un individuo maduro y educado, eso sería humillante, ya que dicha persona debería ser capaz de poder entender mejor la situación.
>
> El texto de este trazo describe a alguien que no entiende la situación y por ende, no podrá actuar correctamente.
>
> **Trabajo:** Tenemos en nuestras manos más de lo que podemos manejar, sobre todo porque carecemos de los suficientes conocimientos y/o experiencia. Es mejor esperar hasta comprender plenamente la situación antes de actuar o bien dar un paso atrás; si seguimos adelante pasaremos vergüenza.
>
> **Vida privada:** Nuestra inmadurez y falta de conocimientos nos pueden poner en una situación incómoda. Si reconocemos nuestras limitaciones evitaremos una penosa humillación.
>
> **Salud, sentimientos y relaciones sociales**: Mantengamos un bajo perfil; mientras no seamos capaces de ver las cosas con más amplitud, es mejor no llamar la atención.

---

2   El octavo mes es el comienzo del otoño, cuando *yin* crece y *yang* decrece.
3   El carácter chino que da nombre a este hexagrama es 觀, *guan*, que significa ver, mirar, contemplar, observar; considerar; tomar algo en cuenta; causa para mirar, mostrar, aspecto, escena; una vista.

La Contemplación

CHENG YI. — Este trazo, con sus características de docilidad *yin*, está lejos de los trazos *yang*; es quien al mirar ve sólo superficialmente y no de lejos, precisamente como la juventud, de ahí las palabras "contemplando como un muchacho". En la parte superior se encuentra la firmeza *yang*, la centralidad y la rectitud, representando a un príncipe sabio y meritorio. Al acercarse a él, se hace visible la perfección de las virtudes del camino que sigue; el alcance de su mirada es profundo y distante. El primer trazo está lejos de él; lo que ve no es claro, como la mirada de un joven cegado por la ignorancia. El "hombre pequeño" es el pueblo, o los inferiores; su mirada es superficial y su visión confusa; es incapaz de conocer el camino del noble. Ésta es su condición ordinaria, y no se puede decir que es culpable o que esta inferioridad constituye una falta. Pero si es un noble quien se encuentra en estas condiciones, entonces hay motivos para sentir aprensión.

ZHU XI. — Se considera que este hexagrama expresa el significado de la Contemplación, cuando las miradas de todos se enfocan en el quinto trazo *yang*, como su regente. En los textos de los distintos trazos vemos el significado de este hexagrama: La Contemplación. Todos miran hacia el quinto trazo *yang*. El primer trazo *yin* representa la suavidad pasiva en la posición más baja; no puede mirar a lo lejos: ésta es la imagen simbólica de la Contemplación en el joven. El camino del hombre inferior avergonzaría al noble, de modo que el sentido adivinatorio será ausencia de culpa, si se refiere al hombre inferior; mientras que si se aplica al noble, éste tendrá motivos para sentirse avergonzado.

Seis en el segundo puesto (muta al hex. 59)

Contemplación furtiva a través del resquicio de la puerta. La determinación es favorable para una doncella.

> En la antigüedad las mujeres chinas no podían dejar sus casas ni recibir una educación superior, por lo que no se esperaba que ellas tuvieran un amplio conocimiento del mundo, por eso la contemplación furtiva se relaciona con una doncella.
> De hecho, alguien que mira por una rendija de la puerta no puede tener un buen conocimiento de lo que es visto, porque dicha persona no puede ver toda la escena. Este trazo muestra a alguien –ya sea hombre o mujer– que tiene un campo de visión estrecho, un entendimiento limitado.
> Esto puede indicar que carecemos de los debidos conocimientos o estamos limitados por nuestro dogmatismo, observando la realidad desde un punto de vista estrecho. Este tipo de contemplación limitada sería excusable en alguien con posibilidades limitadas, como una doncella en la antigua China o alguien muy joven, pero no en una persona madura y capaz.
> Esto también puede indicar algún tipo de espionaje a favor de una facción débil.
>
> **Trabajo:** Solo estamos viendo un lado de la situación. Si tenemos un rol subordinado, y solos seguimos órdenes, es posible que no necesitemos una comprensión completa de lo que sucede para trabajar bien, pero si estamos conduciendo a otros, nuestra falta de entendimiento impedirá que obtengamos buenos resultados.
>
> **Vida privada:** Es importante que aprendamos a ver las cosas desde un punto de vista más amplio, tratemos de obtener todos los detalles sobre la situación antes de tomar cualquier decisión. Las mujeres tendrán mejores posibilidades que los hombres.
>
> **Salud, sentimientos y relaciones sociales:** Nuestra comprensión es limitada, mantengamos un perfil bajo. Tratemos a ver las cosas con más amplitud, superando nuestros prejuicios y/o limitaciones.

CHENG YI. — El segundo trazo se corresponde con el quinto; contempla al quinto. El quinto trazo representa el camino de la firmeza *yang*; es central y correcto, el débil, oscuro y suave trazo en el segundo puesto sólo puede atisbarlo, como si estuviera mirando por el resquicio de una puerta entreabierta. "Contemplación furtiva a través del resquicio de la puerta", significa que aunque es posible ver algo, no es posible ver con mucha claridad. Aunque el segundo trazo no puede ver distintamente el camino de la firmeza *yang*, central y correcta, puede comportarse con determinación, como la de una doncella, quien, aunque incapaz de discernir con gran claridad, sigue con sumisión su camino. Para una doncella [o alguien en una situación similar], este trazo indica determinación. Aunque el segundo trazo no puede ver claramente el camino del quinto trazo *yang*, si es capaz, puede escuchar y obedecer, como una doncella; así no perderá su centralidad ni su rectitud, y eso es provechoso.

ZHU XI. — Este dócil trazo *yin* se encuentra adentro y mira hacia afuera[4], el símbolo de la "contemplación furtiva". Esto es correcto para una doncella, de ahí el significado adivinatorio. Pero si una persona madura obtiene este trazo, al consultar el oráculo, no le indicará nada ventajoso.

---

4 Está en el medio del trigrama interior, o inferior, y mira a un trazo situado en el trigrama exterior, o superior.

Seis en el tercer puesto (muta al hex. 53)

Contemplando mi vida; avanzando y retrocediendo.

Habiendo alcanzado cierto grado de madurez, este es un buen momento para reflexionar sobre los aciertos y fallos logrados en nuestra vida, para comprender la importancia de ajustarnos a las necesidades del momento.

Haciendo un balance realista de nuestras posibilidades veremos claramente lo que podemos hacer a partir de ahora, ya sea avanzar o retroceder.

Trabajo: Este es un tiempo de incertidumbre y cambio. Tratemos de comprender mejor la situación antes de actuar.

Vida privada: Podemos experimentar ganancias y pérdidas. Comprender las razones de lo que está pasando nos ayudará a conocernos mejor.

Salud, sentimientos y relaciones sociales: Las consecuencias de nuestras sus acciones, mas que nuestras intenciones, nos darán la clave para entendernos a nosotros mismos. Nuestra salud no es estable.

CHENG YI. — El tercer trazo ocupa una situación que no le conviene[5]; está situado en el punto límite extremo de la sumisión[6]; es quien puede doblegarse a las necesidades del momento, ya sea que avance o retroceda. Si ocupara una situación adecuada, los términos avance y retirada no transmitirían ningún significado. Contemplar su propia vida, es decir sus acciones, la influencia que ejerce en el mundo exterior y cuyo origen está dentro de sí mismo, le permite encontrar la oportunidad de avanzar o retroceder, ésta es la manera de conseguir que, aunque sin rectitud, no acabe perdiendo el Camino. Según el momento, ya sea que avance o retroceda, trata de no perder el Camino, para que no haya arrepentimientos ni culpas, utilizando la sumisión.

ZHU XI. — "Mi vida" se refiere a las acciones de uno mismo. El tercer trazo *yin* ocupa el puesto superior en el trigrama inferior; le es posible avanzar, así como retroceder, de modo que no se fija en el quinto trazo *yang* y sólo considera la libertad o el impedimento en que se encuentra para actuar, a fin de decidir si es conveniente avanzar o retroceder. Quien consulte el oráculo debe cuidarse mucho.

---

5   Es un trazo *yin* que ocupa un puesto *yang*.
6   Porque es el trazo superior del trigrama ☷, *Kun*, la Tierra sumisa.

Seis en el cuarto puesto (muta al hex. 12)

Contemplación de la gloria del reino.
Es favorable actuar como huésped de un rey.

La contemplación de la gloria del reino significa ampliar nuestros horizontes y descubrir nuevas posibilidades. Podemos utilizar nuestros talentos para apoyar una buena causa o un negocio.

La frase "es favorable actuar como huésped de un rey", también puede ser traducida como "es favorable tener una audiencia con el rey", eso significa que podremos progresar si nos ponemos en contacto con la persona adecuada, en una posición de autoridad.

Trabajo: Nuestro aporte es valioso. En primer lugar veamos adónde podemos emplearnos mejor y a continuación apliquemos nuestras capacidades al trabajo elegido. Quizás recibamos una oferta para un nuevo trabajo o un puesto como asesor. Nos haremos cargo de una tarea importante, con grandes responsabilidades.

Vida privada: No nos limitemos a repetir el mismo libreto una y otra vez. Actuemos como un miembro productivo de la sociedad, desempeñando un papel importante e influyendo positivamente en los demás. Nuestro valioso consejo es tomado en cuenta por gente importante.

Salud, sentimientos y relaciones sociales: Este es un buen momento para expandir nuestros horizontes, no nos mantengamos aislados, podemos desempeñar un buen papel en la sociedad.

CHENG YI. — Entre todo lo que contemplamos, nada se ve más claramente que lo que está cerca; el quinto trazo ocupa la posición preeminente con energía activa, centralidad y rectitud; él es un príncipe sabio y meritorio. El cuarto trazo está bastante cerca de él; contempla el camino que sigue, y por eso el texto dice "contemplación de la gloria del reino", es decir, mira y ve el brillo de las virtudes floreciendo en el Estado. No se trata de la persona del príncipe, sino del Estado; hablando del príncipe, ¡cómo podríamos mirar sólo sus acciones personales! Conviene contemplar el estado social y la civilización del reino, para que sea posible ver y reconocer la virtud del camino seguido por el príncipe. Aunque el cuarto trazo es suave, dócil y *yin*, su sustancia es la del trigrama que expresa humildad y permanece en la rectitud[7]. No podría estar más cerca del quinto trazo, por eso es él quien contempla, ve y puede seguir en sumiso cumplimiento.

---

7   El trigrama ☴, *Xun*.

La Contemplación

"Es favorable actuar como huésped de un rey" porque, cuando la inteligencia y la sabiduría ocupan el puesto superior, quien posee estas virtudes acoge y estima a los hombres dotados de capacidades y virtudes, todos los cuales aspiran a venir a la corte, a ayudarlo y asistirlo para asegurar el bienestar del mundo. El cuarto trazo, al contemplar las virtudes del príncipe, el orden que reina en el gobierno del Estado, su estado de civilización floreciente, sabe que lo que le conviene hacer es ir como invitado a visitar al príncipe en su corte, para desarrollar los recursos de su genio ofreciéndolos al príncipe para ayudarlo, a fin de extender su influencia benéfica al mundo. Por eso el texto dice: "es favorable actuar como huésped de un rey". En la antigüedad, los hombres dotados de virtud y sabiduría eran recibidos como huéspedes distinguidos por los príncipes, de modo que cuando un hombre distinguido por sus conocimientos llegaba a la corte, se lo consideraba un "huésped".

ZHU XI. — El cuarto trazo *yin* es el más cercano al quinto trazo, de ahí esta imagen simbólica. El significado adivinatorio es que es ventajoso acudir a la audiencia real y entrar en los asuntos públicos.

○ **Nueve en el quinto puesto** (muta al hex. 23)

Contemplación de mi vida.
El noble no tiene culpa.

> Estamos situados en una posición elevada. Nuestras decisiones afectan no sólo a nuestra propia vida, sino también a otras personas.
> El texto dice que "el noble no tiene culpa", indicando que evitaremos cometer errores, observando con atención el resultado de nuestras acciones y corrigiendo cualquier desviación antes que cause problemas. Sabremos que hicimos lo correcto si el resultado de nuestras acciones es bueno.
>
> **Trabajo:** Nuestra posición es segura y estable. Este es un momento de introspección, cuando nos damos cuenta de que todo está en orden. Mantengámonos alerta, aún debemos cumplir importantes tareas y no podemos descuidarnos.
>
> **Vida privada:** El quinto trazo ocupa el puesto del regente, eso indica que tenemos una posición respetada en nuestra familia. Debido a que somos conscientes de nuestras responsabilidades y sabemos cuales son nuestras obligaciones, no cometeremos errores.
>
> **Salud, sentimientos y relaciones sociales:** Disfrutaremos de buena salud. Sabremos discernir el mejor camino y diferenciar lo que es bueno de lo que es malo.

CHENG YI. — El quinto trazo *yang* ocupa la posición del príncipe; sólo de él depende el orden o el desorden que reina en el momento, la excelencia o la corrupción de las costumbres. Contemplar su propia vida, así como la moral del mundo, es siempre la tarea del noble, y es por eso que las instituciones sociales que establece son transformadoras y excelentes; por ende "el noble no tiene culpa". Si la moral en el mundo aún no estuviera en conformidad con el camino moral del noble, sería porque las instituciones sociales que ha establecido, y su sistema de gobierno, aún no son excelentes, y no podría evitar la culpa atinente.

ZHU XI. — El quinto trazo *yang* es firme, activo, central y recto, y utiliza estas cualidades para ocupar la posición preeminente. Los cuatro trazos *yin* colocados debajo de él levantan la mirada y lo contemplan; es, por tanto, la imagen simbólica del noble. Por eso el texto advierte que quien se encuentra en tal situación y que, al consultar el oráculo, recibe este pronóstico, debe contemplar sus propias acciones. Es absolutamente esencial que su energía, su centralidad y su rectitud sean como las de este trazo, entonces estará libre de culpa.

○ **Al tope un nueve** (muta al hex. 8)

Contemplación de su vida.
El noble no tiene culpa.

> El sexto trazo muchas veces representa a un sabio que no se preocupa de las cosas del mundo, porque está más allá de la situación.
> Vemos las circunstancias desde cierta distancia, con desapego, eso nos da una buena perspectiva, no sólo de lo que ocurre a nuestro alrededor, sino también de las consecuencias de nuestros propios actos. Ya no nos preocupan ni el éxito ni el dinero, por eso podemos ver las cosas como realmente son. Nuestra claridad nos ayudará a evitar errores.
>
> **Trabajo:** Podremos hacer lo que es más adecuado para nuestro negocio o empresa, actuando con imparcialidad y viendo la imagen completa de la situación.
>
> **Vida privada:** Nuestra vida ha sido buena y por eso podemos contemplarla sin remordimientos. Somos un ejemplo para los demás.
>
> **Salud, sentimientos y relaciones sociales:** Gozamos de buena salud y tenemos un excelente equilibrio emocional y espiritual. Estamos satisfechos con nuestra situación.

CHENG YI. — El trazo *yang* superior emplea las virtudes de la energía activa y se sitúa al tope; es a él a quien contemplan los inferiores. Aunque no tiene una posición adecuada[8] es un hombre sabio, o un noble que no tiene ningún cargo, pero cuyo camino virtuoso es contemplado por el mundo. "Contemplación de su vida" significa que mira lo que sus acciones han producido, es decir lo que resulta de sus actos, de sus virtudes y de su ejercicio del deber. Desde el momento en que es el centro de atención, se deduce que él mismo contempla sus acciones, y si todas son dignas de un noble, estará libre de culpa. Si no fueran dignas de un noble, ¿cómo lo admirarán y tomarán como regla y modelo los hombres? En ese caso habría culpa.

ZHU XI. — El trazo *yang* superior, enérgico y activo, ocupa el puesto superior al de la situación preeminente [el quinto trazo]. Aunque actualmente no carga con el peso de ningún asunto, sin embargo es contemplado por los inferiores, de modo que la advertencia de el texto es casi la misma que en el caso del quinto trazo. La diferencia consiste únicamente en la sustitución del "mi" por "su". Entre estas dos palabras existe la misma ligera diferencia que hay entre un anfitrión y un huésped[9].

---

8 Porque es un trazo *yang* en una posición *yin*.

9 Una comparación muy común para indicar quién realiza o recibe la acción. .

21 La Mordedura Tajante | *Shi He*

Los caracteres que conforman el sinograma que le da nombre a este hexagrama son *shi*: "morder, roer" y *he*: "(pasar) a través, cerrar las mandíbulas".

Significados asociados

Cerrar las mandíbulas, morder, pasar a través, morder, masticar, triturar, romper entre los dientes, remover los obstáculos que impiden que las mandíbulas se unan.

El Dictamen

La Mordedura Tajante tiene éxito.
Es favorable administrar justicia.

> Este hexagrama está relacionado con los procesos penales, el otro hexagrama con un significado similar es el número 6, *El Conflicto*, que indica una demanda civil. La Mordedura Tajante indica que deben aplicarse medidas enérgicas para corregir un error. Hay una obstrucción, un elemento disfuncional que tiene que ser castigado o eliminado. La Mordedura Tajante indica una acción rápida y enérgica, la aplicación de la justicia con fuerza para solucionar un problema. También indica que este es el momento para tomar una posición firme y luchar por nuestras convicciones.
>
> El primer y el último trazo son quienes reciben el castigo, los otros trazos administran justicia.

CHENG YI. — "La Mordedura Tajante tiene éxito": lo que impide que las cosas de este mundo sigan su curso libremente es que existen causas de separación y desunión; cortando el obstáculo para reunir lo separado, restablecemos la libre comunicación. "Es favorable administrar justicia": en el camino que consiste en cortar el obstáculo al reencuentro, corresponde utilizar las leyes y las sentencias penales; sin leyes y sentencias penales, ¿cómo podemos eliminar los obstáculos que desunen al mundo? El texto no dice que es favorable aplicar castigos, sino que "es favorable administrar justicia". El trigrama superior indica iluminar a través de la inteligencia[1]; esto es lo que resulta ventajoso en la instrucción de sentencias penales. La sentencia penal es la operación mediante la cual se busca y se corrigen las circunstancias del hecho, identificando los sentimientos que guiaron al autor y la naturaleza del delito. Penetradas estas circunstancias y estos sentimientos, conocemos lo que originó el obstáculo a la unión, y en consecuencia es posible establecer medidas preventivas, así como castigar a los culpables.

ZHU XI. — La Mordedura Tajante significa morder y cerrar la mandíbula, cortando con los dientes. Cuando dos cosas estén separadas por un obstáculo, córtalo y reúnelas. En este hexagrama hay dos trazos enteros [en el sexto y el primer puesto], uno arriba y otro abajo, y entre ellos, en el medio, trazos quebrados; esta es la imagen simbólica de las mandíbulas y la boca. Otro trazo entero, el cuarto, constituye un obstáculo entre los demás; es absolutamente necesario cortarlo con los dientes para luego unir las mandíbulas. Por eso este hexagrama se llama La Mordedura Tajante. El significado adivinatorio es que debe haber libertad de acción; la comunicación está impedida porque hay un obstáculo interpuesto; al cortarlo hay encuentro y, en consecuencia, libertad de comunicación. Además, debido a que La Mordedura Tajante se compone de tres trazos *yin* y tres trazos *yang*, la firmeza y la suavidad maleable están en el equilibrio adecuado. Con movimiento debajo [el trigrama del trueno, ☳, *Zhen*] y claridad arriba [el trigrama ☲, *Li*, El Fuego]; abajo el trueno y encima el relámpago. La Mordedura Tajante proviene del hexagrama *Yi*, 益, ䷩ (42, *El Aumento*), en el que la dócil suavidad del cuarto trazo se eleva al quinto puesto y alcanza el centro[2]; esto es saber utilizar *yin* en

---

1 Es el trigrama ☲, *Li*, El Fuego, que simboliza lo que es luminoso y lo que es adherente.
2 Mediante la fluctuación de hexagramas (*gua bian*, 卦變), en este caso el cuarto y el quinto trazo intercambian sus puestos, y así el hexagrama 42 se transforma en el 21.

un puesto *yang*[3]. Aunque ese trazo no está en la posición debida, "es favorable administrar justicia"; de hecho, la manera adecuada de administrar justicia consiste únicamente en autoridad e inteligencia, y la conformidad con la justicia constituye nobleza. Asimismo, para quien, consultando el oráculo, obtenga este hexagrama, el significado adivinatorio será aplicable si posee las virtudes enunciadas.

La Imagen

Trueno y Rayo: la imagen de la Mordedura Tajante.
Así los antiguos reyes aplicaban con inteligencia los castigos y promulgaban sus leyes.

> El trueno indica movimiento y velocidad y representa la fuerza de la ley en acción. El rayo indica claridad: las leyes deben estar claramente definidas para que quede claro aquello que es legal y lo que está prohibido y deben de aplicarse con fuerza y sin demora.
> Los antiguos reyes simbolizan un patrón o modelo de buen gobierno, que debemos esforzarnos por seguir. Para aplicar el castigo con inteligencia, no debemos actuar arbitrariamente, sino medir cuidadosamente el tipo y el grado de las sanciones que aplicaremos, analizando caso por caso.
> Promulgar las leyes significa poner las leyes en acción sin demora y estar listo a hacer lo que sea necesario para restablecer la justicia.

CHENG YI. — En las fórmulas simbólicas nunca hay inversiones; hay motivos para suponer que el orden de este texto está invertido[4]. El rayo y el trueno son dos cosas necesariamente complementarias que aparecen al mismo tiempo; por lo tanto, son el símbolo de una unión. El rayo ilumina con su luz, y el temblor del trueno impresiona con su poder. Los primeros reyes, contemplando la imagen simbólica de la sacudida de los rayos y los truenos, tomaron esta claridad y este poder de acción como reglas, y las utilizaron para aclarar las leyes penales y los castigos, y para determinar las prescripciones de las leyes y ordenanzas. La palabra "ley" expresa la idea de aclarar la finalidad de una cosa y convertir la ley en un medio preventivo.

ZHU XI. — En lugar de "trueno y rayo" debería leerse: "rayo y trueno"[5].

Al comienzo un nueve (muta al hex. 35)

Sus pies son apresados en el cepo
y sus dedos mutilados.
No hay culpa.

> Al ser el primer trazo, el movimiento recién comienza, por lo tanto, el castigo se aplica como una acción preventiva, atrapando a los pies para impedir que se cometa una transgresión. El cepo indica una acción punitiva que impide que un transgresor continúe con su mal comportamiento. El primer trazo, al estar en una posición baja, se asocia con los pies en varios hexagramas.[6]
> El transgresor se libera de la culpa porque fue detenido antes de que pudiera cometer un delito más grave.

Trabajo: Nuestra carrera será bloqueada o incluso podemos llegar a ser rebajados de categoría debido a haber cometido algunas transgresiones menores.

Vida privada: El castigo sufrido al intentar cometer una mala acción nos impedirá hacer cosas peores. Podríamos ir a la cárcel por un tiempo corto o experimentar algunas restricciones.

Salud, sentimientos y relaciones sociales: Posibilidad de dolencias pasajeras que afectarán nuestra la movilidad o nuestros pies.

CHENG YI. — Este trazo *yang* ocupa el primer puesto y se sitúa en lo más bajo; es alguien que carece de una posición definida. Simboliza a gente de bajo nivel, un hombre que recibe un castigo[7]. En el momento en que se aplica el castigo, la falta no es grave y el castigo es leve. La palabra "cepo" se refiere a unos grilletes de madera. La falta es pequeña, por lo que se le colocan estos grilletes en los pies, con el fin de destruir o lesionar los dedos. Cuando un hombre ha cometido un pequeño error, le ponen ataduras que le lastiman los dedos de los pies, para que la advertencia lo corrija y se vuelva más circunspecto, sin atreverse a avanzar más en el mal. Eso lo librará de culpa. El *Gran Tratado* dice: "Cuando una pequeña corrección brinda una gran advertencia, eso es una bendición para el hombre inferior"; esto expresa que se le corrige al principio, por primera vez, para que llegue a estar libre de culpa. El primer puesto y el puesto más alto no tienen una posición determinada; se considera que los

---

3 Un trazo *yin* en un puesto *yang* (como el quinto) atempera la dureza del puesto.
4 CHENG YI se pregunta si el texto no debería invertir la frase "Trueno y Rayo", y en su lugar decir "Rayo y Trueno", porque lo usual es nombrar el trigrama superior antes que el inferior; ZHU XI piensa algo similar.
5 Ver la nota anterior.
6 El carácter que se refiere a los pies o los dedos de los pies (趾, *zhi*) sólo aparece en el primera trazo. También puede encontrarse en los hexagramas: 21, 22, 34, 43, 50 y 52.
7 En lugar de "castigo" también se podría utilizar la palabra "tortura".

trazos que los ocupan representan a hombres que son castigados; los otros cuatro trazos representan a quienes aplican el castigo. El primer trazo ocupa el puesto más bajo; es quien carece de una posición determinada; el trazo superior se sitúa por encima del puesto que indica la situación preeminente; ahora bien, haber ido más allá de la situación preeminente es también carecer de posición. Wang Bi considera que este puesto indica una situación que no implica *yin* ni *yang*; pero *yin* y *yang* están relacionados con los números [es decir los puestos] pares e impares. ¿Cómo podría no existir una de las dos condiciones? Sin embargo, en La Mordedura Tajante, respecto del primer trazo y el trazo superior, no se trata de una situación merecida o inmerecida; de hecho, el significado de origen o fin es más importante. En el hexagrama *Lin*, 臨, ䷒ (19, *El Liderazgo*), el primer trazo *yang* expresa rectitud desde el punto de vista de la situación; mientras que el texto del trazo *yin* superior del hexagrama *Xu*, 需, ䷄ (5, *La Espera*) dice que su posición no es adecuada; además el trazo *yang* superior del hexagrama *Qian*, 乾, ䷀ (1, *Lo Creativo*), dice "punto extremo". Pero el significado de la palabra posición no es el mismo según se refiera a un título oficial o a *yin* y *yang*.[8]

ZHU XI. — El primer puesto y el superior [sexto] no incluyen la indicación de una situación oficial específica. Se considera que los trazos que los ocupan representan a quien sufre tortura. Se considera que los cuatro trazos intermedios representan a quienes emplean las leyes penales. El primer trazo se sitúa al principio del hexagrama; la falla es mínima, el error es leve. Además, al estar en la parte inferior del hexagrama, se considera que representa la imagen simbólica de pies apresados en el cepo. El mal se detiene desde su inicio, por eso no hay culpa. Quien consulte el oráculo sufrirá un daño leve, pero quedará libre de culpa.

Seis en el segundo puesto (muta al hex. 38)

Muerde a través de carne blanda y destruye[9] la nariz. No hay culpa.

---

8 CHENG YI quiere decir que la palabra" posición" puede referirse a distintas cosas: a) un cargo o puesto en el gobierno o b) un puesto que tiene un trazo *yin* o *yang* (recordemos la regla que asigna los puestos o números pares a los trazos *yin*, y los impares a los *yang*).

9 El carácter 滅, *mie*, traducido como "destruye", también puede traducirse de otras formas, como lo hace Wilhelm, que traduce la frase como "al punto de desaparecerle la nariz"; otros significados de *mie* son: sumergir, exterminar. En esta traducción decidimos usar el término "destruye" porque es así es como lo interpretaban CHENG YI y ZHU XI. Otra interpretación sería que quien aplica el castigo pierde el olfato, es decir no percibe con claridad los hechos.

La carne blanda indica que no hay complicaciones, los hechos son claros. La nariz destruida puede indicar que la aplicación de la corrección es demasiado entusiasta; también podría indicar que cortar la nariz fue el castigo aplicado en este caso[10]. El texto dice "no hay culpa" porque hay argumentos más que suficientes para condenar al transgresor, aunque hayamos sido demasiado duros, nuestro castigo fue justo. Por otra parte, si fuéramos nosotros quienes recibimos el castigo, sufriremos, pero quedaremos libres de culpa.

Trabajo: Es necesario aplicar un castigo a un transgresor endurecido. Puede que no tengamos una imagen completa de la situación, pero tendremos motivos más que suficientes para castigar al delincuente.

Vida privada: Posiblemente disciplinaremos a algún miembro de nuestra familia o círculo de asociados, de manera justa y merecida.

Salud, sentimientos y relaciones sociales: Podemos llegar a sufrir algún accidente sin demasiada importancia, o una cirugía menor.

CHENG YI. — El segundo puesto se corresponde con el quinto; el trazo que lo ocupa es el que aplica los castigos. Todos estos cuatro trazos [del segundo al quinto] tienen el significado de morder y cortar con los dientes. El segundo mantiene su centralidad y es correcto; sus penas son justas y correctas. Siendo el uso de castigos acorde con la justicia y la ley, el mal y el crimen son fácilmente sojuzgados, es por esto que se toma como imagen simbólica la idea de morder a través de carne blanda. La piel y la carne del hombre, mordidas con los dientes, son fácilmente penetradas; la mordedura penetra profundamente, consumiendo incluso la nariz. El segundo trazo emplea el camino de la centralidad y la rectitud; y su castigo es acatado. Sin embargo, monta la dureza enérgica del primer trazo y lo pisotea; indica, por tanto, la aplicación de un castigo sobre un hombre enérgico y violento. Al utilizar las leyes penales contra un hombre enérgico y violento, es absolutamente necesario causarle un dolor profundo, y por eso, llevando la severidad hasta el punto de destruirle la nariz, aún así "no hay culpa". El camino

---

10 La pena de cortar la nariz era uno de los cinco castigos capitales (五刑, *wu xing*) en la antigua China. Se menciona por primera vez en el clásico ritual *Zhouli*. La pena era más severa que el tatuaje, pero no tan cruel como cortar un pie. Se aplicaba con frecuencia durante el periodo Zhou Occidental, y su uso aumentó con el tiempo hasta mediados del periodo Primavera y Otoño, cuando la pena perdió popularidad. Recordemos que el *Libro de los Cambios* fue escrito (al menos su parte original) al inicio de la dinastía Zhou.

de la centralidad y la rectitud, que fácilmente somete a los hombres, y la severidad de las penas aplicadas a gente firme y violenta, son dos significados que no se excluyen.

ZHU XI. — Si se usa un vaso de piel en el sacrificio, la carne suave y tierna es fácil de cortar con los dientes. El segundo trazo *yin* tiene centralidad y rectitud, de modo que su acción se ejerce tan fácilmente como cuando los dientes cortan la piel. Sin embargo, utiliza la suavidad para dominar la energía, de modo que aunque su acción se realiza con mucha facilidad, no puede evitar herir y destrozar la nariz. Aunque quien consulte el oráculo experimentará sufrimiento, al final quedará libre de culpa.

Seis en el tercer puesto (muta al hex. 30)

Muerde a través de carne seca y encuentra veneno.
Leve humillación. No hay culpa.

> Nos enfrentamos a un problema que fue descuidado por demasiado tiempo y algunas cosas que saldrán a la luz pueden provocar problemas. La persona que debe ser castigada no se someterá mansamente, sino que intentará contraatacar. Debido a que carecemos de suficiente poder para corregir a fondo los problemas a los que nos enfrentamos, podemos pasar un poco de vergüenza, pero no cometeremos ningún error.
>
> **Trabajo:** Seremos criticados y entraremos en conflicto con algún subordinado cuando tratemos de corregir abusos que fueron pasados por alto durante mucho tiempo. Aunque no podremos castigar al malhechor como debería ser, y no seremos capaces de solucionar totalmente los problemas, no tendremos culpa alguna.
>
> **Vida privada:** Tendremos un conflicto con alguno de nuestros amigos o familiares cuando tratemos de corregir ciertos abusos. Nuestras acciones generarán resentimiento y pueden provocar un enfrentamiento desagradable con el malhechor. Puesto que estamos haciendo lo correcto, no tendremos nada de lo que reprocharnos.
>
> **Salud, sentimientos y relaciones sociales:** Riesgo de intoxicación, pero finalmente no tendrá mayores consecuencias.

CHENG YI. — El tercer trazo *yin* ocupa el puesto superior en el trigrama inferior; y es alguien que hace cumplir las leyes penales. Al ser *yin* y ocupar el tercer puesto, su posición no es apropiada. Al aplicar castigo sin estar situado correctamente, no logrará someter al malhechor, quien sentirá resentimiento y se rebelará. Es como si mordiéramos con los dientes algo como una carne seca, flexible y resistente, y nos encontráramos con una parte cuyo sabor es desagradable y venenoso[11]. En ese caso es la boca quien sufre el mal. Cuando se aplican las leyes penales y los hombres no se someten a la sentencia que se les impone, experimentamos los efectos desafortunados de su resentimiento, y por eso hay aprensión. Sin embargo, en el momento indicado por La Mordedura Tajante, lo más importante es cortar el obstáculo y reunir lo separado. Aunque este trazo se encuentra en una situación inapropiada, y aunque la violencia audaz y criminal es difícil de subyugar, hasta el punto que quien aplica el castigo puede experimentar ocasionalmente algún inconveniente, sin embargo, la aplicación del castigo no es indebida, de modo que aunque haya motivos de aprensión, no son graves. Al eliminar el obstáculo y unir lo que está separado, estaremos libres de culpa.

ZHU XI. — La expresión "carne seca" designa toda la carne seca de animales, carne y huesos; es algo a la vez flexible y resistente. Este es un débil trazo *yin*, sin centralidad ni rectitud, aunque gobierna y juzga a los hombres; por eso estos no se someten a sus sentencias. Por eso su imagen simbólica es la acción de morder carne seca y lastimarse accidentalmente. Aunque el sentido adivinatorio indica un poco de aprensión, el momento exige cortar y unir, y no hay falta alguna contra el deber.

Nueve en el cuarto puesto (muta al hex. 27)

Muerde a través de carne seca con hueso
y consigue flechas de metal.[12]
Es favorable la determinación ante las penurias.
Ventura.

> Conseguir flechas de metal indica que para superar una fuerte resistencia y solucionar un viejo problema, que es duro como carne seca, es necesario tener los elementos adecuados (el hexagrama 40.2 también menciona conseguir flechas, pero en ese caso son doradas). Las flechas simbolizan velocidad, orientación precisa, dureza y penetración; indican, que debemos ser muy decididos y fuertes para poder aplicar el castigo adecuado de manera efectiva. Por otra parte, desde

---

11 El carácter traducido como "veneno" es 毒, *du*, que significa veneno, venenoso; odio, malignidad, destructividad, daño. Esto indica que al aplicar el castigo despertaremos el odio de quien lo recibe.

12 "Desde la antigüedad, en un caso civil, ambas partes, antes de que fueran escuchadas, llevaban a la corte una flecha (o un haz de flechas), como testimonio de su rectitud, tras lo cual eran escuchadas; en un caso penal, de la misma manera, depositaban treinta libras de oro, o algún otro metal." (Legge)

La Mordedura Tajante

un punto de vista más literal, encontrar una punta de flecha en un trozo de carne de un animal cazado con arco y flecha, no debería de haber sido algo muy extraño.

Trabajo: Seremos exitosos, e incluso puede que obtengamos un ascenso, pero sólo después de realizar grandes esfuerzos y vencer una fuerte resistencia.

Vida privada: Para poder resolver problemas de larga data y castigar a transgresores encallecidos, necesitaremos ser tan duros como el metal. Debemos encontrar algunos indicios que nos ayuden a solucionar el problema.

Salud, sentimientos y relaciones sociales: Se requieren medidas enérgicas para tratar una enfermedad crónica.

CHENG YI. — El cuarto trazo *yang* ocupa una situación cercana al príncipe; él es quien actualmente tiene la autoridad necesaria para cortar y unir. El cuarto trazo ya ha superado el centro, lo que indica que el obstáculo que hay que eliminar es extremadamente considerable y que las sanciones deben ser severas. Por eso el texto dice "muerde a través de carne seca con hueso". Esto indica la carne que se adhiere a los huesos, que es lo más resistente y difícil de cortar con los dientes. El objeto es excesivamente difícil de morder y contiene una punta de flecha de metal. La palabra metal se toma como sinónimo de dureza; el término flecha indica la idea de rectitud. El cuarto trazo posee las virtudes *yang*, es firme y recto; y sigue un camino firme y recto; aún así, "es favorable la determinación ante las penurias". Vencer las dificultades que presenta el asunto en cuestión y mantenerse con perfecta firmeza en el rumbo adoptado, es, por tanto "favorable". El cuarto trazo es firme, y es parte de la sustancia del trigrama que indica una inteligencia clara [☲ *Li*]. Aunque es *yang*, ocupa un puesto que implica suavidad maleable, por eso un exceso de firmeza combinada con inteligencia puede ponerlo en peligro, y en consecuencia, el texto nos advierte sobre la dificultad que puede presentarse. Debido a que ocupa un puesto que implica mansedumbre, si le falta determinación [es decir si se descuida] al recorrer su camino, puede ser lesionado. Sucede muchas veces que la firmeza existe sin estar unida a la determinación, pero quien carece de firmeza nunca tiene determinación. En este hexagrama el cuarto trazo es el que presenta las mejores condiciones.

ZHU XI. — La "carne seca" que menciona el texto designa la carne que rodea los huesos. En el *Zhouli*[13] encontramos este pasaje: "En los juicios civiles y criminales, se deposita un peso determinado de oro y un manojo de flechas[14], y luego se escucha el caso". El cuarto trazo *yang* tiene firmeza y ocupa un puesto que incluye la gentileza, posee el camino del uso de las leyes penales, de ahí esta imagen simbólica. Esto expresa que el objeto mordido es muy resistente y que el trazo reúne las condiciones necesarias para oír y juzgar juicios. Sin embargo, es absolutamente necesario que haya determinación ante las dificultades pendientes y una justicia firme, y entonces el augurio será feliz. Es un aviso al que consulta el oráculo, para que sepa que debe cumplir estas mismas condiciones.

○ **Seis en el quinto puesto** (muta al hex. 25)
Muerde a través de carne seca
y consigue metal amarillo.[15]
Determinación ante el peligro.
No habrá culpa.

> Este trazo ocupa la posición del regente, siendo un trazo *yin*, por eso estará dispuesto a la clemencia. Obtener metal amarillo indica que debemos tomar precauciones. Tengamos listos los medios adecuados antes de enfrentarnos a situaciones peligrosas y seamos imparciales y justos.
> "Determinación ante el peligro" significa que no es aconsejable forzar la situación ni llegar a extremos, sino perseverar meticulosamente. Mantengamos el equilibrio y no cometeremos errores.

Trabajo: Tendremos éxito y hasta podemos recibir una promoción, pero si nos descuidamos podemos echar a perder todos nuestros logros anteriores.

Vida privada: Después de superar cierta resistencia obtendremos buenas ganancias y nuestra vida mejorará. Si mordemos más de lo que podemos masticar tendremos problemas.

Salud, sentimientos y relaciones sociales: No nos sobre-exijamos a nosotros mismos, controlemos nuestro estrés, no abusemos de nuestro cuerpo. Si tuviéramos una enfermedad esta mejorará.

---

13 *Los Ritos de Zhou* (周禮, *Zhou li*), originalmente conocido como *Agentes de Zhou* (周官, *Zhou guan*) es un tratado sobre burocracia y teoría organizativa.
14 Las partes en litigio depositan oro y un manojo de flechas, como fianza o prenda.
15 Ver la nota anterior.

CHENG YI. — El quinto trazo ocupa un puesto aún más alto y se considera que "muerde a través de carne seca", lo que es más fácil que la acción del cuarto trazo que "muerde a través de carne seca con hueso". El quinto trazo ocupa la posición preeminente; confía en la fuerza y el poder inherentes a su posición superior para infligir castigos a los inferiores; la fuerza natural de las cosas le facilita esta tarea. Su posición está cerca del límite extremo [el sexto puesto], lo que indica que el obstáculo a resolver es sumamente considerable y que no es fácil restablecer la unión; de ahí la frase "muerde a través de carne seca y consigue metal amarillo"; el amarillo es el color del centro; además el metal indica algo duro. Se considera que el quinto trazo que ocupa el puesto intermedio del trigrama superior expresa conformidad con el camino del centro. Tiene una posición firme y el cuarto trazo le ayuda con su firmeza, eso es "conseguir metal amarillo". El quinto trazo no tiene correspondencia con otro trazo, pero el cuarto ocupa el cargo de un gran ministro; lo que el quinto trazo consigue es su ayuda. "Determinación ante el peligro. No habrá culpa"; el quinto trazo *yin*, aunque colocada en un puesto que es firme y central, está compuesto, sin embargo, de una sustancia esencialmente suave y gentil, por eso el texto advierte que es absolutamente necesario tener rectitud y firmeza, y ser consciente del peligro, sólo así se podrá estar libre de culpa. Empleando suavidad y ocupando un puesto preeminente, encontrándose en un momento en el que es necesario eliminar un obstáculo para reunir lo que está desunido, ¿cómo podría prescindir de una firmeza perfecta y estar atento al peligro?

ZHU XI. — Morder carne seca es más difícil de morder carne blanda, y más fácil que morder carne seca con hueso. El amarillo es el color del medio. La palabra metal, se refiere un peso específico de oro. El quinto trazo *yin* es gentil, condescendiente y central; como ocupa la posición preeminente, aplica la ley penal a los hombres; todos se someten a sus sentencias, de ahí esta imagen simbólica. Sin embargo, necesita mantener su determinación ante el peligro, y entonces logrará estar libre de culpa. También es una advertencia dirigida a quienes consultan el oráculo.

Al tope un nueve (muta al hex. 51)

Acarreando un yugo y con sus orejas mutiladas.[16]
Desventura.

> Un delincuente contumaz que no escucha las advertencias sólo tendrá desgracia. Las orejas mutiladas indican que no es capaz de escuchar o aprender nada nuevo, que no va a abandonar la mala senda, porque está aislado por su obstinación.
>
> **Trabajo:** Nos quedaremos aislados y seremos castigados si no somos capaz de obedecer las reglas y no trabajamos en armonía con nuestros compañeros.
>
> **Vida privada:** Si decidimos hacer caso omiso de los buenos consejos y somos sordos a las quejas de los demás, tendremos que pagar un alto precio por nuestra testarudez.
>
> **Salud, sentimientos y relaciones sociales:** Si ignoramos la realidad nos aislaremos de los demás. Los malos hábitos pueden dañar gravemente nuestra salud.

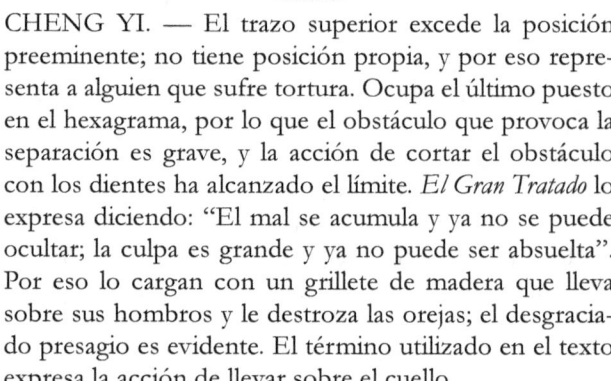

CHENG YI. — El trazo superior excede la posición preeminente; no tiene posición propia, y por eso representa a alguien que sufre tortura. Ocupa el último puesto en el hexagrama, por lo que el obstáculo que provoca la separación es grave, y la acción de cortar el obstáculo con los dientes ha alcanzado el límite. *El Gran Tratado* lo expresa diciendo: "El mal se acumula y ya no se puede ocultar; la culpa es grande y ya no puede ser absuelta". Por eso lo cargan con un grillete de madera que lleva sobre sus hombros y le destroza las orejas; el desgraciado presagio es evidente. El término utilizado en el texto expresa la acción de llevar sobre el cuello.

ZHU XI. — "Acarreando" expresa la acción de llevar sobre los hombros. Es un trazo *yang*, ubicado en el puesto más alto del hexagrama, donde el mal es extremo, la falta considerable; de ahí el presagio de desventura, el significado adivinatorio, y la imagen simbólica.

---

16 Una traducción alternativa sería que el yugo le cubre las orejas y por eso no puede oír. Nótese que en la China antigua, la mutilación de distintas partes del cuerpo era un castigo usual para ciertos crímenes (ver la nota a mi comentario del segundo trazo).

22 La Elegancia / Decoración | *Bi*

Los caracteres que forman el sinograma que le da nombre a este hexagrama son: *hui*, "plantas" y *bei*, "concha": un árbol decorado con conchas de moluscos.

Significados asociados

Elegancia, ornato, decorado, decoración, abigarrado; buenas maneras, sutileza, diplomacia.

El Dictamen

La Elegancia. Éxito.
Es favorable ocuparse de asuntos menores.

> Las normas de la etiqueta social son útiles para regular el comportamiento de las personas en beneficio del bien común. De esta manera La Elegancia ayuda a mantener el orden social.
> Esto significa que debemos comportarnos con delicadeza y cordialidad, que no es conveniente actuar con audacia ni agresividad, sino con discreción y elegancia. Nuestras relaciones con otras personas mejorarán si somos amables y tenemos buenos modales.
> Evitemos tomar decisiones importantes o tratar asuntos complicados.

CHENG YI. — Para tener éxito se requiere elegancia; por eso El *Libro de los Ritos*[1] dice: "sin una base nada es estable; sin un diseño determinado, no hay acción". Cuando algo es real y lo embellecemos, podrá prosperar. El camino de la elegancia, siguiendo un plan determinado puede aumentar el brillo [de una cosa], de modo que "es favorable ocuparse e asuntos menores".

ZHU XI. — La Elegancia significa, adornar, embellecer. Este hexagrama viene de *Sun*, 損, ䷨ (41, *La Merma*), en el que un suave trazo *yin* proviene del tercer puesto y decora al segundo, mientras que un trazo firme sube del segundo puesto y embellece al tercero. También viene de *Ji ji*, 既濟, ䷾ (63, *Después de la Consumación*), aquí un suave trazo *yin* proviene del puesto superior y embellece el quinto trazo, mientras que un trazo firme asciende a partir del quinto puesto y embellece al trazo superior. Además, en el interior está *Li* [☲] y afuera *Gen* [☶]; la imagen simbólica de claridad de apariencia, cada cosa, está colocada según su condición. Por eso el hexagrama se llama La Elegancia. En cuanto al sentido adivinatorio, dado que la suavidad maleable determina la apariencia de la firmeza, dado que *yang* cuenta con la ayuda de *yin*, y dado que la claridad expresada por *Li* está en el interior, hay "éxito". Dado que la firmeza se eleva para dar forma a la suavidad maleable, y *Gen* la limita desde arriba, "es favorable ocuparse de asuntos menores".

La Imagen

Fuego al pie de la Montaña: la imagen de la Elegancia.
Así el noble regula las multitudes con esclarecimiento.
Pero no se atreve a decidir los casos criminales.

> El fuego ilumina y destaca a la montaña; de la misma manera, haciendo hincapié en el comportamiento deseado, con encanto y persuasión, se puede guiar a la gente con suavidad. Esto significa que debemos utilizar métodos blandos y persuasivos, para enseñarles y convencerles.
> Sin embargo, tales métodos suaves no sirven para manejar a los criminales endurecidos.

CHENG YI. — La montaña es el lugar donde se multiplican las plantas, los árboles y todos los seres[2]; el fuego está abajo y su resplandor brilla arriba. Las diversas clases de seres o cosas reciben su luz y claridad, lo que constituye la imagen simbólica de La Elegancia. El noble contempla este símbolo: "Fuego al pie de la Montaña", que ilumina, lo aplica al cuidado de reformar e iluminar las diversas instituciones sociales, y de completar un orden de gobierno claro y estructurado. Pero "no se atreve

---

1 El Libro de los Ritos, *Li ji*, 禮記, es uno de los Cinco Clásicos del canon confuciano.

2 Para los chinos, como para los anamitas, "montaña" es sinónimo de "desierto", un lugar salvaje donde el hombre vive con dificultad.

a decidir los casos criminales". Pronunciar una sentencia penal es el acto en el que el príncipe ejerce la más extrema prudencia; ¿Cómo podría usar su inteligencia y pronunciarse a la ligera por sí mismo? La Imagen indica los sentimientos del sabio y brinda una profunda advertencia. El símbolo elegido, "Fuego al pie de la Montaña" muestra un fuego que enciende e ilumina todas las cosas, lo que indica el uso de la claridad, o de la inteligencia. La advertencia es que el noble "no se atreve a decidir los casos criminales". Al emitir una sentencia, uno debe basarse exclusivamente en el hecho y las circunstancias; si sólo vemos su aspecto y ornamentación, las circunstancias del hecho y los sentimientos de su autor se enmascaran y desaparecen. No debemos atrevernos a pronunciar juicios porque las apariencias distorsionan la realidad.

ZHU XI. — "Fuego al pie de la Montaña"; su claridad no llega muy lejos; sólo aporta claridad a los "asuntos menores", es decir cosas de poca importancia; por el contrario, dictar una sentencia penal es un asunto muy grave. En el interior, está el trigrama *Li*, la claridad; afuera, *Gen*, la montaña.

Al comienzo un nueve (muta al hex. 52)

Le da elegancia a sus pies, abandona el carruaje y camina.

> "Abandona el carruaje" significa descartar las cosas superfluas y simplificar nuestra vida, volver a lo esencial. "Da elegancia a sus pies" sugiere utilizar nuestros propios medios para avanzar, en lugar de depender de otros para facilitarnos el avance.

Trabajo: Tendremos que renunciar a ciertas ventajas para poder seguir nuestro propio camino. Aunque podemos perder algunos privilegios ganaremos en independencia.

Vida privada: Para ganar la libertad deberemos descartar algunas comodidades y tomar nuestras propias decisiones.

Salud, sentimientos y relaciones sociales: En lugar de obedecer ciegamente lo que otros nos dicen, este es el momento para tener un pensamiento independiente. Es hora de dejar atrás las muletas y tonificar nuestros propios músculos físicos y mentales. También es buen momento para hacer ejercicio, especialmente caminatas

CHENG YI. — El primer trazo *yang* emplea la firmeza de la actividad y forma parte de la sustancia del trigrama que expresa claridad. Además, es un noble, situado en el puesto inferior, que posee las virtudes de firmeza e inteligencia. Un noble que se encuentra colocado en un terreno que no incluye ninguna posición definida no puede tener ninguna influencia sobre el mundo; por tanto, sólo puede regularizar y coordinar sus propias acciones. Se habla de los "pies" porque son aquello que es bajo y que se usa para caminar. El camino del noble, que se reforma y regulariza, consiste en rectificar sus acciones o pasos, mantener la observación de los preceptos y situarse según el deber. Los pasos no se dan al azar; puede ocurrir que el deber le obligue a modificar su vida presente y entonces deje su carruaje y se contente con ir a pie. La multitud consideraría esto una humillación, pero el hombre talentoso toma esta circunstancia como una forma de mejorar. El significado de la expresión: "abandona el carruaje y camina" se deduce tanto del trazo más cercano como del trazo correspondiente[3]. El primer trazo está en contacto con el segundo y se corresponde con el cuarto; la correspondencia con el cuarto es el resultado de la justicia; la alianza con el segundo es contraria a esto. Dada su firmeza y claridad, este trazo *yang*, que cumple con su deber, no se alía con el trazo cercano, el segundo, pero se corresponde, a lo lejos, con el cuarto; deja escapar lo fácil y sigue lo difícil, como cuando se trata de abandonar un carruaje para seguir a pie. La observancia de preceptos y deberes es la elegancia del camino del noble. Por eso lo que el noble considera apropiado sería una humillación desde el punto de vista de los prejuicios de la gente de su tiempo, mientras que lo que ellos consideran apropiado es despreciado por él. Los ejemplos del carruaje y la caminata, son tomados de las ideas de los pies y la marcha.

ZHU XI. — Con firmeza y claridad; situado en un puesto inferior, actúa con elegancia al abandonar el carruaje y seguir el camino correcto, a pie. Los que consultan el oráculo deben actuar del mismo modo, si esta es su posición.

○ Seis en el segundo puesto (muta al hex. 26)

Le da elegancia a su barba.[4]

> "Da elegancia a su barba" significa seguir algunas reglas o tradiciones, de rigor en ciertos lugares. Nuestra posición es débil y dependiente por lo que necesitamos respetar las costumbres establecidas por nuestros superiores o por la sociedad.

Trabajo: Es conveniente conformarnos a las convenciones del lugar donde trabajamos, siguiendo las nor-

---

3 El segundo y cuarto trazo.
4 La tradición cuenta que Confucio se irritó mucho cuando recibió este trazo en una respuesta del Libro de los Cambios, por considerarlo intrascendente y banal.

mas de conducta imperantes, especialmente porque estamos en una posición subordinada.

Vida privada: Para ser aceptados en algunos círculos es necesario seguir ciertas reglas con respecto al vestir y las apariencias, no descuidemos nuestro arreglo personal, pero tampoco actuemos con fatuidad.

Salud, sentimientos y relaciones sociales: Nos preocupamos demasiado por nuestra apariencia.

CHENG YI. — El hexagrama La Elegancia es el resultado de la modificación de dos trazos, sin embargo la claridad de la apariencia es lo más importante. El segundo trazo es, en realidad, aquel del que dependen el orden y la disposición adoptados[5], de modo que el texto trata especialmente de la forma correcta de determinar el orden. Al disponer o decorar algo, no debemos alterar seriamente sus características especiales; conformándonos a sus características particular, debemos regular la disposición u ornamentación. De ahí la referencia a la "barba", porque esta se mueve siguiendo el movimiento de los labios. Que se mueva o esté inmóvil depende únicamente de los órganos a los que está adherida, así como el bien o el mal no resultan del orden o disposición de los hechos y acciones. La claridad de la apariencia expresada por el segundo trazo indica sólo el arreglo y orden adoptados; el bien o el mal resultará de las características particulares del hecho o acción.

ZHU XI. — El segundo trazo utiliza la gentileza *yin* y ocupa su puesto con centralidad y rectitud; el tercero emplea firmeza *yang* y se ajusta a la rectitud. Ambos carecen de correspondencia comprensiva y de una alianza[6]. Es por esto que el segundo trazo se adhiere al tercero y comienza a moverse, lo que presenta la imagen simbólica de arreglarse la barba. Quien consulta el oráculo debe seguir al firme trazo superior y actuar en consecuencia.

Nueve en el tercer puesto (muta al hex. 27)

Elegante y húmedo [brillante].
Una determinación a largo plazo es venturosa.

> Disfrutamos de una vida muy elegante y confortable. Sin embargo, deberíamos mantener nuestra firmeza para evitar ser debilitados por la vida fácil. Si mantenemos nuestra fuerza y determinación tendremos ventura.

Trabajo: Nuestra posición es muy buena y firme, pero no debemos confiarnos demasiado ni descuidar la planificación a largo plazo.

Vida privada: Viviremos un momento encantador. La suerte nos sonríe y los amigos nos acompañan. Pero no debemos olvidarnos de nuestros deberes.

Salud, sentimientos y relaciones sociales: Gozaremos de buena salud y felicidad. No seamos demasiado indulgentes con nosotros mismos.

CHENG YI. — El tercer trazo se sitúa en el puesto extremo del trigrama *Li,* que expresa la claridad de la apariencia. Está situado entre dos trazos *yin*, el segundo y el cuarto, que separa, y estos tres trazos determinan recíprocamente su ornamentación; este trazo, por tanto expresa el desarrollo completo de La Elegancia. Por eso el texto dice "Elegante y brillante". En el apogeo de La Elegancia, el resplandor ilumina y baña en su fluido benéfico, por eso el texto dice "húmedo"[7]. En el punto máximo del resplandor que ilumina la forma, debe haber una impregnación con fluidos beneficiosos. El *Clásico de la Poesía*[8] dice: "La hembra del ciervo es gorda y brillante". "Una determinación a largo plazo es venturosa"; entre el tercer trazo por un lado y el segundo y el cuarto por el otro, la simpatía no es el efecto de la justicia; estos trazos se agrupan y determinan mutuamente su respectiva ornamentación, de modo que el texto advierte sobre la necesidad de "determinación a largo plazo". El carácter 賁, *bi*, nombre de este hexagrama, expresa la misma idea que el carácter 飾, *shi*, ordenar, adornar, prescribir un orden específico. Al ordenar y adornar, la dificultad radica en la imposibilidad de asegurar la permanencia, de modo que la "determinación a largo plazo" constituye un feliz augurio. Los trazos tercero y cuarto se determinan mutuamente en su apariencia; además, el tercero desciende para agruparse cerca del segundo; dos trazos que indican suavidad determinan la apariencia de un trazo que indica dureza contundente. El trazo colocado arriba y el inferior se unen para adornar y ordenar, lo que constituye el desarrollo completo de esta acción.

ZHU XI. — Un trazo *yang* ocupa el intervalo entre dos trazos *yin*; es él quien recibe la ornamentación y quien la

---

5 Es uno de los dos regentes del hexagrama, el otro es el quinto trazo.
6 No tienen correspondencia ni alianza con ningún trazo del trigrama superior

7 El carácter 濡, *ru*, traducido como "brillante", también significa "húmedo"; la polisemia de los caracteres chinos permite este juego de palabras, que no es posible reflejar bien en la traducción a un lenguaje occidental.
8 El *Clásico de la Poesía* (詩經, *Shi jing*) es una colección de 305 poemas divididos en canciones populares, festivas, himnos y panegíricos. Es uno de los Cinco Clásicos del canon confuciano.

impregna de su influencia. Sin embargo, no debe ablandarse en su reposo, de modo que se advierte que "una determinación a largo plazo es venturosa".

Seis en el cuarto puesto (muta al hex. 30)
Elegancia blanca.
Un caballo blanco con alas.
No es un bandido, sino un pretendiente.

La súbita aparición de un recién llegado –adornado con sencilla elegancia blanca, pero con pensamientos y objetivos elevados– puede provocar algunas dudas, pero su sincero deseo es cooperar. Con el tiempo, será aceptado y las obstrucciones y dudas desaparecerán.
Es posible que dudemos antes de tomar una decisión importante. Puede ser que alguien nos ofrezca algo, solicite nuestra amistad o nos declare su amor. Establecer una relación de confianza con el recién llegado va a tomar algún tiempo.

Trabajo: Enfrentaremos algunos obstáculos por cierto tiempo, pero a la larga tendremos buenas perspectivas. Recibiremos una propuesta que puede hacernos dudar, pero finalmente la aceptaremos.

Vida privada: Las buenas intenciones pueden ser mal interpretadas, pero finalmente serán comprendidas. Las relaciones personales y uniones íntimas, pueden demorarse.

Salud, sentimientos y relaciones sociales: Podemos tener algunos problemas menores de salud, pero nuestra mente se mantendrá sana y clara.

CHENG YI. — El cuarto y el primer trazo se corresponden justamente; y se ornamentan mutuamente. En principio se corresponden con una "elegancia blanca"[9]; pero están separados por el tercero, de modo que no logran ornamentarse entre sí y tienen "elegancia blanca". Blanco significa no adornado. "Caballo" es lo que está debajo y se mueve. Aún no logran ornamentarse recíprocamente; es por eso que el texto dice "caballo blanco". La correspondencia se establece con simpatía y rectitud con una velocidad similar al vuelo de los pájaros, y por eso el texto dice "con alas". Si no estuvieran separados por el bandolero enemigo representado por el tercer trazo, se unirían en matrimonio, dando rienda suelta a su afecto mutuo. El caballo indica lo que uno monta y lo que lo lleva con su movimiento. Los trazos primero y cuarto son quienes que se corresponden con rectitud; eventualmente deben unirse, pero al principio están separados por un obstáculo.

ZHU XI. — Si el hombre es blanco, el caballo también será blanco[10]. Los trazos cuarto y primero son quienes se adornan mutuamente, se corresponden mutuamente; pero aquí están separados por el tercero y no pueden dar rienda suelta a su impulso natural, de modo que son blancos [carecen de ornamentación], y el movimiento de su corazón, que los lleva a buscarse, iguala el afán del vuelo de las aves. Pero, sin embargo, el tercer trazo, al ser *yang*, une la firmeza a la justicia; no es un bandido, por lo tanto es alguien que viene a proponer matrimonio[11], de ahí es la imagen simbólica [es decir es un pretendiente frustrado].

Seis en el quinto puesto (muta al hex. 37)
Elegancia en colinas y jardines.
El rollo de seda es insignificante.
Humillación, pero al final hay ventura.

Las colinas y jardines también se pueden traducir como "bosque nativo" o "parque natural". En cualquier caso, indica un lugar tranquilo, fuera de la vida activa de la ciudad. Simboliza un círculo íntimo en el que deseamos entrar, un lugar natural y espiritual. Debido a que no tenemos mucho para ofrecer [un magro rollo de seda], porque nuestros recursos materiales son escasos, eso nos avergüenza un poco, pero al final esas cosas no importarán porque seremos aceptados. La elegancia en las colinas y jardines también puede indicar una búsqueda de la paz, un alejarse del mundanal ruido.

Trabajo: Se nos presentará una oportunidad de trabajo en un nuevo entorno. Vacilaremos, temiendo ser no aceptados, pero finalmente tendremos éxito.

Vida privada: Este puede ser un buen momento para retirarnos y llevar una vida contemplativa en el campo.

Salud, sentimientos y relaciones sociales: Las colinas y jardines simbolizan la entrada a un nuevo nivel espiritual, donde las cosas materiales no son importantes.

---

9 El carácter traducido como "blanca" es 皤, *po*, que también significa "blanco-plateado, pelo blanco o blanco plateado; viejo, envejecido". Este carácter indica algo sencillo, que no parece gran cosa, pero es puro.

10 Es decir que ambos están sin ornamentar, son puros.

11 El matrimonio por rapto era a veces la respuesta del novio para evitar pagar el precio de la novia; en otros casos era un acto colusorio entre los padres de la novia y el novio para eludir el consentimiento de la novia; finalmente también podía deberse a la imposibilidad del pretendiente de conseguir a la mujer deseada de otra forma. Está claro que la interpretación de ZHU XI es diferente a la de CHENG YI.

La Elegancia / Decoración

CHENG YI. — El quinto trazo *yin* emplea su distintiva suavidad y está en contacto íntimo con el sabio firme y activo representado por el trazo *yang* superior. Este trazo *yin* se asocia con el sexto trazo *yang*, y como no está ligado por ningún vínculo de correspondencia[12], lo sigue y recibe su ornamentación del trazo superior. Desde la antigüedad, los pasos peligrosos han sido considerados como salvaguardia de los Estados, y por eso, en general, las fortalezas y murallas se apoyan en elevaciones y terraplenes. "Colinas", designa algo elevado, pero cercano y exterior, y también elevado. "Jardines", designa un jardín cerrado donde se cultivan hortalizas, es algo muy cercano a las murallas y al barrio[13]; que es algo cercano pero externo. Las dos palabras "colinas y jardines", designan lo que está cerca y también fuera; designan el trazo *yang* superior[14]. Aunque el quinto trazo *yin* ocupa la posición del príncipe, sin embargo, sus aptitudes de gentileza maleable *yin* son insuficientes para que él se observe y se proteja a sí mismo; pero está cerca del firme trazo *yang* en la posición superior, y sus tendencias lo llevan a escucharlo y seguirlo. Recibe su ornamentación de un sabio lindero, que está afuera: "elegancia en los jardines fuera de las murallas"[15]. Si puede recibir el impulso determinante del trazo *yang* superior, apoya su ley y su decisión; es como seda enrollada y cortada en pequeños trozos, de modo que aunque su debilidad y su lentitud no le permite protegerse a sí mismo, sólo experimenta un poco de humillación. Sin embargo, pudiendo cumplir con el trabajo del hombre que lo guía, finalmente "hay ventura". La expresión del texto: "rollo de seda cortado y vuelto a cortar"[16] expresa una manera de cortar, recortar, dividir y rasgar. Cuando una tela aún no se utiliza se enrolla, por eso el texto dice "rollos de seda"; pero en el momento en que la convertimos en ropa, debemos cortarla, dividiéndola en pedazos cada vez más pequeños. Rollo de tela es una expresión figurada que se utiliza como ejemplo relacionado con el carácter particular del quinto trazo *yin*. "Cortado y vuelto a cortar" significa que alguien sufre una acción reformadora que lo hace apto para el empleo habitual. La ornamentación recibida de los demás es algo análogo a lo que ocurre en el caso del hexagrama *Meng*, 蒙, ䷃ (4, *La Necedad Juvenil*), pero en este caso no se trata de humillación. De hecho, es natural que un joven todavía cegado por la ignorancia dependa de otra persona; pero si ya no es un niño y recibe el impulso regulador de otros, éste es un motivo plausible de humillación. Sin embargo, al disfrutar del trabajo de esta persona, al final "hay ventura".

ZHU XI. — El quinto trazo *yin*, dócil y central es el regente[17] de La Elegancia; fortalece las bases y estima la realidad; se ajusta al camino de la elegancia. Por eso está representado por "colinas y jardines". Sin embargo, la naturaleza de la suavidad maleable tiende a la parsimonia, de modo que la imagen simbólica de este trazo dice" el rollo de seda es insignificante". El "rollo de seda" hace referencia a algo considerable e importante, mientras que la expresión "insignificante" hace referencia a algo superfluo y sin valor. Cuando uno se encuentra en estas condiciones, aunque pueda sentir vergüenza y aprensión, si se trata de cuestiones de gastos rituales, ¿cómo podría ser tacaño? Además, finalmente, el augurio es feliz.

○ **Al tope un nueve** (muta al hex. 36)
Simple elegancia.
Sin defecto.

> Muchas veces el sexto trazo está más allá de la situación. En este caso, está más allá del adorno y de la elegancia.
> La simplicidad es la única cosa que necesitamos. Al ser completamente sinceros no cometeremos errores.

Trabajo: No hay necesidad de embellecer la realidad, seamos simples y directos y no fallaremos.

Vida privada: Una persona auténtica no necesita de posturas ni adornos.

Salud, sentimientos y relaciones sociales: Gozamos de un excelente equilibrio físico y espiritual.

CHENG YI. — El trazo *yang* superior marca el límite extremo de La Elegancia u ornamentación; sin embargo, cuando la ornamentación llega a su límite extremo, puede caer en el error de falsa elegancia y la mentira. Sólo mostrándonos capaces de atenernos a nuestras características particulares, simplificando la ornamentación, no cometeremos el error que consiste en el exceso. El carácter 白, *ba,* "simple", designa lo sencillo, natural, crudo, blanco, sin tinte. Al amar la simplicidad natural sin ningún adorno, no perdemos la sinceridad

---

12 Porque el segundo trazo también es *yin*.
13 Horticultura alrededor de las murallas de la ciudad.
14 Notemos que el trazo *yang* superior está al tope del trigrama ☶, *Gen*, la montaña.
15 Esta lectura del texto se desvía de la traducción convencional y resulta de las explicaciones del comentarista.
16 Aquí CHENG YI se aparta del texto estándar, que nosotros traducimos como "el rollo de seda es insignificante".

17 La Elegancia tiene dos trazos regentes, el segundo y el quinto.

primitiva[18]. Lo que se entiende por amar la simplicidad natural inalterada no es la ausencia total de arreglo; sólo es necesario que la ornamentación no nos haga perder de vista la naturaleza real.

ZHU XI. — La Elegancia, una vez alcanzado su límite extremo, vuelve al punto de partida original; retorna a la ausencia de coloración; lo bueno compensa lo malo. De ahí el significado adivinatorio y la imagen simbólica.

---

18 Término taoísta.

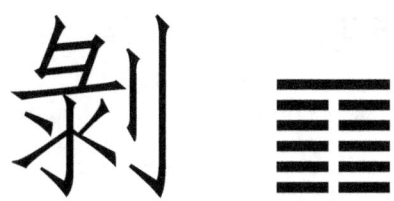

23 La Desintegración | *Bo*

Los caracteres que constituyen el sinograma que le da nombre a este hexagrama son: *lu*, "trinchar" y *dao*, "cuchillo": trinchar con un cuchillo.

Significados asociados
Pelar, desollar, despellejar, hendir, cortar en mitades, degradar, desintegrar, arruinar, romper, remover, arrancar, pelar, desplumar, desnudar.

El Dictamen
La Desintegración.
No es favorable ir a ningún lugar.

> Esta es una época de decadencia, cuando mala gente prospera y destruye la base de sustentación de las buenas personas. Las relaciones interpersonales se ven obstaculizadas, cada uno se preocupa solo por sí mismo, la confianza es escasa y nadie coopera con los demás. Este proceso de declinación no se puede detener, por eso en lugar de perder tiempo y energía luchando contra él, el mejor curso de acción es mantener la calma y mantenernos apartados de los problemas hasta que esta época adversa termine.

CHENG YI. — En el tiempo de la Desintegración una multitud de trazos *yin* crecen y se desarrollan, disolviendo y desgastando el [único] trazo *yang*, la multitud de hombres inferiores desintegra al noble; por eso, para este último "no es favorable ir a ningún lugar"[1]. Sólo le conviene ser humilde en sus dichos y ocultar sus propias huellas, borrándose, ajustándose al tiempo, para evitar los insultos de los hombres inferiores.

ZHU XI. — La Desintegración significa caída, decadencia. Los cinco trazos *yang*, recién nacidos, están abajo, y el único trazo *yang* está arriba, a punto de desvanecerse. *Yin* se completa y crece mientras *yang* se desvanece y cae, este es el hexagrama del noveno mes. *Yin* florece; *yang* disminuye; el hombre inferior es saludable y el noble está enfermo. Adentro se encuentra el trigrama *Kun*, ☷, afuera *Gen*, ☶; la imagen simbólica de la detención, de acuerdo al tiempo. Quien, consultando el oráculo, obtiene este hexagrama, no tiene nada que emprender.

La Imagen
La Montaña descansa sobre la Tierra:
la imagen de la Desintegración.
Así los superiores aseguran su posición siendo munificentes con aquellos que están por debajo de ellos.

> Para mantener nuestra posición, debemos consolidar nuestra base de sustentación. Asegurémonos de conservar el apoyo de la gente de quienes dependemos para nuestras necesidades. Estemos preparados para hacer concesiones a los demás en lugar de luchar para mantener nuestras prerrogativas. Mantengamos un perfil bajo, no llamemos la atención de los demás.

CHENG YI. — El trigrama *Gen*, ☶, está encima del trigrama *Kun*, ☷; la montaña apoyada en la Tierra. La montaña se eleva en lo alto de la Tierra y ésta última, a la inversa, se apoya en la montaña y está adyacente a ella; es la imagen simbólica de La Desintegración y del colapso. La palabra "superiores", designa al príncipe, así como a aquellos que se sitúan por encima de los demás hombres; ellos contemplan la imagen simbólica de La Desintegración y fortalecen y protegen a los inferiores, para asegurar la estabilidad de su situación. Los inferiores son la base de los superiores; no puede haber una base sólida y firme que, al mismo tiempo, sea susceptible a la desintegración. Por eso la desintegración de lo superior debe necesariamente venir de lo inferior; si lo de abajo se desgasta, lo de arriba peligra, el que es superior entre los hombres, y que sabe que ésta es la razón de ser, o la ley de las cosas, velará por la paz del pueblo, para fortalecer su propia base, y así fortalecerá su situación. El *ShuJing*[2]

---

[1] Es decir que el noble no tendrá ventaja en nada que emprenda.

[2] El *ShuJing* (el Libro de la Historia o El Libro de los Documentos), es uno de los Cinco Clásicos del canon confuciano que influyó enormemente en la historia y la cultura chinas.

dice: "Los pueblos son la única base de los Estados; si la base es firme, el Estado está en paz".

ZHU XI. — No ofrece comentario para La Imagen de este hexagrama.

Al comienzo un seis (muta al hex. 27)

Las patas de la cama se desintegran.
La firmeza es destruida.
Desventura.

> Las patas de la cama que se desintegran simbolizan cómo la situación se ve socavada gradualmente por hombres malvados, desde la periferia (las patas) hasta el centro (la piel, en el cuarto trazo).
> La desintegración de las patas de la cama indica un plan de acción sistemático para privarnos de sustento y reposo. La cama es un lugar para el descanso, por ello nuestra tranquilidad y bienestar están amenazados.
> No hay nada que podamos hacer excepto mantenernos alerta y esperar. Cualquier acción ofensiva sólo empeorará nuestra situación.
>
> **Trabajo:** Alguien está conspirando para socavar nuestra posición. Seamos prudentes con las personas que nos rodean. No es conveniente emprender nuevos negocios ni enfrentar abiertamente a nuestros enemigos. Mantengámonos atentos a la situación, a la espera.
>
> **Vida privada:** Habrá peleas en la familia o entre amigos. Quizás seamos traicionados. Tratemos de mantenernos tranquilos y calmados, por ahora no podemos hacer nada más.
>
> **Salud, sentimientos y relaciones sociales:** Podemos llegar a tener problemas con nuestros pies y sufrir cierto grado de confusión.

CHENG YI. — La desintegración de *yang* por *yin* comienza desde abajo y avanza hacia arriba; la cama se toma como imagen simbólica, considerándose como el objeto sobre el que se apoya el cuerpo. La desintegración comienza desde abajo y poco a poco llega al cuerpo. "Las patas de la cama se desintegran", el desgaste comienza en la parte inferior, por eso consideramos el desgaste en las patas. *Yin* avanza desde abajo; poco a poco destruye la pureza y la rectitud; es el camino hacia la desgracia. La palabra "destruida" significa disolución y olvido del camino de la firmeza. *Yin* desintegra a *yang*; la suavidad altera gradualmente la firmeza. Es el mal y el error que avasalla e invade la justicia; el hombre inferior reemplaza al noble. El desafortunado presagio es obvio.

ZHU XI. — La desintegración sube desde abajo; destruye la firmeza, de modo que el presagio es desafortunado. Por eso éste es el significado adivinatorio. "Destruir" (蔑, *mie*) significa extinguir.

Seis en el segundo puesto (muta al hex. 4)

El marco de la cama se desintegra.
La firmeza es destruida.
Desventura.

> La situación se agrava y el ataque está afectando la estructura misma de nuestra vida. Estamos quedando aislados y sin recursos defensivos.
> Seamos flexibles, adaptémonos a lo que exige el momento, tratemos de hallar la forma de retirarnos a un lugar seguro. Si intentamos luchar para mantener nuestras posición seremos aplastados.
>
> **Trabajo:** Nuestra influencia está disminuyendo y nuestra posición se hace más precaria. No seamos tercos y busquemos una salida a la mala situación imperante antes de que sea demasiado tarde.
>
> **Vida privada:** Poco a poco nos están dejando solos y estamos perdiendo el apoyo de los demás. Es mejor que nos retiremos ahora, aceptando algunas pérdidas, en lugar de perder todo al final.
>
> **Salud, sentimientos y relaciones sociales:** Sufriremos cierto grado de confusión y falta de puntos de referencia. Podemos tener problemas con nuestras rodillas.

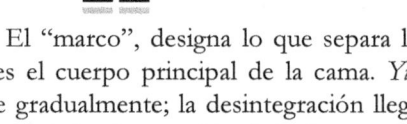

CHENG YI. — El "marco", designa lo que separa lo alto de lo bajo, es el cuerpo principal de la cama. *Yin* avanza y asciende gradualmente; la desintegración llega a los durmientes; creciente destrucción de la firmeza. El desafortunado presagio aumenta en intensidad.

ZHU XI. — 辨, *bian*, traducido como "marco", es el cuerpo de la cama; la desintegración avanza y aumenta.

Seis en el tercer puesto (muta al hex. 52)

Rompe con ellos.
Sin culpa.

> No dejemos que nos aparten de nuestros principios. Estamos rodeado de gente mala, si rompemos nuestro vínculo con ellos no cometeremos errores.
>
> **Trabajo:** Mantengamos nuestra independencia a toda costa. No imitemos lo que hacen los demás, sigamos nuestro propio rumbo.

La Desintegración

Vida privada: No rebajemos nuestros estándares siguiendo ciegamente a quienes nos rodean. Es mejor que nos mantengamos apartados en lugar de participar en las fechorías de los demás.

Salud, sentimientos y relaciones sociales: Ha llegado el momento de reafirmar nuestra voluntad y seguir nuestro propio camino, sin tener en cuenta lo que dicen otras personas.

CHENG YI. — Este es el momento en que todos los trazos *yin* desgastan el único trazo *yang*, y el tercer trazo, por sí solo, ocupa un puesto que se corresponde con un trazo duro y enérgico [en el sexto lugar]; en esto se diferencia de los trazos *yin* que están por encima y por debajo de él. Sus tendencias le llevan a seguir la rectitud, que, en un momento de desintegración, constituye la ausencia de culpa y que hace que el tercer trazo exprese lo que podemos llamar el bien. ¿Por qué el texto no tiene un buen augurio? En el momento en que *yin* comienza a desgastar a *yang*, la multitud de hombres inferiores perjudica al noble; aunque el tercer trazo sigue a la rectitud, la fuerza inherente a su naturaleza lo hace débil y aislado; y su trazo correspondiente se sitúa en un terreno sin una posición [el sexto lugar]; en este momento, le resulta difícil eludir los efectos de estas condiciones. ¿Cómo entonces podría ser feliz el presagio? El significado es que no hay culpa. El texto menciona esto como un estímulo.

ZHU XI. — La multitud de trazos *yin* comienza a desgastar el trazo *yang* [al tope] y sólo este trazo se muestra comprensivo con él; se aleja de la tropa de la que forma parte [los otros trazos *yin*] y sigue la justicia; es el camino hacia la liberación de la culpa. Si quien consulta el oráculo se encuentra en estas condiciones quedará libre de culpa.

Seis en el cuarto puesto (muta al hex. 35)

La cama se desintegra hasta la piel.
Desventura.

> En la China antigua, el colchón de la cama era una piel de animal estirada a través del marco de la cama. Si esa piel se destruía la cama se convertía en algo inútil. Los malos tiempos están en su peor momento. La desintegración nos afecta directamente, no tenemos apoyo y ningún lugar para descansar. No hay manera de escapar de los problemas.

Trabajo: Puede que seamos calumniados y perdamos nuestra posición.

Vida privada: No tenemos donde descansar y hay peligro de que nos traicionen. No podemos hacer nada al respecto.

Salud, sentimientos y relaciones sociales: Hemos llegado al punto más bajo de este ciclo. Preservemos nuestra fuerza y esperemos hasta que las cosas mejoren. Podemos sufrir problemas dermatológicos.

CHENG YI. — La desintegración comienza por los pies de la cama; poco a poco llega a la piel. La piel, es decir el exterior del cuerpo; por tanto, el cuerpo está a punto de ser destruido y el presagio de desgracia es evidente. El crecimiento de la fuerza *yin* es completo; la caída de la fuerza *yang* es extrema; el camino de la pureza ha desaparecido. El texto no repite la frase "los perseverantes son destruidos" [como en los dos primeros trazos]; sino que sólo menciona el desafortunado presagio.

ZHU XI. — El daño causado por [el crecimiento de] la fuerza *yin* llega al cuerpo. El texto no menciona que "los perseverantes son destruidos", sino que simplemente dice: "desventura".

Seis en el quinto puesto (muta al hex. 20)

Peces ensartados.
Favores de la gente de la corte.
Nada que no sea favorable.

> El tiempo de la Desintegración está por terminar. Los peces ensartados simbolizan a las personas que están empezando a cooperar siguiendo a un buen líder. Las gente de la corte (que también puede traducirse como "damas de palacio") son los cinco trazos *yin*, que ahora dejan de ser hostiles y cooperan por el bien de todos. Recibir favores de la gente de la corte significa recibir la aprobación del centro de poder y ser introducido ante el mismo.[3] Tendremos nuevas oportunidades para progresar.

Trabajo: Prosperaremos con el apoyo de amigos influyentes.

Vida privada: El tejido social se restablecerá. Los conflictos con nuestros amigos o familiares quedarán atrás. Un nuevo periodo de paz y cooperación está iniciándose.

Salud, sentimientos y relaciones sociales: Nuestra salud y las relaciones con la gente que nos rodea mejorarán.

---

3 El carácter Chino traducido como "favores", es 寵, *chong*, que significa: favor, bondad, afección; recibir o dar regalos; patrocinio.

☷☶

CHENG YI. — El deterioro llega hasta la posición del príncipe, este es el límite extremo de la desintegración, y el mal augurio es evidente. Pero ya no se trata de desintegración, sino que adopta un nuevo significado, abriendo la puerta al retorno de los hombres inferiores hacia el bien. El quinto trazo es quien lidera la tropa de trazos *yin*; el pez es un ser *yin*, por eso se usa la imagen simbólica de los "peces ensartados". El quinto trazo puede orientar la multitud de trazos *yin* para someterlos a un orden determinado; tal como se ensartan peces por las branquias. Por otro lado, es favorecido con el amor del trazo *yang* colocado por encima de él, siendo visto como una persona de la corte, de modo que no hay "nada que no sea favorable". "Gente de la corte", se refiere a personas empleadas en el interior del palacio: esposas, concubinas, sirvientes y ayudantes. Dado que este trazo es *yin*, el texto usa la palabra "favores"[4] además, da la sensación de afecto cautivador y protección recibida. Dado que sólo hay un trazo *yang*, que está en el puesto superior, el camino natural de todos los trazos *yin* es seguirlo con sumisión, y es por eso que el texto resalta este significado especial.

ZHU XI. — El pez es un ser *yin*; la "gente de la corte" [o damas de la corte] son quienes representan la elegancia y la belleza *yin*, estando sujetos a la guía de la fuerza *yang*. El quinto trazo representa la fuerza *yin* que se ha hecho grande y ha adquirido todo su crecimiento; actualmente está a la cabeza de los de su especie, pero está sujeto al predominio de la fuerza *yang*, por lo que tenemos esta imagen simbólica. Si quien consulta el oráculo se encuentra en estas condiciones, no habrá "nada que no sea favorable".

○ **Al tope un nueve** (muta al hex. 2)

Un gran fruto aún no comido.
El noble consigue un carruaje,
al vulgar se le desintegra el refugio.

> El gran fruto simboliza importantes logros y una gran persona destacándose entre muchos otros que son inferiores.
> El gran fruto también simboliza las nuevas oportunidades de progreso que aparecerán, por eso los comentadores chinos dicen que habrá un "renacimiento".
> Que el noble consiga un carruaje indica que las personas capaces ahora podrán avanzar con apoyo y firmeza. Por otro lado, los vulgares —que prosperaron en los malos tiempos— van a perder todas sus ganancias mal habidas.

Trabajo: Seremos promovidos y tendremos nuevos negocios. Nuestros proyectos serán exitosos y recibiremos mucho apoyo.

Vida privada: Nuestra posición como cabeza de la familia será restaurada. Los que crearon problemas serán avergonzados.

Salud, sentimientos y relaciones sociales: Gozaremos de excelente salud. Nuestro horizonte espiritual se expandirá.

☶☷

CHENG YI. — La eliminación y la desintegración de los distintos trazos *yang* es absoluta; sólo queda el trazo *yang* superior, es el único que aún permanece; es como un fruto grande y enorme que no debemos comer y que conservamos con fines de renacimiento[5]. Si el trazo superior también cambiara, todos los trazos serían *yin*. Pero el principio de las cosas no permite que *yang* desaparezca por completo; modificándose hacia arriba, debe renacer hacia abajo; ningún accidente puede hacer que deje de existir. El hombre sabio saca a la luz esta ley, para mostrar que el camino de la fuerza *yang* y del noble nunca puede perecer. Se ha dicho: si la desintegración es completa, resultará la unidad de sustancia del hexagrama *Kun*, 坤, ☷ [2, *Lo Receptivo*]. ¿Cómo seguirá existiendo *yang*? Porque al establecer la concordancia entre los hexagramas y los meses, el hexagrama *Kun* corresponde al décimo mes; hablando de ello desde el punto de vista de la extinción y el renacimiento del *qi*, el desgaste de *yang* produce a *Kun*, luego *yang* reaparece y produce el hexagrama *Fu*, 復, ☳ [24, *El Retorno*]; nunca se agota por completo; cuando el desgaste es completo desde arriba, reaparece desde abajo. Por eso al segundo mes se le llama el mes *yang*; para que no dudemos de la continuidad de su presencia. Lo mismo sucedería con el tema de la fuerza *yin*, y el sabio no habla de ello. En el momento de pleno desarrollo del camino del *yin*, el desorden se hace evidente; una vez que el desorden ha alcanzado su punto máximo, nos inclinamos naturalmente a pensar en el orden, de modo que todos los corazones aspiran a someterse a la autoridad del noble; "el noble consigue un carruaje". En el *Clásico de la Poesía*[6] los poemas "Sin viento" y "Descendiendo del

---

4 Ver la nota anterior.

5 Este es efectivamente el significado, pero la frase al mismo tiempo expresa que "estamos a punto de ver la razón del renacimiento del *yang*".

6 El Clásico de la Poesía (詩經, *Shijing*) es una colección de 305 poemas divididos en canciones populares, festivas, himnos y panegíricos. Es uno de los Cinco Clásicos del canon confuciano.

La Desintegración

manantial" ocupan el final de sus secciones y provocan una alteración. Dado que esta es la razón de la existencia de las cosas, también en los hexagramas, *yin* tiene a *yang* como su origen, lo que da la imagen simbólica de uno de los *qi* que sostiene al otro. "Al vulgar se le desintegra el refugio"; si el hombre inferior se encuentra en presencia de una desintegración extrema, su casa se desgasta y no le queda nada que lo proteja. Tampoco es una cuestión de *yin* y *yang*; el texto sólo habla del hombre inferior colocado en la cima de la desintegración, de modo que ésta llega hasta su casa. Al ser el trazo superior, es la imagen de la casa o choza de paja la que se elige.[7] Se ha dicho: durante la desintegración de *yin* o de *yang*, es absolutamente necesario que uno se desgaste totalmente desde arriba para que el otro renazca desde abajo. Aquí, en el trazo superior, ¿debería tener el significado de renacimiento? Respecto al trazo superior del hexagrama *Guai*, 夬, ䷪ (43, *La Resolución*)[8], ¿por qué el texto dice que "al final habrá desventura"? Aquí está la respuesta: el trazo *yang* superior ocupa el puesto extremo en La Desintegración; sólo queda un trazo *yang*; sin embargo, ninguna razón puede hacer que *yang* sea totalmente aniquilado y es por eso que el texto tiene el significado de renacimiento[9], para que veamos que el camino del noble nunca puede perecer. En La Resolución [43], es *yang* que desgasta a [el único trazo] *yin*, pero *yin* es el camino del hombre inferior; por eso se trata sólo de su desaparición y aniquilación. ¿De qué serviría agregar que, además, el principio exige que también haya renacimiento?

ZHU XI. — El único trazo *yang* está en el puesto superior; la desintegración aún no es del todo completa y todavía puede haber un renacimiento. El noble que se encuentra en el puesto superior es aquel a quien todos los trazos *yin* reconocen como maestro. Si un hombre inferior ocupara esta posición, la desintegración habría llegado a su extremo hacia arriba, y él mismo sería la causa de la pérdida de aquello que aún le cobija [el refugio]; en ese caso tampoco se presentarían las imágenes simbólicas del fruto grande y de poseer un carruaje. La imagen simbólica, es aclarada e ilustrada con un ejemplo claro, mostrando que los pronósticos para el noble y el vulgar no son los mismos. La intención del sabio no podría ser más obvia.

---

7   El carácter Chino traducido como "refugio" o "casa", es 廬, *lu*, que significa: cabaña, choza, casucha, rancho; una estructura rústica usada como albergue temporario.

8   El hexagrama 43 se obtiene si mutamos todos los trazos del hexagrama 23, es su opuesto, en el 23, *yin* avanza, en el 43, lo hace *yang*.

9   El renacimiento está indicado por las palabras "un gran fruto aún no comido"; no es comida, son las semillas del futuro.

24 El Retorno | *Fu*

Los caracteres que componen el sinograma que le da nombre a este hexagrama son: *chi*, "pisada" y *fu*, "volver atrás": volver caminando.

Significados asociados
Volver, regresar, volver para atrás; repetir, restaurar, revertir.

El Dictamen
El Retorno.
Éxito.
Salida y entrada sin daño.
Llegan amigos. Sin culpa.
Adelante y atrás por el camino.
En siete días retornará.
Es favorable tener adonde ir.

> Este hexagrama está relacionado con el mes del solsticio de invierno, el tiempo del año cuando los días comienzan a ser más largos y el poder *yang*, simbolizado por el trueno, vuelve a surgir.
> Los "siete días" indican un corto período o el inicio de un nuevo ciclo, como el séptimo día en el que la luna pasa de creciente a menguante después de la luna nueva. Además de en este hexagrama, el carácter para siete (七, *qi*) sólo aparece en los hexagramas 51 y 63 —en ambos casos en el segundo trazo—. Aquí indica el comienzo de un nuevo ciclo y un retorno. El número siete está relacionado con la devolución de dinero en el hexagrama 51 y con el retorno de una cortina en el hexagrama 63.
> El retorno es un fenómeno natural, los días comienzan a alargarse a partir del solsticio de invierno, pero la primavera todavía está lejos. Por esta razón, sería inútil tratar de forzar las cosas, ya que la situación se va a desarrollar a su propio ritmo.
> Salida y entrada sin daño significa que después de un período de estancamiento, aparecerán oportunidades y las cosas comenzarán a moverse nuevamente. La gente se unirá espontáneamente para colaborar entre sí.

Puesto que la energía *yang* todavía no está firmemente establecida, hay que hacer ajustes y es posible que haya que probar diferentes formas de hacer las cosas hasta encontrar el camino más adecuado, por eso el texto dice "es favorable tener adonde ir", es decir que podemos emprender nuevas cosas exitosamente.

CHENG YI. — "El Retorno. Éxito": desde el momento en que hay retorno, hay éxito. El *qi yang* renace desde abajo; poco a poco se desarrolla con éxito, generando y produciendo todos los seres. Desde el momento en que el camino del noble vuelve a florecer, gradualmente vuelve a ser libremente transitable y su influencia benéfica penetra e impregna el mundo. Además, El Retorno tiene el principio del progreso y la abundancia. "Salida y entrada sin daño"; salir y entrar, significa nacer y crecer. Renacer dentro es entrar; crecer y avanzar afuera es salir. El texto dice "salida" porque rima mejor[1]. Cuando nace el *yang* [el primer trazo], no es afuera que comienza a existir[2]; aparece adentro[3], y es por eso que el texto usa la palabra "entrada". Cuando las cosas o los seres nacen, su *qi* constitutivo es sumamente sutil y por eso su nacimiento se enfrenta a muchos accidentes. Cuando *yang* comienza a surgir, su *qi* también es sumamente sutil, y por eso su nacimiento también se enfrenta a numerosos accidentes[4]. Cuando *yang* florece en primavera; es dañado por la frialdad del *yin*; si examinamos los árboles y las plantas al amanecer, vemos numerosos ejemplos. "Salida y entrada sin daño" expresa que *yang*, aún tenue y sutil, nace y crece, sin daño. Desde el momento que nada lo daña y avanza poco a poco para unirse con otros de su

---

1 En chino "salida y entrada" se escribe con dos caracteres: 出, *chu* (sale, aparece, emerge) y 入, *ru* (entra, penetra). Los dos caracteres suenan armónicamente, uno tras otro. Muchas frases del Libro de los Cambios tienen cierto ritmo, que sólo puede notarse leyéndolo en su idioma original.
2 En un hexagrama, afuera es el trigrama superior.
3 Es decir en el trigrama inferior.
4 El carácter que se traduce con la palabra "accidente", significa especialmente "romper, destrozar". CHENG YI se refiere a brotes jóvenes que se vuelven quebradizos por las heladas.

El Retorno

especie, está a punto de lograr su libre desarrollo, y por eso no hay culpa. Lo que debe entenderse por "culpa", significa, respecto del *qi*, que se extravía y vacila; respecto del noble, un impedimento u obstáculo a su acción. No podemos citar todos los ejemplos. El movimiento de retorno de la fuerza *yang*, aunque se vea obstaculizado por las dificultades, nunca podrá ser detenido por ellas; sólo es entorpecido y demorado. Además, los atributos de los trigramas indican que no sufrirá daño; eso es lo bueno del camino del retorno. Un solo trazo *yang* comienza a surgir. Es extremadamente tenue y sutil; ciertamente no puede aún dominar la multitud de trazos *yin*, y para engendrar todas las cosas, debe necesariamente esperar la llegada de otros trazos *yang*; después de su venida, puede producir la obra del nacimiento de los seres, sin irregularidad ni error alguno; por eso: "Llegan amigos. Sin culpa". El *qi* de los tres meses *yang*[5], genera y produce todos los seres, es obra de la multitud de trazos *yang*. Si se trata del camino del noble, desde el momento en que reaparece después de su decadencia, ¿cómo podría prevalecer a primera vista sobre el hombre inferior? Debemos esperar la llegada de amigos y su desarrollo progresivo, y entonces la combinación de sus fuerzas unidas permitirá alcanzar el éxito. "Adelante y atrás por el camino", expresa el camino de la extinción y del crecimiento, que vuelve una y otra y otra vez. El desvanecimiento de *yang* dura siete días, después de los cuales vuelve a aparecer. El hexagrama *Gou*, 姤, ䷫ (44, *Encuentro Cercano*) expresa el inicio de su desvanecimiento; después de siete modificaciones este mismo hexagrama se convierte en el hexagrama *Fu*, 復, ䷗ (24, *El Retorno*); por eso el texto habla de siete días, es decir siete cambios. En el caso del hexagrama *Lin*, 臨, ䷒ (19, *El Liderazgo*) el Dictamen dice "al octavo mes habrá desventura"; esto expresa que después que *yang* crece durante ocho meses, *yin* comienza a crecer. Cuando *yang* avanza, *yin* retrocede [y viceversa]; cuando el camino del noble crece, el del hombre inferior se desvanece, de modo que "es favorable tener adonde ir".

ZHU XI. — Retorno es el renacimiento de *yang* desde abajo. Cuando su desaparición, tras su decadencia, es total, produce la pureza de sustancia de *Kun*, 坤, ䷁ (2, *Lo Receptivo*), y en el décimo mes el *qi yang* nace desde abajo. Este estado dura un mes entero y luego se forma la sustancia de un nuevo *yang*. Por eso el hexagrama del onceavo mes es el El Retorno, porque el trazo *yang* que se retiró, ahora retorna, y transita el camino del éxito. Está formado por el trigrama *Zhen*, ☳, en su interior y *Kun*, ☷, en su exterior; *yang* se agita en la parte inferior y se mueve hacia arriba. Por eso hay "salida y entrada"; la llegada de amigos que sean de su mismo género también se puede realizar "sin daño" [sin ningún error ni culpa]. El proceso iniciado en al nacimiento de un sólo trazo *yin* en *Gou*, 姤, ䷫ (44, *Encuentro Cercano*), que corresponde al quinto mes, es un movimiento de siete trazos, y luego vuelve a aparecer un sólo *yang* [en El Retorno][6]. Ésta es la espontaneidad natural del movimiento de revolución del cielo, y por eso el significado adivinatorio es "adelante y atrás por el camino". Este movimiento dura hasta siete días, después de los cuales *yang* debería retornar. Puesto que la virtud de la firmeza está creciendo, el pronóstico adivinatorio dice" es favorable tener adonde ir". "Adelante y atrás por el camino", significa irse y luego volver otra vez, volver para empezar de nuevo. "Siete días" es el plazo dentro del cual se producirá el acontecimiento por el que se consulta el oráculo.

La Imagen

El Trueno en medio de la Tierra: la imagen del Retorno.
Así en el día del solsticio, los antiguos reyes
cerraban los pasos fronterizos.
Mercaderes y viajeros no se trasladaban
y el soberano no visitaba las cuatro regiones.

> Los antiguos reyes cerraban las entradas al reino en el solsticio de invierno para que las personas descansaran.
> El retorno es un período de renovación, de recuperación después de un momento de debilidad o extrañamiento. Cuando el retorno se inicia es importante descansar por un tiempo, detener toda la actividad para alimentar la energía que está volviendo (el principio *yang*) con el fin de permitir que crezca y así prepararnos para ejercer actividad intensa en el momento adecuado, después de haber recuperado la fuerza.

CHENG YI. — El trueno surge cuando *yin* y *yang* chocan y producen sonido; en el momento en que *yang* todavía se encuentra en un estado rudimentario, todavía no puede brotar. "El Trueno en medio de la Tierra" es el momento en el que *yang* comienza a regresar, cuando comienza a surgir desde abajo, pero es extremadamente tenue, tranquilo y silencioso; crecerá más tarde. Los primeros reyes, conforme al camino del cielo, el día del solsticio, cuando comienza a nacer *yang*, permanecían en calma y descansaban para desarrollarlo. Por eso los antiguos reyes "cerraban los pasos fronterizos", para que los "mercaderes

---

5 CHENG YI se refiere específicamente a los meses lunares undécimo, duodécimo y primero.

6 Con siete transformaciones se recorren los seis trazos de un hexagrama y nos encontramos en el primer trazo de otro hexagrama; son siete pasos, es un proceso que se da desde abajo hacia arriba.

y viajeros no se trasladaran", ni "el soberano visitara las cuatro regiones"[7]; observaban la imagen simbólica del Retorno y seguían el camino del cielo. Lo mismo ocurre con un simple individuo, que debe observar el descanso para permitir que se desarrolle la fuerza *yang*.

ZHU XI. — La calma y el descanso sirven para desarrollar el *yang* incipiente; en el *Yue Ling*[8], este es el motivo de la prescripción relativa a las purificaciones mensuales, es una advertencia para retirarse, para esperar lo que estará determinado por *yin* y *yang*.

○ **Al comienzo un nueve** (muta al hex. 2)
Retorno antes de ir demasiado lejos.
No habrá daño ni arrepentimiento.
Sublime ventura.

> Nuestros errores deberían ser corregidos antes que compliquen nuestra situación. Cuando corregimos un error sin dudarlo, reaccionando a tiempo, no tendremos motivo alguno de vergüenza y podremos conseguir un buen resultado.
> El primer trazo *yang* está debajo de cinco trazos *yin*, que forman el trigrama nuclear *Kun* y el trigrama superior *Kun*, lo que hace pensar que este trazo se ha retirado fuera de la vista, como si estuviera bajo tierra, lo que sugiere retirada, hacerse a un lado o replegarse.
>
> **Trabajo:** Corrijamos cualquier paso en falso antes que dañe nuestra posición o reputación.
>
> **Vida privada:** Es mejor que reconozcamos nuestros errores sin demora, antes de que se produzcan complicaciones, en lugar de ignorarlos. No dudemos en decir "lo siento", si cometimos un error que afecta a otra persona.
>
> **Salud, sentimientos y relaciones sociales:** Nuestra salud y nuestras relaciones sociales no sufrirán si corregimos nuestras faltas tan pronto como nos percatamos de haberlas cometido.

CHENG YI. — El Retorno es la vuelta de la fuerza *yang* que regresa en la dirección opuesta[9]. *Yang* es el camino del noble, por lo que se considera que "retorno" expresa el significado de volver al bien. En el primer trazo regresa la firmeza *yang*, se coloca en la primera posición del hexagrama; por lo tanto, este trazo representa al que regresa sin demora, es un "retorno antes de ir demasiado lejos". *Yang* se perdió y luego reaparece; si no se hubiera perdido, ¿cómo podría haber retorno? Pero como el retorno no fue desde "demasiado lejos. No habrá daño ni arrepentimiento". Es un gran bien y el augurio es "sublime ventura". El séptimo carácter del texto, 祇, *zhi*, "respetar", debe leerse como el carácter 祇, *di*, pero toma el significado del carácter 祇, *di*, "hasta... llegar a". *Yupian*[10] le da el significado de "equivalente a..." y el significado sigue siendo el mismo. "No habrá daño ni arrepentimiento" indica que no se llega al punto de tener que arrepentirse. El quinto trazo en el hexagrama *Xi Kan*, 習坎, ䷜ (29, *Lo Abismal*) dice: "El abismo no se desborda. Sólo se llena hasta el borde. Sin culpa"; es decir llegó en el momento en que la paz ya está establecida. Respecto al error de Yanzi, si bien aún no ha adquirido apariencia y forma manifiestas, Confucio dice que está "a punto de ser"; se trata precisamente de la aplicación de la expresión "No habrá... arrepentimiento". Mientras el error no haya tomado todavía una forma visible, si nos corregimos, ¿qué arrepentimientos podríamos tener[11]? Desde el momento en que uno no se ha permitido cometer la falta abandonándose al deseo de cometerla, su deseo no ha excedido las proporciones de una tendencia o de un proyecto; ¿cómo podría ser un error? Sin embargo, con inteligencia y energía nunca se deja de reconocer lo que no es bueno; desde el momento en que lo reconocemos, nunca nos falta afán de corregirnos, para no terminar con remordimientos y arrepentimientos, y este es el "retorno antes de ir demasiado lejos" del que habla el texto.

ZHU XI. — El trazo *yang* comienza a surgir nuevamente desde abajo; de ello depende el retorno. El carácter 祇, *zhi*, tiene el valor del carácter *di*, "él está de acuerdo; es necesario; equivalente a...". Además, como el trazo representa algo situado al inicio de la acción expresada por el hexagrama, significa que el error es incipiente, que el retorno al bien es todavía posible, sin llegar al punto del arrepentimiento; es un camino abierto al bien y al feliz augurio, y por eso tal es el significado adivinatorio y la imagen simbólica.

---

7 Las "cuatro regiones", 方, *fang*, indican el territorio del soberano, todos los lados.
8 El *Yue Ling* es un capítulo (Órdenes Mensuales) de El Libro de los Ritos, *Liji*, 禮記, que es uno de los Cinco Clásicos del canon confuciano.
9 Dice dirección opuesta, porque el movimiento de los procesos en los hexagramas es de abajo hacia arriba, en el hexagrama anterior, *Bo*, 剝, ䷖ (23, *La Desintegración*) el último trazo *yang* sale del hexagrama por arriba, pero aquí vuelve a entrar por abajo.
10 *Yupian*, 玉篇, es un diccionario chino del sexto siglo.
11 Es seguro que se trata sólo de un "pensamiento culpable que aún no se ha puesto en práctica".

El Retorno

Seis en el segundo puesto (muta al hex. 19)

Retorno calmado.
Ventura.

El carácter traducido como "calmado", 休, *xiu,* también significa "renunciar, liberar, dejar ir". Esto significa que seremos capaces de relajarnos, reconsiderar y finalmente, dar un paso atrás. También indica que para evitar situaciones difíciles es bueno contentarnos y darnos por satisfechos con los resultados obtenidos, sin pedir más.

Trabajo: Estemos preparados para reevaluar nuestras opciones cuando una persona más sabia nos da consejos. No intentemos hacerlo todo por nosotros mismos, moderemos nuestras pretensiones.

Vida privada: No dejemos que nos arrastre el entusiasmo, calmémonos un poco, detengámonos un momento antes de actuar, tomemos el tiempo necesario para evaluar adonde nos dirigimos. Escuchemos a los demás, no dejemos que nuestra ambición nos complique la vida.

Salud, sentimientos y relaciones sociales: Tratemos de reducir el estrés en nuestra vida. Subordinemos nuestros intereses egoístas al bien común.

CHENG YI. — Aunque el segundo puesto lo ocupa un trazo *yin,* debido a que su posición incluye la centralidad y la rectitud y está bastante cercano al primer trazo, las tendencias de el segundo trazo lo llevan a seguir a *yang* y es capaz de rebajarse ante la virtud; esa la belleza y el bien en El Retorno, que es el retorno a las reglas rituales, y el retorno a las reglas rituales constituye la virtud[12]. Éste trazo representa el regreso de *yang*; es el retorno a la virtud; el segundo trazo se asocia con él y se humilla ante él, lo que constituye la belleza del regreso y el feliz augurio.

ZHU XI. — Mansedumbre maleable, sumisión, centralidad y rectitud; está cerca del primer trazo *yang,* y se rebaja ante él: belleza y bondad en la acción del retorno; un camino auspicioso.

Seis en el tercer puesto (muta al hex. 36)

Retorno repetido.
Peligro.
Sin culpa.

Nuestra inseguridad e indecisión nos harán perder el tiempo y nos causarán complicaciones, pero al menos, si vemos y corregimos nuestros errores podremos evitar tener más problemas, por lo tanto no habrá razón para el arrepentimiento.

El carácter traducido como "repetido", 頻, *pin,* también significa "al borde de, orilla del río", por lo que el texto puede leerse alternativamente como "regresando desde el borde del agua". El agua simboliza peligro. Tomemos todo el tiempo que necesitemos para evaluar apropiadamente nuestras acciones antes de comprometernos, así no correremos riesgos, pero una vez que decidamos lo que debemos hacer no cambiemos nuestro rumbo.

Trabajo: Posiblemente no tengamos claro cual es el mejor camino para progresar en nuestra profesión, o sintamos que no estamos capacitados para asumir más responsabilidades. Pero ya es tiempo de decidirnos; si seguimos postergando lo que tenemos que hacer pondremos en peligro nuestra posición.

Vida privada: Concentrémonos en lo que estamos haciendo y no nos distraigamos. Si comenzamos a hacer algo, ocupémonos de terminar nuestra tarea, no la dejemos a medio hacer.

Salud, sentimientos y relaciones sociales: Este es un tiempo en el que no tenemos claro lo que queremos, o quizás no somos capaces de dejar a un lado ciertas cosas que nos perjudican, y carecemos de la fuerza de voluntad necesaria para encaminar nuestra vida por el buen camino. Si seguimos un tratamiento médico, no lo abandonemos, continuemos con el mismo hasta que esté completo.

CHENG YI. — El tercer trazo *yin* está situado en el apogeo del movimiento[13]; tiene múltiples retornos sin poder asegurar su firmeza. El buen retorno se logra a través de la firmeza y la calma; si hay frecuencia en los retornos, hay frecuencia en las caídas, y el regreso carece de calma y serenidad. Volver al bien y luego recaer una otra vez en los mismos errores es un camino peligroso. El sabio muestra el camino de la mejora y enmienda; elogia el retorno y muestra el peligro de la frecuencia de las recaídas, por eso el texto dice: "Peligro. Sin culpa". A pesar de las muchas recaídas no da advertencia sobre los múltiples retornos. La frecuencia de las recaídas constituye un peligro, mientras que en la multiplicidad de los retornos

---

12 Y más especialmente, la "humanidad".

13 Al tope del trigrama *Zhen,* ☳, el trueno, lo suscitativo.

no hay culpabilidad; la culpa está en la caída y no en el regreso.

ZHU XI. — Un trazo *yin* ocupa un puesto *yang*; le falta centralidad y rectitud; además, se sitúa en el límite extremo del movimiento. Regreso sin firmeza. Imagen simbólica de la frecuencia de las caídas y la multiplicidad de los retornos. La frecuencia de las caídas es ciertamente peligrosa mientras que el retorno nunca presenta culpa, de ahí el sentido adivinatorio.

Seis en el cuarto puesto (muta al hex. 51)
Retorna solo por el medio del camino.

> Retornar solo significa que seguiremos nuestro propio camino, en lugar de seguir a otro o ser influenciados por alguien. Retornar solo es una reafirmación de nuestra propia voluntad. El texto no dice si el nuevo curso será bueno o malo, pero caminar por el medio del camino (evitando los extremos) indica equilibrio (seguir el *Dao*) y nunca puede ser una mala cosa.
>
> **Trabajo:** Si deseamos encontrar nuestro propio camino tendremos que dejar atrás a quienes nos rodean y mirar atrás para retornar a nuestra vocación original. Puede que abandonemos nuestro trabajo actual para iniciar nuestro propio negocio.
>
> **Vida privada:** No dejemos que otros nos aparten de nuestros objetivos. Es mejor que estemos solos, siendo fieles a nosotros mismos, antes que someternos irreflexivamente a los deseos del rebaño.
>
> **Salud, sentimientos y relaciones sociales:** Sigamos nuestro propio corazón. Tendremos buen equilibrio físico y espiritual. Podemos llegar a sentirnos solos, pero eso pasará.

CHENG YI. — Es necesario comprender y penetrar particularmente el significado del texto de este trazo. El cuarto trazo camina entre la multitud de los trazos *yin*, y es capaz de regresar por sí solo. Esto se debe a que se sitúa según la justicia, que se rebaja a responder con simpatía a la firmeza *yang*[14]; por eso sus tendencias pueden describirse como buenas. Si no hay ningún presagio feliz o infeliz es porque, de hecho, el cuarto trazo emplea la gentileza y permanece entre la multitud de los trazos *yin*; además, dado que el primer trazo es todavía extremadamente débil, estas condiciones son insuficientes para que ambos se ayuden mutuamente. No hay posibilidad de remediar este estado de cosas, por lo que el sabio sólo menciona la posibilidad de regresar, sin querer expresar que un retorno aislado al camino moral implica necesariamente un presagio de desgracia. Se ha dicho: si esto es así, ¿por qué no mencionar la ausencia de culpa? Dado que este trazo *yin* ocupa un puesto *yin*, expresa extrema debilidad e indolencia; aunque sus tendencias la llevan a seguir a *yang*, al final nada puede remediar este defecto, por lo que no hay ausencia de culpa.

ZHU XI. — El cuarto trazo se sitúa en medio de un grupo de trazos *yin* y, por sí solo, simpatiza con el primer trazo; esto constituye la imagen simbólica de quien, en medio de la multitud, es el único capaz de seguir el bien. En presencia de un momento así, cuando el *qi yang* es todavía extremadamente tenue y aún no es suficiente para actuar, no se trata de un buen augurio, pero sin embargo, desde el punto de vista de las consecuencias lógicas, no es así. No tiene sentido discutir el presagio feliz o infeliz. Dong Zhongshu dice: "El hombre humano se aplica exactamente al deber; no especula sobre la utilidad. Proyecta luz sobre el camino moral y no calcula el mérito que puede tener al seguirlo". Tanto el trazo *yin* en el tercer puesto de Bo, 剝, ䷖ (23, *La Desintegración*), como este trazo ilustran el presente caso.

Seis en el quinto puesto (muta al hex. 3)
Sincero retorno.
Sin culpa.

> El carácter que aquí traducimos como "sincero", 敦, *dun*, también significa "generoso, fuerte, sólido, auténtico, devoto". Indica que nuestro retorno será verdadero, sin dudas, siguiendo nuestro real sentir.
>
> **Trabajo:** Tenemos muy buenas razones para volver atrás, porque sabemos que una reforma sincera es la única opción viable.
>
> **Vida privada:** Cuando encontremos el camino correcto, sigámoslo sin vacilar.
>
> **Salud, sentimientos y relaciones sociales:** Si seguimos el sincero deseo de nuestro corazón no cometeremos error alguno.

CHENG YI. — El quinto trazo *yin* emplea las virtudes de la centralidad y la condescendencia y se sitúa en el puesto del príncipe; él es quien puede seguir con dedicación el camino del retorno al bien; por eso no tiene culpa. Aunque esto es esencialmente bueno, aún hay mo-

---
14 CHENG YI se refiere a la relación de correspondencia que el cuarto trazo tiene con el primero.

El Retorno

tivos para tomar precauciones. En el momento en que la fuerza *yang*, en su regreso, es todavía apenas perceptible, empleando la mansedumbre para mantenerse en el puesto preeminente y, además, sin tener ayuda debajo de sí mismo, este trazo aún no puede progresar; tan solo evitar llegar al arrepentimiento.

ZHU XI. — Empleando la centralidad y la condescendencia para ocupar el puesto preeminente, y ante la presencia de un momento de retorno, presenta la imagen simbólica del "sincero retorno", ese un camino que no conduce a arrepentimientos.

Al tope un seis (muta al hex. 27)

Pierde el camino del retorno.
Desventura.
Calamidades y errores.
Si pone sus ejércitos en marcha al final
sufrirá una gran derrota, cuyo infortunio
alcanzará al regente de su estado.
Ni en diez años será capaz de atacar exitosamente.

> Al ser el último trazo del hexagrama, el retorno aquí se hace desde el punto más lejano y a destiempo. Debido a que estamos confundidos y avanzamos demasiado en la dirección equivocada no podremos encontrar el camino correcto para el retorno. Ya es demasiado tarde para retornar.
> Poner ejércitos en marcha significa poner recursos en el lugar equivocado. Si insistimos obstinadamente en tales conductas agresivas y erróneas, tendremos grandes pérdidas.
> Diez años indica un largo período, como en los hexagramas 3.2 y 27.3. Quedaremos incapacitados durante mucho tiempo después de sufrir una gran derrota.
>
> **Trabajo:** Nuestra terquedad nos costará muy cara. Seremos despojados de nuestro puesto y nuestros errores nos perjudicarán no sólo a nosotros mismos, sino también a la organización para la cual trabajamos.

> **Vida privada:** Por seguir ciegamente un mal camino, dañaremos a toda nuestra familia y quedaremos enredados en problemas por mucho tiempo.
>
> **Salud, sentimientos y relaciones sociales:** Nuestro terco orgullo y nuestra obstinación nos mantendrán en la oscuridad por un largo tiempo. Podemos llegar a sufrir una enfermedad crónica a causa de nuestras malas decisiones.

CHENG YI. — El trazo que ocupa el último puesto de El Retorno, emplea la suavidad *yin* y se refiere a quien está completamente enceguecido y no retorna al camino correcto. Estando confuso, sin retornar, el desafortunado presagio es obvio. "Calamidades y errores"; las calamidades[15] son enviadas por el cielo; no provienen de su acción personal. Los "errores", son fruto de sus propios excesos, son de su propia factura. Desde el momento en que está cegado y no retorna al bien, siempre que actúe, cometerá alguna falta o error. Aunque las calamidades y desgracias surgen de causas externas, de hecho, su conducta las ha provocado. Ha perdido el rumbo y no tiene vuelta atrás, ninguna de sus empresas puede tener éxito. "Si pone sus ejércitos en marcha, al final sufrirá una gran derrota, cuyo infortunio alcanzará al regente de su estado. Ni en diez años será capaz de atacar exitosamente"; si es el ejército de un estado, será un presagio desafortunado para el príncipe. "Diez años" es el límite de los números[16]; quiere decir que no podrá actuar por diez años. Dado que no sabe cuál es su camino, ¿cuándo podría actuar?

ZHU XI. — Dado que este suave trazo *yin* se encuentra en el último puesto del Retorno, presenta la imagen simbólica de la ceguera final sin retorno; es un camino que indica un presagio de desgracia. Por eso éste es el significado adivinatorio.

---

15 El carácter traducido como "calamidades" es 災, *zai*: calamidad, desastre, daño, herida; desgracia provocada por causas fuera de nuestro control.
16 Esta explicación aparece a menudo en los comentarios. Diez es la base de la numeración china.

25 Sin Expectaciones / Sin Defecto / Espontaneidad | *Wu Wang*

Los dos caracteres chinos que le dan nombre a este hexagrama son: *wu*: "no" y *wang*[1]: "contar con, suponer, esperar, error": sin expectaciones o sin error.

Significados asociados

Comportamiento inocente, no estar pendiente de lo que va a suceder, no tener expectaciones, acción espontánea sin calcular la ventaja, completa sinceridad, naturalidad; sin error ni falta; sucesos imprevistos, enfrentarse a lo inesperado.

El Dictamen

Sin Expectaciones.
Sublime éxito.
La determinación es favorable.
Si uno no es recto tendrá infortunio,
y no será favorable emprender nada.

> Sin Expectaciones significa que seguimos nuestros impulsos naturales cuando nos enfrentamos a lo inesperado; que actuamos, no siguiendo un plan, sino haciendo lo que nos parece mejor, a cada momento, sin preocuparnos por las consecuencias, sin engaño ni pretensión alguna.
> Estar en contacto con las necesidades del momento es el punto clave en este tiempo, que requiere intuición, sinceridad y adaptabilidad, no seguir un guión ni cuestionarnos a nosotros mismos antes de actuar.
> El tiempo de Sin Expectaciones también está relacionado con sucesos inesperados, que pueden ser buenos o malos, como se ve en el texto de varios trazos.
> Este es uno de los pocos hexagramas que mencionan "las cuatro virtudes cardinales": *yuan, heng, li, zhen*, que significan "sublime", "éxito", "propicio" y "determinación o perseverancia".

Una o más de las cuatro virtudes aparecen en 50 de los 64 hexagramas, pero sólo los hexagramas 1, 2 (con una modificación), 3, 17, 19, 25 y 49 incorporan las cuatro virtudes en su dictamen.

Desde la dinastía *Han* en adelante, las cuatro virtudes se convirtieron en palabras claves del pensamiento confuciano, identificando cuatro cualidades o virtudes aplicables tanto al Cielo como al noble.

Todo oráculo que incluya estas cuatro virtudes indica que el éxito está garantizado, pero solo si el consultante se comporta correctamente; por esta razón la perseverancia en el camino correcto es la clave del éxito.

CHENG YI. — Sin Expectaciones indica extrema sinceridad; la sinceridad extrema es el camino del Cielo. En la acción del Cielo, que produce y transforma a todos los seres, y en la secuencia indefinida de su sucesión en la vida, cada uno sigue exactamente su destino, trazado por la naturaleza; he aquí la ausencia de expectaciones/culpa. Cuando el hombre puede conformarse a este camino sin error, esto es lo que podemos llamar conformar nuestras facultades a la acción del Cielo y de la Tierra. Sin Expectaciones posee el principio del éxito sublime. Si el noble recorre este camino sin error podrá llegar al éxito sublime. Sin Expectaciones se refiere al camino del Cielo, pero el Dictamen indica como el hombre puede transitar este camino. "Sublime éxito" consiste en seguir este camino sin error; el éxito reside en la justicia perfecta; al no lograr esta justicia perfecta cometemos un error. Aunque el corazón no sea vicioso, si no se conforma al principio de la justicia surge la culpa. Por eso el Dictamen dice "si uno no es recto tendrá infortunio, y no será favorable emprender nada".

ZHU XI. — Sin Expectaciones indica el verdadero principio de la espontaneidad. En las Memorias históricas[2],

---

[1] Básicamente 妄, *wang*, significa "imprudente, desordenado", pero algunos consideran que es un carácter tomado en préstamo en lugar de 望, *wang*, "esperanza, expectación"; el carácter que antecede a *wang*, 无, *wu*, significa "no"; de ahí al nombre asignado a este hexagrama: Sin Expectaciones / Sin Defecto / Espontaneidad.

[2] Las Memorias históricas, 史記, *ShiJi*, son la obra maestra del historiador Sima Qian, compuesta entre los años 109 a. C. y 91 a. C., durante la dinastía Han.

Sin Expectaciones / Sin Defecto / Espontaneidad

se escribe como 无望[3], y tiene el significado de no tener expectaciones, obtener algo sin esperarlo. Este hexagrama proviene, por fluctuación de hexagramas[4], de Song, 訟, ䷅ (6, *El Conflicto*), cuando el trazo *yang* procedente del segundo puesto ocupa el primer puesto; ese trazo es el regente de *Zhen* [el trigrama interior]; que indica movimiento sin error, por eso se considera que este hexagrama expresa la ausencia de error. Sus dos trigramas son *Zhen*, ☳, el movimiento, y *Qian*, ☰, la actividad. El quinto trazo *yang* posee energía y centralidad y se corresponde con el segundo trazo *yin*, de modo que el significado adivinatorio es "sublime éxito" y "la determinación es favorable". "Si uno no es recto tendrá infortunio, y no será favorable emprender nada".

La Imagen

El Trueno se mueve bajo el Cielo
y todas las cosas interactúan sin expectaciones.
Así los antiguos reyes, en floreciente armonía
con los tiempos, nutrían las 10. 000 cosas.

> El trueno indica poder y creatividad.
> Los antiguos reyes simbolizan un patrón o modelo de buen gobierno, en sintonía con los ritmos de la naturaleza.
> De la misma manera, nosotros deberíamos estar en armonía con las mareas del cambio, aceptando a todos, sin exclusión[5], y al mundo que está en constante cambio, en sus propios términos.
> Rara vez es posible adaptar la realidad o las personas a nuestras exigencias. Al contrario, deberíamos tener la suficiente flexibilidad como para percibir intuitivamente la mejor manera de interactuar con las cambiantes circunstancias que nos rodean.

CHENG YI. — El impacto del trueno actúa y se extiende por todo el mundo; *yin* y *yang* se unen armoniosamente; chocan entre sí y producen sonido; así despiertan a los seres de su estado de reposo, dan impulso al germen de las plantas y traen a la vida a todos los seres. Lo que así se asigna a cada persona, cualquiera sea su grandeza o su pequeñez, su elevación o su bajeza, corresponde en cada caso exactamente a la razón de su destino, sin que jamás haya error alguno: "todas las cosas interactúan sin expectaciones". Los primeros reyes, considerando la imagen simbólica del trueno actuando en el mundo, llamando a la vida y dotando a cada ser según su destino, luego se aplicaron de manera perfecta a conformarse a las estaciones para nutrir y mantener a todos los seres y todas las cosas, para que cada una pudiera disfrutar de lo que le era necesario, "en floreciente armonía con los tiempos". "Floreciente" [茂, *mao*] expresa la idea de la exuberancia de las plantas y se utiliza aquí en el sentido de perfección completa. "Interactúan sin expectaciones" significa conformidad con las estaciones marcadas por el Cielo. El camino del Cielo da vida a todos los seres; cada uno se ajusta a su naturaleza y destino particular, sin desorden alguno. Los reyes realizan el camino del cielo al ponerlo en práctica; nutren y mantienen a las personas e incluso a los insectos, plantas y vegetales, asegurando que todos disfruten de lo que necesitan. Ésta es la manera de armonizar [el mundo humano] con las estaciones para cultivar a los seres.

ZHU XI. — "El Trueno se mueve bajo el Cielo"; sacude, pone en movimiento y llama a la vida; cada ser recibe su naturaleza y su destino, de modo que todo ser se ajusta a él [su destino] sin error alguno. Los primeros reyes, tomando este ejemplo como regla, se esforzaban en actuar de acuerdo con las estaciones para cultivar a todos los seres; escuchaban su propia naturaleza sin actuar de manera egoísta.

○ **Al comienzo un nueve** (muta al hex. 12)

Avance sin expectaciones.
Ventura.

> Actuar con espontaneidad, siguiendo nuestros impulsos naturales, nos traerá suerte. No nos reprimamos a nosotros mismos, seamos flexibles y permanezcamos receptivos a los cambios y las novedades.
> Estamos en armonía con el tiempo, seamos espontáneos, la suerte nos favorece.

Trabajo: El primer trazo se asocia con los comienzos. No ignoremos nuestros impulsos creativos. Este es un buen momento para seguir nuestra vocación

Vida privada:. No nos reprimamos, sigamos los verdaderos deseos de nuestro corazón. Si nos dejamos guiar por nuestra intuición los acontecimientos se desenvolverán en forma natural, de una manera ventajosa para nosotros.

Salud, sentimientos y relaciones sociales: Tendremos oportunidad para crecer espiritualmente si escuchamos nuestra intuición. No se dejemos esclavizar por las reglas o el reloj, seamos espontáneos y desinhibidos. No exijamos nada de los demás, aceptemos a las personas tal como son.

---

3 Como ya explicamos en la primer nota adjunta a este hexagrama, el carácter 妄 puede sustituir a 望 en el nombre de este hexagrama, ambos tienen el mismo sonido, *wang*.

4 Ver el **Glosario** para más información sobre la fluctuación de hexagramas.

5 Las 10. 000 cosas significan todos los seres, es decir que este es un tiempo de aceptar a todos los seres.

CHENG YI. — Este trazo *yang* utiliza la firmeza para dominar el interior; es la imagen simbólica de la falta de expectaciones. Usa la firmeza para modificar la suavidad *yin*, ocupando una posición en el trigrama interior [Zhen, ☳]; es quien es justo, sincero y sin malas intenciones. Emprendedor y absteniéndose de cualquier mala intención, ¿cómo no tendría ventura? El Dictamen dice que "no será favorable emprender nada", es decir que, mientras no haya rectitud, no debemos innovar; exceder este punto sería causar desorden. El texto dice "Avance sin expectaciones. Ventura", es decir que actuando sin expectaciones, tendremos ventura.

ZHU XI. — La espontaneidad requiere firmeza en nuestro interior[6]. En tales condiciones, el avance sin expectaciones conduce a la ventura, de ahí el significado adivinatorio y la imagen simbólica.

Seis en el segundo puesto (muta al hex. 10)

Cosecha sin haber arado.
Los campos están listos para su uso
sin haberlos desmontado.
Es favorable emprender algo.

> Disfrutar de la cosecha y de los campos sin haberlos preparado de antemano indica que trabajamos por cuenta ajena y que la acción fue iniciada por otro. Pero haremos lo que nos solicitan porque queremos hacerlo, no movidos por la codicia o la obediencia ciega.
> Otra traducción alternativa sería "no arará por el bien de la cosecha, ni limpiará el campo para tener un campo maduro", lo cual significa que haremos lo que sea debido, no motivados por los posibles beneficios, sino simplemente porque es nuestra vocación o nuestro deber.
> Otro significado es que obtendremos buenas ganancias después de poco o ningún esfuerzo o simplemente tendremos suerte, pero es importante que nos concentremos en nuestros objetivos.

Trabajo: Concentrémonos en cumplir con nuestro deber, no tendremos ningún problema, al contrario encontraremos que todo está listo y podremos progresar sin estorbos. Si se presenta una oportunidad, no la dejemos pasar, aprovechemos lo que nos ofrece el destino

Vida privada: Este es un momento afortunado para las inversiones y los buenos negocios. Podremos prosperar sin mucho esfuerzo.

Salud, sentimientos y relaciones sociales: Nuestro ser interior está maduro para evolucionar espiritualmente. En caso de estar enfermos, mejoraremos. Puede que, sin buscarlos, seamos bendecidos con nuevos amigos.

CHENG YI. — Todo lo que es resultado natural del principio de las cosas es lo contrario del error o del engaño. Pero la voluntad humana lleva al error o el engaño. Por eso el texto cita como ejemplos los casos del arado y la cosecha de arrozales de tres años sin haber tenido arrozales de un año[7]. El segundo trazo *yin* tiene centralidad y posee rectitud; además, se corresponde con la centralidad y la rectitud del quinto trazo. Forma parte de la sustancia del trigrama del movimiento[8] y se somete pasivamente al impulso recibido; representa el movimiento con posibilidad de sometimiento a la justicia y la rectitud; esto es lo que constituye la espontaneidad y la carencia de falsedad en las intenciones, y por eso se trata, sobre todo, del significado de Sin Expectaciones. Arar es la primera operación de la agricultura; la cosecha es el resultado y el fin. Un pantano convertido en campo de arroz es, en el primer año, designado por el carácter 菑, el tercer año es designado por el carácter 畬. No arar y cosechar, no desbrozar el primer año y tener un arrozal en su tercer año de desbroce, es decir, no hacer algo *a priori* y atenerse a la consecuencia natural del principio de las cosas. Plantear el hecho *a priori* es crear por voluntad propia del hombre; es el error o la desilusión, el hecho arbitrario. Adherirse a la consecuencia natural significa conformarse a la razón del hecho y acoger su resultado: es la ausencia de error.[9] Este es el caso cuando se trata de cosechar y los campos de arroz llegan a su tercer año de limpieza. De hecho, al arar, ciertamente habrá motivos para cosechar; al limpiar un arrozal en su primer año, necesariamente habrá un arrozal que llegará a su tercer año: ésta es la certeza natural que surge del principio de

---

6 Firmeza indicada por el primer trazo *yang*, que es uno de los regentes de este hexagrama.

7 El texto chino literalmente dice: 不 [no], 耕 [cultivar, arar], 穫 [cosecha], 不 [no], 菑 [arrozal que fue cultivado por un año], 畬 [arrozal en el tercer año de cultivo]. Por eso una traducción literal sería: "no | cultivo | arrozal de un año | arrozal de tres años". Es decir "no se cultivó, no hubo un arrozal de un año, pero se cosecha un arrozal de tres años".

8 *Zhen*, ☳, lo suscitativo, el trueno.

9 Para CHENG YI, error es todo lo que se aparta del orden natural, para evitarlo, el sabio se alinea con los tiempos, para que sus actos se correspondan con los ritmos naturales.

las cosas, no es el resultado de la creación, de la voluntad e intención [humanas], y esto constituirá la ausencia de error. Mientras no haya error, lo que se emprenda será ventajoso y no se causará ningún daño. Se ha dicho: Lo que el sabio imagina para el bien del mundo es siempre una creación. ¿Cómo no es esto un error o un engaño? Esto se debe a que el sabio regula sus creaciones según las estaciones, se adapta a las necesidades del tiempo y nunca emprende algo antes del momento oportuno. Si no fuera necesario esperar el momento propicio, un sólo sabio podría haber realizado la obra completa. ¿Qué necesidad habría habido de que varios sabios se sucedieran en su trabajo? El tiempo es el origen de las cosas; el sabio sigue los tiempos y actúa.

ZHU XI. — Este trazo *yin* es dócil, central y recto; cumple con el principio de la existencia de las cosas en el tiempo debido, sin cálculo alguno de interés privado. La imagen de cosechar sin haber arado y obtener arrozales de cultivo sin pasar por el desmonte expresa que no hay nada que hacer por adelantado, ni nada que desear en el futuro. Si quien consulta el oráculo satisface estas condiciones, será "favorable emprender algo".

Seis en el tercer puesto (muta al hex. 13)

Desastre inesperado.
Quizás la vaca amarrada por alguien
sea la ganancia del caminante y el infortunio del aldeano.

La pérdida de uno es la ganancia de otro. El que no tiene nada puede recibir algo y el que tiene posesiones puede perderlas.
Alguien puede beneficiarse de nuestra mala suerte, pero posiblemente nuestros problemas no sean su culpa, o quizás lo sean. Alternativamente, podemos llegar a tener ganancias a expensas de los demás.

Trabajo: Ganancias y pérdidas arbitrarias. Alguien puede beneficiarse de nuestra desgracia o viceversa.

Vida privada: Podemos tener pérdidas y/o ganancias fortuitas o problemas inesperados. Estemos abiertos a las oportunidades que puedan presentarse; sin embargo, es incorrecto aprovecharse de la desgracia ajena.

Salud, sentimientos y relaciones sociales: La situación es inestable, podemos experimentar altibajos emocionales o en nuestras relaciones sociales.

CHENG YI. — El tercer trazo utiliza la dócil gentileza *yin*, pero carece de centralidad y rectitud; por lo que está en falta. Además, se corresponde con el trazo superior, lo que indica el "deseo", lo que es otra falta. En el camino de este hexagrama, esto constituye calamidad y maldad. Cuando el hombre se mueve mal es porque está impulsado por el deseo; cuando se mueve mal y logra ganar algo, necesariamente lo perderá; aunque se supone que obtiene lo que le conviene, su movimiento es, sin embargo, ilegítimo; la pérdida que sufre será grande por esa misma razón. ¡Cuánto más cuando llega la desgracia y sigue el remordimiento! Quien sabe esto considera ilegítima la adquisición y sabe que constituye una pérdida; el resultado debe necesariamente estar en relación con lo que merece la obra. El sabio ve esto como la imagen simbólica del error, la calamidad del desastre inesperado. A veces la vaca atada es capturada por el caminante, lo que es la calamidad del aldeano; esto expresa que el error cometido por el tercer trazo origina la calamidad y desgracia de este hexagrama. Por ejemplo, si gana, inmediatamente pierde. Así, en la frase "quizás la vaca amarrada...", la palabra "quizás" indica suposición e incertidumbre. A veces el caminante captura la vaca y la considera su botín. El aldeano la pierde, lo que es una calamidad. Suponiendo que el aldeano ate y capture el caballo [del caminante], el caminante pierde el caballo, y ahí está la calamidad; esto expresa que si hay ganancia [por un lado], necesariamente debe haber pérdida [por otro lado]. Por tanto, no nos basta con suponer que se obtiene la cosa considerada. Las palabras "caminante" y "aldeano", sirven simplemente para indicar que si hay ganancia, la otra cara de la cuestión es una pérdida. No se trata de dos personas especialmente consideradas. Sin embargo, la suerte que resulta de la ganancia ilegítima va seguida de calamidad; la ganancia ilegítima se contrapesa con una pérdida equivalente, por lo que ciertamente no puede considerarse suerte o ganancia [legítima]. El hombre que se de cuenta de esto no actuará injustamente.

ZHU XI. — Ninguno de los seis trazos de este hexagrama tiene culpa. Sin embargo, el tercer trazo *yin* está en una posición que carece de centralidad, por eso el pronóstico adivinatorio es "desastre inesperado". Si un caminante tira de una cuerda para llevarse una vaca, el aldeano es quien tiene el inconveniente de recuperarla.

Nueve en el cuarto puesto (muta al hex. 42)

Quien puede mantener su determinación no tendrá culpa.

Una traducción alternativa sería "puede ser determinado", o "se puede obtener un augurio". El significado es que debemos y podemos elegir qué hacer, pero luego tenemos que apegarnos a nuestra decisión sin vacilar. No dejemos que nos desvíen de nuestros objetivos, seamos fieles a nosotros mismos. Aunque no tenemos suficientes medios para progresar o sacar ventaja, si perseveramos no tendremos culpa.

Trabajo: Si mantenemos nuestro curso de acción sin dejarnos influir por los demás no tendremos ningún problema. No esperemos ningún cambio.

Vida privada: No sigamos los consejos de otras personas ciegamente. Defendamos nuestra opinión y nuestros objetivos. Este no es un tiempo cuando podamos sacar provecho, lo mejor que podemos hacer es mantener lo que tenemos.

Salud, sentimientos y relaciones sociales: Tengamos cuidado, no cambiemos nuestros planes o estilo de vida sólo porque otras personas nos piden que lo hagamos, sigamos nuestro propio consejo, sin vacilar.

CHENG YI. — El cuarto *yang* trazo es firme y forma parte de la sustancia de la actividad[10]; además no tiene correspondencia con ningún trazo; es quien no tiene expectaciones ni culpa. Enérgico y desinteresado, ¿cómo actuaría mal? Al poder observar esta regla de conducta con perfecta firmeza, naturalmente no tiene culpa. ¿Se puede considerar que un trazo *yang* que ocupa un puesto *yin* es recto? Respuesta: dado que este trazo es *yang* y forma parte de la sustancia de la actividad expresada por el trigrama *Qian*, ☰, si también ocupara un puesto firme, esto constituiría un exceso de dureza; porque el exceso implica culpa. Ocupando el cuarto lugar, sus tendencias no se inclinan exclusivamente hacia la firmeza[11]. Las expresiones "mantener su determinación" y "la determinación es ventajosa" no son equivalentes. "Mantener su determinación" significa que [posiblemente en este caso] puede mantenerse con perfecta firmeza en la posición que ocupa; "la determinación es ventajosa" significa que su determinación será beneficiosa[12].

ZHU XI. — Este firme trazo *yang* está en el trigrama *Qian*, ☰, la sustancia de la actividad. Se encuentra abajo, sin tener correspondencia [con otro trazo]. Es posible que pueda "mantener su determinación", pero esta condición no es suficiente para emprender algo; tal es el significado adivinatorio.

○ **Nueve en el quinto puesto** (muta al hex. 21)
Enfermedad inmerecida.
No tomes medicina y tendrás regocijo.

Problemas inesperados surgirán, pero no se deben a nada que hayamos hecho nosotros mismos. Dejemos que la situación siga su propio curso, no interfiramos, porque los problemas mejorarán por sí mismos.

Trabajo: No nos involucremos con las cosas que no están bajo nuestra propia responsabilidad, no asumamos la culpa por cosas que están fuera de nuestro control. Esperemos y veamos qué pasa, no tratemos de corregir los problemas que nosotros mismos no causamos.

Vida privada: No tratemos de regular todo o arreglar todos los problemas que puedan surgir. Es mejor no intervenir. Dejemos que las cosas y las personas se manejen por sí mismas.

Salud, sentimientos y relaciones sociales: Algunas enfermedades deben seguir su propio curso, hasta que desaparecen de forma natural. No nos apresuremos a tomar medicamentos.

CHENG YI. - Este trazo *yang* es central y recto, y ocupa el puesto supremo; abajo, el trazo inferior [*yin* en el segundo puesto], se corresponde con sumisión, centralidad y rectitud: esto es lo que podemos llamar la más perfecta expresión de espontaneidad. No se puede añadir nada más a esto. El carácter traducido como "enfermedad"[13] se toma en el sentido de daño, molestia. Dado que el quinto trazo *yang* no tiene culpa, si hubiera alguna "enfermedad", sin tratarla con medicación, la alegría volverá por sí sola. Cuando el hombre está enfermo utiliza remedios vegetales y minerales para combatir y ahuyentar el mal y nutrir el principio vital; si las sustancias de su *qi* constituyente están en equilibrio armónico, sin enfermedad ni indisposición en su raíz, al tomar medicación, esta perjudicará este principio vital. Por eso "no tomes medicina y tendrás regocijo". El regocijo quiere decir que la enfermedad o el malestar se disipará naturalmente. Lo que se llama una "enfermedad inmerecida", indica que no podremos establecer el orden aunque lo intentemos, que si nos adelantamos, nadie nos seguirá, que si trabajamos para mejorar a los hombres, no lograremos eliminar sus vicios. El problema, en este caso, es una "enfermedad inmerecida". Por ejemplo, Shun tenía la tribu *Miao*,

---

10 El trigrama *Qian*, ☰, lo creativo.
11 Un puesto *yang*.
12 Este es sólo un comentario de CHENG YI, pero de hecho, en el texto de este trazo no hay mención alguna de que habrá "ventaja", sólo dice "quien puede mantener su determinación no tendrá culpa".

13 , *ji*, significa enfermedad, daño, defecto, ansiedad; apuro; odio. Este carácter originalmente se dibujaba como una flecha hiriendo a una persona:

Sin Expectaciones / Sin Defecto / Espontaneidad

el Duque de Zhou tenía a Guan y Cai, y Confucio tenía a Shusun Wushu[14]. Mientras no haya falta alguna y aún así haya algo que constituya un inconveniente, conviene no preocuparse por ello; porque no se justifica ni conviene actuar para remediarlo. Si lo combatimos e intentamos remediarlo, estaremos en falta. Dado que el quinto trazo está situado en el punto de extrema falta de culpa, la advertencia es sólo relativa al movimiento; si se mueve, cometerá un error.

ZHU XI. — Este trazo firme tiene centralidad y rectitud, dado que ocupa la situación preeminente y su correspondencia con el trazo inferior [*yin* en el segundo puesto] que es igualmente central y correcto, expresa el estado perfecto de falta de culpa, si en tales condiciones existe alguna enfermedad no se debe medicar, y la dolencia sanará naturalmente. Por eso esa es la imagen simbólica y el significado adivinatorio.

Al tope un nueve (muta al hex. 17)

La acción espontánea causa desventura.
No es favorable emprender algo.

> No nos movamos de donde estamos. Si seguimos nuestros impulsos naturales sólo empeoraremos nuestra situación. El tiempo propicio para el comportamiento espontáneo ha terminado. Esperemos hasta que se presenten nuevas oportunidades, mientras tanto no hagamos nada, no innovemos.
>
> **Trabajo:** En este momento no podemos hacer nada para mejorar nuestra posición actual. Mantengamos un perfil bajo y no iniciemos nada nuevo, de esa forma minimizaremos nuestras pérdidas.
>
> **Vida privada:** Por ahora no podemos hacer nada más. Tratemos de no involucrarnos en nada; si actuamos sólo empeoraremos la situación.
>
> **Salud, sentimientos y relaciones sociales:** Este es un tiempo propicio para la meditación y la quietud, no para la acción. Es mejor que nos retiremos y no nos involucremos en nada, porque nuestras acciones serían mal interpretadas.

CHENG YI. — El trazo *yang* superior ocupa el último puesto en el hexagrama; expresa el colmo de la espontaneidad. Llegando al límite extremo, si continuamos caminando, vamos más allá del principio de las cosas; esto sería un error. Si el trazo *yang* superior actúa, comete un error, atrae calamidades y nada podrá beneficiarle.

ZHU XI. — El trazo *yang* superior no tiene ninguna culpa; pero llegado al último y extremo límite, ya no debe caminar ni actuar, de ahí la imagen simbólica y el significado adivinatorio.

---

14 Aquí CHENG YI se refiere a distintos enemigos que tuvieron algunos hombres famosos. Shusun Wushu fue un ministro del Estado de Lu, que criticaba a Confucio; el Emperador Shun, tuvo que lidiar con una tribu enemiga, los *Miao*; Guan y Cai se rebelaron contra la regencia del Duque de Zhou.

26 La Fuerza Domesticadora de lo Grande / Gran Acumulación | *Da Chu*

Los dos caracteres chinos que le dan nombre a este hexagrama son: *da*: "grande, enorme" y *chu*: "acumular, criar, nutrir, cultivar, domesticar".

Significados asociados

La fuerza domesticadora de lo grande, poder controlado, gran domesticación, gran dominio de uno mismo o restricción (lo que es restringido acumula fuerza), gran acumulación, gran crianza, acumular y desarrollar recursos para uso futuro.

El Dictamen

La Fuerza Domesticadora de lo Grande.
La determinación es favorable.
No comer en casa brinda buena fortuna.
Es propicio cruzar el gran río.

> Antes de llevar a cabo grandes logros debemos acumular y ordenar nuestros recursos. Perseveremos para alcanzar nuestros objetivos, sin saltear ningún paso que sea necesario. No actuemos antes de hacer los preparativos adecuados.
> "No comer en casa brinda buena fortuna" significa expandirnos para superar nuestros límites actuales.
> En la China antigua, cruzar un río, ya fuera vadeándolo o pasando por encima del mismo cuando este se congelaba, no era una tarea sencilla porque no había puentes. Cruzar un río era peligroso y no era nada fácil; de ahí que la frase "es propicio cruzar el gran río" es una metáfora que indica que este es un buen momento para llevar adelante un emprendimiento de importancia, aunque sea peligroso, pero no debemos tomarlo a la ligera.

CHENG YI. — Nada es más grande que el Cielo y, sin embargo, está en medio de la montaña. El trigrama *Gen*, ☶, está arriba y detiene al trigrama *Qian*, ☰, que está abajo; esto simboliza la extrema grandeza en la acumulación, agrupación y detención. En el hombre, es el estudio del arte y la virtud del Camino, que se acumula y lo llena; eso es lo más grande y más importante que se puede acumular y reunir. Esto también se aplica a todo lo que se acumula; para hablar sólo de lo más grande en las agrupaciones humanas, conviene observar el Camino de la rectitud, por eso el texto dice: "la determinación es favorable". De hecho, cuando se trata de principios extraños y estudios particulares, los resultados pueden ser muy numerosos y diversos, y entre muchos hombres hay sin duda algunos que no son correctos. Desde el momento en que las virtudes del Camino penetran y colman al hombre, éste merece una situación superior, para gozar de los favores del Cielo y difundirlos por el mundo, y entonces ya no será la felicidad de una sola persona, sino la felicidad de el mundo. Si este hombre se encuentra en una situación miserable y se alimenta a expensas de su familia, esto indica que no sigue el Camino. Por eso "no comer en casa brinda buena fortuna", si no vive a costa de su familia, será un feliz augurio. Como lo que se recoge y acumula es grande, conviene que su efecto se extienda a todos los que viven al mismo tiempo, para remediar las dificultades y peligros del mundo, y este es el uso y efecto de la gran acumulación; por eso "es propicio cruzar el gran río". Todo esto se refiere únicamente al significado del término "gran acumulación"; pero el texto también dice otra cosa, desde el punto de vista de las virtudes y aptitudes de los trigramas. Todos los diversos trazos sólo tienen el significado de detener para acumular. En efecto, en el *Libro de los Cambios* el Camino se presenta de forma palpable, según los casos, y el ejemplo elegido es siempre el más claro y accesible.

ZHU XI. — "Grande", se refiere a la fuerza *yang*; aplicada por el trigrama *Gen*, ☶, para detener al trigrama *Qian*, ☰, es decir grandeza en la detención. Finalmente, dado que en el interior está la firmeza de la fuerza activa de *Qian*, y en el exterior el brillo resplandeciente de *Gen*, eso indica aptitud para la renovación diaria de la virtud y se considera que expresa la grandeza de lo que se acumula.

La Fuerza Domesticadora de lo Grande / Gran Acumulación

De acuerdo a la fluctuación de hexagramas[1], este hexagrama viene de *Xu*, 需, ䷄ (5, *La Espera*), con el trazo *yang* en el quinto lugar ascendiendo. Si hablamos de ello según la sustancia de los trigramas, el quinto trazo *yin* es preeminente y le da nobleza. Considerado de acuerdo a las virtudes de los trigramas, *Gen* detiene al fuerte *Qian*. En todos los casos la acción indicada es siempre imposible sin una gran rectitud, de modo que el significado adivinatorio es: "La determinación es favorable. No comer en casa brinda buena fortuna". Además, el quinto trazo *yin* se corresponde con *Qian*, la actividad, abajo [se refiere al trazo *yang* en el segundo puesto], lo cual expresa la correspondencia con las leyes celestiales. No comer en casa significa vivir de emolumentos pagados por el gobierno[2], sin subsistir de los bienes familiares.

La Imagen

El Cielo en medio de la Montaña:
la imagen de La Fuerza Domesticadora de lo Grande.
De esta forma el noble, interiorizándose
con muchas palabras y obras de la antigüedad,
cultiva su carácter.

> El Cielo en el medio de la Montaña simboliza tesoros escondidos. El conocimiento del pasado es un tesoro valioso, no solo desde el punto de vista intelectual, sino porque también se puede aplicar al presente. Antes de iniciar un nuevo emprendimiento, es conveniente reunir la mayor cantidad posible de información, para conocer cómo se desarrollaron proyectos similares en el pasado. Además las personas que se hayan destacado en el pasado en nuestra misma área de actividad nos proporcionarán buenos modelos de conducta.
>
> El carácter chino traducido como "carácter", 德, *de*, también significa "habilidad, aptitud, calidad". Cultivar el carácter significa que al aumentar nuestros conocimientos seremos más capaces, eficientes y hábiles.

CHENG YI. — El Cielo es el más grande, y sin embargo está en medio de la Montaña; lo que se junta y se acumula es lo más grande. El noble contempla la Imagen y la aplica a la ampliación de lo que acumula. El conocimiento adquirido por el hombre aumenta a través del estudio; escuchando atentamente el relato de las palabras y acciones de los sabios y santos de la antigüedad, buscando sus huellas para ver cuáles fueron sus efectos, escudriñando sus palabras para descubrir sus intenciones, para beneficiarse del conocimiento adquirido, para completar sus virtudes y aumentarlas. Éste es el significado de La Fuerza Domesticadora de lo Grande.

ZHU XI. — El Cielo en medio de la Montaña. Esto no quiere decir que tal circunstancia exista en la realidad, pero sólo se menciona como un símbolo.

Al comienzo un nueve (muta al hex. 18)

Hay peligro.
Es conveniente desistir.

> El carácter (厲, *li*) traducido como "peligro" también significa "amenaza, opresivo, cruel, malvado, brutal, enfermedad, demonio malevolente, machacar, triturar". Eso indica que si seguimos adelante nos arriesgaremos mucho, podemos ser atacados y sufrir grandes pérdidas. Es mejor que pospongamos nuestros planes hasta que la situación mejore, hay obstáculos peligrosos bloqueando nuestro camino. Quizás debamos posponer nuestros planes o renunciar a algo para evitar riesgos.
>
> **Trabajo:** No asumamos ningún riesgo y evitemos los conflictos. Es mejor detenernos antes de meternos en problemas.
>
> **Vida privada:** Este no es el momento adecuado para comenzar algo nuevo. Esperemos hasta que las circunstancias mejoren.
>
> **Salud, sentimientos y relaciones sociales:** No intentemos nada nuevo. Seamos conservadores, cuidemos nuestra salud, no nos arriesguemos en nada.

CHENG YI. — En La Fuerza Domesticadora de lo Grande; el trigrama *Gen*, ☶, detiene el trigrama *Qian*, ☰, además los textos de los tres trazos de *Qian* dan el significado de estar detenido, mientras que los de los tres trazos de *Gen* dan el significado de detener algo. El primer trazo emplea la firmeza *yang*, además forma parte de la sustancia del trigrama de la actividad, pero permanece en inferioridad; es quien necesariamente debe subir al avanzar. El trazo *yin*, situado en el cuarto puesto, en el trigrama superior, lo detiene y contiene. ¿Cómo podría el primer trazo luchar contra la fuerza inherente a una posición adquirida y a su superioridad? Si lo desafía y avanza, se arriesgará y estará en peligro, por lo que lo mejor para él es detenerse y no avanzar. En otros hexagramas, la relación entre el cuarto y el primer trazo expresa una correspondencia correcta y legítima, y estos dos trazos se apoyan y se acercan mutuamente; pero en este hexagrama

---

1   Ver el **Glosario** para más información sobre la fluctuación de hexagramas.
2   Es decir conseguir un trabajo en la administración pública, o, en términos más modernos, vivir de los frutos de nuestro propio trabajo, no de nuestra familia.

se considera que su correspondencia mutua indica que se detienen mutuamente. El trazo superior y el tercero también son *yang*, por lo que se considera que tienen las mismas tendencias, de hecho la naturaleza de los trazos *yang* los lleva a subir a medida que avanzan, por lo que simbolizan un grupo que comparte la misma tendencia, sin detenerse el uno al otro.

ZHU XI. — Los tres trazos *yang* del trigrama *Qian*, ☰, representan aquello que es detenido por el trigrama *Gen*, ☶, además cada uno de los dos trigramas toma su significado de la posición interior o exterior que ocupa. El primer trazo *yang* es detenido por el cuarto trazo *yin*, por lo que el significado adivinatorio es que, de seguir adelante, habrá peligro, y que "es conveniente desistir".

Nueve en el segundo puesto (muta al hex. 22)

Al carruaje se le quitan los soportes del eje.[3]

> Los soportes del eje son dos pedazos de madera que sostienen el eje del carruaje firmemente, en ambos lados. Si se quitan los soportes el carruaje no se moverá, no importa cuanto poder se aplique.
> Seremos detenidos por una fuerza irresistible sin recibir ninguna advertencia previa. Aceptemos la situación tal cómo es y esperemos, reservando nuestros recursos y nuestras fuerzas para uso futuro.
>
> **Trabajo:** Disciplinémonos a nosotros mismos y esperemos pacientemente hasta que tengamos una buena oportunidad para seguir adelante. Utilicemos nuestro tiempo de manera constructiva, aumentando nuestro conocimiento y poniendo a punto nuestros recursos.
>
> **Vida privada:** Puede que seamos detenidos por conflictos familiares sin resolución. Esperemos a que la situación mejore, por ahora no podemos hacer nada para mejorarla.
>
> **Salud, sentimientos y relaciones sociales:** Hemos llegado a un punto muerto, ningún cambio es posible. Aceptemos la realidad y esperemos con paciencia.

CHENG YI. — El segundo trazo es detenido por el quinto trazo *yin*; la fuerza de la detención es tal que no podemos avanzar. El quinto trazo aprovecha su superioridad. ¿Cómo afrontarlo? Aunque el segundo trazo es parte de la sustancia del trigrama de la actividad, su posición está de acuerdo con el camino de la rectitud, de modo que ya sea que avance o retroceda, no comete errores. Aunque sus tendencias le llevan a seguir adelante, sabe apreciar que la fuerza natural de las cosas no le permite hacerlo, por lo que se detiene, sin seguir actuando, como el carruaje sin los soportes del eje, es decir, como quien no puede viajar.

ZHU XI. — El segundo trazo *yang* también es detenido, esta vez por el quinto trazo *yin*. Gracias a su posición central, puede contenerse sin avanzar, de ahí la imagen simbólica.

Nueve en el tercer puesto (muta al hex. 41)

Buenos caballos que corren uno tras otro.
Es propicio tener presente las dificultades
y ser perseverante.
Practica el manejo del carro y la defensa armada diariamente.
Es favorable tener una meta.

> El bloqueo desaparece y podemos avanzar junto con otras personas que comparten nuestros objetivos, como caballos corriendo juntos.
> Sin embargo, el peligro y las dificultades todavía acechan a lo largo del camino, no seamos imprudentes. Nuestra determinación será puesta a prueba.
> Es imperativo que tomemos todas las precauciones y medidas de seguridad que sean posibles. Entrenamiento con carros indica que debemos comprobar y volver a comprobar nuestros planes, asegurándonos que podemos trabajar bien en equipo con nuestros socios. Una traducción alternativa de parte de este trazo sería "protege día a día tus carros y baluartes", por eso CHENG YI se refiere a los baluartes en su comentario, lo cual indica que debemos tomar medidas de protección, sin descuidar nada.
> Debemos estar preparados para hacer ajustes sobre la marcha. Necesitaremos movilidad, velocidad y buenas medidas defensivas para poder llevar a cabo nuestros planes exitosamente.
>
> **Trabajo:** Quizás recibamos una promoción en nuestro trabajo, pero aún tenemos desafíos por delante. Estemos alerta y no bajemos la guardia, es posible que tengamos que defendernos. Tendremos que adquirir nuevas habilidades para hacer frente a nuestras nuevas responsabilidades.
>
> **Vida privada:** Tendremos nuevas oportunidades y con la colaboración de nuestros amigos o familiares progresaremos. Aún así, estamos en peligro, avancemos con cautela y firmeza. Es importante que seamos flexibles, que podamos aprender cosas nuevas y modificar nuestros planes en caso de ser necesario. Es conveniente que nuestra vivienda esté bien protegida.

---

3 Compare con el tercer trazo del hexagrama 9.

La Fuerza Domesticadora de lo Grande / Gran Acumulación

Salud, sentimientos y relaciones sociales: Si tuviéramos problemas de salud, estos mejorarán. No seamos imprudentes, tomemos el tiempo debido para ajustar nuestro cuerpo a la nueva situación. En lo social, un nuevo panorama se nos ofrece, posiblemente alguien nos abra la puerta a un nuevo entorno social, pero tendremos que aprender nuevas reglas y protegernos contra lo inesperado, porque pueden presentarse inconvenientes.

CHENG YI. — El tercer trazo expresa el límite extremo de la firmeza *yang*; mientras el trazo *yang* al tope también avanza [conjuntamente] hacia arriba. Además, el trazo superior está en el límite extremo del trigrama de la detención y está a punto de cambiar; él y el tercero son quienes no se detienen y cuyas tendencias son idénticas. Estos dos trazos, por tanto, se solidarizan juntos para seguir adelante. El tercer trazo emplea las habilidades de la firmeza, y el que está en el puesto superior adapta sus tendencias a las suyas y avanza; su avance es como "buenos caballos que corren uno tras otro"; es decir avanzan rápidamente. Aunque la fuerza inherente al avance del tercer trazo es rápida, no debe confiar en su vigorosa capacidad y en correspondencia con su superior, olvidando las precauciones y la prudencia. Por eso es importante que aprecie la dificultad de las cosas y siga el camino de la rectitud perfecta. El carro es lo que se utiliza para transportar; los baluartes son medios de protección. Conviene que ejercite diariamente sus carros y mantenga sus baluartes[4], y entonces lo que emprenda será propicio. El tercer trazo forma parte de la sustancia del trigrama *Qian* y ocupa correctamente su puesto[5]; es alguien que es capaz de perfección. Al avanzar activamente, el texto nos advierte del peligro, para que no nos descuidemos. Dado que las tendencias nos llevan activamente a avanzar, a pesar de la energía y la inteligencia, a veces se cometen errores; de ahí la advertencia.

ZHU XI. — El tercer trazo es *yang* y ocupa el puesto extremo en el trigrama *Qian*, que indica fuerza activa; el trazo superior emplea la fuerza *yang* y ocupa el último puesto en La Fuerza Domesticadora de lo Grande. Este es el momento en que las cosas se llevan al extremo y que al mismo tiempo incluye la libertad de acción. Es más, ambos son trazos *yang*, por lo que no se detienen y avanzan juntos, de ahí la imagen de "buenos caballos que corren uno tras otro". Sin embargo, hay excesiva firmeza y entusiasmo para seguir adelante; de modo que el texto advierte sobre las dificultades para seguir el camino correcto y la necesidad de prepararse para la defensa. Pero es favorable tener una meta", habrá ventaja en emprender cosas. El noveno carácter del texto [曰, *yue*, "decir"], debe reemplazarse por 日, *ri* ["sol, día"][6].

Seis en el cuarto puesto (muta al hex. 14)

La cobertura protectora de los cuernos del becerro.[7] Sublime ventura.

Prevenir que un becerro cornee a alguien antes que sus cuernos hayan crecido indica que las medidas de precaución deben aplicarse mucho antes de que el verdadero peligro esté presente, evitando problemas con antelación. También significa que debemos controlar a las personas que dependen de nosotros para evitar posibles inconvenientes.

De la misma manera, aplicando esto a nuestro yo interno, debemos ejercer dominio sobre nosotros mismos y evitar actuar antes de que estemos listos para ello.

El tema principal de este hexagrama es acumular poder, restringiendo su uso hasta que llegue el momento adecuado, porque la acción prematura nos traerá más problemas que ventajas.

Trabajo: Tendremos buena fortuna si aguardamos hasta el momento oportuno. No avancemos hasta que estemos listos, disciplinémonos tanto a nosotros mismos como a nuestros subordinados. Si actuamos en el momento adecuado tendremos gran éxito, pero de momento estamos bloqueados.

Vida privada: Esperemos por un tiempo hasta que estemos listos para avanzar sin cometer un grave error.

Salud, sentimientos y relaciones sociales: Este es un tiempo para ejercer autocontrol e incrementar nuestro conocimiento. Seamos moderados y pacientes en todas las cosas.

---

4 CHENG YI lee el texto de este trazo como "Cada día protege tus carruajes y tus baluartes".
5 Es un trazo *yang* en un puesto *yang*.
6 Eso hemos hecho en nuestra traducción, traduciéndolo como "diariamente".
7 Una cobertura protectora era colocada sobre los cuernos incipientes del becerro, tanto para protegerlos como para evitar que el animal fuera a lastimar a alguien. De esa forma el becerro podía ser usado como un animal de trabajo sin correr ningún riesgo. Rutt comenta que la cobertura protectora de los cuernos también era usada para marcar al becerro como una futura víctima sacrificial, a ser ofrecida en el sacrificio de la cosecha otoñal.

CHENG YI. — Desde su posición, el cuarto trazo se corresponde con el primer trazo; es él quien contiene al primer trazo, que ocupa el puesto más bajo, en el grado más mínimo del *qi yang*. Dado que este trazo *yang* es mínimo y está contenido, el cuarto trazo lo detiene y le resulta fácil dominarlo. Es como cuando se trata de un becerro al que le ponen una tabla en la frente; el efecto es excelente y el augurio feliz. Los textos de los trazos de este hexagrama siempre se refieren a la detención. El cuarto trazo que forma parte de la sustancia del trigrama *Gen*, ocupa una posición superior y posee rectitud, utiliza la virtud de la rectitud para ocupar su alto puesto; es [el ministro] quien lleva el peso de la responsabilidad durante La Fuerza Domesticadora de lo Grande. La autoridad conferida al ministro en un alto puesto le impone el deber de contener, arriba, los malos pensamientos del príncipe; y, abajo, contener los vicios de los hombres. Es relativamente fácil detener las inclinaciones viciosas de los hombres desde sus inicios; pero cuando se promulgan prohibiciones después [del mal], serán burladas y desafiadas, y resultará difícil salir victorioso. Además, cuando el mal es considerable en el superior, aunque un sabio mismo trabaje para remediarlo, es imposible evitar la resistencia y la rebelión. Cuando el mal ya es empedernido entre los inferiores, aunque sea un sabio quien ponga orden allí, no podrá evitar recurrir a penas y torturas. Es mejor actuar como cuando se trata de un becerro y se le coloca una tabla en la frente, lo que constituye un presagio perfectamente feliz. La naturaleza del toro le lleva a golpear con sus cuernos, por eso le obstaculizamos para dominarle; si siendo todavía joven y en el momento en que sus cuernos empiezan a crecer, se le aplica una tabla en la frente para impedir las manifestaciones de su naturaleza, que le llevan a golpear con los cuernos, el resultado será fácil de obtener, sin accidentes. ¡Cuánto mayor será el feliz presagio de la perfección del bien si el cuarto trazo *yin* puede contener el mal en el superior y en los inferiores, antes de que este mal se manifieste!

ZHU XI. — "Joven", significa que aún no tiene cuernos[8]; "cobertura protectora" designa una tabla colocada sobre los cuernos del becerro para impedir que golpee. En el *ShiJing*[9] a esta "cobertura" se la llama 福衡, *bi heng*[10]. Al prevenir [males futuros] en un momento en que aún [el becerro] no tiene cuernos, se facilitará la tarea, y esto es un augurio auspicioso. De ahí la imagen simbólica y el significado adivinatorio. El *Xueji*[11] dice: "Prevenir es detener de antemano"; ésta es precisamente la idea expresada.

○ **Seis en el quinto puesto** (muta al hex. 9)

Los colmillos de un cerdo castrado.
Ventura.

> En este punto, el poder salvaje y descontrolado se ha domesticado, la energía es sublimada y se puede usar sin peligro.
> La imagen del cerdo castrado indica que aquí el peligro fue neutralizado en su fuente y por fin podemos usar el poder sin cometer errores. El peligro puede ser externo, procediendo de otros, o interno, si perdemos el control de nuestras pasiones.
> La ventura es el resultado de regular eficazmente nuestra energía y usarla para el bien.
>
> **Trabajo:** Tendremos excelentes opciones para avanzar en nuestra carrera o negocio, pero aún debemos mantener una firme disciplina.
>
> **Vida privada:** Si podemos evitar que la situación se salga de control tendremos éxito. Mantengámonos en calma y tengamos disciplina, para evitar problemas.
>
> **Salud, sentimientos y relaciones sociales:** Somos nuestro propio amo porque podemos disciplinarnos a nosotros mismos. Gozaremos de excelente equilibrio emocional y buena salud. Este no es buen momento para el amor romántico ni la sensualidad.

CHENG YI. — El quinto trazo *yin* ocupa la situación del príncipe, detiene y contiene las malas pasiones en todo el mundo. Ahora bien, cuando se trata de una multitud que cuenta millones y decenas de millones, y cuyas pasiones viciosas se manifiestan y estallan, si el príncipe quiere usar la fuerza para contener esas pasiones, cualquiera que sea el rigor de las reglas y la dureza de sus palabras, no puede tener éxito. Pero los seres están unidos por un vínculo común bajo una única dependencia; las cosas tienen un mecanismo general; el sabio se apresura a adaptarse a las necesidades del caso considerado, de modo que considera que todos los corazones de esta multitud constituyen un solo corazón; lo moraliza a su manera y lo somete a él, lo detiene y lo doblega, de

---

8 ZHU XI lee "becerro" como "joven toro", lo cual en verdad significa la misma cosa.
9 El Clásico de la Poesía (詩經, *Shijing*) es una colección de 305 poemas divididos en canciones populares, festivas, e himnos y panegíricos. Es uno de los Cinco Clásicos del canon confuciano.
10 福, *bi*, significa tabla de madera; 衡, *heng*, indica un yugo fijado a los cuernos de un buey.

11 Un capítulo del Libro de los Ritos, *Liji*, 禮記, que es uno de los Cinco Clásicos del canon confuciano.

La Fuerza Domesticadora de lo Grande / Gran Acumulación

modo que, sin esfuerzo, lo domina. Su acción es similar en sus efectos a la de inutilizar los colmillos del cerdo mediante la castración. El cerdo es un animal de temperamento vivaz, y sus colmillos son su poder de acción. Si se intenta contenerlo por la fuerza, esta se empleará sin conseguir reprimir su peligro; aunque se le ate, no se conseguirá transformar su naturaleza. Pero si lo castramos para quitarle su poder, entonces, aunque sus colmillos estén intactos, cesa la violencia de su naturaleza. El feliz presagio proviene de utilizar el mismo método. El noble aplica la idea de la castración del cerdo, y sabe que el mal en el mundo no puede ser dominado por la fuerza. Por eso busca los medios de acción apropiados, que se basan en las necesidades especiales del momento, secando la fuente original de la que deriva el mal, de modo que, sin recurrir a castigos y leyes severas, hace que el mal cese por sí mismo. Por ejemplo, si se trata de remediar la tendencia a robar, sabe que la gente se deja llevar por sus deseos y que mostrándoles una ventaja se volverán hacia este nuevo objetivo. Si, en lugar de saber instruir al pueblo, lo oprimimos en su miseria y en sus sufrimientos, aunque diariamente se le prodiguen tormentos, ¿acaso será posible contener las pasiones y los deseos de una multitud innumerable que sólo busca la satisfacción de sus necesidades? El sabio reconoce el camino a seguir para contener a esta multitud; en lugar de darle preferencia al castigo y la autoridad que da el poder, reformará las instituciones sociales y la educación, para animarles hacia la agricultura y el comercio; les enseñará a conocer la vergüenza hasta tal punto que, "no te robarían, aunque les pagases para hacerlo"[12]. Así pues, la manera moral de atajar el mal consiste simplemente en saber de dónde procede y en ajustarse a las necesidades de las circunstancias. Por un lado, no recurrir a castigos severos; por otro, reformar las instituciones sociales, emplear el mismo medio que vimos con respecto al peligro que presentan los colmillos del cerdo; no intentar dominar sus fuerzas, sino castrarlo para suprimir su poder.

ZHU XI. — *Yang* ya ha avanzado y es frenado, pero no será tan fácil como al principio. Sin embargo, emplear mansedumbre y mantener la rectitud mientras se está en una posición superior es en realidad aplicar los medios de acción adecuados para dominarlo. De ahí la imagen simbólica. Aunque el significado adivinatorio expresa un presagio feliz, este presagio no menciona la palabra "sublime" [como vemos en el cuarto trazo].

○ **Al tope un nueve** (muta al hex. 11)
¿Cuál es el camino del Cielo?
Éxito.

Una traducción alternativa sería "recibe las bendiciones del cielo".[13] El texto también podría traducirse como "Alcanza [o sigue] el camino del Cielo". En este punto, hemos superado todos los obstáculos y encontraremos la forma adecuada de expresión para satisfacer plenamente nuestras potencialidades.

El camino del Cielo también significa que tendremos un muy amplio campo de acción o puede indicar que cumpliremos con nuestro destino y que estamos siguiendo órdenes que vienen de la más alta autoridad (el Cielo).[14]

Trabajo: Nuestros esfuerzos alcanzarán un completo éxito. Tendremos libertad de acción, sin limitaciones.

Vida privada: Viviremos un excelente momento. Todo procederá de acuerdo con nuestros planes y nuestros deseos se harán realidad.

Salud, sentimientos y relaciones sociales: Alcanzaremos una realización espiritual auténtica. Nuestra vida será completamente armoniosa y nuestro cuerpo estará en equilibrio.

CHENG YI. — El maestro *Hu*[15] dijo que la palabra "cuál" es un error, y que el texto de este trazo debería leerse como: "[Alcanza] el camino del Cielo. Éxito." Las cosas llevadas al límite deben provocar una reacción en la dirección opuesta; esta es una ley constante. Por eso cuando La Fuerza Domesticadora de lo Grande ha llegado a su límite extremo, hay éxito. La acumulación alcanzada por el hexagrama *Ziao Xu*, 畜, ䷈ (9, *La Fuerza Domesticadora de lo Pequeño*) es pequeña, por lo que se completa al llegar a su límite. Pero en La Fuerza Domesticadora de lo Grande expresa la grandeza de la detención, y cuando ha llegado a su límite, le sigue la dispersión.

---

12 *Analectas* 12.18.

13 Kunst reemplaza 衢, *ku*, "gran camino", por 祜, *hu*, "bendiciones".

14 El carácter traducido como "Cielo", *tian*, sólo aparece tres veces como un concepto religioso (otras veces aparece sin esa connotación, refiriéndose al cielo físico) en el Dictamen y algunos trazos, una vez en este hexagrama en el último trazo y otras dos veces en el hexagrama 14. En este contexto significa "poder divino, por encima de lo humano".

15 El filósofo Hues Hu Yuan, el maestro de CHENG YI. Su comentario de que el carácter traducido como "cuál" (何, *he*) fue agregado por un copista aparece en su comentario del *Libro de los Cambios*, el *Zhouyi kouyi*.

Como el punto extremo corresponde a una modificación, y además la naturaleza de *yang* es actuar hacia arriba, sigue su impulso natural y se dispersa. El camino del Cielo significa que el centro está vacío y hueco[16]. El *qi de* las nubes, y los pájaros en su vuelo, recorre el Cielo en todas las direcciones, por eso se llama el camino del Cielo. Éxito [progreso] en el camino del Cielo significa penetración[17] en todas las direcciones, indefinidamente, sin que exista ningún obstáculo limitante al progreso. Esta es una modificación del camino de La Fuerza Domesticadora de lo Grande; esta modificación lleva al éxito, pero no es éxito en el camino de La Fuerza Domesticadora de lo Grande[18].

ZHU XI. — "¿Cuál es el camino del Cielo?" ¿Cuál es la importancia de penetrar y atravesar? Cuando la detención es extrema, le sigue la libertad de movimiento; penetración libre y sin obstáculos. De ahí la imagen simbólica y el significado adivinatorio.

---

16 Aquí vemos claramente las influencias taoístas en el comentario de CHENG YI.

17 El carácter 亨, *heng*, que nosotros traducimos como "éxito", entre otras cosas, también significa "penetración, progreso, sacrificio".

18 CHENG YI quiere decir que el sexto trazo (como suele pasar con los trazos en esta posición) ha trascendido el tiempo del hexagrama.

27 La Alimentación / Las Mandíbulas | *Yi*

Los caracteres que forman el carácter chino que le da nombre a este hexagrama son: *yi:* "mandíbulas, mentón" y *ye*: "cabeza".

Significados asociados
Nutrir, alimentar, cuidar en los primeros años de la vida; las mandíbulas, el mentón, las mejillas, los huesos de las mandíbulas.[1]

El Dictamen
La Alimentación.
La determinación es venturosa.
Presta atención a la alimentación que buscas
para llenar tu boca.

> Este hexagrama está relacionado con la alimentación, la cual incluye no sólo el alimento material, sino también la nutrición emocional y espiritual.
> Los tres primeros trazos se refieren al alimento del cuerpo por medio de la boca (alimento material); desde el cuarto trazo en adelante, se trata del significado de nutrir y mantener la virtud (alimento espiritual)
> La elección de la fuente correcta de alimentación para nuestro espíritu es muy importante, porque eso determinará el tipo de personas en que nos convertiremos. Prestar atención a la alimentación significa que debemos seleccionar los valores correctos para nuestro alimento espiritual y también el alimento adecuado para nuestra mesa. También debemos buscar nuestro alimento en el lugar correcto y no tomarlo de otras personas.

CHENG YI. — Quienes recorren con rectitud el camino indicado por La Alimentación tendrán ventura. Cuando el hombre alimenta su cuerpo, cuando desarrolla sus virtudes, cuando alimenta a otras personas o es alimentados por alguien, siempre encontrará la ventura si sigue el camino de la rectitud. El Cielo y la Tierra crean y transforman; alimentan y desarrollan a todos los seres; cada uno de adquiere lo que le corresponde para satisfacer sus necesidades, resultantes de las leyes de la naturaleza; todo se hace con justicia. "Presta atención a la alimentación que buscas para llenar tu boca", si uno mira como otros se alimentan y el camino que siguen para obtener alimento; podrá observar presagios buenos y malos, felices o infelices.

ZHU XI. —Las Mandíbulas son los lados [inferior y superior] de la boca. La boca sirve para alimentar al individuo, esto es el significado de este hexagrama, que se compone de dos trazos *yang*, uno superior y otro inferior, que contienen cuatro trazos *yin* entre ellos. El exterior es material y sólido, el interior está vacío; el trigrama superior está quieto, el inferior está en movimiento; esto constituye la imagen simbólica de la boca y el significado de La Alimentación. La expresión "la determinación es venturosa" indica que, si quien consulta el oráculo tiene justicia, el augurio será feliz. "Presta atención a la alimentación que buscas para llenar tu boca", es observar como uno se alimenta, la forma en que uno busca alimento para su cuerpo. Si se conforma a la justicia, la determinación será venturosa.

La Imagen
Bajo la Montaña está el Trueno: la imagen de la Alimentación.
Así el noble es cuidadoso con lo que dice
y moderado en el beber y el comer.

Nuestras palabras afectan a las personas que nos rodean, pueden nutrir a otros emocional y espiritualmente o pueden dañarlos. Asimismo, el alimento que incorporamos en nuestro cuerpo nos puede perjudicar, si su cantidad o calidad no es la apropiada. En ambos casos, las mandíbulas son lo que usamos, ya sea para ingerir el alimento o para hablar. También las cosas que vemos y oímos son parte de la alimentación de nuestro espíritu.

---
1 En la China Proto-Neolítica los huesos de las mandíbulas se acumulaban como signo de riqueza.

CHENG YI. — Hablando de las sustancias de los dos trigramas, "bajo la Montaña está el Trueno"; el Trueno se sacude al pie de la montaña. Todas las cosas a las que la Montaña da origen[2] comienzan a crecer con raíces, para luego emitir brotes, lo que se considera la imagen simbólica de la idea de desarrollo y alimento. Si hablamos de ello desde el punto de vista del significado que resulta de la situación relativa de arriba y abajo, el trigrama *Gen*, ☶, expresa la detención, y el trigrama *Zhen*, ☳, el movimiento; hay detención arriba y movimiento abajo, lo que da la imagen simbólica de las mandíbulas. Si lo consideramos según la forma, o figura del hexagrama, arriba y abajo hay dos trazos *yang* que envuelven entre ellos cuatro trazos *yin*; el exterior es lleno y sólido, el medio es hueco; de ahí la imagen simbólica de las mandíbulas de la boca. La boca es el órgano que sirve para la alimentación del cuerpo, por eso el noble considera estas imágenes simbólicas desde el punto de vista de la nutrición del cuerpo y del cuidado y la conservación de la persona, [lo que implica] prudencia y circunspección en las palabras, mantener las virtudes; y las normas relativas a la bebida y la comida, con el fin de mantener y conservar el cuerpo. No sólo se toma el significado de la palabra alimentación en lo que se refiere a la boca, sino que se extiende y generaliza su aplicación desde lo más cercano a lo más lejano. Ahora bien, en estos dos órdenes de condiciones nada supera en importancia a la función de la alimentación y a la del habla. En relación con el individuo se trata de habla o conversación; en relación con el mundo, se trata de todo lo que emana de la persona del príncipe, como leyes, reglamentos, instituciones, órdenes, decretos, etc. Con cuidado, cada uno de estos detalles será lo que debe ser y no habrá errores. En relación con el individuo, se trata de bebida y comida; en relación con el mundo se tratará del comercio, las mercancías, la riqueza y su uso o efecto. Todo lo que sirve para satisfacer las necesidades de los hombres pertenece a este orden de ideas. Con principios regulares, todo responderá a las necesidades comunes en la medida justa y apropiada, sin que resulte en sufrimiento. Al analizar el camino que se deduce de la idea de mantenerse mediante La Alimentación, ya se trate de mantener la virtud o de mantener el mundo, nada escapa a esta ley general.

ZHU XI. — Estos dos aspectos de la nutrición [la del espíritu, mediante las palabras, y la del cuerpo mediante la alimentación] son los más importantes para el mantenimiento, tanto de las facultades o virtudes, como del cuerpo.

Al comienzo un nueve (muta al hex. 23)

Tu dejas irse a tu tortuga mágica
y me miras con tu mandíbula colgando.
Desventura.

La pérdida de la tortuga mágica indica que no estamos asumiendo nuestras responsabilidades como deberíamos. La tortuga mágica simboliza inteligencia e iniciativa.[3] Deberíamos ser capaces de cuidar de nosotros mismos con facilidad, porque tenemos los medios para hacerlo; pero en lugar de ocuparnos de nuestros propios asuntos, miramos a otras personas con envidia[4]. Tal actitud dependiente nos causará problemas. Tomemos el control de nuestra vida y asumamos la responsabilidad de nuestras propias decisiones.

Trabajo: Puede que perdamos nuestro puesto o seamos degradados debido a nuestros descuido, o quizás perdamos un negocio importante.

Vida privada: Si no nos hacemos cargo de nuestra vida, en lugar de esperar que otros cuiden de nosotros mismos, eso nos perjudicará.

Salud, sentimientos y relaciones sociales: No descuidemos nuestra salud, ocupémonos de mantener nuestro cuerpo en buena forma.

CHENG YI. — El primer trazo *yin* de *Meng*, 蒙, ䷃ (4, *La Necedad Juvenil*) expresa la ceguera de la ignorancia; pero su texto se refiere a los otros trazos de ese hexagrama, que tratan principalmente de la disipación de la ignorancia. El primer trazo *yang* de La Alimentación también se refiere a otros trazos del hexagrama. La palabra "tu", se relaciona con el primer trazo; "*Tu* dejas irse a *tu* tortuga mágica y *me* miras con *tu* mandíbula colgando". La palabra "me" se usa para oponerse a la palabra "tu". Lo que hace que el primer trazo deje caer su mandíbu-

---

2 A menudo se considera la montaña como un monte boscoso.

3 Las conchas de tortuga eran utilizadas como un medio oracular mucho antes de que el *Libro de los Cambios* existiera. Durante las dinastías Shang y Zhou, los omóplatos de buey y caparazones de tortuga eran utilizados para adivinar el futuro. Con el tiempo, la dinastía Zhou sustituyó ese método por el uso de los tallos de milenrama (ver **Consulta con palillos de milenrama**, p. 399). Por eso la tortuga mágica indica poderes oraculares y discernimiento espiritual. Además las tortugas eran un símbolo de longevidad, y se consideraba que podían vivir del aire, por lo que, en el texto de este trazo, la tortuga indica que uno podría alimentarse por uno mismo, sin depender de nadie. El carácter traducido como "mágica" es 靈, *ling*, que significa "sobrenatural, espiritual, mágico; adivino".

4 El primer trazo mira al cuarto trazo, esperando que lo alimente, aunque podría alimentarse a sí mismo con facilidad.

La Alimentación / Las Mandíbulas

la inferior es la contemplación del cuarto trazo; sin embargo no es ese trazo quien habla aquí, esto sólo es un ejemplo explicativo. El primer trazo *yang* tiene firmeza e inteligencia; sus aptitudes y facultades mentales son suficientes para alimentarse con rectitud. La tortuga puede tragar y respirar sin comer. "Tortuga mágica" es una expresión que indica la claridad de las facultades intelectuales y, al mismo tiempo, que uno no está obligado a buscar su alimento y el desarrollo de sus facultades fuera de uno mismo. Si bien estas son sus aptitudes, su condición *yang*, y el hecho de que forma parte del trigrama del movimiento [☳], que está dentro del hexagrama de La Alimentación, significa que este trazo busca alimento fuera de sí mismo, que es lo que desea. Se corresponde con el cuarto trazo, arriba de él; no puede preservarse y conservarse a sí mismo; sus tendencias le llevan a progresar hacia arriba; el primer trazo se deleita en sus pasiones y mueve[5] sus mandíbulas. Desde el momento en que su corazón se agita, es seguro que él mismo será la causa de su propia caída. Cegado por la pasión y olvidándose de sí mismo, siendo *yang* y siguiendo a *yin*[6], ¿hasta dónde no llegará? Es por esto que el presagio es desafortunado. Mover las mandíbulas es mover y agitar las paredes de la boca; cuando un hombre ve comida y la quiere, mueve los labios y deja caer saliva, por eso esta expresión se toma como una imagen simbólica.

ZHU XI. — La tortuga mágica es un ser que no come. La referencia a la "mandíbula colgando", indica el deseo de comer. El primer trazo *yang* es duro, enérgico y se encuentra en una posición inferior; no necesita que lo alimenten. Asciende para corresponderse con el cuarto trazo *yin*, y avanza hacia lo que desea; es un camino que lleva a la desventura, de ahí la imagen y el significado adivinatorio.

Seis en el segundo puesto (muta al hex. 41)
Subvierte la alimentación.
Se aparta del camino y se dirige hacia la cumbre por Alimentación.
Marchar trae desventura.

> Estamos buscando el alimento en el lugar equivocado, en lugar de ocuparnos de conseguir el alimento para nosotros mismos de la manera correcta. Si continuamos haciendo eso caeremos en desgracia. Si no conocemos límite ni medida y nos arriesgamos demasiado, nuestros proyectos se derrumbarán en forma estrepitosa.

Trabajo: Si no respetamos las reglas o tratamos de pasar por encima de nuestros jefes, nos buscaremos problemas. Cumplamos con nuestras responsabilidades en lugar de tomar ventaja de los esfuerzos de otras personas o buscar atajos.

Vida privada: Estamos violando las normas del buen trato social para obtener beneficios egoístas o para ahorrarnos esfuerzos, pero nuestras tretas sólo funcionarán por un corto tiempo. Al final tendremos que pagar un alto precio por nuestros abusos.

Salud, sentimientos y relaciones sociales: Si actuamos con desmesura dañaremos nuestra salud. Si tratamos de sacar ventajas a espaldas de nuestros amigos, finalmente nos perjudicaremos a nosotros mismos.

CHENG YI. — La mujer no debe adelantarse; ella debe seguir al hombre; *yin* no puede estar solo, debe seguir a *yang*. El segundo trazo es *yin* y suave; no puede alimentarse por sí mismo, sino que espera su alimento de los demás. El representante del Cielo[7] cuida (nutre) el mundo; cada uno de los grandes feudatarios nutre un reino; los ministros de un príncipe se mantienen con el favor de ese príncipe; el pueblo cuenta con el cuidado y el alimento de sus pastores. Los de arriba alimentan a los de abajo, y esto es la estricta consecuencia del principio de la existencia de las cosas. Como el segundo trazo no puede alimentarse por sí mismo, está obligado a pedir su alimento a la firmeza *yang*; si, contrariando el orden, se rebaja y busca obtener su alimentación del primer trazo, esto será considerado como un caso de subversión del orden, y por eso el texto dice: "subvierte la alimentación". La subversión es la negación de los principios fundamentales e inmutables, y esto no debe ocurrir. Si busca obtener su alimento en las alturas, entonces, al ir allí, necesariamente experimentará desgracias. El carácter que se traduce con la palabra altura expresa algo externo y elevado; designa el trazo *yang* superior. En este hexagrama sólo hay dos trazos *yang*; desde el momento en que no debe alimentarse subversivamente del primer trazo, si pide su alimento al trazo superior *yang*, al ir allí, experimentará desgracia. En el tiempo de La Alimentación, los trazos que se corresponden son quienes se nutren mutuamente. El trazo superior no es el que le corresponde al segundo trazo; si le pide su alimento; no es el camino correcto, es un movimiento inoportuno, y es por eso que el augurio es desafortunado. La subversión implica la negación de los principios fundamentales; no consigue que lo cuiden ni lo alimenten; se lo solicita erróneamente al trazo supe-

---

5 El carácter que traducimos como "colgando" también significa "el movimiento de la mandíbula al masticar".
6 Se refiere al trazo *yin* en el cuarto puesto.
7 El emperador.

rior, pero al ir allí se encuentra con la desgracia. En el presente caso, si hay un hombre cuyas capacidades no son suficientes para alimentarse a sí mismo, y este ve a alguien que está en una posición exaltada, quien, por la fuerza natural de las cosas y por su propio poder, es capaz de alimentar a los hombres, pero al mismo tiempo es de otro tipo que él, y aún así le pide algo equivocadamente, se avergonzará y tendrá desventura, eso es seguro. Cuando el segundo trazo *yin* posee centralidad y rectitud; en otros hexagramas es generalmente un augurio feliz y, sin embargo, aquí el augurio es malo. ¿Cómo puede ser esto? Es la consecuencia espontánea y natural del tiempo. El trazo es suave, dócil y *yin;* debido que es incapaz de alimentarse por sí mismo, y como el primer trazo y el trazo superior no se corresponden con él, es claro que si marcha a pedirles alimentación violará el principio de las cosas y encontrará la desventura.

ZHU XI. — Pretender obtener alimento del primer trazo sería subversivo y contrario a los principios inmutables y a la razón de ser de las cosas; buscar obtenerlo del trazo superior, sería marchar para encontrar la desgracia. La cumbre es una elevación del terreno; esta es la imagen simbólica del trazo superior.

Seis en el tercer puesto (muta al hex. 22)
Rechaza la Alimentación.
La determinación trae desventura.
Por diez años no podrá hacer nada.
Ninguna meta es favorable.

> Estamos buscando nuestra alimentación en el lugar equivocado, ya sea en un sentido material, espiritual, o emocional. Si nos nutrimos con el alimento inadecuado día tras día, eso nos confinará a un círculo vicioso que puede dañar nuestra salud y limitar severamente nuestras opciones por un largo tiempo.
> Diez años indica un largo período, como en los hexagramas 3.2 o 24.5.
>
> **Trabajo:** Podemos sentirnos tentados a tomar el camino equivocado, pero si hacemos eso, nuestra carrera o nuestro negocio se estancarán.
>
> **Vida privada:** Rechazar el camino correcto con terquedad puede causar daños duraderos en nuestra vida.
>
> **Salud, sentimientos y relaciones sociales:** Si nos alimentamos con la comida equivocada, ya sea física o espiritualmente, dañaremos nuestra salud.

CHENG YI. — En el camino de La Alimentación, sólo los que actúen con rectitud tendrán ventura. El tercer trazo, con sus características de docilidad *yin*, no tiene centralidad ni rectitud; además, está en el límite extremo del [trigrama del] movimiento; por tanto, es alguien que es débil, deshonesto, sin centralidad y carece de quietud. En tales condiciones, mientras se alimenta, transgrede y se desvía del camino correcto, lo que hace que el presagio sea desafortunado. Si se alimentara correctamente, su nutrición tendría ventura. Ya sea que uno sea alimentado o alimente a los demás, siempre debe conformarse al deber y, cuando uno se alimenta a sí mismo, completa el desarrollo de sus virtudes. Pero, en este caso, el tercer trazo vulnera y transgrede el camino correcto, por lo que el texto dice "por diez años no podrá hacer nada". Diez es el final de la serie numérica; esto expresa por tanto que no puede actuar; nada de lo que pudiera emprender sería ventajoso.

ZHU XI. — Este dócil trazo *yin* carece de centralidad y rectitud; utiliza sus cualidades para situarse al tope del [trigrama del] movimiento, se trata de una transgresión en el acto de la alimentación; debido a esta transgresión, aunque el trazo es correcto[8], el presagio es malo, de ahí el significado adivinatorio y la imagen simbólica.

Seis en el cuarto puesto (muta al hex. 21)
Subvierte[9] la Alimentación.
Mirando fijamente como un tigre,
con avidez e insaciable deseo de persecución.
Sin culpa.

> El cuarto trazo debería nutrir a los trazos inferiores, pero en lugar de eso busca obtener nutrición de las personas que están por abajo de él (los trazos inferiores), pero no para sí mismo, sino para cumplir sus funciones oficiales, dado que este trazo simboliza a un ministro que está trabajando para su rey, buscando ayudantes confiables para realizar su tarea, y posiblemente también recaudando los impuestos del pueblo, que antiguamente se pagaban con grano (alimento).
> El tigre es un símbolo extremo de la fuerza *yin*, potente y lleno de energía, pero dado que en este caso, su intenso deseo no es egoísta sino que está orientado a cumplir con su deber, no habrá culpa.

---

8 Aunque este trazo, por su posición (un trazo *yin* en un puesto *yang*) no es correcto, sí lo es debido a su correcta correspondencia con el trazo *yang* al tope.

9 El primer carácter del texto del cuarto trazo, 顛, *dian*, tiene dos significados principales: a) cumbre, cima y b) inversión, dar vuelta algo y ponerlo cabeza abajo; por ese motivo algunos traductores, en lugar de" subvierte la alimentación", prefieren "busca alimento en la cumbre", pero CHENG YI y ZHU XI leen este carácter como "subvierte".

La Alimentación / Las Mandíbulas

Trabajo: Este texto puede indicar un reclutador de personal o alguien que está buscando la gente adecuada para un trabajo, o quizás a alguien que debe cobrar algunas deudas. En todo caso, nuestra voluntad se orienta a cumplir con nuestro deber y haremos un buen trabajo.

Vida privada: Sólo podremos lograr lo que buscamos con la ayuda de otras personas; necesitamos el apoyo de quienes están por abajo de nosotros.

Salud, sentimientos y relaciones sociales: En caso de que tengamos algún problema de salud, éste es un buen momento para buscar el tratamiento adecuado para nuestros males. Es aconsejable buscar opciones no convencionales. Posiblemente debamos modificar nuestra dieta.

CHENG YI. —El cuarto puesto está por encima del hombre[10]; es la situación de un gran ministro; en este caso está ocupado por un suave trazo *yin*. La suavidad *yin* es incapaz de nutrirse a sí misma, ¡y mucho menos cómo podría nutrir y mantener el mundo! El primer trazo *yang* ocupa el puesto inferior con su firmeza *yang*; es un sabio situado en un puesto inferior que se corresponde comprensivamente con el cuarto trazo. El cuarto trazo, es dócil, sumiso y correcto; por tanto, puede someterse pasivamente al primero y contar con él para recibir su alimento. Cuando un superior alimenta a un inferior, se considera que esto constituye el orden regular y propio; en el caso presente, por el contrario, el superior espera su alimento de un inferior; es el orden inverso, o subversión, por eso el texto dice "subvierte la Alimentación". Sin embargo, estando él mismo por debajo de sus propias atribuciones, recurre al sabio colocado en inferioridad y lo escucha con deferencia, para remediar las dificultades actuales, para que el mundo disfrute de la alimentación debida, y él mismo está libre de cualquier culpa derivada de la ruina y el hambre de las poblaciones, por lo que el presagio se considera afortunado. Ahora bien, quien ocupa un alto cargo debe poseer absolutamente habilidades y virtudes imponentes, para poder ser objeto de la veneración y temor del pueblo común; entonces los negocios siguen su curso y todos los corazones se someten. Si sucede a veces que el inferior desprecia al superior, el resultado es que las normas relativas a las instituciones sociales, aunque promulgadas, son violadas por los hombres; se aplican las leyes penales y surgen resentimientos. La tendencia a la transgresión es el canal por el que se manifiesta el desorden. Aunque el cuarto trazo *yin* puede escuchar con sumisión la firmeza *yang*, sin embargo no abandona su propia dignidad, pero siendo un trazo *yin*, su carácter es suave, y cuenta con los demás para que le aconsejen los cuidados necesarios. Los hombres podrían despreciarlo, por lo que debe cuidar su prestigio. "Mirando fijamente como un tigre", muestra como, con un gesto adusto, evita que los inferiores lo traten a la ligera. Además, quien sigue los consejos de los demás debe hacerlo con continuidad y coherencia; si escucha este consejo sólo de forma intermitente y sin continuidad, las instituciones sociales decaerán. Lo que quiere, es decir, lo que necesita, o lo que debe utilizar, es necesariamente continuidad incesante, sin cesar, y entonces las cosas podrán arreglarse y mantenerse en orden, de ahí que el texto diga "con avidez e insaciable deseo de persecución". Si toma prestado de otros, pero sin continuidad, el resultado final será la ruina. Desde el momento en que sabe imponerse y el efecto de su acción no cesa, así puede mantenerse libre de culpa.

La subversión en La Alimentación, en el caso del segundo trazo, implica la negación de principios fundamentales; en el caso del cuarto trazo, el augurio es feliz. ¿Cómo puede ser esto? Aunque el segundo trazo, está situado por encima del primero, sin embargo le pide su alimento a este último; este inferior, por su género, no se corresponde con él, y por eso el texto dice "subvierte la alimentación". En cambio, el cuarto trazo ocupa una posición elevada; aunque noble, se rebaja ante la humildad, de modo que el sabio situado en un puesto inferior actúa en su lugar y recorre su camino; las tendencias del superior y del inferior se corresponden con simpatía y extienden su efecto sobre los hombres. ¿Qué hay más feliz que este resultado? Los tres primeros trazos se refieren al alimento del cuerpo por medio de la boca; desde el cuarto trazo en adelante, se trata del significado de nutrir y mantener la virtud. Cuando se trata de un príncipe que recibe alimento y asistencia de un súbdito, de un hombre colocado en una posición elevada que cuenta con los cuidados de un inferior, se trata siempre de mantenimiento (alimento) y del desarrollo de las virtudes.

ZHU XI. — Este dócil trazo ocupa un alto puesto y posee rectitud; su trazo correspondiente también es recto, por lo que cuenta con su ayuda para extender su influencia a los inferiores. Por eso, aunque hay subversión, el presagio no deja de ser feliz. "Mirando fijamente como un tigre", concentrándose en lo que está abajo, "con avidez e insaciable deseo de persecución", está buscando obtener la alimentación con continua perseverancia. Finalmente, si es posible cumplir estas condiciones, no habrá culpa.

---

10 El tercer puesto marca la situación del hombre, la tercera causa eficiente.

○ **Seis en el quinto puesto** (muta al hex. 42)
Se aparta del camino.
Si ocupa su posición con perseverancia tendrá ventura.
No puede cruzar el gran río.

> El apartarse del camino indica que, dadas las circunstancias actuales, tendremos que buscar formas no convencionales para cumplir con nuestras responsabilidades para con otras personas.
> No cruzar el río significa reconocer nuestras propias limitaciones y evitar hacer cosas peligrosas que están más allá de nuestros medios, pero en lugar de eso buscar la ayuda de un sabio (el sexto trazo), quien nos guiará con su experiencia y conocimiento.
>
> **Trabajo:** Aunque debemos cumplir con nuestras responsabilidades, no debemos abarcar más de lo que podemos manejar por nuestra cuenta. Si tenemos dudas, busquemos la orientación de alguien con más experiencia.
>
> **Vida privada:** Aunque estamos en una buena posición, debemos reconocer nuestras limitaciones y no hacer más que lo que nuestra capacidad permite. Si nos enfrentamos con algunos problemas que nos desconciertan, no dudemos en pedir ayuda.
>
> **Salud, sentimientos y relaciones sociales:** Podemos encontrar interesantes alternativas fuera de los caminos convencionales, quizás conozcamos a alguien que puede darnos alimentación espiritual. Seamos flexibles, estemos abiertos a estilos de vida y tratamientos médicos alternativos (en caso de necesitarlos). Sin embargo, no intentemos hacer cambios radicales.

CHENG YI. — El quinto trazo *yin*, durante el tiempo de La Alimentación, ocupa la posición del príncipe; él es quien cuida y alimenta el mundo. Sin embargo, debido a sus características físicas de suavidad *yin*, sus capacidades son insuficientes para alimentar y cuidar el mundo. Arriba, hay un hombre sabio dotado de firmeza *yang*, por lo que este trazo lo escucha y sigue sus consejos, y cuenta con él para poder remediar los males del mundo. El príncipe es quien debe cuidar de los hombres (quien los alimenta); su actitud [delegar la tarea en el sexto trazo] es, por tanto, la negación de los principios fundamentales y el abandono de las reglas eternas. A causa de su propia insuficiencia, escucha con docilidad los consejos de un maestro sabio. El puesto más alto marca la posición del preceptor o maestro. Es necesario que [el quinto trazo] se mantenga con perfecta firmeza, que se aplique a la conciliación y a la sinceridad, y entonces podrá, garantizando su propia persona, extender al mundo su influencia benéfica, lo que constituye el feliz augurio. Las características físicas que resultan de la suavidad *yin* no incluyen una perfecta firmeza, por lo que el texto advierte "si ocupa su posición con perseverancia tendrá ventura". Empleando las habilidades de la suavidad *yin*, aunque confía en la firmeza y la sabiduría de los demás, puede mantenerse bien en tiempos normales, pero no debe colocarse en circunstancias difíciles y en medio de modificaciones[11]; por eso el texto dice "no puede cruzar el gran río". Las habilidades del Rey Cheng no eran las más deficientes ni débiles; sin embargo, en el momento de los disturbios causados por Guan y Cai, dependió de la protección del Duque de Zhou. ¡Cuánto más ocurre lo mismo cuando se trata de personas inferiores! Por eso el *ShuJing*[12] dice: "el rey no se atrevió a rechazar los servicios del Duque"; él confió en los dos duques y les mostró su confianza hasta el final. De hecho, en circunstancias difíciles y peligrosas, sin un maestro inteligente y enérgico, es imposible salir adelante. También hay casos en que, bajo la influencia de una necesidad absoluta, pueden remediarse las causas del peligro; este sentido del texto les da a los príncipes una profunda advertencia. En cuanto al trazo *yang* superior, se trata del camino moral del sujeto que lleva hasta el sacrificio su devoción y su fidelidad, de modo que el caso considerado es diferente.

ZHU XI. — El quinto trazo *yin* depende del cuidado del trazo *yang* superior, para proporcionar los cuidados que requieren los hombres; por tanto, es a través del trazo *yang* superior que todos los seres son cuidados y preservados.

○ **Al tope un nueve** (muta al hex. 24)
La fuente de la Alimentación.
Peligro, pero buena fortuna.
Es favorable cruzar el gran río.

> Tenemos el poder y la energía para educar, guiar y alimentar a otras personas. No tomemos nuestras responsabilidades a la ligera, si tomamos las precauciones debidas tendremos éxito.
> En la China antigua, cruzar un río, ya fuera vadeándolo o pasando por encima del mismo cuando este se congelaba, no era una tarea sencilla porque no había puentes. Cruzar un río era peligroso y no era nada fácil; de ahí que la frase "es favorable cruzar el gran

---

11 Revoluciones.
12 El *ShuJing* (el Libro de la Historia o Libro de los Documentos), es uno de los Cinco Clásicos del canon confuciano que influyó enormemente en la historia y la cultura chinas.

La Alimentación / Las Mandíbulas

río" es una metáfora que indica que este es un buen momento para llevar adelante un emprendimiento de importancia, aunque sea peligroso, pero no debe ser tomado a la ligera.

Trabajo: Estamos bien preparados para llevar a cabo tareas difíciles, orientando y educando a otras personas. Tendremos éxito si actuamos con cautela.

Vida privada: Viviremos un momento auspicioso. Podemos ayudar a otras personas y lograr nuestros objetivos. Si somos conscientes de los peligros implicados no fallaremos.

Salud, sentimientos y relaciones sociales: Cruzar el gran río indica un ascenso social y/o espiritual, pero debemos tomar precauciones.

CHENG YI. — El trazo *yang* al tope tiene las virtudes de la firmeza y cumple las funciones de un preceptor que enseña. El príncipe representado por el quinto trazo *yin* es gentil y deferente y lo escucha con sumisión, esperando que él se encargue de su preservación. Este trazo debe ser investido de poder sobre todo el mundo, para ser quien se encargue de su alimentación. Al estar encargado de tal función, necesariamente tiene motivos para estar permanente preocupado por el peligro y es esta aprehensión la que le asegura la buena fortuna. De la misma forma, ¿cómo podrían Yi Yin y el Duque de Zhou no haber estado constantemente preocupados y activos para prevenir el peligro? Esto es lo que finalmente les trajo buena fortuna. Pero, dado que las habilidades del príncipe son insuficientes, él le delega su mando a este trazo, quien está personalmente investido de autoridad sobre el mundo, y así ejercita todas sus facultades y le dedicar todas sus fuerzas, para remediar las dificultades que atraviesa el mundo y completar el establecimiento del reino del orden y de la paz. Por eso el texto dice: "Es favorable cruzar el gran río". Poseedor así de completo poder, investido de tan importante función, si no evita los peligros que amenazan al mundo, ¿cómo sería digno de la confianza depositada en él y cómo podría ser llamado sabio? Conviene que extreme su sinceridad, que aplique todos sus esfuerzos, sin mirar atrás y sin dejarse frenar por el temor, sino pensando constantemente en el peligro; así no sucumbirá.

ZHU XI. — Este trazo es "la fuente de la Alimentación". Su situación es difícil, sus responsabilidades son graves, por lo que su preocupación por el peligro es un buen augurio. Este trazo, el más alto, tiene firmeza, por lo que "es favorable cruzar el gran río".

28 El Exceso de lo Grande / Sobrecarga | *Da Guo*

Los dos caracteres chinos que dan nombre a este hexagrama son: *da*: "grande, enorme" y *guo*: "preponderancia, exceso, ir más allá", excesivo.

Significados asociados

Sobrecarga, masa crítica, preponderancia de lo grande, exceso de lo grande, gran superioridad.

El Dictamen

El Exceso de lo Grande.
La viga maestra se dobla.
Es favorable tener una meta.
Éxito.

> Los cuatro trazos *yang*, situados en el interior de este hexagrama (2, 3, 4 y 5), simbolizan una viga de soporte, o cumbrera, que está sobrecargada. Los trazos *yin* en el primer y el último lugar brindan insuficiente sostén o apoyo a los trazos *yang* interiores. El texto dice que "la viga maestra se dobla", eso significa que la carga es demasiado pesada para la viga de soporte, que será tensionada más allá de su resistencia.
> Los trazos *yang* simbolizan el poder, la energía que está llegando al punto de ruptura. Este es un momento extraordinario, debido a la extraordinaria abundancia de la energía *yang*, por eso se requieren medidas extraordinarias para evitar problemas y equilibrar la situación, porque la fundación no es suficientemente fuerte como para soportar tanto sobrepeso.
> Estamos sobrecargados y estresados; para tener éxito es preciso que decidamos qué hacer y luego avancemos hacia nuestra meta sin perder tiempo. Este es el momento de tomar medidas rápidas, pero con sumo cuidado y sin violencia.

CHENG YI. — En *Xiao Guo*, 小過, ䷽ (62, *Exceso de lo Pequeño*), hay un exceso de trazos *yin* arriba y abajo; en el Exceso de lo Grande, los trazos *yang* se encuentran en exceso en el centro, mientras que el trazo inferior y el del tope son débiles. Esto es lo que constituye la imagen simbólica expresada con las palabras "la viga maestra se dobla". La viga maestra indica algo que soporta un peso considerable, que son los cuatro trazos *yang* que se agrupan en el centro. El tercer y cuarto trazo *yang*, también simbolizan la viga maestra del tejado, porque soportan una carga considerable. Al decir "se dobla" el texto indica que aunque el centro es fuerte, las extremidades son débiles, por eso se dobla. *Yin* es débil y *yang* es fuerte; el noble prospera, el hombre inferior decae, de modo que "Es favorable tener una meta. Éxito". La "viga maestra" [棟, *dong*] es lo que hoy llamamos parhilera o cumbrera.

ZHU XI. — "Grande" se refiere a *yang*; cuatro trazos *yang* ocupan el centro y la expansión de su desarrollo es excesiva, de modo que se considera que este hexagrama expresa un exceso de grandeza. Arriba y abajo, dos trazos *yin* no pueden soportar el esfuerzo de este peso considerable, de modo que "la viga maestra se dobla". Además, dado que, aunque los cuatro trazos *yang* son excesivos, el segundo y el quinto trazo tienen centralidad, es decir, que en el interior hay humildad [☴, *Xun*] y en el exterior satisfacción [☱, *Dui*], [por eso] un camino puede ser recorrido, de modo que "Es favorable tener una meta. Éxito".

La Imagen

El Lago cubre los Árboles: la imagen
del Exceso de lo Grande.
Así el noble se mantiene solitario sin temor
y renuncia al mundo sin lamentarlo.

> El lago que cubre los árboles simboliza una situación que ha llegado a un punto crítico, que ya no está bajo control.
> Los árboles sumergidos indican aislamiento e incapacidad para actuar. Asumamos la realidad de la situación y tomemos distancia de nuestros problemas cotidianos por un tiempo, no podemos hacer frente a todas las obligaciones que nos están agobiando.

El Exceso de lo Grande / Sobrecarga

Sólo nosotros mismos podemos decidir lo que tenemos que hacer y que cosas debemos desechar, cuando no podamos soportar por más tiempo la presión. Puede que tengamos que dejar algunas cosas o personas atrás o desafiar la sabiduría convencional o las actitudes políticamente correctas.

CHENG YI. — El lago es lo que alimenta y riega los árboles. En el presente caso, su acción llega incluso a destruirlos y sumergirlos; por tanto el exceso es extremo. Cuando el noble contempla la imagen simbólica del Exceso de lo Grande; actúa con mayor grandeza que el resto de los hombres. Lo que hace que el noble sea más grande que otros hombres es que "se mantiene solitario sin temor y renuncia al mundo sin lamentarlo". El mundo lo ignora y lo trata sin consideración; él se mantiene solo y sin temer nada; sabe que no es tiempo de ser reconocido, y no lo lamenta, se retira del mundo sin pena. Siendo así, puede observarse a sí mismo, y por eso es mayor que los demás hombres.

ZHU XI. — El lago ahoga los árboles [madera], la imagen simbólica del Exceso de lo Grande. Las palabras "sin temor... sin lamentarlo" indican el Exceso de lo Grande.

Al comienzo un seis (muta al hex. 43)

Usa una estera ritual de paja blanca.
Sin culpa.

> El primer trazo es donde empieza el movimiento, e indica una posición humilde. Los pobres colocaban sus ofrendas sobre esteras de paja, mientras que los ricos utilizaban vasijas rituales de bronce.
> La estera de paja blanca simboliza tomar precauciones cuidadosas antes de hacer algo. Si actuamos con precaución y sinceridad no cometeremos faltas. También indica escasez de recursos materiales, pero si los empleamos bien, nuestros recursos serán suficientes. Actuemos con cuidado, sencillez y austeridad.
>
> **Trabajo:** Deberíamos estar muy atentos a cada detalle de nuestros emprendimientos. No escatimemos los gastos que son realmente necesarios, pero tampoco desperdiciemos el dinero.
>
> **Vida privada:** Seamos prudentes y modestos. Realicemos nuestras tareas con seriedad y extremo cuidado, como si fueran un ritual sagrado.
>
> **Salud, sentimientos y relaciones sociales:** La sinceridad y la devoción de nuestro corazón son las mejores ofertas que podemos presentar.

CHENG YI. — El primer trazo utiliza la gentileza *yin*; su sustancia es la humildad, y debido a que ocupa un puesto bajo, es muy circunspecto y temeroso. Usar la suavidad y estar en inferioridad, da la imagen simbólica de usar paja para proteger algo. No apoyar en la tierra, sino sobre paja blanca es un exceso de precaución, y debido a eso no hay culpa. Aunque la paja es un material común, puede llegar a ser valiosa gracias a su uso; así es posible recorrer el camino de la circunspección y el respeto. Observando escrupulosamente este modo de actuar, ¿cómo podríamos faltar a algún deber? Ése es el efecto del exceso de grandeza. El *Gran Tratado* dice: "Poner las cosas en el suelo podría considerarse suficiente, pero cuando se coloca por debajo de ellas una estera de paja blanca, ¿qué motivo de culpa puede haber? Tal proceder muestra mucho cuidado. La paja blanca es una cosa trivial, pero a través del uso que se haga de ella, puede llegar a ser importante. El que va hacia adelante con tal cuidadoso arte no caerá en ningún error." Esto expresa extrema prudencia y respeto. Aunque la paja es el material más común, su uso puede ser de suma importancia. Al utilizarla para adornar los objetos presentados como ofrendas, su uso constituirá el camino de la consideración circunspecta y atenta, y he aquí su importancia. El exceso de respeto atento no es, para el hombre, cosa difícil y, sin embargo, puede asegurarle su tranquilidad y evitar que cometa errores. Si podemos seguir este camino con atención, estudiarlo y aplicarlo a las acciones, nunca cometeremos errores ni equivocaciones.

ZHU XI. — En el tiempo del Exceso de lo Grande, empleando la dócil dulzura *yin*, con humildad y modestia, un exceso de respetuosa circunspección sin faltas ni errores es lo apropiado. De ahí la imagen simbólica y el significado adivinatorio. La paja blanca es un material correcto y puro.

○ Nueve en el segundo puesto (muta al hex. 31)

Un sauce seco produce brotes [raíces].
Un hombre viejo consigue una mujer joven.
Nada que no sea favorable.

> El texto de este trazo indica que algo que parecía marchito se renueva; una alianza poco común inyectará nueva energía en nuestra vida.
> También puede indicar que veremos la vida con nuevos ojos y nuevos intereses después de asociarnos con una persona más joven o inexperta.
> Los brotes del sauce indican que la mujer joven puede engendrar nueva vida.
>
> **Trabajo:** Podremos hacer prosperar y revitalizar nuestro negocio solo si estamos abiertos a las nuevas

ideas y dispuestos a incorporar nuevos socios o ayudantes. Valoremos a los recién llegados por lo que son y lo que ofrecen, no por su apariencia; no importa si son principiantes o personas de condición humilde.

Vida privada: Este es un buen momento para hacer alianzas con gente joven o inexperta o con nuevos conocidos. Seamos receptivos a las ideas poco convencionales y las oportunidades. Nuestra familia puede llegar a agrandarse.

Salud, sentimientos y relaciones sociales: Si estamos enfermos, nuestra salud mejorará. Seamos flexible y de mente abierta. Podemos obtener ayuda y apoyo de lugares inesperados o conseguir una nueva pareja más joven que nosotros.

CHENG YI. — El exceso de *yang*, estando en contacto con *yin*, lleva a la unión. Tanto el segundo trazo como el quinto tienen ambos el significado simbólico de engendrar. El segundo trazo *yang*, ante el comienzo del Exceso de lo Grande, adquiere centralidad y ocupa una posición gentil; se acerca en secreto al primer trazo y los dos se ponen de acuerdo y se alían. Desde el momento en que el primer trazo está extremadamente unido al segundo, éste ya no se corresponde con el trazo superior[1]; la alianza entre ellos es evidente. Este trazo es un noble con excesiva firmeza, que ocupa un puesto central, utilizando la gentileza, de modo que sus diversas cualidades se equilibran entre sí. Con un exceso de firmeza sería imposible lograr ningún resultado; este es el caso del tercer trazo. Poseyendo centralidad y empleando la gentileza, es posible realizar la obra del Exceso de lo Grande; este es el caso del segundo trazo. El sauce es fácilmente influenciable por el *qi yang*[2]; pero si hubiera un exceso de *yang*, se secaría[3]. El *qi yang* es excesivo, pero aún no ha llegado al límite final. Vuelven a salir brotes de un sauce seco porque el primer trazo se alía con el primero; de ahí que el texto diga "un hombre viejo consigue una mujer joven". El anciano que tiene una esposa joven podrá realizar la obra de la procreación. El segundo trazo es central, se mantiene en la mansedumbre y se alía con el primero, para poder echar nuevos brotes, superando los inconvenientes derivados del Exceso de lo Grande, por eso no hay "nada que no sea favorable". En el Exceso de lo Grande, un trazo *yang* que permanece en la gentileza[4]

representa el bien; tal es el caso del segundo y del cuarto trazo, que pronostican "nada que no sea favorable", lo cual tampoco llega a la ventura. El carácter traducido como "brotes"[5], *ti*, designa las raíces; Liu Kun dice: "dar a luz abundantes flores sobre la hierba [*ti*] seca", es decir sobre raíces secas. Zheng Xuan en su comentario al *Libro de los Cambios* lee al carácter *ti* como "hierbas".

ZHU XI. — Este es el inicio del exceso de *yang*, en contacto con el primer trazo *yin*, de ahí la imagen simbólica y el significado adivinatorio. Las raíces que brotan son la exuberancia de la savia. Al desarrollarse desde abajo, la planta renacerá hacia arriba. El marido, aunque viejo, tiene una esposa joven, todavía puede engendrar hijos.

Nueve en el tercer puesto (muta al hex. 47)
La viga maestra se dobla.
Desventura.

Si vamos demasiado lejos y somos tercos e inflexibles, el precio de nuestra arrogancia será el fracaso. Aceptemos nuestros límites y solicitemos ayuda cuando sea necesario, de lo contrario tendremos entre manos más de lo que podemos manejar.

Trabajo: Nuestra posición no es sólida porque no tenemos una buena base. Quizás seamos rebajados de categoría o podemos perjudicar a nuestra empresa debido a nuestra terquedad y falta de flexibilidad frente a los nuevos desafíos.

Vida privada: Si somos demasiado rígidos e incapaces de adaptarnos a las necesidades del momento, y desoímos los buenos consejos, tendremos problemas.

Salud, sentimientos y relaciones sociales: El orgullo y la arrogancia no nos llevarán a ninguna parte. Es posible que tengamos problemas con nuestra salud debido a un exceso de estrés.

CHENG YI. — Quien transita por el tiempo del Exceso de lo Grande, debe realizar obras de extraordinaria grandeza, ocuparse de una tarea de una importancia que supera el grado común, eso es imposible sin tener un justo equilibrio entre la firmeza y la gentileza; sin la cooperación y la ayuda de los demás. Aún en asuntos ordinarios, si hay exceso de firmeza y energía, pero no somos capaces de colaborar con otros hombres, no podremos afrontar nuestras tareas por nosotros mismos. ¡Cuánto más cuando se trata de asuntos de importancia extraor-

---

1   Es decir el quinto trazo, que de todas formas también es *yang*, de modo que no se da una adecuada relación de correspondencia.
2   Los primeros aromas de la primavera.
3   Por las sequías del verano.
4   En un puesto *yin*.

5   , *ti*: echar retoños, brotar, retoñar, retoño, brote, hoja recién brotada; raíces

El Exceso de lo Grande / Sobrecarga

dinaria! Aunque se posean las habilidades de los sabios, aunque se trate sólo de pequeñas cosas, uno necesita la asistencia de los demás; en presencia de la gran carga del mundo, eso es aún más necesario. El tercer trazo emplea la fuerza *yang* encarnada en el Exceso de lo Grande; además, utiliza la firmeza para mantener su posición, pero no es central; esto indica un grado extremo en el Exceso de lo Grande. Empleando dureza con tal exceso, al moverse, irá contra la concordia y la justicia y desagradará el corazón de la multitud. ¿Cómo podría soportar el peso del Exceso de lo Grande? Además, no es capaz de soportar el peso de esta carga; es como una viga maestra que se curva y provoca el derrumbe y ruina de la casa; es por esto que el presagio es desafortunado. Lo que hace que la viga maestra sea tomada como símbolo es que carece de soporte [adecuado] y no puede cargar la pesada carga que soporta. Se ha dicho: dado que el tercer trazo es parte de la sustancia de la humildad[6] y se corresponde con el trazo al tope, ¿por qué no emplear el símbolo de la imagen simbólica de la gentileza? A la hora de razonar sobre el *Libro de los Cambios*, es sobre todo importante saber reconocer la mayor o menor importancia de las condiciones indicadas, y las modificaciones o cambios que trae consigo el tiempo. El tercer trazo emplea firmeza en exceso debido a la posición que ocupa[7]. Dado que la gentileza está llegando a su fin[8], y además está cambiando, ¿cómo podríamos seguir usando el significado de dócil mansedumbre? La correspondencia o la simpatía indican la comunidad de tendencias, pero, el tercer trazo representa el inicio del exceso de energía. ¿Acaso el trazo superior puede contener esta tendencia?

ZHU XI. — Los trazos tercero y cuarto ocupan, en conjunto, el centro del hexagrama, lo que es la imagen simbólica de la viga cumbrera del techo. El tercer trazo *yang* emplea una dureza contundente y se encuentra en una posición que implica un exceso de firmeza; es incapaz de soportar el peso de su carga, por lo que el símbolo es curvatura o hundimiento, y el significado adivinatorio es desventura.

○ **Nueve en el cuarto puesto** (muta al hex. 48)

La viga maestra se curva para arriba.
Ventura.
Si hay algo más habrá humillación.

> Al curvarse hacia arriba, la viga maestra forma un arco y de esa manera puede soportar más peso que antes. Eso se debe a que la viga recibe soporte desde abajo.

---

6 El trigrama inferior, ☴, *Xun*.
7 Trazo *yang*, puesto impar: exceso de energía *yang*.
8 Último puesto de ☴, *Xun*.

Tenemos una base de sustentación muy sólida, si hacemos buen uso de nuestra posición de fuerza tendremos buena fortuna, pero si aplicamos mal nuestros recursos, tratando de obtener ventajas egoístas, y nos olvidamos de nuestros colaboradores, nos arrepentiremos. Mientras no sobrepasemos nuestros límites no tendremos problema alguno.

Trabajo: Puede que seamos promovidos y nuestro negocio va a prosperar. No olvidemos a quienes han hecho posible que hayamos alcanzado nuestra posición actual.

Vida privada: Gracias al apoyo de nuestros seres queridos podremos mejorar o expandir nuestro negocio o nuestra casa. No abusemos de los demás, seamos generosos y comprensivos.

Salud, sentimientos y relaciones sociales: Si tuviéramos problemas de salud, éstos mejorarán. Cuidemos nuestras relaciones, tratemos bien a todos.

CHENG YI. — El cuarto trazo está cercano a la posición del príncipe, y es quien actualmente sostiene el peso del Exceso de lo Grande. Al ocupar un puesto que implica gentileza, tiene la capacidad de emplear la gentileza de tal manera que se equilibre con la firmeza; de esa forma no tiene exceso de firmeza, podrá estar a la altura de la tarea que tiene entre manos, como una viga maestra enarcada, por eso habrá "ventura". La frase del texto: "se curva hacia arriba", es la traducción de [, *long*]: "enarcarse, amplio, eminente próspero". En el tiempo del Exceso de lo Grande, sin firmeza *yang*, es imposible estar a la altura de las circunstancias. Dado que este trazo utiliza firmeza para colocarse en una posición *yin*, hace lo debido. Si, además, también se correspondiera con el trazo *yin* en el primer puesto, eso sería un exceso. "Si hay algo más" significa que las segundas intenciones, son motivo de "humillación", por lo que debería disminuir ese exceso. Se ha dicho: el primer y el segundo trazo están aliados y no hay nada que no sea favorable. Si el cuarto trazo simpatiza con el primero, eso se considera motivo de humillación. ¿Cómo puede ser esto? El segundo trazo es central y se alía con el primero, esto constituye el significado de utilizar la gentileza para equilibrar una cualidad contraria. Aunque el cuarto y el primer trazo se corresponden rectamente, y sus tendencias se conectan y vinculan unas con otras, ocupando el cuarto puesto, este trazo *yang* tiene firmeza y gentileza en la proporción adecuada; si, además, se siente unido y atraído por un trazo *yin*, eso dañará su firmeza, y habrá motivos de humillación.

ZHU XI. — Este trazo tiene firmeza *yang*, ocupando un puesto *yin*, por lo que puede evitar cometer excesos, por eso hay "ventura". Sin embargo, en el fondo se corresponde con el primer trazo, utiliza la gentileza para contrarrestar su propia cualidad, por lo que puede llegar a un exceso de gentileza. Por eso el texto advierte que "si hay algo más" [segundas intenciones], esto será motivo de humillación.

Nueve en el quinto puesto (muta al hex. 32)

Un sauce seco produce flores.
Una mujer vieja consigue un esposo joven.
No hay falla ni alabanza.

> Un hombre de edad avanzada puede tener hijos con una mujer joven (como indica el segundo trazo), pero una mujer vieja no puede hacer lo mismo con un esposo joven.
>
> La unión que se describe en este trazo no puede generar resultados buenos y duraderos, sólo algo evanescente como las flores, que simbolizan el placer temporal. Si tratamos de solucionar nuestros problemas superficialmente, no conseguiremos resultados duraderos. Si sólo lo hacemos por el placer, a largo plazo no perderemos ni ganaremos nada, porque nuestras acciones serán intrascendentes.
>
> **Trabajo:** Esperamos demasiado tiempo sin hacer nada. Ahora ya es demasiado tarde para arreglar nuestros problemas. Hacer las cosas sólo para salvar las apariencias no nos ayudará a largo plazo.
>
> **Vida privada:** Aunque intentemos renovar nuestra vida, fuera de disfrutar por un tiempo, no podremos conseguir nada importante.
>
> **Salud, sentimientos y relaciones sociales:** Si sólo nos ocupamos de mantener las apariencias, eso no nos ayudará a largo plazo. Es posible que entablemos una relación sentimental con una persona más vieja (la mujer vieja es el sexto trazo), pero no será duradera.

CHENG YI. - El quinto trazo enfrenta el tiempo del Exceso de lo Grande empleando su centralidad y rectitud para mantenerse en la situación preeminente. Sin embargo, abajo no tiene un trazo correspondiente, y por eso no podrá completar la obra del Exceso de lo Grande. Él se asocia con el trazo *yin* en el límite del exceso, al tope, con quien equilibra sus propias facultades. Él es como un árbol *yang*, marchito y produciendo flores. Un árbol seco echa raíces desde abajo para poder volver a la vida. Lo mismo ocurre con los trazos *yang* en el Exceso de lo Grande; así comienzan y realizan su trabajo. Si la copa del árbol produce flores y reverdece, aunque estos capullos puedan florecer, esto no remedia la sequedad del árbol. El trazo *yin* al tope es "una mujer vieja", que "consigue un esposo joven". Aunque el quinto trazo no es joven, en comparación con una anciana, se considera que está en la flor de la vida. El quinto trazo no tiene nada que esperar del sexto trazo, por el contrario, es la mujer vieja quien consigue un esposo joven; habiendo alcanzado el límite extremo del exceso, *yin*, goza del efecto compensador de *yang*. Para un marido en la flor de la vida, aunque poseer una esposa anciana no constituye un caso de culpa ni de falta, no deja de ser un caso extraño y no tiene nada de bello, por eso el texto dice: "no hay falla ni alabanza". El *Comentario de las pequeñas imágenes*[9], a su vez dice: "¡Pues es una vergüenza a pesar de todo!".

ZHU XI. — El quinto trazo expresa el grado más extremo del exceso del *yang*, además está asociado con el trazo *yin* al tope del exceso. Por eso el símbolo y el significado adivinatorio son opuestos a los del segundo trazo.

Al tope un seis (muta al hex. 44)

Se sumerge hasta la coronilla al vadear al río.
Desventura.
No hay falta.

> Podemos pagar muy caro el encarar una tarea peligrosa a cualquier precio (como vadear un río que es demasiado profundo). Puede que tengamos que sacrificar demasiado, porque no estamos a la altura de las circunstancias y no seremos capaces de terminar nuestra tarea con éxito.
>
> Sólo nosotros mismos podemos decidir si los sacrificios a los que nos enfrentamos valen la pena.
>
> **Trabajo:** Puede que sacrifiquemos nuestra carrera por una causa o porque estamos cumpliendo con nuestro deber, sin importar las dificultades o los costos. O quizás sólo calculamos mal los riesgos y los beneficios, y pagaremos el costo de nuestro error.
>
> **Vida privada:** Si continuamos empujando hacia adelante tendremos grandes pérdidas, pero nadie podrá decir nada en nuestra contra.
>
> **Salud, sentimientos y relaciones sociales:** Es posible que tengamos una enfermedad grave o un accidente. Correremos peligro de ahogarnos. No sobrepasemos nuestras propias fuerzas.

---

9 El Comentario de las pequeñas imágenes (*Xiao xiang zhuan*, 小象傳) contiene breves comentarios sobre cada trazo individual, normalmente citando toda o parte del texto del trazo (*yaoci*). No está incluido en esta traducción.

EL EXCESO DE LO GRANDE / SOBRECARGA 28

CHENG YI. — Este trazo utiliza su suavidad *yin* para situarse en el límite del exceso, y simboliza a un hombre inferior que llega al límite extremo, yendo más allá de las reglas ordinarias. El Exceso de lo Grande en el hombre inferior se refiere, no a que no pueda hacer cosas mayores que los demás hombres; sino que no puede ir más allá de las reglas ordinarias y traspasar los límites del principio de las cosas [impunemente]. No le importan los peligros ni la pérdida final; sólo pisotea los peligros y se aventura en terrenos minados por la desgracia. Es como aventurarse demasiado en el agua hasta que uno se sumerge y la parte superior de la cabeza desaparece. El desafortunado presagio es obvio. El hombre inferior, por su ardor irreflexivo, es causa de su propia desgracia, y esto es ciertamente apropiado. ¿Cómo podría quejarse de esto? Por eso el texto dice: "no hay falta"; esto expresa que él mismo es el autor de su mal, y no puede imputar la culpa y la falta a nadie[10]. La imagen del cruce del agua se debe a que el trigrama superior [☱, *Dui*] es el lago.

ZHU XI. — Este trazo está situado en el terreno del límite extremo del Exceso de lo Grande. Sus capacidades son débiles, insuficientes para manejar los peligros de su cargo, pero sin embargo, su acción carece de culpa. De hecho, se está sacrificando a sí mismo para realizar un acto de humanidad, de ahí la imagen simbólica y el significado adivinatorio.

---

10 ZHU XI interpreta este trazo de otra manera.

29 Lo Abismal / El Agua | *Xi Kan*

習坎

Los dos caracteres chinos que le dan nombre a este hexagrama son: *xi*: "repetido, práctica" y *kan:* "abismo, pozo, trampa, peligro": abismo repetido, hoyo dentro de un hoyo, doble trampa.

Este es uno de los ocho hexagramas que están compuestos por un mismo trigrama, repetido dos veces, en este caso es ☵, *Lo Abismal*.

Se puede ver más información sobre *Lo Abismal* en **Los ocho trigramas**.

Significados asociados

Trampa, paso peligroso, peligro, tiempo crítico, algo que se hunde, hoyo, trampa, superando los riesgos. Los significados se intensifican debido a que el primer carácter del nombre del hexagrama significa repetir y el segundo peligro, lo que da la idea de un largo período de peligro. También puede indicar prisión, ya que la antigua China se cavaban hoyos en el suelo para mantener a los prisioneros encarcelados en los mismos.

El Dictamen

Lo Abismal.
Si atas la verdad a tu corazón tendrás éxito
y obtendrás reconocimiento por tus obras.

> La situación es peligrosa y difícil. Para tener éxito en estos tiempos críticos tenemos que emular al agua, que es el símbolo del peligro, pero también indica cómo superarlo. El agua fluye sin cesar y siempre es fiel a sí misma, llena cada grieta siguiendo su curso, sin volver atrás, ni detenerse.
>
> Así también nosotros debemos avanzar sin cesar como el agua que fluye, enfrentando cada paso del camino con resolución. Obedezcamos lo que nos dicta nuestro corazón y seamos fieles a nosotros mismos. Solo así podremos atravesar con éxito este tiempo Quizás cometamos errores y estaremos expuestos al peligro, pero si mantenemos nuestra determinación y no nos detenemos, prevaleceremos sobre el peligro.

CHENG YI. — Un trazo *yang* está en el centro [de ambos trigramas], indicando que en el interior hay buena fe y confianza. "Si atas la verdad a tu corazón tendrás éxito". La sinceridad perfecta es capaz de atravesar el metal y la piedra, caminar por el agua y el fuego[1]. ¿Qué dificultad, qué peligro no atravesaría libremente? El texto agrega "obtendrás reconocimiento por tus obras"; es decir que mediante el uso de la más perfecta sinceridad en acción, se podrá salir del peligro, y por lo tanto habrá motivos de alabanza, que es decir que habrá mérito. Sin acción, permanecería en el peligro.

ZHU XI. — 習, *xi* significa repetición, renovación frecuente y habitual; 坎, *kan*, abismo, peligro y caída. La imagen simbólica es el agua; *yang* está sumergido en *yin* [en cada trigrama]; el exterior esta vacío y el interior lleno. En este hexagrama, el trigrama ☵, *Kan*, se repite en la parte superior e inferior; se considera que esto expresa peligro repetido. Se considera que el centro lleno [el trazo *yang* en el medio de cada trigrama] expresa la imagen simbólica de la honestidad y el éxito. Al actuar en estas condiciones necesariamente debe haber mérito, y por eso ésta es la fórmula adivinatoria.

La Imagen

El agua fluye hasta alcanzar la meta:
la imagen de Lo Abismal.
Así el noble es constante en su virtud
y se dedica con persistencia a la enseñanza.

> Al igual que el agua, que fluye sin parar llenando todos los huecos en su camino, prestemos atención a cada detalle. No nos descuidemos, actuemos con seriedad, dedicados a nuestra tarea.
>
> El agua que fluye incesantemente también simboliza la enseñanza por la repetición, dando el ejemplo correcto de una forma constante.

CHENG YI. — El trigrama ☵, *Kan* representa el agua, la corriente de agua que fluye y se renueva. Dos trigra-

---

1 Esta frase viene del *Liezi*, 列子, un clásico daoísta del siglo V a. C.

Lo Abismal / El Agua

mas *Kan*, se repiten uno encima del otro; es la imagen simbólica de una corriente de agua desbordante. El agua fluye a través de riachuelos que se ensanchan cada vez más, hasta formar ríos, y finalmente el océano; es la repetición incesante de la corriente, o afluencia, sin detenerse. Por su fuerza natural tiende a descender; es un efecto asegurado que podemos considerar con confianza como permanente, además cuando el noble contempla la imagen simbólica del agua, en *Kan*, extrae el concepto de regularidad permanente, de modo que asegura la duración constante de su virtuosa conducta. Si la conducta virtuosa del hombre no es permanente, la falsedad reemplaza a la virtud; así conviene que sea como la incesante continuidad de la corriente de agua. El noble capta el sentido de sucesión ininterrumpida en la continuidad de la corriente, madura y repite el objeto de su enseñanza. Ahora bien, el establecimiento de instituciones civiles y la práctica de la enseñanza deben necesariamente impulsar al pueblo a comprenderlas, al escucharlas, de ahí se deduce que puede seguirlas y cumplirlas. Es por ello que el noble "repite la orden tres veces y supervisa su ejecución"[2]; si informara al pueblo apresuradamente, sin haber dado ejemplos, apoyados con su conducta, imponiendo la obediencia instantánea, incluso con la sanción de severas penas para obligarla, el resultado sería imposible de lograr. Por tanto, es propicio imitar la persistencia continua de la corriente de agua.

ZHU XI. — Ya sea que se trate de gobernarse a uno mismo, o de gobernar a los hombres, siempre se debe proceder mediante la repetición del ejercicio y la práctica; sólo después de eso, el hábito perfeccionado garantiza que no tendremos de qué preocuparnos.

Al comienzo un seis (muta al hex. 60)

Lo Abismal.
Al entrar uno cae en una caverna en el fondo del hoyo.
Desventura.

> Después de extraviar nuestro camino, hemos quedado entrampados en un patrón de errores repetitivos, como si estuviéramos en el fondo de un doble abismo. La situación es muy grave, si no tomamos conciencia y hacemos algo al respecto, tendremos serios problemas.
>
> **Trabajo:** Errores repetidos nos pondrán en una situación muy comprometida.
>
> **Vida privada:** Estamos atrapado en un callejón sin salida a causa de nuestras malas decisiones. Si no co-

rregimos nuestro comportamiento, nuestra situación empeorará.

Salud, sentimientos y relaciones sociales: Estamos perjudicando nuestra salud con nuestros malos hábitos. Es posible que suframos una enfermedad crónica.

CHENG YI. — El primer trazo emplea la dócil suavidad *yin* y se encuentra en la parte inferior del trigrama ☵, *Kan*, que representa el peligro; es dócil y débil, sin nadie que le ayude, colocado en un lugar inapropiado[3], por lo que no puede escapar del peligro. Sólo se hunde más y más en un peligro profundo. La "caverna"[4] se refiere a una trampa, un pozo o fisura, un abismo dentro de un abismo. Estando situado en medio de repetidos peligros, vuelve a entrar en un abismo al fondo del precipicio. El mal augurio es evidente.

ZHU XI. — Este dócil trazo *yin* está situado al fondo del hexagrama que indica la repetición del peligro, y el abismo es cada vez más hondo, tales son la imagen simbólica y el significado adivinatorio.

○ Nueve en el segundo puesto (muta al hex. 8)

El abismo es peligroso.[5]
Busca sólo pequeñas cosas.

> Cuando enfrentamos obstáculos peligrosos, no es posible solucionar todo a la vez. Por ahora sólo podemos ocuparnos de mejorar algunos detalles, hagamos nuestra situación más segura trabajando de una manera gradual pero no tratemos de solucionar los problemas de fondo.
>
> **Trabajo:** Tratemos de ocuparnos de los problemas que podemos manejar con cierta facilidad, uno a la vez. Evitemos asumir riesgos.
>
> **Vida privada:** Por ahora estamos bloqueados. La única manera de aliviar nuestra situación es a través de mejoras graduales. Seamos prudentes.
>
> **Salud, sentimientos y relaciones sociales:** Nuestra salud mejorará lenta y gradualmente. Nos enfrentamos a un tiempo de aislamiento social, pero no podemos hacer gran cosa para superarlo, no exijamos demasiado.

---

2 Esta frase se repite en varios textos clásicos chinos.
3 Trazo *yin* en posición *yang*.
4 窞, *dan*, que significa hueco o pozo más pequeño en el fondo de una caverna, sótano o bóveda; caer en un pozo, trampa.
5 El carácter traducido como "peligroso", 險, *xian*, también indica un precipicio empinado. De ahí el peligro de caer en el abismo.

CHENG YI. — El segundo trazo se enfrenta a una peligrosa caída, está entrampado entre dos trazos *yin* situados encima y debajo de él. Éste es un terreno extremadamente peligroso; de hecho, existe un peligro real. Sin embargo, este trazo es central y firme, aunque todavía no puede escapar del peligro, sin embargo puede remediarlo parcialmente por sí mismo, y no llega, como el primer trazo, a hundirse cada vez más en peligros profundos. ¿Qué significan las palabras "busca sólo pequeñas cosas"? El noble que se encuentra en peligro puede protegerse a sí mismo; porque es central, sus acciones alcanzan el objetivo adecuado, y porque es firme, sus capacidades son suficientes para su propia defensa.[6]

ZHU XI. — Se encuentra en medio del peligro y aún no puede superar los obstáculos, por lo que se considera que expresa la imagen simbólica del encuentro con el peligro. Sin embargo es enérgico y central, por lo que el significado adivinatorio es que puede lograr pequeñas mejoras, por eso el texto dice "busca sólo pequeñas cosas".

Seis en el tercer puesto (muta al hex. 48)
Llegando al abismo hay otro abismo.
Hay un obstáculo pero también un soporte.
Entra a una caverna en el abismo. No hagas nada.

> Estamos atrapados en una situación peligrosa que no comprendemos por completo. Cualquier cosa que tratemos de hacer para liberarnos sólo empeorará nuestra situación. No podremos superar nuestros problemas sin ayuda externa; tratemos de relajarnos y esperemos hasta que se presente una oportunidad.
>
> **Trabajo:** No podremos superar nuestros problemas a corto plazo. Esperemos hasta recibir ayuda o hasta que tengamos los medios indispensables para hacer algo positivo. Si actuamos antes de tiempo sólo nos embrollaremos aún más en los problemas que nos agobian.
>
> **Vida privada:** Estamos atascados en un callejón sin salida, acosados por problemas y conflictos familiares. Cualquier cosa que hagamos sólo complicará más las cosas. La única manera de aliviar nuestra difícil situación es detenernos, quedarnos quietos y tranquilos; dejemos que las cosas se desarrollen por sí solas por un tiempo hasta que se presente un nuevo factor que nos permita superar nuestros problemas.

Salud, sentimientos y relaciones sociales: Cualquier cosa que intentemos hacer ahora para mejorar nuestra salud o situación social puede provocar consecuencias no deseadas. No intentemos nada nuevo por el momento.

CHENG YI. — El tercer trazo se encuentra en un momento de caída peligrosa; utiliza la suavidad *yin* para ocupar una posición que no es central ni correcta. Su posición no es buena, no puede avanzar ni retroceder, y tampoco permanecer en el lugar que ocupa. Si desciende, entrará en medio del obstáculo; si sube, se repetirán los peligros; ya sea que retroceda o avance, siempre hay peligro, y por eso el texto dice: "Llegando al abismo hay otro abismo"[7]. Es igualmente peligroso para él avanzar o retroceder, y también lo es permanecer donde está. "Soporte"[8], significa apoyarse, almohada; algo que lo mantiene en medio de los peligros y le permite apoyarse para mantenerse en su lugar, pero su posición es incómoda en el más alto grado. Así situado, sólo consigue hundirse cada vez más en profundos peligros, y por eso el texto dice "entra a una caverna en el Abismo". No se debe seguir el camino del tercer trazo, por eso el texto advierte "no hagas nada".

ZHU XI. — Empleando la debilidad *yin*, sin rectitud ni centralidad, transitando en medio del peligro, es tan peligroso avanzar como retroceder. Tiene obstáculos por delante, y detrás algo en lo que se apoya [y que también lo detiene]; la caída es cada vez más profunda; no sabe nadar[9]; de ahí la imagen simbólica y el significado adivinatorio. El término "soporte", del texto, expresa la idea de apoyarse en uno mismo sin poder encontrar una posición cómoda.

---

6 CHENG YI quiere decir que este trazo, a pesar de su peligrosa situación, al menos puede protegerse a sí mismo y mejorar un poco su estado.
7 El tercer trazo se encuentra al tope del abismo (o trigrama) inferior, por encima de él se encuentra el abismo (o trigrama) superior. No importa que avance o retroceda se encuentra con un abismo.
8 El carácter 枕, *zhen*, traducido como "soporte" o "almohada", también significa: descanso, pausa, detención, un lugar de descanso, reclinarse, calmarse, relajarse; una almohada, usar como una almohada; una estaca para amarrar ganado; profundo (substituyendo el carácter por 沉 que tiene también los significados hundirse, perecer, ahogarse, caer, perecer, como hacen Rutt, Kunst y Shaughnessy). Por eso una traducción alternativa sería: "Llegando al doble abismo. Cae a una caverna en el Abismo. No hagas nada"; en este caso *zhen* se traduce como caída, y el texto se simplifica, pero nosotros nos atenemos a la lectura de CHENG YI y ZHU XI, porque este libro refleja su pensamiento.
9 Recordemos que *Kan*, ☵, significa agua en movimiento.

Lo Abismal / El Agua

Seis en el cuarto puesto (muta al hex. 47)
Un jarro de vino más un tazón de arroz.
Usando cacharros de arcilla
entregados conjuntamente por la ventana.
Finalmente no habrá falta.

Este es un tiempo en el que debemos actuar con absoluta simplicidad, franqueza y honestidad. Aunque creamos que no podemos ofrecer mucho, lo importante es que actuemos con sinceridad, eso será suficiente y así no cometeremos errores.

En otro nivel de interpretación, dado que los pozos solían usarse como celdas para aprisionar a los delincuentes en la China antigua, el texto muestra a alguien ofreciendo ayuda a otra persona que está encarcelada o atrapada en una mala situación, alimentando al preso con alimento material o espiritual.

Trabajo: Tendremos oportunidad de conocer a una persona influyente y formar con ella una relación mutuamente beneficiosa. Enfoquémonos en las cosas reales que podemos ofrecerle y seamos sinceros y directos.

Vida privada: Quizás ayudemos a alguien o recibamos ayuda de otra persona. Lo importante son las buenas intenciones no las apariencias. Actuemos con sencillez y sinceridad.

Salud, sentimientos y relaciones sociales: Mantengamos las vías de comunicación con otras personas abiertas. Colaboremos con los demás, sin pedir mucho de ellos. No vacilemos en ofrecer nuestra ayuda, aunque no podamos aportar mucho.

CHENG YI. — Este suave trazo *yin* no encuentra ayuda debajo de él[10]; y no es capaz de remediar los peligros del mundo. Está en una posición elevada, por eso el texto habla del camino del ministro puesto en peligro. Un súbdito situado en una posición elevada, ante un momento de dificultades y obstáculos, sólo debe llevar la sinceridad al límite extremo y demostrar su buena fe hacia el príncipe; entonces su conexión será sólida y sin solución de continuidad. Además, si puede abrir e iluminar el corazón (la inteligencia) del príncipe, podrá protegerse contra cualquier falta. Sin embargo, queriendo gozar de la plena confianza de su superior, simplemente sabe expresar al máximo su sencillez natural, sin ir más allá. La multiplicación de las reglas de etiqueta, la búsqueda en las apariencias externas, no son comparables a los ritos de las ofrenda Yan[11] y por eso se cita como ejemplo esta ofrenda. Esto expresa que conviene no estimar la superabundancia de aparatos externos, sino utilizar sólo la sencillez natural. Lo que se utiliza es vino en una jarra y comida presentada en dos platos; además los cacharros son de arcilla; es el colmo de la simplicidad. Cuando la simplicidad natural se lleva hasta este punto, es apropiado que los cacharros sean "entregados conjuntamente por la ventana". Es decir venir y sumarse[12], avanzar y vincularse al camino del príncipe. La palabra ventana tiene el significado de abrir dando libertad de acceso; debido a la oscuridad interior de las viviendas, se crean aberturas que dan acceso a la luz. "Por la ventana", es decir desde un lugar situado a plena luz, para aumentar aún más la claridad de las decisiones del príncipe.

El *Shijing*[13] dice: "El cielo, al guiar[14] a la gente actúa como el caramillo y la flauta". El Duque de Mao explica el carácter de esta cita dándole el significado de moralizar al iluminar, instruir, guiar. Se trata nuevamente de una expresión análoga al término "abrir la inteligencia".

El ministro emplea fidelidad y confianza, sigue el camino del bien y se une al corazón del príncipe; es absolutamente necesario que parta de una posición tomada con inteligencia, y entonces podrá influenciarlo. El corazón humano tiene pliegues secretos y lados accesibles y penetrables; los rincones secretos son las partes oscuras; los lados penetrables son las partes inteligentes e iluminadas. Es aconsejable dirigirse y advertir a las partes inteligentes e iluminadas, entonces es fácil despertar confianza; por eso en el texto se utiliza la expresión "entregados conjuntamente por la ventana". Pudiendo actuar de esta manera, resultará que aún en un momento de dificultad y de peligros, en última instancia es posible evitar cualquier falta. Además, si el corazón del príncipe está oscurecido por el abuso de los placeres, pero esta es la única causa de oscurecimiento, aunque se le muestren enfáticamente las desventajas de la disolución y los placeres, sólo podrá ver los puntos sobre los cuales no está cegado, que despertarán su corazón. Desde la antigüedad, quienes se han mostrado capaces de amonestar a los príncipes, sólo han actuado utilizando los lados que quedaban libres en la inteligencia de estos últimos; quienes se dirigían a ellos con reproches directos y bruscos generalmente sólo despertaban su antipatía, mientras que las palabras de quienes

---

10 Debido a que el primer trazo también es *yin*, el cuarto trazo no puede establecer una relación de correspondencia con el mismo.
11 Esta ofrenda es mencionada en el Libro de los Ritos, *Liji*, 禮記, que es uno de los Cinco Clásicos del canon confuciano.
12 Literalmente: "traerlos atados juntos", que traducimos como "entregados conjuntamente".
13 El Clásico de la Poesía (詩經, *Shijing*) es una colección de 305 poemas divididos en canciones populares, festivas, himnos y panegíricos. Es uno de los Cinco Clásicos del canon confuciano.
14 Iluminándolos.

sabían discutir con moderación y amplitud producían un buen efecto la mayoría de las veces. Por ejemplo, el fundador de la dinastía Han, enamorado de una de sus concubinas, estuvo a punto de cambiar el orden de herencia a favor del hijo de esta mujer; éste era su lado ciego. Entre la multitud de ministros y servidores del príncipe, había un gran número que buscaban como oponerse a esta medida; los derechos que resultan del nacimiento, el orden de las edades, todo estaba perfectamente claro, ¿de dónde podría venir esta ceguera y esta falta de discernimiento? Pero en cuanto a los "cuatro viejos", el emperador conocía bien su sabiduría y los estimaba, éste era el lado claro de su inteligencia; también su razón, despertada por este lado accesible, finalmente modificó su decisión y este resultado se obtuvo sin dificultad alguna. ¿Era la fuerza de los cuatro ancianos mayor que la de todos los grandes y la multitud de médicos de la corte? ¿Fue la fuerza de sus discursos más penetrante que la de las palabras de Zhou Chang o Shusun Tong? Sin embargo, el emperador no los escuchó a los últimos, sino a los primeros, porque los últimos luchaban contra su ceguera, mientras que primeros apelaban a su inteligencia.

Lo mismo se repitió en el caso de la Reina viuda Zhao, quien amaba a su hijo menor, el Príncipe de Chang'an, y no quería enviarlo al estado de Qi[15]; aquí la ceguera era causada por el cariño. Aunque los grandes dignatarios se dirigieron a ella con enérgicas protestas, cada día estaba más ciega, ¿cómo habría podido ella escucharlos? El amor a sus hijos y el deseo de hacerlos ilustres y poderosos era el lado inteligente de su corazón, por eso Chu Long se dirigió a la parte iluminada de su mente, sabiendo dirigirla para que planificara la larga duración de su descendencia, y ella los escuchó como si ella fuera un eco. Este camino no se sólo se aplica a las advertencias dadas a los príncipes; todo aquel que enseñe, o dirija, deberá seguirlo. Para instruir hay que confiar en las inclinaciones predominantes de quien es instruido; pero lo que predomina es lo que entiende el corazón; confiando en lo que el corazón entiende, se penetra en la mente, así llegamos gradualmente a todas las demás cosas. Esto es lo que Mencio expresa con las palabras: "completar la virtud y adquirir habilidades".

ZHU XI. — Yuezhi dice: "Los antiguos discípulos de la doctrina leían 'un jarro de vino más un tazón de arroz' como si formara una frase, y 'usando cacharros de arcilla' como otra frase; y nosotros seguimos esta lección". El carácter 貳, *er*, dos o doble, significa aumentar[16]. En los *Ritos de Zhou*[17] encontramos las palabras: "Tres repeticiones del Gran Sacrificio", y en *Los Deberes del Estudiante*[18]: "[El estudiante] sostiene un plato vacío en la mano izquierda y sostiene un cucharón en la derecha, y también lo rellena..."; este es precisamente el significado. El quinto trazo *yang* representa la situación preeminente; el cuarto trazo *yin* está cerca de él; en un momento de peligro se ayudan mutuamente con firmeza y suavidad; existe, por tanto, la imagen simbólica de usar solamente ritos sencillos, de repetirlos con pureza del corazón y de unirse a través de la ventana. La ventana no es la abertura adecuada para entrar, pero es a través de ella que la casa recibe luz. Aunque los comienzos son dolorosos y difíciles, finalmente es posible evitar las faltas, de ahí el significado adivinatorio.

○ **Nueve en el quinto puesto** (muta al hex. 7)
El abismo no se desborda.
Sólo se llena hasta el borde.
Sin culpa.

> Vamos a superar nuestras dificultades actuales. La situación solo empeorará hasta un cierto punto, luego se estabilizará y mejorará por sí misma.
> Tengamos cuidado con los excesos, no sobrepasemos los límites debidos.
>
> **Trabajo:** Nuestra situación se estabilizará y disminuirán nuestros problemas. Este no es un buen momento para comenzar proyectos ambiciosos.
>
> **Vida privada:** Relajémonos y disfrutemos que estamos dejando atrás un mal período. No tendremos mayores problemas.
>
> **Salud, sentimientos y relaciones sociales:** Si tuviéramos algún problema de salud, este mejorará. Este es un buen momento para descansar y relajarnos.

CHENG YI. — El quinto trazo *yang* está en medio del abismo, por lo tanto éste aún no está lleno; si lo estuviera, se nivelaría y de él saldría [se desbordaría] el quinto trazo. El carácter *zhi*, del texto, "respeto", debe leerse con el sonido *di*, con el significado de "alcanzar" [19]. El texto del primer trazo del hexagrama *Fu*, 復, ䷗ (24, *El*

---

15 Para garantizar la alianza entre los estados de Zhao y Qi, el príncipe debía ser ofrecido como un rehén.
16 Traducido como "usando".
17 Los Ritos de Zhou (周禮, *Zhouli*), originalmente conocido como Agentes de Zhou (周官, *Zhouguan*) es un tratado sobre burocracia y teoría organizativa.
18 Capítulo del *Guanzi*, 管子, que es un antiguo texto político y filosófico chino.
19 Nuestra traducción dice "Sólo se llena hasta el borde", una traducción alternativa, siguiendo a CHENG YI sería "Sólo alcanza el borde".

Lo Abismal / El Agua

Retorno) dice: "Retorno antes de ir demasiado lejos. No habrá daño ni arrepentimiento"[20]. Es absolutamente necesario llegar al punto de nivelación [es decir alcanzar el borde] del obstáculo, y entonces no habrá culpa. Como el texto dice: "sólo se llena hasta el borde", quiere decir que el obstáculo aún no está nivelado, que el quinto trazo aún no está en paz y que continúa colocado en medio del peligro; todavía no ha logrado estar libre de culpa. Dado que el quinto trazo *yang* es firme y central y utiliza esas habilidades ocupando la posición preeminente, se deduce naturalmente que debe serle posible superar los obstáculos; sin embargo, por encima de él no encuentra ayuda. El segundo trazo cae al abismo y no puede escapar; todos los demás trazos son suaves trazos *yin* y carecen de las habilidades necesarias para capear el peligro. ¿Podrá el príncipe, aunque esté dotado de estas habilidades, remediar por sí solo los peligros del mundo entero? Ocupar el puesto del príncipe y no poder dirigir el mundo sacándolo del peligro sería una falta; es absolutamente necesario lograr que los obstáculos sean nivelados, para estar libre de culpa.

ZHU XI. — Aunque el quinto trazo está hundido en el abismo, sin embargo, como es firme, central y recto, y ocupa la posición preeminente, se acerca el tiempo en que podrá emerger. De ahí la imagen simbólica y el significado adivinatorio.

Al tope un seis (muta al hex. 59)

Atado con cuerdas trenzadas y una soga negra.
Abandonado en un matorral espinoso.[21]
Por tres años uno no consigue nada.
Desventura.

Si continuamos avanzando por el camino equivocado quedaremos atrapados por nuestra propia insensatez. Los tres años simbolizan un periodo completo durante el cual seremos aprisionados, es decir que quedaremos en una mala situación, sin poder mejorar, por un largo tiempo.

Los arbustos espinosos simbolizan las trabas que nos mantendrán atrapados en una mala posición. También podrían indicar algún tipo de limitaciones.

Trabajo: Podemos llegar a quedar en muy mala posición por un tiempo, como resultado de haber violado las reglas. Los tres años también pueden simbolizar un largo período sin trabajo.

Vida privada: Quedaremos aislados por un tiempo. Incluso podemos llegar a ser encarcelados.

Salud, sentimientos y relaciones sociales: Este trazo puede indicar problemas de salud crónicos, debidos a nuestros malos hábitos.

CHENG YI. — El trazo superior emplea la dócil suavidad *yin* para situarse en el colmo del peligro. Para expresar la profundidad de su caída, se menciona el cautiverio de alguien que es "atado con cuerdas trenzadas y una soga negra" y lo mantienen aprisionado "en un matorral espinoso". Cuando un débil trazo *yin* cae tan profundo, no puede salir. Es por ello que el texto dice "Por tres años uno no consigue nada"; es decir no logra escapar por un largo tiempo. El desafortunado presagio es obvio.

ZHU XI. — Con su docilidad *yin*, este trazo se sitúa en el colmo del peligro, de ahí la imagen simbólica y el significado adivinatorio.

---

20 En su comentario al texto del primer trazo del hexagrama 24, El Retorno, CHENG YI explica la pronunciación y significado de este carácter.
21 Los dos caracteres traducidos como "matorral espinoso", 叢棘, *cong ji*, también significan "mantener a un prisionero cautivo en un lugar". Las prisiones estaban rodeadas por matorrales espinosos en la China antigua.

30 Lo Adherente / El Fuego | *Li*

離

Los caracteres que conforman el sinograma que le da nombre a este hexagrama son: *li*, "demonio", componente fonético y *zhui*, "pájaro": un pájaro ominoso, quizás un búho o un oriol, un pájaro de plumaje amarillo brillante. Algunos traductores llaman a este hexagrama *Oriol*.

Este es uno de los ocho hexagramas que están compuestos por un mismo trigrama, repetido dos veces, en este caso es ☲, *Lo Adherente*.

Se puede ver más información sobre *Lo Adherente* en **Los ocho trigramas**.

Significados asociados

Brillantez, resplandor; adherencia; una red. Algunos opinan que este carácter designaba a un oriol (*Oriolus chinensis*), pájaro que en las odas está frecuentemente relacionado con tragedia, tristeza y pena, lo cual sugiere que los orioles podrían ser aves de mal agüero. El significado moderno es "irse".

El Dictamen

Lo Adherente.
La determinación es favorable.
Domesticar una vaca trae ventura.

> Ilustración espiritual y lealtad son los temas principales de este hexagrama.
> Una vaca domesticada indica docilidad y obediencia, lo que significa que tenemos que estar dispuestos a hacer concesiones.
> Tener determinación, pero también ser obediente, significa que debemos hacer lo que el deber nos exige y adherirnos firmemente a lo que es correcto, con lealtad.
> Lo Adherente también indica la capacidad de atrapar ideas y percepciones, como con una red, usando esas percepciones y la comprensión adquirida para seguir el camino correcto, con iluminación espiritual.

CHENG YI. — Lo Adherente es conectarse a algo. Todos los seres, sin excepción, tienen algo a lo que se unen[1]; desde el momento en que hay forma, hay unión. Para el hombre son las personas que ama, a las que se une, el camino por el que avanza, las cosas que dependen de él; todos estos constituyen también los objetos de su apego. La conexión a aquello a que los hombres se apegan es ventajosa a partir de la correcta determinación; actuar con rectitud lleva al éxito, y es por eso que el texto dice: "Lo Adherente. La determinación es favorable".

"Domesticar una vaca trae ventura"; la naturaleza de las vacas es plácida y sumisa y, además, son hembras; por lo tanto, esto expresa una sumisión extrema. Desde el momento en que nos apegamos a la rectitud, debemos ser capaces de someternos al camino del bien, si lo hacemos con una sumisión similar a la de la vaca, será un feliz augurio. Pastorear vacas, o alimentarlas y criarlas, significa nutrir y desarrollar la virtud de la sumisión; en el hombre, la virtud de la sumisión se desarrolla y se cultiva a través del cuidado y la cultura; desde el momento en que uno se apega a la justicia, debe desarrollar y ejercitar esta virtud de sumisión, para llevarla hasta su consumación.

ZHU XI. — Lo Adherente: añadir, adjuntar a. *Yin* se une a *yang*; la imagen simbólica es el fuego, cuya sustancia es *yin* y su efecto *yang*. El objeto del apego de los seres es noble sólo si está de acuerdo con la rectitud. La vaca es un animal manso y sumiso, por lo que si quien consulta el oráculo puede mantener su rectitud, tendrá ventura, y el acto de "domesticar una vaca"[2] será un feliz augurio.

La Imagen

Claridad duplicada manifiesta Lo Adherente.
Así el gran hombre mantiene su claridad iluminando los cuatro puntos cardinales.

> El trigrama inferior simboliza iluminación interior y el superior claridad externa. El significado de esto, apli-

---

1 Como el fuego se adhiere al material que consume.
2 Es decir practicar la sumisión.

Lo Adherente / El Fuego

cado a la vida humana, es que sólo después que nos conozcamos a nosotros mismos, seremos capaces de arrojar luz sobre el mundo que nos rodea, para así comprenderlo en profundidad.

El fuego consume y por eso este hexagrama nos habla de la fugacidad de la vida. Sólo si el fuego de la iluminación se aferra a nuestra vida, ésta tendrá sentido y podremos hacer un buen uso de ella.

CHENG YI. — Si el texto mencionara "dos luces", serían dos luces diferentes y no entenderíamos el significado de las palabras "claridad duplicada"; por eso el texto dice "claridad duplicada", es una claridad que se repite y se redobla, es decir que las dos claridades se suceden recíprocamente. La frase, "manifiesta Lo Adherente"; indica que la claridad duplicada produce este hexagrama, esto significa "sucesión de claridad". Los hexagramas *Zhen*, 震, ䷲ (51, *Lo Suscitativo*) y *Xun*, 巽, ䷸ (57, *Lo Suave*) y otros del mismo género[3] también asumen el significado de continuación, de sucesión continua, como en el caso de una corriente; sin embargo, el significado de Lo Adherente tiene mayor importancia. Cuando se trata de la grandeza de la virtud utilizamos la expresión "gran hombre"[4]; si se trata de la grandeza de la situación decimos: el "príncipe", en ambos casos se trata de un "gran hombre". El gran hombre contempla la imagen simbólica de la claridad que se repite, sucesivamente y aplica este concepto a la transmisión de la facultad de la inteligencia de generación en generación[5], para iluminar, gobernando, las cuatro regiones. En la mayoría de los casos, cuando las claridades se suceden, es siempre una sucesión de claridades; el texto destaca el ejemplo más importante y habla de él desde el punto de vista de la transmisión sucesiva de la claridad, de generación en generación.

ZHU XI. — "Manifiesta" significa "ascender, comenzar"[6].

---

3 Formados por la repetición de un mismo trigrama.
4 大人, *da ren*, significa: "gran hombre, hombre maduro, importante, noble, con influencia". No está muy clara la diferencia entre 君子, *jun zi* ("noble", un término frecuente en el *Libro de los Cambios*) y *da ren*, pero todo indica que un *da ren* es un *jun zi* que alcanzó una posición elevada, alguien que puede dar buen consejo y es muy respetado.
5 Este pasaje es especialmente notable si observamos que los comentarios modernos (tradicionales) son siempre compilaciones de explicaciones más antiguas y tradicionales. Cabe mencionar que hay una escuela revisionista que tiene una actitud crítica hacia las interpretaciones del pasado del *Libro de los Cambios*, pero esa escuela no existía cuando CHENG YI escribió su comentario.
6 "Manifiesta" es la traducción de 起, *zuo*, "actuar, hacer, fabricar, formar, llevar a cabo, trabajar, ponerse en actividad, encargarse de una tarea". ZHU XI lee este carácter como 起, *qi*, "ascender, levantarse; comenzar".

Al comienzo un nueve (muta al hex. 56)

No está seguro de qué camino tomar.
Sus pasos son cautos y esmerados.
Si es respetuoso no tendrá culpa.

Este trazo simboliza la hora del amanecer y el comienzo de un día o el inicio del recorrido por la vida. Recién estamos comenzando nuestro viaje, y aún ignoramos cuál será nuestro destino final y qué camino debemos tomar. Por eso es natural proceder con cautela y vacilar un poco. Lo importante es actuar con prudencia, si encaramos nuestra tarea con la debida concentración y seriedad no fallaremos.

Trabajo: Tomemos todo el tiempo necesario para entender bien la situación antes de emprender algo. No invadamos el área de influencia de otras personas. Es mejor asegurarnos de que tenemos el apoyo suficiente antes de avanzar.

Vida privada: No actuemos con apuro. Lo mejor sería ensayar diferentes opciones hasta encontrar la mejor manera de hacer nuestra tarea.

Salud, sentimientos y relaciones sociales: No tomemos decisiones precipitadas, seamos cautelosos en nuestro trato social, no demos las cosas por sentadas. Si nos estuviéramos recuperando de una enfermedad, tomemos las cosas con calma, seamos pacientes.

CHENG YI. — El primer trazo *yang* desea avanzar; además ocupa el puesto inferior y es parte de la sustancia del trigrama *Li*, ☲. Un trazo *yang* que ocupa un puesto inferior ciertamente quiere avanzar, y la naturaleza propia del trigrama *Li* es la tendencia ascendente de la llama. Su deseo es, por tanto, subir y conectarse con algo arriba; está a punto de moverse apresuradamente, su enfoque aún no está claramente definido y parece vacilante. Aunque aún no avanza, los síntomas de su movimiento ya son visibles. Al moverse abandona su puesto inferior y puede caer en falta. Sin embargo, sus aptitudes son la firmeza y la claridad, si conoce su deber y lo cumple con respeto no tendrá culpa. El primer trazo es quien está en un puesto inferior y carece de una posición; si ilumina su camino, ya sea que avance o retroceda, si lo sigue con respeto no tendrá culpa. Pero desde el momento en que sus tendencias lo impulsan hacia adelante, si no es cauto y respetuoso, y no ilumina su camino, se moverá mal y caerá en falta.

ZHU XI. — Este es un firme trazo *yang* que ocupa un puesto inferior y se sitúa en la sustancia de Lo Adherente. Su tendencia lo lleva a avanzar hacia arriba, de modo que sus pasos son ambiguos y vacilantes. Con respeto no hay culpa. Es una advertencia a quienes consultan el oráculo, para que cumplan esta condición.

○ **Seis en el segundo puesto** (muta al hex. 14)
Claridad amarilla.
Sublime ventura.

> Este trazo simboliza el mediodía, cuando el sol brilla en su apogeo.
> A esta altura vemos todo con más claridad. El color amarillo simboliza el camino correcto, el camino del medio entre los extremos, indicando un excelente equilibrio.
>
> **Trabajo:** Tendremos éxito en nuestro trabajo porque tenemos la experiencia y el conocimiento necesarios para elegir el mejor camino.
>
> **Vida privada:** Este es un momento propicio, porque nuestro equilibrio y claridad de espíritu facilitarán que alcancemos el éxito.
>
> **Salud, sentimientos y relaciones sociales:** Tendremos muy buena salud y excelente claridad mental, lo que nos permitirá relacionarnos con otras personas fluidamente.

CHENG YI. — El segundo trazo tiene una posición central y es recto; está comprometido con la centralidad y la rectitud. El amarillo es el color del centro; con la apariencia más bella. Tiene elegancia de forma y apariencia, centralidad y rectitud; alcanza la plenitud de la belleza; por eso el texto dice: "claridad amarilla". Emplea las cualidades de la elegancia de forma y apariencia y las de centralidad y rectitud; sube para identificarse con la brillante inteligencia y la centralidad condescendiente del príncipe; siendo iluminado hasta este punto, y siendo el objeto de su apego tal, por tanto hay "sublime ventura".

ZHU XI. — El amarillo es el color del centro, la dócil gentileza se apega al centro con rectitud, y por eso tal es la imagen simbólica y el significado adivinatorio.

Nueve en el tercer puesto (muta al hex. 21)
Bajo la luz del sol poniente, toca un cacharro de cerámica y canta,
o lamenta el acercamiento de la vejez.
Desventura.

> Este trazo simboliza la puesta del sol y el final de un ciclo. Un momento de esplendor se está desvaneciendo; podemos disfrutar del presente o lamentar lo que estamos por perder, porque los buenos tiempos van a terminar.
> No importa lo que hagamos, de todas formas perderemos algo, pero sinos concentramos en el presente, en lugar de vivir pendiente de lo que va a pasar, sufriremos menos.
>
> **Trabajo:** Podemos sufrir algunas pérdidas o posiblemente nos retiremos o jubilemos de nuestro trabajo.
>
> **Vida privada:** Un ciclo de nuestra vida está terminando. Se trata de un fenómeno natural, tratemos de aceptarlo y disfrutemos de lo que aún tenemos.
>
> **Salud, Sentimientos y Relaciones:** Aprendamos a hacer frente a las pérdidas y los cambios en nuestra vida. Nuestra salud puede tener altibajos, como también nuestro estado de ánimo.

CHENG YI. — Los ocho hexagramas formados por un mismo trigrama duplicado, tienen todos el significado indicado por esta doble sustancia. Así, en *Qian*, 乾, ☰ (1, *Lo Creativo*) tanto el trigrama interior como el exterior expresan actividad; en *Kun*, 坤, ☷ (2, *Lo Receptivo*), los trigramas superior e inferior expresan sumisión pasiva; en *Zhen*, 震, ☳ (51, *Lo Suscitativo*) la majestad y el poder estremecedor se suceden; en *Xun*, 巽, ☴ (57, *Lo Suave*), arriba y abajo hay docilidad en la acción de seguir; en *Xi Kan*, 習坎, ☵ (29, *Lo Abismal*) los peligros se repiten y acumulan; en *Li*, 離, ☲ (30, *Lo Adherente*), las claridades se suceden e iluminan; en *Gen*, 艮, ☶ (52, *El Aquietamiento*), el interior y el exterior expresan igualmente la detención; en *Dui*, 兌, ☱ (58, *Lo Alegre*) ambos trigramas indican la misma satisfacción. Pero en el caso de Lo Adherente el significado, al ser relativo a las cosas del hombre, es más importante que en los otros. El tercer trazo *yang* ocupa el último puesto en la sustancia del trigrama inferior; es el momento en que la claridad anterior está a punto de agotarse, la siguiente claridad está lista para sucederle. Así se refiere al principio y el fin del hombre y la renovación de las estaciones. Por eso dice "bajo la luz del sol poniente"; por lo tanto el sol está a punto de desaparecer. Hablando desde el punto de vista de la razón de la existencia de las cosas, lo que ha florecido debe marchitarse; lo que ha comenzado debe tener un fin; este es un camino inmutable. Quien lo comprende se conforma al principio de las cosas y en eso consiste su placer. Un "cacharro de cerámica" es un objeto de uso común y ordinario; tocarlo[7] y cantar es conformarse con algo muy corriente; el que no se conforma, considerará la

---

7 A falta de un tambor real.

Lo Adherente / El Fuego

vejez como motivo de lamentación y tristeza, y esto es lo que constituye la "desventura". Esta es la forma normal de actuar ya sea durante la vida o en el momento de la muerte. La palabra "vejez" es la traducción del carácter 耋, *die*, que designa la ancianidad a partir de los ochenta años.

ZHU XI. — Este trazo se encuentra en el momento de la renovación de la claridad; la claridad anterior [el trigrama inferior] está a punto de agotarse, de ahí la imagen simbólica de la puesta del sol. Si no sabemos contentarnos con las cosas ordinarias que nos dan placer, y no podemos quedarnos quietos, tendremos" desventura". El texto advierte a quien consulta el oráculo sobre esto.

Nueve en el cuarto puesto (muta al hex. 22)

Llega abruptamente, como con fuego y muerte
y así es abandonado.

> Este trazo describe una ascensión rápida, violenta y brillante. Este proceso acelerado no tendrá tiempo suficiente como para consolidarse adecuadamente, tal como un fuego de paja, que arde rápidamente y se extingue en poco tiempo.
> La persona que se describe aquí no perdurará por mucho tiempo porque no tomó las medidas adecuadas para conseguir apoyo. Finalmente quedará aislado y será descartado y olvidado.
>
> **Trabajo:** Si obtenemos ganancias rápidas utilizando métodos extremos, nuestro triunfo será fugaz. Podemos perder nuestro negocio o nuestro puesto.
>
> **Vida privada:** Nuestra prepotencia y precipitación nos pondrá en conflicto con otras personas. Al final quedaremos solos
>
> **Salud, sentimientos y relaciones sociales:** Si no aprendemos a moderarnos vamos a arruinar nuestra salud y nuestras relaciones interpersonales.

CHENG YI. — El cuarto trazo *yang* abandona la sustancia [del trigrama] inferior y asciende para formar parte de la sustancia [del trigrama] superior; es el origen de la claridad [duplicada] que sucede a la anterior, y por eso hablamos del sentido de sucesión inmediata[8]. Estar en un puesto superior y cerca del príncipe es estar en el terreno de la sucesión y el servicio[9]. Este trazo emplea la firmeza *yang*, es parte de la sustancia de trigrama *Li*, ☲, y ocupa el cuarto lugar, con violencia, prisa y ausencia de centralidad y rectitud. Además, es la repetición de un trazo firme sin rectitud, y las consecuencias lógicas del desarrollo completo de la firmeza surgen como una corriente rápida; no logra la sucesión honestamente. Ahora bien, quien sucede legítimamente y según el bien, debe necesariamente poseer la sinceridad de la modestia y la humildad, y seguir el camino de la sumisión a las leyes naturales de la sucesión, exactamente como Shun y Qi[10]. En el presente caso, el cuarto trazo surge como una corriente rápida y abrupta[11], y no es parte del camino normal de la sucesión legítima. Está subordinado al príncipe de suavidad *yin*, en el quinto puesto, pero la fuerza natural inherente al completo desarrollo de la firmeza invasora y devoradora hace que su *qi* arda como llama, por eso el texto dice: "como con fuego". Siendo tan mala la acción del cuarto trazo, necesariamente él mismo debe experimentar sus efectos fatales, y por eso el texto agrega: "y con muerte". El incumplimiento del deber en cuanto a la sucesión y herencia de los superiores es una característica de los rebeldes. La multitud lo abandona, como dice el texto: "y así es abandonado". Cuando se trata de "muerte" y "abandono", éste es el límite extremo de la desgracia, de modo que no hace falta decir nada más sobre este funesto presagio.

ZHU XI. — Este es el momento en que la próxima claridad [el trigrama *Li* superior] está a punto de triunfar y el cuarto trazo *yang* utiliza su contundente dureza para precipitar este momento señalado para la sucesión, de ahí esta imagen simbólica.

○ Seis en el quinto puesto (muta al hex. 13)

Torrentes de lágrimas con penas y lamentos.
Ventura.

> Si echamos un vistazo a nuestra incierta situación actual, que aparentemente no podemos controlar, nuestra preocupación y tristeza nos motivarán para

---

8 El carácter 來, *lai*, traducido como "llega", también significa retorno, por eso CHENG YI habla de una sucesión, se va una claridad y vuelve la otra, porque es un ciclo perpetuo, como la sucesión de los días.

9 Literalmente: "en la tierra de la sucesión".

10 Tanto Shun como Qi recibieron una sucesión legítima. En el caso de Shun, el emperador Yao le legó su trono, y Qi recibió el trono de Boyi. Es todo lo contrario del cuarto trazo de este hexagrama, que obtiene la sucesión (es decir el poder) con violencia extrema.

11 El carácter 突, *tu*, traducido como "abruptamente", significa "bruscamente, repentinamente, abruptamente; superación de un obstáculo por la fuerza, ofensiva, ataque repentino". Viene de 穴, *xue*, "agujero", sobre 犬, *quan*, "perro": un perro repentinamente se lanza hacia un agujero para atrapar a su presa.

ocuparnos con más firmeza y claridad de nuestros asuntos y tratar de corregirlos.

Después de la hora más oscura llegará un nuevo amanecer, si sabemos cómo enmendar nuestros problemas.

Trabajo: Sólo después de reconocer y aceptar nuestra insegura posición, podremos convertir nuestra derrota en triunfo.

Vida privada: Estamos en un punto de inflexión. La contrición y los lamentos son el preludio a nuevas oportunidades en nuestra vida; pero para tener ventura debemos poner manos a la obra y recuperar el control de la situación.

Salud, sentimientos y relaciones sociales: Después de pasar un mal momento, y luego de corregir algo que se nos fue de las manos, nuestra salud y/o relaciones sociales mejorarán.

CHENG YI. — El quinto trazo *yin* ocupa la posición preeminente, es central y es un modelo iluminado; por eso representa el bien. Sin embargo, empleando una dócil gentileza y ocupando el puesto superior, sin tener ayuda debajo de él[12], se encuentra solo y aislado entre la firmeza y la violencia con la que está en contacto[13]; es una posición peligrosa y terrible. Su claridad se asoma a las profundidades del peligro y lo teme hasta el punto de derramar "torrentes de lágrimas", su preocupación se manifiesta con "penas y lamentos", lo que puede asegurar un feliz augurio. Derramar lágrimas, estar triste y lamentarse son expresiones que indican la intensidad de la tristeza y el miedo; es una consecuencia natural del momento. Al ocupar la posición preeminente y poseer la inteligencia que se revela en los actos externos, saber temer y ser capaz de preocuparse hasta tal punto, es un buen presagio. Si confiara en sus facultades inteligentes, aún apegándose a la centralidad y a la rectitud, si disfrutara de su prosperidad sin preocupaciones, ¡cómo podría garantizar este feliz augurio![14]

ZHU XI. — Este trazo *yin* ocupa el puesto preeminente con una dócil suavidad; gentil y flexible, se aferra al centro[15]. Sin embargo, no se ajusta a la rectitud[16] y se ve presionado arriba y abajo por trazos *yang*, lo que lo entristece y preocupa en este momento. Sin embargo, el presagio final es "ventura". Esta es una advertencia al que consulta el oráculo, quien debe estar en estas mismas condiciones [para llegar a la ventura].

Al tope un nueve (muta al hex. 55)

El rey lo manda a atacar.
Es meritorio eliminar a los líderes,
pero dejar ir a sus seguidores.
Sin defecto.

Algunos problemas deben de ser atendidos sin demora. Ser enviado por el rey significa que seguimos las órdenes de nuestro superior y no tenemos dudas. La ejecución de los líderes significa llegar a la raíz del problema y evitar perder el tiempo con los pequeños detalles.

"Eliminar a los líderes" también puede traducirse como "cortar las cabezas"; esta frase hace hincapié en la necesidad de tratar la causa del problema y no sus manifestaciones. Asimismo indica que eliminando las personas que son el origen del problema, sus cómplices, o seguidores, al carecer de líderes dejarán de ser un problema.

Trabajo: Nuestro valor será reconocido y nos encomendarán una tarea disciplinaria, o una renovación importante. Si estamos en las fuerzas armadas podemos llegar a entrar en combate.

Vida privada: Es tiempo de poner orden en nuestra familia y/o nuestra vida. Hay elementos nocivos que debemos eliminar de nuestra vida; pero no vayamos demasiado lejos, mostremos tolerancia con las personas que erróneamente se dejaron desviar por unos pocos descontentos.

Salud, sentimientos y relaciones sociales: Para superar nuestra debilidad debemos abandonar nuestros malos hábitos de inmediato, pero evitemos mortificarnos demasiado. Seamos estrictos con nosotros mismos, pero no nos convirtamos en un masoquista.

CHENG YI. — Este trazo, en el último puesto de Lo Adherente, usa la firmeza *yang* para ocupar su puesto; él representa el grado extremo de firmeza y claridad. Siendo iluminado, es capaz de dilucidar; siendo firme, es capaz de tomar decisiones. Saber dilucidar basta para recono-

---

12 Carece de una relación de correspondencia con el segundo trazo, por ser ambos *yin*.
13 CHENG YI se refiere al cuarto trazo *yang*, su ministro, que es un rebelde violento, por lo que no se puede esperar nada bueno de él.
14 CHENG YI quiere decir que la preocupación extrema del príncipe, es lo que le permitirá sobrellevar bien este mal momento. Por el contrario, si fuera descuidado y confiara tanto en sus cualidades, como para no precaverse, entonces le iría mal. CHENG YI no dice esto directamente, pero lo da a entender claramente.
15 Es decir, que, sin estridencias, mantiene el equilibrio y la justicia.
16 Porque es un trazo *yin* en un puesto *yang*.

cer el mal; ser capaz de decidir es suficiente para actuar con autoridad y castigar. Por eso, el rey debe utilizar esa energía e inteligencia para remediar el mal en el mundo y provocar su destrucción. "El rey lo manda a atacar", significa que llevará a cabo una obra grande y digna de elogio. La represión mediante la destrucción es el caso más grave del uso del castigo; ahora bien, si la claridad es extrema, no hay detalle, por mínimo que sea, que no sea escrutado e iluminado; si la firmeza es extrema, no habrá indulgencia ni perdón; si estas cualidades no están contenidas en la justicia, habrá exceso de severidad en el juicio. Si erradicamos el vicio del mundo, si buscamos hasta el final todo lo que, en algún grado, puede estar impregnado de falsedad o error, ¿cómo podremos lograr castigar a todos los culpables? El daño resultante por este exceso de severidad será en sí mismo considerable. Por eso "Es meritorio eliminar a los líderes, pero dejar ir a sus seguidores"; sólo hay que castigar a los líderes, no a la gente común a su servicio, así no habrá culpa por exceso de severidad cruel. El *ShuJin*[17] dice: "Ejecutarlos líderes de los bandidos; no [se debe] castigar a sus cómplices que fueron forzados a seguirlos".

ZHU XI. — La firmeza y la claridad llegan a todas partes, la autoridad magisterial sacude y castiga sin error; es un camino que no implica culpa alguna, tal es la imagen simbólica y el significado adivinatorio.

---

17 El *ShuJing* (el Libro de la Historia o Libro de los Documentos), es uno de los Cinco Clásicos del canon confuciano que influyó enormemente en la historia y la cultura chinas.

31 El Influjo / El Cortejo | *Xian*

El carácter que le da nombre a este hexagrama se toma generalmente como un préstamo fonético del carácter *xian*, 咸, que significa "todos, unidos, juntos"; pero según las *Diez Alas*, el carácter debería ser *Gan*, 感, que significa "influenciar, afectar, sentir".

Cuatro hexagramas están relacionados con el matrimonio y las medidas preliminares que conducen a él: **31**-El Influjo, representa la atracción inicial y el cortejo de una pareja; **32**-La Duración, indica la institución del matrimonio; en **53**-Avance gradual, se muestran los pasos y las ceremonias que llevan al matrimonio y en **54**-La muchacha que se casa, se describe a una joven entrando en la casa de un hombre mayor como esposa secundaria.

Significados asociados

Influir, incitar, influencia mutua, cortejo, unidos, juntos, reciprocidad, atracción mutua, sentimientos, sensibilidad.

El Dictamen

El Influjo. Éxito.
La determinación es favorable.
Tomar una doncella trae ventura.

> Aquí el influjo es recíproco, no sólo implica influir en los demás, pero también estar abierto a las influencias de las otras personas.
> Determinación —en este contexto— significa que estamos dispuestos a seguir el curso natural de desarrollo de la relación, sin tener motivos ocultos.
> Tomar una doncella no sólo significa casarse o formar una pareja, pero asimismo puede referirse a muchos otros tipos de relaciones a largo plazo basadas en la confidencia mutua, como las amistades, relaciones familiares, relaciones comerciales, etc.

CHENG YI. — Influenciar es despertar un sentimiento. El texto no habla de afección, pero El Influjo combina ambos significados. Los sexos masculino y femenino se unen y se influyen recíprocamente. La influencia recíproca de los seres nunca es comparable a la que los dos sexos ejercen recíprocamente, que es especialmente fuerte en la juventud. El príncipe y el súbdito, el superior y el inferior, e incluso todos los seres, cualesquiera que sean, están todos sometidos a una ley de influencia recíproca. La influencia recíproca de los seres debe necesariamente tener una razón de ser de progreso y desarrollo. Si el príncipe y el súbdito pueden influirse mutuamente es porque el camino del príncipe y del súbdito es libre y abierto; si el superior y el inferior pueden influirse recíprocamente, entonces las tendencias del superior y del inferior se desarrollan libremente. Continuando con padre e hijo, esposo y esposa, padres y aliados, amigos y compañeros, si para cada uno los sentimientos e ideas ejercen una influencia recíproca, entonces la paz y la armonía prevalecerán libremente. Las cosas y los seres son siempre así, y por eso la influencia mutua expresada por este hexagrama es exitosa. "Éxito. La determinación es favorable", en el modo de influencia mutua, la ventura consiste en la rectitud. Si esta influencia no deriva de la justicia, cae en lo que se llama maldad. Así, si entre el marido y la mujer se convierte en libertinaje y voluptuosidad, si entre el príncipe y el súbdito se convierte en seducción y adulación, si entre el superior y el inferior se convierte en corrupción y bajeza, en todos los casos, la [correcta] influencia mutua ya no existe. "Tomar una doncella trae ventura", esto se refiere a las habilidades expresadas por los trigramas. En El Influjo, hay dócil suavidad en la parte superior y firmeza en la parte inferior; los *qi* de ambos trigramas se influyen mutuamente de forma simpática y se combinan. Detención y satisfacción[1]; significa de que el hombre se inclina ante la mujer. Dado este significado, "tomar una doncella trae ventura"[2].

ZHU XI. — En El Influjo, la dócil suavidad del trigrama *Dui*, ☱, en la parte superior, y la dureza energética del trigrama *Gen*, ☶, en la parte inferior, se unen influ-

---

[1] La detención se debe al trigrama inferior, *Gen*, ☶, y la satisfacción al superior, *Dui*, ☱.
[2] Esto significa casarse o unirse con una doncella.

EL INFLUJO / EL CORTEJO

yéndose mutuamente. La detención, expresada por Gen, indica influencia exclusiva, y la satisfacción, proveniente de Dui, expresa el grado más alto de simpatía correspondiente. Gen, el hijo más joven se inclina ante la joven representada por Dui; el joven precede a la joven, en conformidad con la correcta relación entre los dos sexos al momento de la unión matrimonial. Así El Influjo expresa el significado de la unión e influencia recíproca. El significado adivinatorio es "La determinación es favorable. Tomar una doncella trae ventura"; de hecho, la influencia recíproca tiene una razón de ser que requiere libertad de sentimientos; sin embargo, si esta influencia no se ejerce de acuerdo con la rectitud, pierde este camino de libertad y sus resultados son desafortunados.

La Imagen

El Lago sobre la Montaña: la imagen del Influjo.
Así el noble está bien dispuesto para recibir a la gente.

> De la misma manera que el agua se acumula en un lago de montaña, porque es cóncavo, dejando espacio para el almacenamiento de agua, tener una disposición tolerante y carente de prejuicios facilitará que la gente se acerque a nosotros.
> Una actitud indulgente y receptiva nos permitirá conectarnos profunda y sinceramente con otras personas, quienes serán atraídas por nuestra actitud.

CHENG YI. — La naturaleza del Lago es saturar lo que está debajo, mientras que la naturaleza de la Tierra es recibir lo que la satura. El Lago está sobre la Montaña y su humedad va calando poco a poco y penetra sin obstáculos; esto se debe a que los *qi* de ambas sustancias se influyen y penetran libremente entre sí. El noble considera la imagen simbólica de la penetración de los *qi* de la Montaña y del Lago y así se mantiene abierto[3] "para recibir a la gente", porque cuando el hombre está libre de prejuicios interiores puede recibir una influencia exterior; si está lleno de ellos, nada puede penetrar. Cuando el interior de alguien está abierto [vacío], esto es la supresión del yo[4]; al no estar el [yo] interior sometido a los propios prejuicios, ya no hay influencia alguna que no pueda penetrar libremente, desarrollarse y establecerse allí. La influencia se adapta a este ambiente y allí es recibida; ese es el camino de la influencia penetrante del sabio[5].

ZHU XI. — Sobre la Montaña está el Lago; impregnándola de vacuidad.

Al comienzo un seis (muta al hex. 49)

Influjo en el dedo gordo del pie.

> El dedo gordo del pie no puede mover el cuerpo por sí mismo, eso indica que el influjo aún es muy débil y no causará ningún efecto perceptible.
> Es posible que deseemos establecer una relación con otra persona que parece ser receptiva, pero hasta ahora no hemos dado ningún paso concreto para cumplir nuestros deseos.

Trabajo: Nuestras expectativas todavía no fructificarán. Nuestra influencia no está bien establecida. Estamos en una etapa de planificación o deliberación interna.

Vida privada: Aunque ya sentimos los efectos de la influencia con otra persona, y nos preguntamos qué podemos hacer para aproximarnos, por ahora no hemos hecho nada.

Salud, sentimientos y relaciones sociales: Aún no pasará gran cosa, porque todavía no dimos ningún paso en concreto. En temas de salud, esto nos dice que por ahora es mejor seguir con los métodos probados, no es tiempo para innovar. En cuanto a relaciones sociales, aún no es tiempo de manifestar nuestros sentimientos.

CHENG YI. — El primer trazo *yin*, situado en la parte inferior del trigrama inferior, y el cuarto trazo, se influyen recíprocamente. Al ser algo mínimo, estando este trazo en el puesto más bajo, su influencia aún no es considerable. ¡Cómo podría agitar a alguien más! Además, es como el movimiento del dedo gordo del pie de un hombre, que [de por sí solo] es insuficiente para impulsarlo hacia adelante. El carácter 拇, *mu*, designa el dedo gordo del pie[6]. En la influencia mutua que los hombres ejercen recíprocamente entre sí, hay diferencias de intensidad o de debilidad; esta influencia puede ser profunda o superficial; si conocemos la fuerza inherente al momento considerado, lo que hagamos nunca será más que adecuado a las circunstancias.

ZHU XI. — El carácter 拇, *mu*, designa el dedo gordo del pie[7]. En El Influjo, las imágenes simbólicas se toman

---

3 El carácter traducido como "abierto" es 虚, *xu*, que significa "abierto, vacío, hueco", entre varios otros significados. En este caso indica que el noble no tiene prejuicios y que recibe a todos sin juzgarlos, mantiene su corazón abierto, dispuesto a albergar las influencias de las otras personas.
4 El hexagrama 61, La Verdad Interior, desarrolla este mismo tema.
5 Este oscuro pasaje es una alusión a las dos doctrinas diferentes de Lao Tzu (Lao Tse en la romanización Wade-Giles) y Confucio.

6 Dependiendo de la ubicación de 拇 en los trazos del hexagrama se puede determinar si significa pulgar o el dedo gordo del pie. Dado que el trazo inferior se relaciona con los pies, al aparecer en esa posición significa el dedo gordo del pie.
7 Ver la nota anterior.

prestadas del cuerpo humano. Influir en las cosas más bajas; esta es la imagen simbólica de influir en el dedo gordo del pie. La influencia es todavía superficial, hay deseos de avanzar pero aún no hay capacidad de progreso. Además, el texto no menciona ningún augurio feliz o infeliz. En este hexagrama, aunque se trata sobre todo del influjo y todo depende de él, sin embargo, todos los textos de los seis trazos, enfatizan la conveniencia de la calma y nunca la del movimiento.

Seis en el segundo puesto (muta al hex. 28)

Influjo en las pantorrillas.
Desventura.
Permanecer trae ventura.

> Avanzar antes de tiempo podría causarnos problemas. Mantengamos nuestra independencia e ignoremos a quienes pretenden influenciarnos. No dejemos que otros nos involucren en un curso de acción que nos traiga problemas.
>
> **Trabajo:** Este no es el momento apropiado para cambiar nada. Permanezcamos en nuestro puesto y no nos involucremos en los planes de otras personas.
>
> **Vida privada:** Esperemos hasta que estemos seguros de lo que debemos hacer. No permitamos que las opiniones de los demás nos influyan indebidamente.
>
> **Salud, sentimientos y relaciones sociales:** Este no es un buen momento para hacer cambios. Atengámonos a nuestro propio consejo.

CHENG YI. — El segundo trazo *yin*, que ocupa un puesto inferior con su maleable suavidad, se corresponde con el quinto trazo, por eso el texto advierte sobre el influjo sentido en las pantorrillas. La pantorrilla es el músculo impulsor del pie; para caminar, primero hay que ponerlo en movimiento y luego el pie se eleva. Precisamente en la pantorrilla reside la iniciativa del movimiento al caminar. Si el segundo trazo no espera la llamada de su superior, y si provoca el movimiento, como el músculo de la pantorrilla provoca el movimiento de la marcha, él mismo se perderá por su prisa desconsiderada, y aquí es donde el presagio es desafortunado. Si se contenta con el puesto que ocupa y sin moverse, espera la orden del superior, se conformará al camino de avance o retroceso, y el augurio será feliz. El segundo trazo representa a un noble recto, situado en una posición central. Por ser parte de este hexagrama y porque se corresponde con el quinto trazo, el texto incluye esta advertencia [la palabra "desventura"]; esto se recalca con las palabras: "permanecer trae ventura"; si se mantiene contento con su condición y no se mueve por su propia iniciativa, el augurio será feliz.

ZHU XI. — La pantorrilla es el músculo motor del pie; para caminar este músculo debe comenzar a moverse. El texto indica apresuramiento, incapacidad de contenerse firmemente. El trazo está situado correctamente[8], pero debido a su dócil suavidad, es incapaz de contenerse con firmeza, de ahí esta imagen simbólica. Sin embargo, posee las virtudes de la centralidad y la rectitud; es capaz de mantener la posición que ocupa, por lo que el significado adivinatorio es que el movimiento es un augurio desafortunado y que la calma es un augurio feliz.

Nueve en el tercer puesto (muta al hex. 45)

Influjo en los muslos.
Se aferra a lo que persigue.
Seguir adelante causará humillación.

> No nos apresuremos. Tomemos el tiempo suficiente para evaluar la situación antes de hacer algo.
> Estar abierto a las influencias de otras personas es bueno, pero la pérdida de nuestro auto-control puede convertirnos en una marioneta de los demás. Tampoco nos dejemos esclavizar por nuestros propios deseos, eso sería humillante. Tratemos de ver las cosas desapasionadamente, disciplinémonos a nosotros mismos.
>
> **Trabajo:** Ocupamos una situación precaria y subordinada; no dejemos que la ambición nos ciegue al hecho de que otras personas se están aprovechando de nosotros.
>
> **Vida privada:** Si no nos controlamos a nosotros mismos, otras personas nos manipularán a su gusto.
>
> **Salud, sentimientos y relaciones sociales:** Tratemos de mantener nuestro equilibrio emocional, eso preservará nuestra salud. Nos nos dejemos excitar indebidamente por las propuestas o la influencia de otras personas, tomemos las cosas con calma y sin apuro.

CHENG YI. — El tercer trazo ocupa una posición con firmeza *yang*, es el amo del trigrama interno[9] y ocupa el puesto más alto en el trigrama inferior. Por lo tanto, esto expresa que le corresponde adherirse al camino correcto para extender su influencia a todas las cosas; sin embargo, en este caso se corresponde con el trazo *yin* al tope. A *yang* le gusta elevarse y se deleita en su contacto con el trazo superior *yin*, que ocupa el límite extremo del

---

8 Trazo *yin* en puesto *yin*.
9 En otro sentido, representa a un magistrado investido de un gobierno territorial, que regula los asuntos políticos internos.

El Influjo / El Cortejo

hexagrama que expresa la influencia de la satisfacción[10], el tercer trazo sufre su influencia y lo sigue. Los muslos están debajo del tronco y encima del pie; por sí solos son incapaces de producir ningún efecto; siguen el impulso del cuerpo y se mueven, esto es lo que motiva la elección de esta imagen simbólica. Esto indica que el tercer trazo *yang* no puede dirigirse por sí mismo; sigue algo y se mueve, como los muslos. Lo que sostiene y preserva es aquello que sigue. Sus virtudes de firmeza *yang* le hacen sentir la influencia de lo que le agrada y seguirlo. En tales condiciones "seguir adelante causará humillación".

ZHU XI. — Los muslos siguen el impulso de la pierna y se mueven; no pueden hacer nada por sí solos. "Se aferra" expresa la idea de la necesidad de retener y conservar. Los dos trazos inferiores quieren actuar; el tercero tampoco puede contenerse y los sigue. "Seguir adelante causará humillación"; ese es el significado adivinatorio y la imagen simbólica.

○ **Nueve en el cuarto puesto** (muta al hex. 39)
La determinación favorable,
el arrepentimiento se desvanece.
Va y viene inquieto e indeciso.
Sus amigos seguirán sus pensamientos.

> Este es el momento propicio para actuar con decisión, aunque todavía tengamos algunas dudas.
> Dado que no tenemos una amplia esfera de influencia, sólo aquellos estrechamente asociados con nosotros apoyarán nuestras acciones.
> El carácter traducido como "seguirán" (從, *cong*) también significa "seguir una doctrina, adherirse, obedecer, perseguir; ocuparse de (negocios)".
>
> **Trabajo:** Aprovechemos las oportunidades que aparezcan. Tendremos el apoyo de nuestros colaboradores cercanos.
>
> **Vida privada:** Después de decidir qué hacer, perseveremos con nuestros planes. Nuestra familia y amigos seguirán nuestro ejemplo.
>
> **Salud, sentimientos y relaciones sociales:** Gozaremos de buena salud. Con la ayuda de nuestros amigos superaremos nuestras dudas.

CHENG YI. — El influjo mueve a la gente, por eso todos los textos de los diferentes trazos toman prestados sus símbolos del cuerpo humano. En cuanto al dedo gordo, se caracteriza por estar en la parte inferior y es el primero en moverse, mínimamente; respecto a las pantorrillas, inician el movimiento; y los muslos siguen el movimiento. En el caso del cuarto trazo, no se menciona nada, y el texto habla directamente sobre el camino del influjo. El texto no habla de "influir en el corazón"; porque el influjo es el corazón mismo. El cuarto trazo está en el medio del hexagrama, en la parte superior, y ocupa la posición del corazón, por lo que de él depende el influjo, y por eso es el maestro del influjo y el texto menciona el camino del influjo; si es recto, el augurio será feliz y "el arrepentimiento se desvanece"; si el influjo no se ejerce conforme a la rectitud, habrá arrepentimientos. Además, el cuarto trazo forma parte de la sustancia del trigrama que expresa satisfacción [*Dui*, ☱]; ocupa un puesto *yin* y se corresponde con el primer trazo, por lo que el texto advierte acerca de la determinación. El camino del influjo penetra por todas partes, sin excepciones; si uno se deja refrenar por consideraciones egoístas, se perjudicará el influjo, y es entonces cuando habrá arrepentimientos. El sabio influye en el corazón de todo el mundo, como el frío y el calor, como la lluvia y el sol; su influencia lo penetra todo, nada permanece insensible, debido a su correcta determinación. La palabra "determinación" designa la ausencia absoluta de prejuicios y la aniquilación de las preferencias personales. "Va y viene inquieto e indeciso. Sus amigos seguirán sus pensamientos"; de hecho, si la determinación es absoluta, su influencia penetra libremente en todas partes; pero cuando se trata de un movimiento no resuelto de ida y vuelta, si se utilizan sentimientos privados y egoístas para influir en algo, entonces sólo aquellos a quienes estos sentimientos les llegan, pueden ser influenciados y puestos en movimiento, mientras que aquellos a quienes estos sentimientos no les llegan, no pueden ser influenciados. Esto es lo que expresa el texto cuando dice que "Sus amigos seguirán sus pensamientos". Puesto que se trata de ser retenido por afectos egoístas, gobernando una región o dirigiendo algo, ¿cómo sería posible que la acción se ejerciera con amplitud y se extendiera libremente a todos sin excepción? El *Gran Tratado*[11] dice: "¿Cuáles son los pensamientos y preocupaciones del mundo? Todo termina en el mismo punto aunque por caminos diferentes. Un solo hecho que surge genera mil preocupaciones. ¿Cuáles son los pensamientos y preocupaciones del mundo?". En este pasaje, Confucio habla de este hexagrama y analiza el camino hacia el influjo exitoso. Sin embargo, cuando influenciamos a los seres guiados por motivos egoístas nacidos de preocupaciones particulares, el campo de esta influencia se reduce. En el mundo, el principio de las cosas es único; aunque sus caminos son diferentes, todos tienden al mismo resultado; aunque las

---

10 Por estar al tope del trigrama *Dui*, ☱.

11 El Gran Tratado, 大傳, *Da zhuan*. Es parte de las Diez Alas.

cuestiones que los preocupan son innumerables, su resultado es invariable; aunque los seres difieren entre sí de mil maneras, aunque las cosas pueden modificarse infinitamente, todo vuelve a un solo centro; es, por tanto, imposible resistirlo y contravenirlo[12]. Así, si las intenciones son puras, todo el mundo será libremente penetrado por el influjo; por eso el pasaje citado arriba dice: "¿Cuáles son los pensamientos y preocupaciones del mundo?". Al utilizar pensamientos egoístas, ¿cómo penetraría el influjo en todas partes? Cuando el sol se va, viene la luna; cuando se va la luna, llega el sol; el sol y la luna se suplantan mutuamente y nace la luz. Si se va el frío, llega el calor; si pasa el calor, llega el frío; el frío y el calor se encuentran recíprocamente y a través de sus períodos termina el año. El alejamiento es el movimiento de contracción; viene el movimiento de expansión; la contracción y la expansión se originan mutuamente y dan buenos resultados. Esto explica la razón de la existencia de influjo y simpatía, por los fenómenos de ir y venir, de contracción y dilatación; si hay contracción, habrá expansión, y si hay expansión, habrá contracción; esto es lo que llamamos "influencia y simpatía"[13]. Es por esta ley que el sol y la luna producen su luz, por su doble acción recíproca; así el año se completa con períodos marcados por la doble acción del frío y el calor; la acción, o causa, y los efectos se producen por la misma ley; por eso el texto dice que la contracción y la expansión se determinan mutuamente y que dan buenos resultados. Influir es dar origen al movimiento; si hay influencia, necesariamente hay una simpatía correspondiente; cada movimiento es causado por una influencia y cada influencia debe tener un efecto simpático correspondiente; lo que es un efecto simpático se convierte a su vez en influencia y causa, y toda influencia, como causa vuelve a convertirse en efecto, de modo que la secuencia no tiene fin. "La oruga se contrae para luego extenderse; el dragón y la serpiente se esconden bajo tierra para preservar sus cuerpos. Las ideas-simiente penetran la mente para producir sus efectos. El bien asegura el reposo del cuerpo, para completar todas las virtudes. No sabemos nada sobre lo que va más allá de este punto." La cita anterior[14] explica el motivo de la contracción y la expansión. Si volvemos nuevamente a los seres para arrojar luz sobre el tema, el caminar de la oruga consiste ante todo en un movimiento de contracción seguido de un movimiento de alargamiento; de hecho, sin contracción no habría alargamiento; después del alargamiento, vuelve a haber contracción. Al considerar este insecto entendemos el motivo de la influencia y el correspondiente efecto simpático. El dragón y la serpiente hibernan bajo la tierra para asegurar el reposo de sus cuerpos para luego lanzarse hacia adelante con impetuosidad; si no se encerraran en sí mismos, no podrían saltar; el movimiento, o impulso, y el reposo se provocan recíprocamente; esto es contracción y dilatación. El noble lleva escondida en su corazón la sutil y pura noción del deber; esta noción pasa a las especulaciones de su mente y produce así sus efectos. La sutil pureza del sentimiento innato en el corazón es la "acumulación"; el efecto resultante es la extensión general de este sentimiento; la acumulación y la extensión general son una forma de contracción y expansión. El bien[15] tiene por efecto asegurar el descanso del cuerpo, desarrollar y perfeccionar sus habilidades o facultades[16]; refiriéndose a lo anterior y hablando de los efectos producidos, beneficiándose de sus consecuencias, asegurando el descanso material del cuerpo, este es el medio por el cual se agrandan y destacan las aptitudes y facultades; siendo la causa productiva conforme a la razón de ser, todo es correcto y el cuerpo está en reposo; en esto reside enteramente la aptitud del sabio para todas las cosas. Por eso se dice que más allá de este punto nunca nadie ha logrado saber más. Aclarar a fondo la causa y conocer la transformación es la perfección de las facultades. Desde el momento en que se dice que más allá de este punto nunca hemos logrado saber nada, podemos terminar con esta proposición: agotar el análisis más profundo de la misteriosa causa de los fenómenos, conociendo el camino de transformación y generación es la extrema perfección de las facultades. No hay nada que añadir a esto.

ZHU XI. — El cuarto trazo *yang* se coloca encima de los muslos y debajo de los músculos unidos al espinazo, además, se encuentra en medio de tres trazos *yang*[17]; es la imagen simbólica del corazón y de él depende el influjo. Cuando el corazón influye, debe ser íntegro y firme, y entonces todo estará conforme a sus principios. Ahora bien, el cuarto trazo *yang* ocupa un puesto *yin*; esto indica que no mantiene su corrección y no puede poseer firmeza, por lo que se plantea una advertencia en el pronóstico adivinatorio. Por eso mismo, poder poseer rectitud y firmeza constituirá un augurio feliz, así "el arrepentimiento desaparece". Pero si uno va y viene con vacilación, sin poder ser firme y recto, siendo frenado por influencias particulares, sólo[18] le seguirán sus amigos y personas del mismo tipo y no será posible extender la influencia a lo largo y lo ancho.

---

12 CHENG YI se refiere a resistir y contravenir al principio del universo; lo cual no es posible.
13 Causa y efecto.
14 Tomada de el Gran Tratado, 大傳, *Da zhuan*.
15 Bienes materiales; la abundancia de cosechas, etc.
16 Las virtudes.
17 Los tres trazos *yang*: tercero, cuarto y quinto.
18 ZHU XI lee el texto de este trazo, anteponiendo la palabra "solo" a la frase "Sus amigos seguirán sus pensamientos", así la lee como" Solo sus amigos seguirán sus pensamientos".

El Influjo / El Cortejo

○ **Nueve en el quinto puesto** (muta al hex. 62)
Influjo en el espinazo.
No hay arrepentimiento.

> El carácter traducido como "espinazo" (脢, *mei*), también significa "la carne a lo largo de la columna vertebral, por encima del corazón." Esto indica que la influencia viene del corazón, proviene de una fuente verdadera. Nuestra firmeza de propósito y claridad mental nos permitirán expandir nuestra influencia de manera constante.
>
> **Trabajo:** Debido a que estamos seguros de nosotros mismos y perseguimos nuestros objetivos con perseverancia, podremos ejercer una buena influencia sobre los demás.
>
> **Vida privada:** Nuestra posición es firme y estable. Nuestra familia y amigos confían en nosotros porque saben que somos confiables.
>
> **Salud, sentimientos y relaciones sociales:** Disfrutaremos de excelente resistencia física y tendremos buen equilibrio emocional, lo que nos permitirá influir y comunicarnos bien con las personas que nos rodean.

CHENG YI. — Este trazo *yang* ocupa la posición preeminente; es apropiado que utilice una sinceridad extrema para influir en el mundo. Sin embargo, se corresponde con el segundo trazo y se encuentra cercano al trazo al tope. Si se une con el segundo trazo y si le agrada el trazo superior, la parcialidad egoísta le invade poco a poco; éste no es el camino del príncipe. ¡Cómo podría influir en todo el mundo! El carácter traducido como "espinazo" designa los músculos de la columna vertebral; están atrás del corazón son invisibles. Esto significa que si puede ir en contra de sus propias tendencias egoístas de su corazón, influenciando a otros además de aquellos que ve y aprecia, poseerá la rectitud del príncipe que influye en el mundo y no se arrepentirá.

ZHU XI. — El carácter traducido como "espinazo" designa los músculos de la espalda, que están por encima y atrás del corazón. Estos músculos no pueden estimular nada, no están conectados [a nada]. El quinto trazo *yang* se encuentra precisamente en una situación análoga, y es por ello que se elige esta imagen simbólica y que el texto advierte a quien consulta el oráculo que, pudiendo estar en tales condiciones, resultará que aunque sea incapaz de influir en los seres, "no hay arrepentimiento". [19]

Al tope un seis (muta al hex. 33)
Influjo en las mandíbulas, las mejillas y la lengua.

> Si tratamos de influir a los demás sólo con palabras sin sustancia, no lograremos ningún efecto duradero.
>
> **Trabajo:** La retórica vacía no nos beneficiará. Nuestra influencia será insignificante.
>
> **Vida privada:** Las acciones hablan más que las palabras, si nuestras palabras no reflejan la realidad, no servirán de nada.
>
> **Salud, sentimientos y relaciones sociales:** El exceso de locuacidad nos perjudicará. No mintamos ni nos dejemos engañar por otros.

CHENG YI. — El trazo superior es suave, dócil y *yin*, y forma parte de la sustancia del trigrama que expresa satisfacción [*Dui*,]; de él depende la satisfacción. Además, ocupa el puesto extremo en El Influjo, por eso desea, hasta el punto más extremo, influir a los demás. Además, no puede utilizar la más extrema sinceridad para influir en ellos, y manifiesta su deseo por la boca, por medio de la palabra; tal es la forma habitual de actuar de los hombres y mujeres inferiores. ¡Cómo podría poner a los hombres en movimiento! La fórmula no designa directamente la boca, pero habla de las mejillas y la lengua; es una frase análoga a la expresión moderna "palabras vanas" para designar el exceso de palabras. El texto habla de las mejillas y la lengua porque también son usadas para el habla.

ZHU XI. — Las mandíbulas, las mejillas y la lengua sirven para hablar; además, son partes superiores del cuerpo. El trazo superior utiliza suavidad *yin* y se encuentra en la última posición del trigrama que expresa satisfacción; también está situado en la última posición de El Influjo. Influye en los hombres por medio de palabras y no mediante hechos reales. Además, el trigrama *Dui* también representa la boca y la lengua, de ahí la imagen simbólica. La desventura y el arrepentimiento son evidentes [aunque no se mencionen].

---

19 ZHU XI nos recuerda que debemos evitar todo influjo egoísta, mantenernos sin apego, sin que nuestras preferencias personales nos desvíen de nuestro deber. Recordemos que este es el puesto del príncipe, que debe cumplir con su deber sin que sus apegos personales lo desvíen del mismo. Así no tendrá arrepentimiento.

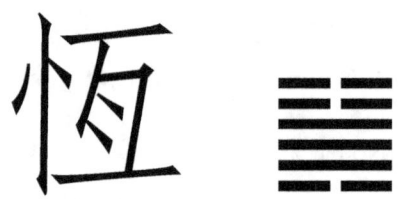

32 La Duración | *Heng*

Los caracteres que conforman el sinograma que le da nombre a este hexagrama son: *xin*, "corazón" y *heng*, elemento fonético: relacionado con el corazón.

Cuatro hexagramas están relacionados con el matrimonio y las medidas preliminares que conducen a él: **31**-El Influjo, representa la atracción inicial y el cortejo de una pareja; **32**-La Duración, indica la institución del matrimonio; en **53**-Avance gradual, se muestran los pasos y las ceremonias que llevan al matrimonio y en **54**-La muchacha que se casa, se describe a una joven entrando en la casa de un hombre mayor como esposa secundaria.

Significados asociados

Constante duradero, perdurable, permanente, persistente, continuo, por largo tiempo.

El Dictamen

La Duración.
Éxito.
Sin culpa.
La determinación es favorable.
Es propicio tener una meta.

> Tradicionalmente este hexagrama se relaciona con el matrimonio, pero también se aplica a toda relación de larga duración o a proyectos que perduran a través del tiempo. Tanto las relaciones personales como los propósitos a largo plazo requieren tener objetivos claros y mantener un compromiso constante para que sean viables.
>
> Este no es buen momento para que intentemos cambiar nada en nuestra vida; sin embargo, estamos avanzando por el camino correcto, sigamos adelante concentrados en nuestros objetivos actuales.
>
> Para poder tener duración debemos estar preparados para adaptarnos a los cambios, pero manteniéndonos fieles a nuestras metas y compromisos.

CHENG YI. — La Duración significa constancia y permanencia. El camino hacia la permanencia debe ser libremente transitable. La duración acompañada de éxito constituye la ausencia de culpa; si hay duración sin progreso, éste ya no es el camino para alcanzar la Duración, y habrá culpa. Por ejemplo, la constancia del noble en la práctica del bien es el camino de la Duración; la persistencia del hombre inferior en el mal es el camino que le hace perder la posibilidad de la Duración. Lo que hace posible el éxito de la Duración es la determinación y la rectitud, por eso el texto dice "la determinación es favorable". Este hexagrama muestra el camino que permite la duración permanente, no significa quedarse en un rincón sin saber cambiar ni adaptarse. También "es propicio tener una meta"; sólo cuando hay algo que emprender puede haber permanencia; lo que está determinado y fijado de una vez por todas no puede durar. Finalmente, dado que este es el camino de la duración permanente ¿cómo podría dejar de ser favorable?

ZHU XI. — Este hexagrama significa duración permanente. El hexagrama se compone del firme trigrama *Zhen*, ☳, arriba, y del dócil trigrama *Xun* ☴, abajo. *Xun* indica sumisión pasiva; *Zhen* significa movimiento impulsivo; cuando ambos interaccionan hay sumisión en acción. Los dos trigramas y los seis trazos, *yin* y *yang*, se corresponden. Las cuatro estaciones expresan la permanencia del principio, y así tienen duración. El significado adivinatorio es que si hay determinación, eso será favorable y no habrá culpa. Sin embargo, aún es preciso actuar con rectitud para alcanzar el Camino permanente, solo entonces será "propicio tener una meta".

La Imagen

Trueno y Viento: la imagen de la Duración.
Así el noble mantiene su posición y no cambia su curso.

La Duración es un proceso dinámico; quedarnos quietos significaría caer en el estancamiento, es preciso que perseveremos con flexibilidad, para poder alcanzar nuestros objetivos.

La Duración

Si tenemos determinación, y también somos capaces de adaptarnos a los requerimientos de cada momento, podremos mantener un curso firme durante mucho tiempo.

CHENG YI. — El noble contempla el impacto del Trueno y del Viento acompañándose mutuamente, como la imagen simbólica de La Duración, y así hace su virtud constante y duradera. "Mantiene su posición y no cambia su curso" siguiendo el camino del medio, que es constante y permanente, "y no cambia su curso".

ZHU XI. — No ofrece comentario para la Imagen de este hexagrama.

Al comienzo un seis (muta al hex. 34)

Duración profunda.
La determinación trae desventura.
Ninguna meta es favorable.

Este trazo describe a una persona que es demasiado apresurada y testaruda, que no sabe auto-controlarse. Estamos en una posición baja y queremos obtener resultados fáciles y rápidos, pero si no esperamos hasta que llegue el momento adecuado y no respetamos los límites que no deberíamos cruzar, cometeremos errores que nos causarán muchos problemas.

Trabajo: Si somos demasiado impetuosos y actuamos sin la debida preparación, fracasaremos. No vayamos más allá de nuestra área de responsabilidad o entraremos en conflicto con otras personas en nuestro trabajo.

Vida privada: Si somos obcecados y no sabemos adaptarnos, tendremos muchos problemas.

Salud, sentimientos y relaciones sociales: Nuestra falta de control puede afectar nuestra salud y nuestras relaciones. Es mejor que seamos precavidos, para evitar un posible accidente.

CHENG YI. — El primer trazo ocupa el puesto inferior y se corresponde con el cuarto. Es un hombre blando y poco ilustrado, capaz de observar las reglas ordinarias, pero incapaz de controlar sus propias inclinaciones. El cuarto trazo es parte de la sustancia del trigrama *Zhen*, ☳, y su naturaleza es *yang*; ocupa una posición alta con firmeza; sus tendencias lo llevan a ascender y no a descender. Además, sus tendencias comprensivas hacia el primero se ven obstaculizadas por el segundo y el tercer trazo, que los separan; éste es un caso diferente de la regla ordinaria. Sin embargo, aquí el primer trazo expresa la profundidad del deseo y la esperanza, lo que demuestra claramente que sólo sabe seguir el camino ordinario sin ser capaz de modificarlo según las circunstancias. "Duración profunda" significa insistir hasta el final[1]. Por eso "la determinación trae desventura". Insistir en el rumbo ordinario y ser incapaz de morigerar sus tendencias, indica la profundidad de su expectativa y esperanza en lo superior[2]; aferrarse obstinadamente a esta esperanza es un camino cuyo augurio es desafortunado. Al adherirse así, inquebrantablemente, al camino rutinario, nada de lo que pueda emprender puede ser ventajoso. En este mundo, el apego a las viejas relaciones, de las que resultan arrepentimientos y errores, siempre proviene de la "duración profunda"[3]. Dado que sus tendencias están profundamente orientadas hacia el deseo de obtener algo de un superior, es evidente que no sabe contentarse con permanecer en su situación actual. Cuando alguien blando, en un puesto muy bajo, no sabe conformarse con la permanencia en su situación actual, eso lo llevará a la desventura. En todo hexagrama, el primer y el último trazo expresan poca o mucha profundidad, el comienzo esquivo y el desarrollo perfecto. Estar en inferioridad y entregarse a la profundidad de los deseos es ignorar la oportunidad del momento.

ZHU XI. — Se considera que los trazos primero y cuarto se corresponden de acuerdo con la justicia; esta es la regla habitual. Sin embargo, el primero ocupa el puesto inferior y está en el principio, todavía no puede permitirse desear nada profundamente. El cuarto es parte de la sustancia del trigrama *Zhen*, ☳, y su naturaleza es *yang*; sube y no baja; además, su correspondencia con el primer trazo se ve obstaculizadas por la presencia del segundo y tercer trazo, que están interpuestos entre ellos; esto expresa un caso diferente a la regla habitual. La debilidad y falta de discernimiento del primer trazo no le permiten medir la fuerza inherente a esta situación anormal; además, al ser dócil y negativo, ocupando el puesto inferior del trigrama *Xun*, ☴, que expresa humildad, de él depende esta humildad. Su inclinación natural es penetrar, por lo que está profundamente apegado a los medios ordinarios para obtener lo que codicia, lo que da la imagen simbólica de la "duración profunda". Si la persona que consulta el oráculo se encuentra en estas condiciones, aunque posea rectitud, el augurio será desafortunado y nada podrá beneficiarle.

---
1 El carácter traducido como "profunda" (浚, *jun*) también significa "pedir demasiado, sobrepasar, ir más allá".
2 Es decir el vínculo con el cuarto trazo.
3 Es decir de insistir hasta las últimas consecuencias para conseguir lo que quiere, sin ser capaz de ajustarse a las necesidades del momento, ni moderar sus deseos.

○ **Nueve en el segundo puesto** (muta al hex. 62)
El arrepentimiento desaparece.

> Si aprendemos cómo actuar con firmeza y no abandonamos nuestros objetivos, no cometeremos errores. Aunque tenemos un carácter fuerte, nuestra posición no es muy firme, por eso es preciso actuar con prudencia y tratar de superarnos, alcanzando una posición más elevada. Sabemos que tendremos la oportunidad de tener éxito, pero eso tomará algún tiempo.
>
> **Trabajo:** Si somos meticulosos y hacemos un buen trabajo, prosperaremos a largo plazo.
>
> **Vida privada:** No vamos a cometer ningún error. Nuestra vida será estable. Tratemos de mejorarnos a nosotros mismos.
>
> **Salud, sentimientos y relaciones sociales:** Si aprendemos a disciplinarnos a nosotros mismos, eso nos beneficiará tanto física como espiritualmente.

CHENG YI. — El sentido de La Duración implica un camino consistente con la rectitud. Aunque este trazo es *yang*, ocupa una posición *yin*, ya no se encuentra en las condiciones regulares de la ley general. Dado que está mal ubicado, podría esperarse que hubiera arrepentimiento; sin embargo, este trazo emplea la virtud de la centralidad y se corresponde con el quinto; el cual, asimismo, ocupa una posición central; de este modo tanto su ubicación como su movimiento adquieren centralidad; esto indica que puede persistir de manera duradera en la centralidad, y no dejará de ser recto. La centralidad es más importante que la rectitud[4]; lo que es central también es recto, mientras alguien recto puede carecer de centralidad. El segundo trazo *yang* emplea las virtudes de la firmeza y la centralidad y se corresponde con un trazo con centralidad; la preponderancia de la virtud es suficiente para disipar los arrepentimientos. Cuando el hombre sabe discernir el grado de importancia de la fuerza inherente a cada condición, entonces puede hablar del *Libro de los Cambios*[5].

ZHU XI. — Un trazo *yang* en un puesto *yin*, normalmente tendría que arrepentirse, pero como él permanece en el centro, estos arrepentimientos se disipan.

Nueve en el tercer puesto (muta al hex. 40)
Su carácter no tiene Duración.
A veces tiene que soportar la vergüenza.
La determinación es humillante.

> Si estamos descontentos con nuestra situación actual y soñamos con metas irrealizables, pero dependemos de la aprobación de los demás, eso debilitará nuestro carácter.
>
> Si no tenemos constancia y no cumplimos con nuestros compromisos, no vamos a lograr nada de valor, sino que seremos avergonzados.
>
> **Trabajo:** Es importante que cumplamos con nuestros deberes apropiadamente, de lo contrario nuestra reputación se arruinará e incluso podríamos ser despedidos.
>
> **Vida privada:** Si no somos constantes tendremos conflictos con los demás. Faltar a nuestra palabra puede ocasionarnos problemas legales.
>
> **Salud, sentimientos y relaciones sociales:** Si carecemos de estabilidad y propósito firme en nuestra vida, la gente no nos respetará y pasaremos vergüenza.

CHENG YI. — El tercer trazo es *yang* y ocupa un puesto *yang*; por lo tanto está situado en una posición apropiada, es decir, la que le corresponde. En el caso actual, sus tendencias lo llevan a seguir el trazo *yin* al tope; no sólo *yang* y *yin* se corresponden mutuamente, sino que, además, el viento sigue al impacto del trueno[6]. Este trazo está colocado en un lugar que implica perseverancia, pero no se asienta en su puesto; por tanto es un hombre sin perseverancia. Sus virtudes no son persistentes, de modo que está confuso y soporta la vergüenza. "A veces" significa que hay ocasiones en las que ocurre el hecho. "La determinación es humillante" significa que solo persevera en su inconstancia. ¿Cómo podría ser posible que no sufra vergüenza?

ZHU XI. — Aunque su posición es consistente con la rectitud, implica exceso de firmeza y falta de centralidad; sus tendencias lo llevan hacia el trazo al tope; no puede permanecer mucho tiempo en el mismo lugar, por lo que se considera que le falta perseverancia en sus virtudes. Debido a que "su carácter no tiene Duración", "tiene que soportar la vergüenza". Esto significa que otras per-

---

4 Mantener el equilibrio, seguir el "camino del medio", es más importante que seguir la letra de la ley.
5 Porque puede discernir claramente el oráculo.

6 Alusión a los dos trigramas. El tercer trazo está situado al tope del trigrama del viento, *Xun*, ☴, mientras el sexto trazo está al tope del trigrama del trueno, *Zhen*, ☳.

La Duración

sonas tratarán de asignarle la vergüenza[7] solapadamente. "La determinación es humillante"; la rectitud sin constancia es una causa probable de humillación; ésta es otra advertencia para el que consulta al oráculo.

Nueve en el cuarto puesto (muta al hex. 46)
No se encuentran animales en la cacería.

> Si no podemos encontrar lo que buscamos, eso significa que no sabemos aplicar nuestros esfuerzos o que nuestras expectativas están fuera de contacto con la realidad. Como resultado, fracasaremos.
> La perseverancia por sí sola no es suficiente, deberíamos ser lo suficientemente flexibles como para cambiar nuestro enfoque cuando veamos que algo no está funcionando efectivamente, o abandonar o postergar nuestros planes.
>
> **Trabajo:** Desperdiciaremos tiempo y energía en intentos fallidos porque nuestros objetivos son irrealizables, posiblemente porque estamos utilizando los métodos equivocados.
>
> **Vida privada:** Nuestros proyectos fracasarán porque estamos buscando cosas que no existen o las estamos buscando en el lugar equivocado.
>
> **Salud, sentimientos y relaciones sociales:** Expectaciones poco realistas generarán frustración.

CHENG YI. — Este trazo *yang* ocupa un puesto *yin*, es decir que se encuentra en una situación inadecuada, que no le conviene. Si se queda allí permanentemente, ¿cuál sería la ventaja? Si las acciones del hombre siguen el Camino, su obra será duradera y producirá un resultado meritorio; si no se ajustan al Camino, aún con perseverancia, ¿dónde estaría el beneficio? Es por esto que se toma como ejemplo la cacería. El texto expresa que cuando el cuarto puesto [*yin*] es ocupado por un trazo *yang*, aunque se supone permanente y duradero, es como ir de cacería sin capturar pieza alguna; esto significa que desperdicia su acción y su fuerza inútilmente, sin resultado.

ZHU XI. — Emplea las cualidades de la firmeza *yang* ocupando un puesto *yin*; persiste en una situación que no le conviene, de ahí la imagen simbólica. Quien consulta el oráculo caza sin capturar presa alguna, y no logra obtener nada de lo que codicia.

Seis en el quinto puesto (muta al hex. 28)
Le da duración a su carácter.
La determinación es venturosa para una mujer, pero infortunada para un hombre.

> Este trazo indica falta de iniciativa. También muestra que no somos capaces de adaptarnos a las nuevas circunstancias.
> La mujer simboliza a alguien en una posición de subordinación, como la que ocupaban las mujeres en la antigua China. Si estamos siguiendo el liderazgo de otros, que no tengamos mucha iniciativa o flexibilidad no nos causará problemas, pero si lo que se espera nosotros es que tomemos decisiones o si somos responsables de otras personas, tal deficiencia sería un grave error.
>
> **Trabajo:** Para un subordinado, la ausencia de iniciativa no es un defecto de por sí, pero para un gerente esto sería un error. Podemos perder una buena oportunidad por ser muy rígidos o demasiado lentos para reaccionar ante nuevas situaciones.
>
> **Vida privada:** La falta de flexibilidad o la obediencia rígida a las tradiciones puede causarnos problemas, si somos el jefe de la familia. Si no somos capaces de adaptarnos a las cambiantes circunstancias, desaprovecharemos nuestras oportunidades y hasta podemos ser perjudicados.
>
> **Salud, sentimientos y relaciones sociales:** Nuestras creencias anquilosadas pueden detener nuestra evolución espiritual o personal, cegándonos a las nuevas ideas y posibilidades que se nos presentan. No seamos rígidos, hay muchas formas diferentes de vivir la vida.

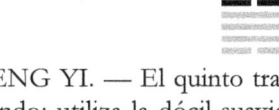

CHENG YI. — El quinto trazo se corresponde con el segundo; utiliza la dócil suavidad *yin* para igualar la firmeza *yang*; se mantiene en la centralidad y aquel a quien corresponde[8] también posee centralidad; para la dócil mansedumbre *yin*, esto constituye la rectitud[9]. "Dándole duración a su carácter", constituye la perfección. Ahora bien, aplicar la perseverancia y la sumisión para seguir es el camino de la esposa, de modo que en ella esto será considerado como constitutivo de la perfección, por lo que el augurio es feliz. Pero si es un hombre adulto, y su perseverancia consiste en seguir y escuchar a los demás,

---

7 Obviamente este trazo, con su conducta inconstante crea una gran confusión, posiblemente afectando a sus servidores (dado que el tercer puesto indica un oficial), y nadie querrá hacerse responsable de los malos resultados, que le serán imputados.

8 El segundo trazo *yang*.

9 CHENG YI aclara esto, porque este trazo *yin* ocupa un puesto *yang*, de modo que, por ese lado, no tiene rectitud, aunque su centralidad y su correspondencia se la brindan por otro lado.

faltará al deber (rectitud) de su firmeza *yang*, de ahí el aciago augurio. El quinto puesto indica la posición del príncipe y, sin embargo, el texto no habla del camino del príncipe. Ahora bien, si el significado indicado por el quinto trazo *yin* es perjudicial para un hombre adulto, ¡cuánto más debe serlo para el camino del príncipe! En otros hexagramas, cuando un trazo *yin* ocupa la posición del príncipe y se corresponde con un trazo firme, esto no constituye una desventaja, pero en La Duración ciertamente no puede ser así. ¿Cómo podría el camino del príncipe incluir la perseverancia en la debilidad y la sumisión?

ZHU XI. — Emplea dócil gentileza y centralidad y se corresponde con la centralidad firme [del segundo trazo]; persevera indefinidamente sin cambiar; con rectitud y firmeza. Pero este es el camino de la esposa, lo que no puede convenir al hombre, de ahí la imagen simbólica y el significado adivinatorio.

Al tope un seis (muta al hex. 50)

Constantemente agitado.
Desventura.

> Estar constantemente agitado indica falta de autocontrol e imprudencia. No nos preocupemos por lo que está fuera de nuestro control, sino hagámonos cargo de las cosas que podemos manejar, paso por paso y con calma. Si no nos calmamos y nos relajamos un poco, nuestra exagerada ansiedad nos traerá problemas.
>
> **Trabajo:** Lo más importante en este momento es que evitemos cometer errores. Tomemos todo el tiempo necesario para asegurarnos de que lo que hacemos está bien hecho. Los descuidos y distracciones nos causarán problemas.

Vida privada: Nuestras acciones precipitadas pueden provocar accidentes y errores. Tomemos un respiro y enfoquemos nuestra mente en nuestra tarea.

Salud, sentimientos y relaciones sociales: Estamos demasiado estresados. Si no nos calmamos dañaremos nuestra salud. Disminuir nuestras apetencias y expectativas y seguir un estilo de vida más tranquilo nos beneficiaría mucho.

CHENG YI. — Este trazo *yin* está situado al tope de La Duración; si extrema la perseverancia, sobrepasará el límite. La última posición de este hexagrama llegó al límite del movimiento. Ocupar el puesto más alto empleando gentileza *yin* no es una posición natural, la dócil gentileza *yin* no puede aportar firmeza duradera a la observancia de las reglas que sigue; todo ello implica un sentido de contradicción con lo normal y ordinario, por lo que se considera que está "constantemente agitado". Agitarse, indica incesante movimiento veloz, como en las expresiones "sacudir un abrigo" u "hojear un libro"; implica la idea de revolver o agitar algo rápidamente. Estando en un puesto superior, y siendo sus movimientos desordenados, si persevera en este estado, es natural el aciago augurio.

ZHU XI. — Agitado significa movimientos veloces. El trazo *yin* superior ocupa el puesto extremo en La Duración; también ocupa la última posición del trigrama *Zhen*[10]. La persistencia llevada al exceso excede el nivel ordinario; el temblor extremo excede el [rango del] movimiento y, además, la dócil suavidad *yin* no puede ser retenida con firmeza. La ocupación de un puesto superior no garantiza la satisfacción, de ahí la imagen simbólica de estar "constantemente agitado", y el significado adivinatorio es un presagio desafortunado.

---

10 El trigrama *Zhen*, ☳, el trueno, expresa el movimiento y también el temblor, o la agitación.

33 La Retirada | *Dun*

El carácter que le da nombre a este hexagrama es *dun*, 遯, "retirada", pero algunos consideran que es un préstamo tomado de *tun*, 豚: "joven cerdo, chanchito", por eso la escuela moderna le asigna ese significado. Nosotros nos atendremos al significado tradicional, tal como lo hicieron CHENG YI y ZHU XI.

Significados asociados
Retirada, escape, retirada estratégica, retracción, retroceso, renuncia, ocultamiento.

El Dictamen
La Retirada.
Éxito.
Es favorable la determinación en lo pequeño.

> Los dos trazos *yin* en la parte inferior de este hexagrama representan a personas mezquinas y de bajo nivel que están avanzando y que obligan a retirarse a quienes se niegan a renunciar a sus principios.
> La única forma de evitar pérdidas y eludir el peligro es retirarnos a una posición segura. Al retirarnos no solo evitaremos enredarnos en complicaciones, sino que también protegeremos nuestra reputación. Retirarse también significa mantener un perfil bajo, permanecer fuera de la vista y lejos de la acción.
> Retirarse no es lo mismo que renunciar para siempre. La retirada es un movimiento estratégico que nos permitirá conservar nuestra fuerza y eventualmente planificar nuestro regreso futuro, cuando sea posible. Determinación en lo pequeño significa que los objetivos ambiciosos son irrealizables en este momento, sólo pueden hacerse pequeñas cosas.

CHENG YI. — La Retirada. *Yin* crece y *yang* disminuye; este es el momento en que el noble se retira y se oculta. Hace esto para mantener la rectitud de su camino; que su camino no sea vulnerado constituye el éxito, por eso La Retirada lleva al éxito. En los negocios también hay casos en los que la retirada y la evasión llevan al éxito. Cuando llega el momento en que el camino del hombre inferior crece, el noble sabe reconocer los primeros signos de ello, retirarse al margen y mantenerse firme en el bien. Sin embargo, no todos los asuntos[1] son iguales y, según el tiempo, se calman o mejoran. La debilidad *yin* comienza a crecer, no habiendo alcanzado aún su desarrollo extremo. El noble considera que debe posponer el tiempo de la acción intensa. "Es favorable la determinación en lo pequeño", por eso el noble aprecia lo poco que puede hacer.

ZHU XI. — *Dun* significa retirada y prevención. El hexagrama se compone de trazos *yin* que crecen y aumentan a medida que se desarrollan, mientras que los trazos *yang* se retiran y se refugian; por eso se le llama La Retirada. Es el hexagrama del sexto mes[2]. Aunque *yang* está a punto de retirarse, el quinto trazo *yang* merece la posición que ocupa, y se corresponde con el segundo trazo *yin*, eso todavía es posible. Sin embargo, los dos trazos *yin* crecen poco a poco desde abajo, la fuerza natural de las cosas es tal que el noble no puede hacer otra cosa que retirarse. El sentido adivinatorio expresa que el noble es capaz de retirarse exitosamente. Para el hombre inferior la ventaja estará en la determinación; pero no debe, con el pretexto de que su camino crece y se desarrolla, usurpar e invadir los trazos *yang*. El término "pequeño", designa al hombre inferior, blando y *yin*.[3] El significado adivinatorio de este hexagrama y el de los textos del primer y segundo trazo del hexagrama *Pi*, 否, ䷋ (12, *El Estancamiento*) son similares[4].

---

1 Todas las causas de los problemas.
2 El sexto mes lunar (julio-agosto, o enero-febrero en el hemisferio sur) es cuando *yang* ha alcanzado su punto máximo y comienza a disminuir (retirarse).
3 ZHU XI lee este texto de forma levemente diferente a CHENG YI. En lugar de "Es favorable la determinación en lo pequeño", él lee "Es favorable la determinación de lo pequeño" o "La determinación es favorable para los vulgares".
4 Aunque sus pronósticos divinatorios difieren, en ambos hexagramas los dos primeros trazos son *yin* y tienen una relación de correspondencia con el cuarto y quinto trazo *yang*. Estructuralmente La Retirada es similar a El Estancamiento, excepto que la fuerza *yin* ha avanzado un paso más en El Estancamiento.

La Imagen

La Montaña debajo del Cielo: la imagen de La Retirada.
Así el noble mantiene a distancia al vulgar,
no con odio pero con severidad.

> Mantengamos una severa reserva para evitar que las personas indeseables se nos acerquen. Evitemos confrontaciones directas, más bien mantengámoslos alejados, permaneciendo fuera de su alcance. No dejemos que nos involucren en sus maquinaciones egoístas y de cortos alcances.

CHENG YI. — Bajo el Cielo está la Montaña, que sube desde abajo, pero se detiene, mientras el Cielo sube [por encima]; así ambos se distancian, ésta es la imagen simbólica de la acción de retirarse. El noble contempla este símbolo y lo aplica, distanciándose del hombre inferior. En el camino de oposición al hombre inferior, el uso de palabras desdeñosas y gestos de desaprobación probablemente dé lugar al resentimiento y la ira; sólo mediante una actitud correcta y severamente imponente, capaz de producir un sentimiento de miedo y respeto, éste se verá naturalmente inducido a desviarse y alejarse por sí mismo.

ZHU XI. — La sustancia del Cielo es ilimitada, la altura de la Montaña tiene límites, la imagen simbólica de La Retirada. La severidad es la forma habitual de ser del noble, de esta forma el hombre inferior no puede acercarse.

☐ **Al comienzo un seis** (muta al hex. 13)

En la cola de La Retirada.
Peligro.
No trates de emprender nada.

> Es demasiado tarde para retirarnos de manera segura. Al estar en la cola de la retirada, estamos en contacto directo con nuestros perseguidores y en peligro.
> Nos demoramos demasiado; ahora debemos quedarnos quietos hasta poder ver claramente nuestras opciones. Retirarnos a toda prisa sólo empeoraría nuestros problemas.
> Los problemas que nos acosan pueden estar relacionados con algún conflicto sin resolver de nuestro pasado.

Trabajo: Mantengamos un perfil bajo y esperemos que se presente una buena oportunidad. Este no es el momento apropiado para asumir riesgos o entrar en conflicto.

Vida privada: No atraigamos la atención de los demás sobre nosotros mismos. Contentémonos con lo que tenemos y no exijamos más.

Salud, sentimientos y relaciones sociales: No es un buen tiempo para intentar cambiar nada, más bien esperemos a que la situación mejore con paciencia y tranquilidad.

CHENG YI. — En otros hexagramas, se considera que el trazo inferior expresa el comienzo; en este caso, expresa la acción de retirarse. El que está delante camina y avanza primero, por lo que se considera que el primer trazo representa la cola[5]. La cola es lo que está detrás. Si no logra su objetivo es debido al peligro; el primer trazo utiliza una suavidad maleable y se coloca en una posición mínima; desde el momento en que está atrasado, no debe emprender nada; cualquier emprendimiento constituye un peligro. En lugar de avanzar se esconde y pone a resguardo, dado que hay peligro en emprender algo. Es preferible no emprender nada para ponerse a resguardo del abismo de calamidades a que se enfrenta.

ZHU XI. — Este trazo se retira y es el último que queda atrás; es la imagen simbólica de la cola e indica un camino peligroso. Quien consulta el oráculo no debe intentar emprender nada, sino permanecer [donde está] y refugiarse en las sombras; así podrá evitar calamidades.

☐ **Seis en el segundo puesto** (muta al hex. 44)

Aferrado con un cuero de buey amarillo
que nadie puede remover.

> El amarillo simboliza el equilibrio, que es el color del camino del medio, indicando un buen balance entre los extremos. En este caso esto indica que estamos siguiendo el camino correcto y que nos mantendremos en él.
> Este trazo también simboliza a una persona en una posición subordinada que se aferra fuertemente a alguien en una posición más elevada (el quinto trazo). Siguiendo esta idea, deberíamos solicitar la ayuda de alguien con más experiencia y recursos que nosotros y mostrarle lealtad.

Trabajo: Necesitamos la ayuda de nuestros superiores para obtener buenos resultados.

Vida privada: Podremos escapar del peligro solo si cooperamos con otras personas. No nos aislemos ni cortemos nuestros lazos con aquel de quien dependemos.

---

5 Adelante, o de frente, al caminar hacia atrás, como en La Retirada.

La Retirada

Salud, sentimientos y relaciones sociales: No nos quedemos solos, busquemos la ayuda y orientación de personas de buen nivel que puedan ayudarnos en nuestro desarrollo.

CHENG YI. — Se considera que el segundo y el quinto trazo se corresponden con corrección; aunque están en un tiempo de alejamiento, [moviéndose] en direcciones opuestas, el segundo trazo es central y correcto y se corresponde con el quinto; el quinto usa la centralidad y la rectitud para acercarse y unirse al segundo; el vínculo es esencialmente sólido. El amarillo es el color del medio; el buey es un animal pasivo y sumiso; el cuero es un material sólido y resistente. Los trazos segundo y quinto emplean la centralidad y la rectitud para seguir sumisamente el Camino y aliarse, la solidez de su apego es tan grande como si estuvieran unidos por un lazo de cuero; "que nadie puede remover" es una frase que expresa la solidez de su vínculo, tan grande que es imposible no mencionarlo. Este es el tiempo de La Retirada, por lo que es fundamental tener discreción extrema con lo que uno dice[6].

ZHU XI. — Este trazo actúa con centralidad y sumisión, consciente de sí mismo; nadie puede desprenderlo de lo que aferra, y de las tendencias que necesariamente lo conducen hacia La Retirada. Tal debe ser la firmeza y reserva de quien consulta el oráculo.

Nueve en el tercer puesto (muta al hex. 12)

Atado en la Retirada.
Aflicción y peligro.
Es favorable hacerse cargo de siervos y criadas.

> Nuestras opciones son limitadas. Los apegos sentimentales u obligaciones que nos unen a la gente que depende de nosotros limitan nuestra libertad de acción.
>
> Mientras no recuperemos nuestra libertad de acción sólo podremos hacer pequeñas cosas.

Trabajo: Nuestras opciones están restringidas debido a nuestros asociados o gente a nuestro cargo, de quienes somos responsables. Si no podemos deshacernos de ellos, al menos deberíamos tomar la iniciativa, para mantenerlos bajo nuestro control, asumiendo el liderazgo.

Vida privada: Nuestras responsabilidades familiares no nos permiten retirarnos; los vínculos familiares puede complicar bastante nuestra situación. Si nos hacemos cargo de otras personas, al menos deberían correspondernos con un mínimo de respeto y fidelidad.

Salud, sentimientos y relaciones sociales: Puede que nuestros propios miedos y apegos limiten nuestra libertad de acción. Antes de retirarnos de una situación desfavorable, en el mundo exterior, primero tenemos que desapegarnos interiormente, aunque a veces sea difícil dejar atrás lo conocido, pese a que sea insatisfactorio.

CHENG YI. — *Yang* disfruta de *yin*; este trazo está al lado del segundo trazo, es decir que está "atado" al mismo. Lo que hace meritoria La Retirada es su prontitud y alejamiento; dado que este trazo está atado o apegado al segundo, ¿cómo podría alejarse rápidamente y a gran distancia? Esto es lo que complica La Retirada, con "aflicción y peligro". Retirarse sin prisa es jugar con el peligro. Los términos "siervos" y "criadas"[7] generalmente se refieren a personas de poca importancia y a mujeres. Estos están apegados al tercer trazo por el cariño y la gratitud; amarlos y valorarlos es precisamente el papel del superior; apegarse por el reconocimiento de beneficios particulares, tal es el modo de afecto hacia las concubinas[8] y los sirvientes. Además, si se trata de reunir y mantener sirvientes y concubinas, esto satisfará las necesidades del corazón, lo que constituirá un feliz augurio. Sin embargo, incluso en su apego a las personas pequeñas que lo rodean, el noble no actúa así. Los rasgos tercero y segundo no se corresponden con corrección; se unen a través de una conexión oculta y secreta, y no se ciñen al camino del noble. Si este apego fuera conforme a la justicia, no causaría "aflicción y peligro". Este fue, por ejemplo, el caso de Liu Bei[9], quien fue incapaz de decidirse a abandonar a sus soldados y a su pueblo. Aunque pueda haber peligro, no hay culpa.

ZHU XI. — Este trazo está cerca de dos trazos *yin*, lo que presenta la imagen simbólica de tener que retirarse y de estar retenido por algún vínculo; es un camino de

---

6 El penúltimo carácter del texto de este trazo, , según cómo se pronuncie, tiene distintos significados, si se pronuncia *tuo*, significa "remover, soltar" (de ahí la frase "que nadie puede remover"); pero si se pronuncia *shuo*, significa "hablar, habla gozosa, decir, explicar; complicado, alegre". Por eso CHENG YI dice que es tiempo de discreción en el hablar.

7 El carácter traducido como "siervos" también puede referirse a vasallos o asistentes, criadas o concubinas.

8 CHENG YI lee "siervas" como concubinas, ver la nota anterior.

9 Liu Bei fue un poderoso jefe militar y emperador de Shu durante la época de los Tres Reinos de China.

inconvenientes y peligros. Sin embargo, "es favorable hacerse cargo de siervos y criadas". En efecto, por parte del noble, y en relación con las personas pequeñas que lo rodean, pero sólo en el caso de los sirvientes íntimos, no es absolutamente imprescindible tener en cuenta únicamente sus méritos a la hora de agruparlos en torno a uno mismo. Por eso éste es el significado adivinatorio.

Nueve en el cuarto puesto (muta al hex. 53)

Retirarse del deseo de su corazón.
Ventura para el noble.
Decadencia para los vulgares.

> Retirarse de lo que a uno le gusta no es fácil. Un hombre vulgar, apegado a sus placeres, no sería capaz de hacerlo, porque se requiere disciplina y una voluntad fuerte para desprenderse de algo que uno anhela.
> Cuando tenemos que cortar una relación que no es conveniente, este tipo de retirada debe ser realizada con cortesía, sin amargura, pero con determinación. Nosotros podremos vivir bien sin la persona que estamos dejando atrás, pero esa persona, que se aprovechaba de nosotros para vivir bien, entrará en decadencia.
>
> **Trabajo:** Retirémonos y tomemos distancia de las personas que están tomando ventaja indebida de nuestros esfuerzos. No dependamos de elementos inferiores, podemos manejarnos perfectamente por nosotros mismos.
>
> **Vida privada:** No permitamos que gente de bajo nivel se aproveche de nosotros. Dejemos que se valgan por sí mismos.
>
> **Salud, sentimientos y relaciones sociales:** En lo interior, abandonemos los malos hábitos o vicios que están minando nuestra salud, tanto espiritual como físicamente. En lo exterior, si decidimos alejarnos de alguien, hagámoslo con cortesía, pero con firmeza.

CHENG YI — El cuarto trazo se corresponde con rectitud con el primero; son aquellos que se aman y se cuidan unos a otros. Aunque el noble tiene gente a quien amar y apreciar, cuando el deber le ordena retirarse, los abandona sin dudarlo. Esto es lo que llamamos "dominarse a uno mismo para volver a la normalidad". Dado que utiliza el Camino para dominar sus propios deseos, es a través de esto que el augurio es feliz. Si fuera un hombre inferior, no podrá cumplir con su deber; se apegaría –por debilidad– al objeto de su afecto; sería frenado por su egoísmo, hasta caer en la vergüenza, sin poder recuperarse. Por eso el texto dice "decadencia para los vulgares", para el hombre inferior, es un presagio de ruina y perdición. El último carácter del texto expresa lo contrario del bien[10]. El cuarto trazo es parte de la esencia del trigrama Qian, ☰; él es capaz de firmeza y decisión. Debido a que está colocado en un puesto yin y retenido por apegos, el sabio advierte en el texto sobre los vulgares, para que [el noble] no pierda su rectitud.

ZHU XI. — Este trazo se corresponde con el primer trazo yin, aunque que su sustancia es la firmeza energética del trigrama Qian, ☰; de ahí la imagen simbólica de tener sentimientos de afecto y ser capaz de renunciar a ellos para retirarse. El noble, que sabe superarse a sí mismo, es capaz de hacerlo, mientras que el hombre inferior no puede. Si quien consulta el oráculo es un noble, el augurio será feliz.

○ Nueve en el quinto puesto (muta al hex. 56)

Admirable retirada.
La determinación es favorable.

> El carácter traducido como "admirable", 嘉, jia, también significa "alegre, feliz", lo que significa que ésta es una retirada amistosa, realizada en el momento oportuno, sin causar conflictos y con firme determinación.
> Aunque sea una retirada amistosa es favorable que mantengamos con firmeza nuestra determinación, no permitamos que nos desvíen de nuestros objetivos.
>
> **Trabajo:** Planeemos cuidadosamente nuestra retirada y esperemos hasta el momento adecuado. Al retirarnos sin crear conflictos dejaremos atrás nuestro una puerta abierta, no un nuevo enemigo.
>
> **Vida privada:** Al retirarnos de una relación personal en el momento adecuado y con finura, evitaremos futuros problemas y resentimientos.
>
> **Salud, sentimientos y relaciones sociales:** Si estamos enfermos nuestra salud mejorará. En cuanto a las relaciones personales, si somos capaces de retirarnos con elegancia y cortesía, podremos hacerlo sin generar rencores ni malos sentimientos.

---

10 否, pi, este es el carácter que sirve de nombre al hexagrama 12, El Estancamiento, y que también significa "detención, punto muerto, estancamiento, callejón sin salida, obstruido, atascado; malo". Es decir que los hombres vulgares llegan a un callejón sin salida, están atascados, después de haber sido abandonados por el noble.

La Retirada

CHENG YI — El quinto trazo *yang* posee centralidad y rectitud, esto constituye la belleza de la retirada"[11]. Situado en el centro con rectitud; a veces se detiene, a veces actúa; esto es lo que se entiende por "belleza de la retirada", y por eso se considera que expresa la perfección de la justicia y contiene un presagio feliz. No es que el quinto trazo *yang* no tenga una relación de correspondencia, sino que como él y el segundo trazo están ambos colocados de acuerdo con la centralidad y la rectitud, su voluntad y sus tendencias se ajustan a la necesidad del movimiento o de la detención. No estar desprovisto de centralidad y rectitud, y no cometer ninguna falta por apego egoísta, es lo que se considera una "admirable retirada". En el comentario a la fórmula determinativa, después de discutido el momento indicado por La Retirada, se dice que porque actúa con el tiempo, "la determinación es favorable". En los textos de los distintos trazos, cuando se trata del quinto trazo, La Retirada está a punto de haber llegado al límite extremo de su desarrollo, por lo que sólo es cuestión del uso de la centralidad y la rectitud para situarse allí. La Retirada no es algo que deban hacer los gobernantes[12]; por eso el texto no se centra particularmente en la consideración de la situación del príncipe. Aunque el príncipe se hace a un lado y se retira, se mantiene dentro de la centralidad y la rectitud.[13]

ZHU XI. — Firmeza *yang*, centralidad y rectitud; este trazo se corresponde, abajo, con el segundo trazo *yin*, que es gentil, sumiso, central y recto. Esta es la admirable belleza de La Retirada. Si el que consulta el oráculo está en estas condiciones, y si posee centralidad, el augurio será feliz.

Al tope un nueve (muta al hex. 31)

Retirada fructífera.
Nada que no sea favorable.

Lograremos retirarnos feliz y exitosamente. Nuestras perspectivas son excelentes.

Trabajo: Podremos retirarnos con honor de nuestro trabajo. Posiblemente nos jubilemos[14].

Vida privada: Después de un largo tiempo, al fin podremos retirarnos con facilidad de una situación o alejarnos de alguien que nos estaba molestando o limitando.

Salud, sentimientos y relaciones sociales: No tenemos dudas ni remordimientos, porque no tenemos nada de lo que reprocharnos, por eso podremos retirarnos sin ningún impedimento.

CHENGYI. — El carácter 肥, *fei*, del texto[15], transmite la idea de aumentar y crecer, de amplitud y brillantez. La Retirada es simplemente el hecho de dejarse llevar lejos, arrollado por el viento; no ser detenido ni frenado por nada constituye su belleza. El trazo *yang* superior es parte de la sustancia del trigrama *Qian*, ☰, es firme, enérgico y lleno de decisión; está situado al margen de este hexagrama, y finalmente, no está ligado a ningún trazo en el trigrama inferior; por eso puede retirarse sin estorbo alguno, esto es lo que podemos llamar un exceso de grandeza y magnanimidad. La Retirada es una época de miseria e infelicidad. Se considera que posicionarse en ese tiempo correctamente expresa la idea de una "retirada fructífera". Cuando La Retirada se produce en estas condiciones, ¿cómo no iba a ser ventajosa?

ZHU XI. — Este firme trazo *yang* ocupa el puesto exterior de La Retirada, sin verse frenado por ninguna correspondencia con un trazo inferior; es quien expresa el alejamiento de La Retirada y la acción de situarse con grandeza de alma. De ahí la imagen simbólica y el significado adivinatorio. El carácter *fei*, "fructífera" da la idea de alguien con abundantes recursos y una situación confortable.

---

11 Los comentaristas chinos leen en el texto: "La belleza de la retirada".
12 Recordemos que el quinto puesto es la posición del príncipe, el gobernante.
13 El quinto trazo, aunque hace todo correctamente, según CHENG YI, en realidad no se comporta como un príncipe, porque en lugar de gobernar se escapa.

14 Dado que el sexto puesto generalmente simboliza a alguien que está saliendo del tiempo del hexagrama, o está en los márgenes de la situación, desvinculado de los trajines mundanos, aquí La Retirada bien puede significar la jubilación, aunque también podría indicar a alguien que se desvincula de una empresa o negocio.
15 Traducido como "fructífera".

34 El Poder de lo Grande | *Da Zhuang*

Los dos caracteres chinos que le dan nombre de este hexagrama son: *da*: "gran, grande" y *zhuang*: "poder".

Significados asociados

Poder, fortaleza, fuerte, robusto, grande, varón completamente crecido, en la plenitud de la vida.

El Dictamen

El Poder de lo Grande.
La determinación es favorable.

> Debido a la abundancia de recursos a nuestra disposición, todo lo que emprendamos será favorable. Sin embargo, tener poder y saber cómo usarlo apropiadamente son dos cosas diferentes.
> Determinación aquí significa perseverar en el camino correcto. Sólo si aplicamos nuestro poder de una manera sabia –sin extralimitarnos– tendremos éxito, de otra forma sólo nos enredaremos en interminables conflictos y complicaciones.

CHENG YI. — El camino de El Poder de lo Grande es ventajoso por la determinación; una gran fuerza sin rectitud es sólo violencia, no es el camino floreciente y brillante del noble.

ZHU XI. — El carácter 大, *da* [grande, grandeza], designa la fuerza *yang*. Los cuatro trazos *yang* completan el florecimiento de su crecimiento, por eso este hexagrama se llama *da zhuang*, El Poder de lo Grande. Este es el hexagrama del segundo mes[1]. Yang florece, no hace falta mencionar que esta condición implica un feliz augurio. Es favorable sólo a través de la rectitud y la determinación.

La Imagen

El Trueno en lo alto del Cielo:
la imagen de El Poder de lo Grande.
Así el noble no pisa senda alguna que se aparte del decoro.

> Un gran poder puede ser realmente útil solo si podemos controlarlo debidamente, sin causar daño ni a los demás ni a nosotros mismos. Si no tenemos la suficiente sabiduría y auto dominio, un gran poder solo nos causará problemas.
> Si nos mantenemos en el camino correcto, con el tiempo aprenderemos a utilizar nuestro poder con eficacia y sin prepotencia, de lo contrario sólo nos complicaremos la vida y causaremos interminables conflictos con otras personas.

CHENG YI. — El impacto del Trueno sacude el Cielo: El Poder de lo Grande. El noble considera esta imagen simbólica y la aplica mediante la austeridad. La grandeza de la austeridad en el noble nunca se perfecciona excepto por el poder que tiene para superarse a sí mismo y seguir las reglas rituales. Los antiguos decían: "Quien se vence a sí mismo, es poderoso".[2] *La Doctrina del Medio*[3] dice: "se armonizan sin dispersarse" y "se establecen en el centro y no delegan nada", y agrega "¡Qué esfuerzo! Lanzarse con valentía al agua hirviendo o al fuego, caminar sobre el borde de una espada, son acciones que pueden realizarse con el coraje del guerrero. Pero superarse a uno mismo y volver a las reglas rituales es imposible sin la grandeza de la fuerza del noble." Por eso el texto dice: "el noble no pisa senda alguna que se aparte del decoro".

ZHU XI. — Quien se vence a sí mismo, es poderoso.[4]

---

1 En el segundo mes lunar (marzo en el hemisferio norte) *yang*, se está incrementando y *yin* se repliega. .

2 *DaoDeJing*, 道德經, 33.
3 Un capítulo del Libro de los Ritos, *Liji*, 禮記, que es uno de los Cinco Clásicos del canon confuciano.
4 *DaoDeJing*, 道德經, 33.

El Poder de lo Grande

Al comienzo un nueve (muta al hex. 32)

Poder en los dedos[5] [del pie].
Marchar[6] trae desventura.
Esto es la verdad.

> Los dedos del pie indican que la situación recién se inicia, está en las primera etapas de su desarrollo. Todavía no estamos en condiciones de aplicar nuestra fuerza de manera efectiva, porque aún no estamos capacitados, no tenemos los contactos adecuados y carecemos de autocontrol.
> Usemos nuestro poder para mejorarnos a nosotros mismos, resistamos la tentación de utilizarlo en el mundo exterior antes de estar listos. Seamos conscientes de nuestras limitaciones y esperemos a que se presenten circunstancias más propicias.
> Si intentamos actuar antes de estar preparados, fracasaremos.
>
> **Trabajo:** Todavía estamos en una fase preparatoria. No actuemos prematuramente, sin tener el apoyo necesario.
>
> **Vida privada:** No seamos agresivos ni imprudentes. Esperemos hasta que la situación nos ofrezca una buena oportunidad para avanzar sin generar conflictos con otras personas.
>
> **Salud, sentimientos y relaciones sociales:** No nos esforcemos antes de tiempo, seamos pacientes. Es más importante mantener el equilibrio que avanzar. Si usamos el poder estando en una situación social inferior, sólo crearemos resquemores.

CHENG YI. — El primer trazo tiene firmeza *yang*, forma parte de la sustancia de *Qian*, ☰, y se sitúa en la parte más baja; él es quien aplica su fuerza para salir adelante. Estando en inferioridad y empleando fuerza, representa "poder en los dedos [del pie]". Los dedos del pie están en la parte inferior del cuerpo y son un instrumento para caminar y moverse hacia adelante. Este trazo es *yang*, está en inferioridad, usa la fuerza y no posee centralidad; sin embargo, emplea la firmeza para posicionarse en El Poder de lo Grande; ese es un camino que no se debe seguir, incluso cuando se ocupa una posición superior. ¡Cuánto menos cuando se está en inferioridad! Además, si avanza, el augurio es desafortunado: "marchar trae desventura". "Esto es la verdad" significa que es seguro que al usar la fuerza y avanzar el augurio será malo.

ZHU XI. — Los dedos del pie están situados en el extremo inferior del cuerpo, sirven para la marcha y el movimiento. La firmeza *yang* está situada en un puesto inferior, en el tiempo de El Poder de lo Grande; esto indica la violencia utilizada para avanzar, y es por eso que el trazo presenta esta imagen simbólica. Estando en inferioridad y usando la violencia para avanzar, el aciago augurio "es la verdad", de ahí el significado adivinatorio.

Nueve en el segundo puesto (muta al hex. 55)

La determinación es favorable.

> Los obstáculos que refrenan nuestro avance están desapareciendo. En este punto es importante que no nos confiemos demasiado, sino que actuemos con mucha moderación.
> Sólo si evitamos los excesos tendremos éxito.
>
> **Trabajo:** Nuestras responsabilidades e influencia crecerán. Prosperaremos si utilizamos nuestros nuevos recursos de manera inteligente y moderada.
>
> **Vida privada:** Finalmente podemos comenzar a aplicar nuestro poder con éxito. Seamos cuidadosos y mantengamos un estilo de vida equilibrado.
>
> **Salud, sentimientos y relaciones sociales:** Nuestra salud está mejorando y tenemos mucha energía. No seamos demasiado indulgentes con nosotros mismos.

CHENG YI. — Aunque el segundo trazo utiliza la firmeza en un momento de florecimiento y grandeza, sin embargo, permanece en una situación que indica dócil suavidad y una posición central; la firmeza y la dulzura, por tanto, concuerdan en justa medida, no hay exceso en fuerza, posee perfecta centralidad y el presagio es feliz. Se ha dicho: ¿No es porque un trazo *yang* ocupa el segundo puesto que la perfección se toma como tema de advertencia? Respuesta: en el *Libro de los Cambios* se elige el significado más importante; dado que este trazo, por su sustancia[7], posee dureza y firmeza *yang*, que se encuentra ante un momento de florecimiento de la fuerza, y que se sitúa con centralidad en el camino, no es en ningún caso, contrario a la rectitud. Si ocupara la posición del cuarto trazo, habría una advertencia sobre su falta de

---

[5] El carácter 趾, *zhi*, traducido como "dedos", puede aplicarse a los dedos de los pies (o al pie) o de las manos, según la posición del trazo; por ser este el trazo inferior, se refiere a los dedos de los pies.

[6] El carácter traducido como "marchar", 征, *zheng*, también significa: "iniciar una campaña; castigar, disciplinar, atacar, invadir, conquistar", lo que claramente sugiere una acción violenta e invasiva. Harrington lo traduce como "Taking the field", es decir, salir al campo [de batalla].

[7] Por pertenecer al trigrama *Qian*, ☰.

centralidad. Sólo el hombre que es capaz de discernir la importancia relativa del significado a señalar es capaz de estudiar el *Libro de los Cambios*.

ZHU XI. — Este trazo *yang* ocupa un puesto *yin*; por sí mismo no puede ser correcto. Sin embargo, la posición en la que se sitúa es central, de modo que puede llegar a mantener su corrección. El texto advierte a quien consulta el oráculo, para que se apoye en la centralidad para buscar la rectitud; sólo después de que se cumpla esta condición el presagio puede ser feliz.

Nueve en el tercer puesto (muta al hex. 54)

El hombre vulgar usa el poder, el noble no actúa así.
La determinación es peligrosa.
El carnero embiste la valla y sus cuernos quedan trabados.

> Deberíamos usar el poder con moderación, para evitar tener problemas recurrentes con otras personas. Persistir en el uso descarado del poder nos expondrá al peligro, porque cuando tratamos de solucionar un problema usando la fuerza bruta, eso ocasiona resentimientos y genera más problemas que los que soluciona.
>
> Este hexagrama utiliza la imagen del carnero como un símbolo del abuso de poder y la falta de auto-control. Notemos que la forma del hexagrama, con dos trazos partidos *yin* en la parte superior (la cabeza) sugiere los cuernos en la cabeza del carnero. Usar los cuernos es un ejemplo del mal uso del poder.
>
> Quedar atrapado en la valla significa que nuestro accionar prepotente nos ocasionará complicaciones imprevistas. No actuemos con arrogancia ni despreciemos los derechos ajenos.
>
> **Trabajo:** Un avance frontal o una confrontación directa bloqueará nuestro avance; seamos flexibles, es preferible negociar antes que actuar unilateralmente. No hagamos alarde de nuestro poder.
>
> **Vida privada:** Si tratamos de imponer nuestros puntos de vista por la fuerza generaremos conflictos y problemas con los demás.
>
> **Salud, sentimientos y relaciones sociales:** Actuar con arrogancia nos ocasionará problemas. Es posible que tengamos problemas de movilidad.

CHENG YI. — El tercer trazo emplea la firmeza, ocupando un puesto *yang* en El Poder de lo Grande; además, está al final de la sustancia del trigrama *Qian*, ☰, expresa el límite extremo del vigor. Llevar así el desarrollo del vigor hasta su límite máximo conllevará, en el caso del hombre inferior, el uso del poder, pero "el noble no actúa así". El hombre inferior valora el poder, por eso hace uso de su vigor y de su coraje guerrero; pero las tendencias[8] del noble son firmes, de modo que no presta atención al poder; lo desprecia, lo aniquila, lo rompe con su fuerza moral[9]. Esto se debe a que es extremadamente firme y contempla todo desde un punto de vista elevado sin sentir ningún miedo o aprensión. El "hombre inferior" y "el noble" son expresiones que se refieren al terreno [que ocupan], como explica el siguiente pasaje: "el noble, animado por el coraje guerrero, pero sin la noción del deber, cometería desórdenes"[10]. Cuando la firmeza y la gentileza se equilibran en justas proporciones, [el noble] sabe mantenerse sin arrogancia ni bajeza; trata el mundo entero según el mismo principio y según la exacta conveniencia de cada caso. Si llevara demasiado lejos la firmeza, no poseería las virtudes de la concordia y la indulgencia y nada podría causar más daño; permanecer con perfecta firmeza en tal camino sería seguir un camino peligroso. Ningún ser existe sin utilizar su vigor; los dientes sirven para morder, los cuernos para golpear, las pezuñas para patear. La fuerza del carnero está en su cabeza; al joven carnero le gusta golpear con la frente, y por eso es elegido como imagen simbólica. Al carnero le gusta golpear las vallas con sus cuernos, sólo porque están delante de él; de hecho, debe embestir todo lo que se le presente. Deleitándose así en exhibir su vigor, necesariamente debe suceder que trabe sus cuernos. Lo mismo ocurre con el hombre que se complace en mostrar su poder y vigor; utiliza estos dones en todas las circunstancias que se presentan, y ello necesariamente debe resultar en males y preocupaciones para él. Siendo tal la fuerza del tercer trazo, ¿cómo no habría ningún presagio desafortunado? En las condiciones en que se encuentra el tercer trazo, cualquier empresa es suficiente para provocar un augurio desafortunado, pero el texto advierte del peligro, de modo que el augurio desafortunado aún no se manifiesta, el texto sólo dice "la determinación es peligrosa".[11]

---

8 La voluntad.
9 CHENG YI lee el texto de este trazo de una forma particular, en lugar de leer "el noble no actúa así", lee "el noble lo desprecia".
10 Esto significa que sintiéndose digno del más alto puesto, buscaría ocuparlo por la fuerza derrocando al soberano. *Analectas* 12.1 (la versión escrita de una serie de charlas que Confucio impartió a sus discípulos).
11 Al no mencionar la desventura, sólo el peligro, el significado del texto es que sólo quien actúe como un hombre vulgar tendrá desventura, porque caerá en el peligro, pero quien actúe como un noble, no embestirá la cerca, y no tendrá desventura, aunque aún enfrenta el peligro.

El Poder de lo Grande

ZHU XI. — Exceso de firmeza sin centralidad, en el tiempo de El Poder de lo Grande; el hombre inferior utiliza el poder, pero "el noble no actúa así". Dado que el noble no se apoya en su poder, esto constituye un exceso de coraje; pero aún así, con rectitud, todavía hay peligro. El joven carnero es un animal vigoroso al que le gusta embestir. El término "valla" se refiere a vallas hechas de ramas o listones entrelazados. Trabar los cuernos, es un significado adivinatorio que expresa la aprehensión de un peligro resultante de la determinación; esta es la imagen simbólica.

○ **Nueve en el cuarto puesto** (muta al hex. 11)

La determinación es favorable,
el arrepentimiento se desvanece.
La valla se abre, no hay traba.
El poder reside en los bujes de un gran carruaje.

> La mención a la "determinación" y el hecho de que "el arrepentimiento se desvanece" indica que no cometeremos errores y avanzaremos con constancia por el camino correcto.
> De la misma manera que un carro rueda sin problemas sobre sus bujes[12] bien lubricados, podremos llevar adelante nuestros objetivos sin que nada nos obstaculice.
> La valla que se abre indica que podremos superar los últimos obstáculos sin tener ningún problema.
>
> **Trabajo:** Podemos llegar a obtener un ascenso en nuestro trabajo o progresar en nuestro negocio. Nuestros esfuerzos serán recompensados.
>
> **Vida privada:** Finalmente podremos utilizar nuestros abundantes recursos de manera efectiva y sin cometer ningún fallo.
>
> **Salud, sentimientos y relaciones sociales:** Si hubiera problemas de movilidad se resolverán. Nuestra salud mejorará.

CHENG YI. — En el cuarto trazo, la firmeza *yang* crece y se desarrolla florecientemente; el poder ya supera el centro del hexagrama; es el desarrollo extremo del poder. Sin embargo, ocupa el cuarto puesto sin rectitud[13]; en el momento en que el camino del noble se desarrolla y crece, ¿cómo podría ser posible la ausencia de rectitud? El texto dice "la determinación es favorable, el arrepentimiento se desvanece"; en efecto, en el momento en que este camino crece y se desarrolla, la más mínima imperfección perjudicará la fuerza natural de su libre desarrollo; entonces habrá arrepentimiento. En otros hexagramas cuando un trazo firme ocupa un puesto suave[14] no sería absolutamente necesario más que comportarse bien; este es el caso del hexagrama *Da Guo*, 大過, ䷛ (28, *Exceso de lo Grande*). En El Poder de lo Grande la valla se abre o disuelve sin dañar los cuernos y sin causar ningún otro inconveniente a la fortaleza. En un carro grande y elevado, si el eje y los bujes son fuertes y poderosos, obviamente eso resulta una ventaja para el movimiento de avance; por eso el texto dice: "El poder reside en los bujes de un gran carruaje". El buje es la parte más esencial de la rueda; la destrucción de un carruaje suele deberse a la rotura del buje; si el buje es fuerte, el carruaje es fuerte. Por eso "el poder reside en los bujes de un gran carruaje", significa que se progresa con energía.

ZHU XI. — "La determinación es favorable, el arrepentimiento se desvanece"; el texto adivinatorio es el mismo que tiene el cuarto trazo *yang* del hexagrama *Xian*, 咸, ䷞ (31, *El Influjo*). "La valla se abre, no hay traba"; esta frase se relaciona con al texto del trazo anterior[15]. Delante del tercer trazo está el cuarto, es como si hubiera una valla o empalizada; pero delante del cuarto trazo hay dos trazos *yin*, que representan una valla entreabierta. "El poder reside en los bujes de un gran carruaje" es una imagen simbólica de la posibilidad de progreso hacia adelante. Al ocupar un puesto *yin*, este trazo *yang* no lleva su firmeza hasta el límite extremo, de ahí el significado adivinatorio y la imagen simbólica.

Seis en el quinto puesto (muta al hex. 43)

Pierde el carnero con facilidad.
No hay arrepentimiento.

> El carácter traducido como "facilidad", 易, *Yi*, también era el nombre de un lugar.[16] Perder fácilmente

---

12 El buje es la pieza que soporta el eje; en los carruajes chinos antiguos era una pieza de madera, en la actualidad es un cojinete, situado entre la rueda y el eje.
13 Por ser un trazo *yang*, en un puesto *yin*.
14 Ver la nota anterior.
15 Cuando el carnero traba sus cuernos en la valla.
16 El carácter 易, *Yi* se puede traducir como "fácil", "campo" o "cambio" (es parte del nombre del *Libro de los Cambios*), pero lo más probable es que sea una referencia histórica a Wang Hai, una figura legendaria que no sólo perdió a su rebaño en *Youyi* (*Yi*), pero también fue asesinado allí, tal vez porque cometió adulterio con la mujer equivocada, o como resultado de una disputa sobre los campos de pastoreo. Supuestamente Wang Hai fue quien comenzó con la cría de ganado, en tiempos legendarios y por eso tradicionalmente es reverenciado como un héroe cultural en China. Aparentemente esto no era sabido en el tiempo de CHENG YI y ZHU XI (tampoco en el de Wilhelm, que también lo traduce como "fácilmente, ligereza"), por eso traducen *Yi* como "fácilmente", lo que no es incorrecto, pero no ofrece el panorama completo del significado de este trazo.

el carnero significa superar malos rasgos de carácter como la terquedad y la arrogancia, aunque también implica la idea de perder algo de fuerza o poder. Esto nos permitirá manejar la situación con buen balance y armónicamente, sin cometer errores, evitando confrontaciones agresivas, como sucede en el trazo anterior.

Trabajo: Podremos resolver los problemas que tengamos en forma pacífica y sencilla, sin extralimitarnos, con finura.

Vida privada: Debido a que somos corteses y diplomáticos, no tendremos ningún problema con las personas a nuestro alrededor.

Salud, sentimientos y relaciones sociales: Al sublimar nuestros deseos inferiores obtendremos paz interior.

CHENG YI. — Los carneros se desplazan en rebaños y les gusta embestir con sus cuernos; esta imagen se utiliza como símbolo de todos los trazos *yang* que avanzan juntos. Los cuatro trazos *yang* comienzan a crecer y avanzan mancomunadamente; el quinto trazo emplea la gentileza y se mantiene arriba; si tratara de contenerlos por la fuerza, le sería imposible dominarlos y se arrepentiría. Sólo tratándolos con tolerancia y concordia, él conduce esta tropa de trazos *yang* sin tener que utilizar el poder[17], y esto es el significado de "pierde el carnero con facilidad"[18], de esta manera "no hay arrepentimiento". El quinto trazo, considerado desde el punto de vista de su posición, expresa rectitud[19]; desde el punto de vista de sus propiedades o virtudes, expresa centralidad; debido a tener estas razones es capaz de utilizar el camino de la armonía y de la dulzura, de modo que los trazos *yang*, aunque llenos de vigor, no tengan la oportunidad de manifestar y utilizar su poder.

ZHU XI. — La sustancia de este hexagrama parece prestarse al simbolismo del carnero; por fuera, suavidad maleable y, por dentro, dureza enérgica[20]. El quinto trazo *yin*, por sí solo, emplea gentileza y se mantiene en la centralidad; no puede golpear con los cuernos. Aunque le falta vigor, esto no resulta en ningún motivo de arrepentimiento para él, tal es la imagen simbólica y el significado adivinatorio. La palabra "facilidad"[21], debe tomarse en el sentido de "fácil tolerancia", e indica algo que sucede repentinamente, sin que nos demos cuenta de la desaparición [del carnero].

Al tope un seis (muta al hex. 14)

El carnero embiste la valla.
No puede retirarse ni puede avanzar.
Nada es favorable.
Si uno puede soportar las dificultades habrá ventura.

Hemos llegado a un punto muerto. Avanzamos demasiado lejos y somos detenidos por la fuerza. Ahora no podemos avanzar más, pero tampoco podemos retirarnos.
Dejamos de intentar solucionar todos nuestros problemas usando la fuerza, reconsideremos la situación en la que nos encontramos y aceptemos nuestras limitaciones. Tratemos de ver las cosas desde una perspectiva diferente, busquemos nuevas opciones.

Trabajo: Nuestros frenéticos esfuerzos no nos llevarán a ninguna parte. Necesitamos replantearnos la situación y encontrar una nueva forma de encararla, mientras no hagamos eso seguiremos atascados en un callejón sin salida.

Vida privada: La impaciencia y la terquedad nos llevarán a una posición muy mala, de dónde no podremos salir, a menos que cambiemos nuestra forma de actuar ante los obstáculos que se presenten.

Salud, sentimientos y relaciones sociales: Nuestra arrogancia nos pondrá frente a un dilema. Cuando no sepamos que hacer ni como salir de nuestros problemas, no nos quedará otra alternativa que buscar otra forma de hacer las cosas.

CHENG YI. — El carnero se elige [como motivo de este hexagrama] simplemente por la exuberancia de su vigor, de modo que incluso es aplicable a un trazo *yin*. Este trazo utiliza [el poder] *yin* para situarse en el último puesto del trigrama *Zhen*, ☳, que expresa impulso o sacudida, y se encuentra en el límite extremo de El Poder de lo Grande; el exceso es obvio. Es como un carnero que, al embestir una valla o empalizada, al lanzarse hacia adelante, necesariamente debe herirse, mientras que al retroceder se lastima los cuernos; por lo tanto, no puede avanzar ni retroceder. Las cualidades esenciales de este trazo son la docilidad dulzura *yin*, de modo que es incapaz de controlarse a sí mismo para cumplir con su deber; esto no

---

17 Cosa difícil, siendo un trazo *yin*.
18 Es decir que actúa con diplomacia, cortesía, no como un carnero que embiste todo lo que se le pone por delante.
19 Trazo *yin*, en puesto *yin*.
20 La forma de este hexagrama es similar a la del trigrama *Dui*, ☱.
21 Ver la nota adjunta a nuestro comentario del texto de este trazo.

El Poder de lo Grande

le permite retroceder. El hombre débil y *yin*, aunque esté absolutamente decidido a aplicar su vigor, no puede, sin embargo, utilizarlo hasta el final; si encuentra resistencia, retrocede; esto significa que no podrá tener éxito en sus designios. Actuando de esta manera, no podrá emprender nada que pueda resultar ventajoso. La docilidad *yin*, colocada en una posición que implica la exuberancia del vigor, no es capaz de garantizar la firmeza; si encuentra dificultades dolorosas, perderá su vigor; perdiendo su vigor, volverá a caer en su estado de debilidad; por eso la dificultad será un feliz augurio para este trazo. Al emplear vigor no tiene ninguna ventaja, de modo que al reconocer la dificultad de su tarea y atenerse a la gentileza en los medios que emplea, el presagio será feliz. Ocupando el último puesto en El Poder de lo Grande, este trazo conlleva el significado de modificación y cambio.

ZHU XI. — El florecimiento del vigor está llegando a su fin; el movimiento llega a su límite extremo, por lo que choca contra la valla y no puede retirarse. Sin embargo, su substancia es esencialmente dócil, por lo que, además, tampoco consigue avanzar. Siendo tal la imagen simbólica, el significado adivinatorio es obvio. Sin embargo, su falta de energía sigue siendo una buena oportunidad, por lo que si tiene dificultades para posicionarse, esto puede resultar en un feliz augurio para él.

35 El Progreso | *Jin*

El carácter que le da nombre a este hexagrama originalmente mostraba dos flechas apuntando hacia abajo: 🜚; debajo de las flechas se veía al Sol, el Sol que avanza.

Significados asociados

Progreso, avance, promoción, florecimiento, incremento.

El Dictamen

Progreso.
El vigoroso Marqués[1] es honrado
con gran cantidad de caballos.
En el mismo día es recibido tres veces.

> El vigoroso Marqués simboliza a una persona cuya importancia es reconocida por las autoridades, quienes lo apoyan. Ser recibido por el soberano tres veces en el mismo día indica que él trabaja en estrecha colaboración con sus superiores y que progresa firmemente. Eso nos indica que no debemos avanzar antes de recibir la autorización de nuestros superiores, porque aunque tenemos una posición elevada, aún así estamos subordinados a una autoridad superior.

> Los caballos simbolizan poder y medios para salir adelante. Los medios más valiosos que podemos tener son las personas a nuestro servicio, por lo tanto debemos saber como cooperar con otras personas, por el bien de la organización a la que pertenecemos.

CHENG YI. — El Progreso simboliza un tiempo de gran avance; arriba hay gran claridad [el trigrama superior es *Li*, ☲] y la sustancia del trigrama inferior [*Kun*, ☷] se suma pasivamente; es la imagen simbólica de todos los feudatarios sometiéndose al Rey, y por eso el texto lo considera como indicativo de la acción de pacificar a los feudatarios. "El vigoroso Marqués", simboliza los feudatarios de regiones en paz y orden[2]. El superior tiene gran claridad y la capacidad de desarrollar virtudes equivalentes para sumarse a él y seguirlo, expresa bien la condición de los feudatarios sumisos y regulares en sus deberes, quienes, en consecuencia, son colmados de repetidos favores; los caballos que se les entregan son en gran número. Los carros y los caballos son los regalos más importantes. No sólo recibe regalos muy importantes, sino que se menciona que "en el mismo día es recibido tres veces"[3]; lo que expresa el más alto grado de favor. El Progreso indica un tiempo de gran avance y abundancia; el superior está esclarecido, el inferior es iluminado y lo sigue. El príncipe y el súbdito están de acuerdo. Aplicado al superior, el texto indica que avanza, aumentado su claridad y abundancia; aplicado a los subordinados, ellos suben cada vez más alto, recibiendo brillantes favores.

ZHU XI. — El Progreso significa avanzar. "El vigoroso Marqués", se refiere a los feudatarios que gobiernan los distintos reinos, que son apaciguados. La "gran cantidad de caballos" y el ser "recibido tres veces" el mismo día, expresan la concesión de grandes obsequios y la admisión a la ceremonia de la audiencia. De hecho, el trigrama *Li*, ☲, claridad, está arriba, y *Kun*, ☷, pasividad, abajo;

---

1 El carácter traducido como "vigoroso" es 康, *kang*, que significa "tranquilo, seguro de sí mismo, próspero y vigoroso". Sin embargo *kang* también fue el título nobiliario de uno de los hijos del Rey Wen, lo cual no era conocido en tiempos de CHENG YI y ZHU XI; por eso algunas traducciones modernas del *Libro de los Cambios* no traducen *kang* como vigoroso, sino que lo leen como un nombre propio. *Kang Hou*, el Marqués de *Kang*, fue el título nobiliario de *Feng*, el noveno hijo del rey Wen (el fundador de la dinastía Zhou). Su título nobiliario sólo aparece en el Dictamen en este hexagrama. Es muy probable que, cuando el texto de este hexagrama fue escrito, *Feng* todavía tenía el título nobiliario de Marqués de *Kang*. Más tarde, le fue conferido el feudo de *Wei* y desde entonces él fue conocido como el Marqués de *Wei* y su título nobiliario anterior fue olvidado por la historia. Muchas versiones del *Libro de los Cambios*, imitando a Wilhelm, traducen *Kang* como "vigoroso", porque en el tiempo de Wilhelm no se sabía que *kang hou* fue el título nobiliario de *Feng*. En varias partes del *Libro de los Cambios* se encuentran referencias históricas, tal como sucede en el Dictamen de este hexagrama.

2 Recordemos que "vigoroso" también puede traducirse como "tranquilo, seguro de sí mismo, próspero". Ver la nota anterior.

3 Por el soberano.

El Progreso

la imagen simbólica del sol emergiendo sobre la tierra; la sumisión combinada con la virtud de una gran inteligencia. Además, por fluctuación [de hexagramas][4], El Progreso proviene del hexagrama *Guan*, 觀, ䷓ (20, *La Contemplación*), en el que la dócil suavidad representada por el cuarto trazo avanza y progresa hacia arriba hasta llegar al quinto puesto. Si quien consulta el oráculo satisface estas tres condiciones[5], deberá gozar igualmente de similares favores.

La Imagen

El brillo del sol se eleva sobre la Tierra:
la imagen del Progreso.
Así el noble hace evidentes por sí solo
sus brillantes talentos.

> Después de que nos perfeccionemos a nosotros mismos y establezcamos una buena reputación, estaremos en condiciones de obtener el apoyo de las autoridades en nuestro campo de actividad.
> Una vez que hayamos ganado cierto reconocimiento por parte de nuestros superiores, nuestros talentos servirán para iluminar, no sólo nuestro propio camino, sino también para ayudar a otras personas.
> En otro nivel de interpretación, la frase "el noble hace evidentes por sí solo sus brillantes talentos", indica que antes de tener ninguna repercusión en el mundo es necesario que tengamos una visión clara de nuestras fortalezas y debilidades, que sepamos lo que ambicionamos y cuáles son nuestras posibilidades de conseguirlo.

CHENG YI. — Aclarar, iluminar, hacer más brillante. El *Zuo Zhuan*[6] dice: "Ilumina la virtud, previene las transgresiones"; es decir que ilumina los preceptos. El noble contempla la imagen simbólica del brillo que emerge sobre la tierra, del desarrollo y aumento del brillo de esta claridad, y se esfuerza por iluminar su propia facultad de inteligencia, por remover lo que la vela y ampliar su conocimiento. Iluminar la propia virtud de la inteligencia es iluminar la facultad de inteligencia del mundo entero; iluminar la inteligencia exterior a uno es iluminar la propia inteligencia, y por eso el texto dice: "así el noble hace evidentes por sí solo sus brillantes talentos".

ZHU XI. — El carácter *zhao* 昭 [iluminar][7], tiene el significado de *ming*, 明, hacer claro.

Al comienzo un seis (muta al hex. 21)

Progresando pero reprimido.
La determinación es favorable.
Sé tolerante ante la falta de confianza.
Sin culpa.

> Nuestro avance recién se inicia y todavía no hemos ganado la confianza de los demás. Posiblemente carezcamos de suficiente experiencia y debido a eso aún no podremos obtener suficiente ayuda.
> Seamos fieles a nuestras propias expectativas. Continuemos trabajando con determinación para convertir nuestra visión en realidad.

> **Trabajo:** No recibiremos ayuda y hasta es posible que ciertas personas nos obstruyan. Mantengamos la confianza en nosotros mismos y no abandonemos nuestros planes. No culpemos a quienes no confían en nosotros, tendremos que ganarnos su confianza con trabajo duro.

> **Vida privada:** Por ahora no podremos progresar porque no tenemos ayuda de nadie. Evitemos conflictos con los demás y sigamos dedicados a nuestros objetivos. Tengamos fe en nuestra propia potencialidad y no hagamos caso de las críticas que podamos recibir.

> **Salud, sentimientos y relaciones sociales:** Aunque nos encontramos aislados, sigamos haciendo todo lo posible para superarnos a nosotros mismos. De esa forma seremos aceptados por los demás y no cometeremos errores.

CHENG YI. — El primer trazo ocupa el puesto inferior de El Progreso, e indica el inicio del mismo. "Progresando pero reprimido", indica avance y detención. Ya sea que el avance sea exitoso, o esté reprimido, el texto indica que no habrá error y el presagio será feliz, pero sólo si nos conformamos a la rectitud [determinación]. La "falta de confianza", expresa que quien está abajo y comienza a avanzar no obtendrá inmediatamente la confianza profunda de su superior; si el superior aún no confía, el inferior debe contentarse con mantener su posición con gentileza, paciencia, grandeza y magnanimidad, sin actuar con afán prematuro para obtener su confianza. Si su deseo de inspirar confianza es ardiente, pero no se mantiene alerta, eso puede perjudicar el cumplimiento de

---

4 Ver el Glosario para obtener más información sobre este término.
5 Ser recibido en audiencia por el soberano tres veces.
6 El *Zuo Zhuan*, 左傳, traducido como Crónica de Zuo o el Comentario de Zuo, es el primer libro chino de historia narrativa, que cubre el período de 722 a. C. a 468 a. C.

7 *Zhao* significa "Ilumina, muestra instruye, manifiesta; brillante, ilustre. El brillo del sol".

su deber; pero con grandeza y magnanimidad no habrá culpa. Éste es el camino por el que el noble avanza o retrocede.[8]

ZHU XI. — Este trazo *yin* está en un puesto inferior, su correspondencia[9] no se ajusta ni a la centralidad ni a la rectitud[10]; simboliza el deseo de avanzar y ver un obstáculo que lo detiene. Si el que consulta el oráculo está en estas condiciones, y si puede conservar su rectitud, el augurio será feliz. Suponiendo que los hombres no tengan confianza en él, deberá sin embargo proceder con grandeza y generosidad, y así evitará toda culpa.

Seis en el segundo puesto (muta al hex. 64)

Progresando con pena.
La determinación es favorable.
Recibirá una gran bendición de su antepasada.

> Progresar con pena significa que tendremos que hacer algunos sacrificios para seguir avanzando.
>
> Nuestro progreso es difícil porque todavía estamos solos, sin recibir ningún tipo de ayuda o cooperación de los demás.
>
> En algún momento recibiremos ayuda, puede que provenga de una mujer o de una figura maternal. Notemos que el carácter traducido como "antepasada", también significa "abuela, reina madre". La "gran bendición de su antepasada" puede indicar que recibiremos el reconocimiento de nuestro predecesor.
>
> **Trabajo:** Nuestro trabajo no es fácil y nuestros esfuerzos aún no son reconocidos porque todavía no encontramos el enfoque correcto. Puede que consigamos ayuda o asesoramiento de alguien proveniente de nuestro pasado o tal vez de un colega que ocupaba nuestra misma posición antes que nosotros.
>
> **Vida privada:** Estamos preocupados o de luto. Puede que heredemos algo o recibamos el apoyo de una figura maternal de nuestro pasado. Seamos pacientes y tengamos fe en nosotros mismos.
>
> **Salud, sentimientos y relaciones sociales:** No hemos encontrado el camino correcto porque todavía no nos conocemos bien a nosotros mismo. Solo después que comprendamos y seamos conscientes de nuestros verdaderos sentimientos entenderemos lo que tenemos que hacer.

CHENG YI. — El segundo trazo *yin* está en una posición baja, y por encima de él, no encuentra correspondencia ni bienvenida. Utiliza las virtudes de la centralidad y la rectitud, la gentileza y la bondad sin intentar avanzar por la fuerza. Al avanzar, puede entristecerse, lo que expresa la dificultad que experimenta para avanzar. Sin embargo, manteniendo su perfecta rectitud, merecerá alcanzar la felicidad, por eso el texto dice: "Progresando con pena. La determinación es favorable". La expresión "reina madre", designa una antepasada prominente, y se refiere al quinto trazo *yin*. El segundo trazo utiliza el camino de la centralidad y la rectitud y se mantiene en guardia; aunque en la cima no encuentra correspondencia ni bienvenida, y no puede avanzar por sí mismo[11], sin embargo, sus virtudes de centralidad y rectitud, tarde o temprano brillarán y las personas prominentes necesariamente deberán recurrir a él. En efecto, el príncipe dotado de una gran inteligencia, representado por el quinto trazo *yin*, posee las mismas virtudes, por lo que seguramente tendrá que llamarlo a sí mismo, colmarlo de favores y honores: "recibirá una gran bendición de su antepasada".

ZHU XI. — El segundo trazo *yin* posee centralidad y rectitud. Por encima de él no encuentra ninguna correspondencia amistosa, por lo que avanza con tristeza. Si quien consulta el oráculo se encuentra en estas condiciones, y es capaz de observar la centralidad, el augurio será feliz y recibirá los honores conferidos por su antepasada real. "Reina Madre", designa al quinto trazo *yin*. De hecho, la idea de una antecesora de las generaciones pasadas, que, siendo *yin*, ocupa un puesto preeminente hace auspicioso a este oráculo.

Seis en el tercer puesto (muta al hex. 56)

Todos están de acuerdo y confían.
El arrepentimiento se desvanece.

> Finalmente ganamos la confianza y la cooperación de nuestros pares. Al trabajar con otras personas seremos capaces de llevar a cabo nuestros objetivos con éxito. Por otra parte, ya no estamos solos, de hecho necesitamos el apoyo de los demás, tal como ellos necesitan el nuestro, y nuestras metas y esfuerzos ya no son un asunto personal, sino una tarea grupal.
>
> El que el arrepentimiento desaparezca indica que todas las personas involucradas comparten los mismos objetivos y no tienen dudas ni vacilaciones.

---

8 CHENG YI aconseja paciencia y tranquila determinación, no dejar que el deseo de reconocimiento y progreso nos haga cometer errores.

9 Con el cuarto trazo *yang*.

10 Obviamente no está en el centro del trigrama, y es un trazo *yin* en un puesto *yang*, por eso carece de rectitud.

11 Por su propia fuerza.

El Progreso

Trabajo: Recibiremos apoyo y avanzaremos en nuestra carrera, pero no en solitario, sino dentro de un equipo.

Vida privada: Somos parte de una familia y/o un grupo de amigos estrechamente unido. No progresamos aisladamente sino en conjunto con nuestros amigos, compartiendo los recursos y habilidades de cada uno.

Salud, sentimientos y relaciones sociales: Habiendo superado nuestros conflictos internos, ahora sabemos claramente lo que queremos hacer.

CHENG YI. — Dado que este trazo *yin*, que ocupa el tercer puesto, no posee centralidad ni rectitud; necesariamente debe sentir arrepentimiento y cometer errores. Además, el tercer puesto está en la cima de la sustancia de la pasividad[12], y expresa el grado más extremo de sumisión. Los tres trazos *yin* se someten todos por igual al superior; por lo tanto, la sumisión del tercero hacia el superior, marca la comunidad de tendencias de la multitud, él es aquel a quien la multitud sigue con total confianza, y es por eso que el arrepentimiento se desvanece. Sus tendencias lo llevan a someterse a su superior y a volverse hacia la claridad[13], y la multitud lo sigue con total confianza, ¿qué cosa no sería ventajosa para él? Se ha dicho: No tener centralidad ni rectitud, y ser de la misma naturaleza que la multitud, ¿puede considerarse que esto expresa el bien? Respuesta: aquel en quien la multitud confía debe ser necesariamente el más digno de ello; más aún, ¿cómo podría tener aspectos negativos la sumisión a la gran inteligencia del superior? Es por esto que el arrepentimiento se desvanece, porque borra las faltas resultantes de la falta de centralidad y rectitud. Los antiguos decían: "Quien sigue a la multitud se asocia con la voluntad del cielo"[14].

ZHU XI. — El tercer trazo carece de centralidad y rectitud; naturalmente debería sentir arrepentimiento. Dado que quiere avanzar hacia arriba con los dos trazos *yin* inferiores, todos juntos quieren avanzar hacia arriba, por eso se considera que él representa a aquel en quien la multitud confía y cuyo arrepentimiento se disipa.

Nueve en el cuarto puesto (muta al hex. 23)

Progresando como una ardilla.
La determinación es peligrosa.

La palabra traducida como "ardilla" indica un roedor de algún tipo. Dichos animales son vistos como una plaga en China, porque destruyen los cultivos. La ardilla simboliza un comportamiento deshonesto y agresivamente codicioso.

El sentido de este tiempo es progresar junto con otras personas, no monopolizar todos los bienes para nosotros mismos. Si continuamos comportándonos con avaricia nos meteremos en problemas.

Trabajo: Si sólo nos preocupan las ganancias inmediatas para nosotros mismos, sin pensar en nuestras responsabilidades para con otros, seremos disciplinados e incluso podemos ser despedidos o perder un negocio.

Vida privada: Si no controlamos nuestra codicia, nuestra conducta egoísta y voraz causará muchos conflictos con las personas a nuestro alrededor.

Salud, sentimientos y relaciones sociales: La ambición y la imprudencia nos apartarán de los valores espirituales y no nos permitirán relacionarnos armónicamente con otras personas.

CHENG YI. — Este trazo *yang* ocupa el cuarto puesto, éste no es el puesto que le conviene; pero aún así lo ocupa, es por tanto alguien que aspira prematuramente a una [buena] posición. Al tener la ambición de colocarse en una posición alta, careciendo de las virtudes necesarias y teniendo las mismas virtudes que el trazo superior[15], se asocia con sumisión al trazo superior. Tres trazos *yin* están agrupados bajo él, la fuerza natural de las cosas hace que necesariamente deba avanzar hacia arriba, además su corazón está agitado por la codicia y la sospecha, es un hombre ambicioso y temeroso. La ardilla es codiciosa y teme al hombre, por eso el texto dice: "Progresando como una ardilla". Anhela codiciosamente lo que no está a su alcance y su corazón tiembla con codicia; si mantiene estas disposiciones con determinación, se hace evidente la posibilidad de peligro, que el texto advierte con las palabras "la determinación es peligrosa", eso abre un camino hacia la reforma[16].

ZHU XI. — Sin centralidad ni rectitud, actúa para apropiarse clandestinamente de un alto cargo, codicioso y temeroso, su camino conduce al peligro, por lo que este texto incluye la imagen simbólica de la ardilla. Si quien consulta el oráculo se encuentra en estas condiciones, aunque tenga rectitud, correrá peligro.

---

12 Característica del trigrama inferior *Kun*, ☷.
13 Expresada por el trigrama superior *Li*, ☲.
14 *Vox Populi vox dei.*
15 Ambos son trazos *yang*.
16 Si escucha la advertencia del texto.

○ **Seis en el quinto puesto** (muta al hex. 12)
El arrepentimiento desaparece.
No te preocupes por pérdida o ganancia.
Avanzar trae ventura.
Nada que no sea favorable.

> No tenemos dudas porque estamos completamente concentrados en lo que tenemos que hacer, sin estar obsesionados con las posibilidades de ganancia o pérdida (la victoria o el fracaso).
> Nuestra dedicación y buen equilibrio nos harán feliz y exitoso. No cometeremos errores.
>
> **Trabajo:** Una actitud humilde que es capaz de delegar tareas a los subordinados, pero también presta atención al consejo de los expertos (el sexto trazo) nos llevará al éxito.
>
> **Vida privada:** No nos preocupemos por los detalles menores. Sabemos desenvolvernos bien, avanzando sin preocupaciones y con seguridad. Todo nos irá bien.
>
> **Salud, sentimientos y relaciones sociales:** Gozaremos de excelente salud. Tendremos muy buen equilibrio físico y espiritual.

CHENG YI. — Este trazo *yin* utiliza la gentileza para mantenerse en la situación preeminente. En el fondo, es natural que se arrepienta. Pero gracias a su gran inteligencia y porque todos los inferiores se unen a él con sumisión, sus arrepentimientos pueden disiparse. Puesto que los inferiores poseen sus mismas virtudes y se unen a él con sumisión, conviene que examine su sinceridad antes de delegarles autoridad[17], que se sirva de las aptitudes de todos, que conozca las tendencias del mundo, sin seguir usando solamente su propia inteligencia, sin preocuparse por el éxito o el fracaso en sus proyectos. En tales condiciones, si emprende algo, el augurio será feliz y nada quedará sin beneficio. El quinto trazo *yin* es un príncipe de gran inteligencia[18]; no deplora no poder [siempre] esclarecer e iluminar, sino los errores que puede cometer en el uso de su inteligencia. Si al examinar el mérito individual de cada uno llega a perder el camino que debe observar, no podrá delegar su autoridad. Por eso el texto advierte sobre la preocupación "por pérdida o ganancia"[19], porque la parcialidad en la delegación de las responsabilidades de la autoridad le llevará, si no tiene cuidado, a enajenar y extinguir en el mundo el sentimiento de devoción al bien público. ¡Cómo podríamos seguir basando nuestras elecciones en razones de interés privado!

ZHU XI. — Siendo un trazo *yin* con dócil gentileza, y ocupando una posición que implica firmeza, es natural que se arrepienta. Puesto que arriba está la gran inteligencia [claridad], y abajo todos siguen con sumisión, el significado adivinatorio para quien obtenga este trazo al consultar el oráculo, será que los arrepentimientos se disiparán. Además, al eliminar todo sentido de cálculo del interés privado, el augurio será feliz para sus empresas y nada quedará sin ventajas. Sin embargo, es absolutamente necesario que posea estas virtudes para ser digno de este pronóstico adivinatorio.

Al tope un nueve (muta al hex. 16)
Progresando con sus cuernos.
Úsalos sólo para castigar tu propia ciudad.
Peligro, pero habrá ventura.
Sin culpa.
La determinación es humillante.

> Castigar a la propia ciudad significa que debemos disciplinarnos a nosotros mismos y a las personas bajo nuestro liderazgo.
> El tiempo del Progreso está llegando a su fin. Puesto que no podemos continuar avanzando, utilicemos nuestra energía para poner en orden nuestra propia esfera de influencia, u ordenarnos nosotros mismos. Este es el último trazo del hexagrama, por lo que existe el peligro de que las cosas se nos vayan de las manos, pero eso no justifica el uso de medidas extremas para castigar a otros. Si lo hacemos, seremos humillados.
>
> **Trabajo:** Lo más importante es que nosotros mismos nos auto controlemos, sólo después de lograr eso, ocupémonos de disciplinar a nuestros subordinados. Todavía podemos tener éxito –aunque en una esfera restringida–, pero sólo si mantenemos las cosas en equilibrio. Las actitudes intolerantes o indulgentes nos traerán problemas.
>
> **Vida privada:** Si bien podemos aplicarnos a nosotros mismos una disciplina estricta, pensemos dos veces antes de aplicar los mismos métodos duros a otras personas.
>
> **Salud, sentimientos y relaciones sociales:** El autocontrol y la disciplina son cosas buenas, pero sólo en la medida adecuada. Si nos estresamos o nos esforzamos demasiado nuestra salud se verá afectada.

---

17 Que examine las cualidades de quienes designe para puestos públicos.
18 O claridad.
19 Triunfar o fracasar.

El Progreso

CHENG YI. — Los cuernos son algo duro, situado al tope. El trazo *yang* superior emplea firmeza y ocupa el último puesto en el hexagrama, por lo que el texto toma los cuernos como imagen simbólica. Un trazo *yang* que ocupa el puesto más alto es el colmo de la firmeza; al estar en el puesto más alto de El Progreso, indica el grado extremo en el movimiento hacia adelante. Estando la firmeza en su apogeo, necesariamente debe haber un exceso de violencia y brutalidad; habiendo llegado el movimiento de avance a su grado más extremo, necesariamente se cometen errores por precipitación y prisa excesiva. Emplear la firmeza e impulsar el movimiento de progreso hacia el exceso es una completa falta de moderación; tal camino nunca es lícito, no importa cómo se haga. El texto dice "Úsalos sólo para castigar tu propia ciudad", porque entonces, aunque haya motivos de aprensión, sin embargo será un feliz augurio venturoso, además, no conllevará ninguna culpa. La expresión "castigar tu propia ciudad" indica que el objetivo es poner orden dentro de los límites del propio estado, esto significa dominarse internamente; en cambio [si dijera] "castigar las cuatro regiones" indicaría que se trata de dominar y someter [el mundo] fuera del propio estado. El hombre que busca dominarse a sí mismo, y que en este camino aplica excesiva firmeza, no deja de seguir el Camino, más bien se adhiere a él con firmeza; al impulsar el movimiento de progreso hacia su límite extremo, obtendrá un buen resultado más rápidamente. Así, si el trazo *yang* superior, se aplica a dominarse [a sí mismo], aunque pueda tener aprensión, sin embargo el augurio será feliz y además no habrá culpa. La severidad que inspira miedo y aprensión no es un camino hacia la paz y la calma; sin embargo, sólo cuando se trata de auto-corrección, este camino tiene mérito. El texto añade "La determinación es humillante"; eso es llevar las cosas demasiado lejos. Aún cuando se trate de auto-dominio, el límite extremo en la energía y el movimiento de progreso, aunque tenga sus ventajas, nunca es una virtud que implique moderación y centralidad; por eso, incluso en un camino seguido con perfecta rectitud, todavía puede ser motivo de preocupación[20]. "Determinación" significa no perder la centralidad ni la rectitud.

ZHU XI. — Los cuernos son duros y están colocados en lo alto; el trazo *yang* superior expresa el límite extremo de la firmeza en el movimiento de progreso hacia adelante, por eso tiene esta imagen simbólica. Si quien consulta el oráculo obtiene este trazo, y si trabaja para conquistarse a sí mismo[21], aunque el camino sea peligroso, el augurio será feliz y además no habrá culpa. Sin embargo, utilizar una dureza extrema para dominar la propia ciudad, aunque es coherente con la rectitud, es motivo de preocupación.

---

20 Por eso el texto dice "peligro".
21 "Úsalos sólo para castigar tu propia ciudad".

明夷

36 El Oscurecimiento de la Luz | *Ming Yi*

Los dos caracteres chinos que le dan nombre a este hexagrama son: *ming*: "luz" y *yi*: "esconder, matar, herir, oscurecer". Alternativamente puede ser traducido como "el faisán brillante" o "el faisán que está llamando", pero nosotros nos atendremos a su significado tradicional, como lo hicieron CHENG YI y ZHU XI.

Significados asociados
Oscurecimiento de la luz, ocultar la luz, disminuir el brillo, suprimir la luz, ocultar el brillo propio, censura.

El Dictamen
El Oscurecimiento de la Luz.
Es propicio tener presente las dificultades
y ser perseverante.

> Estamos haciendo frente a circunstancias adversas, en un tiempo en el que ni nuestras palabras ni nuestras acciones son apreciadas por la gente.
> Personas mezquinas y vulgares nos acosarán con quejas. Evitemos llamar la atención sobre nosotros mismos, no hagamos gala de nuestro conocimiento ni nuestros talentos, porque eso despertaría la hostilidad de otras personas.
> No compartamos nuestras sus opiniones, disimulemos nuestros planes, pero mantengámonos fieles a nuestros objetivos. Sigamos adelante por nuestro propio camino, con firmeza y discreción.
> El Oscurecimiento de la Luz también puede indicar que la situación no es clara o que nuestra percepción está en peligro de ser oscurecida.

CHENG YI. — Para el noble que se encuentra en presencia del tiempo expresado por El Oscurecimiento de la Luz, es favorable conocer el peligro; temerle y no desfallecer en su determinación y rectitud. Esto es lo que constituye la inteligencia del noble.

ZHU XI. — 夷, *yi*, significa "herir", injuria, daño, maldad[1]. Este hexagrama se compone del trigrama *Li*, ☲, en la parte inferior, y del trigrama *Kun*, ☷, en la parte superior; el sol entrando en la tierra; es el símbolo de la claridad a punto de debilitarse, por eso este hexagrama se llama El Oscurecimiento de la Luz. Además, el trazo *yin* superior es el regente de la oscuridad, y el quinto trazo *yin* se acerca y presiona contra él. Para quien consulta el oráculo, el bien consiste en desafiar el peligro, en mantener su determinación, y también en enmascarar, ocultándola, su propia inteligencia.

La Imagen
La luz ha entrado dentro de la tierra:
la imagen del Oscurecimiento de la Luz.
Así dirige el noble las multitudes.
Él vela su luz, pero conserva su lucidez.

> Mantengamos un perfil bajo. La luz debajo de la tierra significa que en tiempos de decadencia intelectual es peligroso exhibir públicamente nuestra brillantez. Soportemos con paciencia la ignorancia de los demás y no tratemos de corregirlos ni criticarlos. Es preferible que pasemos por tontos antes que antagonizar a otras personas. Lo importante es que mantengamos nuestra claridad mental incólume, sin llamar la atención de los demás. No intentemos sobresalir.

CHENG YI. — La luz es lo que ilumina; no hay nada que el noble no ilumine, pero al llevar demasiado lejos el uso de la inteligencia, al proyectar demasiada luz, se perjudicaría a sí mismo por la severidad de su examen y la rigidez de sus investigaciones. El exceso en la investigación no deja ningún detalle sin abordar y no incluye ninguna medida de tolerancia y moderación. Además, el noble contempla la imagen simbólica de la claridad que entra en la tierra y, al gobernar a la multitud, no lleva la claridad de su examen al límite extremo y sabe utilizar la

---
[1] Éste el segundo carácter que forma el nombre de este hexagrama.

El Oscurecimiento de la Luz

oscuridad [velar su luz]. De ello se deduce naturalmente que sabe ser tolerante con la gente y que se muestra indulgente con las multitudes. Todos se acercan a él y viven en paz. Así sabe utilizar la oscuridad y la convierte en claridad. Si confiara en su propia inteligencia y no permitiera que nada escapara a la investigación de su supervisión, no podría controlar el descontento y no poseería la virtud de la tolerancia y la indulgencia. Los sentimientos de desconfianza y miedo se mantendrían vivos en los hombres que no podían estar en paz. Cuando el camino del gobierno de la multitud se pierde, es conveniente velar la luz. Los sabios de la antigüedad, al establecer una pantalla de árboles protectores [en frente de ellos], querían evitar que la luz iluminara todo lo que está oculto.

ZHU XI. — No ofrece comentario para La Imagen de este hexagrama.

Al comienzo un nueve (muta al hex. 15)

Oscurecimiento de la Luz durante el vuelo.
El baja sus alas.
El noble avanza por el camino por tres días,
sin alimentarse, pero tiene un objetivo.
El posadero habla mal de él.

> Algunos peligros o una contingencia inesperada nos obligarán a cancelar o posponer nuestros planes. Bajar las alas indica que nuestro avance se dificultará mucho y tendremos que renunciar a algunas cosas.
> La gente no nos va a entender y nos criticarán.
> Los tres días por el camino "sin alimentarse", indican que vamos a perseverar a pesar de la falta de recursos y apoyo, sin abandonar nuestros objetivos.
>
> **Trabajo:** Reduzcamos nuestra exposición y evitemos llamar la atención sobre nosotros mismos. Tendremos que posponer algunas cosas, pero con algunos sacrificios, podremos seguir adelante.
> Vamos a perder la confianza de nuestros superiores y colegas, que no nos van a entender, e incluso pueden conspirar contra nosotros. Es posible que no tengamos ingresos durante un tiempo.
>
> **Vida privada:** Las personas que nos rodean tienen sus mentes nubladas, por eso van a malinterpretar lo que hagamos y nos obstaculizarán. Sigamos adelante por nuestra cuenta, cueste lo que cueste. No renunciemos a nuestras metas aunque tengamos que hacer algunos sacrificios. Si somos tenaces, tendremos éxito a largo plazo.
> Podemos llegar a tener problemas con nuestro casero o el propietario del lugar donde nos alojamos.
>
> **Salud, sentimientos y relaciones sociales:** Es posible que tengamos problemas con nuestras extremidades y que nuestra movilidad esté un poco limitada durante un tiempo.

CHENG YI. — El primer trazo *yang* forma parte de la sustancia de la claridad[2], ocupa el primer puesto en El Oscurecimiento de la Luz, y ve el comienzo del oscurecimiento. Este trazo es *yang*, inteligente, brillante y asciende, por lo que se menciona "el vuelo". La oscuridad de las tinieblas está arriba[3], y perjudica la claridad *yang*, de modo que su luz no puede elevarse a medida que avanza; eso es en efecto, dañar las alas durante el vuelo. El ala siente la herida y queda suspendida inerte. Siempre que el hombre inferior daña al noble, perjudica su capacidad de avance. "El noble avanza por el camino por tres días, sin alimentarse", el noble es inteligente e iluminado; ve las cosas en su germen; ve la causa del mal desde el principio, aunque todavía no está claramente definido puede verlo y reconocerlo, por eso "tiene un objetivo", actúa para protegerse y evitarlo. Está a punto de abandonar su posición, sus funciones y su salario, para retirarse al margen y refugiarse. "Tres días sin alimentarse" expresa el último grado de miseria y sufrimiento. El hecho aún no se manifiesta y su posición es sumamente peligrosa; sin la inteligencia que nos permite distinguir el mal incipiente, sería imposible evitarlo. Ahora bien, sólo el noble puede ver esta semilla; su conocimiento no está al alcance de la multitud. Por eso al comienzo de El Oscurecimiento de la Luz, evita el mal antes de que se manifieste, de modo que la gente de su tiempo, imbuida de los errores de su tiempo, se asombra de lo que hace, por eso, cuando tiene que emprender algo, aquellos con quienes trata hacen observaciones: "el posadero habla mal de él". Pero el noble no se deja retrasar en su acción por el mezquino asombro del vulgo; si esperara hasta que todos los hombres hubieran reconocido la presencia del peligro, el mal ya le habría alcanzado y ya no estaría a tiempo de evitarlo. Así demostró su inteligencia Xua Fang, mientras Yang Xiong no pudo asegurar su escape[4]. Se ha dicho: Si el mal ya ha llegado a tal punto que "baja sus alas", este mal ya se ha hecho evidente; ¿Cómo puede ser que no todos los hombres lo vean? Respuesta: el primer trazo indica el comienzo del mal; el texto utiliza la expresión "baja sus

---

2 El trigrama *Li*, ☲.
3 El trigrama *Kun*, ☷, que significa oscuridad, la tierra que cubre la luz.
4 Xue Fang fue un oficial que declinó hábilmente la oferta de un puesto en la corte del tirano Wang Mang, evitando así complicaciones. Yang Xiong actuó a la inversa, ya que tuvo un puesto en la corte del tirano.

alas" para indicar que lo que se daña es precisamente el instrumento de vuelo [lo que permite avanzar]; pero el hecho en sí aún no se ha manifestado. El noble ve el origen del mal en su origen, de modo que está a tiempo de evitarlo; la gente común de su tiempo es incapaz de ver este origen, de modo que todos se sorprenden de lo que hace y lo culpan. Así, cuando Mu Sheng abandonó el Estado de Chu, el Duque Shen y el Duque Bai lo culparon precipitadamente; más aún, el vulgo lo culpó. Criticaron que se quejara al Rey sobre una ceremonia de poca importancia, sin saber que Mu Sheng evitó así la desgracia de una cruel tortura. Hablando de ello, dijo: "Si no me hubiera ido a tiempo, la gente me habría puesto en la picota en la plaza del mercado". Aunque el Duque Shen y el Duque Bai eran ambos filósofos eruditos, consideraron que estas palabras eran una exageración. Podemos citar como otro ejemplo el caso de Yuan Hong, durante una conspiración. Eruditos de renombre y mérito se toparon con la punta de la espada, y él solo se escondió en una choza de barro, de modo que los hombres lo consideraron un ser salvaje e idiota, aunque así evitaba los males del encarcelamiento por conspiración política. Cuando uno comienza un viaje, ¿es sorprendente que alguien lo culpe por sus acciones?

ZHU XI. — Vuela y baja sus alas, la imagen simbólica de un daño. El significado adivinatorio es: "actuar y no comer"; si el resultado de la empresa no es favorable, es consecuencia del momento y de las circunstancias; es imposible evitarlo.

○ **Seis en el segundo puesto** (muta al hex. 11)

El Oscurecimiento de la Luz lo hiere en el muslo izquierdo, pero es salvado por un caballo poderoso.
Ventura.

> El ser herido en el muslo significa que la resistencia en contra nuestro se incrementará, nuestra capacidad para avanzar se verá aún más reducida y nos veremos privados de los medios requeridos. Pero a pesar de todos estos inconvenientes, nuestros enemigos no podrán neutralizarnos por completo.
> La izquierda es la dirección de la retirada, por eso, ser herido en el muslo izquierdo puede indicar que seremos atacados desde atrás, a traición, tomándonos por sorpresa.
> El caballo es un símbolo de coraje, espíritu bravío y fuerza moral para resistir la oposición; significa que seguiremos perseverando, que superaremos las dificultades e incluso podremos ayudar a nuestros dependientes. El caballo también indica que recuperaremos nuestra movilidad y podremos superar los obstáculos.

Trabajo: Nuestra carrera y objetivos se ven obstaculizados por una oposición seria. No permitamos que nos detengan; sigamos en movimiento y recuperemos la iniciativa.

Vida privada: No perdamos la calma ni abandonemos nuestras metas. Mantengamos el ánimo, sin dejarnos amedrentar.

Salud, sentimientos y relaciones sociales: Estamos en el camino correcto; no dejemos que otros nos desalienten. Con un poco de ayuda podremos sobrellevar este percance. Puede que tengamos algún problema con nuestras extremidades inferiores.

CHENG YI. — El segundo trazo *yin* muestra las habilidades de la inteligencia más brillante; se ajusta a la centralidad y la rectitud, y su sustancia es la pasividad. Se sitúa adaptándose a las exigencias del momento, que es lo mejor que puede hacer. Aunque el noble se sitúa en conformidad con el bien, se encuentra en presencia de un momento en el que la sombra oscura del hombre inferior daña lo que es brillante, y no puede evitar ser herido por ella. Pero al situarse, el noble sigue el Camino, de modo que no pueda resultar herido profundamente por ello y, en última instancia, puede apartarse del mal y evitarlo. El pie es el instrumento de la marcha, el muslo está por encima de la pierna y del pie; su uso es sólo secundario en la acción de caminar; además el lado izquierdo no es el que la mano o el pie utilizan preferentemente, sólo al estirar el arco el lado izquierdo tiene el papel preponderante, y de hecho, en este caso, el lado derecho es fijo y sirve de punto de apoyo. "Lo hiere en el muslo izquierdo" significa una lesión que dificulta la marcha, sin que el daño sea muy considerable. Todavía hay una manera de escapar de este mal; montando un caballo fuerte y veloz rápidamente lograremos alejarnos del peligro y el augurio se volverá feliz. El noble, quien es herido por la sombra y la oscuridad, tiene un camino a seguir, así él utiliza este camino y rápidamente logra evitar el daño, por lo que no está muy gravemente herido. Por eso el texto dice: "es salvado por un caballo poderoso. Ventura". El segundo trazo, con su brillante inteligencia, ocupa el puesto inferior en la oscuridad; lo que entendemos por "ventura", es por lo tanto, sólo poder escapar del mal; esto de ninguna manera indica que podrá actuar [exitosamente] ni prevalecer en este tiempo.

ZHU XI. — Hay una lesión pero no es grave; remediándola rápidamente se evitará mayor daño; de ahí el significado adivinatorio y la imagen simbólica.

El Oscurecimiento de la Luz

Nueve en el tercer puesto (muta al hex. 24)

Oscurecimiento de la Luz durante la cacería en el sur.
Su gran líder es capturado.
No seas apresurado en tu determinación.

La cacería indica la búsqueda de una forma de resolver las dificultades presentes. En la antigua China, el sur se colocaba en la parte superior de los mapas; esto indica que estamos buscando a una persona en una posición elevada, quien es la fuente de todos los problemas que nos aquejan.

Podremos encontrar la forma de corregir la mala situación actual sólo cuando el "Señor de la Oscuridad" (el sexto trazo de este hexagrama) sea descubierto.

No deberíamos apresurarnos demasiado para resolver los problemas, porque la mala situación actual ha existido durante mucho tiempo y debe ser corregida en forma gradual.

Trabajo: Nuestra tarea será esclarecer una situación complicada y oscura. Quizás trabajemos como un investigador o alguien que busca pistas para localizar el origen de los problemas.

Vida privada: Tendremos que afrontar conflictos y sospechas hasta que descubramos donde está el origen de nuestros problemas. Tomemos el tiempo necesario para determinar la mejor manera de solucionar las cosas.

Salud, sentimientos y relaciones sociales: Descubriremos la causa de nuestras dolencias, pero la mejoría de nuestra salud tomará algún tiempo.

CHENG YI. — El tercer trazo *yang* es el trazo superior del trigrama *Li*, ☲, y representa el grado extremo de claridad o inteligencia. Además se sitúa en un puesto firme que avanza. El trazo superior del Oscurecimiento de la Luz, que también es el trazo superior del trigrama *Kun*, ☷, expresa el colmo de la oscuridad. La iluminación extrema se coloca abajo, en la parte superior del trigrama inferior, mientras que la extrema oscuridad está arriba y ocupa allí la posición extrema; existe una correspondencia exacta entre ambos trazos, lo que indica que la luz está a punto de disipar las tinieblas. ¿No se relaciona este significado exactamente con el caso de Wu y Tang[5]? El Sur está adelante y es la región de la luz. La palabra "cacería" indica la búsqueda o la expulsión del mal; "cacería en el sur" significa avanzar y alejar el mal. Conviene capturar al gran líder, es decir el líder de los rebeldes, representado por el trazo *yin* superior. El tercer trazo y el trazo superior se corresponden exactamente y constituyen la imagen simbólica de la extrema claridad que prevalece sobre la extrema oscuridad. No debemos esforzarnos apresuradamente por alcanzar la perfección; es decir, exterminar radicalmente el mal; cuando la causa del mal lleva mucho tiempo produciendo su efecto deletéreo y la moral está permeada y corrompida por ella, no debemos erradicarla bruscamente, sino que debemos proceder poco a poco y gradualmente. Si el mal se eliminara abruptamente, habría motivos de temor e inquietud. El *ShuJing*[6] dice: "Sólo el ejemplo dado por Yin a todos sus súbditos ha dado lugar al libertinaje y al abuso del vino. No des muerte a la ligera, sino limítate a instruir, y eso incluso durante un largo tiempo." El mismo libro vuelve a decir: "Las demás costumbres aún no están abolidas; son producto de un efecto lento y repetido sobre la moral; no debemos eliminarlas radicalmente y apresuradamente". Por eso el texto dice "no seas apresurado en tu determinación", no debemos esforzarnos apresuradamente por alcanzar la perfección; la justicia no debe implicar prisa. Si bien el trazo *yin* superior no ocupa la posición del príncipe[7], por estar situado en el puesto más alto y por expresar el colmo de las tinieblas, se considera que representa a aquel de quien depende el oscurecimiento, y se designa con la expresión "gran líder"[8].

ZHU XI. — Este firme trazo ocupa un puesto que incluye la energía y la dureza, además está al tope del trigrama *Li*, ☲, que expresa claridad; sin embargo, cede ante la oscuridad más extrema y se corresponde exactamente con el trazo *yin* superior del que depende el oscurecimiento. De ahí la imagen simbólica de volverse hacia la claridad, de protegerse del mal y de capturar al autor principal del mal. Sin embargo, no debe actuar apresuradamente, ya que el texto advierte "no seas apresurado en tu determinación". Cheng Tang[9], se rebeló desde la torre Xia[10]; el Rey Wen se rebeló desde Youli[11]. Estos son ejemplos precisos de la aplicación del significado de este trazo, y se aplican de la misma forma a cosas de menor importancia.

---

5 Tanto Tang como Wu fundaron nuevas dinastías. Cheng Tang fundó la dinastía Shang, luego de derrotar a la dinastía Xia. Wu (el hijo del Rey Wen) fundó la dinastía Zhou, luego de derrotar a los Shang.

6 El *ShuJing* (el Libro de la Historia o Libro de los Documentos), es uno de los Cinco Clásicos del canon confuciano que influyó enormemente en la historia y la cultura chinas.

7 El quinto puesto.

8 Expresión similar a la de "principal culpable".

9 Quien fundó la dinastía Shang.

10 Donde estaba preso.

11 Donde había sido apresado.

Seis en el cuarto puesto (muta al hex. 55)

Se adentra en el lazo izquierdo del vientre.
Él encuentra el corazón del Oscurecimiento de la Luz y sale de la puerta y el patio.

> Vamos a llegar al fondo del asunto, el corazón de las tinieblas, desde donde podremos comprender a fondo la situación. La mención al "corazón" y "el lado izquierdo del vientre" indican que tenemos acceso a las maquinaciones internas de quien es la fuente de toda la oscuridad. Nos encontramos cerca de una persona peligrosa, e incluso podemos tener su confianza.
> Al llegar a ese punto, sabremos que ya no tenemos nada más que hacer allí, que es el momento para iniciar una nueva etapa. Debemos abandonar nuestra posición. Salir de la puerta y el patio indica que tenemos que escapar de un lugar peligroso.

> **Trabajo:** Quizás seamos asignados a una nueva posición o lugar, o puede que abandonemos voluntariamente nuestro cargo actual para evitar comprometernos con actos malignos.

> **Vida privada:** No tenemos ninguna posibilidad de mejorar las cosas. Nuestra mejor opción es cortar por lo sano y empezar de nuevo.

> **Salud, sentimientos y relaciones sociales:** El lado izquierdo del vientre indica que es aconsejable reposar para restaurar nuestra salud.[12] Tomemos las cosas con calma, pero no nos quedemos quietos donde estamos, necesitamos alejarnos de las personas que tienen malos designios.

CHENG YI. — El cuarto trazo usa las cualidades *yin* para ocupar un puesto que incluye estas mismas cualidades; además, forma parte de la sustancia del trigrama *Kun*, ☷, que es suave y *yin*. Está situado cerca de la posición del príncipe; es un hombre inferior y vicioso que ocupa una posición alta y que utiliza la bajeza y la adulación para complacer al príncipe. El quinto trazo *yin* ocupa la posición del príncipe en El Oscurecimiento de la Luz, es el amo de el daño causado a la luz. El cuarto trazo lo sigue pasivamente, prestándose vilmente a sus malvados designios, para fortalecer su conexión. Ahora bien, cuando un hombre inferior sirve al príncipe, nunca actúa siguiendo un camino claro y manifiesto; necesariamente se une al superior siguiendo inclinaciones secretas. El lado derecho es el que se debe utilizar, que además se considera el lugar de la claridad; el lado izquierdo no debe usarse, por lo que se considera el lado de las inclinaciones secretas. El hombre, cuando utiliza las manos y los pies, utiliza siempre el miembro derecho. Comúnmente llamamos "inclinación parcial" a lo que se considera que constituye una inclinación culpable, o inclinación hacia la izquierda, porque la izquierda es el lado de las inclinaciones secretas. El cuarto trazo utiliza el camino de las inclinaciones secretas; se insinúa profundamente en la mente del príncipe, por eso el texto dice: "se adentra en el lazo izquierdo del vientre"; penetrar el vientre quiere decir que la conexión es muy íntima, y así penetra intenciones y pensamientos. Siempre que personas perversas y mal intencionadas se ganan la confianza del príncipe, es porque se apoderan de su corazón; si no capturaran su corazón, ¿no reconocería el príncipe sus malas intenciones? "Sale de la puerta y el patio" significa que además de gozar de la confianza del príncipe y actuar según su mente, también actúa externamente; los súbditos perversos que sirven a un príncipe de mente estrecha necesariamente primero corrompen su corazón, y después pueden actuar directamente externamente[13].

ZHU XI. — El significado del texto de este trazo no está bien dilucidado. Me permito suponer que la expresión "el lazo izquierdo del vientre" designa un lugar oscuro y escondido, y que la frase "él encuentra el corazón del Oscurecimiento de la Luz y sale de la puerta y el patio", expresa el significado de captar las intenciones de alguien desde lejos. Esto expresaría que quien consulta el oráculo y obtiene como respuesta este trazo, al posicionarse debe seguir este ejemplo. De hecho, se considera que la sustancia del trigrama *Li*, ☲, expresa las cualidades de extrema claridad o inteligencia, mientras que la sustancia del trigrama *Kun*, ☷, expresa un lugar de extrema oscuridad. Los tres trazos inferiores expresan claridad más allá de la oscuridad, de modo que según su grado de distancia o proximidad, elevación o inferioridad, cada uno de ellos se sitúa de forma diferente. El cuarto trazo *yin* emplea una dócil suavidad, ocupando legítimamente un lugar oscuro[14], pero donde la oscuridad aún no es espesa, de modo que todavía le es posible extender sus ideas a lo lejano. El quinto trazo también emplea las cualidades de la suavidad *yin*; está justo en medio del lugar de la oscuridad y está completamente inmerso en ella, por lo que simboliza encerrar en uno mismo las legítimas tendencias de oscurecer y enmascarar la propia claridad o inteligencia.

---

12 Según las creencias tradicionales chinas, *hun*, el espíritu luminoso, normalmente ocupa la zona situada por encima y entre los ojos. Durante el reposo se va al hígado que está dentro del vientre. También, el lazo izquierdo del vientre, que contiene el corazón y el bazo, tradicionalmente es la sede de las emociones.

13 Actuando abiertamente y por su cuenta; sus actos son tolerados por el príncipe que han capturado, debido a su debilidad.
14 Cuarto puesto *yin*.

El Oscurecimiento de la Luz

En cuanto al trazo superior, se encuentra en el colmo de las tinieblas, de modo que él mismo destruye su propia inteligencia hasta el oscurecimiento total e incluso es capaz de dañar la inteligencia de los demás. Esto se debe a que, de hecho, se considera que los cinco trazos inferiores representan a hombres talentosos, mientras que el trazo superior, por sí solo, representa a un príncipe sin inteligencia ni iluminación.

○ **Seis en el quinto puesto** (muta al hex. 63)
Oscurecimiento de la Luz [como en el caso de el] príncipe *Ji*.
La determinación es favorable.

> El príncipe *Ji* (箕子, *Jizi*) fue un ministro del último rey *Shang*, el Rey Zhou, un tirano que no permitía oposición alguna. Debido a sus conexiones familiares, Jizi no podía retirarse de la corte y tuvo que fingir locura para evitar involucrarse con el malvado rey y así salvar su vida.
> Nuestra situación es muy complicada, no podemos retirarnos de una situación peligrosa, ni demostrar abiertamente nuestras opiniones sin ponernos en peligro. Siguiendo el ejemplo del príncipe *Ji*, la mejor manera de evitar complicaciones es ocultar nuestro entendimiento y simular que somos necios o ingenuos.
> Seamos prudentes, evitemos entrar en conflicto con otras personas, es mejor que piensen que somos inofensivos y no tenemos idea alguna de lo que pasa. Pero también evitemos involucrarnos con las malas acciones de nuestros superiores.
> **Trabajo:** Sigamos fieles a nuestros principios y evitemos tomar parte de actos ilegales o impropios. Es preferible que no intervengamos en nada y mantengamos nuestra neutralidad.
> **Vida privada:** Nuestra vida familiar será problemática. Sería mejor que miremos para otro lado y no nos involucremos en los problemas ajenos, pero tampoco descartemos nuestros principios.
> **Salud, sentimientos y relaciones sociales:** Aunque no podemos expresarnos libremente, debemos mantener nuestra mente clara y fuerte. Este es un mal tiempo para las relaciones sociales.

CHENG YI. — El quinto puesto representa la situación del príncipe; ésta es la interpretación ordinaria. Sin embargo en el *Libro de los Cambios* la elección del significado varía y cambia según el momento. El trazo *yin* superior se coloca en el puesto superior del trigrama *Kun*, ☷, y en el puesto más alto de El Oscurecimiento de la Luz. La penumbra *yin* ha alcanzado el grado más alto de su daño a la claridad. El quinto trazo es el más cercano a él; el sabio deduce que el quinto trazo representa a un hombre situado muy cerca de la oscuridad absoluta. Precisamente porque ve cómo el deber le ordena situarse, el texto no lo considera exclusivamente desde el punto de vista de ocupar el puesto del príncipe. El trazo superior expresa el colmo de la oscuridad y el oscurecimiento de la luz, de modo que se considera que representa aquello de lo que depende el oscurecimiento; el quinto trazo está muy cerca del trazo del que depende el oscurecimiento de la luz; si manifestara su inteligencia [su claridad], infalible e inmediatamente sería herido y afectado por el mal. Por lo tanto, es apropiado que actúe como lo hizo Jizi[15] escondiéndose en la oscuridad, y así podrá evitar el peligro. Jizi era un antiguo ministro de la dinastía Shang y un pariente que llevaba el apellido imperial; esto es lo que podemos llamar estar en el punto más alto cerca del Rey Zhou. Si él mismo no hubiera ocultado su inteligencia, infaliblemente se habría visto afectado por la desgracia; por eso simuló locura y degradación para escapar de la desgracia. Aunque escondió su inteligencia, sin embargo, dentro de sí mismo conservó su rectitud, esto es lo que debemos entender por el texto del Dictamen, "es propicio tener presente las dificultades y ser perseverante", y es lo que podemos llamar "la humanidad en la inteligencia"[16]. En cuanto a la conducta de Jizi, es lo que podemos llamar "determinación" en el camino seguido. Como el quinto trazo tiene suavidad *yin*, el texto da una advertencia, al decir que es propicia la determinación, lo que indica que hay que llevar la firmeza al mismo punto de perfección que Jizi. Si habláramos de ello desde el punto de vista del camino del príncipe, el significado seguiría siendo el mismo; también hay ocasiones en que el príncipe debe soportar el oscurecimiento e incluso oscurecer y ocultar su propia inteligencia, al tiempo que rectifica interiormente sus propias tendencias.

ZHU XI. — Este trazo ocupa un lugar de absoluta oscuridad, está cerca del amo de la extrema oscuridad, sin embargo, es capaz de rectificar sus propias tendencias. Es la imagen simbólica de Jizi, y el colmo de la perfección. "La determinación es favorable" es una advertencia a quien consulta el oráculo.

---

15 Ver nuestro comentario a este trazo.
16 El carácter 仁, *ren*, traducido como "humanidad", designa el conjunto de las cualidades o habilidades más elevadas del alma humana.

□ **Al tope un seis** (muta al hex. 22)

No luz, sino oscuridad.
Primero ascendió al cielo.
Después se hundió en la tierra.

Este trazo describe como una persona mala, que ha logrado una posición alta, usando su poder indebidamente para suprimir la verdad, finalmente cae a causa de sus errores y desmesura.

Debido a que sus malas prácticas arruinaron la situación por completo, ahora toda la estructura de poder levantada con fines malignos y egoístas comienza a derrumbarse.

La caída de las fuerzas oscuras abrirá el camino para el progreso.

Trabajo: La situación es inestable. Quienes detentan el poder caerán y su negocio puede colapsar.

Vida privada: La situación ha ido demasiado lejos y ahora la estructura se va a caer por su propio peso. Es posible que suframos algunas pérdidas.

Salud, sentimientos y relaciones sociales: Posibles trastornos de la salud. Hundirse en la tierra puede indicar un entierro.

CHENG YI. — El trazo superior ocupa el último puesto del hexagrama, de él depende El Oscurecimiento de la Luz, y además expresa la altura de este oscurecimiento. El puesto superior es el lugar más alto. Cuando la luz está en el punto más alto, naturalmente debe iluminar a lo lejos; pero desde el momento en que la luz es oscurecida, ya no hay claridad, sino, por el contrario, oscuridad y tinieblas. En esencia, dado que este trazo ocupa una posición elevada, su inteligencia debería llegar a todas partes, de ahí que el texto diga "primero ascendió al cielo"; pero, por el contrario, destruye la luz y la oscurece, por eso "después se hundió en la tierra". El trazo superior es el último del Oscurecimiento de la Luz; también es el último trazo del trigrama *Kun*, ☷; por eso indica el grado extremo del Oscurecimiento de la Luz.

ZHU XI. — Este trazo ocupa la cima del trigrama *Kun*, ☷, con sus cualidades *yin* no desarrolla sus virtudes y llega al oscurecimiento de sus facultades. Primero se sitúa en una posición elevada, para apagar la inteligencia de los hombres, y, al final, infaliblemente acabará por destruirse a sí mismo y poner fin a su propio destino; de ahí la imagen simbólica y su significado adivinatorio.

37 La Familia | *Jia Ren*

Los dos caracteres chinos que le dan nombre a este hexagrama son: *jia*: "familia, casa" y *ren*: "hombre, personas". Su significado literal es "gente de la casa", tradicionalmente se refería a todos los miembros de la casa del jefe de la familia como mujeres, niños y sirvientes.

Significados asociados

Familia, gente de la familia, hogar, casa, mantener una casa; clan, grupo íntimo.

El Dictamen

La Familia.
La determinación es favorable para la mujer.

> En la antigua China tanto las mujeres como todos los demás miembros de la familia se subordinaban al jefe de la familia, por lo tanto este hexagrama describe una estructura jerárquica donde todos los miembros cooperan entre ellos y obedecen al líder del grupo. Puede describir cualquier grupo organizado o una asociación jerárquica.
>
> La determinación de la mujer se refiere al comportamiento correcto que debería seguir un subordinado dentro de un grupo humano, en el caso de la familia eso implica tareas de soporte, como cuidar, criar, preservar y nutrir a los miembros de la familia. Los deberes de un subordinado se orientan hacia el interior del grupo porque el jefe de la familia o grupo es el que se hace cargo de la interacción con el mundo exterior.
>
> Aunque en la actualidad la vida familiar es muy diferente a la de la China antigua, este hexagrama sigue dándonos una excelente descripción de como son las interacciones humanas dentro de un grupo jerárquico.

CHENG YI. — En el camino de las personas de la familia, la ventaja consiste en la rectitud de la mujer; si la mujer posee rectitud, el camino de la familia será recto y correcto. Si el marido se comporta como marido y la mujer como esposa, el camino de la familia es recto y correcto. El texto sólo dice que "la determinación es favorable para la mujer"; ahora bien, la rectitud en el marido es sólo la rectitud de su persona y de sus acciones; la rectitud en la mujer es la rectitud de toda la familia; por lo tanto, si la mujer es recta, es evidente que el hombre también lo será.

ZHU XI. — 家人, *jia ren*, significa los miembros de la familia. En el hexagrama, el quinto trazo *yang* y el segundo trazo *yin*, el exterior y el interior[1] están ambos colocados de acuerdo con la rectitud. Por eso se considera que el hexagrama simboliza los miembros de la familia. "La determinación es favorable para la mujer" indica que sobre todo, la rectitud es necesaria en el interior; si la rectitud prevalece en el interior, el exterior no estará desprovisto de esta cualidad.

La Imagen

El Viento se origina del Fuego: la imagen de La Familia.
Así las palabras del noble tienen sustancia
y sus actos constancia.

> Siguiendo el pensamiento confuciano tradicional, las relaciones dentro de la familia reflejan las conexiones humanas que vemos en grupos más grandes, como un clan o un país. También son análogas al funcionamiento de la psique, en donde la conciencia es el amo y nuestras pasiones son las personas del hogar.
>
> Que las palabras tengan sustancia quiere decir que son verdaderas, que los actos tengan constancia indica un comportamiento consistente y no errático. El líder de cualquier grupo humano necesita proveer estabilidad para que sus subordinados confíen en sus palabras, de otra forma la estructura del grupo no podrá sostenerse por mucho tiempo.
>
> Para poder liderar un grupo es necesario mantener una buena disciplina en el mismo. Si no somos consistentes o si somos demasiado permisivos, no seremos capaces de liderar un grupo humano con eficacia.

---

1 Son los trazos centrales de los trigramas exterior e interior.

CHENG YI. — La base esencial de la regularidad en la familia consiste en la reforma de la propia persona; la manera de reformar la propia individualidad, es ser consistentes con nuestras palabras y nuestras acciones. El noble considera la imagen simbólica del Viento resultante del Fuego y reconoce que todo procede de adentro hacia afuera; además, lo que dice debe tener sustancia[2], su acción debe ser persistente. La palabra "actos" designa algo real; "constancia" designa una regla fija invariable y permanente. La manifestación externa de las cualidades resulta en la circunspección interna aplicada a las palabras y a las acciones; si las palabras son sinceras y las acciones correctas, su propia persona también lo será, y la familia estará en orden.

ZHU XI. — Con auto-disciplina, la familia estará en orden.

Al comienzo un nueve (muta al hex. 53)

Con firme disciplina en La Familia
el arrepentimiento se desvanece.

El primer trazo de un hexagrama siempre describe el desarrollo incipiente de la situación.

En este caso es importante establecer responsabilidades y límites claros para cada participante del grupo desde el principio. Eso evitará conflictos y discusiones en el futuro. También es mejor prevenir problemas en lugar de corregirlos después que están arraigados. Otra traducción posible sería: "protege a su familia", es decir que no sólo debemos establecer una disciplina interna clara, sino también límites externos para proteger a los miembros de la familia de lo que los rodea.

Trabajo: Es muy importante asignar funciones claras y áreas de influencia específicas a todos los participantes de nuestro equipo; así evitaremos conflictos internos y un mal uso de los recursos.

Vida privada: Los niños deben aprender que hay límites y reglas y que cada miembro de la familia debe hacerse cargo de sus responsabilidades, respetando a los demás miembros.

Salud, sentimientos y relaciones sociales: La auto-disciplina y la moderación son necesarias para mantenernos con buena salud. Lo mismo se puede decir en cuanto a nuestras relaciones sociales.

CHENG YI. — El primer trazo expresa el inicio del camino de la familia. El carácter traducido como "disciplina" [閑, *xian*[3]] significa establecer defensas protectoras, reglas de dirección y preservación. Regular a la familia, utilizando los preceptos y las medidas de orden como defensa protectora y como preservación, evitará el arrepentimiento. Gobernar a la familia es gobernar a un grupo humano. Si no lo protegemos con límites, los sentimientos humanos se descontrolarán y, infaliblemente, eso conducirá al arrepentimiento[4]. No hay consecuencias, por graves que sean, como el olvido del orden de precedencia entre los mayores y los menores y la separación de los sexos, las ofensas a los vínculos del deber y del reconocimiento y la perturbación de las relaciones familiares. Si se pueden utilizar reglas y medidas restrictivas desde el principio para preservar y garantizar [el orden], todas estas consecuencias no surgirán, de modo que "el arrepentimiento se desvanece". Este trazo *yang* tiene las cualidades de inteligencia y firmeza, designa a quien puede preservar la familia. El texto no dice que no habrá arrepentimiento; cuando varias personas se agrupan, necesariamente hay motivos de tristeza y arrepentimiento; es porque existen medidas de preservación que estos arrepentimientos se disipan.

ZHU XI. — El primer trazo utiliza la firmeza *yang* para proteger y disciplinar la familia; pudiendo preservarla mediante medidas restrictivas y preservadoras, así "el arrepentimiento se desvanece". Es una advertencia al que consulta el oráculo, que debe cumplir estas condiciones.

○ **Seis en el segundo puesto** (muta al hex. 9)

Sin pretensiones.
Permanece en el interior preparando la comida.
La determinación es favorable.

Mantenerse en el interior preparando alimentos indica que cumplimos una función de apoyo y que no somos independientes.

No tratemos de alterar las reglas para seguir nuestros caprichos. Aprendamos a respetar las reglas y cumplamos con nuestro deber.

Permanezcamos en un segundo plano, no tratemos de llamar la atención sobre nosotros mismos.

Trabajo: Tenemos una función muy importante, aunque subordinada. Mantengámonos enfocados en nuestras responsabilidades, si descuidamos nuestras tareas podemos dañar a todo el grupo. Si cumplimos fielmente con nuestro deber prosperaremos.

---

2 Sus palabras deben estar respaldadas por los hechos. Debe ser metódico, seguir una regla fija.

3 Si miramos atentamente este carácter veremos que representa una puerta doble, en efecto, *xian* significa "barricada; defender, proteger con una barricada, barrera, cerca o corral; entrenamiento, disciplina, prohibir, restringir".

4 Es decir que lamentaremos no haber restringido a la familia.

La Familia

Vida privada: Nuestras tareas pueden parecer aburridas, pero toda la familia depende de nosotros. No busquemos otro lugar mejor, nuestra familia nos necesita, nuestro servicio dentro de la casa es muy apreciado y beneficia a toda la familia.

Salud, sentimientos y relaciones sociales: No es tiempo para innovar. Atengámonos al rol tenemos en nuestra vida social y no dejemos que nos tiente la atracción de lo desconocido. No descuidemos nuestra alimentación.

CHENG YI. — En la familia, entre los huesos y la carne, entre el padre y los hijos, la mayoría de las veces, la fuerza del sentimiento prevalece sobre la regla ritual de la etiqueta, las inclinaciones [naturales] prevalecen sobre el deber. El hombre estricto, no puede permitirse el lujo de perder su rectitud a causa de sus amistades privadas. Por eso en La Familia, en la mayoría de los casos, la firmeza es lo mejor; este es, por ejemplo, el caso del tercer trazo superior. El segundo trazo *yin* emplea la suavidad *yin* y ocupa un puesto que tiene la misma cualidad; no es capaz de establecer orden en la familia, porque no tiene forma de lograrlo, por eso no tiene pretensiones. Si aún con aptitudes de inteligencia y de severidad, todavía hay hombres que se dejan llevar por la corriente de sus afectos o de su amor y que son incapaces de contenerse y conservarse; más aún, ¿cómo podría alguien suave y débil dominar los sentimientos de su esposa y sus hijos para imponerles una regla de conducta? Las habilidades del segundo trazo, indican el camino de la esposa, que ella puede seguir con rectitud, porque usar la mansedumbre y la obediencia para situarse en la centralidad y la rectitud es efectivamente el camino de la esposa. Por eso "permanece en el interior preparando la comida", así actúa con rectitud y el augurio será feliz. La mujer se mantiene en el interior y preside el cuidado del hogar, por eso el texto dice: "permanece en el interior".

ZHU XI. — El segundo trazo *yin* es suave, sumiso, central y recto; la situación adecuada para la mujer está en el interior. Por eso tales son la imagen simbólica y el significado adivinatorio.

Nueve en el tercer puesto (muta al hex. 42)

Tras severas reprimendas en la familia
habrá arrepentimiento, pero se aleja el peligro.
Ventura.
Si la mujer y los niños se divierten bulliciosamente
al final habrá humillación.

A veces es difícil alcanzar el equilibrio adecuado entre la disciplina y la libertad. Si somos demasiado estrictos con los demás, ellos se quejarán, pero si la familia o el grupo que lideramos se vuelve desorganizado y caótico esto causará consecuencias mucho peores a largo plazo.

Tratemos de evitar los extremos, no seamos demasiado duros ni demasiado indulgentes. En caso de duda atengámonos a las reglas, es preferible excederse en la disciplina en lugar de ser excesivamente indulgente.

Aquí las mujeres y los niños simbolizan la falta de disciplina, los excesos y el comportamiento desordenado.

Trabajo: Si somos demasiado indulgentes seremos criticados, pero si somos demasiado severos, también podemos ser censurados. La mejor forma para mantener todo funcionando correctamente es aplicar las normas al pie de la letra, no importa lo que los demás puedan decir.

Vida privada: Disfrutaremos de algunos placeres, pero también tendremos muchos problemas. Controlémonos a nosotros mismos, pero también asegurémonos de que las personas que están bajo nuestra responsabilidad se comportan correctamente.

Salud, sentimientos y relaciones sociales: Alternar entre el exceso de indulgencia y la mortificación extrema nos ocasionará mucho estrés y no pocos problemas. Tratemos de encontrar un estilo de vida más equilibrado.

CHENG YI. — El significado de "severas reprimendas" aún no está bien dilucidado, sin embargo, teniendo en cuenta el significado del texto, así como el sonido [del carácter chino] y la idea, sugiere "quejas o lamentos reiterados"; el texto da la idea de quienes que están perturbados con excitación[5]. El tercer trazo *yang* se coloca en el puesto superior del trigrama interior [*Li*,], representa a quien dirige y gobierna el interior. Dado que con su naturaleza *yang* ocupa un puesto que implica dureza y ausencia de centralidad, aunque es recto, es alguien que muestra excesiva dureza. Dirigiendo el interior con demasiada dureza, hiere con su severidad demasiado apresurada, de modo que los miembros de la familia murmuran y

---

[5] Para entender lo que quiere decir CHENG YI, debemos analizar los caracteres chinos traducidos como "severas reprimendas", que son 嗃嗃, *he he*; un mismo carácter repetido, que significa "regañar, reprender, reconvenir", el que aparezca duplicado, incrementa su intensidad. CHENG YI lo lee como 嗷嗷, *ao ao*: lamentarse una y otra vez.

regañan. Debido a que la familia se gobierna con extrema severidad, es inevitable que haya inconvenientes, de modo que debe haber arrepentimiento por la severidad [extrema]. Es el afecto a la propia carne y sangre de uno, el que domina a los demás sentimientos, si la severidad es excesiva, resultan los arrepentimientos. A pesar de la aprensión de arrepentimientos por la severidad, aunque falta centralidad y tolerancia, sin embargo, el camino de la familia tiene seriedad y decoro. Los corazones de cada miembro de la familia están dominados por el temblor y el respeto, esto es algo que constituye un feliz augurio para la familia. "Si la mujer y los niños se divierten bulliciosamente", eso llevará a la vergüenza y habrá temor de daños futuros. En el hexagrama esta loca alegría no es el símbolo de este trazo, son que, de hecho, esta expresión se toma prestada para contrastar con la expresión "severas reprimendas". Eso muestra que las fallas que resultan del excesivo descuido se deben a que no hay "severas reprimendas". Los caracteres del texto significan "risa y alegría desmedidas". La indulgencia sin restricciones conducirá en última instancia a la desorganización familiar y es una causa legítima de vergüenza y temor por el futuro. Aunque la severidad y la circunspección excesivas no pueden dejar de herir susceptibilidades, sin embargo así se mantienen las reglas y se respeta el orden de las relaciones en la familia, lo que preserva la ley del deber entre las personas de la familia; si, por el contrario, se permite la disipación sin reglas ni freno, entonces se transgreden y desprecian los preceptos y se trastocan las relaciones; ¿cómo puede la familia escapar a las consecuencias de esos desórdenes? Si la disipación se lleva al extremo, conducirá a la ruina de la familia. El texto dice: "al final habrá humillación", que es ciertamente una de las mayores causas de aprensión; pero como la desgracia de la familia es la consecuencia extrema a la que conduce esta disipación, el texto no menciona la palabra "desventura".

ZHU XI. — Este trazo ocupa un puesto que implica dureza con firmeza y está desprovisto de centralidad; es quien abusa de la dureza. De ahí la imagen simbólica de las "severas reprimendas" y el "arrepentimiento" por exceso de severidad. En estas condiciones, aunque hay temor al arrepentimiento, el augurio es feliz. Divertirse bulliciosamente es lo opuesto a las "severas reprimendas" expresadas anteriormente; es un camino de preocupación y aprensión. La interpretación adivinatoria responderá, según el caso, a las cualidades de quien consulta el oráculo, y por eso el texto considera ambas opciones.

Seis en el cuarto puesto (muta al hex. 13)
Una próspera familia.
Gran ventura.

El cuarto trazo ocupa el lugar del ministro, una persona con responsabilidades importantes que dirige de manera efectiva el lado interno de una organización. En una familia tradicional éste es el lugar de la mujer, la cual hace prosperar a su hogar, manteniendo las cosas en orden y apoyando a todos los miembros de su familia.

Nuestro servicio es de vital importancia. Seremos muy apreciados y contribuiremos en gran medida al éxito de nuestra familia o grupo.

Trabajo: Con nuestro trabajo enriqueceremos a la empresa para la cual trabajamos. No tendremos conflictos porque gozamos de la confianza y el aprecio de nuestros jefes y compañeros.

Vida privada: Nuestra familia será feliz y próspera.

Salud, sentimientos y relaciones sociales: Gozaremos de excelente salud y tendremos muy buenas relaciones sociales.

CHENG YI. — Este trazo *yin* es parte de la sustancia de trigrama *Xun*, ☴, que expresa humildad; ocupa el cuarto puesto y se adapta exacta y rectamente a la situación que le conviene. Se considera que la rectitud en la posición ocupada expresa el sentido de estar satisfecho con la propia situación. Sometiéndose humildemente a las circunstancias y siguiendo el camino de la rectitud, puede conservar bien sus riquezas. Si permaneciendo dentro del círculo de la familia, puede garantizar la obtención de riquezas, esto será una "gran ventura". El cuarto puesto es una posición alta y este es el único trazo cuyo texto menciona la riqueza; esto se debe a que, cuando se trata de la familia, la posición alta es la de una persona de puesto preeminente; si puede tener riquezas, podrá garantizar la existencia de su familia, es un augurio muy feliz.

ZHU XI. — *Yang* se concentra en [cumplir] el deber; *yin* en los beneficios materiales. Dado que este trazo es *yin* y ocupa un puesto *yin*, que también es elevado[6], representa a alguien que puede enriquecer a su familia.

○ **Nueve en el quinto puesto** (muta al hex. 22)
El Rey se acerca a su familia.
No temas.
Ventura.

El rey simboliza a alguien respetado y prudente, que beneficia a la familia o el grupo a quien dirige con su buen liderazgo.

---

6   El del ministro.

La Familia

A su vez, los miembros de la familia aprecian a su líder y le dan la bienvenida.
La buena fortuna es el resultado de un buen liderazgo, apoyado por personas dispuestas a cooperar entre sí.

Trabajo: Seremos muy bien recibidos en nuestro nuevo puesto y podremos trabajar en forma integrada junto con las personas bajo nuestro mando.

Vida privada: Gozamos del apoyo y aprecio de los miembros de nuestra familia.

Salud, sentimientos y relaciones sociales: Disfrutaremos de excelente salud. Nuestras relaciones sociales serán muy buenas porque somos muy respetados.

CHENG YI. — El quinto trazo *yang* representa el sexo masculino y se ubica en el exterior; es enérgico y se sitúa en un puesto *yang*; ocupa una posición preeminente con centralidad y rectitud. Además, simpatiza[7] con la rectitud y la sumisión que hay en su interior; él es quien representa la extrema excelencia y la extrema rectitud en el gobierno de la familia. "El Rey se acerca a su familia", el quinto puesto marca la situación del príncipe, por eso se trata del Rey. El carácter traducido como "se acerca" significa "alcanzar algo"[8], en este caso el Camino de la familia. Ahora bien, el Camino de quien es Rey consiste en reformar su propia persona para regularizar su familia y, cuando la familia está correctamente regularizada, el mundo está en orden. Desde la antigüedad no ha habido rey-sabio que no haya hecho que su regla de conducta consista esencialmente en mostrar respeto a sus propios deberes y hacer que reine la justicia en su familia. Además, habiendo alcanzado el Camino de quienes tienen una familia su nivel de mayor importancia y perfecta regularización, no habrá tristeza ni preocupaciones dolorosas y el mundo estará en orden. "No temas. Ventura" dice el texto, el augurio es feliz. El quinto trazo muestra el respeto expresado externamente y el segundo la recuperación de la familia, internamente; reinando las mismas virtudes dentro y fuera, esto es lo que podemos llamar un desarrollo perfecto.

ZHU XI. — "Venir a", llegar a, alcanzar; es el mismo término que se utiliza en la expresión "acercándose al templo real ancestral"[9]. La "familia" es como el "reino".

---

7   Se corresponde con el segundo trazo *yin*.
8   假, *jia*: acercarse, ir a, viene, va, se acerca, alcanzar; lograr, conseguir.
9   La figura del Rey acercándose al templo aparece dos veces, en los dictámenes de los hexagramas 45, La Reunión y 59, La Disolución.

El quinto trazo *yang* es firme, activo, central y recto; en la parte inferior, se corresponde con la centralidad, la rectitud y la gentil sumisión del segundo trazo *yin*. El Rey lleva estas cualidades dentro de su familia, de modo que no tendrá preocupaciones, por eso el texto dice "No temas. Ventura".

Al tope un nueve (muta al hex. 63)

Él inspira confianza y respeto reverencial.
Al final habrá ventura.

Un líder inspirador lidera a la gente en forma natural y sin esfuerzo porque sus seguidores quieren emularlo para superarse a sí mismos.

Trabajo: Tanto nuestras cualidades como la excelencia de nuestro trabajo son reconocidas ampliamente. Nuestros subordinados seguirán nuestro ejemplo porque confían en nosotros.

Vida privada: Nuestra familia prosperará porque tiene un buen jefe de familia. Este trazo puede representar un miembro respetado de la familia, posiblemente una persona de bastante edad.

Salud, sentimientos y relaciones sociales: Estamos aplicando en nuestro vida los valores más elevados y por eso creceremos espiritualmente.

CHENG YI. — El trazo superior ocupa el último puesto en el hexagrama; indica la consumación del camino de la familia. Por eso el texto define por última vez las bases esenciales del gobierno familiar. El camino del gobierno familiar es imposible de seguir sin la más perfecta sinceridad de sentimiento; por consiguiente es necesario tener confianza y fe en uno mismo, para que este camino sea permanente y duradero y para que todos se dejen influenciar y transformar por él. La familia no puede mantenerse en orden a menos que haya la más perfecta sinceridad de sentimientos, no puede durar; más aún cuando se trata de liderar a otros para que se transformen[10]. Es por esto que, en el camino del gobierno familiar, la base esencial es tener fe. En quien gobierna una familia, demasiado afecto y sentimientos de amor hacia la esposa y los hijos producirán falta de severidad; si prevalece el afecto, el sentimiento del deber se desvanece y la ruina de la familia proviene siempre de la insuficiencia de las reglas y de la progresiva relajación en el cumplimiento de las prescripciones. El superior pierde la grave dignidad que corresponde a la preeminencia, los inferiores olvidan

---

10   Posiblemente se refiera a la crianza, la transformación y evolución de las personas a cargo del jefe de familia.

la respetuosa condescendencia y es imposible que el desorden no entre en la familia. Es por tanto necesario poseer una gravedad severa e imponente para que el resultado final pueda ser feliz. La garantía del destino final de la familia reside únicamente en la posesión de fe y dignidad imponente, y por eso se comenta al final del hexagrama.

ZHU XI. — El trazo *yang* superior ocupa el puesto superior con firmeza y fuerza; al final del hexagrama. El texto habla del camino de rectificación de la familia, duradero y capaz de extenderse a lo largo y ancho. Quien consulta el oráculo debe ser sincero y confiable, severo y digno, entonces el augurio final será feliz.

38 El Antagonismo | *Kui*

Los dos caracteres que forman el sinograma que le da nombre a este hexagrama son: *mu*: "ojo" y *gui*: "el último de los 10 Troncos Celestiales"[1]: extraordinario, dos ojos que miran en distintas direcciones.

Significados asociados

Divergente, extraordinario, oposición, polarización, distanciamiento, alienación, falta de armonía; unidad en la divergencia; mirar torcido, como desaprobando algo.

El Dictamen

Antagonismo.
Ventura [sólo] en pequeñas cosas.

> El Antagonismo significa que la gente tiene malos entendidos y objetivos divergentes y como resultado están distanciados, aunque no deberían estarlo. Las opiniones se polarizan y es difícil de encontrar un terreno común.
> Cuando las personas no pueden trabajar juntas en armonía sólo se pueden hacer pequeñas cosas, si se encuentra un terreno común en cuestiones menores, pero es imposible arreglar los problemas de fondo.
> El Antagonismo sólo puede ser superado si dejamos atrás los malos entendidos y podemos restaurar la cooperación. Seamos tolerantes, evitemos las confrontaciones y hagamos un esfuerzo para entender el punto de vista de nuestro antagonista.
> Este hexagrama menciona encuentros casuales y también extrañas ganancias y pérdidas en varios trazos. Seamos adaptables y mantengamos nuestra mente abierta para poder encarar sucesos imprevistos.

Desde un punto de vista psicológico el antagonismo describe a alguien que no puede decidir qué hacer y tiene una doble personalidad.

CHENG YI. — El Antagonismo indica un tiempo de separación y oposición; no es un camino que conlleva un augurio feliz, pero utilizando las cualidades especiales de cada trigrama, aún en un momento de separación y oposición, habrá "ventura en pequeñas cosas".

ZHU XI. — El Antagonismo, oposición, diferencia. Este hexagrama se compone del trigrama del fuego [*Li*, ☲], arriba, y del lago [*Dui*, ☱], abajo; sus naturalezas son opuestas y diferentes. Representan a la hija del medio y a la hija menor; sus tendencias no las llevan hacia el mismo hogar, y es por este motivo que el hexagrama se llama El Antagonismo. Sin embargo, hablando de ello desde el punto de vista de las cualidades específicas de los trigramas, hay satisfacción en el interior [*Dui*] y claridad en el exterior [*Li*].
Si hablamos de ello desde el punto de vista de la transformación del hexagrama, si consideramos que proviene del hexagrama *Li*, 離, ䷝ (30, *Lo Adherente*), por fluctuación de hexagramas[2], el [segundo] trazo que expresa dócil suavidad avanza para ocupar el tercer lugar; si lo consideramos procedente del hexagrama *Zhong Fu*, 中孚, ䷼ (61, *La Verdad Interior*), el [cuarto] trazo que expresa dócil suavidad pasa a ocupar el quinto puesto; si lo consideramos procedente del hexagrama *Jia Ren*, 家人, ䷤ (37, *La Familia*), se cumplen estas dos condiciones. Si hablamos de ello según la sustancia del hexagrama, entonces, el quinto trazo *yin* posee centralidad y se corresponde, abajo, con la firmeza del segundo trazo *yang*; es por esto que el significado adivinatorio expresa la imposibilidad de grandes cosas, pero promete ventura para cosas de menor importancia.

---

1 Los 10 Troncos Celestiales (*tian gan*) son un sistema chino de números cíclicos de la dinastía Shang. Cada día en la antigua semana china de diez días tiene el nombre de uno de los Diez Troncos Celestiales: *jia, yi, bing, ding, wu, ji, geng, xin, ren* y *gu*.

2 El **Glosario** tiene más información sobre la fluctuación de hexagramas.

La Imagen

El Fuego está arriba y el Lago abajo:
la imagen del Antagonismo.
Así el noble se asocia a la comunidad
pero mantiene su singularidad.

> Dejando de lado la posición e ideología personal de cada uno, en todo grupo hay factores comunes que sirven como elemento unificador. Es importante que tengamos en claro cuales son las cosas que compartimos con la comunidad, pero también las diferencias, las características únicas de nuestra personalidad que nos diferencian de los demás. No es necesario, ni conveniente, renunciar a los valores propios para formar parte de una comunidad humana.
>
> Con empatía y tolerancia podemos entender y aceptar la posición de los demás y compartir algunas cosas con ellos, aunque podamos tener una opinión distinta.

CHENG YI. — El Fuego está arriba, el Lago abajo; la naturaleza de cada uno de estos dos trigramas es opuesta y diferente y es a través de ello que se constituye la imagen simbólica de la separación y la desunión. El noble contempla el significado simbólico de la oposición y de la distinción y, en medio de la gran unidad, sabe reconocer lo que debe distinguirse. Ahora bien, el santo o el sabio, en relación con las personas de su generación, es, en general, idéntico a los demás; pero, se distingue de las costumbres que unifican a la masa de los hombres. De hecho, respeta muchos de los valores ordinarios de la sociedad, mientras se distingue de la multitud por no seguir los prejuicios y faltas de su tiempo. No podrá identificar su acción con la de los hombres que corrompen la moral y trastornan los espíritus, se separará de aquellos que con sus prácticas destruyen los vínculos de la sociedad. El noble se identifica en ciertas cosas, pero sabe distinguir y separar. La *Doctrina de la Medianía*[3] dice: "estar en armonía sin dejarse llevar", esto es precisamente lo que ocurre.

ZHU XI. — Los dos trigramas son idénticos en su sustancia y diferentes en su naturaleza.

Al comienzo un nueve (muta al hex. 64)

El arrepentimiento se desvanece.
No persigas al caballo que se escapó,[4]
él retornará por sí mismo.
Encontrarás mala gente, pero no cometerás errores.

> No tratemos de retener a quienes se alejan de nosotros. Los malentendidos pueden hacer que algunas personas nos dejen, pero con el tiempo regresarán a nuestro lado.
>
> Las personas hostiles deberían tratarse con diplomacia. Lo importante es evitar errores que puedan aumentar su hostilidad.

Trabajo: Algunas personas no cooperarán y otras pueden ser francamente hostiles. No permitamos que nos desvíen de nuestros objetivos, en lo posible dejémoslos de lado. Los indecisos pueden llegar a reconsiderar su posición y acercarse a nosotros y a quienes tengan malas intenciones es mejor descartarlos. Si nos concentramos en nuestras tareas y evitamos cometer errores, los demás no podrán perjudicarnos.

Vida privada: No tratemos de forzar a otros a hacer las cosas a nuestra manera. Si algunos no están de acuerdo o no son amistosos, no les prestemos atención ni los presionemos.

Salud, sentimientos y relaciones sociales: Si mantenemos nuestro equilibrio espiritual, los conflictos con otras personas no nos afectarán. Podemos dejarlos ir y venir a su antojo sin que su comportamiento nos perturbe.

CHENG YI. — Un trazo *yang* ocupa el primer puesto del hexagrama; este es el comienzo del Antagonismo. En un tiempo de Antagonismo, actuar con firmeza estando en un puesto bajo obviamente conduce al arrepentimiento; lo que permite que éste se desvanezca es que el cuarto trazo *yang*, quien está colocado en una posición elevada, también actúa con firmeza *yang*, se aparta y separa, sin aliarse; pero siendo naturalmente del mismo tipo, convienen entre sí. Ambos son igualmente *yang*; ambos ocupan el puesto inferior de un trigrama; finalmente, ocupan situaciones que conllevan el necesario sentimiento de correspondencia. Aunque dos trazos *yang* normalmente no se corresponden, éstos se unen debido al "antagonismo". El superior y el inferior se alían en conjunto, de esa forma los arrepentimientos se desvanecen. En El Antagonismo, todos los trazos se corresponden; pero lo que une necesariamente debe separar. Si fueran esencialmente distintos, ¿cómo podrían antagonizarse? En el caso del primer y el cuarto trazo, aunque éstos carecen de correspondencia, sin embargo llegan a un acuerdo debido a la identidad de sus cualidades, y por eso se acogen mutuamente. El caballo expresa aquí los medios de locomoción, es la fuerza *yang* que aumenta. Al estar separado, aislado, sin alianza, no es posible avanzar ni progresar;

---

3 La *Doctrina de la medianía* (中庸, *zhong yong*) es un libro neoconfuciano que desarrolla el concepto de la medianía, término medio, o camino del medio.

4 El caballo perdido es un símbolo de angustia y pérdida de fuerza.

El Antagonismo

esto es lo que expresan las palabras "el caballo que se escapó". Luego de reunirse con el cuarto trazo, podrá marchar y progresar; esto es lo que expresan las palabras "no persigas al caballo que se escapó, él retornará por sí mismo". La "mala gente", se refiere a los que están separados y son diferentes. Cuando los ve, se encuentran el uno al otro. En presencia de un tiempo de separación y antagonismo, aunque los que poseen las mismas virtudes se alían, sin embargo los hombres inferiores, que son los que se separan, son sumamente numerosos. Si los abandona y se separa de ellos, ¿no se volverán en contra del noble todos ellos? Si esto fuera así, sería un incumplimiento del deber de tolerancia y clemencia y un camino hacia la miseria y el mal. Además, ¿cómo podría entonces transformarlos y mejorarlos encaminándolos hacia la unión y la concordia? Por eso el texto dice "encontrarás mala gente, pero no cometerás errores". Si los sabios reyes de la antigüedad supieron transformar el vicio en virtud, y convertir a sus enemigos en súbditos fieles y servidores devotos, es porque no rompieron todas las relaciones con ellos.

ZHU XI. — Este trazo no tiene una correspondencia correcta[5] con el trazo superior, por eso se arrepiente; además, se encuentra en un tiempo de oposición y antagonismo. Finalmente virtudes idénticas simpatizan y los arrepentimientos se desvanecen. De ahí la imagen simbólica de perder el caballo, de no perseguirlo y su regreso por sí mismo. Si uno encuentra mala gente, sólo así [sin cortar las líneas de comunicación] podrá evitar cometer errores, como Confucio y Yang Huo[6].

Nueve en el segundo puesto (muta al hex. 21)

Se encuentra con su amo en un callejón.
Sin culpa.

> Un encuentro fortuito nos permitirá reunirnos con alguien con quien tenemos una afinidad natural, en el lugar menos esperado.

---

5 Porque ambos son *yang*.
6 En *Las Analectas* (el registro de una serie de charlas que Confucio impartió a sus discípulos) leemos que el usurpador Yang Huo, 陽貨, deseaba emplear a Confucio, pero éste se negó a reunirse con él para discutirlo. En caso de reunirse así, sin coacción, habría reconocido implícitamente el derecho de Yang Huo a solicitar el servicio de Confucio, es decir, su legitimidad como soberano. Yang Huo resolvió el problema de inducir a Confucio a visitarle enviándole un cerdo. Según el *li*, 里 (ritual, decoro), cuando un hombre del rango de Yang Huo enviaba un regalo así a un hombre del rango de Confucio, éste se veía obligado a hacer una visita de cortesía al primero. Confucio no tuvo más remedio que visitar a Yang Huo, y aunque programó cuidadosamente su visita para que Yang Huo no se encontrara en su casa en ese momento, para su consternación se lo encontró en el camino.

Este encuentro ofrecerá buenas perspectivas, podemos esperar recibir orientación y apoyo.

Otra interpretación posible es que debemos buscar una forma indirecta y discreta para contactar a alguien que nos interesa conocer.

Trabajo: Un encuentro casual, o informal, nos permitirá obtener la ayuda de una persona de alta posición, quien puede llegar a ser nuestro jefe o contratarnos para realizar una tarea.

Vida privada: Conoceremos a alguien que nos ayudará o guiará.

Salud, sentimientos y relaciones sociales: Es posible que hagamos nuevas amistades o encontremos un maestro o guía en el momento y el lugar menos esperado.

CHENG YI. — Los trazos segundo y quinto se corresponden con centralidad; son quienes que se alían entre sí. Pero en un momento de oposición el camino de la correspondencia entre *yang* y *yin* se desvanece, mientras prevalece la idea de lucha entre la firmeza y la suavidad. Si quien estudia el *Libro de los Cambios* sabe esto, comprenderá la transformación. Además, aunque los trazos segundo y quinto se corresponden con rectitud, tienen que apartarse de su camino habitual para encontrarse. El segundo trazo, con las virtudes de firmeza y centralidad, ocupa un puesto inferior; asciende con simpatía hacia el príncipe representado por el quinto trazo *yin*; sus maneras coinciden, sus tendencias pueden actuar y prevalecer y el trabajo de apaciguar a la oposición está completo. Pero en un momento de antagonismo y separación, la alianza no es fuerte; el segundo trazo debe doblarse, inclinarse y seguir caminos tortuosos para lograr encontrarse con el quinto, espiando oportunidades favorables. Por eso el texto dice: "se encuentra con su amo en un callejón". Es absolutamente necesario que pueda unirse y así no cometerá errores. Cuando el príncipe y el súbdito están desunidos y separados, la culpa es grande. "Callejón", significa camino sinuoso; "encontrarse", conlleva el significado de azar. Debe seguir caminos tortuosos para tratar de reunirse, es decir, con el objetivo de encontrar el quinto trazo y unirse con él. Sigue el camino del bien procediendo lenta y cautelosamente para reunirse; no se trata de caminos criminales seguidos para rebajarse moralmente.

ZHU XI. — Los trazos segundo y quinto: *yang* y *yin*, se corresponden correctamente; en un momento de antagonismo, se encuentran opuestos, desunidos y en hosti-

Seis en el tercer puesto (muta al hex. 14)

Ve su carro arrastrado para atrás.
Sus bueyes son detenidos; le afeitan la cabeza
y le cortan la nariz a sus hombres.[7]
No hay un [buen] comienzo pero sí un [buen] final.

> En la antigua China los criminales eran tatuados en la frente o mutilados, según el delito que hubieran cometido. Este trazo indica la pérdida de nuestra posición. Seremos castigados y humillados y detendrán nuestros proyectos por la fuerza.
> Nuestro avance quedará bloqueado hasta que recibamos ayuda de una fuerza superior.
> Este trazo se corresponde con el sexto trazo, si leemos el texto de este último trazo, veremos que las penurias de este trazo sólo se deben a la desconfianza y el error instigados por el tiempo de El Antagonismo.
>
> **Trabajo:** Puede que nos rebajen de categoría, o quizás pasemos vergüenza o suframos pérdidas, pero finalmente, con ayuda externa, prevaleceremos.
>
> **Vida privada:** Vamos a tener muchos problemas. Seremos maltratados e insultados, nuestra reputación quedará por el suelo. Pero si no perdemos la fe en nosotros mismos, con un poco de ayuda, podremos recuperar todo lo que hayamos perdido.
>
> **Salud, sentimientos y relaciones sociales:** Nuestra salud puede complicarse, quizás necesitemos una intervención quirúrgica, pero finalmente todo saldrá bien. En lo social, pasaremos un mal momento, puede que seamos humillados públicamente.

CHENG YI. — En tiempos normales, la suavidad *yin* es incapaz de mantenerse a sí misma; mucho menos cuando se enfrenta a tiempos de desunión y antagonismo. El tercer trazo *yin* ocupa el intervalo entre dos trazos firmes; se encuentra colocado en un lugar donde no tiene satisfacción, porque es visto como un invasor y un usurpador. Dado que se corresponde con simpatía con un trazo colocado encima de él [el sexto], quiere avanzar para unir sus tendencias a las del superior, pero el cuarto trazo, que tiene adelante, se lo impide, mientras el segundo lo jala hacia atrás. El carro y el buey son medios de transporte; aquí el carro es "arrastrado para atrás", y "sus bueyes detenidos"; es decir que el camino a seguir está bloqueado. Los que están detrás tiran de él y lo sujetan [segundo trazo], mientras los que están delante [cuarto trazo] lo detienen por la fuerza. Es herido desde arriba por el cuarto trazo. "Le afeitan la cabeza y le cortan la nariz a sus hombres" indica que le infligen una gran herida. El tercer trazo sigue a su correcta correspondencia [el sexto trazo], mientras que el cuarto se lo impide y lo detiene; aunque el tercer trazo expresa suavidad *yin*, sin embargo ocupa un puesto que indica firmeza y tendencia a actuar; así avanza a la fuerza para desafiar al cuarto, por eso queda herido. La cabeza rapada y la nariz cortada expresan la repetición de la herida. El tercer trazo no concuerda ni con el segundo ni con el cuarto; de hecho el tiempo expresado por El Antagonismo conlleva, por sí mismo, el significado de ausencia de acuerdo. Es propicio responder al sentimiento de unión manteniendo con firmeza la rectitud. Debido a su correcta correspondencia, habiendo llegado el antagonismo a su límite extremo, finalmente habrá reencuentro y acuerdo; pero al principio, como está impedido y aislado por los dos trazos *yang*, "no hay un [buen] comienzo", después que se una [al sexto trazo] habrá "un [buen] final". Los que están en el yugo atienden a lo que los controla, es decir, atienden a la mano que los retiene, lo que significa que se detienen cuando uno los sujeta.

ZHU XI. — El tercer trazo *yin* y el trazo superior *yang* se corresponden comprensiva y correctamente, pero el tercer trazo se encuentra entre dos trazos *yang*; desde abajo, es arrastrado hacia atrás por el segundo trazo, desde arriba, es retenido y detenido por el cuarto trazo, así se encuentra en un momento de separación y antagonismo. El trazo *yang* superior es inflexible en un tiempo de antagonismo, por eso "le afeitan la cabeza y le cortan la nariz"[8]. Sin embargo, la perversidad no puede prevalecer sobre la justicia, al final lograrán unirse, tal es la imagen simbólica y el significado adivinatorio.

Nueve en el cuarto puesto (muta al hex. 41)

Aislado por El Antagonismo.
Uno encuentra un gran hombre con el que se puede asociar de buena fe.
Peligro.
Sin culpa.

---

7 El carácter 劓, *yi*, literalmente significa "cortar la nariz"; indica recibir una marca en la frente o el corte del pelo o la coleta de la cabeza, usualmente como castigo a un crimen. La coleta era un símbolo de estatus, que fuera cortada humillaría al sujeto e indicaría que su nivel social y su orgullo fueron gravemente afectados.

8 Posiblemente el sexto trazo tiene algo que ver con ese castigo extremo. Si leemos el texto y los comentarios del sexto trazo, veremos que ese trazo superior está muy confundido y cree que el tercero es su enemigo, cosa que no es, sino todo lo contrario.

La desconfianza y la alienación mantienen a la gente separada; actitudes paranoicas dificultan asociarse con los demás.

Mediante el establecimiento de una alianza con una excelente persona, superaremos El Antagonismo. Romper la desconfianza no será fácil ya que cualquier alianza implica riesgos, pero el objetivo vale la pena y la unión no será ningún error.

Trabajo: A pesar de que actualmente estamos aislados, recibiremos la ayuda y el apoyo alguien importante.

Vida privada: Conseguiremos un nuevo amigo o compañero. Tengamos cuidado al comenzar una nueva relación, las perspectivas son prometedoras, pero debemos manejarnos con cuidado. Si esto se refiere a una consulta matrimonial, encontraremos una buena pareja.

Salud, sentimientos y relaciones sociales: Nuestra salud mejorará con la ayuda de una persona bien informada. Es importante que seamos muy cuidadosos.

CHENG YI. — El cuarto trazo *yang*, en el momento de El Antagonismo, ocupa una posición con la que no está satisfecho, no tiene correspondencia y se encuentra en el intervalo entre dos trazos *yin*, está separado y aislado. Desplegando las virtudes de la firmeza *yang*, y encontrándose en un momento de separación y Antagonismo, aislado y sin correspondencia, debe asociarse con quienes son del mismo género y del mismo *qi* que él. Al buscarse, llamarse y encontrarse se produce el encuentro con "un gran hombre". Aquí, la palabra "hombre" se utiliza para indicar el *qi yang*, y la palabra "gran" expresa sus buenas cualidades. El primer trazo *yang*, situado al comienzo de El Antagonismo, puede lograr reunirse y aliarse con aquellos de las mismas virtudes, y olvidar los arrepentimientos de la separación; ésta es la mejor manera de situarse en el momento de El Antagonismo y por eso es descripto como "un gran hombre", o incluso "gran doctor". El cuarto trazo ya ha superado el punto medio, por lo que El Antagonismo se ha profundizado, lo que no es comparable a la posición ventajosa del primer trazo. Tanto el cuarto, como el primer trazo, ocupan, con su fuerza *yang*, el puesto inferior en un trigrama, en posiciones que se corresponden. En el tiempo del desacuerdo y El Antagonismo, cada uno de ellos se encuentra sin acogida y sin correspondencia[9]. Es natural que quienes poseen las mismas virtudes se acerquen entre sí, por eso se encuentran y se reúnen. Teniendo las mismas virtudes y encontrándose uno con otro, es necesario que se alíen con la más perfecta sinceridad: "uno se puede asociar de buena fe". Dos trazos *yang*, uno superior y otro inferior, se unen con la más perfecta sinceridad; ¿Cuándo no podrían actuar? ¿Qué peligros no podrían remediar? Además, aunque estén en peligro, no hay culpa. En un momento de Antagonismo, estar aislado entre dos trazos *yin*, colocado en una situación inmerecida, indica tanto peligro como culpa; es por el encuentro con un gran hombre, y también por la unión y la buena fe, que no hay culpa.

ZHU XI. — "Separado y aislado", es decir sin correspondencia; "encontrar un gran hombre", es decir encontrar el primer trazo *yang*. "Asociar de buena fe", es decir que quienes tienen las mismas virtudes están animados por la confianza mutua. Sin embargo, es un momento de separación, por lo que necesariamente existe peligro, pero al mismo tiempo existe la posibilidad de no cometer errores. Lo mismo le sucederá a quien consulte el oráculo.

○ **Seis en el quinto puesto** (muta al hex. 10)

El arrepentimiento se desvanece.
Su pariente[10] muerde la piel.
¿Cómo podría ser un error ir allí?

> "Su pariente muerde la piel" significa atravesar los obstáculos del tiempo del Antagonismo, para unirnos con nuestros congéneres.
> Los problemas desaparecerán cuando nos unamos a un grupo de pertenencia, que puede ser nuestra familia o cualquier asociación estrecha.

Trabajo: Avanzaremos en nuestra carrera o negocio después que encontremos socios de confianza.

Vida privada: El aislamiento y los malentendidos serán superados. Nuestra vida familiar será armoniosa y podremos disfrutar de un buen momento con sus seres queridos. Prosperidad.

Salud, sentimientos y relaciones sociales: Gozaremos de excelente salud y tendremos muy buenas relaciones sociales.

CHENG YI. — Este es un suave trazo *yin* que se encuentra en presencia de un momento de oposición y Antagonismo, y que ocupa el puesto preeminente; es evidente que se arrepiente. Sin embargo, como se corresponde

---

9 Con un trazo *yin*.

10 El carácter traducido como "pariente" es 宗, *zhong*, que también significa "clan; antepasado; templo ancestral (de un clan o familia)". CHENG YI agrega que ese carácter se refiere a la propia tribu, banda o clan.

con un sabio dotado de energía *yang*, representado por el segundo trazo, que se compadece de él para ayudarlo y asistirlo, los arrepentimientos pueden por lo tanto desvanecerse. "Su pariente", se refiere a su tribu, banda o clan; denota el segundo trazo *yang* con quien se corresponde correctamente. "Muerde la piel", se refiere a morder tejidos blandos, para que la mordida penetre profundamente. En un momento de Antagonismo, si la penetración no es profunda, ¿cómo unirse[11]? Si bien el quinto trazo tiene el suave poder *yin*, el segundo lo asiste siguiendo el camino de la firmeza *yang* y [su acción] penetra profundamente, de modo que el quinto podrá avanzar y alcanzar el éxito. ¿Qué error puede haber? Durante la infancia de Cheng, en la dinastía Zhou, en la época de la debilidad y falta de inteligencia de Liu Shan, el orden instaurado por el rey todavía era central y floreciente. Esto se debía a que tenía la ayuda de sabios y santos investidos de autoridad, y esto es también lo que hizo que la influencia del Duque Ji y Kong Ming penetrara profundamente.

ZHU XI. — Un trazo *yin* ocupa un puesto *yang*, esto implica arrepentimiento; pero al ser central y tener correspondencia puede disiparlo. "Su pariente" designa el segundo trazo *yang*. "Muerde la piel" indica que la acción penetra fácilmente. El quinto trazo *yin* posee las virtudes de la gentileza y la centralidad, por eso tal es la imagen simbólica y el significado adivinatorio.

Al tope un nueve (muta al hex. 54)

Aislado por El Antagonismo.
Él ve al otro como un cerdo cubierto de barro,
un carro lleno de demonios.[12]
Primero tensa su arco, pero después lo pone a un lado.
No es un bandido sino un pretendiente matrimonial.
Al avanzar uno encuentra lluvia
y entonces llega la ventura.

> Podemos prevenir conflictos peligrosos si superamos los desacuerdos y odios irracionales. No actuemos precipitadamente, analicemos las cosas a fondo y encontraremos que nuestro aparente enemigo puede llegar a ser un buen socio o compañero.
> La lluvia simboliza la relajación y muestra como la incomprensión y el odio se disuelven. Sin embargo, tenemos que dar el primer paso para poder resolver los problemas y disfrutar de un final feliz.

En este trazo, como en el tercero, no está claro quién es quién, quién es enemigo y quién amigo. Recordemos que este trazo está vinculado al tercero por una relación de correspondencia, que resulta difícil de establecer, debido a la desconfianza y las confusiones propias del tiempo del Antagonismo.

Trabajo: La única manera de resolver los conflictos es a través de un acuerdo entre las facciones opuestas. Si ambas partes cooperan, todos saldrán beneficiados.

Vida privada: Este es un buen momento para dejar atrás los conflictos y divisiones y establecer buenas relaciones. Si le preguntamos al oráculo sobre matrimonio, encontraremos una buena pareja, después de superar los malentendidos iniciales.

Salud, sentimientos y relaciones sociales: No estamos viendo las cosas con claridad. Sólo después que superemos nuestros prejuicios disfrutaremos de una vida plena y feliz.

CHENG YI. — El trazo superior ocupa el último puesto del hexagrama y expresa la altura de El Antagonismo; la energía *yang* que ocupa el puesto más alto expresa el máximo de la firmeza; al estar en el puesto más alto del trigrama *Li*, ☲, este trazo expresa el máximo de la claridad de la inteligencia. Dado que este es el extremo máximo de El Antagonismo, por tanto hay oposición y dificultad para reunirse; firmeza extrema, y por tanto precipitación, violencia y falta de discernimiento; el colmo de la inteligencia, por lo tanto exceso en la investigación y mucha sospecha. El trazo *yang* superior goza de la recta correspondencia del tercer trazo *yin*; en realidad no está abandonado y aislado; sino que debido a sus aptitudes y su naturaleza, y sus acciones, llega a la separación y el aislamiento. Como un hombre que, aunque tiene parientes y aliados, está sin embargo lleno de sospechas y de desconfianza brusca y salvaje, que da lugar a motivos inapropiados para la desunión, debido a eso, aunque está rodeado por sus allegados[13], está siempre solo y aislado. Aunque tiene la correspondencia comprensiva consistente con la rectitud del tercer trazo, sin embargo, cuando se encuentra en el colmo de la oposición, duda de todo, y lo ve como "un cerdo cubierto de barro", es decir como lo más odioso de ver. Lo detesta a tal punto que también lo ve como "un carro lleno de demonios". Los demonios, o espíritus, están esencialmente desprovistos de forma material y por eso esta expresión indica que él considera como existente algo que realmente no existe, lo cual

---

11 El hexagrama 21, La Mordedura Tajante, tiene la misma imagen

12 El carácter 鬼, *gui*, traducido como "demonios" también significa "fantasmas, espíritus de los muertos, algo siniestro" o "tribu Gui", quienes eran enemigos de los Zhou, la dinastía fundada por el rey Wen.

13 Los trazos *yin* en el tercer y el quinto puesto.

es el colmo del error. Cuando el principio de las cosas ha llegado a su límite extremo, necesariamente debe haber un retorno o una inversión en la dirección opuesta. Para explicarlo con un ejemplo accesible a todos, si un hombre se mueve hacia el este, habiendo alcanzado el límite extremo del este, si se mueve, será hacia el oeste, si asciende, cuando haya alcanzado el límite extremo de altura, si se mueve, desciende; en general, una vez que se alcanza el límite extremo, cualquier movimiento debe realizarse necesariamente en la dirección opuesta. La separación y oposición del trazo superior han llegado a su apogeo, aunque la posición que ocupa el tercer trazo es coherente con el principio las cosas. En la mayoría de los casos, cuando la pérdida del Camino llega a su punto máximo, necesariamente debe haber un retorno a la razón; además, el trazo superior y el tercero, que comienzan estando separados por la duda y la sospecha, deben finalmente reunirse. "Primero tensa su arco", empieza a sospechar y desconfiar y quiere disparar una flecha. Esta duda está fuera de lugar y resulta de un error; el error no puede ser continuo, de modo que eventualmente necesariamente debe regresar a la justicia. El tercer trazo en realidad no tiene ningún vicio; por eso "después lo pone a un lado" [el arco], y no tira; el desacuerdo ha llegado a su punto máximo y se produce una inversión, de modo que él y el tercer trazo ya no se encuentran en un estado de hostilidad: "No es un bandido sino un pretendiente matrimonial", esta frase es similar a la que se encuentra en otros hexagramas, pero el significado es diferente. Cuando *yang* y *yin* se unen y se expanden armoniosamente, "uno encuentra lluvia"; el trazo superior y el tercero comienzan por estar separados por la desconfianza; cuando esta desconfianza alcanza su apogeo, ya no perdura. *Yang* y *yin* se unen y su armonía aumenta, de modo que producen lluvia, por eso el texto dice: "y entonces llega la ventura"[14]. "Avanzar" es salir de donde uno está para ir a otra parte, y esto significa que, desde el momento en que se reencuentren y aumente su armonía, el augurio será feliz.

ZHU XI. — "Aislado por El Antagonismo" se refiere al tercer trazo *yin*, que es restringido por dos trazos *yang* [arriba y abajo de él], mientras él mismo se ubica en un puesto *yang*, en un lugar donde experimenta tanto el colmo de la claridad como el colmo del aislamiento. Debido a la dureza de su naturaleza [el sexto trazo] se mantiene aislado. "Él ve un cerdo cubierto de barro", es decir que cree ver algo impuro. Ve "un carro lleno de demonios", imaginando algo que en realidad no existe. "Primero tensa su arco", porque quiere disparar una flecha; "pero después lo pone a un lado", porque duda y modifica sus intenciones gradualmente. "No es un bandido sino un pretendiente matrimonial", finalmente sabe que no son bandoleros, pero sí amigos quienes se acercan. "Al avanzar uno encuentra lluvia y entonces llega la ventura"; la incertidumbre se esclarece por completo y lo que estaba separado se reúne. Considerado en relación con el tercer trazo *yin*, el trazo *yang* superior, primero se separa de él y luego se une a él y es por eso que tales son la imagen simbólica y el significado adivinatorio.

---

14 La lluvia indica una liberación de la tensión, y también la unión de *yin* y *yang*.

39 El Impedimento | Jian

Los caracteres que forman el sinograma que le da nombre a este hexagrama son: *sai*, "taponar, emparedar" y *zu*, "pie", de ahí las numerosas referencias a "ir" y "volver" (caminando) en este hexagrama; porque algo (*sai*) evita que se pueda seguir caminando hacia adelante.

Significados asociados

Cojear, tropezar; dificultades, problemas, infortunio, desgracia, obstrucción, impedimento.

El Dictamen

Impedimento.
Es favorable el Sudoeste, pero no lo es el Nordeste.
Es favorable ver al gran hombre.
La determinación trae ventura.

> En el *Libro de los Cambios* el Sudoeste indica la retirada y el Nordeste el avance, por lo que el mensaje es claro, el camino hacia adelante está bloqueado.
> El norte indica el aislamiento y el sur de la comunidad. No sigamos avanzando solos, vamos a necesitar ayuda de alguien que tiene más autoridad y conocimiento que nosotros, mantengámonos en contacto con otras personas, no nos aislemos, cooperemos con los demás.
> Retirarnos significa reconsiderar nuestra posición y buscar formas alternativas para manejar la situación. También significa deshacernos de nuestros problemas actuales. Dejar de luchar, relajarnos y buscar otro camino. Ver al gran hombre significa que tenemos que crecer y madurar antes que estemos preparados para avanzar, aunque también indica que necesitamos recibir la ayuda de alguien experimentado.

CHENG YI. — El Sudoeste es la región del trigrama *Kun*, ☷,[1] la Tierra, cuya su sustancia es la pasividad y lo fácil. Al Nordeste se encuentra la región del trigrama G*en*, ☶, la Montaña, cuya sustancia es la detención y el obstáculo. En el tiempo de dificultad expresado por El Impedimento, la ventaja consiste en situarse en un terreno nivelado y llano; no hay ninguna ventaja en detenerse en medio de los peligros y los obstáculos. Si uno se sitúa adecuadamente, la dificultad se puede solucionar; pero al detenerse en el peligro, las dificultades aumentarán hasta el extremo. En tiempos difíciles se necesitan hombres sabios para atravesar las dificultades del mundo, de modo que "es favorable ver al gran hombre". Para remediar las dificultades, uno debe emplear el camino de la gran rectitud y ser firme en observar este camino, de ahí que "la determinación trae ventura". El que se encuentra en dificultades debe atenerse a la observación de la justicia perfecta. Aún cuando las dificultades no se disipen, él sin embargo no pierde la virtud de la justicia, esto es lo que constituye el feliz augurio. Pero, si al encontrar dificultades no somos capaces de mantener firmemente esta justicia, si nos dejamos llevar por el desbordante caudal del error y del mal, si intentamos escapar de ellas subrepticiamente, esa transgresión nos corromperá; quien conoce el deber y el destino[2] no emplea tales medios.

ZHU XI. — El Impedimento, dificultad, peligro; los pies no pueden avanzar, el movimiento está impedido. Se compone del trigrama *Gen*, ☶, abajo, y *Kan*, ☵, arriba; ver el peligro y detenerse. Por eso se considera que este hexagrama expresa dificultad. El Sudoeste designa lo que es plano y nivelado, fácil y pacífico; el Nordeste indica obstáculo e impedimento y, además, es la región del trigrama *Gen*. En el momento en que empezamos a encontrarnos en medio del peligro, no es apropiado correr hacia el peligro. El Impedimento proviene del hexagrama *Xiao Guo*, 小過, ䷽ (62, *La Preponderancia de lo Pequeño*)[3] en el que el [cuarto trazo] *yang* avanza para ocupar el quinto puesto con centralidad. Si retrocede entrará en el trigrama *Gen* y no avanzará. Por eso el texto dice: "es favora-

---

1 En la secuencia del Cielo Posterior, u orden intra-mundano.
2 El Mandato del Cielo.
3 Por Fluctuación de Hexagramas, el **Glosario** tiene más información sobre este término.

El Impedimento

el Sudoeste, pero no lo es el Nordeste". En un tiempo de impedimento, es necesario ver a un gran hombre, sólo entonces será posible remediar las dificultades; además, hay que observar la rectitud y, sólo entonces, el presagio se vuelve feliz. Sin embargo, el quinto trazo *yang* posee firmeza, es central y recto; es la imagen simbólica del gran hombre. Desde el segundo trazo en adelante, todos los cinco trazos ocupan la situación que les corresponde[4], lo que indica corrección, de modo que texto agrega "Es favorable ver al gran hombre. La determinación trae ventura". En efecto, para quien ve el peligro, lo precioso es saber detenerse, pero no indefinidamente; para quien está en peligro, la ventaja consiste en seguir adelante, pero sin perder su corrección.

La Imagen

Arriba de la Montaña hay Agua:
la imagen del Impedimento.
Así el noble se vuelve hacia sí mismo
para cultivar su naturaleza.

> La frase "cultivar su naturaleza" significa adaptarnos y evolucionar, crecer internamente y aprender nuevas formas de enfrentar el mundo. El carácter traducido como "cultivar"[5] también significa "poner en orden, arreglar".
> Cuando nos enfrentamos con un obstáculo insuperable, tenemos que cambiar nuestro enfoque. Para ello debemos ajustar nuestra percepción y expectativas, para adaptarnos a la nueva realidad.
> Los obstáculos externos proporcionan los estímulos que necesitamos para fomentar nuestro crecimiento personal, el cual a su vez, nos ayudará a superarlos.

CHENG YI. — Por encima del alto obstáculo que presenta la montaña, hay agua. El trigrama *Kan*, ☵, representa el agua y simboliza obstáculos y dificultades. Arriba y abajo, impedimento y obstáculo, por eso El Impedimento expresa dificultad. El noble, considerando la imagen simbólica de las dificultades, aprovecha la oportunidad para mirar atrás y "cultivar su naturaleza".

El noble, al encontrarse en presencia de dificultades y obstáculos, debe recurrir a sí mismo y corregirse a sí mismo. Mencio dice: "Quien, actuando, tropieza con el fracaso, debe recurrir siempre a sí mismo"; también ante las dificultades y los obstáculos siempre hay que buscar las causas en las imperfecciones de la propia persona; esto es lo que se entiende por "retorno sobre uno mismo". Si descubrimos algo malo en nosotros mismos, debemos corregirlo; si el corazón carece de perfección, hay que redoblar los esfuerzos; esto es lo que se entiende por la expresión "cultivar su naturaleza". El noble mejora sus virtudes mientras espera el momento favorable [para superar el Impedimento].

ZHU XI. — No ofrece comentario para La Imagen de este hexagrama.

Al comienzo un seis (muta al hex. 63)
Ir lleva al Impedimento, volver atrás trae alabanzas.

> Si intentamos avanzar seremos bloqueados y tendremos problemas, es mejor que nos quedemos donde estamos o retrocedamos. Seamos pacientes y prudentes.
>
> **Trabajo:** Este no es el momento adecuado para desafiar el *status quo* o intentar progresar. Pero si permanecemos en nuestro lugar, nuestros superiores nos apoyarán.
>
> **Vida privada:** Continuemos con nuestra rutina normal. No tratemos de cambiar o mejorar lo que funciona bien. Si estamos embrollados en alguna cosa nueva que no progresa, demos un paso atrás, así evitaremos complicaciones.
>
> **Salud, sentimientos y relaciones sociales:** Si estamos bajo tratamiento médico no lo cambiemos; si iniciamos un nuevo tratamiento que no resulta bien, volvamos al tratamiento anterior. No es momento para innovar.

CHENG YI. — Un trazo *yin* ocupa el primer puesto en El Impedimento; si emprende algo y avanza, encontrará cada vez más dificultades: "Ir lleva al Impedimento". En un tiempo de Impedimento, empleando suavidad *yin*, sin tener ayuda, la dificultad de avanzar sin ayuda es evidente. "Volver" es un término opuesto a "ir"; subir avanzando es "ir", no avanzar es "volver". Detenerse y no avanzar es la ventaja que resulta de conocer el tiempo y percibirlo cuando sus efectos comienzan a manifestarse, por eso, "volver atrás trae alabanzas".

ZHU XI. — Al ir encontramos dificultades, al volver encontramos elogios.

---

4 Trazos *yang* en puestos impares y trazos *yin* en puestos pares.
5 El carácter 脩, *xiu*, significa "carne seca", pero en el Libro de los Cambios es usado en lugar de 修, que se pronuncia igual, y toma su significado: "cultivar, poner en orden, acomodar, reparar, elaborar".

Seis en el segundo puesto (muta al hex. 48)

El ministro del rey encuentra impedimento
sobre impedimento.
Pero no son causados por él mismo.

> Tenemos el deber de seguir adelante sin que importen los obstáculos que enfrentemos. Retirarnos no es una opción, por eso tendremos que hacer frente a muchas dificultades.
>
> **Trabajo:** Nos vemos obligados a enfrentar un problema, sin poder soslayarlo, ya sea porque estamos siguiendo las órdenes de nuestros superiores o porque el cumplimiento de nuestro deber lo exige.
>
> **Vida privada:** Nos veremos obligados a avanzar y enfrentar directamente los obstáculos que tenemos delante. Esto nos ocasionará muchos problemas, pero no puede ser evitado.
>
> **Salud, sentimientos y relaciones sociales:** Nuestra vida social no será armónica, más bien estaremos bloqueados, por causas que no podemos controlar. Posibles problemas de salud.

CHENG YI. — El segundo trazo, con las virtudes de centralidad y rectitud, es parte de la sustancia del trigrama *Gen*, ☶; es quien se apega a la justicia y la rectitud y se corresponde con el quinto trazo. Tiene una posición central y recta, investido de autoridad por la confianza del príncipe con las mismas cualidades, y por eso el texto dice "el ministro del rey". Aunque el superior y el inferior están dotados de las mismas virtudes, el quinto trazo se encuentra en medio de grandes dificultades y utiliza todas sus energías en un momento de peligro; las dificultades y los peligros son extremos, de modo que esto constituye "impedimento sobre impedimento". Aunque el segundo trazo está dotado de centralidad y rectitud, ¡cómo, con su suave poder *yin*, puede superar el impedimento! Esto es, por tanto, lo que constituye el "impedimento sobre impedimento". Sus tendencias lo llevan a ayudar al príncipe que se encuentra en medio de las dificultades, que no son causadas por su propia persona [es decir por el segundo trazo]. Aunque es posible suponer que no logra superarlas, sus tendencias y su sentido del deber son encomiables, por lo que el texto menciona su extrema dedicación y abnegación. Sin embargo, aunque sus capacidades son insuficientes para remediar las dificultades, al menos algo podrá hacer, por eso el sabio lo menciona formalmente como un estímulo para el bien.

ZHU XI. — Este trazo tiene suavidad, centralidad y rectitud, además se corresponde con el recto [quinto] trazo superior; pero al estar en medio del peligro[6], hay "impedimento sobre impedimento". Si busca remediarlos no es porque él mismo sea la causa, ni por su propio interés. El texto no menciona ventura ni desventura; por tanto, quien consulta el oráculo sólo debe dedicar todas sus fuerzas y sus energías a su empresa[7]. En cuanto a éxito o revés, triunfo o derrota, no se trata de eso.

Nueve en el tercer puesto (muta al hex. 8)

Ir lleva al impedimento.
Él vuelve atrás

> Volver atrás significa reconsiderar nuestra decisión anterior y aceptar que cometimos un error.
> Es mejor retirarnos, porque no tenemos los recursos necesarios para seguir adelante. Dando un paso atrás nos libraremos del peligro y regresaremos a la normalidad.
>
> **Trabajo:** Seamos flexibles, estemos dispuestos a cambiar nuestros planes y dar un paso atrás cuando nos encontremos en peligro. Puede que tengamos que renunciar a algo, pero el cambio será para mejor porque nos librará de problemas mayores.
>
> **Vida privada:** La única forma de escapar de nuestros problemas actuales, es retrocediendo. Es mejor renunciar a algo que perderlo todo.
>
> **Salud, sentimientos y relaciones sociales:** Estamos siguiendo un camino que no nos lleva a ninguna parte. Si retrocedemos evitaremos muchos inconvenientes.

CHENG YI. — El tercer trazo *yang* es firme y mantiene su rectitud; estando situado en el puesto superior en la sustancia del trigrama inferior. En presencia de un momento de impedimento, todos los trazos inferiores tienen suavidad *yin*, y deben confiar y agruparse alrededor del tercer trazo. El tercer trazo y el trazo superior se corresponden con corrección; el trazo superior tiene suavidad *yin* y está desprovisto de una posición; por eso no puede ayudar [al tercer trazo], de modo si el tercero avanza y sube, encontrará dificultades. Volver atrás, es descender; el tercer trazo es quien deleita y agrada a los dos trazos *yin* inferiores, de modo que al descender se

---

6 Ocupa el puesto inferior del trigrama nuclear inferior *Kan*, ☵, que simboliza peligro.
7 Lo que el deber le exige.

El Impedimento

considera que se regresa al lugar apropiado, a un lugar de paz y descanso.

ZHU XI. — Al volverse hacia los dos trazos *yin* obtiene lo que le da descanso y calma.

Seis en el cuarto puesto (muta al hex. 31)

Ir lleva al Impedimento,
volver lleva a la unión.

> No podemos seguir adelante por nuestra cuenta porque el camino está bloqueado. Si seguimos avanzando quedaremos aislados y no recibiremos ayuda de nadie. Regresemos y cooperemos con otras personas, así podremos reunir suficientes recursos y fuerzas que nos permitirán vencer los obstáculos que hay por delante.
>
> **Trabajo:** Tendremos que conseguir más experiencia y recursos antes de solucionar los obstáculos que dificultan nuestro progreso. No continuemos adelante solos, consigamos algunos aliados y ayudantes, de lo contrario nuestros planes fracasarán.
>
> **Vida privada:** Hemos ido demasiado lejos, y nos estamos alejando de nuestros compañeros. Volvamos atrás, reconsideremos lo que hemos hecho.
>
> **Salud, sentimientos y relaciones sociales:** Es necesario que restablezcamos nuestra conexión con nuestros semejantes para sentirnos mejor. Prestemos más atención a las personas que nos rodean.

CHENG YI. — A medida que avanza, se adentrará cada vez más en lo más profundo del abismo[8], por lo tanto, conforme avanza se incrementa el peligro. En un momento de dificultad, quienes se encuentran en las mismas alternativas peligrosas obedecen a las mismas tendencias instintivas, sin haberse consultado entre sí. Además, el cuarto trazo ocupa una posición alta y, como los que están debajo de él, también posee la corrección que resulta de la posición ocupada[9]. Además, él y el tercero se acercan, entran en contacto y se agrupan. Los trazos segundo y primero son de la misma especie, y se alían entre sí. El tercer trazo tiene las mismas tendencias que los que están debajo de él: la multitud se agrupa a su alrededor, y por eso el texto dice: "volver lleva a la unión". Si vuelve se unirán unos a otros, alineándose con el grupo inferior. Ser capaz de estar de acuerdo con la multitud es saber como hallar el camino correcto durante El Impedimento.

---

8 Ocupa el puesto inferior del trigrama superior *Kan*, ☵, que simboliza el abismo y el peligro.
9 Trazo *yin*, en puesto par.

ZHU XI. — Al unirse con el tercer trazo, [los dos trazos iniciales] unen sus fuerzas y remedian los peligros, atravesándolos.

○ Nueve en el quinto puesto (muta al hex. 15)

Cuando el Impedimento es mayor los amigos vienen.

> El quinto trazo es el regente del hexagrama, eso indica que nosotros estamos intentando corregir los problemas.
> Busquemos colaboradores y amigos para superar la adversidad con su ayuda.
> Notemos que el texto no promete ventura, ni habla de desventura. Por ahora debemos lidiar con El Impedimento, eso es lo mejor que podemos hacer.
>
> **Trabajo:** Recibiremos el apoyo de la gente adecuada y con su colaboración enfrentaremos los problemas que nos aquejan. Nuestra influencia aumentará.
>
> **Vida privada:** Enfrentaremos los impedimentos que nos detienen con la ayuda de buenos amigos.
>
> **Salud, sentimientos y relaciones sociales:** Si tuviéramos alguna dolencia, debemos buscar la ayuda de profesionales calificados. Nuestros amigos nos apoyarán.

CHENG YI. — El quinto trazo ocupa la posición del príncipe y éste se encuentra en medio del Impedimento; éste es el gran Impedimento del mundo. Está en presencia de impedimentos y, además, está en medio de peligros, lo que a su vez constituye un gran impedimento. En un momento de gran impedimento, se corresponde con centralidad y rectitud con el segundo trazo colocado debajo de él; ésta es la ayuda que le llega. En un momento en que el mundo se encuentra sumido en dificultades, no es poca ventaja contar con la ayuda y asistencia de un sujeto central y recto. ¿Cómo es que no hay un augurio de ventura, cuando goza de la ventaja de la llegada de amigos devotos? La respuesta a esta pregunta es que esto no es suficiente para superar y conjurar el peligro. Siendo un príncipe dotado de firmeza *yang*, centralidad y rectitud, viene precisamente a encontrarse en medio de grandes peligros, sin la ayuda y asistencia de un sujeto firme y *yang*, poseedor de centralidad y rectitud, le será imposible protegerse de los peligros y dificultades del mundo. La centralidad y la rectitud del segundo trazo ciertamente constituyen una ayuda; pero pretender, sólo con la ayuda de la débil y suave dulzura *yin*, remediar las dificultades del mundo sería cosa imposible. Desde la antigüedad, cuando los sabios reyes han remediado las dificultades del universo, nunca ha sido de otra manera que mediante la ayuda de súbditos sabios y meritorios; tales son los ejemplos de Tang y Wu, que llegaron a poseer los Estados de Lu y Yi. Es raro que un príncipe de mérito modesto y ordinario, ayudado por ministros enérgicos e ilustrados, pueda remediar las dificultades del universo, sin embargo, el caso ciertamente puede presentarse; tales son los ejemplos de Liu Shan, cuando adquirió Kong Ming; de Su Zong, el Emperador Tang que adquirió Guo Ziyi, o incluso el Emperador De Zong que adquirió Li Sheng. Si el príncipe fuera esclarecido, pero no tuviera la ayuda de un súbdito dotado de aptitud adecuada, no podría remediar las dificultades, además, siempre que un trazo *yin* ocupa el quinto puesto mientras que un trazo *yang* ocupa el segundo, es principalmente gracias a la ayuda de la que disfruta, que el príncipe logra realizar su trabajo; este es el caso de los hexagramas *Meng*, 蒙, ䷃ (4, *La Necedad Juvenil*) y *Tai*, 泰, ䷊ (11, *La Prosperidad*). Si por el contrario un trazo *yang* ocupa el quinto puesto mientras que un trazo *yin* ocupa el segundo, en general el trabajo es imperfecto, y este es el caso de los hexagramas *Zhun*, 屯, ䷂ (3, *La Dificultad Inicial*) y *Pi*, 否, ䷋ (12, *El Estancamiento*). Y, en efecto, si el súbdito es más sabio que el príncipe, ayuda al príncipe en lo que éste sería incapaz de hacer; pero si el súbdito no alcanza el nivel del príncipe, éste sólo le ayuda dentro de los límites de sus propios medios, de modo que el trabajo realizado no puede ser muy grande.

ZHU XI. — Un gran impedimento es una dificultad que va más allá del nivel ordinario. El quinto trazo *yang* ocupa el puesto preeminente y posee las virtudes de firmeza, centralidad y rectitud; debe disfrutar de la ayuda de amigos que vienen a unirse a él y ayudarlo. El significado adivinatorio expresa que, si el consultante posee tales virtudes, también obtendrá esta misma asistencia.

Al tope un seis (muta al hex. 53)

Ir lleva al Impedimento, volver trae gran ventura.
Es favorable ver al gran hombre.

> Aunque los problemas actuales no nos afectan personalmente, sentimos que nuestro deber es ayudar a nuestros compañeros en este momento de dificultades, por eso no vamos a desentendernos de la situación, sino que estamos dispuestos a hacer todo lo posible para ayudar a nuestro prójimo.
> Ver al gran hombre quiere decir que conseguir un guía o mentor sería muy útil en este momento, pero también indica que deberíamos crecer espiritualmente y en entendimiento para poder afrontar la situación.
>
> **Trabajo:** Seamos generosos, otras personas necesitan nuestra ayuda y consejo. No nos aislemos, estemos dispuestos a cooperar con los demás.
>
> **Vida privada:** Éste es un momento para ayudar a las personas necesitadas; no descuidemos las necesidades ajenas.
>
> **Salud, sentimientos y relaciones sociales:** Usemos nuestros recursos y sabiduría para ayudar a otros. No permanezcamos al margen.

CHENG YI. — Este suave trazo *yin*, se sitúa en el colmo del impedimento; desafía este peligro extremo y avanza, lo que lo pone en peligro. Pero si en lugar de avanzar regresa, siguiendo al quinto y llamando al tercer trazo en su ayuda, poseyendo el auxilio de la firmeza, podrá hacerse grande. El camino, en caso de impedimento, es detener el avance del mal y del peligro. La palabra "gran" es un término que expresa lo elevado y la grandeza, y conlleva la idea de magnanimidad, un significado ventajoso. Cuando vuelva, será magnánimo y grande; el impedimento desaparecerá. Cuando El Impedimento está en su punto máximo, hay una salida a esta dificultad. El trazo superior utiliza la suavidad *yin*, por lo que no puede escapar del Impedimento; pero si recibe la ayuda de la firmeza *yang*, entonces podrá escapar del peligro. En un momento en que la dificultad está en su apogeo, poder evitarla constituye un feliz augurio. Sin firmeza *yang*, centralidad y rectitud, ¿cómo podría escapar de las dificultades en las que se encuentra? El texto dice: "es favorable ver al gran hombre"; en un momento de gran impedimento, ver a un hombre dotado de grandes virtudes significará poder remediar las dificultades pendientes. "Gran hombre", designa al quinto trazo; es la comparación de las aptitudes relativas de los dos rasgos lo que revela este significado. El quinto trazo posee firmeza *yang*, es central y recto, y finalmente ocupa el cargo de príncipe; él es el gran hombre. En cuanto al quinto trazo, el texto no dice que tiene el mérito de aliviar el impedimento y, sin embargo, es favorable que sexto trazo *yin* lo vea; ¿cómo se puede explicar esto? He aquí la respuesta: el texto del quinto trazo no menciona esto porque ese trazo se encuentra en medio del peligro[10], y porque, al estar desprovisto de la ayuda de la firmeza *yang*, no puede remediar el peligro. Pero cuando se trata del trazo *yin* superior, cuando las dificultades han alcanzado su punto álgido, ver a un hombre dotado de grandes virtudes significa poder remediar el peligro, eso constituye por tanto una ventaja. Con respecto a cada

---
10 El trigrama superior *Kan*, ☵, que simboliza el abismo y el peligro.

El Impedimento

trazo, el significado se elige de una manera particular que no es uniforme; así, el primer trazo *yang* del hexagrama *Zhun*, 屯, ䷂ (3, *La Dificultad Inicial*), cuyas tendencias son rectas, con respecto al segundo trazo *yin*, representa a un ladrón. En cuanto a los diversos trazos de El Impedimento, nunca se menciona un buen augurio, salvo en el caso del trazo superior. Muchos de los otros trazos poseen rectitud[11], y cada uno de ellos tiene algo bueno, pero ninguno de ellos puede salir del Impedimento, de modo que las condiciones representadas son todavía insuficientes para constituir un feliz augurio. Sólo el trazo superior, situado en la cima del Impedimento, posee sin embargo grandeza y magnanimidad; esto es lo que constituye un feliz presagio.

ZHU XI. — Ha llegado a la cumbre extrema de El Impedimento y ya no tiene posibilidad de avanzar; el aumento del Impedimento ha llegado a su fin. Volviendo al quinto trazo, resisten juntos las dificultades pendientes, para que tenga el mérito de la grandeza y la ilustración. La expresión "gran hombre" designa el quinto trazo *yang*; el que comprende el significado adivinatorio debe actuar así.

---

11 Desde el segundo hasta el quinto trazo, todos son rectos, es decir que los trazos *yin* están en puestos pares y los *yang* en puestos impares.

40 La Liberación | *Jie*

Los caracteres que conforman el sinograma que le da nombre a este hexagrama son: *jiao*, "cuerno", *dao*, "cuchillo" y *niu*, "vaca, buey": el cuchillo que separa al bovino de sus cuernos.

Significados asociados

Liberar, liberación; desatar, soltar, cortar (un buey), dividir, disolver; explicar, analizar; desatar un nudo, destrabar un embrollo.

El Dictamen

La Liberación.
Es favorable el Sudoeste.
Si no hay nada que hacer el retorno trae ventura.
Si hay algo por hacer, apurarse trae ventura.

> La Liberación es la secuela del hexagrama anterior: 39, El Impedimento. Significa liberación de la esclavitud y de las dificultades.
> En el *Libro de los Cambios,* el Sudoeste es la dirección de la retirada y de la comunidad, por eso, para liberarnos de nuestros problemas debemos alejarnos de los mismos y evitar quedar aislados.
> A veces una situación estresante y complicada puede descomprimirse, simplemente dando un paso atrás y buscando un nuevo enfoque, encarando los problemas de otra forma.
> Tengamos cuidado de no dejar cabos sueltos detrás después de que la situación comience a mejorar. Si hay algo que requiera nuestra atención antes de dar la tarea por terminada, debemos ocuparnos de eso sin demora.

CHENG YI. — El Sudoeste es la región del trigrama *Kun,* ☷, la sustancia del mismo es la inmensidad, llana y libre de problemas; en el momento en que las dificultades del mundo están a punto de ser allanadas, y el hombre comienza a ser liberado de los peligros y sufrimientos, no conviene volver a someterlo a preocupaciones tediosas y a un régimen severo; debemos tratarlo con indulgencia y someterlo a un régimen indulgente y fácil de soportar, tal es el camino que se debe adoptar. De esta manera, el corazón del hombre, sintiéndose agradecido, se calmará y permanecerá en paz, por eso "es favorable el Sudoeste". Tang abolió las crueles leyes establecidas por Jie[1] y gobernó magnánimamente; el Rey Wu puso fin a la violencia de Zhou y derrocó las instituciones políticas de la dinastía Shang; ambos siguieron el camino de la generosidad y la tolerancia. "Si no hay nada que hacer es venturoso retornar. Si hay algo por hacer, apurarse trae ventura". Si las dificultades que padecía el mundo ya están solucionadas y eliminadas; no "hay nada que hacer", pero "si hay algo por hacer", eso quiere decir que quedan problemas por corregir. Ahora bien, en el mundo, en un Estado, las desgracias y las calamidades surgen a consecuencia del abandono y del derrocamiento de las reglas y las normas. Cuando los sabios ya han liberado al mundo de las dificultades, cuando han traído la calma y restablecido la paz, podemos decir que no hay nada que hacer; entonces, corresponde mejorar y restaurar el camino del gobierno, rectificar las instituciones fundamentales, aclarar las leyes y avanzar en el camino del retorno a las instituciones de las primeras edades y a los reyes ilustres de la antigüedad; esto es "retornar", y esta expresión significa retornar al correcto propósito de todas las cosas, lo que constituye un feliz augurio para el mundo. El carácter traducido como "el" [en "*el* retorno trae ventura"] sólo es una partícula auxiliar del lenguaje[2]. Desde la antigüedad, los sabios reyes, al remediar las dificultades y reprimir los desórdenes, nunca se precipitaban al inicio de su acción; cuando la paz y la tranquilidad estaban bien aseguradas, establecían instituciones duraderas y permanentes. Desde la dinastía Han en adelante, una vez que los disturbios se calmaron, no hubo más innovaciones y cambios en las instituciones del Estado, simplemente se contentaron con atender, a medida que surgían, las nece-

---
1 La dinastía *Xia.*
2 El comentarista quiere aclarar que aquí esta palabra no determina un retorno particular, sino que expresa la idea general de retorno.

La Liberación

sidades de cada momento[3], pero esto nunca podría constituir un modo perfecto de gobierno, de hecho, implica ignorar el significado de la palabra "retorno"[4]. Si hay algo que hacer, actuar temprano es venturoso; es decir, mientras quede alguna dificultad que superar, la prisa que se tiene por remediarla es lo que constituye la ventura. Si bien estas dificultades se están eliminando, todavía no lo están en su totalidad, si no nos apresuramos a solucionarlas, adquirirán una nueva importancia; lo que hace que los problemas se repitan es no encontrarles un remedio temprano, por lo cual, poco a poco, otros problemas fermentan y se desarrollan, por lo que actuar pronto trae ventura.

ZHU XI. — La Liberación es la disipación o desaparición de la dificultad. Estar en peligro y poder moverse es escapar de las dificultades, es la imagen simbólica de La Liberación. Luego de resolver las dificultades, es propicio permanecer en paz, en reposo y tranquilidad, sin prolongar más las causas del cansancio y el desánimo[5]. La Liberación proviene del hexagrama *Sheng*, 升, ䷭ (46, *La Subida*) [por fluctuación de hexagramas[6]] en el que el tercer trazo ocupa el cuarto puesto y entra en la sustancia del trigrama *Kun*, ☷, mientras que el segundo conserva su posición y, además, posee centralidad, de modo que la ventaja está en el terreno llano y sin complicaciones de la región del Sudoeste. Si no hay nada que hacer, entonces lo adecuado es regresar al lugar original y permanecer tranquilo y en reposo. Si aún queda algo por hacer, conviene hacerlo pronto, sin prolongar indefinidamente las medidas rigurosas y dolorosas que hay que soportar.

La Imagen

El Trueno y la Lluvia se manifiestan:
la imagen de La Liberación.
Así el noble perdona los excesos
y es tolerante con las faltas.

> El trueno y la lluvia limpian la atmósfera, representan la liberación de la tensión y la ansiedad.

Para poder liberarnos completamente de los conflictos y problemas que nos aquejan, debemos dejar atrás los odios, recelos y rencores, cultivando en cambio la tolerancia y la amplitud mental.
Un nuevo ciclo comienza y debemos afrontarlo sin llevar sobre nuestras espaldas las preocupaciones y resentimientos del pasado. Sólo de esa manera podremos evitar futuras complicaciones.

CHENG YI. — El Cielo y la Tierra separados y diferenciados producen el Trueno y la Lluvia, que a su vez actúan y liberan lo impedido. Estas palabras no tienen el mismo valor que en la expresión "Claridad duplicada manifiesta Lo Adherente"[7]. Perdonar los excesos es absolver; ser tolerante es mostrar indulgencia; los excesos cometidos por error pueden ser perdonados, pero perdonar las faltas [más graves] sería la negación de la justicia, por lo que en este último caso se trata simplemente de indulgencia. El noble contempla la imagen del Trueno y la Lluvia manifestados, que son liberadores; realiza la concepción de una acción fructífera difundiendo la bondad y la caridad; así libera los obstáculos, empleando la magnanimidad y la clemencia.

ZHU XI. — No ofrece comentario para La Imagen de este hexagrama.

Al comienzo un seis (muta al hex. 54)

No hay falta.

> Por ahora no necesitamos hacer nada más, descansemos y restauremos nuestras energías.
> Todo va bien, no cometeremos errores porque sabemos bien lo que hacemos.

Trabajo: Progresaremos sin problemas.

Vida privada: Por ahora no tenemos nada de lo que preocuparnos.

Salud, sentimientos y relaciones sociales: Tendremos buen equilibrio espiritual y físico.

CHENG YI. — Este trazo *yin* ocupa el primer puesto de La Liberación; en el momento en que las desgracias y las dificultades se disipan y desaparecen. Ocupar un puesto firme con las cualidades de la suavidad *yin* indica mansedumbre capaz de firmeza. Ya no hay desgracias ni dificultades, y este trazo se sitúa según lo que es apropiado desde el punto de vista de la gentileza y la firmeza. Aunque las desgracias y las dificultades hayan desapare-

---

3 El comentarista alude a todos los cambios de dinastías que se han producido en China; el período de guerras civiles, el triunfo definitivo de un partido, la renovación total de todas las instituciones y de todas las leyes, y finalmente, la proclamación del nuevo régimen.
4 A las instituciones antiguas.
5 Las rigurosas medidas tomadas durante la guerra para aterrorizar a los oponentes. Recordemos que los comentaristas relacionan La Liberación con los cambios de dinastías, cuando se depone un régimen que ya no funciona satisfactoriamente para sustituirlo por algo mejor.
6 El **Glosario** tiene más información sobre este término.

7 En La Imagen del hexagrama 30, Lo Adherente.

cido, aún no está tranquilo y libre de preocupaciones; pero como se posiciona apropiadamente, esto es lo que constituye la ausencia de culpa o peligro. Al principio del tiempo de La Liberación, es aconsejable estar tranquilo y sereno, restaurar las fuerzas y descansar. La brevedad del texto enfatiza esta idea.

ZHU XI. — Habiendo desaparecido ya la dificultad, utiliza la suavidad en un puesto inferior y se corresponde con el cuarto trazo. ¿Qué falta cometería? Por eso éste es el significado adivinatorio.

○ **Nueve en el segundo puesto** (muta al hex. 16)
Captura tres zorros en la cacería
y recibe una flecha amarilla.
La determinación es venturosa.

> La cacería es la voluntad de purgar la situación de los elementos indeseables, ya sean internos o externos: los tres zorros. Los tres zorros simbolizan la codicia, la ignorancia y el miedo. Son elementos de corrupción que crean dificultades y perjudican a los demás.
> La flecha dorada era otorgada a las personas que realizaban grandes cosas[8], esto significa que después de eliminar los malos factores (los zorros) obtendremos beneficios y reconocimiento. Perseverar en la cacería y capturar los zorros traerá buena fortuna.
>
> **Trabajo:** Vamos a prosperar o puede que consigamos una promoción, después que aprehendamos a las personas que están arruinando la situación.
>
> **Vida privada:** Algunas malas influencias nos están perjudicando. Sólo después que las erradiquemos podremos progresar y disfrutar de nuestra vida.
>
> **Salud, sentimientos y relaciones sociales:** La codicia, la ignorancia y el miedo son defectos que pueden detener nuestro desarrollo espiritual, no los toleremos.

CHENG YI. — El segundo trazo *yang*, con las virtudes de firmeza y centralidad, se corresponde con el príncipe representado por el quinto trazo *yin*, y es el que satisface las necesidades del momento. En el mundo, los hombres inferiores siempre están entre las multitudes; si es un príncipe enérgico e inteligente quien reina, su inteligencia será suficiente para iluminarlos, su autoridad será suficiente para inspirarles miedo, finalmente su firmeza será suficiente para contenerlos, para que estos hombres inferiores no se atrevan a dar curso a sus sentimientos; sin embargo, siguen siendo una amenaza, de ahí la advertencia[9], y al príncipe le preocupa la posibilidad de que encuentren algún medio tortuoso de dañar la rectitud. El quinto trazo *yin* ocupa la posición preeminente, pero con las virtudes de la suavidad *ying*, su inteligencia se oscurece fácilmente; su autoridad es fácilmente desafiada; su decisión carece de energía y fácilmente se vuelve vacilante; si algún hombre inferior alguna vez logra acercarse a él, cambiará su corazón corrompiéndolo. Más aún, en un momento en que las dificultades acaban de disiparse y el orden apenas comienza a establecerse, un cambio en la dirección opuesta sigue siendo particularmente fácil. Pero si él emplea al segundo trazo en tal momento, ciertamente podrá dejar de lado a los hombres inferiores, de modo que el corazón del príncipe se rectificará y podrá seguir el camino de la firmeza y centralidad. "Captura tres zorros en la cacería": el objetivo de la caza es eliminar lo nocivo; el zorro es un animal malvado y astuto; "tres zorros" indica los tres trazos *yin* del hexagrama[10]: son los hombres inferiores del momento actual. La palabra "captura" significa poder transformarlos y descartarlos, como se captura al zorro mientras se caza. Capturarlos será seguir el camino de la centralidad y la corrección y en ello consiste la perfección de la rectitud y el feliz augurio. El amarillo es el color de la justicia; la flecha es un objeto rectilíneo; "flecha amarilla" es una expresión que indica centralidad y rectitud. Si no se mantiene a raya a la multitud de malvados, infaliblemente se apoderarán del corazón del príncipe; entonces ya no se podrá seguir el camino de la centralidad y la rectitud. Tal fue el caso de Huan y Jing, quienes no expulsaron a Wu Sansi[11].

ZHU XI. — La imagen simbólica de este trazo aún no está bien explicada. Se ha dicho que en este hexagrama hay un total de cuatro trazos *yin*; restando el quinto que ocupa el puesto del príncipe, quedan todavía tres; esta sería la imagen simbólica de los tres zorros[12]. En general se considera que este trazo tiene un significado augural favorable cuando se consulta el destino en materia de caza; también se considera que tiene la imagen simbólica de protegerse del mal y del engaño y de poseer centralidad y rectitud. Si uno es capaz de mantener la justicia, nada dejará de ser venturoso.

---

8 El hexagrama 21.4 menciona también conseguir flechas, pero no son doradas, sino metálicas.
9 La advertencia es la frase "la determinación es venturosa"; no hay que descuidarse.
10 ZHU XI comenta que de los cuatro trazos *yin* en este hexagrama, los tres zorros se refieren a los tres inferiores.
11 Huan Yanfan y Jing Hui fueron figuras clave en el golpe que derrocó a la emperatriz Wu Zetian. Pero ellos descuidaron tomar acción contra el sobrino de Wu Zetian, quien más tarde convenció al emperador Zhongzong para que los exilara.
12 Otra interpretación sería que los "tres zorros" se refieren al tercer trazo *yin*, quien simboliza a los hombres vulgares.

La Liberación

Seis en el tercer puesto (muta al hex. 32)

El que carga algo en la espalda pero viaja en un carruaje atrae a los bandidos.
La determinación es humillante.

> En la antigua China, los carruajes eran utilizados solamente por personas de alto rango, por lo tanto un portador de equipaje no tenía cabida en ellos.
>
> Este trazo describe a alguien de bajo nivel, que alcanzó indebidamente una posición elevada, pero que no está preparado para ejercer adecuadamente sus nuevas responsabilidades.
>
> Debido a que no está a la altura de su cargo, no va a recibir ninguna ayuda, sino que atraerá a bandidos y transgresores a su alrededor.
>
> Este trazo también indica una degradación del comportamiento correcto, tal como fingir honradez o actuar con hipocresía.
>
> Si persiste en su charada será expuesto como lo que es y será avergonzado públicamente.
>
> **Trabajo:** Podemos llegar a ser degradados y humillados. Seamos conscientes de nuestras limitaciones y no tratemos de hacer más de lo que podemos manejar con facilidad ni tratemos de aparentar lo que no somos.
>
> **Vida privada:** Si insistimos en vivir por encima de nuestros medios nos vamos a complicar la vida y pasaremos vergüenza. Peligro de robo.
>
> **Salud, sentimientos y relaciones sociales:** Nuestra salud se resentirá si forzamos nuestro cuerpo más allá de sus capacidades. No tratemos de presentar una falsa fachada, sino reconozcamos nuestras limitaciones.

CHENG YI. — El tercer trazo es suave y *yin*; ocupando el puesto más alto del trigrama inferior; está colocado en una situación que no le corresponde; es como un hombre inferior que debería ocupar una posición humilde y baja, como la de un porteador que lleva cargas sobre su cabeza y hombros y quién; sin embargo, se ha subido a un carruaje; que no es su lugar. El resultado ineludible es que "atrae a los bandidos". Incluso aunque lo que está haciendo fuera conforme a la ley, seguiría habiendo motivos de temor y aprensión. Si un hombre inferior ocupa una posición distinguida, aunque se esfuerce por actuar con rectitud, no es, por su esencia baja y vulgar, alguien apto para una posición alta; en última instancia, eso será motivo de aprensión. Sin embargo, si actúa con rectitud, ¿qué sucederá? Respuesta: La gran justicia no está al alcance de la suavidad *yin*; entonces si se encuentra en tal caso es porque se ha transformado y se ha convertido en un noble. El tercer trazo representa a un hombre inferior, suave y *yin*; lógicamente debe estar en inferioridad y por el contrario está por encima de lo inferior: es como un hombre inferior "que carga algo en la espalda pero viaja en un carruaje"; sin duda aparecerán bandidos o habrá algún conflicto. En el momento en que las dificultades se disipan, si un hombre inferior usurpa el poder, vuelve a traer el desorden y la violencia.

ZHU XI. — El Gran Tratado[13] dice: "Es correcto, desgracia". Las palabras corrección y desgracia expresan que, aunque adquiramos legítimamente nuestra posición, aun así seremos avergonzados; sólo retirándonos y alejándonos será posible evitarlo.

Nueve en el cuarto puesto (muta al hex. 7)

Libérate del dedo gordo del pie
y tu camarada vendrá con confianza mutua.

> El dedo gordo del pie ayuda a caminar, pero en este trazo indica una dependencia malsana de un elemento inferior poco fiable.
>
> Puede ser un hábito, una persona, o cualquier cosa que utilizamos como un apoyo para facilitar nuestra vida; sea lo que fuere, ese elemento inferior es una rémora que no nos permite progresar.
>
> Este es el momento adecuado para buscar otras alternativas y desechar los malos hábitos o personas que no nos permiten desarrollarnos. Después de deshacernos de aquello que nos perjudica, nuevas posibilidades se abrirán y obtendremos la ayuda de gente buena.
>
> **Trabajo:** Liberémonos de las malas relaciones, no dejemos que gente de bajo nivel se introduzca en nuestro círculo. No podremos progresar hasta que dejemos a esa gente atrás.
>
> **Vida privada:** Estamos obstaculizados por una relación parasitaria con alguien que no vale la pena. Si nos deshacemos de él podremos conseguir mejores amigos.
>
> **Salud, sentimientos y relaciones sociales:** El abuso de sustancias, las dependencias malsanas y los vicios, detendrán nuestro progreso espiritual y dañarán nuestra salud.

CHENG YI. — El cuarto trazo, con sus virtudes de firmeza *yang*, ocupa una posición elevada; sirve al príncipe representado por el quinto trazo *yin*; representa un sujeto

---

13 El Gran Tratado, 大傳, *Da zhuan*, es parte de las Diez Alas.

de un puesto muy alto, que se corresponde con el primer trazo *yin* situado por debajo de él. El término "dedo gordo" designa lo que es bajo y pequeño; es decir el primer trazo. Si ocupa una posición elevada, mientras cultiva la sociedad de los hombres inferiores, los sabios y los maestros, animados por la centralidad, se distanciarán de él y se mantendrán a un lado. Si, por el contrario, ahuyenta y rechaza a los hombres inferiores, la multitud de hombres dotados avanzará y reinarán entre ellos sentimientos de sinceridad cordial. Si el cuarto trazo es capaz de liberarse de la suavidad *yin* del primer trazo, sus amigos, hombres dotados de las virtudes de firmeza *yang*, aparecerán y se unirán sinceramente a él. Si no excluye a los hombres inferiores, es porque su propia sinceridad de sentimiento no es completa: ¡cómo podría gozar así de la confianza de los hombres! El texto dice que eliminación de su correspondencia con el primer trazo *yin* lo liberará.

ZHU XI. — El término "dedo gordo" designa al primer trazo, situado al comienzo; ni el primer trazo ni el cuarto están en una posición correcta[14], además, aunque se corresponden, lo hacen sin corrección. El cuarto trazo es *yang*, el primero es *yin*; son de diferentes tipos; si pueden separarse y alejarse, entonces llegan los amigos del noble con confianza mutua.

○ **Seis en el quinto puesto** (muta al hex. 47)
Sólo el noble puede liberarse y tener ventura.
Así demuestra a los vulgares que hace las cosas en serio

> Sólo nosotros mismos podemos liberarnos de los vínculos que nos atan a gente inferior y/o hábitos degradantes.
> Si somos lo suficientemente fuertes como para liberarnos a nosotros mismos, tendremos éxito. Las personas de las que nos estamos desvinculando entenderán que estamos actuando seriamente y no podrán impedirlo.
>
> **Trabajo:** Quizás seamos promovidos o progresaremos en nuestro negocio, dejando atrás a nuestros socios actuales.
>
> **Vida privada:** Después de romper nuestros vínculos con las personas que nos están perjudicando, gozaremos de buena fortuna.
>
> **Salud, sentimientos y relaciones sociales:** Concentrémonos en nuestro bienestar y en aquellas cosas que nos benefician, de esa manera podremos superar nuestros malos hábitos y debilidades.

CHENG YI. — El quinto trazo *yin* ocupa la posición preeminente, de él depende la liberación. Hablando en general desde el punto de vista del noble, la sociedad que debe buscar es la de los nobles; aquellos que debe excluir son los hombres obviamente inferiores. "Sólo el noble puede liberarse y tener ventura": cuando se libera del hombre inferior, el noble avanza. ¿Qué presagio sería más importante? "Así demuestra a los vulgares que hace las cosas en serio" significa que lo observan y evalúan; si los hombres vulgares se alejan es porque el noble pudo liberarse de ellos. El inferior se aleja, el noble avanza; el camino de la rectitud prevalece naturalmente y el mundo ya no necesita ordenarse[15].

ZHU XI. — Este hexagrama contiene un total de cuatro trazos *yin*; el quinto trazo *yin* ocupa la posición del príncipe; aunque es de la misma naturaleza que los otros tres trazos *yin*, debe liberarse de ellos y dejarlos a un lado, y entonces el presagio será feliz. El carácter *fu*, 孚 [traducido como "demuestra"] tiene el significado de "verificar, hacer manifiesto". Si el noble se libera, esto se manifiesta en la retirada del hombre inferior, relegado a un segundo plano.

Al tope un seis (muta al hex. 64)
El duque dispara sobre un halcón
que está sobre una elevada muralla y lo abate.
Nada que no sea favorable.

> El halcón simboliza un elemento maligno ocupando una posición alta, representa el último obstáculo en el camino de nuestra liberación.
> Disparar y acertar con una flecha simboliza el uso de los medios adecuados para acabar con lo que obstaculiza nuestro progreso. Luego que derribemos al halcón ya no tendremos más problemas.
>
> **Trabajo:** Para poder liberarnos es preciso neutralizar a un enemigo poderoso, y debemos hacerlo con velocidad y precisión.
>
> **Vida privada:** El halcón sobre el muro simboliza aquello que obstaculiza nuestra liberación, lo que nos mantiene restringidos y esclavizados. Tendremos que actuar con firmeza para superar este obstáculo; después que lo logremos, todo será favorable.
>
> **Salud, sentimientos y relaciones sociales:** Un nuevo ciclo comenzará en nuestra vida tan pronto como superemos los obstáculos que nos tienen bloqueados.

---

14 El primer trazo es *yin* en un puesto *yang*, y el cuarto es *yang* en un puesto *yin*.

15 Porque todo sigue su curso habitual y propio.

La Liberación

CHENG YI. — El trazo *yin* superior ocupa una posición preeminente y elevada, pero esta no es la situación del príncipe. El texto lo llama un "duque"; se refiere a quien finalmente obtendrá la liberación. El "halcón" es un ave de presa que daña a los demás; simboliza al hombre inferior, la causa del mal. La "elevada muralla", es el muro que circunda a la ciudad, el límite entre el interior y el exterior. Si el mal estuviera dentro, aún no sería el momento de la liberación; si el mal ha salido y está "sobre una elevada muralla" ya no hay mal alguno [en el interior]. ¿Qué quedaría aún por liberar? Al decir que está "sobre una elevada muralla", indica que el mal aún no ha desaparecido, su altura indica la importancia de la muralla que el mal aún no ha abandonado. El trazo superior marca el grado más alto de La Liberación; en el momento en que la liberación está en su apogeo, este trazo, por sí solo, tiene sin embargo el significado de una liberación aún no lograda, lo que indica la tenacidad y la fuerza del mal. En este trazo el camino de La Liberación ha llegado a su punto más alto de expansión, el instrumento ya está listo; también puede lanzar su flecha y da en el blanco; desde el momento en que haya logrado su objetivo, los males que padece el mundo quedarán absolutamente disipados, por eso el texto dice "nada que no sea favorable". En el *Gran Tratado,* Confucio desarrolla aún más este significado, diciendo: "El halcón es el objeto de la caza; el arco y la flecha son los instrumentos; el que tira la flecha es el noble, que lleva los instrumentos en su persona. Espera el momento oportuno para actuar, ¿qué sería sin ventaja? Si se mueve, y no está atado, es libre; por eso sale y puede capturar la presa. Es decir que el noble se mueve cuando sus instrumentos están listos". Un animal dañino y cruel está sobre la muralla, si [el noble] no tuviera los instrumentos, o si no esperara el momento adecuado para disparar, ¿cómo podría abatir su presa? Es por esto que la forma de liberarse es la preparación del instrumento. Si hay motivos para liberarse de algo, la forma de liberarse de ello es esperar hasta que llegue el momento oportuno. El trazo superior está en estas condiciones y actúa; además, se mueve libremente, no está atado a nada; dispara y nunca lo hace sin éxito. "Atado" expresa peligro y obstáculo. En este pasaje, el sabio[16] explica el significado de las expresiones "no está atado" y "esperar el momento oportuno". Ahora bien, cuando una sola persona, al actuar, extiende los efectos de su acción a todas las cosas del mundo, si no ha preparado el instrumento, o si se mueve sin esperar el momento oportuno, lo mínimo que puede resultar será algún obstáculo o alguna falla, y si se trata de cosas importantes, las consecuencias podrían llegar hasta la ruina y la destrucción[17]. Desde la antigüedad, aunque muchos han disfrutado preparando su obra, no han recibido el mérito de ella, o incluso la han visto derrumbarse, y esto siempre ha sido por las mismas causas.

ZHU XI. — El Gran Tratado explica esto.

---

16 Confucio.
17 Del Estado y del príncipe imprevisor.

41 La Merma | *Sun*

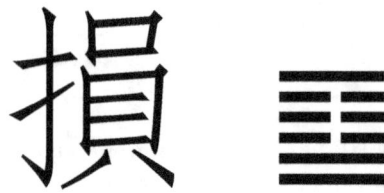

La imagen original del carácter que le da nombre a este hexagrama mostraba una concha con dos tiras y un círculo por arriba, porque las conchas se insertaban en un cordel para usarlas como monedas, que se llamaban cauris[1]. *Sun* significa tomar las conchas con la mano, disminuyendo el número de conchas ensartadas en la tira, decrementándolas, mermándolas.

Significados asociados
Disminuir, mermar, sacar de; lastimar, herir; sacrificio, sublimación.

El Dictamen
Merma con veracidad.
Sublime ventura. Sin defecto.
La determinación es satisfactoria.
Es favorable tener una meta dónde ir.
¿Cómo debería hacerse?
Dos vasijas pueden ser usadas para la ofrenda.

> Con el paso del tiempo todas las cosas aumentan y disminuyen, hay períodos de progreso y momentos de escasez, salud y enfermedad. Si ajustamos nuestro comportamiento a las necesidades de la época actual eso nos ayudará a tener éxito a largo plazo.
> En tiempos de escasez como el presente, lo que más importa es nuestra actitud. No ignoremos la realidad y estemos dispuestos a aceptar ciertas pérdidas, renunciar a algunas comodidades. Ser veraces significa aceptar nuestra situación actual, no vivir en el pasado y saber hacer un buen uso de las pequeñas cosas de las que todavía disfrutamos.
> La Merma también indica que es preciso que equilibremos nuestros recursos. Mermemos lo que sobra e incrementemos lo que falta.
> Las vasijas que menciona el Dictamen, son las vasijas rituales utilizadas para ofrecer el grano cocido, como un sacrificio a los espíritus. El sacrificio indica la necesidad de renunciar a algo, de hacer más con menos recursos porque las vasijas, usualmente de bambú, se usaban para las ofrendas más modestas.

CHENG YI. — La Merma significa una disminución. Siempre que disminuimos y reducimos lo que sobra, para acercarnos a lo que debería estar acorde al principio, es siguiendo el camino de La Merma, este camino debe necesariamente incluir veracidad y sinceridad; es decir, debemos actuar con la más sincera sumisión al principio. La Merma que se adecua al principio de la existencia de las cosas, será un gran bien y obtendrá "sublime ventura". Si La Merma no está viciada por exceso o error; podrá llevarse a cabo con constancia, para que se obtengan buenos resultados, de ahí que "la determinación es satisfactoria". Cuando los hombres merman algo, a veces esto es insuficiente, a veces excesivo, a veces no es regular y constante, lo que significa que no siempre se efectuará conforme a la rectitud; no inspirará confianza. Si no hay veracidad y sinceridad no habrá augurios felices y ocurrirán errores; no se debe seguir ningún camino sin determinación[2].

ZHU XI. — La Merma reduce el exceso. Este hexagrama se forma mermando el trazo *yang* al tope del trigrama inferior [de *Tai*, 泰, ☷ – 11, *La Prosperidad*] y aumentando el trazo *yin* al tope del trigrama superior. Se merma la profundidad del lago representado por el trigrama *Dui*, ☱, y se incrementa la altura de la montaña representada por el trigrama *Gen*, ☶. Disminuir el interior y aumentar el exterior; esta es la imagen simbólica de la acción de presionar al pueblo para que sirva al príncipe, y por eso este hexagrama se llama La Merma. Cuando reducimos lo que debería reducirse y actuamos de buena fe, entonces el sentido adivinatorio debe corresponderse con los cuatro trazos inferiores [debajo del príncipe].

---

1 La concha de un molusco marino que se utilizaba como dinero.

2 El carácter traducido como "determinación", 貞, *zhen*, significa "perseverancia, determinación (con el doble sentido de decisión y acción firme y continuada), constancia, compromiso, lealtad, devoción, prueba". Ver el **Glosario** para conocer más acerca del significado de este carácter. .

La Merma

La Imagen

Abajo de la Montaña está el Lago:
la imagen de la Merma.
Así el noble controla su ira y restringe sus pasiones.

> Las aguas del lago se evaporan y su humedad fertiliza la montaña. Debemos auto-controlarnos de la misma forma, sublimando las pasiones y la ira. Sublimación significa que la fuerza de nuestras pasiones restringidas puede utilizarse para estimular nuestro crecimiento espiritual, tal como el vapor de agua fertiliza la tierra. Lo que es inferior se disminuye para aumentar una causa superior.
>
> Este no es un buen momento para complacernos con gratificaciones sensuales ni para ser indulgentes con nosotros mismos. Seamos caritativos con nuestros semejantes y restrinjamos nuestras pasiones.

CHENG YI. —Al pie de la montaña hay un lago, sus vapores suben libremente y permean la montaña; es como ahondar lo inferior para incrementar la elevación de lo superior: el símbolo de La Merma. El noble que contempla la imagen simbólica de La Merma, la aplica a su propia merma. En el camino de superación personal lo que se debe reducir es sobre todo la ira y las pasiones, por eso el noble se esfuerza por frenar sus sentimientos de ira y extinguir los propios deseos y pasiones.

ZHU XI. — Para el noble nada es más importante que cultivar su propia persona, mediante La Merma.

Al comienzo un nueve (muta al hex. 4)

No hay defecto en terminar tu trabajo y acudir rápidamente [para ayudar].
Pero reflexiona hasta qué punto puedes sacrificarte.

> Ayudar a otras personas después de cumplir con nuestras tareas es loable y bueno, mientras no nos perjudiquemos a nosotros mismos. En este caso el primer trazo (alguien que está en una posición baja), está ayudando al cuarto trazo (alguien en una posición más elevada, con quien tiene una relación de correspondencia).
>
> El texto no promete ventura ni advierte de ningún peligro, de modo que la situación no es problemática. Sin embargo, cuando ayudamos a nuestros superiores debemos buscar el justo equilibrio. Este tiempo requiere que ayudemos desinteresadamente, pero no exageremos, no dejemos que otros abusen de nosotros, ni seamos serviles.
>
> **Trabajo:** Privilegiar nuestro trabajo sobre nuestras propias necesidades personales nos traerá elogios de nuestros superiores, pero también perjudicará nuestra vida privada. Sólo nosotros mismos podemos evaluar hasta dónde podemos sacrificarnos.
>
> **Vida privada:** Trabajar sin pedir nada, para ayudar a otros es encomiable, pero no nos olvidemos de las necesidades de nuestra familia.
>
> **Salud, sentimientos y relaciones sociales:** Tenemos mucha energía, con la que ayudamos desinteresadamente a otros, lo cual no es nada malo, pero no nos esforcemos en exceso o nuestra salud se verá afectada.

CHENG YI. — El significado de La Merma es reducción de la firmeza y aumento de la suavidad; disminuir en la parte inferior y aumentar en la parte superior. El primer trazo, por su energía *yang*, se corresponde con el cuarto, quien con su suavidad *yin*, ocupa una posición alta y depende de la ayuda que obtiene del primero. El inferior, al actuar por el bien del superior, debe menospreciarse y no atribuirse el mérito de ello. Cuando termine lo que hace en beneficio de su superior, debe retirarse rápidamente, y no quedarse asumiendo el mérito; así no tendrá falta. Si, por el contrario, se complace en gozar del mérito y de la belleza de la obra realizada, esto ya no sería menospreciarse en beneficio del superior y, en el camino del inferior, eso sería una falta o culpa. El suave cuarto trazo depende del apoyo del primero, y lo escucha. El primer trazo, por su parte, debe, tomar en cuenta la conveniencia y oportunidad [de lo que hace] y disminuirse para beneficiar [a otro]. Nunca debe ir demasiado lejos ni hacer menos de lo apropiado.

ZHU XI. — El primer trazo *yang* se encuentra en presencia de un momento que implica la reducción de lo bajo para el aumento de lo alto; se corresponde con el cuarto trazo *yin*; deja lo que estaba haciendo y se apresura a ayudarlo. Es un camino sin culpa, de ahí el significado adivinatorio y la imagen simbólica. Sin embargo, ocupando el puesto inferior y contribuyendo a la ventaja del superior, debe apreciar y medir hasta donde llevará su acción [es decir cuanto ayudará al superior].

Nueve en el segundo puesto (muta al hex. 27)

La determinación es favorable.
Marchar trae desventura.
Sin merma [de sí mismo]
puede aumentar [a otros].

> Es favorable que nos dediquemos a nuestras tareas usuales, pero no corramos riesgos ni actuemos con agresividad.

Este no es el tiempo propicio para iniciar nada nuevo, sólo cumplamos con nuestras responsabilidades; con nuestro trabajo podemos ayudar a otros.

Trabajo: Concentrémonos en nuestras responsabilidades y limitémonos a nuestra tarea, sin buscar expandirnos. Por el momento no podremos progresar.

Vida privada: Continuemos con nuestras tareas rutinarias y cumplamos con nuestras obligaciones para con los demás. No nos inmiscuyamos en asuntos ajenos.

Salud, sentimientos y relaciones sociales: Gozaremos de buena salud si mantenemos nuestro temperamento bajo control. Seamos pacíficos y colaboremos con los demás, en lugar de combatirlos.

CHENG YI. — El segundo trazo, firme y central, se encuentra en presencia de un tiempo de reducción de la firmeza; ocupa un puesto que implica suavidad y forma parte de la sustancia de la satisfacción[3]; se corresponde con el príncipe dotado de suavidad *yin*, representado por el quinto trazo *yin*; al corresponderse con el superior, debido a su suavidad y al hecho de que busca su satisfacción[4], necesariamente debe perder sus virtudes de firmeza y centralidad. Por eso el texto advierte que "la determinación es favorable". "Marchar" significa avanzar, actuar[5]. Al apartarse de la centralidad, perderá su determinación y rectitud, por eso "marchar trae desventura". Si mantiene su centralidad también mantendrá su determinación. "Sin merma puede aumentar", significa que sin disminuir su propia firmeza y determinación, puede ayudar al superior [el quinto trazo], esto es lo que se entiende por aumentar; si pierde su firmeza y su determinación, si se entrega a la debilidad y a los placeres, esto sólo puede perjudicarlo. Esa no es la forma de mermarse en beneficio del superior. En este mundo, las personas toscas e ignorantes, aunque no siempre tienen malas intenciones, creen que la lealtad al príncipe sólo consiste en usar todas sus fuerzas para obedecerle, porque, de hecho, ignoran el significado de esta expresión: "sin merma puede aumentar".

ZHU XI. — El segundo trazo *yang*, firme y central, tiende a conservarse [a sí mismo]; no quiere avanzar en el momento equivocado, de ahí el significado adivinatorio: "La determinación es favorable. Marchar trae desventura". "Sin merma puede aumentar" significa mantener la propia posición sin cambios, sólo así puede ayudar ventajosamente a su superior.

□ **Seis en el tercer puesto** (muta al hex. 26)
Cuando tres hombres marchan juntos,
se merman en una persona.
Cuando un hombre marcha solo
encuentra un compañero.

Lo excesivo mermará, pero lo insuficiente aumentará. Si estamos solos, encontraremos compañía; pero un grupo de varias personas se reducirá.
Este trazo nos indica como mantener un equilibrio adecuado en las relaciones sociales. Seamos perceptivos, es importante saber cuando es el momento apropiado para entrar a un grupo y cuando nos conviene alejarnos.

Trabajo: Este es un tiempo para interactuar y trabajar con otras personas. Seamos flexibles y de mente abierta. La situación no es estable.

Vida privada: Tendremos pérdidas y ganancias. Nuestra familia o grupo de amigos puede perder algún miembro. Si estamos solos, encontraremos compañía.

Salud, sentimientos y relaciones sociales: Los solteros pueden llegar a conseguir pareja, o al menos compañía. Quizás perdamos viejos amigos, pero también podemos conocer a nuevas personas.

CHENG YI. — Merma es reducción de lo sobrante; el compañero que se encuentra, aumento de lo insuficiente. Tres designa los tres trazos *yang* del trigrama inferior y los tres trazos *yin* del trigrama superior[6]; los tres trazos *yang* actúan juntos, luego el tercer trazo pasa al tope del trigrama superior, para aumentarlo; tres trazos *yin* actúan juntos, luego el tercer trazo [del trigrama superior] pasa al tercer puesto del nuevo hexagrama [La Merma]. Es así como "cuando tres hombres marchan juntos, se merman en una persona". Respecto al trazo superior, el paso de la suavidad a la firmeza se designa como una merma, pero se trata sólo de la merma de uno de los trazos. Aunque el

---

3 El trigrama inferior, *Dui*, ☱.
4 Este trazo está en el medio de *Dui*, ☱, el trigrama que indica satisfacción, gozo.
5 "Marchar" es la traducción del carácter 征, *zheng*, que significa "iniciar una campaña; castigar, disciplinar, atacar, invadir, conquistar; ir, venir, traer".

6 CHENG YI se refiere al hexagrama del que viene La Merma: *Tai*, 泰, ䷊ (11, *La Prosperidad*). Al mermarse el trigrama inferior de *Tai*, *Qian*, ☰, éste se transforma en *Dui*, ☱; y el trigrama superior de *Tai*, *Kun*, ☷, se transforma en *Gen*, ☶; así llegamos al hexagrama 41, La Merma.

La Merma

trazo superior y el tercer trazo se corresponden en su origen, a medida que los dos trazos suben o bajan y también contribuyen a constituir el nuevo hexagrama, coinciden en su acción. El primer y el segundo trazo son *yang*, el cuarto y quinto son *yin*; las mismas virtudes se agrupan; el trazo superior y el tercero se corresponden; es siempre la imagen de un grupo de dos cosas que concuerdan entre sí, de modo que la tendencia es única, y en todos los casos cada una concuerda con su asociada. Aunque el tercer trazo y el cuarto están asociados entre sí, cada uno parte de una sustancia diferente[7], y aunque el tercer trazo se corresponde al trazo superior, no actúan juntos. Los tres hombres deben mermarse un hombre y luego cada hombre tendrá su pareja. De hecho, en el mundo todo existe en pares; uno y dos, por su contraste, son el origen del nacimiento de todas las cosas. Por lo tanto, tres es demasiado y debe reducirse; tal es el elevado significado de los hexagramas Merma y Aumento. Confucio, en el *Gran Tratado*[8], completa el significado y dice: "El Cielo y la Tierra entran en contacto y todas las cosas se configuran y adquieren forma; el principio masculino y el principio femenino a través de su íntima unión dan origen a todos los seres. El *Libro de los Cambios* dice: 'Cuando tres hombres marchan juntos, se merman en una persona. Cuando un hombre marcha solo encuentra un compañero'; esto expresa unidad exclusiva." Las palabras traducidas como "entran en contacto" indican una unión íntima; los *qi* del cielo y la tierra se combinan y materializan, para dar origen a la creación de todos los seres y su crecimiento. La esencia del principio masculino y el principio femenino unidos generarán todos los seres; sólo a través de la unidad absoluta del principio puede haber nacimiento. Sólo hay un *yin* y un *yang* ¿cómo podría haber tres? También cuando el número llega a tres, conviene disminuirlo, es decir, atenerse exclusivamente a la unidad absoluta. Entre todo lo que se encuentra entre el Cielo y la Tierra, lo que es más claro y más grande es la necesidad de mermar o aumentar, nada es más importante que esto.

ZHU XI. — Originalmente, el trigrama inferior era *Qian*, ☰, [en el hexagrama 11, *Tai*, ䷊, *La Prosperidad*], pero la merma de su trazo superior sirvió para aumentar al trigrama *Kun*, ☷. "Cuando tres hombres marchan juntos, se merman en una persona"; un trazo *yang* sube y un trazo *yin* baja; "Cuando tres hombres marchan juntos, se merman en una persona. Cuando un hombre marcha solo encuentra un compañero"; ambos por su mutuo acuerdo constituyen la totalidad o unidad absoluta. El número tres constituye mezcla y desorden. El hexagrama presenta esta imagen simbólica, y es por eso que el texto advierte a quien consulta el oráculo que es apropiado esforzarse hacia la unidad absoluta[9].

Seis en el cuarto puesto (muta al hex. 38)

Al reducir su ansiedad, rápidamente
tendrá motivos de alegría y no tendrá defecto.

El carácter traducido como "ansiedad" (疾, *ji*) también significa "estrés, angustia, enfermedad". Esto significa que si nos relajamos un poco y somos más accesibles, nuestra vida mejorará.

Una traducción alternativa de "motivos de alegría" sería "vienen nuevos amigos", lo que indica que después de relajarnos podremos socializarnos mejor y conoceremos nueva gente.

Trabajo: Si moderamos nuestras ambiciones y nuestra desconfianza, estaremos más relajados en nuestro lugar de trabajo y podremos relacionarnos mejor con nuestros compañeros y clientes.

Vida privada: Tendremos alivio de nuestras preocupaciones y responsabilidades después que aprendamos a tomar las cosas con más tranquilidad.

Salud, sentimientos y relaciones sociales: Nos sentiremos mejor después de disminuir nuestro estrés y malos hábitos. No seamos paranoicos.

CHENG YI. — El cuarto trazo, con su suavidad *yin*, ocupa un puesto alto; las cualidades y la firmeza *yang* del primer trazo concuerdan y se corresponden [con el cuarto trazo]. En un momento de merma, su correspondencia con la dureza energética le permite disminuirse, atendiendo al trazo *yang* en el primer puesto, suprimiendo lo que no es bueno. "Al reducir su ansiedad" significa que merma algo que no es bueno, y si lo hace "rápidamente tendrá motivos de alegría y no tendrá culpa". Al reducir el mal y apuntar exclusivamente a realizar esta tarea pronta y rápidamente, experimentará satisfacción y estará libre de culpa. Cuando el hombre reduce lo que sobra, el único temor que puede sentir es el de no actuar con suficiente rapidez; actuando con rapidez el mal no seguirá aumentando, esto es lo que se considera "motivos de alegría".

ZHU XI. — Aumentado por la dureza enérgica del primer trazo *yang* y mermando los inconvenientes de la suavidad *yin*, la rapidez de su acción garantizará que "tendrá motivos de alegría". Esto es una advertencia a quien consulta el oráculo, de que sólo si se encuentra en estas mismas condiciones, estará libre de culpa.

---

7 Son parte de diferentes trigramas.
8 El Gran Tratado, 大傳, *Da zhuan*, es parte de las Diez Alas.
9 De propósito, de sentimiento.

○ **Seis en el quinto puesto** (muta al hex. 61)
Posiblemente lo incrementen
con diez pares de conchas de tortuga.
Nadie puede oponerse.
Sublime ventura.

> Las conchas de tortuga eran utilizadas tanto como dinero como para la adivinación. Las conchas de tortuga son un excelente augurio que significa que recibiremos una cantidad importante de recursos o dinero. También nos indica que el destino está de nuestro lado, tendremos suerte; nada puede interponerse en nuestro camino.
>
> **Trabajo:** Prosperaremos y/o seremos ascendidos. Nuestras perspectivas son brillantes.
>
> **Vida privada:** Disfrutaremos de un período muy afortunado. Tendremos mucha prosperidad y felicidad.
>
> **Salud, sentimientos y relaciones sociales:** Gozaremos de excelente salud y muy buenas relaciones sociales.

CHENG YI. — En el momento de La Merma, el quinto trazo *yin* practica centralidad y sumisión para mantenerse en la situación preeminente; vacía su centro[10] para corresponderse a la firmeza *yang* del segundo trazo. Es un príncipe capaz de ignorar sus propios deseos, de mermarse, para seguir pasivamente los consejos de un sabio colocado por encima de él. Si puede ser así, ¿quién en el mundo no se disminuiría y agotaría para aumentarlo? Además, si surge una oportunidad para beneficiarlo, diez amigos lo ayudarán[11]. Diez indica una multitud, la tortuga es un ser que indica lo que es bueno o malo, lo que es auspicioso o perjudicial[12]. Lo que la multitud de los hombres decide en común está necesariamente de acuerdo con la justicia y el principio de las cosas. Ni siquiera el augurio de la tortuga puede prevalecer contra esta voluntad de la multitud. En estas condiciones, podemos decir que el augurio es de "sublime ventura". Los antiguos decían: "Basar los designios en la voluntad de la multitud es estar de acuerdo con la voluntad del cielo".

ZHU XI. — Maleable, sumiso, vacío por dentro[13]; al ocupar la posición preeminente en un tiempo de merma, representa a quien recibe beneficio de todo el mundo. Dos tortugas forman una pareja; diez parejas de tortugas, representan algo muy preciado. Si uno es incrementado sin poder declinarlo; el feliz presagio es obvio. Si la persona que consulta el oráculo tiene esta virtud, se beneficiará del augurio que le corresponde.

□ **Al tope un nueve** (muta al hex. 19)
No hay disminución sino incremento.
Sin culpa.
La determinación es venturosa.
Es favorable tener una meta adónde ir.
Obtiene sirvientes pero no una familia.

> El tiempo de La Merma está finalizando. Nuestro accionar beneficiará a todo el mundo sin disminuirnos a nosotros mismos. Si vamos en pos de un objetivo tendremos éxito.
> Conseguir sirvientes, pero carecer de una familia significa que trabajaremos por el bien público, sin egoísmo ni favoritismo.
>
> **Trabajo:** Nuestra labor desinteresada, realizando un trabajo altruista, beneficiará a todos y atraerá a muchos ayudantes.
>
> **Vida privada:** Nuestra vida se centra en ayudar a los demás. Seremos exitosos, y con la ayuda de ayudantes capaces lograremos muchas cosas buenas. Para lograr nuestros elevados objetivos tendremos que sacrificar nuestra vida personal, por eso no tendremos una familia.
>
> **Salud, sentimientos y relaciones sociales:** Disfrutaremos de buena salud. Nuestro desinterés y honestidad nos ganarán el respeto de todos.

CHENG YI. — La Merma, representada por este hexagrama, tiene tres significados: mermarse para servir a los demás; mermarse para aumentar a otros, y practicar el camino de la merma para mermara los demás. Mermarse para servir a los demás es conformarse al deber; mermarse para aumentar a otros es extender nuestra acción a otros; practicar el camino de la merma para disminuir a los demás es practicar el camino del deber.

---

10 Literalmente, ahueca su interior; es decir se convierte en un trazo quebrado en el medio.
11 CHENG YI lee el texto de diferente manera que ZHU XI; en lugar de leer "Posiblemente lo incrementen con diez pares de conchas de tortuga", el lo lee como "Quizás diez amigos lo incrementen. Ninguna tortuga podrá oponerse"; con esto quiere decir que no importan los presagios (malos), el buen resultado está asegurado.
12 Antes de que existiera el *Libro de los Cambios*, e incluso, a la par del mismo, durante cierto tiempo, las conchas de tortuga eran utilizadas para obtener oráculos. Se perforaban y se calentaban para producir rajaduras en las mismas, que eran interpretadas como la respuesta a la consulta oracular.
13 Sin prejuicios.

La Merma

Cada sentido corresponde a un momento particular. Hablando de ello desde el punto de vista de lo más importante, el cuarto trazo y el segundo toman el significado de mermarse para servir a alguien. Los tres trazos de la sustancia del trigrama inferior toman el significado de mermarse a ellos mismos para aumentar a los demás. El efecto del tiempo de La Merma es practicar el camino de la merma para mermar aquello que, en el mundo, debe ser disminuido. En cuanto al trazo *yang* superior, toma el significado de no practicar la merma. Es *yang* y ocupa el último puesto en el hexagrama; la merma está en su punto máximo y debe haber una transformación. Ocupando el puesto superior con firmeza *yang*, si utiliza su energía para mermar o reducir lo que está por debajo de él, este no será el camino del superior, y la culpa será grande. Si no practica la merma, si transforma su acción y utiliza el camino de la firmeza *yang* para aumentar a quienes están debajo de él, será inocente y actuará de acuerdo con la rectitud; además, el augurio será feliz. Estando en tales condiciones, le convendrá tener algo que emprender, porque así triunfará. Estando en el puesto superior, no mermando lo que está debajo sino, por el contrario, aumentándolo ¿quién entonces, en el mundo, no lo seguiría con afán y sumisión? La multitud que se somete con entusiasmo, no tiene adentro ni afuera[14]; además, el texto dice "obtiene sirvientes pero no una familia". Tener sirvientes expresa que posee el corazón de los hombres y que estos acuden a él y se someten; no tener familia significa que no hay demarcación entre lo que está lejos o cerca, lo que está dentro o fuera.

ZHU XI. — El trazo superior está en presencia de un momento de merma en la parte inferior y de aumento en la parte superior; ocupa la cima del hexagrama; llega al límite del aumento[15] y desea mermarse para ventaja y bien de los hombres. Sin embargo, al ocupar un puesto superior y beneficiar a los de abajo, puede aumentarlos sin mermarse. No será necesario que se disminuya para beneficiar a los hombres. Estando en estas condiciones, no tiene culpa, pero aun así debe actuar con rectitud, y entonces el presagio será feliz y todo será favorable. Aumento sin merma significa grandes bendiciones; por eso el texto agrega "obtiene sirvientes pero no una familia".

---

14 No hay fronteras.
15 Es decir, tras él viene el siguiente hexagrama, 42, El Aumento.

42 El Aumento | *Yi*

Los caracteres que forman el sinograma que le da nombre a este hexagrama son: *shuo*, "agua", mostrado de costado sobre *min*, "plato": un vaso tan lleno de agua que ésta se derrama.

Significados asociados

Aumento, incremento; más y más; beneficio, ganancia, ventaja.

El Dictamen

El Aumento.
Es favorable tener una meta adónde ir.
Es propicio cruzar las grandes aguas.

> En el tiempo del Aumento la gente en posición alta ayuda a las personas más humildes y todos cooperan libremente.
> Hay un espíritu altruista y todos se preocupan por el bien común porque ven que los objetivos de los líderes son beneficiosos para la comunidad.
> Pero esta época favorable no durará por mucho tiempo; el aumento indica una oportunidad propicia que debemos emplear útilmente antes que desaparezca.
> Para aprovechar los beneficios de este tiempo deberíamos tener una meta definida dónde concentrar nuestros esfuerzos, de otra forma desperdiciaremos las condiciones propicias.
> El Aumento también está relacionado con la provisión de servicios a los demás y el trabajo por el bien común.
> En la China antigua, cruzar un río, ya fuera vadeándolo o pasando por encima del mismo cuando este se congelaba, no era una tarea sencilla porque no había puentes. Cruzar un río era peligroso y no era nada fácil; de ahí que la frase "es propicio cruzar las grandes aguas" es una metáfora que indica que este es un buen momento para llevar adelante un emprendimiento de importancia, aunque sea peligroso, pero no debe ser tomado a la ligera.

CHENG YI. — El Aumento expresa el camino de lo que es ventajoso para el mundo, por eso "es favorable tener una meta adónde ir". El camino de El Aumento, permite superar obstáculos y peligros, por eso "es propicio cruzar las grandes aguas".

ZHU XI. — Este hexagrama está constituido por la reducción del primer trazo *yang* del trigrama superior y el aumento del *yin* del primer trazo del trigrama inferior [de *Pi*, 否, ䷋, 12, *El Estancamiento*], lo que conduce a El Aumento. El quinto trazo *yang* y el segundo trazo *yin* de este hexagrama poseen centralidad y rectitud. Debajo está el trigrama *Zhen*, ☳, arriba *Xun*, ☴; ambos simbolizan la madera; de ahí el significado adivinatorio[1]: "Es favorable tener una meta adónde ir. Es propicio cruzar las grandes aguas".

La Imagen

Viento y Trueno: la imagen del Aumento.
Así el noble cuando ve el bien lo imita
y si tiene defectos los corrige.

> El viento y el trueno simbolizan fuerzas complementarias que cooperan entre ellas para realizar algo.
> El noble siempre busca cosas positivas trata de mejorarse a sí mismo, pero también está listo para corregir sus errores y transgresiones.
> Este es un buen tiempo para que hagamos ajustes y mejoras continuas, evitemos cometer abusos y no seamos complacientes con nosotros mismos.

CHENG YI. — Si el viento es violento, el trueno estalla; si el trueno es terrible, se desata el viento. Ambos se aumentan mutuamente. El noble contempla el símbolo del viento y el trueno que se aumentan mutuamente y busca aumentarse [mejorarse] a sí mismo personalmente; esto constituye el camino del aumento. Nada mejor que considerar el bien, porque su acción es transformadora.

---

[1] La madera flota, permite atravesar las grandes aguas, y así alcanzar la meta.

El Aumento

Si hay algún error, será corregido. Al ver el bien y ser capaz de cambiar, es posible realizar el bien y extender su influencia a todo el mundo; habiendo cometido errores y corrigiéndolos, no quedará ninguna culpa, nada sobrará; lo que constituye el aumento (ventaja) para los hombres nunca es mayor que esto.

ZHU XI. — Las fuerzas inherentes al viento y al trueno se unen, se suman, aumentan. Volver al bien y corregir [nuestros] errores, es lo más grande del aumento [mejora], y la ayuda mutua que estas dos acciones se prestan es tal como la acción mutua del viento y del trueno.

☐ Al comienzo un nueve (muta al hex. 20)

Es favorable llevar a cabo grandes empresas.
Sublime ventura.
Sin culpa.

> Tenemos muchos recursos y recibiremos sustancial ayuda para poder llevar a cabo grandes empresas.
> El Aumento es un tiempo propicio para concentrarnos en el cumplimiento del deber y el servicio a los demás, no hay margen para actitudes egoístas.
> El resultado de nuestros esfuerzos será brillante y muy exitoso.
>
> **Trabajo:** Seremos promovidos y nos asignarán importantes responsabilidades. Si tenemos nuestro propio negocio, tendremos una oportunidad extraordinaria para desarrollarlo.
>
> **Vida privada:** Progresaremos mucho y disfrutaremos de un momento muy feliz al compartir con los demás nuestra prosperidad.
>
> **Salud, sentimientos y relaciones sociales:** Si estamos enfermos nuestra salud mejorará. Tendremos una superabundancia de energía.

CHENG YI. — El primer trazo *yang* es el regente del movimiento expresado por el trigrama *Zhen*, ☳; es la perfección de la firmeza *yang*. Existiendo en el tiempo del aumento, sus capacidades son suficientes para aumentar los seres y las cosas [para desarrollarlos]. Aunque ocupa el puesto más bajo, se corresponde con un gran ministro, representado por el cuarto trazo *yin*. El cuarto trazo, por su parte, es el regente del trigrama *Xun*, ☴, que expresa sumisión y humildad; es capaz de ser humilde con el príncipe, arriba; como de mostrar deferencia hacia las habilidades del sabio, abajo [el primer trazo]. El que está en inferioridad no puede ejercer una acción preponderante; pero, si tiene la simpatía de alguien que está en un alto cargo y que le escucha, será favorable que ayude y asista al superior según sus posibilidades; esto será una gran ventaja para todo lo que concierne al Estado, de ahí que "es favorable llevar a cabo grandes empresas". Puesto que ocupa un puesto inferior y es empleado por el superior para poner en práctica sus propias tendencias y designios, es absolutamente necesario que lo que haga constituya un gran bien y un feliz augurio, entonces quedará sin culpa alguna. Si su acción no puede constituir un gran augurio feliz, no sólo será personalmente culpable, sino que esta culpa se reflejará en su superior; será la causa de la culpa del superior. Para quien está colocado en el puesto más bajo y se encuentra investido de gran autoridad, un poco de bien no es suficiente para satisfacer la importancia de su posición; es absolutamente necesario que su acción constituya un presagio perfectamente feliz; sólo entonces quedará libre de culpa.

ZHU XI. — Aunque el primer trazo ocupa un puesto inferior, se encuentra sin embargo en presencia de un momento de crecimiento y desarrollo; él es quien recibe el aumento del superior. No debería simplemente recibir este beneficio sin tener que cumplir ningún deber de reconocimiento. El bien, para él, consiste en realizar grandes acciones; entonces el presagio será perfectamente feliz y habrá ninguna culpa.

○ Seis en el segundo puesto (muta al hex. 61)

Alguien lo incrementa con diez pares
de conchas de tortuga.
Nadie puede oponerse.
Una constante determinación trae ventura.
El rey lo emplea en una ofrenda al Señor Supremo.[2]
Ventura.

> Las conchas de tortuga eran utilizadas tanto como moneda como para la adivinación, y son un excelente augurio. Esto significa que recibiremos una cantidad importante de recursos o dinero. También indica que el destino está de nuestro lado, tendremos mucha suerte.
> Nada puede interponerse en nuestro camino.
> Constante determinación quiere decir que debemos hacer planes a largo plazo y ser perseverantes.
> Participar en una ofrenda al Señor Supremo significa que nuestra reputación se incrementará en gran medida y nuestras realizaciones serán reconocidas por las autoridades superiores.
>
> **Trabajo:** Recibiremos una promoción importante y nuestros méritos serán reconocidos. Nadie será capaz

---

[2] El carácter traducido como "Señor Supremo", 帝, *di*, se refiere al dios supremo de la dinastía Shang, el cual también era reverenciado por los Zhou.

de detener nuestro progreso. Es importante que tengamos objetivos estratégicos bien definidos.

Vida privada: Disfrutaremos de excelente prosperidad y seremos admirados.

Salud, sentimientos y relaciones sociales: Gozaremos de muy buena salud. Tendremos excelentes relaciones sociales.

CHENG YI. — El segundo trazo *yin* es central y recto, y su esencia es la sumisión de la gentileza; simboliza el vacío interior[3]. Cuando un hombre sigue el camino de la centralidad y la rectitud, desprecia sus propias tendencias [vacía su interior] para buscar aquello que constituye ventaja [aumento]. Si puede seguir este camino con sumisión, ¿quién en el mundo no querría informarlo y beneficiarlo? Mencio dijo: "Porque si ama el bien, entre los cuatro mares, a pesar de la distancia, todos vendrán a buscar el bienestar". Lo que está lleno ya no puede recibir[4], mientras que lo vacío atrae a los seres; tal es la razón de ser de las cosas. Además, si surge algo que pueda resultar ventajoso, todos sus amigos le ayudarán y le beneficiarán. Diez es una expresión que indica una multitud. Lo que la multitud de hombres acepta como verdad es lo que corresponde más exactamente al principio de las cosas. La tortuga es un ser que augura felicidad o desgracia, que discierne la verdad y la falsedad; esto expresa lo que es absolutamente cierto y lo que no puede ser contradicho por los oráculos de la tortuga. Se dice de un perfecto y eterno augurio feliz sobre las habilidades que incluye el segundo trazo *yin*, que posee centralidad, rectitud y está ahuecado en el medio[5]. Este trazo es quien puede disfrutar de la ventaja de la competencia y la acción de la multitud de los hombres. Sin embargo, su materia constitutiva, su carácter esencial es la suavidad *yin*, por lo que el texto advierte que "una constante determinación trae ventura". El camino para buscar el aumento no puede preservarse sin una determinación invariable.

En el caso del quinto trazo *yin* del hexagrama La Merma [41], hay "diez amigos"[6] y "sublime ventura" lo que significa que, con diez amigos, habrá "sublime ventura". El quinto trazo [de La Merma] ocupa la posición preeminente y se disminuye, correspondiéndose con la firmeza del inferior, y utiliza la gentileza en una situación que implica firmeza[7].

La dócil gentileza aquí [volvemos al hexagrama 42, El Aumento] indica el vacío que recibe, es decir la ausencia de prejuicios que escucha, mientras que la firmeza, en el mismo caso, expresa certeza inquebrantable. A esto [es decir a la ausencia de prejuicios] se debe la extrema excelencia en la búsqueda del aumento, en consecuencia la grandeza del feliz augurio. El segundo trazo *yin*, desprovisto de prejuicios y que busca aumentar, se corresponde con un firme trazo *yang*, y ocupa suavemente un puesto que incluye la gentileza; hay por tanto motivos para temer que al aumento le falte firmeza, por lo que el texto advierte "una constante determinación trae ventura". "El rey lo emplea en una ofrenda al Señor Supremo. Ventura": utilizar la ausencia de prejuicios del segundo trazo y una determinación inalterable en la acción de presentar una ofrenda al ser supremo debe asegurar también la felicidad y constituye un feliz augurio. ¿No se cumplirá esto cuando se trata de relaciones con otras personas? ¿Sería posible buscar recibir un aumento de otros sin correspondencia? El culto que se rinde al Cielo es uno de los atributos del poder del emperador, por eso el texto dice: "el rey lo emplea".

ZHU XI. — El segundo trazo *yin* se encuentra en presencia de un tiempo en el que conviene aumentar lo inferior; vacío por dentro, se sitúa en un puesto inferior, además su imagen simbólica y su significado adivinatorio son los mismos que en el caso de el quinto trazo *yin* del hexagrama La Merma [41]. Sin embargo, [en este caso] tanto el trazo como la situación son *yin*, por lo que el texto menciona que "una constante determinación trae ventura". Dado que ocupa un puesto inferior y recibe un beneficio del superior, también se considera que tiene un significado augural favorable en la adivinación de los sacrificios al Cielo.

Seis en el tercer puesto (muta al hex. 37)

Él es aumentado por sucesos desafortunados.
Si tu servicio es sincero no habrá culpa.
Camina por el medio y reporta al príncipe
con un bastón de jade.

> Aunque la situación no es buena, las circunstancias adversas nos beneficiarán, pero otros pueden tener pérdidas.
>
> Es importante que evitemos usar la desgracia de los demás para nuestro engrandecimiento egoísta, concentrémonos en cumplir con nuestro deber.

---

3   Ausencia de prejuicios.
4   Quien conserva sus prejuicios no puede escuchar la voz de la razón.
5   Y está desprovisto de prejuicios.
6   CHENG YI lee el texto de diferente manera que ZHU XI; en lugar de "diez conchas de tortuga" hay "diez amigos", tanto en el hexagrama 41 como en el 42. En el caso del hexagrama 41, La Merma, las tortugas (es decir los augurios) no pueden oponerse.

7   Porque es un trazo *yin* en un puesto *yang*.

El Aumento

Si nos comportamos con moderación recibiremos el reconocimiento y el apoyo de nuestros superiores, eso es lo que significa el bastón de jade, que era un símbolo de alto rango otorgado por el emperador.

Trabajo: La situación no es normal y las circunstancias extraordinarias imperantes nos ayudarán a obtener el apoyo de personas situadas en una posición elevada, por encima de nuestros jefes actuales. Si somos prudentes y sinceros, tendremos éxito y obtendremos una promoción importante.

Vida privada: Podemos llegar a sufrir algunas pérdidas, pero el resultado final será sumamente positivo, siempre y cuando ejercitemos nuestro buen juicio. Quizás recibamos una herencia.

Salud, sentimientos y relaciones sociales: La adversidad nos ayudará a crecer espiritualmente.

CHENG YI. — El tercer trazo ocupa el puesto superior en la sustancia del trigrama inferior; es quien ocupa un puesto por encima del pueblo, por ejemplo quien vela por el cumplimiento de las normas civiles. Ocupa un puesto *yang* y se corresponde con un trazo firme; se sitúa al tope del trigrama que indica movimiento. Colocado por encima del pueblo, decide con firmeza lo que se debe hacer para beneficiarlo. Decidiendo lo que constituye ventaja y aumento, incluso empleando cosas dañinas y malas, estará libre de culpa. La expresión "sucesos desafortunados" designa calamidades, dificultades, cosas insólitas[8]. El tercer trazo ocupa la posición inmediatamente debajo del trigrama superior; estando en un puesto inferior, deberá referirse a su superior usando formas respetuosas. ¿Cómo se arrogaría por sí mismo la autoridad para emprender el aumento? Sólo en el caso de cosas calamitosas y extraordinarias podrá decidir lo que conviene para responder a necesidades imprevistas y urgentes; entonces, audaz en el desprecio de su propia persona, fuerte para proteger al pueblo, quedará libre de culpa. Si el inferior se atribuye autoridad, el superior debe sentir desconfianza y sospecha; aunque ante los peligros y las desgracias sólo actúe cumpliendo su deber, pero debe ser sincero y tener buena fe, y lo que haga debe ser coherente con el camino de la justicia; en estas condiciones su buena fe penetrará en el superior quien, a su vez, tendrá confianza en él. No debe en absoluto actuar por su propia cuenta sin que sea con el más sincero amor al pueblo y al servicio del superior. Aunque esté movido por la sinceridad, si sus acciones no fueran conformes a la justicia, no debería permitirse actuar. El "bastón de jade" es un objeto que sirve como emblema de sinceridad y signo visible de confianza[9]. El *Lijì*[10] dice: "Los altos dignatarios están equipados con una insignia de mando que sirve para reconocer la legitimidad de su autoridad". Siempre que se realizan sacrificios, recepciones y audiencias en la corte, se utilizan insignias hechas de piedras finas [jade] que sirven como signos de reconocimiento. Animado por la sinceridad y guiado por la buena fe, poseyendo además el camino de la centralidad, podrá inspirar confianza al superior, por lo que el texto dice "camina en el medio y reporta al príncipe con un bastón de jade". Su buena fe le permite comunicarse con el superior. Estando en inferioridad y siguiendo un camino que implica la necesidad de actuar, necesariamente hay que tener buena fe y actuar con centralidad. Pero el tercer trazo carece de centralidad[11], y es suave y *yin*. ¿Cómo podemos considerarlo como alguien que decide con autoridad y firmeza y se hace cargo de la dirección de los asuntos? Respuesta: aunque el carácter natural del tercer trazo es esencialmente *yin*, el hecho de que ocupa un puesto *yang* muestra que se sitúa con firmeza; también se corresponde con un trazo firme, por lo que sus tendencias lo conducen a la firmeza; además ocupa el puesto extremo en el trigrama que expresa movimiento, que indica la decisión en acción. En estas condiciones, practicando el camino del aumento, ¿cómo podría carecer de firmeza y decisión? En el *Libro de los Cambios*, lo que predomina es lo que constituye el significado, por lo eso no se toma en cuenta su propio carácter *yin*.

ZHU XI. — El tercer trazo es suave y *yin*, sin centralidad ni rectitud; él no debería recibir un aumento [beneficios]. Sin embargo, está en presencia de un momento de aumento de los inferiores, y ocupa el puesto superior entre ellos, por lo que representa a alguien que "es aumentado por sucesos desafortunados". Si la advertencia lo pone en marcha, será ventajoso. Si quien consulta el oráculo se encuentra en estas condiciones, entonces "no habrá culpa". El texto también advierte que debe tener buena fe, actuar con centralidad y reportar al príncipe "con un bastón de jade"; mediante el uso del bastón de jade mostrará su buena fe e inspirará confianza.

---

8   Como descontento popular y revoluciones.

9   El carácter 圭, *gui*, traducido como "bastón de jade", se refiere a una tableta o un bastón de jade con forma cuadrada y la parte superior en punta, usado en ceremonias oficiales en China antigua, como símbolo de dignidad y autoridad. Era conferido por el rey durante una investidura y su tamaño variaba de acuerdo al rango otorgado.

10   El Libro de los Ritos, *Lijì*, 禮記, es uno de los Cinco Clásicos del canon confuciano.

11   No está en la posición central del trigrama.

□ **Seis en el cuarto puesto** (muta al hex. 25)

Si caminas por el medio y reportas al príncipe,
él te seguirá.
Es favorable ser asignado
para cambiar de lugar la capital.

> Este trazo simboliza a un oficial que trabaja como asesor o mediador, proporcionando orientación a los dirigentes de su organización.
> Caminar por el medio significa tener un enfoque equilibrado. Un mediador tiene que entender cómo diferentes personas ven la situación y evitar tomar partido, pero nuestro principal deber es servir con lealtad al príncipe –nuestros superiores–, dándole información imparcial sobre la situación.
> Nuestra propuesta será bien aceptada y seremos asignados para llevar a cabo proyectos importantes.
>
> **Trabajo:** Tendremos una posición consultiva importante y colaboraremos con proyectos de reestructuración.
>
> **Vida privada:** Podemos llegar a mudarnos a otro país o a una nueva casa o quizás simplemente renovemos nuestra vivienda.
>
> **Salud, sentimientos y relaciones sociales:** Es tiempo de estar dispuestos a ajustar nuestros puntos de vista y aceptar nuevas ideas.

CHENG YI. — El cuarto trazo se encuentra frente a un momento de aumento; está situado cerca de la posición del príncipe y ocupa su puesto con rectitud. Empleando gentileza y disfrutando de ayudar al superior, correspondiéndose además, abajo, con la firmeza del primer trazo, puede así ser útil [puede aumentar] al superior. Sólo que está situado sin centralidad y aquel con quien se corresponde tampoco tiene centralidad; de modo que su centralidad es insuficiente. Por eso el texto dice que si, al actuar, sigue el camino del centro, puede ser útil al príncipe puesto por encima de él; así reporta al príncipe, le inspira confianza y es seguido. Al ser parte de la sustancia de la humildad y la gentileza[12], carece de decisión y precisión, por lo que "es favorable ser asignado para cambiar de lugar la capital". Actuar con sumisión es apoyar al superior. "Cambiar de lugar la capital" es seguir pasivamente al inferior[13] y moverse bajo su impulso. Arriba, confía en el príncipe enérgico y justo y esto resulta en aumento; abajo, sigue pasivamente las capacidades de la firmeza *yang*[14] para realizar sus acciones; por eso "es favorable ser asignado". Desde la antigüedad, ya fueran reinos o distritos, cuando el pueblo no podía gozar de paz donde vivía, cambiaban la ubicación de la capital. Esto significa moverse con sumisión a los inferiores.

ZHU XI. — Tanto el tercer como el cuarto trazo carecen de centralidad, por lo que ambos son objeto de advertencias sobre la necesidad de seguir el camino del medio. Se trata aquí del deseo de beneficiar al inferior y de ajustarse a la centralidad al actuar. Por eso, "si caminas por el medio y reportas al príncipe, el te seguirá". El *Zuo Zhuan*[15] dice: "El desplazamiento de los Zhou hacia el este fue apoyado por los duques Jin y Zheng". En la antigüedad, los príncipes trasladaban la capital por el bien de su pueblo. Para existir, hay que tener medios de existencia. Este trazo también conlleva un feliz augurio cuando se consulta el destino sobre un cambio de país.

○ **Nueve en el quinto puesto** (muta al hex. 27)

Si tienes sinceridad y un corazón benevolente no
necesitas preguntar.
Sublime ventura.
La sinceridad amable es tu poder espiritual.

> Si estamos motivados por un deseo sincero de ayudar a los demás, no tendremos dudas y por eso no necesitaremos consultar al oráculo sobre nuestros planes. La gente confiará en nosotros porque conocen nuestra buena voluntad y eso hará que nuestra influencia crezca, ese será nuestro poder espiritual.
> Nuestros deseos se convertirán en realidad para el beneficio de todas las personas que nos rodean, porque nuestra voluntad se orienta hacia el bien común.
>
> **Trabajo:** Nuestros planes prosperarán con la ayuda de otras personas, porque ellos confían y colaboran sinceramente con nosotros.
>
> **Vida privada:** Sabemos cómo hacer lo que es correcto intuitivamente; no tenemos dudas y obtendremos excelentes resultados.
>
> **Salud, sentimientos y relaciones sociales:** Nuestra integridad moral y altruismo enriquecerán nuestra vida espiritual. Seremos apreciados y respetados.

---

12 Del trigrama *Xun*, ☴.
13 El cuarto trazo sirve al príncipe (quinto trazo) y se apoya en el trazo *yang* en el primer puesto.
14 Se refiere al primer trazo *yang*.
15 El *Zuo Zhuan*, 左傳, es una antigua crónica china que tradicionalmente se considera un comentario sobre los *Anales de primavera y otoño*.

El Aumento

CHENG YI. —El quinto trazo, dotado de firmeza, centralidad y rectitud, ocupa el puesto preeminente. Además, disfruta de la correspondencia, la centralidad y la rectitud del segundo trazo *yin* que actúa por su bien. En estas condiciones, ¿qué podría carecer de ventajas? Representa la fuerza *yang* efectiva en el centro, que es el símbolo de la buena fe e inspirar confianza. Usando su poder espiritual, siendo sus aptitudes, su situación y el sentimiento de centralidad, completamente sinceros, ante la benevolencia que demuestra para el bien de los seres, es inútil preguntarse si expresa la extrema excelencia y la grandeza del feliz augurio, porque esto es evidente. Por eso el texto dice: "no necesitas preguntar". El príncipe ocupa la situación que le permite ejecutar sus designios, posee el poder que le permite realizarlos; si lleva la sinceridad al límite extremo en su deseo de hacer el bien [aumentar] al mundo, el mundo recibe de él una gran bendición. Por tanto, es inútil mencionar la grandeza del feliz augurio. "Sublime ventura. La sinceridad amable es tu poder espiritual": si el príncipe es sumamente sincero en su deseo de hacer el bien al mundo, no habrá nadie en el mundo que no sienta por él el amor más sincero, de modo que la influencia de las virtudes del príncipe se extiende como una bendición.

ZHU XI. — El superior tiene buena fe en su benevolencia hacia los inferiores, de modo que los inferiores, a su vez, le brindan su afecto benévolo de buena fe. No hace falta preguntar por la grandeza del feliz augurio, es obvio.

Al tope un nueve (muta al hex. 3)

Él no aumenta a ninguno.
Quizás alguno lo ataque.
No mantiene su corazón constante.
Desventura.

> Si somos demasiado codiciosos, quedaremos aislados y seremos odiados por los demás. Las personas a quienes perjudiquemos pueden llegar a vengarse, así recibiremos nuestro merecido castigo.
> Aprendamos a compartir nuestras bendiciones con los demás y a respetar nuestras promesas. Si somos avariciosos e inconstantes tendremos muchos enemigos.

Trabajo: Nuestra conducta avariciosa y codiciosa nos creará muchos enemigos. Finalmente perderemos nuestras ganancias mal habidas.

Vida privada: La ambición extrema y un comportamiento desconsiderado harán que los demás se aparten de nosotros. No tendremos ninguna ayuda cuando caigamos en desgracia. Puede que nos ataquen o golpeen.

Salud, sentimientos y relaciones sociales: La codicia y el egoísmo nos aislarán y amargarán nuestra vida.

CHENG YI. — El trazo superior ocupa un puesto que no incluye ninguna situación definida; él no actúa para aumentar a nadie. Empleando firmeza y ubicándose en el puesto más alto de El Aumento, es alguien que exige ventajas excesivas para sí mismo. Se corresponde con un trazo *yin*, pero no es a través del bien que busca obtener su propia ventaja. La ventaja es lo que todos los hombres buscan por igual, pero el deseo exclusivo de ventaja personal constituye un gran mal. Siendo sus deseos extremos, queda cegado y olvida el deber y la razón; buscando esta ventaja [personal] con excesivo ardor, su pasión lo lleva a la violencia y la usurpación y el resultado será enemistad y resentimiento. Por eso Confucio dice: "La pasión por el lujo, incontenida, engendra resentimiento". Esto es lo que expresa Mencio al decir: "Si anteponemos la ventaja a todos los sentimientos no podremos satisfacernos sin violencia". Éstas son profundas advertencias dadas por los santos y los sabios. El trazo es *yang*, emplea la firmeza y busca su propio beneficio con extrema pasión; esto es lo que la multitud de los hombres odia y rechaza, por eso "quizás alguno lo ataque". "No mantiene su corazón constante. Desventura": el sabio advierte a los hombres que no deben persistir en la búsqueda de la ventaja [personal] a todo costo. La constante falta de medida y moderación en este punto es un camino hacia la desgracia, y esto es lo que debemos apresurarnos a corregir.

ZHU XI. — Dado que este trazo ocupa el puesto extremo en El Aumento, constantemente busca su propia ventaja[16]. Debido a que nadie saca provecho de él, "quizás alguno lo ataque". Las expresión "No mantiene su corazón constante. Desventura" es una advertencia.

---

16 ZHU XI quiere decir que este trazo tiene un comportamiento extremo y carece de límites.

43 La Resolución | *Guai*

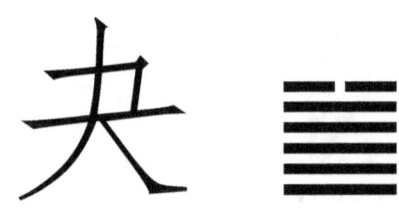

La antigua forma del carácter que le da nombre a este hexagrama muestra un anillo o dedal de arquero, que se llamaba *jue;* por eso el nombre de este hexagrama indica el momento en que se suelta la cuerda del arco y se lanza la flecha.

Significados asociados

Pasar a través, avance resuelto, partir, separar, decisión tajante, tajar, dividir, atravesar rompiendo; escape, huida.

El Dictamen

La Resolución.
Decláralo en la corte del rey.
Proclámalo con sinceridad.
Hay peligro.
Informa a tu propia ciudad.
No es favorable resolver a las armas.
Es favorable tener una meta adónde ir.

> La Resolución significa que la situación está más que madura para un cambio.
> La tensión se viene acumulando desde hace mucho tiempo, ya no es posible posponer la erradicación de las malas influencias (simbolizadas por el sexto trazo), sino que deben de ser eliminadas resueltamente y sin demora. No es posible llegar a compromisos de ningún tipo con las fuerzas del mal, sino que deben ser erradicadas, pero con finura y diplomacia, sin recurrir a la violencia.
> Este es un momento decisivo, no podemos permanecer al margen por más tiempo. Tenemos que tomar partido y hacer conocer nuestros puntos de vista públicamente.
> Proclamar el asunto en la corte del rey significa que la crisis debe ser manejada de común acuerdo y en público. Informar a la propia ciudad destaca la importancia de conseguir el apoyo de los que nos rodean antes de tomar cartas en el asunto. También es importante contar con objetivos definidos.

Desde un punto de vista psicológico, La Resolución significa que los vicios y las debilidades deben ser erradicados.

CHENG YI. — En el momento en que el hombre inferior comienza a encumbrarse[1] el camino del noble no prevalece; pero es imposible que pueda expulsar abiertamente al hombre inferior y poner fin a su acción por el camino de la rectitud, por eso se refrena y se esconde esperando el momento y medita lentamente sobre el medio para eliminarlo. Actualmente, tan pronto el hombre inferior decae y queda disminuido, se cumple el camino del noble; entonces debe actuar abiertamente en la corte para que los hombres sepan claramente qué es el bien y qué es el mal; por eso el texto dice: "Decláralo en la corte del rey. Proclámalo con sinceridad". La buena fe es sinceridad de intención, sinceridad interior. El carácter traducido como "proclámalo", se refiere a mandar, dar órdenes a la multitud[2]. Aunque el camino del noble crece y se completa, no debe bajar la guardia. Por eso es extremadamente sincero en las instrucciones que da a la multitud, para que sepan que todavía hay peligro y reales motivos de alarma. A pesar de la gran perfección de su camino, y la extrema decadencia de los otros[3], si actuara a la ligera y sin precaución, se arrepentiría por no haber advertido el peligro. Por lo tanto, todavía hay motivos para cuidarse del peligro, su corazón debe estar en guardia y entonces no ocurrirá ninguna desgracia. La idea del sabio al escribir esta advertencia es muy profunda; al dirigir y gobernar al hombre inferior, el noble debe utilizar su propio camino que le lleva al bien, para prevalecer sobre lo que no es bueno y remediarlo suprimiendo el mal. Por lo tanto, para suprimir y exterminar el desorden, el noble primero debe reformarse a sí mismo; tal como hizo Shun cuando promulgó el "principio y la virtud". "Informa a tu propia ciudad" significa reformarse uno mismo pri-

---
1 Estar en el poder.
2 Es el carácter 告, *gao*: Informar, anunciar, reportar, proclamar. El carácter tiene 牛, *niu*, toro, encima de 口, *kou*, boca. Wieger lo traduce como 牛, "embestir", "atacar con" 口, "la boca".
3 Los hombres inferiores.

La Resolución

mero, antes de reformar a los demás. Dado que la totalidad de los trazos *yang* destruyen el único trazo *yin*, la fuerza de la acción es ciertamente más que suficiente, pero sin embargo la firmeza no debe llevarse a su límite más extremo, lo que sería un exceso; el exceso sería, por ejemplo, lo que constituye bandidaje en el caso del trazo superior del hexagrama *Meng*, 蒙, ䷃ (4, *La Necedad Juvenil*). El uso de la guerra y de la fuerza de las armas es una acción violenta. "No es favorable resolver a los armas" significa que no es apropiado emplear continuamente la violencia. La palabra "resolver" significa seguir al enemigo, es decir, favorecer los métodos violentos. "Es favorable tener una meta adónde ir": aunque la fuerza *yang* tiende a complementarse, aún no ha llegado a un extremo en el trazo superior. Aunque la fuerza *yin* disminuye, todavía no se elimina por completo. El hombre inferior todavía existe y el camino del noble aún no ha llegado a la perfección. Es por eso que conviene avanzar y emprender algo. No preferir los actos violentos y hacer prevalecer el Camino, esto es lo que constituye el bien en La Resolución.

ZHU XI. — La Resolución es decidir. *Yang* resuelve ponerle fin a *yin*. Este es el hexagrama del tercer mes[4]. El trazo *yang* en el quinto puesto suprime al único trazo *yin*. Sin embargo, al exterminarle, al pronunciar su sentencia, es necesario indicar exactamente el nombre de la falta que cometió,[5] y agotar la sinceridad en la proclamación hecha a la multitud. Incluso en la acción común, al aliar y unir todas las fuerzas, todavía puede haber peligro. No podemos ser complacientes con la seguridad. Es más, debemos empezar por reformarnos y corregirnos [a nosotros mismos] y no atribuir un valor preponderante al uso de medios violentos, entonces "es favorable tener una meta adónde ir". Todas estas son advertencias.

La Imagen

El Lago se eleva hacia el Cielo:
la imagen de La Resolución.
Así el noble confiere sus bendiciones hacia abajo,
y evita presumir de su virtud.

> Las aguas del lago se evaporan y generan nubes en el cielo, las cuales a su vez pueden provocar una tempestad torrencial. Esas nubes simbolizan la tensión que se ha ido acumulado y que de no ser liberada suavemente puede causar problemas y brotes de violencia. Para prevenir los problemas, el noble no acumula riquezas para sí mismo, sino que las comparte con los demás, actuando con sencillez, sin presumir y evitando las actitudes egoístas.

---

4 Abril-Mayo en el hemisferio Norte.
5 Alusión a las exigencias del código en materia penal.

CHENG YI. — El lago es un cuerpo de agua; sin embargo, "se eleva por encima del Cielo", de modo que es la imagen simbólica de La Resolución. El noble contempla la imagen del lago que limita lo alto y sumerge lo bajo, y concluye que tiene el deber de extender su acción benéfica hasta llegar a lo bajo. Esto expresa que el rocío benéfico de sus beneficios se extiende a los inferiores. Contemplando la imagen simbólica del flujo que alcanza, limita y sumerge, se mantendrá en la virtud con circunspección. Mantener la virtud es estar satisfecho con la propia virtud. Ser circunspecto establecer límites protectores y preservadores; si existen diques de protección se evitará el desbordamiento de la inundación. Wang Bi explica estas palabras con la expresión "circunspección inteligente", que ilustra esto. El texto no dice que el lago esté situado sobre el cielo, sino "que se eleva hacia el cielo"; la idea expresada incluye la inquietud provocada por las aguas crecientes. Si hubiera dicho que el lago está sobre el Cielo, eso indicaría el descanso que sigue a un hecho consumado.

ZHU XI. — "El Lago se eleva hacia el Cielo" indica el poder de la inundación invasora. "Así el noble confiere sus bendiciones hacia abajo" esto expresa la resolución que llega a todas partes. Las palabras "evita presumir de su virtud" aún no están bien explicadas.

Al comienzo un nueve (muta al hex. 28)

Poderoso en los dedos [de los pies] que avanzan.
Si avanza sin triunfar cometerá un error.

> Ser poderoso en los dedos de los pies significa que estamos demasiado ansiosos por avanzar, pero las condiciones aún no están dadas para nuestro éxito. Necesitamos más preparación, nuestra posición todavía no se ha consolidado lo suficiente.
> Si actuamos antes de tiempo cometeremos un error, si no nos detenemos, fracasaremos.
> Controlemos nuestras emociones, comportémonos con mesura.

Trabajo: Si somos demasiado impetuosos, actuaremos antes estar preparados, cometeremos errores y tendremos problemas.

Vida privada: Tratemos de auto-controlarnos, si somos demasiado atrevidos o jactanciosos, fracasaremos y seremos criticados.

Salud, sentimientos y relaciones sociales: En lo social, no demos nada por sentado, asegurémonos de la aquiescencia de los demás antes de actuar. Pensemos dos veces antes de hablar o actuar.

CHENG YI. — El primer trazo *yang* forma parte de la sustancia de la actividad[6]. Representa algo firme y activo hecho para estar al tope, pero aquí está abajo, en un tiempo de resolución. Es alguien que actúa con energía para avanzar. "Poderoso en los dedos que avanzan"[7], esto expresa la energía y la decisión del hombre en sus acciones. Si actúa de manera adecuada, su resolución será justa y exacta; si avanza a destiempo, será un exceso. "Si avanza sin triunfar cometerá un error". Cuando se avanza en el tiempo de La Resolución, se hace con resolución, con firmeza. Actuar es mostrar decisión, también se trata de dominarse y responsabilizarse de la propia decisión. Este trazo es *yang*, ocupa el primer puesto y es enérgico en su avance; se apresura demasiado a avanzar, y es por eso que el texto contiene una advertencia sobre la necesidad de saber controlarse. Aunque la fuerza *yin* se está desvaneciendo, debido a la prisa de su propio movimiento, será culpable por no saber controlarse y no considerar nada más que él mismo.

ZHU XI. — 前, *qian* [traducido como avanzan] tiene el mismo valor que el carácter 進, *jin*, "avanzar". En presencia de un momento de resolución y determinación, aunque ocupa el puesto inferior, su autoridad es considerable. De ahí la imagen simbólica y el [mal] augurio.

Nueve en el segundo puesto (muta al hex. 49)

Gritos de alarma.
Ataques al atardecer y la noche.
No temas.

> La situación no es segura ni estable. No nos descuidemos, estemos atentos a cualquier posible problema. Para poder enfrentar las posibles emergencias, debemos planificar de antemano y tomar medidas de seguridad.
> El carácter traducido como "ataques" (戎, *rong*) también significa "armas", lo que intensifica la necesidad de tomar precauciones.
>
> **Trabajo:** No permitamos que nos encuentren desprevenidos. No bajemos la guardia.
>
> **Vida privada:** Puede que suframos algunas pérdidas. Tomemos las debidas precauciones para afrontar lo inesperado y protejamos a nuestro hogar y nuestra familia.
>
> **Salud, sentimientos y relaciones sociales:** Tomemos las precauciones necesarias para proteger nuestra salud. Seamos prudentes y desconfiados en nuestras relaciones sociales.

CHENG YI. — Este hexagrama marca el momento en que la fuerza *yang* pone fin a la fuerza *yin*, cuando el noble elimina al hombre inferior. En tales circunstancias, no hay que dejar de estar en guardia y debemos estar preparados para cualquier eventualidad. En el momento en que el aumento de la fuerza *yang* está a punto de alcanzar su máximo, el segundo trazo se sitúa con centralidad y ocupa un puesto que incluye la dócil suavidad, por lo que no es muy firme, de modo que permanecer en guardia y preparado para cualquier eventualidad, es lo mejor que puede hacer en el tiempo de La Resolución. Dentro, desconfianza y preocupación, y fuera, advertencia seria y sincera. Aunque hay "ataques al atardecer y la noche", no debe tener temor.

ZHU XI. — El segundo trazo *yang* se encuentra en presencia de un momento de resolución y extinción [de la fuerza *yin*]; es duro y firme, pero ocupa una situación que implica gentileza; finalmente sigue el camino del medio. Por eso puede preocuparse y prever, advertir y aconsejar y mantenerse preparado para cualquier cosa, de modo que aunque en la oscuridad de la noche haya enemigos, podrá evitar ser perjudicado.

Nueve en el tercer puesto (muta al hex. 58)

Poderoso en sus pómulos.
Esto trae desventura.
El noble está firmemente decidido.
Camina solo y se encuentra con la lluvia,
está empapado y contrariado.
No hay culpa.

> Ser poderoso en los pómulos indica un temperamento agresivo, dominante o prepotente; tales rasgos de carácter nos causarán problemas.
> Nuestra falta de flexibilidad e intolerancia ocasionarán conflictos con algunas personas y debido a eso nos veremos obligados a sacrificar algunas comodidades, pero, pese todo no tendremos culpa.
> Tratemos de mostrar tolerancia a las limitaciones de los demás para minimizar los conflictos. Ellos no nos

---

6 Pertenece al trigrama *Qian*, ☰: actividad, lo creativo.
7 Las distintas posiciones de los trazos de un hexagrama se relacionan con distintas partes del cuerpo. El primer puesto se corresponde a los pies o los dedos de los pies.

La Resolución

comprenderán ni nos apoyarán, pero eso no es motivo para ser duro con ellos.

Trabajo: Seremos criticados y no recibiremos ayuda. Sigamos esforzándonos para lograr nuestros objetivos y tratemos de evitar conflictos innecesarios. Seamos discretos.

Vida privada: Vamos a encontrar dificultades en nuestro camino pero ese es el precio que tendremos que pagar por adherirnos a nuestros principios. La gente va a abandonarnos y hablarán en nuestra contra; lo mejor es ignorarlos, sin reaccionar ante sus críticas.

Salud, sentimientos y relaciones sociales: No perdamos el control, mantengamos nuestro temperamento a raya. Estaremos aislados por un tiempo, pero como tenemos claros nuestros objetivos, podremos perseverar sin cometer error alguno.

CHENG YI. — El texto de este trazo es incorrecto. El Duque Hu de Anding lo lee de la siguiente forma: "La energía en los pómulos es un presagio de desgracia; camina solo y encuentra la lluvia, empapado y contrariado; el noble, lleno de determinación no tiene culpa, pero sin embargo todavía no está en paz". Pero debería escribirse de otra forma y decir: "Energía en los pómulos; camina solo y encuentra la lluvia; el noble está lleno de determinación, empapado y contrariado; sin culpa". La Resolución marca un tiempo de determinación basado en la firmeza y la actividad. El tercer trazo ocupa el puesto superior en el trigrama inferior; además, se sitúa en el límite extremo de la sustancia de la actividad; es él quien aporta energía y dureza a la resolución. Los "pómulos" están arriba, pero no en la cima. El tercer trazo ocupa la parte superior de la sustancia del trigrama inferior; aunque alto, todavía no ha alcanzado una posición muy elevada; más arriba está el príncipe y, sin embargo, él mismo asume la autoridad y decide con dureza y energía; éste es el poder en los pómulos, y es un camino hacia la desgracia. Actúa solo y encuentra la lluvia; el tercer trazo se corresponde con rectitud con el trazo al tope; en el momento en que la multitud de rasgos *yang* se reúne para exterminar al único trazo *yin*, él siente una simpatía secreta y egoísta por este trazo, de modo que no se reúne con la multitud y actúa solo. El resultado es que este trazo y el trazo superior, uno *yang* y el otro *yin*, concuerdan, y es por eso que el texto dice "se encuentra con la lluvia". En el *Libro de los Cambios,* siempre que se menciona la lluvia, significa que *yin* y *yang* se unen. El camino del noble se desarrolla; es el momento de ahuyentar y suprimir definitivamente al hombre inferior y, sin embargo, sólo él está de acuerdo con este hombre inferior; la incorrección de esta forma de actuar es evidente, sólo el noble, en tal momento, podrá actuar con extrema determinación, es decir, ser enérgico en su decisión, ser firme en su resolución. A pesar de su simpatía privada y egoísta, debe protegerse del trazo *yin* y reprimirlo. Si ve agua y barro, está descontento, es decir, tiene apariencia de estar contrariado; estando en estas condiciones no comete falta alguna y está libre de culpa. El tercer trazo es parte de la sustancia de la actividad y está correctamente colocado; no es absolutamente seguro que cometa esta falta, pero este significado se propone para su uso en la enseñanza. Lo que constituye el error en el texto de este trazo es que las palabras "se encuentra con la lluvia, empapado y contrariado", parecen formar parte de la misma frase, de modo que se cree, por su posición, que el significado de la primer parte [se encuentra con la lluvia] está relacionado con el significado de la segunda[8].

ZHU XI. — El tercer trazo está en presencia de un momento de resolución, utiliza la firmeza, pero va más allá del medio. Es por eso que quiere destruir al hombre inferior y que su energía y su dureza son visibles en los rasgos de su rostro. Estando en estas condiciones, su camino está naturalmente marcado por augurios desafortunados. Pero, sin embargo, se encuentra en medio de la multitud de rasgos *yang*, siendo el único entre todos ellos que simpatiza con el trazo *yin* superior. Si puede poner absoluta determinación en su decisión, no permitirse ser frenado por su afecto privado por ese trazo *yin*, entonces, aunque se corresponda con el trazo superior, "camina solo y se encuentra con la lluvia". Al empaparse está contrariado. Sin embargo, en última instancia, necesariamente podrá reprimir y expulsar al hombre inferior y no será culpable. El caso de Wen Jiao y Wang Dun fue similar a lo que expresa el texto[9].

---

[8] CHENG YI opina que "se encuentra con la lluvia" y "empapado y contrariado" deberían ser frases distintas, no formar una unidad. Así, para él, la primer frase se refiere a la correspondencia entre el tercer y el sexto trazo, mientras que la segunda se refiere a su decisión de no relacionarse con el sexto trazo, porque un noble no debería relacionarse con el trazo *yin* al tope, que es un hombre inferior que hay que erradicar. El comentario de ZHU XI es más conciso y claro al respecto.

[9] Cuando Wang Dun pretendió usurpar el imperio, el general Wen Jiao simuló estar de su lado, pero en realidad era leal al emperador, a quien reveló los planes de Wang Dun, ayudando así a derrotar a este último, quien estaba enfermo, y murió al enterarse de su derrota.

Nueve en el cuarto puesto (muta al hex. 5)

No hay piel en sus nalgas.
Vacilante al andar.
Guiado como una oveja.
El arrepentimiento desaparece.
Él escucha lo que dicen pero no lo cree.

> Fuimos tercos e insistimos en hacer las cosas a nuestra manera durante mucho tiempo desoyendo todos los buenos consejos. Ahora ya no tenemos la fuerza suficiente como para seguir adelante por nuestra cuenta y tendremos que aceptar las condiciones que otros nos impongan.
> En la antigua China, el gobernante de una ciudad que se rendía a un conquistador, entregaba su territorio en una ceremonia donde avanzaba a medio vestir, arrastrando una oveja, para pedir misericordia al conquistador. Renunciar a nuestra independencia y aspiraciones es algo difícil de hacer pero ya no tenemos otras opciones.
>
> **Trabajo:** Quizás seamos criticados o rebajados de categoría debido a quejas en nuestra contra, que desoímos hasta que fue demasiado tarde. Aceptemos lo que nos ofrezcan, no sigamos luchando hasta el amargo final.
>
> **Vida privada:** Es mejor que escuchemos los buenos consejos y reconozcamos que no podemos hacer las cosas a nuestra manera todo el tiempo.
>
> **Salud, sentimientos y relaciones sociales:** Es posible que tengamos problemas con nuestras extremidades inferiores o nuestra audición. En lo social, este es un tiempo de aislamiento, desconfianza y conflicto; tratemos de armonizar nuestra relación con los demás, aunque tengamos que sacrificar algo.

CHENG YI. — "No hay piel en sus nalgas": no esta satisfecho en el lugar que ocupa. "Vacilante al andar": indeciso, avanza con dificultad. El cuarto trazo *yang* ocupa un puesto *yin*; le falta decisión y energía; quisiera detenerse, mientras la multitud de trazos *yang* avanza en filas apretadas, ascendiendo; la fuerza de las cosas le impide permanecer en reposo. Es como si sus nalgas estuvieran lastimadas y no pudiera quedarse quieto, en reposo. Quiere actuar, pero como ocupa un puesto que implica mansedumbre y debilidad maleables, le falta decisión y energía; es incapaz de avanzar por la fuerza, por lo que sus acciones carecen de decisión. "Guiado como una oveja. El arrepentimiento desaparece": las ovejas son animales que viajan en rebaños; la palabra "guiado", tiene el significado de ser convencido y arrastrado; esto significa que, si se fortalece, y se deja guiar, para seguir la acción de la multitud, "el arrepentimiento se desvanece". Pero, dado que ocupa una posición que implica docilidad, esto ciertamente le resultará imposible y aunque escuche tales consejos, ciertamente no podrá creerlos ni utilizarlos. Ahora bien, equivocarse y saber corregirse, comprender lo que es bueno y poder imitarlo, auto-controlarse para cumplir con el deber, todo esto sólo es posible para alguien que está dotado de inteligencia y firmeza. En otros hexagramas, cuando un trazo *yang* ocupa el cuarto puesto, el inconveniente de esta condición nunca llega hasta este punto, pero en el caso de La Resolución, ocupar un puesto *yin* constituye un mal muy grande.

ZHU XI. — Empleando fuerza *yang* y ocupando un puesto *yin*, colocado sin centralidad ni rectitud, no estará satisfecho con la posición que ocupa y, si actúa, no avanzará. Si no avanza con la multitud de trazos *yang*, si se contenta con seguirlos, entonces "el arrepentimiento desaparece". Sin embargo, en un momento que implica resolución, sus tendencias le llevan a ascender y seguramente no podrá hacerlo. Si el que consulta el oráculo lo escucha y cree en el mismo, el presagio desafortunado será eliminado y reemplazado por un presagio feliz. Si el que pastorea las ovejas va delante de ellas, no avanzarán; si las sigue y las hace ir para adelante, el rebaño podrá avanzar.

○ Nueve en el quinto puesto (muta al hex. 34)

Ante el amaranto[10] se requiere una firme resolución.
Si uno camina por el medio no habrá culpa.

> Finalmente podremos avanzar, el trazo débil en la parte superior del hexagrama simboliza el camino abierto por delante. El amaranto es una hierba que es fácilmente erradicable, pero es preciso decidirse a su eliminación, tal como debemos eliminar las malas influencias en nuestra vida.[11]
> Avanzar por el medio del camino indica equilibrio y compromiso con principios sólidos. Por esa razón no cometeremos ningún fallo.
>
> **Trabajo:** Podremos seguir adelante con nuestros planes sin cometer errores, si no permitimos que nadie nos desvíe y actuamos con moderación.

---

10 El carácter (莧, *xian*) traducido como amaranto, tomado literalmente, significa un tipo de planta, Amarantus, Chenopodium, Portulaca oleracea, espinaca. Pero muchos estudiosos (entre otros Karlgren, Rutt, Whincup y Kerson Huang) piensan que pudo haber un error en la copia del carácter y debería ser reemplazado por otro carácter (莧) muy similar, que significa antílope o cabra montañesa. Nosotros nos atenemos a la interpretación de los antiguos comentaristas chinos.

11 Nuestra interpretación coincide con la de ZHU XI, pero CHENG YI interpreta este texto de otra forma.

La Resolución

Vida privada: Cumpliremos nuestros deseos; no hay más obstáculos por delante. Si no vacilamos y mantenemos el equilibrio no cometeremos errores.

Salud, sentimientos y relaciones sociales: Si tenemos algún problema con nuestra movilidad, se solucionará. Tendremos buena salud. Se presentarán nuevas oportunidades en nuestra vida social, pero no debemos dejarnos influir por gente de bajo nivel.

CHENG YI. — Aunque el quinto trazo es *yang*, central, recto, y ocupa la posición preeminente, sin embargo, está extremadamente cerca del trazo *yin* superior, que es parte de la sustancia del trigrama *Dui*, ☱, que expresa satisfacción, y es el único trazo *yin* de este hexagrama, que es aquello a lo que la fuerza *yang* se acerca. El quinto trazo es aquel del que depende exclusivamente la supresión del trazo *yin*; pero, por el contrario, se acerca y se aprieta contra él; la culpa es grande. Además, es absolutamente necesario que decida la extinción de este trazo *yin* y que, aunque sea como el amaranto, mantenga su firme resolución. "Si uno camina por el medio no habrá culpa": su virtud de centralidad en acción será tal que estará libre de culpa. El camino del medio se refiere al camino de la centralidad. La hierba *xian* [amaranto] es lo que hoy llamamos "diente de caballo"; es una hierba extremadamente difícil de secar y muy sensible a la humedad del aire, suave y fácil de romper. Si el quinto trazo es como esta hierba aunque sea influido por el trazo *yin*, si esto no afecta su resolución, actuará con centralidad, sin que tenga culpa alguna; de lo contrario perderá su centralidad y rectitud. Hay un gran número de cosas susceptibles al efecto de la fuerza *yin*, pero el amaranto se considera fácil de romper[12] y es por eso que el texto toma prestada su imagen simbólica[13].

ZHU XI. — La hierba *xian* [amaranto] es lo que hoy llamamos "diente de caballo". Es una planta muy sensible a la humedad. El quinto trazo *yang* está en un momento de resolución; de él depende esta decisión y esta extinción y, sin embargo, está muy cerca del trazo *yin* superior, que es como el amaranto. Si se resuelve y elimina el trazo *yin* y si, además, no comete violencia excesiva, caminará por el medio y no tendrá culpa. Es una advertencia para quienes consultan el oráculo, para actuar así.

□ **Al tope un seis** (muta al hex. 1)
No hay grito de alarma.
Al final habrá desventura.

Aunque todo parezca ir bien, surgirán problemas inesperados.
El carácter traducido como "grito de alarma" (號, *hao*) significa gritar para pedir ayuda o para hacer alguna señal. No recibiremos ningún tipo de advertencia del peligro que nos acecha, tampoco tendremos apoyo alguno y como resultado, sufriremos una desgracia. Al ser el único trazo *yin* en el hexagrama, este trazo simboliza una persona inferior que es rechazada por los otros cinco trazos *yang* y que sufre por ello. ZHU XI comenta que si somos nobles, este augurio no se aplicará a nosotros, sino que será todo lo contrario. ¿Lo somos?

Trabajo: La falta de apoyo de los demás nos creará graves problemas.

Vida privada: Es posible que suframos pérdidas o experimentemos problemas inesperados. No recibiremos ayuda de nadie.

Salud, sentimientos y relaciones sociales: Peligro de accidente. Una persona mayor puede morir.

CHENG YI. — El crecimiento de la fuerza *yang* está a punto de alcanzar su punto máximo; la disminución de la fuerza *yin* está a punto de ser absoluta; sólo un trazo *yin* aún ocupa el último lugar. Éste es, por tanto, el momento en que la multitud de nobles prevalece suprimiendo y eliminando el peligro extremo resultante de las acciones de los hombres inferiores. La fuerza natural inherente a todo hace que esta extinción deba ser completa y absoluta, por lo que el texto dice que sería superfluo advertir o alertar, porque, en última instancia, la desgracia necesariamente ocurrirá.

ZHU XI. — Este es el momento en que un hombre inferior, de suave carácter *yin*, ocupa una posición sin salida; los del mismo género que él han desaparecido por completo; no tiene a nadie a quien recurrir en su ayuda. Finalmente, caerá en la desgracia. Si quien consulta el oráculo posee las virtudes del noble, el significado que le será aplicable será exactamente el contrario de éste.

---
12 Lo que simboliza que puede cambiar su decisión. Debe fortalecer su voluntad, alejándose del trazo *yin*.
13 El quinto trazo vacila, es débil, como el amaranto, influido por el sexto trazo, por eso debe fortalecer su resolución para cumplir con su deber y así mantener su centralidad y rectitud. Como se ve claramente, CHENG YI y ZHU XI interpretan al amaranto de distinta forma, para el primero el amaranto indica la vacilación del quinto trazo, para el último, simboliza al sexto trazo que hay que erradicar.

44 El Ir al Encuentro | *Gou*

Los caracteres que forman el sinograma que le da nombre a este hexagrama son: *nu*, "mujer" y *hou*, componente fonético.

Significados asociados

Encontrarse, ir al encuentro; entrelazarse, trabarse, copulación; encuentro de opuestos, encuentro breve, tentación; complacencia.

El Dictamen

El ir al Encuentro.
La mujer es poderosa.
No la tomes por esposa.

> La estructura de este hexagrama es la inversa del anterior, en donde el único trazo *yin* está en la parte superior. Aquí la fuerza *yin* está introduciéndose desde abajo, en el hexagrama 43 se está yendo.
> El Ir al Encuentro describe un momento en que las fuerzas opuestas se encuentran: el primer trazo *yin* está entrando en la situación y encontrándose con los otros trazos *yang*.
> El primer trazo simboliza un elemento inferior, por ser un trazo *yin* en posición baja simboliza a una mujer fácil. El peligro es llegar a enamorarse de ella, ya que parece débil y atractiva, pero es mucho más peligrosa y poderosa de lo que aparenta ser.
> No tomarla como esposa significa que aunque el elemento inferior puede tener un lugar apropiado en nuestra vida, eso será sólo por un breve tiempo y bajo ciertas restricciones. Pero no hay forma de tener una relación buena a largo plazo, porque ese elemento no sólo nos avergonzaría, sino que también podría llegar a subyugarnos.
> Aunque el elemento inferior está simbolizado por una mujer, puede referirse a personas de cualquier sexo o a situaciones en las que somos tentados por algo que no es del todo correcto o que implica algún tipo de juego sucio, descontrol o engaño, donde un elemento aparentemente inofensivo toma el control y nos subyuga.
> Desde un punto de vista psicológico, el primer trazo simboliza una fuerza primordial del inconsciente, una pasión. Si las pasiones u obsesiones no se controlan adecuadamente y toman el mando, eso puede ocasionar resultados muy destructivos.

CHENG YI. — La fuerza *yin* comienza a surgir; a partir de este momento crece, poco a poco aumenta y se incrementa; es la mujer que crece y está a punto de convertirse en poderosa. A medida que crece la fuerza *yin*, la fuerza *yang* disminuye; si la mujer se fortalece, el hombre se debilita, por eso el texto advierte "no la tomes por esposa". Al casarse con una mujer, uno desea que ella sea gentil y obediente, para seguir el camino de la familia. El Ir al Encuentro indica que la fuerza *yin* comienza a avanzar, crece poco a poco, gana fuerza y se opone a la fuerza *yang*. Es por eso que no corresponde elegirla para casarse con ella. Si la mujer gana gradualmente energía y fuerza, ya no regirán las reglas propias entre el principio masculino y el principio femenino y el camino de la familia decaerá. En El Ir al Encuentro sólo hay un trazo *yin*, que [inicialmente] es extremadamente pequeño [aún no tiene poder], pero seguirá un camino que aumentará gradualmente su fuerza, ese es el motivo de la advertencia.

ZHU XI. — El Ir al Encuentro. La eliminación absoluta de la fuerza *yin* [obtenida en el hexagrama anterior, *Guai*, 夬, ䷪ – 43, *La Resolución*] se ha cumplido, llevando al hexagrama perfectamente *yang* [*Qian*, 乾, ䷀ – 1, *Lo Creativo*], el hexagrama del cuarto mes. Entonces se produce El Ir al Encuentro, cuando un trazo *yin* se hace visible, constituyendo el hexagrama del quinto mes[1]. Cuando algo no se espera y de repente aparece frente a uno es como un encuentro imprevisto; por eso este hexagrama expresa el encuentro. Este encuentro no es

---

1 El quinto mes lunar corresponde a finales de Junio y comienzos de Julio (en el hemisferio norte), justo después del solsticio de verano, cuando la fuerza *yin* nuevamente comienza crecer.

correcto; además, es un sólo trazo *yin* que se encuentra con cinco trazos *yang*, por lo que las virtudes femeninas carecen de pureza, pero ella es sumamente fuerte. Tomarla como compañera será necesariamente perjudicial para la fuerza *yang*, de ahí la imagen simbólica y el significado adivinatorio.

La Imagen

Bajo el Cielo está el Viento:
la imagen del Ir al Encuentro.
Así el soberano dispensa sus órdenes
a los cuatro puntos cardinales.

> El soberano está situado en el punto más alto del orden social, sus súbditos están por debajo de él. Como el viento que conecta el cielo con todos los seres sobre la superficie de la tierra, agitando aquello que toca, el soberano influye en las personas mediante sus mandatos, va al encuentro de sus súbditos por medio de sus leyes. De la misma manera que un encuentro entre elementos opuestos puede ser malo o bueno, las leyes afectan la vida de las personas de diferente forma dependiendo de la calidad de los gobernantes.
>
> En nuestra vida cotidiana, nosotros vamos al encuentro de otras personas con nuestras palabras, las cuales influyen a los demás. Dependiendo de lo que digamos, el resultado será bueno o malo.

CHENG YI. — El viento corre bajo el Cielo; no hay nada que no envuelva. Esto constituye la imagen simbólica del príncipe, o rey, contemplando este torbellino envolvente y esforzándose en difundir sus órdenes y hacer circular sus advertencias a los cuatro puntos cardinales. "El viento corre sobre la Tierra" y "bajo el Cielo está el Viento" simbolizan un movimiento circular que envuelve a los seres. Pero si actúa sobre la tierra, atravesando, envolviendo a todos los seres, esto constituye La Contemplación [el hexagrama 20, *Guan*, 觀, ䷓], atravesar mirando y examinando; si por el contrario actúa "bajo el cielo" envolviendo las cuatro regiones, esto constituye El Ir al Encuentro, que simboliza la difusión y proclamación de las órdenes e instrucciones. En La Imagen de distintos hexagramas, el texto a veces menciona a "los antiguos reyes", "los reyes", "el noble" o "el gran hombre". Cuando se utiliza la expresión "los antiguos reyes", se debe a que ellos fueron quienes establecieron las reglas y las instituciones, fundaron los estados, inventaron la música, descubrieron las diversas regiones, fijaron las fronteras, alimentaron a los seres y presentaron ofrendas al supremo ser. Cuando se utiliza la expresión "reyes", se refiere a las acciones de príncipes y reyes completando el camino del Cielo y la Tierra, extendiendo sus mandatos y advertencias a las cuatro regiones. La expresión "noble" es una designación con un significado más general[2]; "gran hombre" es una designación general de los reyes y grandes dignatarios.

ZHU XI. — No ofrece comentario para La Imagen de este hexagrama.

☐ **Al comienzo un seis** (muta al hex. 1)

Átalo a un freno de metal.
La determinación es venturosa.
Si sigue su curso habrá desventura.
Un cerdo flaco vacilará para uno y otro lado.

> Es mejor restringir el elemento inferior al comienzo de su carrera, antes que se fortalezca.
> Aquí el elemento inferior se compara con un cerdo flaco. Si no se controla adecuadamente, finalmente causará estragos.
> No se puede confiar en el cerdo, por ahora parece inofensivo y débil, pero ganará fuerza y causará problemas si no tomamos medidas preventivas adecuadas.
>
> **Trabajo:** Algunos elementos inferiores se están infiltrando en nuestra organización. Mantengámoslos bajo control mientras todavía podemos hacerlo con facilidad, de otra forma ellos nos causarán problemas en el futuro.
>
> **Vida privada:** Puede que conozcamos una persona atractiva, proveniente de una esfera social inferior a la nuestra. No permitamos que esa persona se inmiscuya en nuestra vida, mantengamos una distancia segura o seremos subyugados.
>
> **Salud, sentimientos y relaciones sociales:** Por nuestro bien, debemos controlar nuestras pasiones e impulsos primarios, si somos demasiado complacientes con nosotros mismos, nos arruinarán la vida. Lo mismo podríamos decir de las relaciones con personas que intentan seducirnos para tenernos bajo su control.

CHENG YI. — El Ir al Encuentro es el hexagrama de la fuerza *yin* que acaba de nacer y que está a punto de crecer. A medida que crezca, poco a poco se desarrollará por completo. Si la fuerza *yin* crece, la fuerza *yang* se desvanece, así el camino del hombre inferior crece. Para contenerlo y limitarlo hay que hacerlo desde el principio, cuando aún no está completamente desarrollado. La

---

2 Literalmente "designación general, arriba o abajo", es decir que se aplica a personas con un puesto más o menos alto.

palabra "freno" se refiere al freno o cuña que se usaba para detener la rueda de un carruaje. Si el freno es de metal, será extremadamente sólido y resistente. Si un freno de metal lo detiene, e incluso [el cerdo] está atado al mismo, eso indica una detención inquebrantable. Así hay que detener firmemente el avance de la fuerza *yin* con la perfecta rectitud de la firmeza *yang*, para tener ventura. "Si sigue su curso habrá desventura": si se permite que avance, poco a poco crecerá y dañará la fuerza *yang*; es un presagio desafortunado que es evidente. "El cerdo flaco vacilará para uno y otro lado": el sabio repite su advertencia; expresa que si bien la fuerza *yin* aún es mínima, no se debe descuidar. El cerdo es un ser *yin* y brutal, por eso se lo cita como ejemplo. Aunque un cerdo flaco aún no es fuerte y poderoso, su naturaleza interior lo lleva a vagar de un lugar a otro. La fuerza *yin*, todavía mínima y apenas manifestada, está situada en el puesto inferior, es efectivamente algo que puede representarse como un "cerdo flaco", pero sin embargo su naturaleza la lleva constantemente a doblegar a la fuerza *yang*. Los caminos del noble y del hombre inferior son diferentes; aunque el hombre inferior por ahora se encuentre en un momento de debilidad, nunca deja de herir los sentimientos del noble; controlándolo mientras su desarrollo es todavía rudimentario le impediremos actuar.

ZHU XI. — Un freno se utiliza para detener un carruaje; si este instrumento está hecho de metal, su solidez es evidente. Acaba de nacer un trazo *yin*. Si permanece en reposo con rectitud será venturoso, si actúa y sigue adelante habrá desventura. Además, el texto utiliza estas dos ideas para advertir al hombre inferior, que no debe dañar al noble, entonces el augurio será feliz, sin ninguna cosa nociva. Sin embargo, la fuerza natural inherente al poder *yin* hace imposible detener su desarrollo, por eso el texto advierte al noble, mostrándole el ejemplo del cerdo flaco que vacila de un lado al otro, para que se prepare y se mantenga en guardia.

○ **Nueve en el segundo puesto** (muta al hex. 33)
Hay un pescado en la bolsa.
No hay culpa.
No es favorable para huéspedes.

> El segundo trazo *yang* mantiene al primer trazo *yin* aislado, como un pescado oculto en una bolsa, colocado fuera de la vista. Esto significa que debemos evitar que ese elemento extraño se salga de control y sobre todo no permitir que otras personas (los huéspedes, o sea los otros trazos *yang*) tomen contacto con él.
> Nuestra relación con el elemento *yin* puede echarse a perder muy fácilmente, mantengámoslo contenido en el lugar que le corresponde. Seamos tolerantes, pero también firmes.
> **Trabajo:** Tenemos una relación beneficiosa con alguien que no sería bien visto en nuestro círculo de trabajo. Seamos discretos, actuando con suavidad y firmeza; no dejemos que otras personas se enteren de su existencia o interactúen con él.
> **Vida privada:** Hay cosas que no se deben mezclar. Quizás tengamos un lugar en nuestra vida para una relación poco convencional, pero es mejor que esté separada de nuestra familia y amigos, por el bien de todos.
> **Salud, sentimientos y relaciones sociales:** Puede ser imposible eliminar las malas ideas, o ciertos deseos inapropiados de nuestro corazón, pero al menos deberíamos tener este tipo de pasiones bajo control. Una represión violenta sólo empeoraría las cosas, limitemos con suavidad los excesos de nuestro corazón. El pescado en la bolsa también puede referirse a un embarazo.

CHENG YI. — Para encontrarse; el segundo y el primer trazo se asocian en secreto; son quienes se encuentran. En otros hexagramas, el primer trazo se correspondería con simpatía y rectitud con el cuarto, pero en El Ir al Encuentro, es la idea del encuentro la que se considera más importante. El camino del encuentro mutuo depende esencialmente de la unidad absoluta y excluyente; la centralidad y la firmeza del segundo trazo presuponen la firmeza y sinceridad del encuentro. Sin embargo, el primer trazo tiene suavidad *yin*, y una multitud de trazos *yang* están por encima de él. Además, se corresponde con uno de ellos [el cuatro trazo], y su tendencia es buscarlo. El carácter de la suavidad *yin* rara vez le confiere firmeza y determinación; entre el segundo trazo y el primero es imposible que haya sinceridad de sentimiento. La ausencia de sinceridad conduce a la destrucción del camino del encuentro [apego]. El carácter 包, *bao* [traducido como "bolsa"] se refiere a una bolsa de cáñamo; la palabra "pescado" indica una bella cosa *ying*. *Yang* disfruta la belleza *yin*, es el sentimiento de apreciación de la belleza lo que determina el afecto; por eso el texto utiliza la imagen simbólica del pescado. Si el segundo trazo tiene firmeza en su apego hacia el primer trazo, lo contendrá como su fuera un pez envuelto en una bolsa de cáñamo, y así su apego [su encuentro] no tendrá culpa. La palabra "huéspedes" se refiere a quienes vienen de fuera. ¿Cómo podría el pescado envuelto en una bolsa constituir una ventaja para el huésped? Esto expresa que no debemos

El Ir al Encuentro

extender[3] este apego a los extraños. El camino del apego [encuentro] debe ser de unidad exclusiva; si este apego incluye alguien más, habrá separación.

ZHU XI. — El pez es un ser *yin*. El segundo y el primer trazo se encuentran; lo que está simbolizado por el "pescado en la bolsa". Sin embargo, como es contenido[4], es posible que aún no haya culpa; si no es contenido y se encuentra con la multitud (de trazos *yang*), el daño que resultará será considerable. De ahí la imagen simbólica y el significado adivinatorio.

Nueve en el tercer puesto (muta al hex. 6)
No hay piel en sus nalgas
y su caminar es vacilante.
Peligro. No habrá gran culpa.

> Estamos fuertemente tentados por una relación peligrosa, pero –afortunadamente– no podremos hacer nada, porque las circunstancias no son propicias y no tendremos ocasión de dar un mal paso.
>
> **Trabajo:** No podremos llevar a cabo lo que queremos hacer y eso será bueno, porque nos ahorrará muchos problemas. Nuestra posición no es segura, seamos cuidadosos.
>
> **Vida privada:** Tendremos dificultades y tal vez suframos algunas pérdidas, causadas por nuestras malas decisiones.
>
> **Salud, sentimientos y relaciones sociales:** Nuestra mente está perturbada por las pasiones y eso debilita nuestra voluntad. Quizás tengamos problemas con nuestras extremidades inferiores.

CHENG YI. — Aunque el segundo y el primer trazo se encuentran, también al tercer trazo le agrada el primero, por eso se acerca y se estrecha contra el segundo[5], de modo que no está satisfecho. Además, es objeto del odio y de los celos del segundo; permanece en su lugar sin descansar, como alguien cuyas nalgas ya no tienen piel. Desde el momento en que no está satisfecho con su puesto, debe irse, pero al encontrarse en el momento expresado por El Ir al Encuentro, sus tendencias lo llevan a buscar un encuentro con el único trazo *yin* colocado en el puesto inferior, y esto es lo que desea. Además, aunque no está satisfecho con su posición, si se mueve lo hará con vacilación. No encontrará ningún lugar donde pueda estar cómodo, y tampoco puede avanzar. Sin embargo, el tercer trazo posee firmeza y rectitud energética y está situado en al trigrama *Xun* [☴]; esto indica que su ceguera no será definitiva. Si llega a reconocer su falta de rectitud y si lo mueve el miedo al peligro, si no se atreve a moverse [actuar] fuera de lugar, podrá evitar cualquier culpa grave. Si, por el contrario, busca provocar un encuentro contrario al deber, es seguro que tendrá culpa. Cuando conocemos el peligro, si nos detenemos, no llegamos a un punto de gran culpa.

ZHU XI. — El tercer trazo *yang* es excesivamente firme, pero carece de centralidad; debajo no encuentra el primero[6], arriba no se corresponde con el trazo superior[7]; si se queda en su lugar no está satisfecho, si actúa no puede avanzar; de ahí la imagen simbólica y el significado adivinatorio. Sin embargo, mientras no se encuentre con nadie, no será dañado por el trazo *yin*. Aunque está en peligro y siente aprensión, no tendrá mucha culpa.

Nueve en el cuarto puesto (muta al hex. 57)
No hay ningún pescado en la bolsa.
Esto causa desventura.

> La falta de cooperación y entendimiento entre personas de diferentes ámbitos de la vida va a causar problemas.
> Si somos demasiado exigentes y no sabemos tolerar a la gente común, no tendremos su apoyo cuando más lo necesitemos.
>
> **Trabajo:** La falta de soporte de parte de nuestros subordinados puede poner en peligro nuestra posición.
>
> **Vida privada:** Si siempre queremos tener la razón y somos demasiado duros y distantes con los demás, nos quedaremos solos.
>
> **Salud, sentimientos y relaciones sociales:** Si reprimimos nuestros sentimientos y no aceptamos nuestra realidad interior, nuestra salud se verá afectada. En lo social, si no aprendemos a relacionarnos con los demás con empatía nos quedaremos aislados. Puede que se pierda un embarazo.

CHENG YI. — La bolsa sirve para contener y reunir; el pescado es bonito y agradable a la vista. El cuarto trazo y

---

3 No debemos dejar que lo conozcan, ni compartirlo.
4 ZHU XI quiere decir que el pescado, es decir el primer trazo, o la vinculación con el mismo, es algo que debe mantenido fuera de la vista de otras personas, con quienes no debe interactuar
5 Quiere ir hacia el primero y se topa con el segundo, sin poder ir más lejos.

6 Porque está separado de él por el segundo trazo.
7 Tanto el tercero como el sexto trazo son *yang*, no hay correspondencia entre ellos.

el primero se corresponden con simpatía y rectitud; ellos deberían encontrarse, pero el primer trazo ya ha encontrado al segundo. Perder el encuentro deseado es como cuando una bolsa no contiene pescado; es perder lo que se tenía. El cuarto trazo está en la presencia del tiempo de encuentro expresado por El Ir al Encuentro; ocupa una posición alta y pierde el apoyo de los inferiores. Ha sido abandonado por los inferiores porque él mismo ha perdido su virtud. El problema del cuarto trazo es que carece de centralidad y rectitud. Como no tiene centralidad ni rectitud y pierde el apoyo del pueblo, de ahí el desafortunado presagio. Se ha dicho: el primer trazo sigue al segundo porque está muy cerca de él ¿cómo podría ser esto culpa del cuarto? Respuesta: el texto se refiere al cuarto trazo, diciendo que debe tener alguna culpa[8]; no puede proteger al inferior, ya que ha perdido el camino. ¿Cómo podría ser que, si el superior no hubiera extraviado el camino, el inferior lo haya abandonado? El camino del encuentro incluye todos los casos; del príncipe y del súbdito, del hombre común y su amo, del marido y la mujer, de amigos y camaradas. El cuarto trazo y el trazo inferior están separados, por lo que hablando de ello principalmente desde el punto de vista del hombre común, expresa lo superior y lo inferior separados uno del otro, y ciertamente debe haber un cambio desastroso. El carácter , *qi* [traducido como "causa"], también significa "a punto de nacer". Desde el momento en que los corazones de la gente se han apartado, la dificultad está a punto de sentirse.

ZHU XI. — El primer trazo *yin*, con quien se corresponde rectamente [el cuarto trazo], ya se ha encontrado con el segundo trazo, y por eso [el cuarto trazo] no logra unirse al mismo, de ahí la imagen simbólica y el significado adivinatorio.

○ **Nueve en el quinto puesto** (muta al hex. 50)
Un melón envuelto con hojas de sauce.
Si lo oculta, algo caerá desde el Cielo.

> El melón simboliza algo que necesita un periodo de maduración en un lugar tranquilo y seguro, fuera de la vista. Un melón, como un pez, es algo que puede descomponerse o echarse a perder fácilmente. Envolver el melón significa preservarlo y ocultarlo.
> El melón envuelto también simboliza mantener buenas relaciones con nuestros subordinados, protegiéndolos. Seamos prudentes, cultivemos nuestros talentos y planes sin hacer ostentación ni presionar a los demás.
> Si somos cuidadosos y discretos, después que todas las cosas estén en su lugar, alcanzaremos nuestros objetivos con facilidad, como si cayeran desde el Cielo.

Trabajo: Desarrollemos cuidadosamente nuestros planes, manteniendo un perfil bajo. Vamos a lograr nuestros objetivos sin tener problemas. Quizás consigamos un nuevo trabajo o recibamos una promoción.

Vida privada: Nuestros deseos se harán realidad si somos discretos y manejamos las cosas con diplomacia.

Salud, sentimientos y relaciones sociales: Un posible embarazo.

CHENG YI. — El quinto trazo *yang* tampoco se corresponde con trazo inferior alguno, por eso no hay encuentro. Sin embargo, sigue el camino del encuentro, de modo que, en última instancia, necesariamente debe llegar a un encuentro. Ahora bien, el encuentro del superior y del inferior resulta porque se llaman y se desean mutuamente. El sauce es alto y sus hojas grandes. Aquello que está colocado en lo alto, cuya sustancia es grande y que puede servir para contener todas las cosas, es obviamente el sauce. Lo que es hermoso, macizo y colocado bajo es el melón. La belleza que permanece en la inferioridad da la imagen simbólica de un sabio humilde y modesto. El quinto trazo *yang* es eminente y ocupa la posición del príncipe; además, se humilla y recurre a las habilidades de los sabios. Estar muy elevado y llamar hacia uno mismo lo que está muy bajo es una acción análoga a utilizar las hojas del árbol de sauce para envolver melones. Si puede contraerse y doblegarse hasta este punto, y si además sus virtudes interiores de centralidad y rectitud son completas, reales, brillantes y hermosas, ya sea un príncipe o cualquier hombre, no podrá dejar de cumplir con lo que se propone y lo que busca. Aunque se contrae y se inclina para invocar a los sabios, si sus virtudes carecen de rectitud, los sabios no responderán. Por eso es absolutamente necesario que contenga sus bellas y brillantes cualidades, dentro de sí mismo y las desarrolle hasta la más perfecta sinceridad, y entonces "algo caerá desde el Cielo". El texto confirma que definitivamente obtendrá algo. Desde la antigüedad, los príncipes y los hombres que supieron contraerse y doblegarse con la más perfecta sinceridad, y que siguieron el camino de la centralidad y la rectitud para llamar hacia ellos a los sabios del mundo, nunca dejaron de encontrar lo que buscaban. Gaozong[9]

---

8 En realidad el texto no menciona la palabra "culpa", sólo "desventura", pero CHENG YI nos dice que del sentido general del texto de este trazo se infiere que el cuarto trazo tiene culpa.

9 Gaozong es otro nombre para el rey de la dinastía Shang llamado Wu Ding, quien recibió un sueño del Cielo, que le informó que encontraría a un hombre llamado Yue que le ayudaría a gobernar el país. Lo buscó, lo encontró y lo convirtió en su canciller

EL IR AL ENCUENTRO

fue conmovido por sus sueños, y el Rey Wen encontró un pescador[10], ambos actuaron de esta forma.

ZHU XI. — Las melones son algo *yin*, situado muy abajo, son dulces, agradables y beneficiosos. El árbol de sauce es grande y alto, su madera es dura y resistente. El quinto trazo, con su firmeza *yang*, su centralidad y su rectitud, gobierna el hexagrama desde arriba, mientras que en su parte inferior, está en guardia contra la fuerza *yin* que acaba de nacer y que tiende a provocar la disolución de la fuerza *yang*. De ahí la imagen simbólica. Yin y *yang* prevalecen [alternativamente], como se puede comprobar en el sucesivo retorno de las estaciones; si el quinto trazo puede contener y ocultar su belleza y el brillo de sus cualidades, permanecer quieto para dominarse [a sí mismo], entonces podrá regresar, actuar y transformarse. "Algo caerá desde el Cielo" es la imagen simbólica de lo que, no existiendo originalmente, acaba apareciendo de repente.

Al tope un nueve (muta al hex. 28)

Va al encuentro con sus cuernos.
Humillación.
Sin culpa.

Ir al encuentro con los cuernos significa tomar una postura extrema que provoca más problemas que los que resuelve.

El sexto trazo muchas veces simboliza a alguien que cruza el límite, que va más allá de lo debido, mientras también puede simbolizar los cuernos (especialmente si es un trazo partido, *yin*) o la parte superior de la cabeza.

Este trazo describe a alguien que no soporta a los tontos y que no tolera ningún error, que trata con severidad a quienes cometen fallas. Tal actitud intransigente no es la más adecuada, pero tampoco es mala; si queremos imponer una estricta disciplina, estamos en nuestro derecho de hacerlo.

Nuestra actitud provocará fricciones con algunas personas y a largo plazo, nuestro comportamiento generará algunos problemas en nuestra vida.

"Sin culpa" significa que no cometeremos errores graves, pero "humillación", indica que provocaremos altercados que bien podrían evitarse.

Trabajo: Tendremos algunos conflictos, causados por nuestra carencia de tacto y diplomacia.

Vida privada: Nuestro carácter fuerte puede provocar enfrentamientos violentos con algunas personas impertinentes. Nuestra vida sería más fácil si fuéramos más tolerantes.

Salud, sentimientos y relaciones sociales: Tratemos de relajarnos, exijamos menos a nosotros mismos y a los demás, eso disminuirá nuestro estrés.

CHENG YI. — Lo que es extremadamente firme, enérgico y alto son los cuernos. Este trazo *yang*, con su firmeza, ocupa el puesto más alto, por lo que los cuernos se toman como símbolo. El encuentro entre los hombres resulta del hecho de que cada uno se doblega, se contiene, para ceder a los deseos de los demás, y es la mutua deferencia con la que [los hombres] se acogen mutuamente, lo que les permite ponerse de acuerdo entre ellos. Este trazo superior *yang* es excesivamente alto, duro, firme y altivo. ¿Quién se aliaría con él? En estas condiciones, buscar el encuentro debe ser ciertamente motivo de aprensión. Al actuar así uno mismo, si los hombres se alejan, no es culpa de los demás, es resultado de la propia acción, de modo que no se debe atribuir la culpa a nadie.

ZHU XI. — Los cuernos son duros y están colocados en lo alto. El trazo superior *yang* utiliza la firmeza para mantenerse en lo alto, pero no tiene una posición [adecuada]; no puede obtener lo que busca encontrar, de modo que la imagen simbólica y el significado adivinatorio son similares a los del tercer trazo.

---

10 Cuando el rey Wen se encontró con Taigong Wan (Jiang Ziya), lo vio como un anciano que estaba pescando en el río. Descubrió que este pescador era un astuto pensador político y estratega militar. Lo llevó en su carruaje a la corte y lo nombró primer ministro.

45 La Reunión | Cui

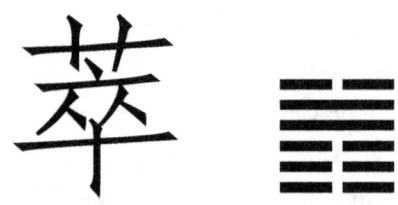

Los caracteres que forman el sinograma que le da nombre a este hexagrama son: *cao*, "hierba" y *zu*, elemento fonético: relacionado con las plantas; un denso crecimiento de hierba.

Significados asociados

Reunión, juntar, reunir; multitud, colección; grupo, agrupado, montón; denso, muchas hierbas.

El Dictamen

La Reunión.
Éxito.
El rey se acerca a su templo.
Ver al gran hombre es favorable y conduce al éxito.
La determinación es propicia.
Ofrecer grandes sacrificios trae ventura.
Es favorable tener una meta dónde ir.

> Las personas se reúnen naturalmente formando familias, organizaciones y estados. El rey es un líder que reúne a otros a su alrededor.
> La Reunión muestra a un grupo humano cuyos integrantes comparten el mismo punto de vista y se identifican con un propósito compartido. El templo simboliza el punto central, en el que se centra la atención de todos y que sirve como elemento unificador del grupo.
> Ver al gran hombre quiere decir que conseguir un guía o mentor sería muy útil en este momento, pero también indica que debemos crecer espiritualmente y en entendimiento para poder afrontar la situación y ser exitosos.
> Los sacrificios son necesarios porque al formar parte de una comunidad, todos los miembros deben poner freno a sus propios deseos egoístas para poder contribuir al objetivo común que unifica a la comunidad.

Para tener determinación se requiere una meta definida que mantenga a la gente motivada, trabajando juntos por el bien común.

CHENG YI. — El "rey" está reuniendo y agrupando el mundo; lo que le permite realizar esto completamente es un templo erigido en memoria de los antepasados. Los seres vivientes son muchos, pero el rey puede congregarlos, como si fueran un sólo cuerpo. El corazón del hombre no sabe a dónde acudir, pero se puede despertar su sinceridad y reverencia. Los espíritus y los fantasmas no pueden percibirse, pero pueden ser convocados y retenidos. No hay una única manera para reunir y aunar los corazones de los hombres y de dar un mismo impulso a todas sus tendencias, en todo el mundo, pero ni la [manera] más grande es más importante que el templo de los antepasados. Cuando el rey logra, en el camino de la agrupación y la reunión del mundo, tener un templo para la memoria de sus antepasados, ha alcanzado la perfección del camino de la reunión[1]. El homenaje de los sacrificios a los espíritus de los difuntos, para darles gracias por sus acciones, tiene su origen en el corazón del hombre y los sabios han establecido los ritos para completar sus virtudes. Es a este mismo sentimiento al que también debemos recurrir para comprender cómo las nutrias son capaces de realizar sacrificios; es el efecto espontáneo de la naturaleza[2]. Después del nombre del hexagrama, La Reunión, sigue el carácter 亨, *heng*, "éxito", que es una distorsión del texto. Este mismo carácter se repite más abajo[3]; pero ya no es como en el caso del hexagrama *Huan*, 渙, ䷺ (59, *La Dispersión*). En el caso de La Dispersión, en primer lugar, se trata de los poderes

---

[1] CHENG YI parece referirse al caso del fundador de una dinastía, que completa su dominación y corona el edificio de su poder elevando a sus antepasados a dignidades póstumas.
[2] Según las tradiciones y leyendas populares, las nutrias toman peces en gran abundancia y colocan algunos en el suelo como ofrenda, sin comerlos.
[3] Donde dice "Ver al gran hombre es favorable y conduce al éxito".

La Reunión

de los trigramas; en La Reunión, se trata en primer lugar de la cuestión del significado del hexagrama. El Dictamen es muy claro: "Ver al gran hombre es favorable y lleva al éxito. La determinación es propicia". Cuando los hombres se reúnen hay necesariamente confusión y desorden; cuando los seres se reúnen hay necesariamente riñas y luchas; cuando las cosas se amontonan en grandes cantidades hay desorden. Si no hubiera un gran hombre para establecer el orden, la reunión sería causa de desorden y lucha. Si la reunión no fuera conforme a la justicia, el desorden cundiría entre los hombres reunidos, las riquezas reunidas serían desperdiciadas. ¿Cómo podría alcanzarse el éxito? Además, la determinación es propicia. "Ofrecer grandes sacrificios trae ventura. Es favorable tener una meta dónde ir." La Reunión indica un tiempo de floreciente abundancia; el uso de esta abundancia debe corresponder al objetivo propuesto, por eso "ofrecer grandes sacrificios trae ventura". Nada es más importante que los sacrificios, por eso el texto los menciona; pero ya sea que se trate de llegar hasta el punto de unirse con los espíritus y los fantasmas, o de condescender a acoger a las personas y a los seres, o incluso que se trate de cualquier otro objeto, no importa, nunca es de otra manera; los medios deben ser proporcionales al objetivo que se pretende alcanzar. En un momento de reunión, y cuando se trata de unir a los seres a través de la grandeza y la generosidad, esto será un feliz presagio de libertad para desarrollar una riqueza floreciente, con todo el mundo disfrutando también de los beneficios de estas riquezas. En un momento de grandeza y amplitud, si nos uniéramos a los seres escatimando los gastos, entonces no obtendríamos algo bello y floreciente. El mundo no estaría dispuesto a participar y surgirían arrepentimientos y aprensiones. Esto se debe a que siempre debemos seguir lo que dicta el momento, cumplir con el principio de las cosas y luego actuar consecuentemente. Por eso, el comentario tradicional al Dictamen dice "esto es dócil entrega ante el mandamiento del Cielo". Aquellos cuya fuerza sea insuficiente no serán capaces de hacer nada. En el tiempo de La Reunión "es favorable tener una meta dónde ir"[4]. En la mayoría de los casos, para empezar a trabajar, para fundar algo, lo importante es saber aprovechar el momento en que se puede realizar la obra. Reunir y luego utilizar es poner las cosas en movimiento y verlas crecer; éste es precisamente el principio del Cielo.

ZHU XI. —La Reunión. *Kun*, ☷, indica sumisión y *Dui*, ☱, satisfacción. El quinto trazo *yang* es tanto firme como central y se corresponde con el segundo. El lago se eleva sobre la tierra, imagen simbólica de todos los seres que se reúnen, y por eso este hexagrama se llama La Reunión. El primer carácter, 亨, *heng* [éxito] es superfluo. "El rey se acerca a su templo" indica que él se dirige al interior del templo de los antepasados para sacrificar y realizar una consulta oracular. El capítulo "Deberes en los sacrificios"[5] dice: "El duque llega al gran templo de los ancestros", lo que tiene precisamente el mismo significado. El templo de los ancestros sirve para reunir los espíritus de los ancestros y ascendientes; si, además, un hombre puede concentrar su propio espíritu, él también podrá llegar al templo de los ancestros y continuar la sucesión de sus antepasados. Los seres, al estar reunidos, necesariamente tendrán que ver a un gran hombre y entonces podrán progresar. Pero, además, es precisa la corrección; si La Reunión no es correcta, no se alcanzará el éxito.

La Imagen

El Lago se eleva sobre la Tierra:
la imagen de la Reunión.
Así el noble prepara sus armas
para estar en guardia contra lo inesperado

> El lago es una masa de agua agrupada en un lugar. Tal como el agua puede causar inundaciones peligrosas, en un grupo de personas el peligro viene de los conflictos que puedan surgir entre ellos.
> Para evitar peligros inesperados debemos mantenernos alerta y estar preparados para hacer ajustes; así evitaremos que los conflictos personales se conviertan en peleas desagradables.

CHENG YI. — El Lago que se eleva sobre la Tierra constituye la imagen simbólica de La Reunión. El noble contempla esta imagen y pone en buen orden sus armas de guerra; está en guardia, preparado para lo inesperado. En cualquier reunión de seres necesariamente debe haber cosas imprevistas e inesperadas, además, en las reuniones de la multitud hay disputas y en las reuniones de los seres siempre hay abuso de fuerza y usurpación. En general, la reunión se realiza por una gran cantidad de motivos diversos, por lo que hay que contemplar la imagen simbólica de la reunión y tomar nota de su advertencia. "Prepara"[6] significa poner en orden, librarse de lo que es malo; preparar y reunir es la manera "estar en guardia contra lo inesperado".

ZHU XI. — "Prepara" significa poner en orden y reunir.

---

4 Es decir que es propicio emprender algo.

5 Este es un capítulo del Libro de los Ritos, *Liji*, 禮記, que es uno de los Cinco Clásicos del canon confuciano.

6 El carácter traducido como "prepara" es 除, *chu*, que significa "acumular, guardar para uso futuro, poner a un lado, colocar en un escondrijo; eliminar".

Al comienzo un seis (muta al hex. 17)

Si eres sincero pero no hasta el final,
a veces habrá confusión, a veces reunión.
Si llamas, un apretón de manos puede causar sonrisas.
No temas. Acudir no tiene culpa.

> Tener sinceridad, pero no hasta el final, significa que estamos confundidos e inciertos, temiendo el rechazo. Aún no sabemos a qué grupo pertenecemos ni a quién debemos unirnos.
> Llamar, significa solicitar la admisión en un grupo o la amistad de alguien, dar el primer paso mostrando nuestra buena voluntad. Esto nos traerá felicidad.
>
> **Trabajo:** No estamos seguros si es conveniente asociarnos con alguien, ya sea para realizar algún negocio o conseguir un nuevo empleo. Puede que no conozcamos bien las posibilidades y temamos ser rechazados, o tengamos desconfianza, y eso nos hace dudar. La única manera de saber si la reunión va a funcionar bien es hacer la prueba; ya es hora de que nos decidamos.
>
> **Vida privada:** Aunque no estemos seguros o no sepamos que hacer, demos el primer paso. Para saber si seremos aceptados, lo mejor es declarar clara y abiertamente nuestras intenciones.
>
> **Salud, sentimientos y relaciones sociales:** Las elucubraciones mentales no solucionarán nada, si vacilamos antes de establecer una relación con alguien que nos interesa conocer, lo mejor que podemos hacer para romper el hielo es admitir claramente nuestras expectativas e intenciones ante nuestro interlocutor.

CHENG YI. — El primer y el cuarto trazo se corresponden con rectitud y esto es así porque son sinceros en su intención de reunirse. Sin embargo, en el momento de la reunión, tres trazos *yin* se reúnen en un grupo, lo cual es una indicación de suavidad sumisa que no guarda la rectitud. "Si eres sincero pero no hasta al final, a veces habrá confusión" quiere decir que si el primer trazo abandona al trazo con el que se corresponde rectamente, y sigue a los que son de su propia especie, habrá confusión o desorden del corazón. "A veces reunión" indica un encuentro con aquellos de su misma especie. Si el primer trazo mantiene la rectitud y no los sigue [a los trazos *yin* contiguos], "si llama un apretón de manos puede causar sonrisas". Un "apretón de manos"[7] también es el término usual para un grupo, un conjunto; esto significa que la multitud se reirá de él[8]. "No temas" indica que si uno no se amilana y acude a atender el trazo *yang* [en el cuarto puesto], con el cual se corresponde rectamente, entonces "no tiene culpa"; de lo contrario, se unirá a la multitud de hombres inferiores.

ZHU XI. — El primer trazo *yin* se corresponde con el cuarto trazo *yang*, pero está separado del mismo por dos trazos *yin*. En un tiempo de reunión, este trazo no puede contenerse, de ahí que el texto diga "si eres sincero pero no hasta el final". Sus propósitos son confusos y dificultan la reunión. Si llama a quien le corresponde rectamente, la multitud lo considerará un objeto de burla. Pero si no se perturba y actúa conforme a su correspondencia, con rectitud, quedará libre de culpa. Es un aviso al que consulta el oráculo, para que actúe así.

Seis en el segundo puesto (muta al hex. 47)

Dejarse llevar trae ventura.
Sin culpa.
Si eres sincero será favorable
presentar una pequeña ofrenda.

> Deseamos establecer una relación con una persona afín, situada en una posición más alta que la nuestra, pero estamos separados por otras personas. No esperemos que el otro dé el primer paso, si sinceramente deseamos relacionarnos con quien nos atrae, sólo necesitamos hacer un pequeño gesto, que salga del corazón.
> El carácter traducido como "pequeña ofrenda", 禴, *yue*, se refiere al sacrificio que se hacía a los ancestros en la primavera, cuando escaseaba la comida. Significa que un pequeño aporte sincero será suficiente.
>
> **Trabajo:** Este es un buen momento para buscar un nuevo trabajo, aunque nuestras calificaciones parezcan insuficientes. Si somos sinceros, lo que ofrezcamos, como muestra de nuestra capacidad, nos permitirá ser aceptados y progresar.
>
> **Vida privada:** Este es un buen momento para estrechar vínculos con la gente que nos interesa. No nos dejemos amodorrar por la rutina; si queremos unirnos a una persona o un grupo hagámoslo sin vacilar.
>
> **Salud, sentimientos y relaciones sociales:** Si queremos acercarnos a alguien, aunque nos parezca que no tenemos mucho que ofrecer, será ventajoso que tomemos la iniciativa. Si alguien nos ofrece unirnos a un grupo o nos presenta a una nueva persona, no desperdiciemos la oportunidad.

---

7 Los caracteres traducidos como "un apretón de manos", 一, *yi*, "uno" y 握, *wo*, "apretón (p. ej. de manos), agarrar; puñado; contener" indican tanto un apretón de manos, como un grupo.

8 La multitud son los dos trazos *yin*, que simbolizan hombres inferiores que se interponen entre el primer y el cuarto trazo.

La Reunión

CHENG YI. — El primer trazo es suave y *yin*, además carece de centralidad y rectitud. Es posible que no sea sincero hasta el final, por lo que se advierte que debe hacer algo [presentar una ofrenda]. Aunque el segundo trazo es suave y *yin*, posee centralidad y rectitud, por lo que, aunque el texto hace una advertencia, no es grave. Siempre que el texto de un trazo se refiere a uno de estos dos temas: obtener o perder, expresa una regla o una advertencia, en todos los casos se establece según las cualidades o aptitudes indicadas por el hexagrama. "Dejarse llevar trae ventura": avanzan unidos. Cuando se trata de la unión de los hombres, si se buscan, se juntan; si esperan[9], permanecen separados. Los trazos segundo y quinto se corresponden comprensivamente con centralidad; ellos deberían unirse, aunque están separados, porque el segundo trazo está situado en medio de un grupo de trazos *yin*. Aún así, si se siguen el uno a otro [el segundo y el quinto trazo], su reunión se producirá. El quinto trazo ocupa la posición preeminente, posee las virtudes de centralidad y rectitud; el segundo también sigue el camino del medio y la rectitud y se compromete a unirse a él; esto expresa, por tanto, el acuerdo y la concordia entre el príncipe y el súbdito. ¿Cómo podríamos medir el alcance de su acción mutua? Es por esto que el augurio es feliz y no hay culpa, lo que significa que el bien compensa el mal; si el segundo y el quinto trazos no se siguieran mutuamente, esto constituiría mal y un exceso. "Si eres sincero será favorable presentar una pequeña ofrenda"; ser sincero quiere decir que uno es creíble. El sacrificio 禴, *yue* [traducido como "pequeña ofrenda"], era uno de los sacrificios menos importantes. Cuando se utilizan cosas comunes, la perfección de los medios no importa, sino que la sinceridad es lo que permite unirse directamente con iluminación espiritual. El texto dice "si eres sincero..."; esto significa que, teniendo sinceridad, actuando de buena fe, la ornamentación y lo formal no tienen importancia, sino que se llega, mediante la más extrema sinceridad, a la unión absoluta con el superior. Lo que se dice sobre la "pequeña ofrenda" simplemente indica la ofrenda única de la sinceridad. Cuando el superior y el inferior se unen y se apegan a la observación de las apariencias, es porque aún no hay sinceridad en su unión. En efecto, lo que es real en sí mismo no necesita tomar prestada la ornamentación de la apariencia exterior; éste es el significado de la expresión "será favorable presentar una pequeña ofrenda". La buena fe y la sinceridad son la base de cualquier reunión; y no sólo de la unión entre el príncipe y el súbdito; toda unión en el mundo se basa únicamente en la sinceridad.

ZHU XI. — El segundo trazo se corresponde con el quinto, pero se confunde porque se encuentra en medio de dos trazos *yin*. Debe ser arrastrado y llevado a la unión [con el quinto trazo], así habrá ventura y no habrá culpa. Además, el segundo trazo está animado por la centralidad y la rectitud, es maleable y sumiso, sin prejuicios [vacío por dentro] e inclinado a ascender hacia aquel a quien corresponde. El quinto trazo *yang* es firme, activo, central y lleno de rectitud; su sinceridad es total y baja a aliarse. Quien consulta el oráculo, si tiene sincera buena fe, podrá presentar una ofrenda, aunque sólo utilice cosas de poco valor y muy simples.

Seis en el tercer puesto (muta al hex. 31)

Reunión entre lamentos.
Nada es favorable.
Acudir es sin culpa.
Pequeña humillación.

Entrar al grupo al que deseamos incorporarnos es difícil y tendremos algunos problemas para ser aceptados.

Quizás debamos reducir nuestras pretensiones o puede que necesitemos la ayuda de alguien para poder entrar. Si nos ignoran o rechazan, no lo tomemos como una respuesta definitiva. Insistir después de ser rechazados puede avergonzarnos un poco, pero si perseveramos finalmente lograremos lo que ambicionamos. Notemos que este trazo no predice ventura, más bien dice "nada es favorable"; de ahí que, aunque logremos unirnos, no esperemos mucho de nuestra nueva posición.

Trabajo: Quizás tengamos que hacer algunos sacrificios para conseguir un nuevo trabajo, y ciertas personas pueden menospreciarnos, pero finalmente lograremos lo que buscamos.

Vida privada: Puede que tengamos algunos problemas en nuestra familia. Si nos mudamos, nuestro nuevo hogar quizás no esté a la altura de nuestras expectativas.

Salud, sentimientos y relaciones sociales: Este es un tiempo complicado para las relaciones sociales. Puede que consigamos menos que lo que esperábamos, pero finalmente podremos encontrar con quien reunirnos.

---

9   Es decir si cada uno espera que el otro tome la iniciativa, antes de actuar él mismo.

CHENG YI. — El tercer trazo es suave y *yin*, carente de centralidad y rectitud; busca aliarse con alguien, pero nadie se alía con él. Busca el cuarto trazo, pero no se corresponde correctamente; además, no son del mismo tipo; es por eso que el cuarto trazo lo abandona por su falta de centralidad. Si busca el segundo trazo, como éste se corresponde con el quinto que le corresponde con la centralidad, se niega a aliarse con él, porque le falta centralidad. El resultado es que si busca formar una alianza, es rechazado por todos y se lamenta, arriba y abajo nadie se alía con él, nada le es ventajoso. Sólo si sigue el camino a la unión con el trazo *yin* superior podrá conseguir una alianza, sin culpa. Aunque entre el tercer trazo y el trazo superior no existe la correspondencia correcta entre *yin* y *yang*, sin embargo, en un momento de reunión, los del mismo género se atienden el uno al otro, ya que los dos ocupan el puesto superior en uno de los dos trigramas, con la misma suavidad *yin*. Finalmente, ninguno de ellos tiene una alianza y ocupan puestos que se corresponden entre sí. El trazo superior se sitúa, además, en tope del trigrama de la satisfacción [*Dui*, ☱], y el tercero al tope del trigrama de la sumisión [*Kun*, ☷], de modo que tienen una alianza sin culpa. En el camino del *Libro de los Cambios*, la transformación y el movimiento no se producen de manera siempre idéntica y uniforme; corresponde al hombre entenderlo. Sin embargo, ¿por qué hay una "pequeña humillación"? Esto se debe a que el tercer trazo comienza por buscar la alianza del cuarto, luego del segundo trazo; no la consigue, y recién entonces empieza a seguir al trazo superior. Si la acción de un hombre es análoga a la del tercer trazo, aunque obtenga lo que busca, hay motivos para una ligera humillación y aprensión.

ZHU XI. — El tercer trazo es suave y *yin*, sin centralidad ni rectitud; en la cima nadie le corresponde; quiere buscar la alianza del que está cerca y no la obtiene, por lo que está envuelto en confusión y "nada es favorable". Sólo si se compromete a seguir el trazo superior podrá estar libre de culpa. Sin embargo, al no haber obtenido la alianza que buscaba [inicialmente], sólo obtiene la alianza de un trazo sin una situación definida, que expresa el último grado de *yin*, eso es una "pequeña humillación". Es una advertencia a quien consulta el oráculo, de que le conviene dejar de lado las uniones cercanas, pero incorrectas y buscar la alianza definitiva con quien le corresponde, aunque esté lejos, así quedará libre de culpa.

○ **Nueve en el cuarto puesto** (muta al hex. 8)
Gran ventura.
No hay culpa.

> Tenemos una misión importante en nuestro grupo de pertenencia, apoyando y trabajando en estrecha colaboración con el líder, ayudándole a reunir seguidores. Nuestros generosos esfuerzos conducirán al éxito.
>
> **Trabajo:** Tenemos muchas responsabilidades como administrador, o quizás jefe de personal. Nuestra prudencia y generosidad nos asegurarán el éxito.
>
> **Vida privada:** Nuestra familia prosperará porque nos preocupamos más por el bien de todos que por nosotros mismos.
>
> **Salud, sentimientos y relaciones sociales:** Gozaremos de excelente salud. Todos nos aprecian.

CHENG YI. — El cuarto trazo se encuentra en presencia de un momento de reunión, en lo alto se acerca al príncipe representado por el quinto trazo *yang*, para obtener la reunión del príncipe y el súbdito. A continuación, se acerca a la multitud de trazos *yin* que forman la sustancia del trigrama inferior, para reunir al pueblo y los inferiores. Tener el apoyo de superiores e inferiores es lo que podemos llamar bueno. Sin embargo, aunque es *yang*, el cuarto trazo ocupa un puesto *yin*, y carece de centralidad. Aunque cuenta con el apoyo de superiores e inferiores, debe encontrar "gran ventura", y sólo entonces quedará libre de culpa. El carácter traducido como "gran", 大, *da*, también significa "estirarse y alcanzar por todos lados"; algo que llega a todas partes puede llamarse grande, y si está en todos los aspectos de acuerdo con la justicia constituirá un gran y feliz presagio, obtenido esto, el cuarto trazo estará sin culpa. Ahora bien, el apoyo de superiores e inferiores ciertamente puede obtenerse, pero en ciertos casos, se consigue sin seguir el camino recto. Desde la antigüedad, muchos han sabido complacer al príncipe actuando contra la razón y siguiendo un camino criminal; otros también, algunas veces cautivaron al pueblo usando los mismos medios ilegítimos; tales son los casos de Chen Heng, de la dinastía Qi y del clan Ji del reino de Lu. Pero, ¿disfrutaron de la grandeza del feliz augurio? ¿Estaban libres de culpa? Por lo tanto, es necesario primero que el cuarto trazo goce de "gran ventura", para luego estar libre de culpa.

ZHU XI. — En la parte superior se asocia con el quinto trazo *yang*; abajo se aproxima a la multitud de trazos *yin*. Pero, siendo *yang*, ocupa un puesto *yin* y carece de

LA REUNIÓN

centralidad, por lo que el texto advierte a quien consulta el oráculo que es necesario tener "gran ventura", sólo entonces podrá estar sin culpa.[10]

○ **Nueve en el quinto puesto** (muta al hex. 16)
Uno tiene una digna posición en La Reunión.
Sin culpa.
No hay confianza.
Sublime determinación a largo plazo.
El arrepentimiento desaparece.

> Este trazo simboliza a un líder que reúne a la gente en torno a un objetivo común, pero algunos de ellos pueden haberse unido al grupo sólo para obtener ventajas egoístas y no comparten los objetivos de la comunidad.
> Con el tiempo, manteniendo su compromiso y dedicación, el líder va a ganar la confianza de todas las personas participantes. Solo a partir de ese momento el grupo funcionará como una fuerza unificada.
>
> **Trabajo:** Tendremos que trabajar duro para ganarnos la confianza y el apoyo de ciertas personas, antes de que estén plenamente comprometidas con su trabajo.
>
> **Vida privada:** Algunos de nuestros familiares o asociados no confían en nosotros y no nos apoyarán. Pero si perseveramos en el camino correcto, al final todo saldrá bien.
>
> **Salud, sentimientos y relaciones sociales:** Muchas dudas y deseos conflictivos complicarán nuestras relaciones sociales. Empero, si mantenemos nuestra resolución los problemas desaparecerán.

CHENG YI. — El quinto trazo *yang* ocupa el puesto supremo en el mundo; reúne y agrupa en torno de sí a todo el mundo, y lo gobierna como líder. Debe ajustarse exactamente a las condiciones de su posición y mejorar sus virtudes; puesto que emplea la firmeza *yang* y ocupa el puesto supremo, "tiene una digna posición en La Reunión". Sigue el camino del medio y la rectitud, no comete ningún mal y no tiene culpa. Para ganar a aquellos que aún no confían en él y que aún no se han unido él, debe volver a sí mismo, y reformar su virtud primordial, para que tenga "sublime determinación a largo plazo". Así "el arrepentimiento desaparece". La sublime determinación es la virtud del príncipe, es lo que atrae a los pueblos. Tanto en el camino de la unión del mundo[11], como en el camino de La Reunión, la condición esencial reside siempre en estas tres virtudes: determinación, duración y grandeza [sublimidad]. Desde el momento en que el príncipe "tiene una digna posición", y cuando además es virtuoso, sin tener culpa, y posee centralidad y rectitud, si en el mundo todavía existe alguien que no tiene confianza y no viene a someterse, y agruparse a su alrededor, es porque su camino aún no es grande y brillante y su camino de determinación, grandeza y permanencia duradera aún no ha llegado a su límite extremo. Es a través de la reforma de la virtud que se logra La Reunión. Así, cuando el pueblo Miao se rebeló contra el mandato del emperador Shun, él hizo brillar sus principios y su virtud. Las virtudes de Shun no dejaron de alcanzar la excelencia extrema. Ahora bien, hay diferencias de proximidad o de distancia, de oscuridad y de luz, por lo que el movimiento que lleva a La Reunión se produce antes o después; si algo aún no ha concluido, conviene reformar las virtudes; lo que se entiende por la palabra virtud es el camino hacia la determinación, sublime y perdurable. La palabra "sublime"[12], también indica la cabeza, el líder; expresa que la virtud del príncipe debe exceder a la de los demás seres, y que la grandeza del príncipe supera a la multitud de los seres vivientes; esto da el sentido de grandeza absoluta, el significado de dominación exclusiva. Si a estas condiciones añadimos también la firmeza de la determinación y la constancia eterna, estas virtudes penetrarán libremente e influirán incluso en los genios y los espíritus. Su brillo ilumina los cuatro mares [los cuatro puntos cardinales], nadie pensará en no someterse. Ya no falta la confianza y "el arrepentimiento desaparece". Lo que hay que entender por arrepentimiento significa que "la voluntad aún no está suficientemente esclarecida", el corazón aún no está satisfecho.

ZHU XI. — El quinto trazo es *yang*, firme, central y dotado de rectitud; está en presencia de un momento de reunión y ocupa el puesto preeminente; ciertamente está libre de culpa. Si aún no goza de la confianza de todos, él también tendrá que reformar su virtud con "sublime determinación a largo plazo" y su arrepentimiento se disipará. Es una advertencia para quienes consultan el oráculo, de que deben actuar así.

---

10 Ambos comentadores enfatizan que este trazo sólo podrá estar libre de culpa si tiene "gran ventura"; es decir que en cierta forma es juzgado por el resultado de sus acciones, sólo si el resultado es muy bueno (gran ventura) no habrá culpa.

11 Se refiere al hexagrama 8, 比, *bi*, La Solidaridad.

12 El carácter traducido como "sublime" es 元, *yuan*, que también significa "elevado, preeminente, superior, el más grande y originante, primordial, cabeza, líder, jefe".

45 — EL LIBRO DE LOS CAMBIOS – CON LOS COMENTARIOS DE CHENG YI Y ZHU XI

Al tope un seis (muta al hex. 12)

Suspirando y lamentándose.
Abundantes lágrimas.
Sin culpa.

> Nos sentimos frustrados porque nuestras contribuciones al grupo no son reconocidas y nos han dejado solos.
> Puede ser que haya algún conflicto entre nosotros y los demás, tratemos de descubrir que es lo que está impidiéndonos participar como miembro de pleno derecho del grupo.
> Hagámosles saber, con sinceridad, que queremos formar parte de la comunidad y que el rechazo nos lastima. Tenemos una buena oportunidad de mejorar nuestra situación.

Trabajo: Si no podemos conseguir el trabajo o el objetivo que buscamos, dediquémonos a mejorarnos a nosotros mismos, para poder alcanzar nuestras metas.

Vida privada: Estamos solos y buscamos un poco de camaradería. No nos desanimemos, mantengamos nuestra determinación hasta que podamos lograr nuestros anhelos.

Salud, sentimientos y relaciones sociales: No estamos satisfechos con nosotros mismos y tampoco estamos contentos con el lugar que ocupamos en la comunidad. Tratemos de encontrar la paz dentro de nosotros mismos, sólo entonces podremos mejorar nuestra posición social.

CHENG YI. — Este trazo *yin* es el maestro del trigrama de la satisfacción[13]; un hombre inferior, maleable y *yin*, que se deleita en la situación elevada donde está situado. ¿Quién en el mundo querría unirse a él? Busca unirse y nadie se alía con él; es tal su desgracia que suspira y se lamenta. Si los hombres se apartan de él, debe buscar en sí mismo el motivo. ¿A quién entonces podemos atribuir la culpa? Es abandonado y odiado por los hombres, no sabe qué hacer, por lo que suspira y se lamenta. Éste es precisamente el accionar y el carácter del hombre inferior.

ZHU XI. — Está situado al final del tiempo de La Reunión; es maleable, *yin* y no tiene una posición. Busca reunirse y no lo logra. El texto advierte a quien consulta el oráculo que, si cumple estas condiciones, quedará sin culpa.[14]

---

13 Trazo *yin* colocado en el último puesto del trigrama *Dui*, ☱.
14 Este trazo *yin*, tiene muchas limitaciones, pero aún así no tendrá culpa. El comentario al tercer trazo indica que finalmente estos dos trazos se unirán.

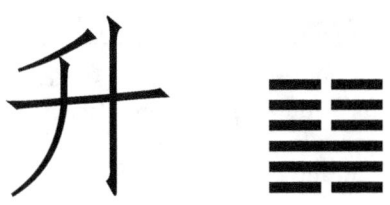

46 La Subida | *Sheng*

Las representaciones primitivas del carácter que le da nombre a este hexagrama muestran una cuchara, con una mano sosteniéndola. Posteriormente este carácter fue tomado prestado por la palabra "ascender" (*sheng*), que sonaba igual.

Significados asociados

Ascender, escalar paso a paso, empujar para arriba, avance mediante el esfuerzo, mejorar, progreso, acumular.

El Dictamen

La Subida tiene elevado éxito.
Hay que ver al gran hombre.
No temas.
Marchar al sur trae ventura.

> La Subida describe un progreso estable y continuo, no rápido, pero imparable.
> Ver el gran hombre significa no sólo que es conveniente buscar el consejo y la ayuda de quien puede apoyarnos y guiarnos, pero también que tenemos que superarnos a nosotros mismos para estar a la altura de las circunstancias, para poder cumplir con los retos y aprovechar las oportunidades que se nos ofrecerán en este momento propicio.
> Este es un buen tiempo para progresar dentro de nuestro lugar de trabajo o para hacer crecer nuestro negocio. El progreso será constante y obtendremos apoyo a lo largo del camino.
> Tenemos lo que se necesita para alcanzar el éxito, lo que debemos hacer es desarrollar nuestras potencialidades con determinación. Marchar al sur significa llevar a cabo las acciones necesarias para alcanzar nuestras metas. El sur se relaciona con la comunidad y el norte con la soledad.

CHENG YI. — La Subida es avanzar y ascender. Subir significa progresar, usando las virtudes de los trigramas, por eso "La Subida tiene elevado éxito". Al utilizar este camino para ver a un gran hombre, no habrá necesidad de preocuparse ni lamentarse. Avanzar tiene un feliz augurio. "Marchar al sur trae ventura" significa que hay que moverse hacia adelante.

ZHU XI. — La Subida es avanzar y subir. Proviene de *Xie*, 解, ☱☵ (40, *La Liberación*), en el que un trazo *yin* sube hasta ocupar el cuarto lugar. Sumisión [*Kun*, ☷] por fuera y humildad [*Xun*, ☴] por dentro. El segundo trazo *yang* es firme y central y el quinto le corresponde. De ahí el significado adivinatorio: "Marchar al sur trae ventura".

La Imagen

En el medio de la Tierra crece la Madera:
la imagen de la Subida.
Así el noble deja que la virtud sea su guía,
acumula lo pequeño para así conseguir lo elevado
y lo grande.

> La semilla de un árbol que crece bajo la tierra no se ve, su crecimiento es imperceptible, pero incesante. Empuja hacia arriba abriéndose paso entre los granos de tierra, si encuentra un obstáculo, busca como rodearlo, pero siempre empujando hacia arriba, hacia el sol, que era colocado tradicionalmente al sur en los antiguos mapas chinos, por eso el Dictamen dice que marchar hacia el sur trae ventura.
> La Subida muestra cómo por la suma de muchos pequeños pasos se puede alcanzar una gran elevación, tal como lo logra un árbol a lo largo de los años.

CHENG YI. — El árbol nace en la tierra, crece y asciende, lo que constituye la imagen simbólica de La Subida. El noble contempla la imagen de La Subida y la utiliza para reformar su virtud a través de la sumisión: "acumula lo pequeño, para así conseguir lo elevado y lo grande". Si es sumiso, le es posible avanzar; si se rebela, retrocede. El avance de todos los seres siempre tiene lugar a través del camino de la sumisión. Si uno no acumulara gradualmente el bien en su interior, éste sería insuficiente para completar su reputación. La sabiduría y la certidumbre en los estudios y las artes, la brillante perfección de las virtudes de nuestro camino, sólo se alcanzan poco a poco, y es mediante la lenta acumulación de pequeños resultados como logramos la elevación y la grandeza: éste es el significado de La Subida.

ZHU XI. — Wang Su, en su libro[1], en lugar de la palabra "sumisión" [*shun*, 順], utiliza la palabra "cautela" [*shen*, 慎]. Otros comentadores lo imitan y suelen utilizar la misma palabra: "cautela". La idea que motiva el uso de la palabra "cautela" es extremadamente simple, porque, de hecho, en la antigüedad los dos caracteres que expresan estas palabras se usaban indistintamente.

□ **Al comienzo un seis** (muta al hex. 11)

Subida digna de confianza.
Gran ventura.

El primer trazo simboliza la raíz y también el comienzo de la subida. Tendremos éxito y recibiremos ayuda de gente en posición elevada.

Trabajo: Quizás recibamos una promoción, nuestros esfuerzos serán reconocidos. Hagamos lo posible para progresar, no seamos tímidos.

Vida privada: Recibiremos ayuda para realizar nuestros sueños pero sólo después que nos decidamos a ponernos en acción, manifestando claramente lo que buscamos.

Salud, sentimientos y relaciones sociales: Este es un buen momento para salir de nuestra casa y relacionarnos con otras personas, salgamos a la luz. Seremos bien recibidos.

CHENG YI. — El primer trazo utiliza la gentileza y ocupa el puesto inferior en la sustancia del trigrama *Xun*, ☴, que expresa humildad; además, de él depende esta humildad[2]; sube para servir al firme segundo trazo *yang*. Representa extrema humildad. El segundo trazo emplea las virtudes de la firmeza y la centralidad y se eleva con simpatía hacia el príncipe; él es quien está investido de la autoridad necesaria para ascender. El carácter *yun*, 允[3], traducido como "digna de confianza" indica que la gentileza y humildad del primer trazo le llevan a tener confianza en el segundo trazo y a seguirlo, así ascienden conjuntamente y hay "gran ventura". Las virtudes del segundo trazo son la firmeza y la centralidad, y ha sido investido de poder. El primer trazo, con suavidad *yin*, al no corresponderse con otro trazo[4], no puede subir por sí solo, sino que sigue al sabio firme y central para avanzar. Debido a que sigue el camino del medio con firmeza, hay "gran ventura".

ZHU XI. — El primer trazo emplea la mansedumbre y la sumisión, ocupando un puesto bajo, aunque es el regente del trigrama inferior [*Xun*, ☴]. En presencia de un momento de subida, se muestra humilde ante el segundo trazo *yang*. Si el que consulta el oráculo se encuentra en estas condiciones, la confianza le permitirá ascender y tendrá "gran ventura".

Nueve en el segundo puesto (muta al hex. 15)

Si uno es sincero
es favorable presentar una pequeña ofrenda.
Sin culpa.

Incluso una pequeña contribución será favorable, dado que así mostraremos nuestra sinceridad y manifestaremos nuestra capacidad.
No vamos a cometer errores porque lo que hacemos es la verdadera expresión de nuestras potencialidades.

Trabajo: Seremos promovidos después que demostremos lo que somos capaces de hacer.

Vida privada: A pesar de que todavía no tenemos muchos recursos, nuestra dedicación nos ayudará a progresar y no estaremos solos, porque nos ayudarán.

Salud, sentimientos y relaciones sociales: En caso de tener algún problema de salud, esta mejorará.

CHENG YI. — El segundo trazo es firme y *yang*, pero está ubicado en un puesto bajo, mientras el quinto trazo es suave y *yin*, ocupando el puesto más alto. Ahora bien, ser firme y servir a la suavidad, ser *yang* pero obedecer a un trazo *yin*, aunque haya ocasiones en las que esto es así, no obstante no está de acuerdo con el Camino. Ser oscuro [falto de inteligencia] y velar por lo brillante [inteligente], ser fuerte y servir a lo débil, es como verse obligado a doblegarse ante la fuerza de las cosas y no puede ofrecerse una sumisión sincera. ¿Podría durar mu-

---

[1] Wang Su (195-256) fue un funcionario y erudito confuciano del estado de Cao Wei durante el periodo de los Tres Reinos de China. Compiló la edición existente de los Dichos de la escuela Confuciana (孔子家語), los dichos de Confucio no incluidos en las *Analectas*.
[2] Es la transformación de un trazo *yang* en uno *yin* lo que transforma el trigrama *Qian* ☰ en *Xun* ☴.
[3] Otros significados de este carácter son: sinceridad, verdad; aprobar, acuerdo, consentimiento.
[4] El primer trazo normalmente se corresponde con el cuatro trazo, pero debido a que en este hexagrama ambos son *yin*, esto no es posible.

cho tiempo la unión del superior y del inferior, si no se basara en la sinceridad? ¿Sería posible que produjera un efecto duradero? Aunque el quinto trazo es suave y *yin*, ocupa la posición preeminente; mientras que el segundo trazo, que es *yang* y firme, sirve al trazo superior; por lo tanto, debe mantener internamente la más extrema sinceridad en el interior, y no asumir una elegancia exterior prestada. Como la sinceridad aumenta en su interior, no utilizará la ornamentación externa de la apariencia, y por eso el texto dice: "es favorable presentar una pequeña ofrenda", lo que significa poner en primer lugar la sinceridad y el respeto. Desde la antigüedad, entre los súbditos enérgicos y violentos que servían a príncipes suaves y débiles, nunca se ha visto a ninguno actuar sin enaltecerse [a sí mismo]. La ofrenda mencionada[5] es poco importante y se realiza con la mayor sencillez. El texto dice "si uno es sincero", esto significa que, si existe confianza, entonces conviene no utilizar ornamentación en las apariencias, para influir al superior sólo a través de la sinceridad. En estas condiciones podemos estar libres de culpa. Dado que un súbdito enérgico y violento sirve a un príncipe gentil y débil, y además se encuentra en un momento de subida, si ambos no estuvieran unidos por la idea de la sinceridad, no podrían evitar la culpa.

ZHU XI. — Sobre esta idea, ver el comentario al hexagrama anterior (45), segundo trazo.

Nueve en el tercer puesto (muta al hex. 7)

Subiendo a una ciudad vacía.

> Subir a una ciudad vacía significa avanzar fácilmente, sin encontrar resistencia y tomar posesión de un territorio desocupado.
> Este trazo no dice si habrá suerte o desgracia, por lo tanto quizás sospechemos que la situación es demasiado buena como para ser cierta, sin embargo, aunque tal posibilidad no debe ser descartada, lo mejor es que continuemos avanzando, pero con cautela.
> En otro nivel de interpretación, el ascender a una ciudad vacía puede indicar que prosperaremos dentro de una empresa cuyos mandos no se hacen cargo de sus responsabilidades, o que perseguiremos una quimera.

Trabajo: Nos haremos cargo de un puesto vacante con responsabilidades importantes, pero lo que ob-

tendremos puede llegar a ser menos bueno que lo que esperamos.

Vida privada: Es posible que nos mudemos a una nueva casa pero estaremos solos por un tiempo.

Salud, sentimientos y relaciones sociales: Adaptarnos a nuestra nueva posición en la vida nos tomará algún tiempo. Seamos prudentes. Puede que avancemos socialmente, pero estaremos aislados.

CHENG YI. — El tercer trazo, con firmeza *yang*, posee rectitud y además es humilde. Todos los que están por encima de él se someten[6] y, además, tiene correspondencia [con el sexto trazo *yin*]. Al encontrarse en estas condiciones y ascender, es como si entrara en una ciudad vacía. ¿Quién lo rechazaría?

ZHU XI. — *Yang* está lleno y *yin* es vacío[7]. Además, el trigrama *Kun*, ☷, es la imagen simbólica de un reino o ciudad. Dado que el tercer trazo emplea la firmeza *yang* y está en presencia de un momento de subida, puesto que asciende hacia *Kun*, de ahí esta imagen y el significado adivinatorio.

Seis en el cuarto puesto (muta al hex. 32)

El rey presenta una ofrenda en el monte *Qi*.
Ventura.
No hay culpa.

> El cuarto trazo es el lugar del ministro, quien tiene el privilegio de participar en los sacrificios presentados a los antepasados del rey. El monte *Qi* era la residencia de los ancestros de la dinastía *Zhou*.
> El rey representa a una persona poderosa, el estar junto a él en una ocasión importante significa que hemos sido favorecidos y honrados.
> En un nivel práctico, esto significa que cumpliremos nuestros deseos y conseguiremos un cargo elevado, pero estaremos subordinados a otra persona, como un ministro que obedece al rey o un ejecutivo que tiene por jefe al gerente.

Trabajo: Nuestra vocación de servicio será reconocida y recompensada por nuestros superiores. Si tenemos nuestro propio negocio, recibiremos el apoyo de gente importante.

---

5 El carácter traducido como "pequeña ofrenda": *Yue*, 禴, es una referencia al sacrificio *Yue*, realizado en primavera –cuando el alimento escasea–, que consiste en ofrendas de granos para los antepasados. En comparación con una ofrenda de bueyes u ovejas, este es un sacrificio magro. Una traducción literal sería "sacrificio *Yue*".

6 Sólo hay trazos *yin* por encima de él, que no ofrecen oposición a su avance.

7 Los trazos *yang* son enteros, y los *yin* son partidos, huecos en el medio.

Vida privada: Nuestra sincera dedicación a nuestra familia y nuestro deber hará que nos respeten y nos ayudará a prosperar en todos los sentidos.

Salud, sentimientos y relaciones sociales: El estar presente durante una ofrenda en un lugar sagrado indica elevación espiritual y armonía. Esto también indica que somos admitidos en un círculo social exclusivo.

CHENG YI. — El cuarto trazo tiene las virtudes de suavidad y sumisión; arriba, tolera pasivamente la elevación del príncipe; abajo, tolera pasivamente el movimiento ascendente del trazo inferior. Él mismo se mantiene en el lugar que ocupa. Siendo un trazo *yin*, ocupa un puesto suave. Por ser *yin*, y estando en inferioridad [con relación al príncipe], se detiene en el lugar donde está colocado. En el pasado, cuando el Rey Wen vivía al pie del monte *Qi*, era sumiso al hijo del Cielo [el emperador] y simplemente quería llevarlo a seguir el Camino. Se sometía a los sabios del mundo y los ayudaba a ascender a medida que avanzaban. Era gentil, sumiso, modesto y respetuoso, no se salía de su puesto. Poseyendo virtudes tan eminentes, el reinado de Zhou fue su vocación, siguió estos mismos principios y gozó de ventura. Si el cuarto trazo puede actuar así, tendrá éxito[8] y ventura, estando libre de culpa. Las habilidades del cuarto trazo son ciertamente buenas en sí mismas; ¿Por qué entonces el texto contiene las palabras "no hay culpa"? Respuesta: aunque las habilidades del cuarto trazo son buenas, su situación justifica una advertencia. Ocupa una posición cercana al príncipe; se encuentra en un momento de subida, pero no puede elevarse más[9]; si subiera, la desventura y la culpa serían evidentes. Por eso el texto sugiere que, si es como el Rey Wen[10], estará libre de culpa y tendrá ventura. Sin embargo, establecido en la posición de alto servidor del rey, no puede ascender sin reparo; por encima de sí mismo debe elevar y desarrollar el camino del príncipe; por debajo de él, debe elevar a los sabios del mundo, y en cuanto a sí mismo, permanecerá en su propia condición, pero su virtud debe elevarse y desarrollarse, su camino debe ser libre y penetrante. Sólo el Rey Wen supo llevar este camino hasta sus últimas consecuencias.

---

8 CHENG YI lee este trazo de otra forma que ZHU XI y nuestra propia traducción. En lugar de "presenta una ofrenda", lee el texto como "actúa con éxito". Esta diferencia se debe a que el carácter 亨, puede traducirse tanto como "ofrenda" (con pronunciación *xiang*) o "éxito" (con pronunciación *heng*).

9 Ya que, por encima de él, sólo existe el puesto del príncipe.

10 Aunque el texto no menciona directamente al Rey Wen, al referirse a un rey que presenta una ofrenda en el monte *Qi*, implícitamente lo señala.

ZHU XI. — Sobre esta idea, consultar el hexagrama *Sui*, 隨, (17, *El* Seguimiento).

○ **Seis en el quinto puesto** (muta al hex. 48)

La determinación trae ventura.
Sube sobre escalones.

El ascender con determinación sobre escalones indica que tenemos claro lo que tenemos que hacer. También significa que debemos completar todas las etapas del ascenso cuidadosamente sin saltarnos un solo paso. No busquemos atajos, cuidemos todos los detalles escrupulosamente.

Nuestra subida tendrá éxito si aprendemos a delegar responsabilidades en nuestros subordinados y procedemos con suavidad y constancia.

Trabajo: Avanzaremos en nuestra carrera y alcanzaremos una posición eminente, paso a paso. Seamos cautelosos y respetemos las reglas.

Vida privada: Vamos a prosperar sin tener problemas si somos perseverantes y cuidadosos.

Salud, sentimientos y relaciones sociales: Gozaremos de buena salud física y espiritual. Podremos cumplir nuestras aspiraciones.

CHENG YI. — El quinto trazo se corresponde con un trazo firme y central debajo de él [el segundo trazo]; además, ocupa la posición preeminente con ventura. Sin embargo, su sustancia material es esencialmente la maleable suavidad *yin*, de modo que es absolutamente necesario que mantenga su "determinación", sólo así será feliz el augurio. Si fuera incapaz de certidumbre y determinación, no tendría confianza absoluta en los sabios; no los investiría de una autoridad definitiva y completa. ¿Cómo podría así tener ventura? Los "escalones", son lo que se utiliza para subir. Investir autoridad en el sabio justo y enérgico, protegerlo y elevarlo, es como si lo hiciera avanzar sobre escalones; es decir proporcionándole los medios y facilitando su movimiento de ascensión. Esto se relaciona con el segundo trazo *yang*, pero todos los sabios ubicados por debajo del quinto trazo también usan estos escalones para elevarse. Puesto que puede emplear a los sabios, todos se elevan por igual.

ZHU XI. — Un trazo *yin* ocupa un puesto *yang*; es digno de ascender y ocupa la posición preeminente. Debe ser absolutamente capaz de tener rectitud y firmeza, así podrá tener ventura y ascender gradualmente. "Escalones": lo que facilita el ascenso.

La Subida

Al tope un seis (muta al hex. 18)

Subida a oscuras.
Es propicia una determinación sin pausa.

> Los buenos tiempos están llegando a su fin. Ignoramos lo que nos espera. No dejemos de avanzar, pero hagámoslo con cautela.
>
> En este caso, "una determinación sin pausa" significa que debemos tomar todas las precauciones posibles para evitar el peligro, sin descuidarnos, pero continuar avanzando. El carácter traducido como "sin pausa", 于, *yu*, literalmente significa "ir hacia", indicando que debemos continuar adelante con nuestros planes.
>
> **Trabajo:** Estamos entrando en una zona desconocida. Actuemos con prudencia, no corramos riesgos, pero tampoco nos detengamos.
>
> **Vida privada:** No seamos codiciosos. Mantengamos nuestra mente enfocada en hacer lo correcto, sin desviarnos del camino, porque cualquier error nos pondrá en peligro.
>
> **Salud, sentimientos y relaciones sociales:** Ascender a oscuras puede indicar un estado confusional. Sin embargo, pese a la falta de claridad, es propicio continuar hacia adelante, aunque no sepamos hacia dónde.

CHENG YI. — Este trazo *yin* ocupa el último grado de la subida. Está cegado y le falta discernimiento en su elevación, él es quien sabe avanzar, pero no sabe detenerse. Su acción carece absolutamente de inteligencia [claridad]. Sin embargo, en este tiempo, una voluntad que continuamente busca elevarse, si mantiene su determinación en cosas que no admiten interrupción, será favorable. "El noble es diligente sin pausa durante todo el día"[11], se esfuerza incesantemente, con una voluntad persistente análoga a la del trazo *yin* superior. Emplear tal voluntad para ese fin, será favorable. Si se trata de cambiar la voluntad insaciable del hombre inferior, que no sabe limitarse, para conducirlo por el camino de la virtud, ¿acaso podría ser tan bueno?

ZHU XI. — Un trazo *yin* ocupa el último grado de la elevación. Está cegado, sin discernimiento, y no sabe como detenerse. Si quien consulta el oráculo encuentra este trazo, nada le beneficiará. Pero podrá revertir el efecto de la tenacidad de su propia voluntad aplicándola a un fin externo[12], y dedicándose única y constantemente a lo legítimo y correcto.

---

11 Hexagrama 1, tercer trazo.
12 Es decir, sin buscar ventajas personales.

47 La Opresión | *Kun*

Los caracteres que forman el sinograma que le da nombre a este hexagrama son: *mu*, "árbol" y *wei*, "cercamiento, rodear": un árbol encerrado en un espacio restringido, donde no puede extender sus ramas ni crecer.

Significados asociados

Opresión, bloqueo, trampa, asedio, acoso, estar rodeado (por enemigos), confinamiento; agotamiento, aflicción, desánimo, fatiga, empobrecimiento; molestado, golpeado, atrapado.

El Dictamen

La Opresión.
Éxito.
Con determinación, el gran hombre tiene ventura.
Sin culpa.
Lo que uno dice no es creído.

> Estamos a la merced de fuerzas opresivas que están fuera de nuestro control y que no nos permiten avanzar ni retroceder.
> Nuestras palabras no serán tomadas en cuenta, al contrario, pueden empeorar la situación. Aquellos que nos están oprimiendo nos criticarán, sin importar lo que hagamos y no podremos apaciguar ni detener a nuestros opresores.
> Debido a que estamos imposibilitados de mejorar la situación, y no podemos escapar de la misma, nuestra única opción es soportar los tiempos difíciles hasta que las circunstancias mejoren.
> Estamos muy presionados por nuestras responsabilidades, acosado por exigencias que no podemos cumplir. No recibiremos ayuda de nadie sino que seremos criticados.
> Si conservamos la fe en nosotros mismos y no nos rendimos, finalmente podremos superar la Opresión.

CHENG YI. — Las cualidades de los trigramas [de este hexagrama] muestran opresión, pero también éxito, si se tiene rectitud y determinación. Así procede el gran hombre durante la opresión, y sólo así "tiene ventura" y se mantiene "sin culpa". Cuando el gran hombre está oprimido, no sólo alcanza la ventura siguiendo su camino; también se complace en las leyes del Cielo, y se contenta con el destino, así no pierde la ventura. Al seguir el bien, aprovechando la oportunidad del momento, habrá generosidad[1]. "Lo que uno dice no es creído": cuando hablamos en momentos de opresión, ¿quién nos creerá?

ZHU XI. — La Opresión significa estar en apuros sin poder salir de ellos por uno mismo. La firmeza del trigrama *Kan*, ☵, está oprimida por la dócil suavidad del trigrama *Dui*, ☱. El segundo trazo *yang* está oprimido por dos trazos *yin*; los trazos cuarto y quinto están oprimidos por el trazo *yin* superior, por lo que se considera que [este hexagrama] expresa opresión. *Kan*, peligro; *Dui*, satisfacción; estar en peligro y estar satisfecho con él; esto expresa por tanto que, aunque el cuerpo esté oprimido, el Camino es exitoso. Los trazos segundo y quinto son firmes y centrales, además presentan la imagen simbólica del gran hombre[2]. Si quien consulta el oráculo se encuentra oprimido y es capaz de tener éxito, actuará con rectitud: ¿Quién podría hacer esto, sino un gran hombre? También el texto dice: "con determinación", y agrega que el gran hombre está esclarecido, pero el hombre inferior, carente de rectitud, es incapaz de prevalecer. "Lo que uno dice no es creído" es una advertencia para que uno permanezca en silencio; hablar empeoraría la opresión.

La Imagen

El Lago no tiene Agua: la imagen de La Opresión.
Así el noble empeña su vida para alcanzar su objetivo.

> El lago seco y sin agua, simboliza la falta de sustento y el agotamiento de nuestros recursos.

---

1 CHENG YI lee como "habrá generosidad" el texto traducido como "sin culpa" (无咎, *wu jiu*) en el texto tradicional. Pero en realidad esto no está muy claro, ya que hay diferentes versiones del texto de CHENG YI.
2 El príncipe y el sabio.

La Opresión

La Opresión pondrá a prueba nuestro carácter y resistencia. Las cosas externas que podemos perder no son importantes a largo plazo, lo fundamental es que no nos dobleguemos ante la presión; que resistamos y no renunciemos a nuestros objetivos ni a nuestros principios, aunque tengamos que hacer grandes sacrificios para mantener nuestros ideales.

CHENG YI. — El lago sin agua, la imagen simbólica de la opresión y la angustia. El noble, ante un tiempo de opresión, después de haber agotado todas las vías de previsión y circunspección, no puede evitarlo. "Así el noble empeña su vida para alcanzar su objetivo". Sabiendo que esto es una consecuencia natural del destino, la opresión no lo desesperará, su corazón no se perturbará, y se contentará con practicar su deber. Si no reconociera que esto es el resultado del destino, estaría temeroso y preocupado ante los obstáculos y las dificultades; y lo que conserva se perdería, entonces, ¿cómo podría alcanzar sus objetivos?

ZHU XI. — El agua corre cuesta abajo y el lago se seca, por eso el texto dice: "el Lago no tiene Agua". "Empeña su vida" expresa la idea de esperar algo de los demás y no tenerlo. Si es así, aunque este oprimido, alcanzará el éxito.

Al comienzo un seis (muta al hex. 58)

Sus nalgas son oprimidas por el tocón de un árbol.
Entra en un valle oscuro y por tres años no es visto.

> Entrar en un valle oscuro simboliza un período de depresión y actitudes derrotistas. Para combatir este estado mental, tratemos de mirar hacia adelante a un futuro más brillante y evitar aislarnos. Los tres años indican un largo tiempo.
> En otro nivel de interpretación, esto puede indicar una temporada en la cárcel o estar bajo algún tipo de restricción. El valle oscuro puede indicar un pozo en el suelo, como los que se usaban para encarcelar a los prisioneros en la antigua China. Los caracteres traducidos como "tocón de un árbol" (株木, *zhu mu*), también significan "vara de madera", lo que indica un medio de castigo con el que tratan de vencer nuestra voluntad, como cuando los carceleros apalean a un prisionero con un palo.

Trabajo: Nuestro propio temor e incertidumbre están trabajando en nuestra contra. Debemos superar nuestro pesimismo y mirar más allá de los problemas actuales. Es posible que estemos situados en una posición que no ofrece perspectivas de avance. Sólo podemos esperar, mientras perfeccionamos nuestras habilidades para cuando tengamos ocasión de utilizarlas nuevamente.

Vida privada: Las actitudes derrotistas pueden confinarnos más efectivamente que los muros de una prisión. Tengamos sentido común y hagamos lo que podamos para aliviar nuestra penuria actual, sin descartar nuestras expectativas, aunque de momento estén bloqueadas.

Salud, sentimientos y relaciones sociales: Mientras no podamos superar nuestro estado confusional quedaremos atrapados en un círculo vicioso, ocasionado por nuestra ansiedad y tristeza. Puede que estemos de luto.

CHENG YI. — Este trazo, con su suavidad *yin*, está situado en la posición más humilde, además se encuentra en la parte inferior del trigrama *Kan*, ☵, que expresa peligro; es alguien que está oprimido y sin escape. Es absolutamente necesario que obtenga la ayuda y asistencia de alguien firme e inteligente, situado por encima de él, sólo entonces podrá remediar los males que padece. Se considera que el primer trazo y el cuarto se corresponden correctamente, pero el cuarto trazo *yang* ocupa un puesto *yin*, por lo que carece de rectitud; pierde su firmeza y no tiene centralidad. Además, está oprimido por un trazo *yin* al comienzo de la opresión. ¿Cómo podría remediar la opresión de los demás? Es como un árbol cuyo tronco está despojado de ramas y hojas y bajo el cual los seres no pueden encontrar sombra ni refugio. "El tocón de un árbol" es un tronco desprovisto de ramas y hojas, el cuarto trazo está cerca del puesto del príncipe; en otros hexagramas, no carecería de asistencia; pero se encuentra en el hexagrama La Opresión, por lo que no puede proteger a los seres y por eso se le considera "el tocón de un árbol". Las nalgas se usan para apoyarse en un lugar. Aquí "sus nalgas son oprimidas por el tocón de un árbol"; esto expresa que no tiene protección y que no puede quedarse tranquilo en la posición que ocupa. Si ocupara su lugar en reposo, no estaría oprimido. "Entra en un valle oscuro"; siendo un hombre blando y *yin*, incapaz de conformarse con lo que le sucede; además de no poder evitar la opresión, está cada vez más confuso y actúa en el momento inoportuno, así entra en una profunda opresión. El "valle oscuro", indica un lugar hondo y tenebroso. Cae cada vez más en la opresión, no tiene la fuerza necesaria para salir de ella por sí mismo, de modo que "por tres años no es visto". No ser visto es no encontrar el camino al éxito[3].

ZHU XI. — "Las nalgas" son la parte inferior de un objeto. "Sus nalgas son oprimidas por el tocón de un árbol"

---

3   En este hexagrama, éxito es superar la opresión.

indica sufrimiento sin poder disfrutar de reposo. El primer trazo, con su suavidad *yin*, se sitúa en la parte inferior de La Opresión. Está en la oscuridad más profunda, de ahí el significado adivinatorio y la imagen simbólica.

○ **Nueve en el segundo puesto** (muta al hex. 45)
Oprimido entre el vino y la comida.
Tan pronto como la cinta roja llegue
será propicio presentar ofrendas y libaciones.
Marchar trae desventura.
Sin culpa.

El vino y la comida indican que tenemos una posición cómoda, pero nos sentimos atrapados por las circunstancias aburridas de nuestra vida. Los hombres que llevaban una cinta roja –unida a un sello– eran portadores de un símbolo de rango y autoridad. Eso quiere decir que seremos abordados por gente de alto nivel que nos ofrecerá la oportunidad de llevar a cabo alguna tarea importante.

Ofrendar algo significa trabajar por el bien de los demás compartiendo generosamente nuestro tiempo y recursos. Esperemos hasta recibir un signo claro antes de comprometernos (la cinta roja). No actuemos precipitadamente ni sólo para nuestro propio beneficio. Debemos ofrecer algo sin esperar nada a cambio.

Una traducción alternativa sería "oprimido *por* el vino y la comida", lo que indicaría que hemos sido demasiado indulgentes con nosotros mismos y como resultado estamos enredados en placeres sensuales inmoderados.

Trabajo: Recibiremos una promoción o una buena oferta. Esto nos ofrecerá nuevas oportunidades, pero tendremos que trabajar duro bajo la dirección de otras personas.

Vida privada: Personas importantes nos harán una propuesta interesante. No hagamos ningún movimiento hasta que veamos una oportunidad clara. Tengamos en cuenta lo que podemos hacer por los demás en lugar de preocuparnos sólo por nuestros propios intereses.

Salud, sentimientos y relaciones sociales: Un período de auto-indulgencia está llegando a su fin. Tratemos de moderar nuestros hábitos.

CHENG YI. — Vino y comida, lo que los hombres desean y lo que les permite extender su benevolencia. El segundo trazo emplea las habilidades resultantes de la firmeza y la centralidad para situarse en un tiempo de opresión. Es un noble que está satisfecho con lo que encuentra. La pobreza, la vergüenza, los peligros, nada conmueve ni agita su corazón, no se lamenta porque es miserable. No se deja oprimir por sus propios deseos. Lo que el noble desea es extender la influencia de sus virtudes a todo el mundo y remediar la opresión del mundo; el segundo trazo aún no puede satisfacer este deseo de extender su benevolencia, de modo que se le considera "oprimido entre el vino y la comida". El gran hombre y el noble se complacen en su camino, pero están sumidos en la opresión. Debe surgir un príncipe que siga el Camino, que los llame y los emplee, sólo entonces podrán manifestar los sentimientos que quedan escondidos dentro de ellos mismos. El segundo trazo emplea las virtudes de la firmeza y la centralidad, pero está atrapado en una posición inferior, mientras que en la cima está el príncipe, firme y central, representado por el quinto trazo *yang*. Su camino es el mismo, sus virtudes coinciden; necesariamente sucederá que se buscarán, por eso el texto dice que "Tan pronto como la cinta roja llegue". "La cinta roja" se refiere a parte de la vestimenta de los reyes, que oculta sus rodillas, lo que da la idea de ir y venir. "Será propicio presentar ofrendas y libaciones": esto expresa la idea libre comunicación a través de la más extrema sinceridad, como en las ofrendas y libaciones. Mientras la virtud sea sincera, por sí sola y sin esfuerzo puede mover al superior. Desde la antigüedad, cuando un sabio inteligente, en una situación miserable, se encontraba recluido y oprimido y cuando, finalmente, su virtud lo hacía famoso, y se empleaban sus talentos, eso siempre fue posible sólo por haber preservado su extrema sinceridad intacta. "Marchar trae desventura. Sin culpa"; en un momento de opresión, si uno no sabe contentarse con la propia situación, con la más completa sinceridad de intenciones, a la espera del destino, si emprende y busca obtener algo, afrontará el peligro y sólo encontrará desventura. Esta desgracia la acarreamos nosotros mismos, ¿a quién podríamos atribuirla? Emprender algo sin tener en cuenta el tiempo es no estar satisfecho con lo que tenemos y ser perturbado por la opresión. Al perder las virtudes de la firmeza y la centralidad, nosotros mismos atraemos la desventura y el arrepentimiento. ¿Cómo y a quién le echaríamos la culpa? En varios hexagramas, hay ventura cuando el segundo trazo y el quinto se corresponden usando *yin* y *yang*; sólo en *Xiao xu*, 小畜, ䷈ (9, *La Fuerza Domesticadora de lo Pequeño*) y en La Opresión, *yin* es una desventaja para *yang*, y esto se debe a que quienes son del mismo tipo se buscan entre sí[4]. En La Fuerza Domesticadora de lo Pequeño, *yang* es domesticado por *yin*, mientras que en La Opresión, *yang* está oprimido por *yin*.

---

4 Eso sucede en este hexagrama con el segundo y el quinto trazo, ya que ambos son *yang*.

La Opresión

ZHU XI. — "Oprimido entre el vino y la comida", expresa la idea de la dolorosa opresión causada por comer en exceso. El vino y la comida son lo que el hombre desea, pero la embriaguez y el exceso de comida más allá de lo necesario son, por el contrario, lo que le causa sufrimiento. "Tan pronto como la cinta roja llegue": el superior responde con simpatía. El segundo trazo *yang* posee las virtudes de firmeza y centralidad. En un tiempo de opresión, aunque no hay ningún mal augurio, por el contrario la opresión consiste en tener demasiado de lo que necesita, de ahí esta imagen simbólica, y el pronóstico: "será propicio presentar ofrendas y libaciones". "Marchar trae desventura": si actúa en el momento inadecuado el presagio será desafortunado, pero sin embargo no tendrá culpa.

Seis en el tercer puesto (muta al hex. 28)

Oprimido por piedras.
Se apoya en arbustos espinosos y cardos.
Entra a su casa y no ve a su mujer.
Desventura.

Si somos inquietos e indecisos, no recibiremos el apoyo que necesitamos, porque lo estamos buscando en el lugar equivocado. Las piedras y los arbustos espinosos indican que estamos esperando recibir el apoyo de quienes no nos lo darán. Calmémonos y reevaluemos nuestras prioridades antes de que sea demasiado tarde.

En otro nivel de interpretación, el apoyarse en los arbustos puede indicar un período en la cárcel, ya que las prisiones estaban rodeadas de arbustos espinosos en la China antigua. Pero tampoco podremos encontrar apoyo ni consuelo después que nos liberen y volvamos a nuestro hogar.

Trabajo: Podemos llegar a perder nuestro trabajo o ir a la quiebra, porque extraviamos el rumbo.

Vida privada: Tendremos problemas con nuestra familia y amigos, quedaremos completamente aislados. Nuestra pareja puede llegar a abandonarnos.

Salud, sentimientos y relaciones sociales: Confiamos en gente que no nos apoyará. Estado confusional, agotamiento, consunción.

CHENG YI. — El tercer trazo, con su suavidad *yin*, sin centralidad ni rectitud, se sitúa en el colmo del peligro[5] y utiliza firmeza al ocupar un puesto *yang*. Ocupa una posición absolutamente errónea en un tiempo de opresión. "Piedras" se refiere a algo duro y pesado, difícil de soportar. Los "arbustos espinosos" son algo en lo que no es posible apoyarse. El tercer trazo emplea firmeza en el peligro y se eleva a medida que avanza, pero como dos trazos *yang* están por encima de él, sus fuerzas son incapaces de prevalecer sobre ellos, su firmeza no puede atacarlos y agrava su propia opresión. "Oprimido por piedras": debido a que sus cualidades no son buenas, y estando por encima del segundo trazo *yang*, firme y central, no se contenta. Se inquieta como si se apoyara sobre "arbustos espinosos y cardos". Le es imposible avanzar, retroceder o permanecer en su lugar; sólo le queda morir; el desafortunado presagio es evidente. El *Gran Tratado*[6] dice: "Si se deja oprimir por lo que no debería oprimirlo, su nombre será necesariamente deshonrado. Si se apoya en lo que no brinda apoyo, necesariamente estará en peligro. Si está deshonrado y en peligro, se acerca el momento de su muerte. ¿Cómo podría ver entonces a su mujer?" Los dos trazos *yang* no deberían ser desafiados, él los desafía y así se oprime a sí mismo. No tiene motivos para ser oprimido, pero busca la opresión. Su nombre está deshonrado, lo que está haciendo está mal. El tercer trazo está encima del segundo, ciertamente se apoya en él. Sin embargo, si pudiera ser modesto y gentil al inclinarse debajo, hacia el segundo trazo, no sufriría daño; en cambio, usa dureza y violencia para pisotearlo, de modo que no descansa y es oprimido, como si se apoyara "en arbustos espinosos y cardos". En estas condiciones, el momento de su muerte está por llegar; ¿Cómo podría ver a aquel de quien depende su descanso?

ZHU XI. — Este es un suave trazo *yin*, falto de centralidad y rectitud, de ahí la imagen simbólica, mientras que el significado adivinatorio es un presagio desafortunado. Las "piedras" indican el cuarto trazo; los "arbustos espinosos", el segundo trazo; la "casa", significa el tercero, finalmente la esposa es el sexto. El significado está desarrollado en *El Gran Tratado*.

Nueve en el cuarto puesto (muta al hex. 29)

Viene muy lentamente, oprimido en un carruaje dorado.
Humillación, pero lo llevará a cabo.

El carruaje dorado indica una alta posición social y riqueza. Aunque tenemos buenas intenciones y queremos ayudar a un amigo en necesidad (simbolizado por el primer trazo), nos preocupan las críticas de personas poderosas y nos demoramos en hacer lo correcto. Finalmente haremos aquello que postergamos por demasiado tiempo, pero nuestra falta de fortaleza y nuestra indecisión nos avergonzarán.

---

5   Está situado al tope del trigrama *Kan*, ☵, que simboliza peligro.

6   El Gran Tratado, 大傳, *Da zhuan*, es parte de las Diez Alas.

Trabajo: Tendremos que superar algunas interferencias procedentes de otras personas y también dejar atrás nuestra propia falta de resolución, para poder realizar nuestro trabajo como es debido. No permitamos que nuestro jefe nos intimide.

Vida privada: Nuestras propias dudas e inseguridad nos retrasarán. No nos preocupemos demasiado por la opinión de los demás, sigamos nuestro propio consejo.

Salud, sentimientos y relaciones sociales: Nuestra buena posición social, y los deberes de nuestra posición, nos oprimen, más que beneficiarnos. Quizás sea hora de decidir qué es lo más importante en nuestra vida.

CHENG YI. — La fuerza por sí sola es insuficiente, de ahí que esté oprimido. El camino hacia el progreso, en un estado de opresión, consiste necesariamente en ayuda y asistencia. En un momento de opresión, el superior y el inferior se llaman; es la consecuencia natural de la razón del principio de las cosas. El cuarto trazo y el primero se corresponden con simpatía, pero el cuarto trazo está oprimido por su falta de centralidad y rectitud; por eso sus capacidades son insuficientes para remediar la opresión de los demás. El cuarto trazo se opone al segundo, que a su vez posee las aptitudes de firmeza y centralidad, que son suficientes para aliviar la opresión, de modo es conveniente que el primero lo siga. La palabra "dorado" indica es firme como el metal[7]; "carruaje" significa que se utiliza para transportar algo. El segundo trazo, por su firmeza, se soporta a sí mismo en el trigrama inferior, por eso es simbolizado como un "carruaje dorado". El cuarto trazo quiere ayudar al primero, pero el segundo se lo impide, de modo que llega tarde, lenta y gradualmente, "oprimido en un carruaje dorado". Aquel con quien se corresponde duda y sigue a otro [el segundo trazo], lo que lo hace dudar y no se atreve a apresurarse. ¿Cómo no sentir confusión y aprensión? "Lo llevará a cabo" significa que [finalmente] se compromete con rectitud. El primer y el cuarto trazo se corresponden entre sí; finalmente, seguramente se atenderán el uno al otro. La esposa del pobre erudito y el ministro de un reino débil, están contentos con lo que es correcto y legítimo[8]. Si buscaran atender a otro, eso sería lo más odioso y nadie lo podría soportar.

Los trazos segundo y cuarto emplean *yang* para ocupar un puesto *yin*. El segundo trazo despliega dotes de firmeza y de centralidad, lo que le permite remediar la opresión, aunque ocupa un puesto *yin*, y prefiere la suavidad; posee centralidad y no falla en las convenciones impuestas por la firmeza o la suavidad.

ZHU XI. — El primer trazo *yin* se corresponde correctamente con el cuarto trazo *yang*; pero la posición de este último no es correcta[9], por eso no puede ayudar a los seres. Además, el primer trazo *yin* comienza a estar oprimido en su bajo puesto, separado del cuarto trazo por el segundo trazo *yang*, de ahí la imagen simbólica. Sin embargo, el vicio no prevalece sobre lo que es correcto, por lo que aunque el sentido adivinatorio exprese que hay motivos de aprensión, ciertamente "lo llevará a cabo". El "carruaje dorado" es la imagen simbólica del segundo trazo *yang*.

○ **Nueve en el quinto puesto** (muta al hex. 40)

Su nariz y sus pies son cercenados.
Es oprimido por la cinta roja.
La alegría viene lentamente.
Es propicio presentar sacrificios y libaciones.

Estamos oprimidos desde arriba y desde abajo. La nariz cercenada indica la pérdida del olfato, es decir que seremos incapaces de percibir los detalles finos de la situación. Los pies amputados significan que nuestro movimiento será restringido. Los hombres que llevaban una cinta roja —unida a un sello— eran portadores de un símbolo de rango y autoridad, hombres de alta posición; pueden referirse a burócratas o a personas que ejercen poder sobre nosotros.

Dado que no podemos vencer a los poderes superiores que nos oprimen, nuestra única salida es aceptar la situación como viene y aprender a vivir con lo que nos toca, en circunstancias reducidas.

Concentrémonos en nuestro desarrollo espiritual y mantengamos nuestra compostura. Con el paso del tiempo las cosas van a mejorar lentamente.

Los sacrificios y libaciones indican que tendremos que sacrificar algo para superar la opresión.

Trabajo: La cinta roja indica que estamos agobiados por las responsabilidades de nuestro trabajo. Tanto nuestros jefes como nuestros subordinados nos causarán problemas limitando seriamente nuestras opciones. No luchemos, es mejor esperar pacientemente a tener una buena oportunidad antes de tomar ninguna acción.

---

7   El carácter 金, *jin*, traducido como "dorado", también puede indicar metal, ya sea bronce u oro.

8   La esposa es el primer trazo, el erudito el segundo, y el ministro el cuarto.

9   Como un trazo *yang* en un puesto *yin*.

La Opresión

Vida privada: Tendremos muchos problemas con la gente que nos rodea y nos enfrentaremos con obstáculos por todas partes. Es posible que tengamos que hacer algunos sacrificios, pero con el tiempo las cosas van a mejorar.

Salud, sentimientos y relaciones sociales: Podemos llegar a tener algunos problemas de salud que reducirán nuestra movilidad o afectarán nuestros sentidos.

CHENG YI. — Cortar la nariz, lesión en una parte superior del cuerpo; cercenar los pies, lesión en una parte inferior. Es oprimido igualmente arriba y abajo, por los trazos *yin*, lo que constituye el daño y el mal, simbolizado por la amputación de la nariz y los pies. El quinto puesto es la posición del príncipe, la opresión del príncipe proviene del hecho de que los superiores y los inferiores no se alían. "La cinta roja", la prenda inferior del sujeto, transmite la sensación de que algo que va y viene. La opresión del príncipe proviene del hecho de que el mundo no llega a él; si todo el mundo viniera a él, ya no habría opresión. Aunque el quinto trazo está oprimido, posee las virtudes de firmeza y centralidad; en la parte inferior hay un sabio firme y central, representado por el segundo trazo *yang*; sus virtudes son idénticas, su camino es el mismo, poco a poco deben necesariamente corresponderse entre sí y llegar a remediar las miserias del mundo. "La alegría viene lentamente. Es propicio presentar sacrificios y libaciones", todo lo relacionado con los distintos tipos de sacrificios debe estar regulado por el respeto más sincero y entonces esos mismos sacrificios pueden convertirse en una fuente de felicidad. El príncipe, al encontrarse en presencia de un momento de opresión, debe meditar sobre la opresión que sufre el mundo e invocar a los sabios del mundo; si se sacrifica como se acaba de decir, desarrollando la sinceridad de su reverencia, podrá influir en los sabios de todo el mundo, así podrá remediar la opresión universal. Aunque el quinto trazo y el segundo tienen las mismas virtudes, sin embargo el texto dice que el superior y el inferior no se corresponden; ¿cómo puede ser esto? Respuesta: la correspondencia mutua entre *yin* y *yang* es una correspondencia natural entre marido y mujer, entre huesos y carne. Ahora bien, el quinto y el segundo son trazos *yang*, pero como su virtud de firmeza y centralidad es la misma y se corresponden, representan a quienes se llaman y luego se unen. Es, por ejemplo, el reencuentro por deber del príncipe y el súbdito, o de amigos entre ellos. En el momento en que comienza la opresión, ¿cómo podría haber una alianza entre el superior y el inferior? Si hubiera una alianza, no habría opresión, por lo que el reencuentro sólo ocurre lentamente y luego viene la alegría. Respecto al segundo trazo el texto habla de "ofrendas y libaciones", respecto al quinto, menciona "sacrificios y libaciones"; la idea fundamental es que conviene emplear la más perfecta sinceridad, y que así se obtendrá la felicidad. En general, los tres términos ofrendas, sacrificios y libaciones pueden tomarse uno por otro; si por el contrario queremos distinguirlos, los "sacrificios" [祭, *ji*], expresan el sacrificio al espíritu del cielo; las "libaciones" [祀, *si*], el sacrificio al espíritu de la tierra, y las "ofrendas" [享, *xiang*], el sacrificio a los espíritus de los antepasados. El quinto puesto marca la situación del príncipe, por eso se trata de sacrificios al espíritu del cielo; el segundo trazo marca el puesto inferior de modo que sólo se trata de las ofrendas que la ley religiosa permite a cada persona.

ZHU XI. — Extirpación de la nariz y amputación del pie, heridas arriba y abajo. Cuando uno está herido arriba y abajo, la cinta roja no es de utilidad, por el contrario expresa opresión. El quinto trazo *yang* está en un momento de opresión; arriba está oprimido por un trazo *yin*, abajo, se apoya sobre la firmeza, de ahí esta imagen simbólica. Sin embargo, es firme y central, y además forma parte de la sustancia del trigrama *Dui*, ☱, que expresa satisfacción, de modo que puede esperar a llegar a estar satisfecho. El significado adivinatorio se encuentra en la imagen simbólica: "es propicio presentar sacrificios", de esa forma, después de un largo período, obtendremos la felicidad.

Al tope un seis (muta al hex. 6)

Oprimido por plantas trepadoras.
Está ansioso e inseguro.
Se dice a sí mismo: "si me muevo lo lamentaré";
pero se arrepiente.
Marchar trae ventura.

> Las plantas trepadoras simbolizan restricciones que pueden ser superadas fácilmente.
> La opresión ha terminado, pero todavía estamos atemorizados y no nos atrevemos a movernos.
> La situación cambió para mejor, es tiempo de hacer frente a nuevos retos y ampliar nuestros horizontes.
> La palabra "arrepentimiento" indica que es necesario reevaluar nuestras perspectivas y superar los temores infundados.
> Después que nos decidamos a avanzar con decisión, todos nuestros problemas quedarán en el pasado.

Trabajo: Podremos progresar en nuestra carrera sólo después que superemos nuestras dudas. Los obstáculos que tenemos por delante no son tan grandes como creemos, tenemos la fuerza suficiente para superarlos y prosperar.

Vida privada: El miedo al cambio nos mantendrá estancados en el mismo lugar para siempre; pero si nos atrevemos a avanzar, seremos recompensados.

Salud, sentimientos y relaciones sociales: Aunque nos sentimos seguros dentro de nuestro pequeño mundo, nos privaremos de muchas oportunidades vitales si no nos atrevemos a superar nuestro encierro para abrirnos al mundo.

CHENG YI. — Cuando los seres han llegado a su desarrollo extremo, deben regresar en dirección opuesta; cuando las cosas han llegado a su límite extremo, deben cambiar; por lo tanto, desde el momento en que La Opresión está en su apogeo, el principio exige que se modifique. Las "plantas trepadoras" se refieren a ligamentos entrelazados. "Está ansioso e inseguro. Se dice a sí mismo: si me muevo lo lamentaré" expresa una circunstancia en la que el movimiento es peligroso. Este trazo *yin* se sitúa en el límite extremo de La Opresión, está entrelazado y atado por La Opresión, ocupando el lugar más elevado y peligroso; es oprimido por las "plantas trepadores", estando "ansioso e inseguro". En cuanto se mueve se arrepiente, está oprimido por todos lados. Se arrepiente de los errores ya cometidos y ante cualquier acción culpable. "Se dice a sí mismo" que todo movimiento implica arrepentimientos, que primero debe modificar las causas por las cuales hay arrepentimientos. "Marchar trae ventura": si puede arrepentirse y luego marchar, obtendrá un feliz augurio. Estando La Opresión en su máximo, al emprender algo, escapará de la opresión. El tercer trazo *yin*, en el puesto superior del trigrama inferior, tiene desventura. El trazo superior ocupa el puesto más alto del hexagrama y no conlleva ningún presagio desafortunado. ¿Cómo puede ser esto? Respuesta: el tercer trazo ocupa un puesto firme, en el trigrama del peligro [*Kan*, ☵]; está en La Opresión y utiliza la firmeza para afrontar el peligro, por lo que tiene desventura. El trazo superior actúa con suavidad y se encuentra en el trigrama que indica satisfacción [*Dui*, ☱]. Además, al estar en el límite de La Opresión, necesariamente existe una manera de modificarla. Los trazos superiores de La Opresión y de *Zhun*, 屯 ☳ (3, *La Dificultad Inicial*), en ambos casos carecen de correspondencia con otro trazo, y ocupan el puesto final del hexagrama. En La Dificultad Inicial "se derraman lágrimas de sangre"; en La Opresión hay arrepentimiento, y "marchar trae ventura". En La Dificultad Inicial, el trazo está en el colmo del peligro[10], pero en La Opresión se encuentra en la sustancia de la satisfacción[11]; esa es la razón [del buen augurio, en este caso]. Avanzando con sumisión y satisfacción, será posible salir de la opresión.

ZHU XI. — Un suave trazo *yin* se encuentra en el colmo de la opresión, de ahí la imagen simbólica de ser "oprimido por plantas trepadoras", y su ansiedad, diciéndose a sí mismo "si me muevo lo lamentaré". Sin embargo, cuando los seres han llegado al límite extremo de su desarrollo deben modificarse, por eso el pronóstico adivinatorio dice que, si se arrepiente, podrá emprender algo y tendrá ventura.

---

10   Está situado al tope del trigrama del peligro, *Kan*, ☵.
11   Está ubicado al tope del trigrama *Dui*, ☱, la satisfacción.

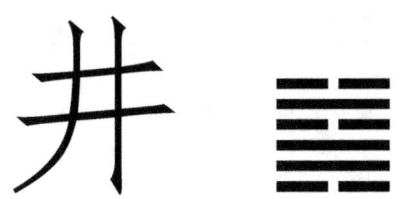

48 El Pozo | *Jing*

En la China antigua los pozos de agua se colocaban en el centro de una rejilla de nueve campos. El campo situado en el medio, que tenía el pozo, era propiedad del señor feudal, y las ocho familias que vivían alrededor del mismo lo cultivaban en común, en beneficio de su señor, y todos compartían el uso del pozo.

El carácter que le da nombre a este hexagrama es una representación de la cuadrícula que formaban los campos alrededor del pozo. Antiguamente el carácter tenía un punto en el centro del mismo para indicar el pozo, pero en la versión moderna el punto no se dibuja.

El carácter designaba, no sólo al pozo sino a la rejilla de nueve campos y sus habitantes; es decir que originalmente 井 se refería no sólo a un pozo de agua, sino una institución social, por eso los distintos trazos de este hexagrama también se refieren a las distintas personas de una comunidad, algunas productivas, y otras inútiles.

Significados asociados

Pozo de agua, manantial, agua de la vida, la alimentación, la fundación o fuente de la vida, fuente interna de la verdad, el núcleo.

El Dictamen

El Pozo.
La ciudad puede cambiarse, pero no un Pozo;
éste no disminuye ni aumenta.
La gente va y viene y sacan agua del Pozo.
Si la cuerda no llega hasta el final o se quiebra la jarra habrá desventura.

> El pozo simboliza la fundación, las raíces de la existencia, un núcleo estable que sigue siendo el mismo a través de toda la vida.
>
> Aunque se cambie de ciudad el pozo sigue siendo el mismo, es decir que aunque efectuemos grandes cambios en nuestra vida externa, nuestra esencia seguirá siendo la misma a través de toda nuestra vida.
>
> El llegar al agua significa alcanzar la verdad y recibir alimento real de las fuentes de la vida, ponernos en contacto con las fuentes internas, conocernos y estar en armonía con nosotros mismos.
>
> Cuando la cuerda no es suficientemente larga o la jarra que sube el agua se rompe, no alcanzamos la verdad, eso indica falta de conocimiento o de voluntad para llegar a la verdad interior.
>
> El pozo también representa a un gobernante o al jefe de una familia, si este no provee la alimentación correcta para aquellos que dependen de él, habrá desventura.

CHENG YI. — Entre todas las cosas, El Pozo es permanente y no se puede mover; la ciudad se puede mover pero el pozo no, por eso el texto dice "La ciudad puede cambiarse, pero no un Pozo". Sacamos agua de él sin secarlo, lo abandonamos sin que se llene, "no disminuye ni aumenta". No disminuir ni aumentar, es conservar la virtud constante; quienes van y vienen beben de él a su vez, su efecto abarca todo lo que está en su círculo y es permanente. Abrazar todo en un mismo círculo es el camino del Pozo. "Si la cuerda no llega hasta el final o se quiebra la jarra habrá desventura"; el pozo es algo útil; estar a punto de llegar y aún no poderlo usar es como si la cuerda se quebrara. El camino del noble es precioso cuando se completa; los cinco cereales[1], inmaduros, no son mejores que la hierba; un pozo cavado hasta veinte metros de profundidad sin llegar a la fuente es como un pozo abandonado; su función es ser útil a los seres y no se consigue, es como si no tuviera tal función. Si "se quiebra la jarra", se anula su función y por eso el presagio es desafortunado. El carácter traducido como "quiebra" [羸, *lei*] tiene el significado de deteriorar y destruir.

ZHU XI. — El Pozo es una excavación en la tierra de la que sale agua. Dado que la madera representada por el trigrama *Xun*, ☴, penetra debajo del agua[2], representada por el trigrama *Kan*, ☵, y eleva el agua, para sacarla, se

---

[1] Los "cinco cereales" son cinco cultivos que fueron importantes en la antigua China.
[2] La "madera" se refiere a la barra de madera que hace descender la jarra de arcilla atada a una cuerda hasta el fondo del pozo.

considera que este hexagrama representa un pozo. "La ciudad puede cambiarse, pero no un Pozo; éste no disminuye ni aumenta. La gente va y viene y sacan agua del Pozo". La acción de sacar agua aún está por realizarse, la cuerda aún no está completamente sumergida y la jarra se quiebra; el presagio es desafortunado. El significado adivinatorio es que, si las cosas permanecen en su antiguo estado, no habrá pérdida ni ganancia, y que además conviene ser prudentes y activos. No debemos destruir la obra cuando estamos a punto de completarla.

La Imagen

Encima de la Madera hay Agua: la imagen del Pozo.
Así el noble anima a la gente en su trabajo
para que cooperen entre ellos.

> El Pozo simboliza el centro, tanto de la vida comunal como de la vida del espíritu. Para poder aprovechar el agua del Pozo, es preciso mantenerlo en buen estado. Si el Pozo es descuidado, nadie se beneficiará de su agua.
>
> El Pozo debe estar al alcance de todos, si es difícil acceder al agua o se imponen restricciones egoístas que impiden disfrutar del Pozo, este no cumplirá con su función básica que es la de sustentar a toda la gente que vive a su alrededor.
>
> Desde un punto de vista individual, el Pozo representa la verdad interior, el fundamento del carácter. Si no nos conocemos a nosotros mismos no podremos disfrutar de la vida plenamente, no podremos beber el agua vital que el Pozo provee.
>
> En otro nivel de interpretación, el Pozo representa a un líder o gobernante o al jefe de una familia. Tal persona debe ser accesible y proveer sustento y apoyo a todos los miembros de su grupo.

CHENG YI. — El árbol absorbe el agua y la eleva[3]: esto simboliza el instrumento utilizado para sacar agua del Pozo. El noble contempla la imagen simbólica del Pozo, y hace suyas sus virtudes para fortalecer y asegurar el descanso del pueblo, e instar a la ayuda mutua. Fortalecer y asegurar el descanso del pueblo es seguir el ejemplo del Pozo. Exhortar a la gente común a ayudarse mutuamente es ajustarse a la influencia del Pozo.

ZHU XI. — "Encima de la Madera hay Agua", la humedad la impregna y moja a medida que sube: imagen simbólica del Pozo. "Así el noble anima a la gente en su trabajo", indica al príncipe que vela por la existencia de su pueblo. "Para que cooperen entre ellos", es hacer que la gente común se ayude mutuamente. Estas dos frases significan que El Pozo apaga la sed [alimenta a las personas y los animales].

Al comienzo un seis (muta al hex. 5)

Uno no bebe de un Pozo encenagado.
No hay animales en un Pozo viejo.

> Un pozo fangoso indica un mal uso de los recursos. Si no nos ocupamos de nuestro propio desarrollo, desperdiciaremos nuestra vida, no nos beneficiaremos a nosotros mismos ni a las personas que dependen de nosotros.
>
> El pozo encenagado también simboliza a alguien que no está proporcionando alimentación a quienes tiene a su cargo o a una persona con autoridad que es corrupta e inútil, y por eso mismo será abandonada.
>
> **Trabajo:** Si no ayudamos a nadie, como consecuencia seremos ignorados por los demás y no recibiremos el apoyo de nadie.
>
> **Vida privada:** Quedaremos estancados en un callejón sin salida hasta que no pongamos nuestra vida y nuestra familia en orden.
>
> **Salud, sentimientos y relaciones sociales:** Nuestra salud espiritual y física está malograda porque hemos dejado de ocuparnos de nosotros mismos.

CHENG YI. — El Pozo y El Caldero [*Ding*, 鼎, ䷱ – 50] representan objetos materiales, cada uno con su propio significado. Este trazo utiliza suavidad *yin* para ocupar el puesto inferior; si sube, no encuentra ningún trazo que lo corresponda o apoye, y es simbolizado por el agua que no sube. Al no poder ser útil a los seres, El Pozo no puede saciar la sed[4], su agua no es potable. El agua no es potable porque es "un pozo encenagado". La función del Pozo es que su agua sacie la sed de los hombres; si un pozo no contiene agua, se abandona y ya no se utiliza. Cuando el agua del Pozo sube, los hombres se benefician de su efecto, los animales y los pájaros también van allí y buscan beneficiarse de ella. Si se trata de un Pozo abandonado, desde el momento en que la gente ya no lo utiliza, el agua ya no sube, de modo que los pájaros[5] ya no regresan allí: es porque, en realidad, ya no tiene ninguna utilidad para los seres. En esencia, El Pozo es algo que sirve al hombre. Un trazo *yin* que permanece en el puesto

---

3   El árbol y la madera son simbolizados por *Xun*, ☴, el trigrama inferior. Los árboles absorben agua con sus raíces, y la elevan hacia la copa con su sistema vascular.

4   Literalmente "alimentar".

5   El carácter traducido como "animales", 禽, *quin*, también significa pájaros.

EL POZO

inferior simboliza el agua que ya no sube, por lo que se considera que expresa aquello que no puede usarse para nutrir. Lo que hace que el agua de pozo no sea potable es el limo. Es como el caso de alguien que debe brindar asistencia a los seres; cuando sus capacidades son débiles, cuando no ofrece ayuda, no puede hacer nada por los seres y por eso todos lo abandonan.

ZHU XI. — El Pozo utiliza la firmeza *yang* como su fuente, que asciende para ser efectiva[6]. El primer trazo *yin*, ocupa el puesto más bajo, de ahí la imagen simbólica. De hecho, cuando un Pozo no tiene agua y está embarrado, los hombres no pueden beber y los propios pájaros ya no tienen ningún motivo para acudir allí.

Nueve en el segundo puesto (muta al hex. 39)

Por el chorro del Pozo fluyen peces. [CHENG YI]
Por el agujero del Pozo uno dispara a los peces. [ZHU XI]
La jarra está rota y pierde.

> Un Pozo no es el lugar adecuado para pescar con arco y flecha (en China se usaban flechas que arrastraban una cuerda, para así poder recuperar la presa). Estamos malgastando nuestros talentos dedicándonos a actividades triviales.
> Si leemos el texto como "por el chorro del Pozo fluyen peces", esto indica que el agua se desperdicia porque el Pozo tiene una fuga de agua por la que se escapan sus contenidos (simbolizados por los peces) sin servir a nadie.
> La jarra rota y con goteras también indica desperdicio, porque no empleamos el método correcto para llegar a la fuente de la alimentación.
> Si continuamos descuidando nuestras potencialidades no lograremos nada que valga la pena y malgastaremos nuestra vida.
> Deberíamos proponernos a nosotros mismos objetivos más elevados.
>
> **Trabajo:** No estamos utilizando bien nuestros talentos y recursos. Puede ser que estemos en el lugar equivocado o que no sepamos como manejar la situación.
>
> **Vida privada:** Mientras no refinemos más nuestros talentos naturales, no podremos hacer nada útil ni ayudar a nadie.
>
> **Salud, sentimientos y relaciones sociales:** No nos aislemos ni nos consolemos con fantasías. No podremos mejorar nuestras relaciones sociales hasta que no nos mejoremos a nosotros mismos.

CHENG YI. — Aunque el segundo trazo ocupa un puesto inferior con las virtudes de la firmeza *yang*, no se corresponde con ningún trazo superior y [por eso] se acerca al trazo inicial; presenta la imagen simbólica de algo que no asciende. El camino del Pozo es un movimiento de elevación. El agua del arroyo de un valle sale de lado y fluye hacia abajo; el segundo trazo es parte de Pozo, cercano al fondo [el trazo inferior], ha perdido el camino del Pozo[7], que fluye como si fuera un arroyo del valle. En el caso del Pozo, el agua sube y sale, para que sacie la sed de los hombres y sea útil a los seres, pero aquí el agua desciende hacia el lodo impuro, sólo corre para los "peces". El carácter traducido como "peces" [鮒, *fu*], también designa ciertos gusanos, o también renacuajos, pequeños animales que viven en el barro de los pozos. El carácter traducido como "fluyen"[8], significa "brotar, salir a borbotones", como la corriente de un torrente en el desfiladero de un valle que fluye hacia los animáculos del fondo. El Pozo dañado pierde agua, como una tubería rota que gotea. Las capacidades de firmeza *yang* hacen que este trazo sea esencialmente capaz de ayudar al desarrollo físico del hombre y de ser útil a los seres; sin embargo, si sube [o más bien lo intenta] no encuentra correspondencia alguna, por lo que no puede subir y se dirige hacia lo que está abajo, de modo que no tiene ningún mérito o utilidad alguna. Es como el agua en una tubería, que esencialmente puede producir un efecto útil, pero si la tubería se daña o se rompe, el agua se fuga y ya no se puede usar para nada. En El Pozo, el primer y el segundo trazo no tienen ninguna función útil y, sin embargo, el texto no habla de arrepentimiento ni de aprensión. ¿Cómo es esto? Respuesta: cuando hay pérdida o fracaso, debe haber arrepentimiento; cuando hay exceso o error, debe haber aprensión; pero si, por falta de correspondencia, la función esperada no puede lograrse y completarse, esto no es motivo de arrepentimiento o aprensión. El trazo ocupa el segundo puesto y se acerca al primero. ¿No es eso un defecto? Respuesta: estar en el centro nunca es una falta; no puede subir, por falta de acogida y no porque se acerque al primer trazo.

ZHU XI. — El segundo trazo *yang* es duro, firme y central; la imagen simbólica de la fuente de agua; sin embargo, arriba, no encuentra ninguna correspondencia, y

---

6 El texto del quinto trazo identifica a éste como "un manantial puro y fresco"; esa es la fuente, *yang*, del pozo (aunque el agua sea *yin*), no el primer trazo.

7 Que es actuar por elevación. En lugar de subir, se escapa lateralmente por una grieta en el Pozo, descendiendo como un arroyo que fluye desde la ladera de un valle.

8 O "disparar", en el caso de ZHU XI; de hecho, la imagen original de este carácter mostraba un arco y flecha.

abajo, se acerca al primer trazo. Su función útil no se cumple porque no se eleva, de ahí la imagen simbólica.

Nueve en el tercer puesto (muta al hex. 29)

El Pozo es limpiado pero no beben de él.
Esto hace penar a mi corazón;
porque se podría tomar agua del pozo.
Si el rey tuviera claridad todos recibirían la bendición.

> Un pozo que se limpia indica que nuestras potencialidades y recursos han sido restaurados, pero lamentablemente nuestra persona y capacidades aún siguen siendo ignoradas por las autoridades (simbolizadas por el rey).
>
> No pasemos por alto las oportunidades de progreso que encontremos por el camino. Utilicemos productivamente nuestros recursos, aplicándolos a actividades útiles. No nos quedemos aislados.
>
> **Trabajo:** Nuestros superiores no nos valoran como deberían. Podríamos encontrar más oportunidades de trabajo en otro lugar.
>
> **Vida privada:** Las personas que nos rodean no nos aprecian como merecemos. Estamos desperdiciando nuestro potencial.
>
> **Salud, sentimientos y relaciones sociales:** Gozaremos de buena salud física y espiritual, pero estaremos un poco aislados. Puede que no seamos plenamente conscientes de nuestras propias capacidades.

CHENG YI. — El tercer trazo utiliza la firmeza *yang* y se sitúa de acuerdo con la rectitud; es quien tiene las habilidades necesarias para cumplir una función útil y reparadora. Está en el puesto superior del trigrama inferior del Pozo; es el agua pura y clara que se puede beber. El efecto del Pozo se manifiesta al subir [el agua]; lo que se queda abajo no tiene ningún efecto. La naturaleza de *yang* es subir; además su tendencia es corresponderse con el trazo *yin* superior. Está situado en un puesto que implica firmeza y sobrepasa el centro. Intenta avanzar hacia arriba, esto significa poseer las habilidades específicas para el uso requerido y tener prisa por aplicar y extender su función. Pero aún no es capaz de cumplir su función, es como el agua clara y pura de un pozo en buen estado, que no se bebe, y eso "hace penar a mi corazón". El tercer trazo ocupa una posición en el tiempo de El Pozo; es firme y carente de centralidad, por eso tiene prisa por actuar; es diferente de aquellos que, "sólo actúan cuando tienen empleo y se retiran y se esconden en cuanto son abandonados"[9]. Sin embargo, ¿cómo podría un rey esclarecido, que emplea hombres, haberlos llamado a todos? Además "si el rey tuviera claridad todos recibirían la bendición". Las habilidades del tercer trazo son suficientes para producir un efecto reconstituyente, como el agua clara de un pozo claro que uno puede sacar y beber; si en la cima hubiera un rey inteligente, lo llamaría para emplear sus habilidades. Si las habilidades del sabio son utilizadas, podrá llevar a cabo su camino; el príncipe se beneficiará de su trabajo y los inferiores quedarán imbuidos del mismo; tanto los superiores como los inferiores" recibirán la bendición".

ZHU XI. — El agua no está estancada ni turbia, es agua clara del Pozo, "pero no beben de él. Esto hace penar a mi corazón; porque se podría tomar agua del Pozo". Si el rey tiene claridad sacará agua del pozo para servir a los seres y tanto el que extiende su acción, como el que la recibe, "recibirán la bendición". El tercer trazo emplea *yang* para ocupar un puesto *yang* y se encuentra en el puesto superior del trigrama inferior. Pero aún no ha llegado el momento de utilizarlo, tal es la imagen simbólica y el significado adivinatorio.

Seis en el cuarto puesto (muta al hex. 28)

El Pozo es revestido.
Sin culpa.

> El Pozo está en proceso de restauración, lo cual es bueno. Es hora de poner nuestra vida en orden, reformando lo que está mal y desarrollando nuestras capacidades. Estamos siguiendo el camino correcto y no cometeremos errores.
>
> No nos apresuremos, esperemos hasta que nuestra vida se organice un poco mejor antes de intentar ningún emprendimiento.
>
> **Trabajo:** No comencemos nada nuevo, pero dediquémonos a mejorar nuestra situación presente y a corregir cualquier fallo que podamos encontrar.
>
> **Vida privada:** Este es un buen momento para renovar todo lo que haya quedado desactualizado en nuestra vida. Podemos llegar a construir o renovar nuestra casa.
>
> **Salud, sentimientos y relaciones sociales:** Nuestra salud mejorará si tomamos las medidas pertinentes.

---

9 *Analectas* 7. 11 (la versión escrita de una serie de charlas que Confucio impartió a sus discípulos).

El Pozo   48

CHENG YI. — Aunque el cuarto trazo es suave, *yin*, y carece de centralidad, obedece al príncipe situado sobre él, representado por el quinto trazo *yang*. Aunque sus poderes son insuficientes para ayudar a los seres; puede protegerse a sí mismo. Debido a que puede corregirse y reformarse a sí mismo, está libre de culpa. La palabra "revestido" [traducción de 甃, *zhou*] sugiere reconstruir el revestimiento de un pozo, de abajo hacia arriba; es decir, repararlo y ponerlo en buen estado. Aunque las capacidades del cuarto trazo son débiles y no influye mucho a los seres, sin embargo, al mantener un objeto [el Pozo], éste no llega al punto de que ya no pueda ser útil en absoluto; si no pudiera ser reparado y mantenido, perdería toda capacidad de servir al desarrollo de los hombres, de modo que extraviaría el camino expresado por El Pozo y su culpa sería grande. Ocupa una posición alta, con rectitud y sirve al príncipe dotado de firmeza *yang*, centralidad y rectitud; no abandona el cuidado de los asuntos a su cargo y así está libre de culpa.

ZHU XI. — El trazo *yin* que ocupa el cuarto puesto tiene una posición correcta, pero es sumiso y *yin*, sin iniciativa; por lo tanto, sólo puede corregirse y enmendarse sin producir ninguna acción beneficiosa para los seres, de ahí la imagen simbólica de un Pozo revestido, y el augurio de "sin culpa". Si quien consulta el oráculo puede corregirse y enmendarse, aunque su trabajo no se extienda a los seres, puede, sin embargo, estar libre de culpa.

○ **Nueve en el quinto puesto** (muta al hex. 46)

En el Pozo hay un manantial puro y fresco
del que se puede beber.

> Este trazo ocupa el lugar del regente. Tenemos la capacidad potencial de liderar y ayudar a otros. Tanto nuestro trabajo como nuestras palabras pueden beneficiar a los demás, como el agua potable pura.
> Sin embargo, no se menciona si habrá o no buena fortuna, porque nuestras capacidades todavía no se han aplicado al mundo real.
>
> **Trabajo:** Disponemos del talento y los recursos para lograr grandes resultados. Apliquémoslos bien.
>
> **Vida privada:** Podemos ser de gran ayuda para las personas que nos rodean.
>
> **Salud, sentimientos y relaciones sociales:** Tendremos excelente salud. Nuestra mente es clara y tenemos claro lo que queremos.

CHENG YI. — El quinto trazo emplea firmeza *yang*, centralidad y rectitud, ocupando la posición preeminente; sus capacidades y virtudes son absolutamente buenas y hermosas, es "un manantial puro y fresco"; la palabra "fresco" [traducción de 寒, *han*] significa refrescante y agradable al gusto. La frescura del pozo lo hace precioso; un manantial puro y fresco es potable para el hombre y, en el Camino simbolizado por El Pozo, estas condiciones constituyen la excelencia extrema. Sin embargo, el texto no promete ventura. El Pozo sólo produce su efecto mediante el movimiento ascendente del agua, si ésta no llega a la cima, el efecto producido aún no es utilizable, por lo que sólo cuando alcance el puesto superior el texto pronosticará ventura.

ZHU XI. — Puro y claro, con firmeza *yang*, centralidad y rectitud; su efecto alcanza a los seres, de ahí la imagen simbólica y el significado adivinatorio. Si quien consulta el oráculo tiene estas virtudes, se aplicará la imagen simbólica.

Al tope un seis (muta al hex. 57)

Toman agua del pozo; no debe ser cubierto.
Inspira confianza.
Sublime ventura.

> Tengamos en cuenta que este es el único trazo en el que realmente se alcanza y utiliza de manera productiva el agua del pozo. Eso significa que recién ahora el pozo es accesible a todo el mundo sin obstáculos. De la misma forma que un pozo que está disponible para todos, un buen gobernante inspira confianza y es generoso y tolerante con todos.
> Debido a que hay una fuente pura y nutritiva disponible para todo el mundo y un espíritu de cooperación prevalece, habrá sublime ventura.
>
> **Trabajo:** Alcanzaremos una buena posición y utilizaremos nuestros recursos para ayudar a las personas que nos rodean.
>
> **Vida privada:** Tendremos muchas cosas buenas, que compartiremos con nuestra familia y amigos.
>
> **Salud, sentimientos y relaciones sociales:** Compartiremos nuestra sabiduría, productivamente, con los demás.

CHENG YI. — El Pozo produce su efecto por la acción de la subida [del agua]. Este trazo ocupa el puesto superior del hexagrama del Pozo; expresa la culminación del camino del Pozo. El carácter 收, *shou*, traducido como "toman", también significa "reunir, recoger, sacar, retirar, cosechar", mientras "cubierto" [幕, *mu*], significa tapar o esconder. Se toma agua y no se esconde, provee ventaja infinita, el efecto del pozo se extiende amplia y

297

enormemente. "Inspira confianza", indica que es permanente, sin modificación; su efecto es amplio y constante, por eso hay "sublime ventura". Ahora bien, ¿quién, excepto un gran hombre, sería capaz de lograr el efecto de El Pozo, con su permanencia y buen influencia? El último trazo de otros hexagramas expresa el máximo, el grado más alto, la modificación. Pero sólo en El Pozo y El Caldero [*Ding*, 鼎, ䷱ – 50,] se considera que el trazo final expresa la realización del efecto útil, y es por esto que hay sublime ventura[10].

ZHU XI. — "Toman" es sacar y tomar agua. Chao Yuezhi dice que esta palabra significa" enrollar una cuerda en un cabrestante", lo que es posible. "Cubierto" significa esconder. "Inspira confianza" significa que lo que sale es puro y nunca cesa. El Pozo produce su acción por el movimiento ascendente de salida [del agua] y la boca del pozo nunca queda tapada. Aunque el trazo *yin* superior está desprovisto de firmeza *yang*, la imagen simbólica es así. Si quien consulta el oráculo reúne estas condiciones, con confianza habrá sublime ventura.

---

10 "Gran ventura", en El Caldero.

49 La Revolución | *Ge*

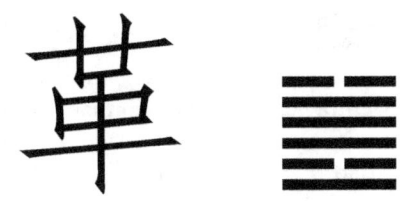

El carácter que le da nombre a este hexagrama muestra el cuero desplegado de un animal, con la piel de las patas estirada a los lados; esto es aún más claro en las versiones más antiguas de este carácter. La "revolución", significado tradicional de este carácter, indica cómo el líder depuesto es privado de su liderazgo tal y como una oveja es desollada.

Significados asociados

Cambio estacional, revolución; cuero, piel, desollar, quitar, privar.

El Dictamen

La Revolución.
Cuando acabe el día inspirarás confianza.
Sublime ventura.
La determinación es favorable.
El arrepentimiento se desvanece.

> La Revolución indica un gran cambio personal, la renovación de alguna estructura social externa o adaptarnos a importantes cambios en nuestras circunstancias.
> La gente va a apoyar el nuevo orden sólo después de que se encuentre bien establecido y se necesitará tiempo para ganar su confianza. Por lo tanto, aunque se necesita efectuar un cambio radical, éste debe hacerse en el momento oportuno, de otra forma no obtendrá suficiente apoyo y fracasará.
> Después de que el cambio se lleve a cabo exitosamente, el arrepentimiento se desvanecerá, es decir, ya no habrá dudas ni miedos, la revolución estará plenamente justificada.
> Este es uno de los pocos hexagramas que mencionan "las cuatro virtudes cardinales": *yuan, heng, li, zhen*, que significan "sublime", "éxito", "propicio" y "determinación o perseverancia".
> Una o más de las cuatro virtudes aparecen en 50 de los 64 hexagramas, pero sólo los hexagramas 1, 2 (con una modificación), 3, 17, 19, 25 y 49 incorporan las cuatro virtudes en su dictamen.
> Desde la dinastía *Han* en adelante, las cuatro virtudes se convirtieron en palabras claves del pensamiento confuciano, identificando cuatro cualidades o virtudes aplicables tanto al Cielo como al noble.
> Todo oráculo que incluya estas cuatro virtudes indica que el éxito está garantizado, pero solo si el consultante se comporta correctamente; por esta razón la perseverancia en el camino correcto es la clave del éxito.

CHENG YI. — La Revolución: modificar lo que es viejo. Cuando las viejas cosas [instituciones] son reformadas, los hombres no pueden confiar inmediatamente [en el nuevo orden de las cosas], por lo que es absolutamente necesario acabar el día[1] y luego el corazón de los hombres tendrá confianza.

Cuando los superiores estén por realizar modificaciones, deben informar lo que están por hacer, reiteradamente, hasta que "acabe el día", y hayan conseguido la confianza de la gente. Si los corazones [de la gente] no confían, las reformas pueden ser impuestas, pero no podrán ser completadas. Cuando los antiguos reyes proclamaban sus decretos, algunas personas inicialmente tenían dudas en su corazón, pero si continuaban [con las reformas, y los decretos], finalmente la gente confiaba en ellos. Nunca se ha completado una Revolución sin conseguir la confianza pública.

ZHU XI. — La Revolución significa modificación y cambio. El trigrama *Dui*, ☱, el lago, está en la cima; el trigrama *Li*, ☲, el fuego, está en la parte inferior; el fuego seca el agua, y el agua apaga el fuego. Dos hijas, la del medio y la menor, se juntan y su encuentro constituye este hexagrama, La Revolución, en el que la menor está arriba y la del medio abajo; sus tendencias no concuerdan, por lo que se considera que este hexagrama expresa renovación. Al comienzo de la renovación, los hombres

---

[1] Los comentaristas chinos leen 已, *yi*, como "terminado, completado". Wilhelm lo reemplaza por 己, *ji*, "uno mismo".

aún no tienen confianza, por lo que el día debe terminar[2] y entonces "inspirarás confianza". Además, dado que en el interior están las cualidades de la belleza, la forma y el brillo, y en el exterior está el *qi* de la armonía y la satisfacción[3], el pronóstico es "Sublime ventura". Si hay "determinación" el cambio será "favorable". Si se renovara algo en contra de la justicia, la revolución ya no inspiraría confianza ni produciría su efecto exitosamente; al contrario, habría arrepentimientos.

La Imagen

Dentro del Lago hay Fuego: la imagen de la Revolución. Así el noble regula el calendario y clarifica las estaciones.

> El trigrama de abajo es el del fuego y por encima se encuentra el trigrama del lago. Fuego y agua son antagónicos, al poner el fuego debajo del agua pueden suceder dos cosas, el agua entra en ebullición, o bien extingue el fuego. Fuego en el lago indica conflicto y cambio.
> En el mundo natural, las estaciones ordenan la pauta del cambio en cada año. Cada temporada se inicia un nuevo ciclo de renovación, que implica vida y muerte. El carácter traducido como "estaciones" (時, *shi*) también significa "tiempo, época, momento oportuno". De la misma forma que los cultivos deben plantarse en la época del año adecuada, al implementar cambios importantes debemos actuar en el momento preciso. La mayoría de las personas se resisten al cambio hasta que este está firmemente establecido. Para facilitarles el ajuste debemos ofrecerles una transición ordenada, en el momento apropiado.

CHENG YI. — El agua y el fuego, al ser mutuamente excluyentes, constituyen La Revolución. El carácter 革, *ge* [que da nombre a este hexagrama] significa modificación. El noble contempla la imagen simbólica de la modificación y renovación, observa los cambios y los movimientos del sol, la luna, los astros y las estrellas, para regular el calendario e indicar claramente el orden de las estaciones. Porque el camino racional de la modificación y el cambio es la mayor de todas las cosas; es el principio más esclarecido, es la más obvia entre aquellas cosas cuyas huellas podemos seguir, y nada es comparable a las cuatro estaciones. Conformarse a sus modificaciones y a su renovación es alinearse con el orden del Cielo y la Tierra.

ZHU XI. — Las modificaciones de las cuatro estaciones son lo más grande de La Revolución.

Al comienzo un nueve (muta al hex. 31)

Atado con el cuero de una vaca amarilla.

> El momento para implementar la Revolución todavía no ha llegado. El color amarillo simboliza equilibrio y moderación. El estar atado con un cuero de color amarillo significa que no debemos avanzar, sino moderarnos a nosotros mismos y esperar el momento propicio.

> **Trabajo:** Este no es el momento adecuado para introducir cambios. Sigamos usando las formas probadas y tradicionales, no comencemos nada nuevo.

> **Vida privada:** Conformémonos con lo que tenemos y no pidamos nada más. Una vaca es un animal dócil, de la misma manera, aceptemos nuestra situación y no intentemos cambiarla.

> **Salud, sentimientos y relaciones sociales:** Nuestra situación es estable, no estamos en condición de modificar nada. Podemos tener algunos problemas de movilidad.

CHENG YI. — La modificación y la renovación son las más grandes de todas las cosas. Hay que esperar el momento [oportuno], tener la posición [correcta], tener las habilidades [requeridas], juzgar y planificar y movernos con circunspección, sólo así no lo lamentaremos. Este trazo *yang* ocupa el primer puesto, marca el comienzo en el tiempo; si se mueve al principio de algo, lo hará apresuradamente, sin circunspección ni reflexión. En los símbolos del *Libro de los Cambios,* este trazo, debido a la posición que ocupa, indica inferioridad. No está en el momento oportuno, no encuentra ninguna correspondencia[4] y ocupa un puesto inferior; [si se mueve] será culpable de haber aplicado indebidamente su poder. Pero es un trazo *yang* que forma parte de la sustancia del trigrama *Li,* ☲; la naturaleza de *Li* [el fuego] lo lleva a elevarse y la fuerza natural inherente a su naturaleza *yang* es vigorosa. Todo esto indica prisa en el movimiento. Siendo tales sus poderes, si tiene que actuar, tendrá desventura y culpa; de hecho, es firme y enérgico, carente de centralidad, y de carácter demasiado vivaz. Lo que le falta es centralidad y sumisión; conviene, por tanto, que se contenga mediante la centralidad y la sumisión, sin actuar incorrectamente [a destiempo], entonces todo será posible. El cuero se utiliza para envolver y atar. El amarillo es el color del centro[5].

---

2 Ver la nota anterior.

3 Esto se basa en los valores simbólicos asignados a los dos trigramas.

4 Porque el cuarto trazo, con el que se correspondería naturalmente, si fuera *yin,* también es *yang.*

5 El "color del medio", o incluso el color que corresponde al puesto del medio de un trigrama.

La Revolución

La vaca es pasiva y sumisa. "Atado con el cuero de una vaca amarilla" significa seguir el camino del centro y la sumisión y contentarse, para no actuar en el momento inoportuno. ¿Porqué no se dice si tiene ventura o desventura? Respuesta: si se mueve [cuando no debe] tendrá culpa; por tanto, conteniéndose firmemente mediante la centralidad y la sumisión, no habrá reforma [revolución]; entonces, ¿de qué serviría mencionar la ventura o desventura?

ZHU XI. — Aunque está en un tiempo de Revolución, este trazo, que ocupa el primer puesto, al no tener correspondencia, aún no debe actuar, de ahí la imagen simbólica. "Atado" significa sólido, firme[6]. El amarillo es el color del centro; la vaca es un animal paciente. El cuero se usa para sujetar de forma segura, para reforzar algo. El cuero tiene el mismo nombre que este hexagrama[7], pero el significado no es el mismo. El significado adivinatorio es que debe contenerse y examinarse a sí mismo con mucha firmeza y que no debe actuar. Tal es la prudencia del noble en un tiempo de Revolución.

Seis en el segundo puesto (muta al hex. 43)

Cuando acabe el día se puede iniciar la revolución.
Marchar es favorable.
Sin culpa.

> Dependiendo de la traducción, el primer trazo se puede leer como "cuando acabe el día" o "el propio día"[8]. El día indica un ciclo natural; en este caso debemos esperar a que el ciclo termine, antes de actuar. Aplicado a situaciones más concretas, esto significa que se acerca el momento de efectuar los cambios que planeamos; pero es importante que esperemos el momento justo, cuando la situación esté madura y se justifique nuestra intervención.
> Se requiere una renovación completa. Tenemos los medios para avanzar con audacia, sin cometer errores. Si actuamos en el momento oportuno seremos exitosos.
>
> **Trabajo:** Podremos mejorar nuestra posición o asumir el control de nuestra esfera de influencia, si podemos actuar en el momento preciso.
>
> **Vida privada:** Se acerca un buen momento para renovar nuestra vida, cambiando para bien. Vale la pena que nos pongamos en acción para reformarnos.
>
> **Salud, sentimientos y relaciones sociales:** Se nos presentará una oportunidad para que podamos mejorar nuestra salud o posición social. No dejemos pasar el momento oportuno.

CHENG YI. — Este trazo *yin*, que ocupa el segundo puesto, es gentil y sumiso y posee centralidad y rectitud. Además, es el regente y el modelo[9] de la claridad. Sobre él está el príncipe dotado de firmeza *yang*; poseen las mismas virtudes y se corresponden. Gracias a su centralidad y rectitud [de ambos trazos], no hay parcialidad ni abuso. Siendo el modelo y teniendo claridad, el principio de las cosas está completamente aclarado. Como el segundo trazo se corresponde con el quinto trazo, posee la fuerza inherente al poder; como su sustancia es sumisa, no se rebela ni se opone. Es el momento adecuado, está en la posición correcta, sus poderes son suficientes; tiene una oportunidad excelente para actuar en un tiempo de Revolución. Sin embargo, el camino de un súbdito no incluye la iniciativa en las renovaciones; además tiene que esperar a tener la confianza del superior y de los inferiores, y por eso sólo "cuando acabe el día puede revolucionar". Con sus virtudes y poderes, dada la posición en que se encuentra y el momento que se presenta, el segundo trazo está cualificado para eliminar las penurias del Estado y renovar el orden en el mundo. Deberá avanzar y ascender para ayudar al príncipe a recorrer su camino, para que el augurio sea feliz y no tenga culpa. Si no avanza perderá la oportunidad de actuar, lo que constituiría su culpa. Dado que la sustancia del segundo trazo es la dócil gentileza, y puesto que ocupa una situación de la que es digno, su avance será lento y mesurado y su posición siempre será firme. La modificación y renovación son cuestiones de gran importancia, por eso el texto contiene esta advertencia. El segundo trazo posee centralidad y se corresponde con un trazo firme, de modo que no hay inconvenientes resultantes de su dócil suavidad. El sabio aclara el significado de esta advertencia, para que los hombres capaces no pierdan el momento de actuar.

ZHU XI. — El segundo trazo yin es suave y sumiso, central y correcto, y es el regente de la elegancia y claridad de la apariencia. Encuentra correspondencia por encima de él, de modo que estando en tales condiciones es capaz de

---

6 Es decir que se queda firmemente en su lugar, sin avanzar.
7 Como puede verse en los Significados asociados, y también en nuestros comentarios al comienzo de este hexagrama, el carácter 革, *ge*, que es el nombre de este hexagrama, no sólo significa "revolución", sino también "cuero". En este trazo, *ge* se utiliza con el significado de "cuero".
8 Ver la nota al comentario de CHENG YI al Dictamen de este hexagrama.

9 El carácter traducido como "modelo", 理, *li*, significa "modelo, patrón, principio"; es un modelo de referencia, el principio en el que las cosas se basan.

realizar cambios. Sin embargo, es absolutamente necesario que "acabe el día", antes de realizar estos cambios, para que "marchar" sea "favorable" y no haya "culpa". Es una advertencia para quien consulta el oráculo, de que no debe apresurarse a iniciar la revolución prematuramente.

Nueve en el tercer puesto (muta al hex. 17)

Marchar trae desventura.
La determinación es peligrosa.
Sólo después que se haya hablado sobre la revolución tres veces habrá confianza.

> Si actuamos antes de que se den las condiciones propicias y sin tener suficiente apoyo, fracasaremos. Si insistimos en avanzar sin estar preparados, correremos grandes riesgos.
> Hablar tres veces significa que debemos revisar nuestros planes y llegar a un acuerdo firme con todas las personas involucradas antes de actuar. Tenemos que confirmar que tenemos el apoyo suficiente, que todos están de acuerdo y que nuestros colaboradores son de confianza, antes de iniciar cualquier avance audaz.
>
> **Trabajo:** Actuar sin suficiente preparación será peligroso. Tomemos todo el tiempo necesario para verificar que nuestro plan es factible y asegurémonos que tenemos la confianza y el apoyo de nuestros colaboradores.
>
> **Vida privada:** Antes de implementar cambios importantes en una familia, es importante que hablemos con cada miembro de la misma, para que todos participen, den su opinión y se sientan involucrados en los cambios que proponemos.
>
> **Salud, sentimientos y relaciones sociales:** Si tenemos problemas de salud, evitemos cualquier cambio brusco. Es importante que nos asesoremos bien antes iniciar un tratamiento o tomar una decisión importante.

CHENG YI. — El tercer trazo emplea firmeza *yang* y representa la ascensión de lo inferior. Ocupa el puesto superior del trigrama *Li*, ☲, y no tiene centralidad, sino que tiene prisa por ponerse en movimiento para reformar y renovar. Estar en inferioridad y tener prisa por modificar y renovar, y actuar en estas condiciones, traerá desventura. Sin embargo, él ocupa el puesto más alto en el trigrama inferior; si algo debe ser reformado, ¿cómo podría no actuar? Debe mantener su determinación y rectitud, siendo consciente del peligro, prestando atención a los consejos que reciba, así podrá actuar sin provocar dudas ni sospechas. "Sólo después que se haya hablado sobre la revolución tres veces", indica deliberación sobre la conveniencia de la revolución; examinar y evaluar los consejos sobre los cambios y la renovación tres veces, hasta que todos estén de acuerdo y tengan confianza. Así, actuando con ponderación y cautela, con absoluta propiedad, será posible que todos tengan fe y confianza en los cambios a realizar. Él mismo podrá tener confianza, y también la multitud confiará en sus acciones, sólo en tales condiciones será posible iniciar la revolución. En un momento de renovación, este trazo ocupa el puesto superior del trigrama inferior; si se deja dominar por el miedo y no se atreve a realizar los cambios que se deben efectuar, perderá el momento favorable, lo que constituirá un daño. Sólo debe aplicar la más extrema circunspección y la máxima prudencia, sin confiarse en su propia firmeza e inteligencia, sino examinando y sopesando todo en discusión pública, hasta el punto de hacerlo tres veces. Sólo después de eso podrá iniciar la revolución sin cometer falta alguna.

ZHU XI. — Este trazo es excesivamente firme, pero carece de centralidad. Ocupa el último puesto del trigrama simple *Li*, ☲, es alguien que tiene prisa por moverse para efectuar el cambio, por lo que el significado adivinatorio incluye una advertencia: "marchar trae desventura"; y también advierte que "la determinación es peligrosa". Sin embargo, éste es el momento adecuado para la revolución, por lo que después que "se haya hablado sobre la revolución tres veces" habrá confianza y la revolución será posible.

Nueve en el cuarto puesto (muta al hex. 63)

El arrepentimiento se desvanece.
Es confiable.
Cambiar el mandato trae ventura.

> Finalmente llegó el momento de hacer grandes cambios. El carácter traducido como "mandato", 命, *ming*, también significa "forma de gobierno, destino, mandato del Cielo, la ley más alta"; otra traducción posible sería "Cambiar el mandato del Cielo trae ventura". Significa que tenemos que implementar un cambio radical para modificar la orientación de nuestra vida o aplicar un cambio profundo en la estructura de una organización o grupo humano. Algo similar a lo que sucedía en la China antigua, cuando una dinastía en decadencia era reemplazada por otra, porque se consideraba que había perdido el mandato del Cielo.
> La gente va a tener confianza en el nuevo orden y nos brindarán su apoyo, por eso tendremos éxito y

La Revolución

no tendremos motivo para preocuparnos; el arrepentimiento se desvanecerá.

Trabajo: Asumiremos nuevas responsabilidades y podremos implementar reformas integrales de gran alcance.

Vida privada: Este es un buen momento para renovar nuestra vida y para iniciar nuevos proyectos. Los cambios nos beneficiarán.

Salud, sentimientos y relaciones sociales: Los tiempos están cambiando y debemos mantenernos a la par con el tiempo. Modernicémonos, adaptémonos al presente.

CHENG YI. — El cuarto trazo *yang* expresa la consumación completa de la revolución. La firmeza *yang* tiene la capacidad de renovación; el cuarto trazo sale de la sustancia del trigrama inferior y avanza hacia la sustancia del trigrama superior; marca el momento de la renovación. Este trazo se encuentra también en el punto de contacto del agua y el fuego, que expresa la fuerza inherente a la supresión y la renovación. Se aproxima a la posición del príncipe, lo que indica que tiene la autoridad necesaria para la revolución. Debajo no tiene ni apego ni correspondencia con otros trazos, lo que indica su tendencia a la reforma[10]. Ocupa el cuarto puesto con firmeza *yang*, la firmeza y la suavidad se equilibran mutuamente[11], al reunir todas estas condiciones, podemos decir que marca el momento en que la revolución es oportuna. Finalmente "el arrepentimiento se desvanece", porque se eliminan y se renuevan las cosas que podrían causarlo, debido a la oportunidad de renovación. Desde el momento en que la renovación es oportuna, lo más importante consiste en actuar con la más perfecta sinceridad, para despertar confianza; los superiores confiarán en él y los inferiores lo seguirán; evidentemente tendrá ventura. El cuarto trazo carece de centralidad y rectitud; ¿cómo es que tiene una excelencia extrema? Respuesta: sólo porque está colocado en un puesto *yin*, de modo que es firme, pero sin excesos. Está cerca del príncipe, pero sin ejercer presión; obedece sumisamente al príncipe dotado de centralidad y rectitud, de modo que él mismo es central y recto. En el *Libro de los Cambios,* la elección del significado no depende de reglas constantes; simplemente depende del momento.

ZHU XI. — Dado que este trazo *yang* ocupa un puesto *yin*, podría haber arrepentimiento. Pero ha sobrepasado la mitad del hexagrama, la frontera del agua y el fuego, que expresa el tiempo de eliminación y renovación; la firmeza y la suavidad que se equilibran sin parcialidad expresan el efecto de renovación. Es por esto que "el arrepentimiento se desvanece". Sin embargo, primero debe haber confianza y luego revolución, y sólo entonces el feliz augurio podrá hacerse realidad. Esto indica claramente a quien consulta el oráculo que, poseyendo estas virtudes, de acuerdo con el tiempo, ganará la confianza de los demás, los arrepentimientos se disiparán y tendrá ventura.

○ **Nueve en el quinto puesto** (muta al hex. 55)
El gran hombre cambia como un tigre.
Aún antes de preguntarle al oráculo tiene confianza.

El gran hombre simboliza a una persona de elevados principios que ocupa una posición importante. Cambiar como un tigre significa innovar, adaptarse a las nuevas circunstancias, estar dispuesto a afrontar nuevos retos. El tigre simboliza el poder puro, valentía, ferocidad y fuerza.
Tener confianza antes de preguntar al oráculo significa que no sólo estamos libres de dudas, sino que también estamos en sintonía con los tiempos y sabemos perfectamente lo que tenemos que hacer para alcanzar el éxito.
Nuestras firmes convicciones y altos ideales nos ayudarán a obtener el apoyo de quienes nos rodean.

Trabajo: Progresaremos de manera brillante en nuestra carrera o negocio, porque tenemos el conocimiento, la habilidad y la confianza que se necesitan para triunfar.

Vida privada: Si nos mantenemos en sintonía con las necesidades cambiantes de la vida, adaptándonos a lo nuevo exitosamente, nuestra familia nos seguirá, porque nuestra sinceridad y falta de dudas ganará su confianza.

Salud, sentimientos y relaciones sociales: Confiemos en nuestra intuición; si deseamos hacer algo o tenemos una corazonada, sigamos nuestro corazón. Gozaremos de buena salud.

CHENG YI. — El quinto trazo *yang* usa firmeza *yang* y las virtudes de la centralidad y la rectitud, mientras ocupa la posición preeminente; es "el gran hombre". Sigue el camino del gran hombre para renovar los asuntos del mundo; no es indigno en ningún aspecto; nada está en desacuerdo con las necesidades del tiempo. En aquello

---

10 Porque no está atado por intereses privados que se lo impidan
11 Debido a que es un trazo *yang* en un puesto *yin*.

que ya está modificado y transformado, la razón de las cosas ya es manifiesta y clara, brillando como el patrón de colores de la piel del tigre, por eso el texto dice: "cambia como un tigre". El dragón y el tigre son símbolos del gran hombre. La palabra "cambia" indica la modificación de las cosas y de los seres; entonces ¿por qué mencionar a "un tigre"? Respuesta: el gran hombre se transforma a sí mismo. Cuando el gran hombre efectúa la revolución de la manera correcta, todo es claro y manifiesto. No necesita "preguntarle al oráculo". Si sabe que está en lo correcto, todo el mundo le tendrá confianza. El mundo, iluminado por las renovaciones del gran hombre, no necesita esperar a que se determine el significado adivinatorio, [el pueblo] reconoce que todo no puede ser más oportuno y adecuado y confía en él.

ZHU XI. — El tigre es un símbolo del gran hombre; "cambia" significa mudar, cambiar la piel. En el gran hombre, esto indica la renovación personal que conduce al grado más alto de renovación del pueblo; es el momento en que obedece al Cielo y responde al deseo de los hombres. El quinto trazo *yang*, por su firmeza energética, su centralidad y su rectitud, es aquel del que depende la renovación, de ahí la imagen simbólica. Si quien consulta el oráculo cumple con estas condiciones, puede aplicar esta respuesta, pero aún así es necesario que, incluso antes de consultar al oráculo, el consultante ya sepa con seguridad como son las cosas.

Al tope un seis (muta al hex. 13)
El noble cambia como un leopardo.
El vulgar cambia su semblante.
Iniciar una campaña trae desventura.
Mantener la determinación trae ventura.

> La revolución ya fue realizada exitosamente. Ahora la gente debe adaptarse al nuevo orden.
> El leopardo simboliza versatilidad, belleza e independencia. Cambiar como un leopardo significa innovar, adaptarse a las nuevas circunstancias con elegancia. Además, cambiar como un leopardo, tradicionalmente significa pasar de la pobreza a la riqueza.
> Dado que "iniciar una campaña trae desventura", deberíamos actuar con diplomacia, sin violencia ni brusquedad. La principal transformación ya fue realizada, seguir adelante con más cambios radicales sería peligroso, limitémonos a efectuar pequeños ajustes.
> El cambio traerá buena fortuna sólo si nos adaptamos a las nuevas circunstancias de manera comprensiva, con determinación, como un leopardo; la aceptación pasiva o hipócrita a las nuevas reglas del juego, como los vulgares que sonríen falsamente, no sirve de nada.

La gente inferior que sólo finge ofrecer soporte, sin comprometerse, no es digna de confianza.

Trabajo: Las reglas del juego han cambiado. Éste el momento de cooperar con la nueva dirigencia, si nos adaptamos a las nuevas pautas con sinceridad prosperaremos.

Vida privada: Aquellos que se adapten a las nuevas circunstancias serán felices y prosperarán. Algunos fingirán conformidad aunque no aprecian los cambios.

Salud, sentimientos y relaciones sociales: Nuestro panorama social sufrió un cambio extremo; en este punto ya no podemos seguir modificando las cosas. Si nos adaptamos con sinceridad a la nueva realidad, no con pasividad, sino cooperando activamente, disfrutaremos plenamente de este nuevo tiempo.

CHENG YI. — El final de La Revolución es cuando el camino de la renovación ha sido completado. "Noble", se refiere a los que son buenos y virtuosos, que siguieron la acción de renovación (revolución) y fueron transformados. La evidencia es tan obvia y visible como los diseños del pelaje del leopardo. El hombre inferior es aquel que es estúpido, tosco y incapaz de cambiar; pero aunque no puede cambiar su corazón, altera su semblante para seguir las enseñanzas del superior. El dragón y el tigre son símbolos del "gran hombre", por eso el texto lo llama "tigre"; mientras el "noble" es un "leopardo". La naturaleza de los hombres es originalmente buena; [potencialmente] todos pueden modificarse y transformarse, pero hay algunos que son inferiores y groseros, a quienes los mismos sabios son incapaces de transformar. Cuando los príncipes son hombres como Yao y Shun, cuando los sabios suceden a los sabios, y durante más de cien años, el mundo se transforma bajo su influencia, esto es lo que podemos llamar una acción a largo plazo. Por otro lado, también podemos mencionar al pueblo Miao, y a un hombre como Xiang, que se acercaron a la transformación, avanzaron por el camino del orden [de la civilización], pero, en realidad, sólo cambiaron su semblante. Cuando el hombre inferior ha renovado su apariencia exterior, el camino de la revolución puede considerarse agotado[12]. Si queremos seguir aplicándola, profundizando su acción transformadora, cometeremos excesos, pero lo excesivo se aparta del

---

12 Esto quiere decir que no podemos pedir más. La Revolución ya logró sus objetivos, pero siempre habrá hombres inferiores, que aunque aparentemente aceptarán los cambios, no se comprometerán internamente.

Camino. Además, habiendo llegado al final de la revolución, si avanzamos más, el augurio es desafortunado; es necesario "mantener la determinación", no bajar la guardia y contenernos. Habiendo llegado La Revolución a su límite, si no nos contenemos con determinación, lo renovado volverá a cambiar. Las cosas que conciernen al mundo son tales que, al principio nos quejamos de la dificultad que presentan para cualquier intento de renovación, pero una vez renovadas, nos quejamos de la imposibilidad que encontramos para preservarlas y mantenerlas. Al finalizar la revolución, el texto advierte que "mantener la determinación trae ventura". ¿No es mantener la determinación una advertencia motivada por la naturaleza del sexto trazo, que es *yin*? Respuesta: esto se dice porque es el fin de La Revolución y nada está fuera de equilibrio. La naturaleza del hombre es originalmente buena: ¿cómo puede ser que haya algunos que no sean susceptibles de renovación? Respuesta: si discutimos la naturaleza [humana], es buena en todos; pero si hablamos de sus aptitudes, entonces hay algunos que son inferiores y toscos y que no cambian. Lo que llamamos inferioridad y mala educación presenta dos variedades: violencia y abandono. Si el hombre se gobierna a sí mismo por el bien, no hay nada que no pueda cambiar; aunque sea extremadamente estúpido y tosco, puede perfeccionar todo poco a poco y, por tanto, es probable que progrese. Pero el que se constriñe y violentamente se resiste a la transformación porque no tiene confianza; el que se abandona detiene esta transformación porque no actúa; [debido a eso] aunque iniciada por la presencia de un sabio, la acción transformadora no puede penetrar. Esto es lo que Confucio quiere decir con las palabras "inferior y tosco". Sin embargo, en el mundo no todos los que abusan y se abandonan son necesariamente estúpidos y toscos; de vez en cuando hay quienes son violentos y malvados y cuyas habilidades y fuerza son superiores a las de otros hombres. Tal fue el caso del rey Xin, de la dinastía Shang[13]. El sabio los llama "inferiores y toscos" porque ellos mismos se apartan del bien y, además, si examinamos el fin al que tienden, nos convenceremos de su estupidez. Ya que se dice que son inferiores y toscos, ¿cómo pueden cambiar su semblante? Respuesta: aunque su corazón se ha separado del camino del bien, temen la autoridad y huyen de los castigos y en esto son como los demás hombres; pero lo que tienen en común con los hombres es lo que deja claro que su culpa no es resultado de su naturaleza.

ZHU XI. — El camino de La Revolución está completo. "El noble cambia como un leopardo"; mientras que el hombre inferior sólo "cambia su semblante", siguiéndolo [pasivamente]. No debemos esperar nada de nuestras empresas[14], sólo manteniendo la determinación tendremos ventura. Las cosas se cambian o se renuevan sólo porque es imposible no hacer estos cambios; pero no hay que actuar en exceso; las virtudes del trazo *yin* superior no deben autorizarlo para actuar por sí mismo. De ahí el significado adivinatorio.

---

13 Di Xin, también llamado Zhou Xin, fue el último rey de la dinastía Shang, famoso por su maldad.
14 Porque "iniciar una campaña trae desventura".

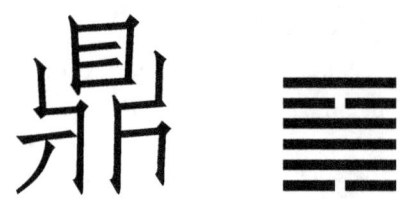

50 El Caldero | *Ding*

El carácter que le da nombre a este hexagrama (especialmente antiguas representaciones) muestra un caldero de bronce con tres patas y dos asas.

Significados asociados

Caldero de bronce con tres patas y dos asas. Recipientes de bronce de este tipo eran usados durante las dinastías *Shang* y *Zhou* como objetos sagrados en los rituales ancestrales. Había varios tipos de recipientes, pero el utilizado para los sacrificios a los ancestros era conocido como *ding*.

El Dictamen

El Caldero.
Sublime ventura.
Éxito.

> En la antigua China, cuando comenzaba una nueva dinastía, lo primero que se hacía era forjar un nuevo caldero con las leyes fundamentales inscritas sobre el mismo como símbolo de la época que comenzaba bajo el nuevo rey. De la misma forma, cuando iniciamos un nuevo ciclo vital (después de la Revolución, el hexagrama anterior) debemos transformarnos a nosotros mismos para ser capaces de hacer frente a las nuevas condiciones y así poder establecernos firmemente.
>
> El Caldero simboliza purificación, que era lo que se buscaba al hacer ofrendas sacrificiales a los antepasados; también significa iniciación y transformación. El Caldero indica algo que templa el carácter, algo que transforma y armoniza.
>
> En otro nivel de interpretación el Caldero –el recipiente sacrificial– somos nosotros mismos, por eso este hexagrama indica la transformación necesaria para realizar nuestro potencial, para desarrollar nuestros talentos y capacidades.

CHENG YI. — El Dictamen se refiere a los poderes del hexagrama; mediante los cuales es posible alcanzar el éxito. Es apropiado que el texto diga "sublime" y "éxito", pero "ventura" es un agregado al texto. Los poderes de El Caldero son capaces de conducir a un gran éxito, pero no hay motivo para mencionar la palabra "ventura". El comentario al texto, por su parte, sólo menciona "sublime" y "éxito", lo que prueba claramente que "ventura" es un agregado.

ZHU XI. — El Caldero es un objeto utilizado para cocinar alimentos. El trazo *yin*, inferior del hexagrama representa los pies [del caldero], el segundo, tercero y cuarto trazos *yang* representan el vientre, el quinto trazo *yin* representa las orejas [las asas o argollas] y el trazo *yang* superior representa las varillas [que se insertaban en las asas para acarrear el caldero]: la imagen de un caldero. Además, dado que la madera representada por el trigrama *Xun*, ☴, entra en el fuego, simbolizado por el trigrama *Li*, ☲, y como resultado se cocina la comida, esto expresa el uso o efecto útil del caldero. Por eso el hexagrama se llama El Caldero. Abajo, *Xun*, indica humildad; en la parte superior, *Li*, simboliza los ojos [claridad] y el quinto trazo representa las orejas [asas], todo lo cual simboliza la humildad interior y la inteligencia exterior. Este hexagrama proviene del hexagrama *Xun*, 巽, ䷸ (57, *Lo Suave*), en el que *yin* avanza y pasa a ocupar el quinto puesto al corresponderse con el segundo trazo *yang* colocado debajo; por eso el texto dice: "sublime éxito". El término "ventura" es excesivo.

La Imagen

El Fuego arriba de la Madera: la imagen del Caldero.
Así el noble corrige su posición, consolidando su destino.

> El fuego sobre la madera sugiere la idea de cocinar. Después de cocinar en el caldero los sacrificios que se iban a ofrecer a los espíritus de sus antepasados, el jefe de la familia servía el alimento en los cuencos de sus invitados.
>
> Alimentar a la gente con alimentos consagrados indica desarrollo espiritual, la maduración y el aprendizaje

necesarios para hacer realidad el potencial innato: el destino.

El hexagrama **48**: El Pozo, simboliza la alimentación de las personas en general pero el Caldero se refiere al alimento espiritual de las personas nobles.

La madera mantiene al fuego ardiendo, de la misma forma, el noble cultiva su destino con sus actos, asegurándose de permanecer en el camino correcto.

El fuego sobre la madera también indica la importancia de la colocación correcta de las cosas. Por eso el noble pone cada cosa en su lugar, para poder realizar plenamente su potencial.

CHENG YI. — "El Fuego arriba de la Madera": imagen simbólica de la cocción de los alimentos, por eso a este hexagrama se le llama El Caldero. El noble contempla la imagen simbólica del Caldero, y "corrige su posición consolidando su destino". El Caldero es un objeto que le da forma al símbolo; su forma es masiva y correcta, su sustancia lo hace inmóvil y pesado. Si notamos la solidez y regularidad que simboliza, esto expresa el hecho de "corregir su posición", es decir, rectificar la situación que ocupamos. El noble, debe colocarse con corrección, incluso en las cosas más pequeñas; por ejemplo, si una estera no está recta, no se sienta en ella; no apoya un pie sobre el otro, ni su cuerpo contra nada[1]. Si atendemos a la imagen simbólica de inmovilidad y peso, ésta expresa determinación en las órdenes y prescripciones, es decir calma y estabilidad en las mismas. El carácter traducido como "consolidando" [疑, *ning*] significa literalmente "solidificar, congelar", lo que expresa un sentido de absoluta fijeza, como si dijéramos "inmóvil como si estuviera congelado"; esta palabra se refiere a órdenes y prescripciones. Cada movimiento debe ser siempre tranquilo y serio.

ZHU XI. — El Caldero es un objeto pesado; de ahí la idea de "corrige su posición consolidando su destino". "Consolidando" significa que "el Camino aún no está consolidado". Esto es lo que expresa el *Zuo Zhuan*[2] cuando dice: "Él ayuda arriba y abajo a procurar las bendiciones del cielo".

Al comienzo un seis (muta al hex. 14)

El Caldero está tumbado patas para arriba.
Es favorable remover los desechos.
Uno toma una concubina para tener un hijo.
Sin culpa.

---
1 Ateniéndose a las pautas de conducta confucianas y las reglas rituales.
2 El *Zuo Zhuan*, 左傳, es una antigua crónica china que tradicionalmente se considera un comentario sobre los *Anales de primavera y otoño*.

Un caldero tumbado boca abajo simboliza un cambio radical de actitud al iniciar un nuevo ciclo vital. Al tumbar el caldero los valores se invierten. Lo que antes era visto como bueno (el contenido del caldero), es desechado, porque ya no es útil, y que lo que normalmente se consideraría como algo de bajo nivel (la concubina) ahora tiene buenas posibilidades de desarrollo (el hijo).

En tiempos de renovación hay que estar dispuesto a aplicar métodos poco convencionales porque los métodos tradicionales ya no son útiles. Lo que era despreciado (la concubina, o la criada en otras traducciones) ahora ofrece nuevas oportunidades, y lo que era de gran valor es descartado porque perdió su utilidad.

Trabajo: Descartemos todo lo que ya no cumple ninguna función útil e introduzcamos nuevas personas y métodos para hacer frente a las circunstancias actuales. Se requiere planificación a largo plazo, la nueva estrategia necesitará algún tiempo para producir buenos resultados.

Vida privada: Nuestra vida llegó a un callejón sin salida, como una familia que no ha producido ningún descendiente. Con la ayuda de gente humilde, iniciaremos una nueva vida. Quizás contratemos una niñera para que cuide a nuestros hijos o literalmente consigamos una concubina.

Salud, sentimientos y relaciones sociales: Si nuestro estado de salud era malo, ahora va a mejorar. Los métodos no convencionales pueden ayudarnos. Puede que iniciemos una relación sentimental con alguien humilde que no pertenece a nuestro círculo social.

CHENG YI. — Este trazo *yin* está situado en la parte inferior del hexagrama, es la imagen simbólica de las patas. Se corresponde con el cuarto trazo; las patas están vueltas hacia arriba, por lo tanto, indica una inversión. Al volcarse el caldero, queda patas para arriba, y así se derrama su contenido, lo cual no está de acuerdo con el Camino. Sin embargo, hay ocasiones en las que esta inversión es apropiada, por ejemplo al inclinarlo para eliminar la suciedad y las impurezas con el fin de limpiarlo y dejarlo como nuevo. Por eso es ventajoso volcar el caldero para sacar lo que está mal. El carácter traducido como "desechos" [否, *pi*], significa "malo, obstrucción". El cuarto puesto es la posición que ocupa un alto funcionario situado cerca del príncipe, el primer trazo representa a un hombre colocado en inferioridad, y ellos se corresponden. El superior busca al inferior, y éste lo sirve. Lo superior puede utilizar el bien que existe en lo inferior, lo inferior puede asistir a la acción de lo superior, lo que hace posible la realización de la obra y de todas las cosas y constituye el camino del bien. Así como en el caso del caldero tumbado, hay tiempos en los que es adecuado trastocar las cosas, sin que constituya un acto contrario al principio de las cosas. Tener una concubina para conseguir hijos no es una falta. Este trazo *yin* es humilde, por lo que se considera que representa una concubina. "Uno toma una concubina" significa que uno toma a una persona; si se tiene una concubina virtuosa, ésta puede ayudar y asistir a su amo, para que éste no cometa falta alguna y quede sin culpa. El "hijo" se refiere al amo[3]; las palabras "para tener un hijo" significan "para que el amo esté libre de culpa". Este trazo es *yin*, situado en el puesto inferior, humilde y sumiso, sirve al [cuarto] trazo *yang*; y es la imagen simbólica de una concubina. Dado que este trazo *yin* asciende y se corresponde con el cuarto, se considera que expresa el vuelco del caldero y es este significado el que se desarrolla. El primer trazo *yin* esencialmente, carece de aptitudes o virtudes particulares que puedan señalarse, por lo que el texto dice "toma una concubina"; éste será el caso se toma una persona.

ZHU XI. — Este trazo se sitúa en la parte inferior del Caldero, presenta la imagen simbólica de las patas del caldero; se corresponde con el cuarto trazo *yang* superior, por lo que se produce una inversión[4]. Sin embargo, al inicio del hexagrama, el caldero aún no está lleno, sino que contiene las impurezas acumuladas durante mucho tiempo; para extraerlas hay que tumbarlo, lo que es favorable. Es a través de la concubina que se consigue un hijo, de ahí la imagen de este trazo. Su significado adivinatorio es la ausencia de culpa; es que, en efecto, es a través de la destrucción como se produce la obra. De lo bajo surge lo noble.

Nueve en el segundo puesto (muta al hex. 56)

El Caldero está lleno.
Mis camaradas sufren, pero no pueden acercarse.
Ventura.

> Nuestros logros pueden causar resentimiento en algunas personas. La frase traducida como "mis camaradas sufren", alternativamente podría escribirse como "mi compañero me odia" o "mi colega (o enemigo) me tiene envidia". En todo caso el significado es que alguien no se siente bien viendo nuestra prosperidad y es posible que intenten apropiarse del contenido del caldero sin tener ningún derecho al mismo.

La gente envidiosa no podrá perjudicarnos ni sacarnos lo que nos pertenece. Sigamos adelante con dedicación y seremos exitosos.

Trabajo: Algunas personas envidian nuestros logros, pero si continuamos realizando nuestro trabajo correctamente no podrán dañarnos. Aunque no tengamos su apoyo, nos vamos a manejar muy bien, por nuestra cuenta.

Vida privada: Vamos a prosperar, pero podemos llegar a tener desacuerdos y peleas con algunas personas cercanas.

Salud, sentimientos y relaciones sociales: Alguien en nuestra familia puede llegar a enfermarse.

CHENG YI. — El segundo trazo, que ocupa el puesto medio, utiliza la firmeza y está lleno. Es la imagen simbólica de que en el caldero hay algo real. Lo sólido (material) contenido en el caldero produce su efecto saliendo por arriba; el segundo trazo, dotado de firmeza *yang*, tiene las capacidades necesarias para ayudar a producir un efecto útil. Él y el quinto trazo se corresponden, y el segundo trazo asciende para seguir al príncipe, representado por el quinto trazo *yin*, así actúa con corrección y su camino es exitoso. Sin embargo, está muy cerca del primer trazo; y *yin* sigue a *yang*. El segundo trazo *yang* es central y se corresponde con un trazo central, no puede dejar de ser justo, pero aunque se cuida y observa una buena conducta, el otro (el primero) lo llama e invoca, por eso el texto incluye la advertencia de que es necesario mantener la distancia, para que no pueda acercarse, y entonces habrá ventura. "Camaradas", se refiere a un antagonista, lo opuesto, lo que contrasta; *yin* y *yang* son cosas que contrastan entre sí; como sucede con el primer trazo. Si (el primero y el segundo trazo) se relacionan, será contrario a la justicia y al deber, y esto es lo que indica la palabra "sufren". El segundo trazo debe usar la justicia para preservarse, de modo que el primero no pueda llegar a él. Si el hombre puede preservarse mediante la justicia, aquellos que carecen de justicia no pueden acercarse a él y es por esto que habrá ventura.

ZHU XI. — Un trazo firme ocupa el puesto medio, es la imagen simbólica del caldero lleno. "Mis camaradas" se refiere al primer trazo; *yin* y *yang* se llaman entre sí, pero carecen de justicia, y juntos caen en el mal y se convierten en enemigos. El segundo trazo puede preservarse por su firmeza y su centralidad, de modo que aunque el primero está muy cerca, no puede alcanzarlo. De ahí la imagen simbólica y el significado adivinatorio que presagia ventura.

---

3 El carácter traducido como "hijo", 子, *zi*, también significa "descendencia, prole; posteridad; oficial, amo, príncipe".

4 Lo bajo asciende, como cuando se tumba el caldero y sus patas apuntan para arriba.

EL CALDERO   50

Nueve en el tercer puesto (muta al hex. 64)

Las asas del Caldero son alteradas.
El avance está impedido.
La carne gorda del faisán no se come.
Cuando se precipite la lluvia desaparecerá el arrepentimiento. Finalmente habrá ventura.

Las asas que son alteradas indican que nuestros talentos no son apreciados y nuestras habilidades no pueden ser utilizadas para progresar, somos como un Caldero que no puede utilizarse porque sus asas, que están en mal estado, no permiten utilizarlo.
La carne que no se come indica la pérdida de oportunidades y el desperdicio de recursos.
La lluvia simboliza la liberación de la tensión después que los malentendidos y conflictos sean superados. Finalmente, nuestro verdadero valor será reconocido y podremos hacer buen uso de nuestros talentos y habilidades.

Trabajo: Nuestro avance está bloqueado por alguien situado por encima nuestro, pero con el tiempo, cuando las cosas se aclaren, tendremos éxito.

Vida privada: Las críticas de otros y algunos impedimentos, nos impiden disfrutar de la vida y limitan nuestra prosperidad, pero finalmente todos los conflictos quedarán en el pasado y seremos felices y prósperos.

Salud, sentimientos y relaciones sociales: Estamos estresados y nuestra propia ansiedad nos obstaculiza. Tratemos de relajarnos; después de superar nuestras perturbaciones internas nos sentiremos mejor.

CHENG YI. — Las asas del Caldero se refieren al quinto trazo *yin*; que es el regente de El Caldero[5]. El tercer trazo emplea *yang* para ocupar el puesto más alto en el trigrama *Xun*, ☴. Siendo firme y capaz de humildad, sus virtudes son suficientes para completar su tarea; sin embargo, no se corresponde con el quinto trazo y no tiene las mismas virtudes. El quinto trazo tiene centralidad, pero no es correcto; el tercero es correcto, pero no tiene centralidad. No son iguales, y el tercer trazo no se pone de acuerdo con el príncipe. Siendo así, ¿cómo podría actuar con efectividad? El carácter 革, *ge,* traducido como "alteradas", significa "cambiar, modificar, renovar, hacer haz algo diferente"[6]. Los trazos tercero y quinto son diferentes y no concuerdan; la acción está impedida y no puede llevarse a cabo. Si no se une al príncipe, no puede poseer autoridad; no tiene medios para extender su influencia. La "carne gorda" es algo agradable al paladar, es el símbolo de los emolumentos de un cargo oficial. El "faisán" designa el quinto trazo; tiene las virtudes de elegancia y brillantez de apariencia[7] por eso se lo llama "faisán". El tercer trazo tiene virtudes y aptitudes, pero no obtiene emolumentos ni una posición de este quinto trazo *yin*; ese es el significado de las palabras "la carne gorda del faisán no se come". El noble vela sus virtudes, pero a la larga deben brillar; si mantiene su camino "finalmente habrá ventura". El quinto trazo simboliza claridad de comprensión, mientras el tercero finalmente avanza hacia arriba. *Yin* y *yang* se unen y entonces llueve[8]. "Cuando se precipite la lluvia" indica que va a llover: esto expresa que el quinto y el tercer trazo están a punto de concordar y unirse. "Desaparecerá el arrepentimiento. Finalmente habrá ventura", significa que lamenta sus limitaciones y que finalmente llegará a un feliz augurio. El tercer trazo oculta sus habilidades y todavía carece de compañero, por lo que lamenta sus limitaciones; pero teniendo las virtudes de firmeza *yang*, y estando el superior dotado de claridad de entendimiento y el inferior de rectitud y humildad, al final deben ponerse de acuerdo, para que haya ventura. Aunque el tercer trazo está desprovisto de centralidad, forma parte de la sustancia de la humildad, de modo que no tiene exceso de firmeza. Si hubiera un exceso de firmeza, ¿cómo podría llegar finalmente la ventura?

ZHU XI. — Este trazo *yang* está colocado en el vientre del caldero, representa a quien, esencialmente, posee cualidades bellas y reales. Sin embargo, por su exceso de firmeza y carencia de centralidad, no se corresponde con el quinto trazo. Además ocupa el puesto más alto en el trigrama inferior, y como es un tiempo de modificación y renovación, se considera que expresa que "las asas del caldero son alteradas" y que el caldero no se puede levantar para cambiar de lugar. Aunque recibe la influencia de la claridad y elegancia del trigrama superior, "la carne gorda del faisán no se come". Sin embargo, como es un trazo *yang* que ocupa un puesto *yang*, se considera que se ajusta a la rectitud y, si se puede comportar correctamente, con prudencia, *yin* y *yang* podrán concordar armoniosamente, y "desaparecerá el arrepentimiento". Si el que consulta el oráculo se encuentra en tales condiciones, aunque al principio esté en desventaja, "finalmente habrá ventura".

---

5 Es mediante la modificación del quinto trazo que se produce este hexagrama.
6 Es el mismo carácter que le da su nombre al hexagrama 49, La Revolución.
7 Por ocupar el puesto central del trigrama *Li*, ☲, que simboliza elegancia y brillantez
8 En el Libro de los Cambios, siempre que se menciona la lluvia, significa que *yin* y *yang* se unen.

Nueve en el cuarto puesto (muta al hex. 18)
Las patas del Caldero están rotas.
La comida del príncipe se derrama y se mancha su figura.
Desventura.

> Las patas quebradas significan falta de apoyo que hace que nuestros planes fracasen, falta de juicio, mal comienzo, planes demasiado ambiciosos, que no fructifican. En la antigüedad China, el caldero simbolizaba la autoridad central, y sus tres patas los ministros en los que ésta se apoyaba. La rotura de las patas indica que uno o varios ministros no cumplen bien con sus funciones y ponen al gobierno en peligro.
> Mancharse la ropa (o ser marcado con un hierro al rojo vivo, o castigado severamente, como lo lee ZHU XI) significa que, como resultado de un fracaso se manchará nuestra reputación e incluso podemos llegar a ser castigados.
>
> **Trabajo:** Debido a que no podremos cumplir con nuestras responsabilidades seremos humillados. Como resultado, puede que seamos despedidos o degradados. Alternativamente, puede que nuestros errores hagan quedar mal a nuestro jefe, por lo que seremos castigados.
>
> **Vida privada:** Un grave error o falta de juicio de nuestra parte va a dañar nuestra reputación.
>
> **Salud, sentimientos y relaciones sociales:** Es posible que tengamos problemas con nuestras extremidades inferiores. Quizás pasemos vergüenza frente a los demás.

CHENG YI. — El cuarto puesto representa la posición de un ministro con un alto puesto, quien es responsable de los asuntos del Estado. ¿Cómo podría un solo hombre soportar la carga de los asuntos estatales? Debe necesariamente convocar la ayuda de las personas sabias e inteligentes de todo el mundo, para que unan sus esfuerzos con los suyos, y, si se encuentra con tales hombres, el gobierno del mundo puede ser perfecto, sin requerir ningún esfuerzo. Por el contrario, si emplea a quienes son incapaces, causará la decadencia de los asuntos del Estado, hasta el punto de causar la desgracia del mundo. El cuarto trazo se corresponde con el primer trazo, quien es un hombre inferior, suave y *yin*, que representa aquel que no debe ser utilizado. Sin embargo, el cuarto lo utiliza, pero como no es capaz de soportar el peso de su misión, compromete los asuntos de los que es responsable; es como un caldero con una pata rota, que derrama la comida del príncipe. "Comida" es lo que llena el caldero.

Ocupando la posición de un súbdito con un alto puesto, investido de autoridad en el imperio, y empleando a alguien que no debería ser empleado, las cosas llegan a este punto de derrocamiento y ruina. Esto significa, en el nivel más alto, no estar a la altura de la autoridad recibida y quedar expuesto a la vergüenza y el desprecio. Los caracteres traducidos como "se mancha su figura" indican el enrojecimiento de la vergüenza. El desafortunado presagio es obvio. El *Gran Tratado*[9] dice: "un hombre de poca virtud en una posición elevada, de escasa sabiduría, pero preparando un plan grandioso, o de poca habilidad pero con gran responsabilidad, raramente puede escapar al desastre"; esto expresa el hecho de no estar a la altura de sus deberes y autoridad, cegado por el egoísmo, con mínimas virtudes y conocimientos insuficientes.

ZHU XI. — Chao Yuezhi dijo que 形渥, *xing wo*, "se mancha su figura", debería leerse como 刑剭, *xing wu*: "castigado severamente", es decir sanciones muy graves, y yo lo sigo. El cuarto trazo representa a alguien que ocupa un puesto muy alto y cuya autoridad es considerable; sin embargo, se rebaja a corresponderse el primer trazo *yin*; por lo tanto, no es capaz de soportar el peso de su propia autoridad. De ahí la imagen simbólica, y el significado adivinatorio de desventura.

○ **Seis en el quinto puesto** (muta al hex. 44)
El Caldero tiene orejas [asas] amarillas
y varillas de bronce.
La determinación es favorable.

> Las varillas pasan a través de las asas del caldero para poder llevarlo de un lado al otro.
> Este trazo ocupa el lugar del regente, que es representado por las varillas de bronce, y sus ayudantes son las asas. El amarillo simboliza el equilibrio y la modestia. Un regente sabio y de mente abierta sabe como conseguir colaboradores capaces y confiables, que lo ayudan con su tarea.
>
> **Trabajo:** Nuestro equilibrio, moderación y capacidad serán reconocidos y eso nos permitirá obtener toda la ayuda que necesitemos para llevar a cabo nuestra tarea.
>
> **Vida privada:** Una actitud sensata y accesible nos permitirá alcanzar la prosperidad con la colaboración de nuestros amigos y familia.
>
> **Salud, sentimientos y relaciones sociales:** Tendremos buena salud y equilibrio espiritual.

---

9 El Gran Tratado, 大傳, *Da zhuan*, es parte de las Diez Alas.

EL CALDERO

CHENG YI. — El quinto trazo está en la parte superior del Caldero, imagen simbólica de sus "orejas". Lo que se utiliza para levantar y transportar el caldero son sus orejas [asas]; por eso este trazo es el regente[10] de El Caldero. El quinto trazo tiene la virtud de la centralidad, por eso el texto habla de "orejas amarillas". Las "varillas" es lo que se sujeta a las orejas, y se refieren al segundo trazo, que se corresponde con el quinto; esto es lo que se sujeta a las orejas, es decir las "varillas". El segundo trazo posee las virtudes de firmeza y centralidad; la sustancia *yang* es firme; el color de la centralidad es el amarillo, por lo que se considera que representa "varillas de bronce". El quinto trazo, con la elegancia de la forma, tiene centralidad y se corresponde con la firmeza y la centralidad del segundo trazo, que forma parte de la sustancia del trigrama *Xun*, ☴, la humildad, y se eleva, correspondiendo al quinto trazo. Sus poderes son suficientes en todos los sentidos, se corresponden y alcanzan una excelencia extrema; por eso "la determinación es favorable". El quinto trazo *yin* ocupa el centro y se corresponde con un trazo central; no le falta rectitud, aunque su virtud es la suavidad *yin*; por eso el texto menciona que "la determinación es favorable".

ZHU XI. — El quinto trazo, representa las orejas [asas] y posee la virtud de la centralidad. Por eso el texto menciona las "orejas amarillas". El "bronce" es algo duro y sólido; las "varillas" pasan por las "orejas" para levantar el Caldero. El quinto trazo, ahuecado en el medio, es decir desprovisto de pretensiones, se corresponde con la dureza y firmeza del segundo trazo *yang*, de ahí la imagen simbólica. El significado adivinatorio es que "la determinación es favorable". Se ha sugerido que la expresión "varillas de bronce" se refiere al trazo *yang* superior; esto necesita ser aclarado.

○ **Al tope un nueve** (muta al hex. 32)

El Caldero tiene varillas de jade.
Gran ventura.
Nada que no sea favorable.

> El jade es una piedra preciosa que era muy apreciada en la China antigua. Las varillas de jade, que son duraderas, suaves y lustrosas, simbolizan a un asesor que puede manejar con eficiencia y diplomacia las tareas más delicadas, Indican que estamos libres de prejuicios y podemos realizar nuestro trabajo con el máximo de perfección; tal como las varillas de jade permiten mover el Caldero con facilidad.
> El sexto trazo de un hexagrama simboliza con frecuencia un sabio que está fuera de la situación y ayuda al regente (el quinto trazo) con su sabiduría, como sucede en este caso.

Trabajo: Posiblemente trabajaremos como un consultor, ofreciendo nuestro valioso consejo a nuestros clientes, obteniendo un gran éxito.

Vida privada: Nuestra firme pero receptiva actitud nos ganará la confianza de los que nos conocen. Ejercemos una excelente influencia en nuestra familia. Seremos prósperos y felices.

Salud, sentimientos y relaciones sociales: Todo nos irá bien porque somos receptivos a las influencias espirituales y también amables y considerados con quienes nos rodean.

CHENG YI. — Tanto en El Caldero, como en *Jing*, 井, ☵ (48, *El Pozo*), el efecto útil se produce siempre mediante la extracción hacia arriba. Este trazo se coloca en la última posición; representa la culminación del trabajo expresado por El Caldero. Al estar situado al tope, tiene la imagen simbólica de las "varillas de jade". El jade simboliza lo duro y transparente. Aunque este trazo está dotado de energía *yang*, ocupa sin embargo un puesto *yin*, y monta sobre un trazo *yin*; es aquel que sin llevar la firmeza al límite extremo es capaz de tener calma y dignidad. Al situarse en el camino de la realización de la obra, se sitúa simplemente en el bien, pero [el texto] no indica nada más. La firmeza y la suavidad están en el equilibrio adecuado; ya sea que se mueva o permanezca en reposo, no comete excesos, por lo que se considera que indica un gran augurio feliz, por eso el texto dice "nada que no sea favorable". Al estar situado al tope, representa las "varillas"; aunque ocupa un terreno que no indica ninguna situación especial, en realidad está produciendo precisamente un efecto útil. Esto es completamente diferente de lo que sucede en otros hexagramas, pero similar al caso del hexagrama 48, El Pozo.

ZHU XI. — El trazo superior simboliza las varillas que permiten levantar y mover el Caldero. Siendo *yang*, ocupa un puesto *yin*; expresa la firmeza capaz de calma y dignidad[11], de ahí la imagen simbólica de las "varillas de jade" y el significado adivinatorio propicio: "nada que no sea favorable". A quien tenga tales virtudes le será aplicable este significado adivinatorio.

---

10 Junto con el sexto trazo.

11 Transparente e inalterable como una varilla fina de jade.

51 Lo Suscitativo / La Conmoción | *Zhen*

Este es uno de los ocho hexagramas que están compuestos por un mismo trigrama, repetido dos veces, en este caso es ☳, *Lo Suscitativo*.

Se puede ver más información sobre *Lo Suscitativo* en **Los ocho trigramas**.

Significados asociados

Conmoción, sacudida, trueno, terremoto, agitar, mover, poder, vibración, aterrorizar, inspirar temor y reverencia.

El Dictamen

La Conmoción.
Éxito.
La llegada de la Conmoción causa temor.
Pero luego hablan con buen humor y ríen.
La Conmoción aterra a cien *li*.
No deja caer la libación ni el cucharón sacrificial.

> Un nuevo factor va a irrumpir violenta e inesperadamente en nuestra vida.
>
> Incertidumbre, sorpresa y temor nos sacudirán. La risa indica la excitación extrema causada por la Conmoción, cuando no sepamos si reír o llorar porque no estamos seguro de lo que está pasando ni de como responder a ello.
>
> La Conmoción puede venir en oleadas, en tal caso experimentaremos varios períodos de extremo estrés seguidos por momentos de distensión.
>
> No dejar caer el cucharón ni la libación significa mantener el equilibrio, no perder el control de nosotros mismos y estar preparados para enfrentar los nuevos desafíos.
>
> Estos son tiempos llenos de oportunidades y desafíos, si somos capaces de adaptarnos a las cambiantes circunstancias, creceremos como persona.

CHENG YI. — La fuerza *Yang* nace desde abajo y sube a medida que se avanza; implica "éxito". Además, el trigrama *Zhen*, ☳, simboliza el movimiento; expresa terror y miedo; pero también la habilidad para orientarnos bien. Sacudidas y temblores violentos y repentinos; moverse y avanzar, temer y reformarse; orientarse y protegerse bien; todo esto favorecerá el progreso, por eso el texto dice "éxito". "La llegada de la Conmoción causa temor"; en el momento en que se produce la Conmoción del movimiento, hay una sensación de miedo y pavor, uno no se atreve a disfrutar del descanso, sino que, mirando a su alrededor, prevé todas las posibles consecuencias, temblando de miedo. El carácter 虩, *xi*, traducido como "temor", que aparece duplicado, significa "terror, sonido del trueno"; el hecho de que esté duplicado expresa la apariencia de mirar y preocuparse sin reposo; también sugiere la manera de mirar del tigre y de la serpiente, porque estos seres miran a su alrededor y espían sin reposo. Al estar así situado en el momento de la Conmoción, uno podrá preservar y garantizar el descanso y el bienestar, lo que permite hablar alegremente y da una apariencia de alegría. Por eso el texto dice: "pero luego hablan con buen humor y ríen". "La Conmoción aterra a cien *li*"; esto expresa la magnitud de la Conmoción y al mismo tiempo la forma adecuada de situarse en tal circunstancia. No hay nada como el trueno para una gran magnitud de movimiento. El trigrama *Zhen* simboliza el trueno, y por eso el Dictamen lo menciona. La Conmoción causada por el trueno se extiende a 100 *li* de distancia [50 km], nadie escapa al miedo y todo hombre pierde el dominio de sí mismo; pero el texto agrega: "no deja caer la libación ni el cucharón sacrificial". Quien se encuentra presentando un sacrificio en el templo de los antepasados, sosteniendo la cuchara y el vino especiado, no debe perder el auto-control. La sinceridad y la reverencia del hombre nunca es mayor que durante los sacrificios y ofrendas. La cuchara se utiliza para tomar el contenido del caldero[1] y colocarlo sobre el plato; el vino especiado se utiliza para derramar libaciones sobre la tierra para evocar y hacer descender el espíritu. En el momento en que el oficiante vierte las libaciones para llamar al espíritu, en el momento en que presenta la carne como una

---
1 El mismo caldero mencionado en el hexagrama 50, El Caldero.

LO SUSCITATIVO / LA CONMOCIÓN

ofrenda propiciatoria, exalta en su alma el sentimiento de respeto y veneración, de modo que la amenaza misma del trueno no puede distraerlo, ni el miedo, hacer que deje de ser dueño de sí mismo. Aún ante el miedo que le provoca la magnitud de la Conmoción, puede permanecer tranquilo y dueño de sí mismo, sin experimentar otros sentimientos que los de sinceridad y reverencia. Ésta es la forma de situarse durante la Conmoción. El texto no menciona las habilidades o cualidades expresadas por el hexagrama; sólo se refiere de la forma de posicionarse durante la Conmoción.

ZHU XI. — 震, *Zhen* equivale a 動[2], *tong*, movimiento o poner en movimiento. Un trazo *yang* comienza a nacer debajo de dos trazos *yin*: la sacudida y el movimiento. Su imagen simbólica es el trueno; y se asocia con el hijo mayor[3]. *Zhen* lleva al éxito. "La llegada de la Conmoción causa temor" es el momento de la llegada de este temblor. "La Conmoción aterra a cien *li*", esto se dice del trueno. El "cucharón" es lo que se utiliza para remover el contenido del caldero. "La libación" se hacía con vino extraído de cierto grano mezclado con cúrcuma, que se utilizaba para verter libaciones sobre la tierra para evocar y hacer descender el espíritu. "No deja caer la libación ni el cucharón sacrificial": esto se dice del hijo mayor[4]. El significado adivinatorio de este hexagrama es que la aprensión y el temor son el camino para llegar las bendiciones; si aún con temor uno no deja de observar lo que es importante, tendrá éxito.

La Imagen

El Trueno repetido: la imagen de la Conmoción.
Así el noble con aprensión y temor pone en orden su vida y se evalúa a sí mismo.

> El trigrama del trueno que forma este hexagrama, repetido dos veces, excita, atemoriza y sacude.
> El Trueno repetido significa que nuestra rutina diaria será perturbada por acontecimientos inesperados. Estos eventos quizás sean el resultado de factores totalmente imprevisibles o pueden suceder porque nos descuidamos, decidimos ignorar ciertas cosas, y por lo tanto no estamos bien preparados para hacernos cargo de sus consecuencias.

El Trueno se puede manifestar como situaciones inesperadas, eventos fortuitos, o como una persona que entra en nuestra vida, alterando todos nuestros puntos de referencia.
Ya no podemos ignorar por más tiempo lo que está sucediendo. Tenemos que estar a la altura de las circunstancias y aprender a lidiar con el desafío.
"Pone en orden su vida" quiere decir que deberíamos estar preparados para ajustar nuestra actitud y creencias y dejar atrás lo que ya no es útil, y aceptar nuevos elementos o puntos de vista en nuestra vida.

CHENG YI. — Trueno repetido, arriba y abajo todo se estremece. Por eso el hexagrama expresa la repetición del trueno[5]. Al ser continuo, la intensidad y potencia del trueno se desarrollan y aumentan. El noble contempla la imagen simbólica de la repetición del trueno y el poder de la Conmoción y usa su aprensión y temor para corregirse a sí mismo, examinándose atentamente y controlándose a sí mismo. El noble teme el poder del Cielo, de modo que reforma su propia persona, medita sobre sus errores y faltas y los corrige. Y esto no lo hace sólo ante la Conmoción del trueno; cada vez que se encuentra con algo que lo perturba, siempre actúa así.

ZHU XI. — No ofrece comentario para La Imagen de este hexagrama.

○ Al comienzo un nueve (muta al hex. 16)

La llegada de la Conmoción causa temor [duplicado].
Pero luego hablan con buen humor y ríen.
Ventura.

> Las palabras en este trazo son similares al texto del Dictamen.
> En un primer momento, la Conmoción nos aterrorizará, pero después que pase el primer efecto nos adaptaremos y nos relajaremos.
> Las nuevas cosas que han irrumpido, perturbando nuestra vida, son una bendición, aunque al principio no lo parezcan. Además la Conmoción nos afectará en oleadas[6], lo que nos permitirá relajarnos en su intervalo.

Trabajo: Una experiencia perturbadora o una interferencia imprevista, nos ayudará a progresar y superarnos.

---

2   震, *Zhen* es el carácter que sirve de nombre a este hexagrama, y también al trigrama del mismo nombre, ☳. ZHU XI dice que *Zhen* equivale a 動, *dong*, otro carácter que significa movimiento. El trueno nos pone en movimiento, hace que nos reexaminemos y ajustemos nuestra vida, para afrontar nuevos desafíos.
3   Es decir el género de los seres representados está caracterizado por un adulto joven del sexo masculino.
4   Oficiando ante el altar de los ancestros; recordemos que el trigrama *Zhen*, ☳, simboliza al hijo mayor.
5   Repetición del trigrama del trueno, *Zhen*, ☳.
6   Por eso el texto tiene duplicado el carácter 虩, *xi*, traducido como "temor", como CHENG YI explica en su comentario.

Vida privada: Nos enfrentaremos a situaciones inesperadas y aterradoras, pero finalmente todo terminará bien, si sabemos adaptarnos.

Salud, sentimientos y relaciones sociales: Nuestra compostura será sacudida por una noticia o por la intromisión de alguien, pero la Conmoción sufrida, nos ayudará a crecer como persona.

CHENG YI. — El primer trazo *yang* es el regente de la Conmoción, del que depende la producción de la misma[7]. Está en el puesto inferior del hexagrama y se coloca al comienzo de la Conmoción. Él percibe y enfrenta la llegada de la Conmoción. En el momento en que comienza la Conmoción, la contempla con temor[8], observando y abarcando [en su mente] todas las posibilidades, tembloroso por el temor, sin atreverse a bajar la guardia ni descansar; así asegurará su seguridad y ventura final. De ahí que "luego hablan con buen humor y ríen".

ZHU XI. — El regente de la Conmoción, de quien depende la misma, se coloca al inicio de la Conmoción, de ahí el significado adivinatorio.

Seis en el segundo puesto (muta al hex. 54)

La Conmoción llega con peligro.
Uno pierde cien mil cauris y trepa las nueve colinas
No vayas en persecución.
En siete días las obtendrás.

> Nos veremos muy afectados por la conmoción y sufriremos grandes pérdidas emocionales y/o materiales, representadas por las cien mil cauris, que eran conchas que se usaban como monedas.
> Si aceptamos nuestras pérdidas y en lugar de intentar recuperarlas, nos retiramos a un lugar seguro hasta que el peligro pase, todo terminará bien.
> En otro nivel, subir a las nueve colinas indica la necesidad de crecer y madurar para ser capaz de manejar la nueva situación.
> Los siete días representan un periodo que debe transcurrir antes de que recuperemos lo que hemos perdido, que volverá por sí solo.
> Además de en este trazo, el carácter para siete (七, *qi*) sólo aparece en el Dictamen del hexagrama 24, El Retorno, y en el segundo trazo del hexagrama 63, Des-

pués de la Consumación. Aquí indica la devolución de algo perdido, en el hexagrama 24 se relaciona con un retorno y en el hexagrama 63 con el regreso de la cortina de un carruaje.

Trabajo: Quizás seamos despojados de nuestra influencia, o puestos a un lado por un tiempo. Puede que tengamos que renunciar a ciertas cosas y aceptar algunas pérdidas. Seamos pacientes y evitemos confrontaciones. Finalmente recuperaremos lo que hemos perdido.

Vida privada: Problemas y conflictos perturbarán nuestra vida y tendremos que renunciar a ciertas cosas, o puede que alguien querido se aleje de nosotros. Evitemos entrar en conflicto y no tratemos de retener lo que nos es arrebatado. Nuestras pérdidas serán temporales, si alguien nos abandona, con el tiempo volverá.

Salud, sentimientos y relaciones sociales: Un rompimiento de relaciones nos afectará hondamente. Seamos pacientes y todo terminará bien.

CHENG YI. — El segundo trazo *yin* tiene centralidad y se ajusta a la rectitud; es alguien que se posiciona bien durante la Conmoción. Además, pisa el firme primer trazo *yang*, que es el regente de la Conmoción, y quien se mueve con firmeza, ascendiendo súbitamente, estallando como el trueno. ¿Quién sería capaz de contenerlo y dominarlo? "Peligro" indica su intensidad y ferocidad. Su llegada es peligrosa. "Cien mil" es una medida de la riqueza; "cauris" son los bienes o mercancías que posee;" trepa" indica ascensión; "las nueve colinas" son cerros muy altos; "persecución" significa un emprendimiento para conseguir algo [lo que ha perdido]. Debido al peligro que provoca la llegada de la Conmoción, no es capaz de resistir y necesariamente debe perder lo que posee, ascendiendo a lo más alto, para escapar. El número "nueve" se utiliza para indicar repetición de la elevación, lo que es más alto; nueve indica multiplicidad de la repetición, como en las expresiones: "nueve cielos" o "nueve tierras"[9]. "No vayas en persecución. En siete días las obtendrás", lo que hace noble al segundo trazo, lo que lo hace precioso, es su centralidad y rectitud. Aunque experimenta miedo y sobrecogimiento, ante la llegada de la Conmoción, advierte su potencia y se retira humildemente a un lado; manteniendo su centralidad y rectitud, sin perder la posesión de sí mismo. Necesariamente per-

---

7 Sin él, el trigrama *Zhen*, ☳, que simboliza la Conmoción, no existiría.
8 Ver la penúltima nota.

9 En distintos textos clásicos chinos encontramos el número nueve; como en Sun Tzu, en *El Arte de la Guerra*, cuando habla de "las nueve tácticas" (cap. 8), o "las nueve situaciones" (cap 11).

derá mucho, pero se retira lejos para preservarse, y una vez pasado el peligro, retomará sus hábitos ordinarios. No persigue [lo que ha perdido], sino que lo recuperará sin esfuerzo. Perseguir es seguir algo; si siguiera algo, para alcanzarlo, perdería lo que quiere preservar, por eso el texto advierte: "trepa las nueve colinas", "no vayas en persecución". Retirarse lejos para preservarse; ésta es la gran regla en casos de Conmoción. En cuanto al segundo trazo, le conviene temer y posicionarse bien. Los hexagramas tienen seis posiciones; el número siete indica que el ciclo comienza de nuevo, cuando un asunto termina, la situación se modifica. No pierde su auto-control, y aunque no puede hacer frente a lo que sucede [de ahí su retirada], sin embargo, cuando la situación se modifica, retoma sus hábitos regulares, por eso el texto dice "en siete días las obtendrás".

ZHU XI. — El segundo trazo *yin* pisa el firme trazo *yang* en el primer puesto; además, se enfrenta al momento en que se produce la Conmoción y los peligros que la acompañan. El carácter 億, *yi*, aún no está bien explicado[10]. Además, en el momento de perder sus riquezas y posesiones, se eleva hasta las cimas de las nueve colinas; pero manso y pasivo, central y recto, sus cualidades son suficientes para preservarlo, de modo que no pide ayuda y se protege a sí mismo. En el texto de este trazo, el significado adivinatorio es completo, la imagen simbólica es natural, pero los símbolos de las "nueve colinas" y los "siete días" aún no están claros.

Seis en el tercer puesto (muta al hex. 55)

La Conmoción causa gran excitación y desconcierto.
La Conmoción hace que uno se movilice.
Sin culpa.

> La conmoción es peligrosa, pero si tomamos consciencia de que debemos cambiar y adaptarnos a los nuevos tiempos y ponemos manos a la obra, podremos salir adelante.
> Es posible que al principio nos sintamos un poco confundidos, pero después de recuperar nuestro equilibrio podremos encontrar la forma de enfrentar los eventos perturbadores. En cambio, si no tomamos ninguna acción, ignorando la necesidad de un cambio, pasaremos vergüenza.

En otro nivel de interpretación, tomar acción también puede significar tomar distancia del peligro, retirarnos a un lugar seguro.

Trabajo: Es necesario que nos adaptemos a las nuevas circunstancias, que ajustemos nuestro punto de vista y tratemos de seguir adelante con creatividad. Si no reaccionamos prontamente, seremos desacreditados.

Vida privada: Seamos flexibles y estemos dispuestos a hacer ajustes en nuestra vida, con mucha cautela. Podemos avanzar o retirarnos, quedarnos quietos no es una opción válida.

Salud, sentimientos y relaciones sociales: Es tiempo de despertar. Necesitamos nuevas ideas. Una actitud conservadora no nos servirá de nada. No podemos ignorar lo que está pasando.

CHENG YI. — "Gran excitación y desconcierto" expresa una circunstancia en la que lo moral y lo físico están totalmente deprimidos, y cuando uno pierde la posesión de sí mismo. El tercer trazo emplea *yin* para ocupar un puesto *yang* y carece de rectitud. Quien carece de rectitud, incluso en un momento ordinario y tranquilo, no puede estar en reposo, cuanto menos en un momento de Conmoción. La Conmoción lo perturba y lo descontrola. "La Conmoción hace que uno se movilice", si es capaz de adaptarse a la Conmoción y actúa, rectificándose a sí mismo, no tendrá culpa. El último carácter del texto, "culpa[11]", aquí significa falta. Si el tercer trazo se moviliza alcanzará el cuarto puesto, que es correcto para él. Se considera que moverse para volver a la rectitud constituye un bien, que el segundo trazo alcanza naturalmente sin buscarlo; en cuanto al tercer trazo, si se moviliza, no cometerá error alguno. La falta de rectitud, en un tiempo de Conmoción, provoca miedo y es evidente que se pueden cometer errores[12].

ZHU XI. — "Excitación y desconcierto" indica que este trazo pierde el auto-control y está fuera de sí. Siendo *yin*, ocupa un puesto *yang*. Ante un momento de Conmoción, ocupa una posición sin rectitud. Si quien consulta el destino se moviliza, inspirado por el miedo, y actúa, para rectificarse a sí mismo, entonces no cometerá faltas.

---

10 ZHU XI lee el carácter 億 (cien mil) como otro que se pronuncia igual (*yi*), 噫, que significa "ay de mí"; de modo que el texto de este trazo lo lee como "Ay de mí, pierdo mis posesiones".

11 眚, *sheng*, que también significa "calamidad", un desastre causado por un error.

12 La idea es que si uno se moviliza, es decir, si está a la altura de las circunstancias, no cometerá errores.

Nueve en el cuarto puesto (muta al hex. 24)

La Conmoción lo empuja al lodo.

> Estamos sumidos en la incertidumbre y no podemos avanzar porque somos capaces de adaptarnos. Ahora estamos confundidos y no vemos ninguna salida. Tratemos de recuperar nuestro equilibrio y serenidad. Debemos buscar nuevas soluciones para nuestros problemas para evitar estancarnos.
>
> **Trabajo:** Nuestra carrera o negocio llegó a un aparente callejón sin salida. La falta de claridad, y una actitud inflexible, nos están deteniendo.
>
> **Vida privada:** No podemos encontrar ninguna opción viable y perdemos la esperanza, porque no sabemos que debemos hacer. La falta de soporte y discernimiento nos impide movernos y superar nuestros problemas.
>
> **Salud, sentimientos y relaciones sociales:** Es posible que tengamos problemas de movilidad. Nuestros deseos y miedos nos mantendrán atrapados en la confusión mientras no podamos tranquilizarnos.

CHENG YI. — El cuarto trazo *yang* se encuentra en un momento de Conmoción y perturbación. Debido a que carece de centralidad y rectitud, su camino lo lleva a posicionarse con debilidad y falta de firmeza. Ocupa el cuarto puesto sin centralidad, está atrapado y se ahoga en medio de cuatro trazos *yin*, y es quien no puede sacudirse ni esforzarse con valentía. Por eso el texto menciona el "lodo"; el último carácter del texto, 泥, *ni*, lodo, ciénaga, indica aquí una inundación que se desborda y engulle. Dado que es un trazo *yang* carente de rectitud, y por encima y por debajo tiene varios trazos *yin*, ¿cómo evitaría sentirse abrumado? El penúltimo carácter del texto, "empuja" [遂, *suí*] indica que no hay posibilidad de que sea de otra manera. Ante el miedo despertado por la Conmoción, no puede protegerse [a sí mismo]; le gustaría ponerse en movimiento y liberarse, pero carece de firmeza. El camino de la Conmoción[13] se ha perdido, ¿cómo podría tener claridad y éxito?

ZHU XI. — Este es un trazo firme en un puesto débil[14]; carente de centralidad y rectitud. Está situado en el intervalo entre dos trazos *yin* y no puede empezar a moverse. El penúltimo carácter [empuja], indica que no hay posibilidad de superar la Conmoción. El último carácter significa lodo; ahogarse, quedar sumergido por las olas.

Seis en el quinto puesto (muta al hex. 17)

La Conmoción va y viene.
Peligro. Sin embargo nada se pierde.
Hay cosas que hacer.

> La situación no es estable y estamos en peligro, pero si no nos dejamos desviar de nuestros objetivos y conservamos nuestro equilibrio en medio de la Conmoción, manejaremos bien la situación y nos mantendremos a salvo.
>
> En este tiempo, lo importante es no quedarnos atrás, y adaptarnos a las eventualidades, con flexibilidad.
>
> **Trabajo:** A pesar de que las circunstancias son inestables, conservaremos nuestra posición y podremos realizar nuestras tareas satisfactoriamente.
>
> **Vida privada:** Si enfrentamos las actuales condiciones de inestabilidad con flexibilidad y prudencia, eludiremos el peligro y podremos seguir adelante.
>
> **Salud, sentimientos y relaciones sociales:** Si mantenemos nuestra paz interior y actuamos con cautela, no cometeremos errores ni tendremos nada que reprocharnos. Si tuviéramos problemas de salud, debemos ser muy cuidadosos para evitar que se compliquen.

CHENG YI. — Debido a que el quinto trazo *yin* ocupa un puesto *yang*, su posición inmerecida constituye una falta de rectitud, sin embargo, al ocupar un puesto *yang* con suavidad *yin*, pero con centralidad, representa a quien posee la virtud de la centralidad. Al no faltarle centralidad, no se apartará de la rectitud, y es por esto que su centralidad se considera nobleza. En muchos hexagramas, aunque el segundo y el quinto trazo ocupen sus posiciones sin rectitud[15], la mayoría de las veces su centralidad constituye la belleza de sus atributos. Por otra parte, aunque los trazos tercero y cuarto ocupen sus posiciones con rectitud, sucede por el contrario que el hecho de que no posean centralidad se considera que constituye su error o culpa. La centralidad es ordinariamente más importante que la rectitud; de hecho, al tener centralidad, no se hará nada que esté en contra de la rectitud, mientras que la rectitud no necesariamente resulta en centralidad. Entre los principios del mundo nada es más bello que la centralidad, y esto es visible cuando el segundo y el quinto trazo son *yin*. En cuanto al movimiento del quinto trazo, si intenta ascender, su lentitud le hace incapaz de llevar el movimiento hasta su límite extremo; si busca volver abajo, desafía la firmeza

---

13 Es decir, la manera de comportarse para atravesar exitosamente este difícil tiempo.

14 Trazo *yang* en puesto *yin*.

15 Trazo *yang* en puesto *yin* o trazo *yin* en puesto *yang*.

Lo Suscitativo / La Conmoción

del cuatro trazo *yang* y lo provoca, de modo que ir o venir siempre es peligroso. Ocupa la posición del príncipe, por lo que se considera que es el regente de este hexagrama[16]. Dependiendo de la oportunidad, su simpatía se manifiesta, pero se aplica solo a la centralidad, pero sigue lo que conviene en su correspondencia y alteración, apreciando y calculando, manteniendo su posición central, y eso es todo. Lo que posee simplemente significa la virtud de la centralidad. Si no pierde la centralidad, aunque esté en peligro, no sufrirá ninguna desgracia. Apreciar y calcular significa meditar y tomar precauciones para no perder la centralidad. Lo que pone en peligro al quinto trazo es que no tiene firmeza *yang* y carece de ayuda y asistencia[17]; si utilizara la firmeza *yang* y tuviera ayuda, siendo el regente de la Conmoción, tendría éxito. En el ir y venir también hay peligro; el momento es, por tanto, extremadamente difícil, pero si no pierde su centralidad podrá protegerse [a sí mismo]. Pero quien utiliza la suavidad para ser el regente del movimiento, no puede alcanzar el éxito, ni remediar los peligros.

ZHU XI. — Un trazo *yin* ocupa el quinto puesto y se coloca en un momento de Conmoción. Hay peligro en todo momento, pero dado que mantiene su centralidad, no experimentará ninguna pérdida y "nada se pierde". Si quien consulta el oráculo no carece de centralidad, aunque esté en peligro, no sufrirá ninguna pérdida.

Al tope un seis (muta al hex. 21)

La Conmoción causa miedo incesante.
Uno mira alrededor aterrorizado.
Marchar trae desventura.
La Conmoción no lo alcanza, pero sí a su vecino.
Sin culpa.
Hay discusiones en el matrimonio.

> Aquí la conmoción alcanza su punto más alto y el malestar y la confusión son extensos. La gente está atemorizada y no sabe qué hacer, por eso muchos pueden actuar irreflexivamente, lo que empeorará su situación.
> Podemos mantenernos al margen de la psicosis colectiva. No sigamos a las masas, mantengamos nuestra tranquilidad y no nos involucremos en los problemas de los demás.
> "Hay discusiones en el matrimonio" indica que, debido la Conmoción nuestras circunstancias cambiarán radicalmente, y por eso deberemos ajustar y modificar nuestras relaciones con algunas personas cercanas. Sin embargo, dado que no se menciona éxito ni desventura, lo más que podemos aspirar es no cometer errores ni sufrir ninguna desgracia.

Trabajo: El derrotismo y el miedo afectan a muchos. Podremos mantenernos al margen de los problemas si conservamos nuestra calma a pesar del caos reinante y no permitimos que otros nos alteren. Es posible que debamos replantearnos nuestra posición en nuestro negocio o nuestro empleo; quizás debamos re-negociar los términos de nuestra vinculación a nuestros socios o clientes, o al empleador para quien trabajamos.

Vida privada: Seamos cuidadosos y prudentes. Este no es el momento adecuado para empezar algo nuevo ni hacer cambios. Aprendamos de los errores ajenos. Los cambios generados por La Conmoción afectarán a nuestra familia, creando discordia y dando lugar a discusiones.

Salud, sentimientos y relaciones sociales: Hagamos un esfuerzo para controlar nuestras emociones y actuar con calma. Nuestras relaciones sociales serán afectadas por La Conmoción, que alterará el equilibrio y provocará habladurías.

CHENG YI. — "Miedo incesante", se refiere al efecto del miedo que provoca la pérdida del ánimo, sin que uno pueda controlarse a sí mismo; esto quiere decir que el miedo paraliza la voluntad y la fuerza física. Este trazo ocupa el puesto más alto con suavidad *yin*, en el hexagrama de la Conmoción. Ocupa el colmo del miedo, cuando, la voluntad y el ánimo son destruidos. "Uno mira alrededor aterrorizado", está consternado, su aspecto indica falta de calma y tranquilidad. Su voluntad y ánimo están deprimidos, de modo que su mirada vaga de un lado a otro con miedo. Por ser un trazo *yin*, sin centralidad, y carente de rectitud, al estar situado en el punto más extremo del movimiento, si emprende algo, el augurio será desafortunado: "marchar trae desventura". Si la Conmoción llega a su propio cuerpo, también se extenderá a su propia persona; pero si no llegara a su propia persona, eso significaría que no llega a su cuerpo. "Vecino" es quien está cerca de la propia persona. Al sentir el efecto de la Conmoción, antes de que su propio cuerpo se vea afectado, el efecto no llegará al límite extremo, de modo que podrá evitar toda culpa. Mientras la Conmoción no alcance al límite más extremo, todavía hay un camino para transformarla. Una vez que la Conmoción ha llegado a su fin, debe haber transformación; la suavidad no puede persistir con la firmeza, por eso el texto habla del miedo y menciona al vecino, lo que indica capacidad de cambio. Al finalizar la Conmoción simboli-

---
16 Junto con el trazo *yang* en el primer puesto.
17 No se corresponde con el segundo trazo, por ser ambos *yin*.

zada por este hexagrama, el sabio advierte a los hombres para que comprendan el significado del miedo, que nos permite enmendarnos y corregirnos; es una exhortación contundente. El "matrimonio" se refiere a las relaciones de parentesco; aquí, esta expresión designa a quienes se mueven al mismo tiempo. "Hay discusiones en el matrimonio", es decir hay intercambio de recriminaciones[18]. Este trazo *yin*, que ocupa el puesto superior de la Conmoción, comienza a situarse a la cabeza de aquellos que empiezan a moverse. Pero actualmente, al ver que la Conmoción alcanza a su vecino, no se atreve a avanzar, de hecho "marchar trae desventura". Esto es diferente de lo que ocurre con otros trazos de este hexagrama, que representan a quienes están en presencia de la Conmoción. Por eso "hay discusiones en el matrimonio".

ZHU XI. — Las imágenes simbólicas de "miedo incesante" se deben a que la suavidad *yin* ocupa el momento del límite extremo de la Conmoción. Si actúa en tales condiciones, el aciago augurio es inevitable [porque "marchar trae desventura"]. Sin embargo, si cuando la Conmoción aún no llega a su propia persona, teme y es prudente, se reforma y examina [a sí mismo] con atento escrutinio, le será posible evitar toda culpa. Pero inevitablemente "hay discusiones en el matrimonio". A esto se debe la advertencia a quien consulta el oráculo.

---

18 El carácter 言, *yan*, traducido como "discusiones", también significa "chismes, habladurías, dichos, interrogación".

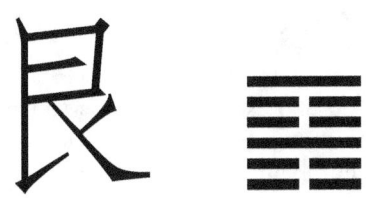

52 El Aquietamiento / La Montaña | *Gen*

Este es uno de los ocho hexagramas que están compuestos por un mismo trigrama, repetido dos veces, en este caso es ☶, *El Aquietamiento*.
Se puede ver más información sobre *El Aquietamiento* en **Los ocho trigramas**.

Significados asociados

Aquietar, detener, sujetar firmemente, resistir; quedarse quieto, no acción, detenerse; aquietar la mente, meditación.

El Dictamen

Aquieta su espalda.
No siente su cuerpo.
Va a su patio y no ve su gente.
Sin culpa.

> La espalda está sostenida por la columna vertebral o espinazo que es el eje del neuroesqueleto, por donde pasan los impulsos nerviosos que controlan todo el cuerpo.
> Aquietar la espalda significa regular el sistema nervioso, atemperar el incesante flujo de sensaciones e impulsos emocionales y así tener el cuerpo bajo control. No sentir su cuerpo ni ver a su gente significa dejar que las cosas sucedan sin reaccionar a ellas, no seguir los instintos ni la llamada del rebaño ciegamente, no dejarnos controlar por las sensaciones físicas ni por la sensualidad.
> El Aquietamiento puede aplicarse en dos niveles: desde un punto de vista psicológico significa mantener la mente en paz; y aplicado al exterior se refiere a permanecer concentrados en lo que estamos haciendo.
> Al alcanzar el Aquietamiento nos libraremos de la ansiedad de dos formas: nuestra mente no vagará, ni se preocupará de todos por todo lo que puede salir mal; tampoco le daremos importancia a las opiniones ajenas porque estaremos enfocados en nuestra tarea, sin preocuparnos por lo que otros puedan decir de nosotros. No darle importancia a las opiniones ajenas también indica que estamos libres de vanidad y no somos inseguros.

CHENG YI. —Lo que impide al hombre disfrutar del descanso allí donde se detiene es la agitación que resulta de sus deseos, que lo arrastran. Así busca un lugar donde detenerse, sin poder encontrarlo. En el camino del Aquietamiento, uno "aquieta su espalda". Lo que miramos está adelante y a nuestra espalda se encuentra lo que no vemos. Si uno es aquietado por lo que no ve, ningún deseo perturbará el corazón, y el aquietamiento llevará al descanso. "No siente su cuerpo", es decir, no ve su cuerpo; significa olvidarse de uno mismo. Si no existe el yo, se aquietará; mientras exista el yo, no hay manera de aquietarse. "Va a su patio y no ve su gente"; el patio está muy cerca, pero si está detrás, aunque esté muy cerca, no se puede ver. Esto quiere decir que no hay relación con los seres; los seres externos no llaman la atención, los deseos interiores no nacen; aquietarse en tales condiciones es poseer el camino del Aquietamiento y aceptarlo; en el Dictamen esto constituye la ausencia de culpa.

ZHU XI. — El Aquietamiento es calmarse, detenerse. Un trazo *yang* se detiene por encima de dos trazos *yin*. La fuerza *yang* surge desde abajo; habiendo alcanzado el límite extremo del ascenso, se detiene. La imagen simbólica es la montaña. Al comprender esta condición de que el trazo superior del trigrama *Kun*, ☷, símbolo de la Tierra, se transforma, vemos la idea de detenernos en el límite extremo, sin que sea posible ningún movimiento hacia adelante. El que consulta el oráculo debe poder aquietar la espalda sin preocuparse por su propia persona. Así "va a su patio y no ve su gente", de esa forma quedará libre de culpa. En efecto, el cuerpo, la persona, es objeto de agitación; sólo la espalda está fija e inmóvil. Aquietar la espalda es aquietar lo que hay que aquietar. Se detiene cuando debe detenerse, sin dejarse guiar por el cuerpo y sin agitación; de ahí que "no siente su cuerpo". En estas condiciones, aunque nos movamos en un patio lleno de hombres, no les prestaremos atención. "Aquieta su espalda. No siente su cuerpo" es estar aquietado cuando uno está quieto. "Va a su patio y no ve su gente" es estar aquietado cuando uno está en movimiento. Tanto el movimiento como el reposo están en su lugar, pero ambos están regidos por el Aquietamiento, lo que hace posible la ausencia de toda culpa.

La Imagen

Montañas colindantes: la imagen del Aquietamiento.
Así el noble no deja que sus pensamientos
vayan más allá de su posición.

> Una cadena de montañas permanece en su lugar como una barrera infranqueable. Las montañas simbolizan el Aquietamiento que nos enseña cómo detener nuestros pensamientos errantes.
> No permitir que los pensamientos vaguen significa poner fin a las especulaciones ociosas, evitar que la mente divague vanamente, mantener la concentración en lo que estamos haciendo y permanecer enfocados en el aquí y ahora.
> También significa ser realista, no perder tiempo persiguiendo fantasías.

CHENG YI. — Arriba y abajo, montañas sobre montañas, por eso este hexagrama se considera una acumulación de montañas, o "montañas colindantes". "Esto" combinado con "aquello" produce dos cosas "juntas", una cordillera[1]. Es la imagen simbólica de la repetición del trigrama *Gen*, ☶. El noble contempla la imagen simbólica del Aquietamiento expresado por este hexagrama, y disfruta del reposo en el lugar donde está detenido, sin salir de su posición. "Posición" expresa la condición en la que se encuentra. Todo tiene un lugar particular que le conviene; cuando una cosa está en el lugar donde le conviene estar, se detiene allí y permanece en reposo. Ya sea que convenga caminar o detenerse, apresurarse o demorarse, si uno se excede o se queda corto, eso es ir "más allá de su posición" ¿No es presunción excederse en las prerrogativas de la propia condición?

ZHU XI. — No ofrece comentario para La Imagen de este hexagrama.

Al comienzo un seis (muta al hex. 22)

Mantiene sus dedos [de los pies] aquietados.
Sin culpa.
Es favorable una constante determinación.

Nos sentiremos tentados a movernos antes de tiempo pero aún no llegó el momento adecuado para avanzar. Si mantenemos firmemente nuestra posición no cometeremos ningún error.

Trabajo: Permanezcamos en donde nos encontramos, no tratemos de mejorar nuestra posición ni cambiar nuestra situación. Cumplamos con nuestras responsabilidades, día a día, y no hagamos nada más.

Vida privada: Contentémonos con la posición que ocupamos. Atendamos a nuestras responsabilidades sin pedir más.

Salud, sentimientos y relaciones sociales: Es posible que tengamos algunos problemas con nuestros pies.

CHENG YI. — Este trazo *yin* ocupa el puesto más bajo; es la imagen simbólica de los dedos de los pies. El movimiento de los dedos precede a todos los demás; inmovilizar los dedos de los pies significa detener el movimiento desde su inicio. Cuando algo se detiene en su inicio, no pierde la rectitud, de modo que no hay culpa. Puesto que la suavidad se sitúa en un puesto inferior, en un tiempo de Aquietamiento, si actúa perderá la rectitud, de modo que el detenerse expresa la ausencia de culpa. La desventaja de la suavidad *yin* es la falta de persistencia y continuidad; es incapaz de tener firmeza; además, desde el principio, en lo que respecta al Aquietamiento, el texto advierte que "es favorable una constante determinación", lo que evitará la pérdida del camino del Aquietamiento.

ZHU XI. — Un trazo *yin* ocupa el primer puesto del trigrama *Gen*, ☶, que significa detenerse, lo que es la imagen simbólica de aquietar los dedos de los pies. Si el que consulta el oráculo se encuentra en estas mismas condiciones, quedará libre de culpa. Además, debido a su suavidad *yin*, el texto también advierte que "es favorable una constante determinación".

Seis en el segundo puesto (muta al hex. 18)

Aquietamiento de sus pantorrillas.
No puede salvar a quién sigue.
Su corazón no está contento.

> El segundo trazo sigue al tercero, aunque le gustaría ayudar a quien sigue, es incapaz de hacerlo.
> Somos arrastrados en la estela de una poderosa voluntad. Las pantorrillas no pueden moverse en forma independiente de las piernas, de la misma forma somos arrastrados por aquél a quien seguimos. No podemos detener el movimiento. Aunque veamos que el rumbo tomado es erróneo y que nos causará graves proble-

---

1 "Esto" y "aquello" se refieren a distintas montañas, que, en conjunto, conforman una cordillera.

El Aquietamiento / La Montaña

mas, no podremos convencer a quien está al mando de que está errado ni salvarlo de la consecuencia de sus errores

Trabajo: No podremos tomar nuestras propias decisiones con autonomía. Nuestros superiores limitarán nuestra libertad y no tendremos voz ni voto.

Vida privada: Encontraremos obstáculos que evitarán que nuestros planes fructifiquen porque otras personas de nuestra familia no nos permitirán actuar como deseamos hacerlo.

Salud, sentimientos y relaciones sociales: Es posible que tengamos problemas con nuestras piernas.

CHENG YI. — El segundo trazo *yin* tiene centralidad y posee rectitud; él sigue el camino del Aquietamiento. En la cima no encuentra ninguna bienvenida amistosa; no se corresponde con el príncipe. El tercer trazo ocupa el puesto más alto del trigrama inferior; de él depende la perfecta realización del Aquietamiento y es quien es su amo. Pero debido a que posee firmeza, pero no centralidad, no se detiene en el lugar adecuado. La firmeza se detiene en lo alto, no puede descender para pedir ayuda [a los inferiores]. Aunque el segundo trazo posee las virtudes de la centralidad y la rectitud, no puede seguirlo. El movimiento o detención del segundo trazo depende de quien es dueño de su voluntad; no puede decidir por sí mismo, por lo que presenta la imagen simbólica de las "pantorrillas". Cuando los muslos se mueven, las pantorrillas siguen el movimiento; la iniciativa del movimiento la tienen los muslos y no las pantorrillas. Desde el momento en que el segundo trazo no puede actuar en el camino de la centralidad y la rectitud para ayudar y compensar la falta de centralidad del tercer trazo, necesariamente debe esforzarse en seguirlo; no puede ayudarlo, pero lo sigue. Aunque la culpa no es suya, ¿de qué manera podría estar satisfecho con eso? Sus palabras no son escuchadas, su camino no es seguido, además, "su corazón no está contento"; no es capaz de seguir el impulso de sus propias tendencias. El erudito[2] que está colocado en una posición elevada debe ayudar, asistir, y no seguir; pero en una situación inferior hay casos en los que debe consultar y ayudar, otros casos en los que debe obedecer y seguir; hay casos en los que no puede ayudar, pero se ve obligado a seguir.

ZHU XI. — El segundo trazo *yin* se mantiene en el centro y posee rectitud. Él ha aquietado las pantorrillas. El tercer trazo representa los muslos, este es el origen del movimiento que siguen las pantorrillas. Además, presenta un exceso de firmeza y carece de centralidad, ya que es detenido y mantenido por aquello que es superior a él[3]. Aunque el segundo trazo posee centralidad y rectitud, su sustancia es suave y *yin*, no puede comprometerse a remediar los defectos e incapacidades del tercero, razón por la cual "su corazón no está contento". El significado adivinatorio del texto de este trazo se encuentra en su imagen simbólica, y lo mismo ocurre con el siguiente trazo.

Nueve en el tercer puesto (muta al hex. 23)

Aquietamiento de sus caderas.
Desgarra la carne de su espina.
Peligro.
El corazón se sofoca.

> Aquí la restricción se aplica al punto equivocado y con exceso.
> En el mundo exterior, esto indica una actitud inflexible y falta de adaptación a la realidad. Si no sabemos cómo doblarnos nos romperemos.
> Internamente, significa una represión excesiva de nuestros sentimientos. Esta actitud malsana genera demasiado estrés y sofocará nuestro espíritu.

Trabajo: Tratemos de adaptarnos a la situación que enfrentamos; si no somos más flexibles, nos perjudicaremos a nosotros mismos.

Vida privada: Un autocontrol excesivo y un esfuerzo incesante nos convertirán en una persona amargada.

Salud, sentimientos y relaciones sociales: Si no aprendemos a relajarnos y a disfrutar de la vida el estrés perjudicará nuestra salud. Peligro de infarto.

CHENG YI. — Las "caderas", indican una separación; expresan la unión de la parte superior y la inferior. El tercer trazo ocupa un puesto firme con firmeza, pero sin centralidad; es el amo del trigrama *Gen*, ☶; indica el límite de la firmeza al detenerse. Ocupando el puesto superior de la sustancia del trigrama inferior, y formando el límite divisorio entre lo alto y lo bajo, todas estas circunstancias contribuyen a dar el significado de detención, de modo que se considera que expresa el "Aquietamiento de sus caderas", lo que indica la firmeza del Aquietamiento, con la imposibilidad de poder avanzar o retroceder. Es

---

2 El hombre completamente versado en la doctrina moral y filosófica continuada por Confucio.

3 Todos estos argumentos tienen un doble sentido; la figura anatómica es sólo un símbolo y el significado se refiere al hombre que ocupa cierto puesto cerca de un oficial de rango superior (el tercer trazo).

como si en el cuerpo humano estuviéramos desgarrando las vértebras lumbares que unen la parte superior con la inferior del cuerpo, por eso el texto dice "desgarra la carne de su espina". Si esto sucede, los superiores y los inferiores ya no se atienden ni se comunican entre sí, y esto expresa la firmeza inquebrantable del Aquietamiento de lo que está abajo. Lo que hace que el camino del Aquietamiento sea valioso es la adaptación a las circunstancias. Seguir adelante o detenerse no puede ser el resultado de una única determinación, tomada de antemano para siempre. Si se tiene tal firmeza inquebrantable, esto será causa de peligro extremo y separación entre todos los seres. Si un hombre permanece aislado, apartado, permaneciendo con absoluta firmeza en su decisión, sin relaciones con otros hombres, se verá sumido en dolores y dificultades, agitado por la ira y el miedo, por dentro será consumido por su propia tristeza. ¿Cómo podría estar tranquilo y en reposo? "Peligro. El corazón se sofoca", expresa la fuerza natural de la preocupación que lo agita y que arde en él.

ZHU XI. — Las "caderas" son la conexión de la parte superior con la parte inferior del cuerpo. La "espina" es la columna vertebral. Cuando las pantorrillas están detenidas, cesa cualquier movimiento hacia adelante. El tercer trazo *yang*, con su exceso de firmeza y su falta de centralidad, está en una posición limitante, e inmoviliza las caderas, de modo que ya no puede doblarse ni enderezarse, y que la parte superior y la inferior[4] quedan separadas como si la columna hubiera sido desgarrada. "Aquietamiento de sus caderas. Desgarra la carne de su espina. Peligro. El corazón se sofoca", es decir falta absoluta de calma y descanso.

Seis en el cuarto puesto (muta al hex. 56)

Aquieta su torso.
Sin culpa.

> Mantener el torso quieto significa controlar todo nuestro ser de una manera equilibrada, sin ser influenciados indebidamente por factores externos. El carácter traducido como "torso" (身, *shen*) también significa "uno mismo, carácter, vida, el individuo total, la psique".
> Nuestra vida es armónica y bien ordenada, porque sabemos como relajarnos y descansar adecuadamente.

Trabajo: Todo está bajo control. No hagamos ninguna innovación, continuemos con nuestra rutina habitual tal como siempre, así no tendremos ningún problema.

Vida privada: Si nos quedamos tranquilos en nuestro lugar evitaremos muchos problemas.

Salud, sentimientos y relaciones sociales: Descansemos adecuadamente para preservar nuestra salud.

CHENG YI. — El cuarto puesto es la posición de un ministro investido de altas dignidades. El cuarto trazo representa a aquel que aquieta lo que hay que aquietar en el mundo. Como es suave y *yin*, y no encuentra un príncipe dotado de firmeza *yang*, no es capaz de aquietar a los seres y sólo puede aquietar su propio cuerpo, para quedar libre de toda culpa. Lo que lo libera de la culpa es que se detiene en una posición correcta. El texto dice que, aquieta su propio cuerpo y está libre de culpa, pero no puede aquietar a otros seres, y si extendiera su acción a las leyes e instituciones públicas, tendría culpa. Estar en una posición alta y apenas poder mejorar algo no es motivo de elogio.

ZHU XI. — Este trazo *yin* ocupa un puesto *yin*; como el momento implica detenerse y se detiene, tiene por tanto la imagen simbólica de aquietar la propia persona, y el significado adivinatorio implica la ausencia de culpa.

Seis en el quinto puesto (muta al hex. 53)

Aquieta sus mandíbulas.
Hay orden en sus palabras.
El arrepentimiento se desvanece.

> Aquietar las mandíbulas quiere decir que debemos evitar hablar por hablar, sino que nuestras palabras tienen que tener sustancia.
> "Hay orden en sus palabras" significa decir las palabras adecuadas y también evitar decir aquellas cosas que pueden causar malestar entre las personas.

Trabajo: Nuestras palabras debe ser coherentes con la política de nuestra empresa. No seamos indiscretos ni quejumbrosos.

Vida privada: Si tenemos cuidado con nuestras palabras, evitando decir cosas indebidas, podremos prevenir muchos conflictos y problemas en el futuro.

Salud, sentimientos y relaciones sociales: Aprendamos a controlarnos a nosotros mismos. Para aquietar nuestras mandíbulas, debemos ser dueños de nosotros mismos, lo que no es una tarea sencilla.

---

4 La parte superior e inferior del cuerpo, o el trigrama inferior y el trigrama superior.

El Aquietamiento / La Montaña

CHENG YI. — El quinto puesto indica la situación del príncipe; de él depende el Aquietamiento y es él quien es el amo que aquieta el mundo. Sin embargo, la suavidad *yin* del quinto trazo no es suficiente para hacer frente a los deberes que le corresponden, por lo que es sólo en relación con la elevación de su puesto que el texto indica el significado de aquietar o inmovilizar las mandíbulas Lo que un hombre debe emplear con mayor prudencia, a la hora de aquietar, es sobre todo sus palabras y sus acciones. El quinto trazo está en un puesto alto, por eso el texto menciona las mandíbulas. Las mandíbulas se usan para articular palabras; al inmovilizarlas, las palabras no escaparán intempestivamente y sólo llegarán con orden y oportunidad. Si las palabras se escapan de manera desconsiderada e inapropiada, habrá arrepentimientos; pero al detenerlas en las mandíbulas, los arrepentimientos se disiparán. La expresión "hay orden" significa metódicamente, siguiendo un orden específico. Las mandíbulas, las mejillas y la lengua son también los agentes del habla, y las mandíbulas están en la parte media, de modo que la expresión "inmovilizar las mandíbulas" significa detención en el centro, entre los extremos o en la justicia.

ZHU XI. — El quinto trazo *yin* representa, por su posición, las mandíbulas, tal es también su imagen simbólica, mientras que el significado adivinatorio indica que los arrepentimientos se disipan. La palabra "arrepentimiento" recuerda que este es un trazo *yin* en un puesto *yang*.

○ **Al tope un nueve** (muta al hex. 15)

Magnánimo Aquietamiento.
Ventura.

> Nuestra profunda calma interior nos permite contemplar con tranquilidad y con una perspectiva imparcial todas las cosas que nos suceden a nosotros mismos y a los demás.

Tal actitud equilibrada nos traerá buena suerte, tanto a nosotros mismos como a las personas que nos rodean.

Trabajo: Sabremos esperar el momento propicio, y actuar cuando corresponde, de esa forma podremos encargarnos de nuestros negocios y tareas con gran eficacia, y sin crear conflictos.

Vida privada: Nuestra vida es estable y pacífica; nuestra generosidad y equilibrio hará que seamos respetados y asegurará la prosperidad de nuestra familia.

Salud, sentimientos y relaciones sociales: Estamos en paz con nosotros mismos y con el mundo, lo que nos garantiza relaciones pacíficas y amigables con nuestro entorno. Si tuviéramos algún problema de salud, el hecho de poder alcanzar un Aquietamiento magnánimo, permitirá que nos recuperemos, tanto física, como emocionalmente.

CHENG YI. — Este trazo *yang*, emplea la firmeza y solidez[5] para ocupar el puesto superior; y, además, siendo aquel de quien depende la realización del hexagrama[6], estando colocado en el límite del Aquietamiento, es quien comanda el Aquietamiento con la más perfecta firmeza. "Magnánimo", significa que está lleno de devoción. Ocupa el puesto extremo en el límite del Aquietamiento, lo que no indica exceso, sino magnanimidad. El Aquietamiento del hombre rara vez es duradero y definitivo, por lo que las reglas a veces cambian antes de que finalice el día en que fueron promulgadas y su observación muchas veces cae en el olvido con el tiempo. Esta versatilidad es deplorable en todos los hombres. El trazo *yang* superior puede ser grande y magnánimo hasta el final; ésta es la extrema excelencia en el Aquietamiento y lo que hace venturoso el presagio. Entre las virtudes de los seis trazos, sólo éste tiene "ventura".

ZHU XI. — Con firmeza *yang*, ocupa el último puesto en el Aquietamiento; él es quien es magnánimo en su Aquietamiento.

---

5 Porque es un trazo entero, no quebrado o hueco, como los trazos *yin*.
6 Por transformación.

53 Avance Gradual | *Jian*

Los caracteres que forman el sinograma que le da nombre a este hexagrama son: *shui*, "agua" y un elemento fonético: agua infiltrándose gradualmente.

Cuatro hexagramas están relacionados con el matrimonio y las medidas preliminares que conducen a él: **31**-El Influjo, representa la atracción inicial y el cortejo de una pareja; **32**-La Duración, indica la institución del matrimonio; en **53**-Avance Gradual, se muestran los pasos y las ceremonias que llevan al matrimonio y en **54**-La Muchacha que se Casa, se describe a una joven entrando en la casa de un hombre mayor como esposa secundaria.

Significados asociados

Desarrollo o progreso gradual, avance, infiltración, embeber, humedecer, empapar, avance lento pero constante, avanzar como el agua infiltrándose gradualmente; alcanzar.

El Dictamen

Avance gradual.
El casamiento de la doncella trae ventura.
La determinación es favorable.

> En la sociedad china tradicional, después que una doncella se comprometía, se realizaban una serie de ceremonias antes de su matrimonio.
> De la misma manera, el desarrollo gradual requiere avanzar paso a paso. Si queremos asentar sobre bases sólidas nuestros proyectos, no podemos ignorar las etapas preliminares. Con el tiempo nuestra determinación nos permitirá alcanzar el punto de concreción simbolizado por el matrimonio de la doncella.

CHENG YI. — El Dictamen se refiere tanto a los poderes de los trigramas como al significado del Avance Gradual. Los trigramas *Xun*, ☴, y *Gen*, ☶, al modificarse mediante transformación, producen los hexagramas *Quian*, 乾, ䷀ (1, *Lo Creativo*) y *Kun*, 坤, ䷁ (2, *Lo Receptivo*). La superposición de *Xun* sobre *Gen* constituye el hexagrama Avance Gradual. Al hablar de ello según la sustancia del Avance Gradual, los dos trazos centrales [2 y 5] se unen y combinan; de la alianza de estos dos trazos resulta que tanto el hombre como la mujer se conforman a la rectitud y cada uno ocupa la situación que le conviene. Aunque el primer y el último trazo no son dignos de la situación que ocupan, *yang* está arriba y *yin* abajo, lo cual está de acuerdo con la justicia, desde el punto de vista de la precedencia. El hombre y la mujer, cada uno conforme a la rectitud, ocupan la situación que les conviene. Este hexagrama y *Gui Mei*, 歸妹, ䷵ (54, *La muchacha que se casa*) forman exactamente contraste y oposición. Si la llegada de la muchacha[1] puede producirse en tales condiciones de rectitud, el augurio será feliz. Entre todas las cosas en el mundo que absolutamente deben ocurrir con orden y moderación, no hay ninguna que exija esta condición de manera más imperativa que la entrada de la mujer en la familia del marido. Los movimientos del súbdito que avanza en la corte, los del hombre que se ocupa de algún asunto, deben ser ciertamente reglados y metódicos; si se llevan a cabo ignorando las normas establecidas, el resultado será falta de decoro e incumplimiento del deber. Las desgracias y los errores deben ser las consecuencias inevitables. Sin embargo, desde el punto de vista de la mayor o menor seriedad de los deberes, según las leyes de la decencia y la modestia, el acto de una joven siguiendo a un hombre es lo que se considera más importante. Por eso el Dictamen indica el desarrollo y los deberes que deben observarse en el matrimonio de una joven. Además, entre todas las distinciones que existen entre las cosas del mundo, ninguna es tan importante como la de los principios masculino y femenino. La expresión "la determinación es favorable" se encuentra con mucha frecuencia en otros hexagramas, pero puede aplicarse a cosas diferentes. A veces se toma como una advertencia para tener cautela y evitar apartarse del camino recto; a veces se tratar de mantener la determinación; a veces indica lo que puede ser favorable, pero siempre la ventaja resulta de la determinación.

---

1 La llegada de la muchacha a la familia de su marido.

Avance Gradual

Encontramos un ejemplo del primer caso en el texto del segundo trazo *yang* de *Sun*, 損, ䷨ (41, *La Merma*). Este trazo se sitúa en un puesto *yin* y se encuentra en el trigrama que expresa satisfacción [*Dui*, ☱], por lo que el texto dice "la determinación es favorable".

Un ejemplo del segundo caso lo encontramos en *Da chu*, 大畜, ䷙ (26, *La Fuerza Domesticadora de lo Grande*). Allí se dice que lo que se reúne se beneficiará de la determinación. Finalmente, la tercera interpretación se encuentra precisamente en este hexagrama, Avance Gradual, donde la expresión indica que "el casamiento de la doncella trae ventura", y que es favorable debido a la determinación. De hecho, cuando la determinación es firme, no se requiere advertencia alguna, como en este caso. El significado de Avance Gradual, es que es propicio el progreso, sin embargo el texto no lo menciona; esto se debe a que, de hecho, la palabra progreso también tiene el significado de libertad de penetración y circulación, lo que no se corresponde con el significado de este hexagrama, que es avanzar gradual y lentamente.

ZHU XI. — Avance Gradual significa avanzar poco a poco. Este hexagrama está formado por el trigrama que expresa detención o inmovilidad [*Gen*, ☶] en la parte inferior, y por el trigrama *Xun*, ☴, en la parte superior; lo que indica un avance sin precipitaciones. Representa la imagen simbólica de la joven que une fuerzas [se casa] y entra en una nueva familia. Además, desde el segundo hasta el quinto trazo, cada uno de ellos ocupa su posición con rectitud[2], por lo que el significado adivinatorio es que "el casamiento de la doncella trae ventura", y además el texto dice que "la determinación es favorable".

La Imagen

Sobre la Montaña está un árbol:
la imagen del Avance Gradual.
Así el noble, manteniendo su dignidad y virtud,
mejora las costumbres.

> Avance gradual indica un ascenso lento pero impresionante, partiendo de la ribera del río hasta alcanzar las tierras altas. De la misma manera que un árbol en crecimiento se desarrolla lenta e incesantemente, debemos madurar gradualmente para poder desarrollarnos plenamente.
> El lento crecimiento de un árbol indica cómo un sabio, poco a poco, a lo largo de su propio desarrollo, influye en otras personas y mejora sus vidas con su ejemplo. Con el tiempo, su ascenso lo impondrá como un modelo a seguir, tal como un árbol que crece en un lugar alto afecta el paisaje, porque todos pueden verlo claramente.

CHENG YI. — "Sobre la Montaña está un árbol"; su elevación tiene una causa, tal es el significado del Avance Gradual. El noble contempla la imagen simbólica del Avance Gradual y se inspira en ella para mantenerse en la virtud de la sabiduría y la bondad, para mejorar y transformar la moral. El progreso del hombre en la virtud de la sabiduría debe necesariamente realizarse lenta y gradualmente. Practicando las virtudes, podrá encontrar la calma y el descanso; no debe lograrlo apresuradamente violando las reglas y preceptos. Si esto es así en cuanto a uno mismo, cuando se actúa sobre los hombres para transformarlos y mejorarlos, si no se procede por grados y con medida, ¿podrá entonces alcanzarse el éxito? Cambiar la moral, modificar las costumbres, no es cuestión de un día, sino que la mejora de la moral debe ocurrir en grados imperceptibles.

ZHU XI. — Los dos [trigramas] juntos avanzan con moderación y lentamente. Hay motivos para pensar que la palabra "dignidad"[3] es superflua; posiblemente debería colocarse después de "mejora"[4].

Al comienzo un seis (muta al hex. 37)

El ganso avanza gradualmente hasta la ribera.
El niño está en peligro y se hablará en su contra.
Sin culpa.

> El ganso aparece en todos los trazos de este hexagrama, simbolizando las etapas del avance gradual, desde las bajas riberas del río hasta las alturas.
> El ganso es un animal que puede nadar en el agua, caminar en la tierra o volar en el cielo. El ganso está más seguro en el agua o en pleno vuelo, que cuando camina torpemente sobre el terreno, donde se encuentra en peligro de ser atacado por otros animales. En la situación descrita por el primer trazo se acerca a un límite peligroso, la orilla del río, que simboliza una frontera que tiene que atravesar.
> Este es el comienzo del Avance Gradual; estamos solos, entrando en un nuevo territorio, atractivo, pero lleno de peligros desconocidos.
> Vamos a ser criticados porque estamos cruzando un límite y nos atrevemos a probar algo nuevo. Debido a nuestra falta de experiencia, la gente no va a confiar en nosotros. Por supuesto, nos enfrentaremos a algunos

---

2 Porque los trazos *yin* ocupan posiciones *yin* (pares) y los trazos *yang* ocupan posiciones *yang* (impares).
3 賢, *xian*, que significa "digno, meritorio, respetable, bueno".
4 De esta forma el texto se leería como "Así el noble manteniendo su virtud mejora las costumbres de los dignos"; es decir que sólo los que sean dignos, es decir, las personas de buena voluntad, son capaces de sacar buen provecho del ejemplo del noble.

problemas, pero si perseguimos nuestras metas con determinación, con el tiempo acumularemos experiencia y haremos las cosas bien, sin cometer errores.

Trabajo: Tendremos que aprender los fundamentos de un nuevo trabajo o asignación. Seamos prudentes y no nos desanimemos si algunos nos critican.

Vida privada: Algunas personas hablarán en nuestra contra, este es el precio a pagar por innovar y tratar de hacer algo nuevo. Si perseveramos, sin apresurarnos, pero con firmeza, no cometeremos ningún error.

Salud, sentimientos y relaciones sociales: Este es un buen momento para vivir nuevas experiencias y adquirir más conocimientos. No tengamos miedo de perseguir nuestros sueños.

CHENG YI. — En el Avance Gradual, todos los trazos adoptan la imagen simbólica del ganso salvaje. Este animal es un ser que emigra, se presenta en momentos específicos y observa un orden invariable cuando está en bandada. Nunca desaprovecha la temporada oportuna, ni altera su secuencia, esto es precisamente lo que expresa el Avance Gradual. La palabra "ribera" indica el borde del agua, donde las aves acuáticas se detienen, justo en el límite del río. Su movimiento de avance puede caracterizarse como un Avance Gradual, progresivo y medido, sin perder nunca la oportunidad del momento. Este trazo, *yin*, que ocupa el primer puesto, se encuentra en la posición más baja. El poder *yin* es débil; además, no encuentra correspondencia en la cima[5]. Avanzar en tales condiciones causará tristeza y dolor. El noble percibe esto a distancia y lo comprende con perspicacia; sabe que debe contentarse, cumpliendo con su deber, ateniéndose al principio. Sabe lo que conviene hacer según el momento y la situación de sus asuntos; así se posiciona siempre sin duda ni incertidumbre. Los hombres inferiores y los niños pequeños, sólo pueden ver las cosas que ya sucedieron, apoyándose en el conocimiento de los hombres comunes, sin ser capaces de esclarecer su razón de ser. Por eso "el niño está en peligro y se hablará en su contra". Es decir que cuando está en peligro, "se hablará en su contra", pero no sabe lo que está pasando. Debido a que es débil no debe apresurarse. Dado que no encuentra correspondencia, sólo puede avanzar poco a poco y progresivamente, pero no tendrá culpa, desde el punto de vista del deber. Si desde el inicio del Avance Gradual, uno utilizara firme prontitud para avanzar, esto sería malinterpretar el significado del Avance Gradual; uno no sería capaz de avanzar y tendría culpa.

ZHU XI. — Las migraciones de los gansos salvajes son ordenadas y su movimiento de progresión es regular y mesurado. La ribera es la orilla del río. Comenzando a avanzar desde abajo, uno todavía no puede disfrutar de la calma y el descanso, además, arriba no encuentra correspondencia, de ahí la imagen simbólica, mientras que el significado adivinatorio es que "el niño está en peligro". Aunque "se hablará en su contra", desde el punto de vista del deber, no hay culpa.

○ **Seis en el segundo puesto** (muta al hex. 57)
El ganso avanza gradualmente hacia la roca.
Come y bebe con júbilo.
Ventura.

> En este punto, ya alcanzamos un cierto grado de seguridad y podemos mirar al futuro con esperanza. La roca representa una base estable y segura, un lugar donde nuestras necesidades básicas están cubiertas.
> El carácter traducido como "júbilo", 衎, *kan*, también significa banquete, lo que da la idea de una reunión social. *Kan*, que se repite dos veces seguidas, asimismo es una onomatopeya del graznido de los gansos. Se ha dicho que los gansos llaman a otros de su misma especie cuando encuentran alimentos, para compartirlo, por lo tanto este trazo sugiere compartir felizmente las cosas buenas de la vida con otras personas.

Trabajo: Prosperaremos y consolidaremos nuestra posición. Los frutos de nuestro esfuerzo alegrarán nuestra vida y nos permitirán disfrutar de una buena vida social.

Vida privada: Finalmente encontramos un refugio seguro. Ahora podemos relajarnos y disfrutar de nuestra bien ganada prosperidad con nuestros amigos y familiares.

Salud, sentimientos y relaciones sociales: Gozaremos de buena salud y felicidad. Tendremos excelentes relaciones sociales.

CHENG YI. — El segundo trazo se mantiene en el centro y se conforma a la rectitud; en la parte superior, se corresponde con el quinto trazo; él es quien avanza son calma y grandeza. Sin embargo, forma parte del Avance Gradual, por lo que no puede apresurar su avance. La palabra "roca" se refiere a una piedra plana y lisa, como las que se encuentran en las orillas de los ríos; esto simboliza la calma para seguir adelante. Desde la ribera

---

5 Porque el cuarto trazo, su correspondencia natural, también es *yin*.

AVANCE GRADUAL

hasta la roca, hay una progresión gradual. El segundo trazo y el príncipe representado por el quinto trazo *yang* se corresponden con simpatía a través del camino de la centralidad y la rectitud. El movimiento de progresión hacia adelante es tranquilo, seguro, fácil, uniforme, sin esfuerzo, por lo que bebe, come, está feliz, satisfecho y a gusto. El feliz presagio es obvio.

ZHU XI. — La roca es una piedra grande. Alejándose del agua; avanza con calma y su bienestar aumenta. "Júbilo" significa bienestar y satisfacción. El segundo trazo es suave y *yin*; central y recto. Avanza, pero poco a poco y por grados, y por encima goza de la correspondencia del quinto trazo *yang*, de ahí la imagen simbólica y el significado adivinatorio venturoso.

Nueve en el tercer puesto (muta al hex. 20)

El ganso avanza gradualmente hasta las tierras altas.
El esposo marcha pero no regresa,
la mujer está embarazada pero no da a luz.
Desventura.
Es favorable defenderse de los bandidos.

> Las tierras altas no son un lugar apropiado para un ganso, porque será muy difícil para él encontrar comida y refugio. El carácter traducido como "marcha" (征, *zheng*) también significa "ir a la guerra", por eso este trazo indica el inicio de un avance audaz y arriesgado, efectuado sin la preparación adecuada. Por supuesto el significado bien puede ser literal, como cuando un hombre va a la guerra y no regresa.
> El sentido de este trazo es que si iniciamos un conflicto o intentamos hacer algo peligroso, más allá de nuestras posibilidades reales, cometeremos un grave error. Que el hombre no regrese indica pérdida de recursos y de apoyo; que la mujer no de a luz, simboliza un plan que no fructificará.
> Como resultado, al tratar de forzar un avance que no es posible, perderemos lo que ya teníamos.
> Defenderse de los bandidos significa que en lugar de buscar conseguir cosas imposibles, debemos proteger lo que ya tenemos. También nos advierte que no nos comportemos como un bandido.
> **Trabajo:** Si actuamos con osadía y agresividad, antes de tener el apoyo suficiente, fracasaremos y pondremos en peligro nuestro empleo o negocio. Seamos prudentes y conservadores; dediquémonos a mantener nuestro negocio funcionando, en lugar de arriesgarnos.
> **Vida privada:** Si tratamos de hacer las cosas por la fuerza o por nosotros mismos, pondremos a nuestra familia en peligro. Estamos en peligro de sufrir un robo o un asalto violento. Puede haber una separación en la familia.
> **Salud, sentimientos y relaciones sociales:** Acciones imprudentes pondrán en peligro nuestras vida. Malas perspectivas para los embarazos.

CHENG YI. — Las "tierras altas" indican un terreno elevado, llano y nivelado. El tercer trazo está en el puesto superior del trigrama inferior; avanza hacia las alturas[6]; es la fuerza *yang* que aumenta a medida que avanza. Al encontrarse en el momento expresado por el Avance Gradual, sus tendencias le llevan a avanzar poco a poco y, sin embargo, por encima de él, no encuentra correspondencia ni apoyo. Debe mantener su rectitud, esperar el momento oportuno, y situarse en paz en terreno llano, sólo así se mantendrá en conformidad con el camino del Avance Gradual. Si no puede observarse a sí mismo y protegerse, si sus deseos lo arrastran, si sus tendencias se dirigen hacia una meta particular, entonces perderá el camino del avance mesurado y lento indicado por este hexagrama.

El cuarto trazo es *yin*, está situado encima del tercero y están íntimamente juntos, que es lo *yang* desea. El tercer trazo es *yang*, está en un puesto inferior; además están cerca uno del otro, y el trazo *yin* lo sirve. Estos dos trazos se unen y están asociados; ninguno de ellos tiene correspondencia simpática con otro trazo. Al acercarse, sienten afecto mutuo y se encuentran fácilmente. Al no tener correspondencia[7], ambos se están aislados, por eso se llaman, y esto es objeto de una advertencia. La palabra "esposo" denota la fuerza *yang*; este es el tercer trazo. Si el tercer trazo no actúa con corrección y se une al cuarto, esto es lo que se entiende como "marcha pero no regresa". Marchar aquí tiene el significado de caminar, y regresar tiene el significado de ir en la dirección opuesta. No regresar, significa no volver al deber y a la razón. "Mujer", designa el cuarto trazo; al unirse en contra de la rectitud, aunque está embarazada, "no da a luz"; esto es porque ha perdido el camino. Si esto es así, habrá "desventura". Para el tercer trazo, lo ventajoso es "defenderse de los bandidos". Lo que sucede es contrario a la razón de las cosas, es bandolerismo; mantener la ley para impedir el vicio es lo que llamamos reprimir el bandolerismo.

---

6 Este trazo se encuentra al tope del trigrama inferior, *Gen*, ☶, que simboliza una montaña.
7 El tercer trazo, por ser *yang*, no puede establecer una relación de correspondencia con el sexto trazo, que también es *yang*. Lo mismo sucede con el cuarto trazo *yin*, que no se corresponde con el primer trazo, por ser ambos *yin*.

Si no es capaz de reprimir a los bandidos, él mismo se perderá y el presagio será desafortunado.

ZHU XI. — El ganso salvaje es un ave acuática; las tierras altas no le son favorables. El tercer trazo *yang* es propenso a una excesiva firmeza, está desprovisto de centralidad y carece de correspondencia, de ahí la imagen simbólica. El significado adivinatorio es que "el esposo marcha pero no regresa, la mujer está embarazada pero no da a luz". El desafortunado presagio no es ineluctable. Debido a su exceso de firmeza, "es favorable defenderse de los bandidos".

Seis en el cuarto puesto (muta al hex. 33)
El ganso avanza gradualmente hacia el árbol.
Si consigue una rama chata no tendrá culpa.

> La rama de un árbol no es el mejor lugar para un ganso, pero en tiempos de dificultad y peligro debemos ser flexibles y aceptar lo que podamos conseguir. La rama chata indica soluciones temporales, arreglos que nos permitirán un mínimo de confort y seguridad.
> Lo importante es encontrar refugio; quizás no sea el lugar perfecto, pero si nos pone fuera de peligro es una buena opción.
>
> **Trabajo:** Puede que tengamos que aceptar un trabajo que está por debajo de nuestras expectativas o fuera de nuestra especialidad. Si tenemos nuestro propio negocio, quizás debamos hacer algunas concesiones para mantenerlo en marcha.
>
> **Vida privada:** Podemos encontrar apoyo en los lugares más insospechados si estamos dispuestos a adaptarnos a las necesidades del momento. Posiblemente ampliemos nuestra casa o compremos una propiedad.
>
> **Salud, sentimientos y relaciones sociales:** Es importante que nos adaptemos a las circunstancias; seamos tolerantes y amplios de criterio. No descuidemos nuestro descanso.

CHENG YI. —En un tiempo de Avance Gradual, el cuarto trazo utiliza la suavidad *yin* y avanza para situarse por encima de la firmeza *yang*. Sin embargo, la energía *yang* sube y avanza. ¿Cómo podría contentarse con situarse por debajo de la suavidad *yin*? Además, el cuarto trazo se sitúa en un terreno que no puede incluir la calma y el descanso. Es como "el ganso" que "avanza gradualmente hacia el árbol". Paso a paso, el árbol parece más alto y simboliza la ausencia de calma y descanso. El ganso, con sus patas palmeadas, no es capaz de aferrar las ramas, por lo que no puede posarse en ellas. El carácter traducido como "rama chata" [桷, *jue*], indica una rama nivelada y horizontal, donde puede encontrar descanso. Esto expresa que la posición del cuarto trazo es esencialmente peligrosa. Si puede adaptarse al camino de la calma y el descanso, entonces estará libre de culpa. Así como el ganso colocado en un árbol no puede disfrutar del descanso en ese lugar, a menos que encuentre una rama horizontal y se coloque allí para descansar; del mismo modo, si el cuarto trazo se mantiene en la rectitud y es humilde y sumiso, de esa forma permanecerá libre de culpa. El texto menciona que puede o no, conformarse a las reglas[8], y es a través de esta conformidad o incumplimiento que se esclarece su deber.

ZHU XI. — Los gansos salvajes no se posan en los árboles. Una "rama chata" es una rama lisa y horizontal. Si encuentra una rama horizontal, podrá descansar allí. El cuatro trazo *yin* pisa lo firme[9] y es sumiso y humilde, de ahí la imagen simbólica. El significado adivinatorio indica que, en estas condiciones, no habrá culpa.

○ **Nueve en el quinto puesto** (muta al hex. 52)
El ganso avanza gradualmente hacia la colina.
La mujer no concibe por tres años.
Finalmente nada puede detenerla.
Ventura.

> Concebir un niño indica el cumplimiento de los deseos de nuestro corazón pero hay algunos obstáculos que impedirán que eso suceda por un tiempo.
> El trazo *yin* en el segundo lugar simboliza una mujer que está separada de su pareja, el quinto trazo *yang*, por los trazos intermedios. Aplicado a las relaciones humanas esto significa que malas personas o malentendidos crearán barreras que postergarán la obtención de lo que buscamos.
> El quinto puesto es el lugar del regente y la colina indica una posición alta. Al tener un puesto elevado, podemos quedar aislados y quizás tengamos que soportar abusos y calumnias causadas por la envidia.
> Pero finalmente superaremos todos los obstáculos y tendremos buena fortuna.
>
> **Trabajo:** Algunas personas pueden envidiar nuestra posición y hablarán en nuestra contra, ocasionando algunos problemas y malentendidos entre nosotros

---

8 Notemos que el texto dice "Si consigue una rama chata no tendrá culpa". La palabra "Si" es un condicional, es decir que puede que logre conseguir una rama chata, pero quizás no lo consiga. Es decir que quizás pueda conformarse a las reglas, y en este caso no tendrá culpa, pero si no lo logra será culpable.
9 Está encima de un trazo *yang*, y además por encima del trigrama *Gen*, ☶, la montaña.

Avance Gradual

y nuestros subordinados. Esto retrasará nuestros objetivos, pero no los impedirá. Verifiquemos que conocemos bien los hechos antes de tomar decisiones importantes.

Vida privada: Rumores maliciosos van a ocasionar problemas con nuestras relaciones y estorbarán nuestros planes. Con el tiempo todos los obstáculos desaparecerán y cumpliremos nuestros deseos.

Salud, sentimientos y relaciones sociales: Puede haber problemas en un embarazo o un parto demorado, pero finalmente todo saldrá bien.

CHENG YI. — La "colina" es un terreno elevado. El ganso se detiene en el lugar más alto, que simboliza la posición del príncipe. Aunque ocupa la posición preeminente en el momento expresado por el Avance Gradual no precipitará su camino. Este trazo se corresponde con el segundo trazo con rectitud; la virtud de la centralidad y la rectitud son idénticas en cada uno de ellos. Sin embargo, están separados por el tercer y el cuarto trazo; el tercero presiona al segundo y el cuarto al quinto; ambos se oponen a su unión [con el segundo trazo]. Debido a que no pueden unirse inmediatamente, pasan tres años antes de que se produzca la concepción. Sin embargo, el camino de la centralidad y la rectitud necesariamente tiene el principio del éxito. ¿Cómo podría la falta de rectitud obstaculizar y destruir este camino? Así que, en última instancia, nada puede prevalecer sobre él, pero, sin embargo, el reencuentro sólo se produce de forma paulatina y gradual, por lo que el augurio acaba siendo feliz. Lo que no es correcto puede, por un tiempo, oponerse y obstaculizar la rectitud y la centralidad, pero es imposible que prevalezca definitivamente sobre las virtudes.

ZHU XI. — La "colina", es un terreno elevado, un montículo. El quinto trazo *yang* ocupa el puesto preeminente; el segundo trazo *yin* le corresponde, por debajo de él, con rectitud, pero están separados por el tercer y el cuarto trazo que, sin embargo, no pueden prevalecer definitivamente sobre la rectitud. De ahí la imagen simbólica. Si quien consulta el oráculo se encuentra en estas mismas condiciones, tendrá ventura.

Al tope un nueve (muta al hex. 39)

El ganso avanza gradualmente hacia el altiplano.
Sus plumas pueden usarse para practicar los ritos.
Ventura.

> El avance gradual culmina en el altiplano, indicando que alcanzaremos una posición prominente.

El utilizar las plumas del ganso para los ritos significa que nuestro progreso nos convertirá en un ejemplo y una inspiración para los demás; en un nivel más mundano puede indicar un matrimonio consumado.

Trabajo: Hemos llegado a la cima del éxito. Quizás nos retiremos y trabajemos como un consultor.

Vida privada: Si realizamos algún tipo de trabajo creativo, tendremos gran éxito y reconocimiento. Nuestros deseos se convertirán en realidad.

Salud, sentimientos y relaciones sociales: Debido a nuestra elevación espiritual, somos vistos como un modelo a seguir por las personas que nos rodean, quienes nos ayudarán de muy buena gana. Tendremos buenas salud.

CHENG YI. — El Duque Hu de Anding lee el carácter 陸, *lu*, que traducimos como "altiplano" de otra forma. Lo cambia, sustituyendo el radical 阝, por el radical 辶, lo que le hace leerlo como un lugar al que conducen varios caminos; el "camino de las nubes", es decir en medio del espacio ilimitado. El *Erya*[10] dice: "una encrucijada con nueve direcciones, expresión que tiene el significado de éxito y penetración sin ningún obstáculo". El trazo *yang* superior se encuentra en la situación más alta y, además, todavía continúa ascendiendo y avanzando, lo que se considera que expresa que está saliendo de cualquier situación establecida. En otros hexagramas se consideraría que esto indica un exceso; pero en el momento expresado por el Avance Gradual, al ocupar el puesto superior en el trigrama *Xun*, ☴ [humildad], debe necesariamente seguir el orden debido, como el ganso que abandona su lugar de descanso y vuela entre las nubes. En el hombre indica quien se eleva por encima del nivel de las cosas ordinarias. Avanzar hasta aquí sin fallar en la mesurada regularidad del movimiento es resultado de notoria sabiduría e inteligencia. Además, sus plumas pueden usarse como las insignias de un puesto o poder en particular. Las plumas son el instrumento del modo de progresión del ganso, y también indican el camino del avance del trazo *yang* superior.

ZHU XI. — Tanto Hu Yuan como Cheng Yi, dicen que el carácter traducido como "altiplano", debe ser reemplazado por otro carácter que significa "encrucijada", "camino de las nubes", y que expresa el camino de las nubes. Actualmente se considera que conviene leerlo según el sonido de la propia palabra. "Ritos" se refiere a

---

[10] El *Erya*, 爾雅, es el diccionario chino más antiguo que ha llegado hasta nuestros días, quizás sea del tercer siglo a. C.

que las plumas sirven como adorno para los estandartes. El trazo *yang* superior es extremadamente alto y está más allá de todas las situaciones que el hombre puede alcanzar, de modo que las plumas pueden servir como señal distintiva de su elevación, y, en efecto, aunque este trazo ha llegado al límite extremo de elevación, su imagen indica que aún es útil. Por esto el significado adivinatorio es venturoso.

54 La Muchacha que se Casa | *Gui Mei*

Los dos caracteres chinos que le dan nombre a este hexagrama son: *gui*: "entregar en matrimonio" y *mei*: "doncella, hija, hermana menor".

Cuatro hexagramas están relacionados con el matrimonio y las medidas preliminares que conducen a él: **31**-El Influjo, representa la atracción inicial y el cortejo de una pareja; **32**-La Duración, indica la institución del matrimonio; en **53**-Avance Gradual, se muestran los pasos y las ceremonias que llevan al matrimonio y en **54**-La Muchacha que se Casa, se describe a una joven entrando en la casa de un hombre mayor como esposa secundaria.

En la China antigua un noble podía tener varias esposas y un gobernante debía tener no menos de tres, todas de la misma familia. Las esposas secundarias se llamaban hermanas menores, ya que por lo general eran hermanas, normalmente hermanas menores, hermanastras o primas de la novia principal.

Las esposas secundarias estaban subordinadas a la esposa principal, cuyos hijos tenían prioridad sobre los otros niños.

Significados asociados

El matrimonio de la hermana menor, la segunda esposa, asumir un rol secundario, concubina.

El Dictamen

La Muchacha que se Casa.
Marchar trae desventura.
Nada que sea favorable.

> Una muchacha que entra en una familia como esposa secundaria simboliza a alguien que ocupa una posición subordinada, informal o transitoria dentro de un grupo
> Cuando cumplimos el rol de un subordinado, en una posición baja, lo mejor que podemos hacer es proceder con humildad y hacer lo que se espera de nosotros. "Marchar trae desventura" indica que no debemos tomar la iniciativa, sino asumir una posición subordinada.
> No asumamos prerrogativas inapropiadas ni intentemos influir al líder del grupo del cual formamos parte para ponerlo en contra de otras personas.
> Nuestra situación no es buena, por eso el Dictamen dice que nada es favorable, pero si nos adaptamos a lo que nos toca vivir y no exigimos demasiado, podremos sobrellevar bien la situación, que posiblemente no dure mucho tiempo.

CHENG YI. — Se mueve [la muchacha] para tener satisfacción, pero si se mueve no es capaz [de proceder correctamente]; de ahí el presagio infeliz. Ser incapaz significa ser indigno de la posición que se ocupa. "Marchar trae desventura", si avanza el presagio será desafortunado. Según el significado del hexagrama, no se trata sólo del casamiento de una joven. Nada de lo que se emprenda será favorable.

ZHU XI. — Para indicar que una mujer se va a casar utilizamos el carácter 歸, *gui*; 妹, *mei* designa a una joven. La joven personificada por el trigrama *Dui*, ☱, sigue al hijo mayor, personificado por el trigrama *Zhen*, ☳, y sus sentimientos expresan placer en el movimiento, que siempre es incorrecto [para una mujer], por lo que se considera que el hexagrama expresa el matrimonio de la joven y los diversos trazos del mismo, del segundo al quinto, todos carecen de rectitud. El tercero y el quinto, con su suavidad, pisotean la firmeza, de modo que el sentido adivinatorio indica que, si uno avanza, el augurio es desafortunado y que nada puede considerarse ventajoso.

La Imagen

Sobre el Lago está el Trueno:
la imagen de la Muchacha que se Casa.
Así el noble siempre está consciente de lo perecedero.

> El lago simboliza a una mujer joven –el lago es la hija menor– que entra en la casa de un hombre –simbolizado por el trueno, el hijo mayor– como esposa secundaria o concubina.

Aplicado a los tiempos actuales, esto indica una relación asimétrica, donde el lado más débil está a merced del lado más fuerte. Al entrar en una relación de este tipo como el lado más débil, debemos tener mucho cuidado para evitar ser perjudicados. Seamos tolerantes y conscientes de nuestras limitaciones.

Tengamos en cuenta que el texto no menciona ventura ni culpa. Este tipo de relaciones está plagado de inconvenientes, pero tal como sucede en la mayoría de las situaciones de la vida, teniendo la actitud adecuada y con un poco de diplomacia, podremos obtener el máximo provecho de la situación.

La imagen también da la idea de una unión transitoria que no puede durar para siempre porque sus defectos iniciales son la semilla de su destrucción.

CHENG YI. — El trueno se sacude en las alturas, el lago recibe el impulso y se agita; *yang* se agita arriba, *yin* siente satisfacción y sigue el impulso [del trueno]. Es la imagen simbólica de una mujer siguiendo a un hombre, por eso el hexagrama se llama La Muchacha que se Casa. El noble contempla la imagen simbólica del hombre y la mujer uniéndose como pareja y perpetuando la generación. "Lo perecedero" expresa la sucesión indefinida y la transmisión eterna del aliento y la respiración [de la vida animal], la extinción y la renovación. "Siempre está consciente" significa reconocer que los seres están sujetos a un camino de extinción y destrucción, de sucesión y renovación. La muchacha se casa, habrá nacimientos, de ahí el significado de "lo perecedero". Además, el camino de los cónyuges implica que su unión debe ser permanente, definitiva y final; pero debemos reconocer su principio, que implica lo perecedero, de ahí la advertencia. La Muchacha que se Casa expresa la satisfacción en el movimiento, lo que es esencialmente diferente de la humildad en el movimiento[1] en *Heng*, 恆, ䷟ (32, *La Duración*), y el aquietamiento y penetración en *Jian*, 漸, ䷴ (53, *Avance Gradual*). El placer de la joven consiste en la emoción; a través de la emoción o el movimiento, pierde la rectitud; no es un camino que permite a la mujer perseverar en la rectitud. A la larga será perecedero; siendo consciente de lo perecedero, conviene, por tanto, pensar en la decadencia. Toda animosidad en este mundo siempre proviene de la incapacidad de comprender lo perecedero. Esto no sólo es cierto en el camino de los cónyuges, en todos los asuntos de este mundo, ninguno deja de ser perecedero, ninguno está exento de un camino que implica sucesión y continuidad. Al contemplar este hexagrama, vale la pena pensar en la advertencia sobre "lo perecedero".

ZHU XI. — El trueno se sacude, el lago sufre su impulso: es la imagen simbólica de La Muchacha que se Casa. El noble contempla la falta de rectitud en la unión y sabe reconocer lo perecedero que ello conlleva. Esto se extiende a todas las cosas y seres; no hay nada que no esté sujeto a la misma ley.

Al comienzo un nueve (muta al hex. 40)

La muchacha se casa como una concubina.
Un cojo puede caminar.
Marchar es venturoso.

El primer trazo muestra a una persona de nivel social humilde, tal como las concubinas de la antigüedad, que tenían una posición baja en el hogar. Esta persona pasará a formar parte de un grupo humano pero tiene poca influencia y está situada muy abajo en la jerarquía.

A pesar de los inconvenientes, podrá avanzar con éxito, al igual que a un cojo que no puede moverse muy bien, pero aún así puede caminar.

Este es un buen momento para comenzar algo nuevo, si somos humildes progresaremos sin problemas y tendremos buena fortuna.

Trabajo: Si permanecemos en un segundo plano, apoyando con lealtad a nuestros superiores, podremos progresar.

Vida privada: Aunque no tenemos mucha influencia ni poder, si avanzamos gradualmente y con suavidad progresaremos. No tratemos de imponer nuestros puntos de vista, de esa manera tendremos una buena acogida e incluso quizás recibamos alguna ayuda.

Salud, sentimientos y relaciones sociales: Posiblemente tengamos algunos problemas de movilidad, pero no serán graves. No nos esforcemos demasiado.

CHENG YI. — La Muchacha que se Casa. Este trazo ocupa el puesto inferior y no se corresponde con rectitud con otro trazo: imagen simbólica de una concubina. La firmeza *yang*, en la mujer, constituye la virtud de la rectitud y la sabiduría; saber situarse sumisamente en un puesto humilde constituye la rectitud y la sabiduría de la concubina. Estar situado en el puesto más bajo del trigrama del placer, significa sumisión. La inferioridad y la humildad de la concubina la hacen incapaz, sea cual sea su sabiduría, de hacer nada; no puede hacer otra cosa que cuidar de sí misma, mejorarse, ayudar y asistir a su señor. Ella es como un cojo que puede caminar. Su palabra no puede ser escuchada ni alcanza muy lejos; sin

---

[1] En el hexagrama 32, *Xun*, ☴, es el trigrama inferior, cuyo atributo es la humildad y suavidad.

La Muchacha que se Casa

embargo, su posición es correcta[2], por eso "marchar es venturoso".

ZHU XI. —El primer trazo es *yang*, ocupa el puesto más bajo y está desprovisto de correspondencia, de modo que se considera que presenta la imagen simbólica de la concubina. Sin embargo, la firmeza *yang*, en la muchacha, constituye las virtudes de la sabiduría y la rectitud. Es sólo por la bajeza del puesto de concubina que apenas puede ayudar y asistir a su amo, de modo que este trazo tiene la imagen simbólica de un cojo capaz de caminar y el significado adivinatorio es que, "marchar es venturoso", si emprende algo, el presagio será feliz.

Nueve en el segundo puesto (muta al hex. 51)

Un tuerto puede ver.
Es favorable la determinación de un hombre solitario.

> El tuerto que puede ver significa que nos quedarnos solos después de perder a nuestro compañero, que estaremos en una situación desventajosa o que sufriremos alguna pérdida o decepción. También indica que sólo tenemos una visión parcial de la situación, que no vemos todo con claridad.
> La determinación de un hombre solitario indica que tendremos que seguir adelante por nuestra cuenta, sin recibir ayuda alguna.
> En otro nivel de interpretación, este trazo puede indicar que si no tenemos buenas perspectivas es mejor quedarnos solos, mejor solo que mal acompañado.
>
> **Trabajo:** Aunque no recibiremos ayuda de los demás, podremos defendernos bien por nosotros mismos.
>
> **Vida privada:** A pesar de nuestras desventajas, podremos mantener nuestra posición. Este augurio es bueno para alguien que es un recluso o está solo.
>
> **Salud, sentimientos y relaciones sociales:** Soledad. Podemos llegar a tener algunos problemas con nuestra visión, pero no serán graves. Seamos muy prudentes en nuestras relaciones sociales, porque no podemos ver con claridad la situación.

CHENG YI. — El segundo trazo es *yang* y firme y, además, posee centralidad; representa la rectitud y la sabiduría de la muchacha. En lo alto, encuentra un trazo que le corresponde con rectitud, pero cuya sustancia es, por el contrario, la suavidad *yin*, y que representa el movimiento placentero. Se trata, pues, de una muchacha sabia relacionada con alguien carente de buenas cualidades, de modo que, aunque el segundo trazo posea sabiduría, no puede naturalmente dar curso a sus tendencias para completar la obra de asistencia interna[3], aunque debido a que tiene centralidad, puede utilizar sus cualidades para mejorar y ampliar un poco su influencia. Es como alguien que, aún siendo tuerto, puede distinguir los objetos exteriores, aunque no vea lejos. El encuentro entre el hombre y la mujer debe realizarse de acuerdo con la rectitud y respetando las reglas rituales y morales. Aunque el quinto trazo carece de rectitud, el segundo, por su parte, tiene rectitud y pureza manteniendo la calma en la soledad; en esto consiste su ventaja. El segundo trazo posee las virtudes de la rectitud y la firmeza, es alguien que vive tranquilamente en el retiro y la oscuridad. Estas son las habilidades del segundo trazo, por eso el texto menciona que "es favorable la determinación de un hombre solitario". Favorable significa que es apropiado tener determinación; esta es la única advertencia.

ZHU XI. — "Un tuerto puede ver", está relacionado con el texto del trazo anterior[4]. El segundo trazo es firme y *yang*, posee rectitud; expresa la sabiduría de la muchacha; en la parte superior se encuentra con la correspondencia de un trazo que, por el contrario, expresa suavidad *yin* y ausencia de rectitud. Se trata, pues, de una muchacha sabia con una pareja inadecuada, que no puede realizar en gran medida la labor de asistencia interior, por eso la imagen simbólica de este trazo es la de un tuerto, que puede ver. El sentido adivinatorio indica que "es favorable la determinación de un hombre solitario". El hombre solitario puede seguir el Camino y observar la rectitud, pero no encuentra a nadie con quien unirse.

☐ Seis en el tercer puesto (muta al hex. 34)

La muchacha se casa como esclava.
Ella vuelve como una concubina.

> Casarse como esclava indica una unión o proyecto fallido, que nos despojará de poder; volver como concubina significa retroceder, disminuir nuestras expectativas y aceptar un papel secundario, como el de una concubina o una esposa secundaria.
> El sentido de este trazo es que después que se frustre nuestra ambición original es posible que renunciemos a la misma y aceptemos un compromiso, por no tener mejores alternativas.
>
> **Trabajo:** Podemos perder un trabajo, ser rebajados de categoría, o fracasar en algún proyecto. Posteriormen-

---

2 Como un trazo *yang* en un puesto impar.
3 Dentro de su casa, en el trigrama inferior.
4 Donde un cojo puede caminar.

te tendremos que darnos por satisfechos con lo que podamos conseguir.

Vida privada: Sufriremos algunas pérdidas y nuestra situación se verá afectada para peor. Quizás terminemos con una relación, para luego empezar otra, que no será muy estable ni buena.

Salud, sentimientos y relaciones sociales: La falta de autocontrol nos puede crear problemas. Aunque el texto no lo dice, posiblemente sería mejor quedarnos solos que involucrarnos en una mala relación[5].

CHENG YI. — El tercer trazo ocupa el puesto superior del trigrama inferior. Aunque no es malo, ha perdido su virtud y carece de correspondencia. Por eso quiere casarse, pero aún no puede lograrlo.
Necesita esperar. Los que esperan no quedan satisfechos. El trazo *yin* que ocupa el tercer puesto no merece su posición[6]; además carece de la virtud de la centralidad. Es suave y gentil, pero le gusta usar la firmeza; actúa sin sumisión. De él depende la satisfacción; busca casarse porque busca el placer y se mueve sin observar las reglas del decoro. Por encima de él, no encuentra correspondencia; nadie lo quiere. No conoce a nadie que le convenga, así que espera. ¿Quién es el hombre que se casaría con una muchacha en tales condiciones? Ella no es digna de convertirse en la compañera de un hombre; por el contrario, debe regresar y buscar ser aceptada como concubina en un puesto inferior a lo que le correspondería, porque carece de rectitud y ha perdido su camino.

ZHU XI. — El tercer trazo es suave, *yin*, sin centralidad ni rectitud. De él dependen el placer y la satisfacción[7]. La muchacha que carece de rectitud no será elegida por un hombre, de modo que aún no puede encontrar al que le conviene; por eso el texto presenta la imagen simbólica de la muchacha que, se casa como concubina. Se ha dicho también que el carácter traducido como "esclava" [嬬, *xu*] significa una muchacha de bajo estatus[8].

Nueve en el cuarto puesto (muta al hex. 19)

El matrimonio de la muchacha es pospuesto.
Habrá un matrimonio tardío.

---

5 Este trazo se contrasta con el siguiente, que tiene la situación inversa.
6 Porque, al ser impar, ese puesto es *yang*.
7 Este trazo está situado al tope del trigrama del placer, *Dui*, ☱, además es el regente constituyente de este hexagrama.
8 Si se lee 嬬, *xu*, como "bajo estatus" en lugar de "esclava", el sentido del texto podría ser que se casa como concubina debido a su bajo estatus.

Es mejor esperar hasta que tengamos una buena oportunidad en lugar de comprometernos con algo que está por debajo lo que merecemos.
Con el paso del tiempo podremos alcanzar nuestros deseos, pero es conveniente que esperemos a que se den las condiciones propicias.

Trabajo: Nos encontraremos con algunos obstáculos en nuestra carrera, pero finalmente alcanzaremos nuestra meta, después de que pase un tiempo.

Vida privada: Después de posponer nuestros deseos durante cierto tiempo conseguiremos lo que anhelamos. Si estamos planeando casarnos, tendremos que esperar un tiempo hasta encontrar la pareja adecuada.

Salud, sentimientos y relaciones sociales: Seamos pacientes y tengamos calma. Quizás estemos un poco aislados; si no conseguimos una relación de pareja satisfactoria, no nos apresuremos, ni nos menospreciemos a nosotros mismos. Con el tiempo conseguiremos lo que buscamos.

CHENG YI. — Este trazo, emplea las virtudes *yang*, ocupando el cuarto puesto. Este puesto es parte del trigrama superior e indica un terreno elevado. La firmeza, en una muchacha, constituye la virtud de la rectitud y la inteligencia de la sabiduría. No se corresponde con otro trazo, por eso aún no encuentra con quién casarse; ella excede la edad apropiada sin casarse, por eso el texto dice: "el matrimonio de la muchacha es pospuesto". Una joven que ocupa una alta y noble posición social, que está dotada de sabiduría e inteligencia, es objeto de las atenciones de los sentimientos de los hombres. Por eso, pese a la posposición de su matrimonio, "habrá un matrimonio tardío". De hecho, ella misma lo pospone, y esto no proviene del hecho de que no pueda hallar un lugar para sí misma; sino que espera el momento en que encontrará una combinación ventajosa y entonces tomará una decisión. Este trazo *yang* ocupa el cuarto puesto; aunque no responde exactamente a la situación que ocupa, sin embargo, se encuentra en una posición que implica suavidad, lo que constituye el camino de la mujer. Como no tiene correspondencia, esta circunstancia indica el sentido de posponer su matrimonio, y el sabio muestra la razón de esto: una muchacha sabia, que pospone su matrimonio, tiene motivos para esperar [para conseguir una pareja adecuada].

ZHU XI. — El cuarto trazo, siendo *yang* y parte de la sustancia del trigrama superior, está desprovisto de toda correspondencia. Presenta la imagen simbólica de una muchacha sabia, que no se entrega a la ligera a un hombre, que posterga los plazos ordinarios y espera casarse con alguien que le agrade. Este trazo expresa exactamente lo contrario de la situación del tercer trazo *yin*.

○ **Seis en el quinto puesto** (muta al hex. 58)

El emperador *Yi* entrega a su hermana menor
en matrimonio.[9]
Las mangas de su vestido no eran tan finas
como las de la esposa secundaria.
La luna está casi llena.
Ventura.

> Aquí la cosa más importante (la hermana del emperador) parece menos atractiva o tiene un aspecto más humilde que un factor menos importante (la esposa secundaria, o concubina).
> Pero en este caso la apariencia no es lo más importante, sino la modestia y el tener una vocación de servicio, eso es lo que nos permitirá completar sin problemas el ciclo que se cierra –como la referencia a la luna llena indica– y tener éxito[10].

Trabajo: Quizás seamos asignados a un nuevo puesto; podremos prosperar en nuestra nueva posición pero tendremos que poner nuestro orgullo a un lado y mantener un perfil bajo.

Vida privada: Podremos encontrar la felicidad que buscamos si nos enfocamos en lo esencial y no nos dejamos distraer o seducir por las meras apariencias. Una alianza exitosa enriquecerá nuestra vida.

Salud, sentimientos y relaciones sociales: Tendremos buena salud. Es mejor que nos concentremos en las cosas simples y evitemos el lujo excesivo o las actitudes faltas de moderación. Este un buen tiempo para el matrimonio o el establecimiento de alianzas.

CHENG YI. — El quinto trazo *yin* ocupa la posición preeminente; se refiere a una novia noble, de alta posición. En la parte inferior se corresponde con el segundo trazo, lo que constituye la imagen simbólica del matrimonio con alguien en una posición inferior. Las princesas se degradan al casarse, y esto ha sido así desde la anti-

---

[9] Yi fue el nombre del penúltimo emperador Shang quien le dio una novia el señor de Zhou. El hexagrama 11.5 tiene un oráculo similar. "Yi fue el primero en aprobar una ley que decía que las hijas de la casa real, al casarse con príncipes de los estados, deberían estar sujetas a ellos, como si no fueran superiores a ellos en jerarquía". (Legge)

[10] Comparar con 9.6 y 61.4, donde también se menciona la luna casi llena.

güedad. Debido a esto, el emperador Yi y sus sucesores reformaron las ceremonias y las reglas rituales relativas a los matrimonios especificando la condición del hombre y la mujer. Aunque la doncella sea más noble, no debe desviarse del camino de la humildad y la mansedumbre, ni albergar pensamientos orgullosos sobre su nobleza. Por eso, el *Libro de los Cambios*, cuando *yin* es dócil y está disminuido en su posición preeminente, dice que: "El soberano Yi concede su hija en matrimonio"; este es el caso del quinto trazo *yin* de *Tai*, 泰, ䷊ (11, *La Prosperidad*). Al casarse, las muchachas nobles deben simplemente humillarse modestamente para ajustarse a las leyes rituales, y en esto consiste la virtud de la nobleza y la elevación. No deben usar adornos faciales para agradar a los hombres; el adorno facial es algo usado por las concubinas y muchachas de placer. Las mangas constituyen un adorno. El quinto trazo *yin* representa a una joven de condición eminente y elevada, preocupada por las reglas rituales y no por los adornos, por lo que la riqueza de sus adornos no iguala la riqueza de los adornos de una concubina. "Finas" significa riqueza, belleza, elegancia. "La luna está casi llena" corresponde al pleno desarrollo de la fuerza *yin*; si estuviera completamente llena sería enemiga de la fuerza *yang*. "Casi" significa que aún no está completamente llena. La elevación y nobleza del quinto trazo aún no han alcanzado el límite extremo de su desarrollo total, de modo que la mujer, representada por este trazo, no prevalece sobre su marido, lo que constituye un presagio feliz. Esto expresa el camino de la mujer para ocupar un puesto noble y eminente.

ZHU XI. — El quinto trazo *yin*, suave y maleable, dotado de centralidad, ocupa un puesto preeminente; por debajo de él, simpatiza con el segundo trazo *yang*; estima la virtud y no aprecia los adornos, por lo que se le considera como la imagen simbólica de la hija del emperador que se degrada al casarse y cuyo adorno no es extremo. Sin embargo, la perfección de la virtud en la muchacha no puede superar este nivel, por lo que el trazo también se considera la imagen simbólica de la luna a punto de estar llena. Si si quien consulta el oráculo se encuentra en estas condiciones, el augurio será feliz.

□ **Al tope un seis** (muta al hex. 38)

La mujer presenta una cesta, pero ésta no contiene frutos.
El hombre acuchilla una oveja pero ésta no sangra.
Nada que sea favorable.

> La cesta vacía indica falsedad y falta de generosidad, la oveja que no sangra es un sacrificio insincero porque el animal ya estaba muerto.

La cesta vacía también simboliza un vientre estéril y la oveja sin sangre un hombre sin semilla.

La falta de compromiso real y las actitudes hipócritas harán imposible que la unión sea afortunada. Ninguna relación humana puede prosperar ni ser feliz bajo esas circunstancias.

Trabajo: Nuestros esfuerzos serán en vano porque carecen de sustancia y sólo son para aparentar. Tendremos pocos ingresos y no podremos lograr nada bueno.

Vida privada: Una unión basada en premisas falsas será infructuosa y finalmente fallará. Nuestros esfuerzos no servirán de nada si no son sinceros.

Salud, sentimientos y relaciones sociales: La hipocresía envenenará nuestro desarrollo espiritual. Nuestra salud puede tomar un giro hacia lo peor. Si hay un embarazo este no llegará a buen término.

CHENG YI. — El trazo *yin* superior está al final de La Muchacha que se Casa y carece de correspondencia. Indica que el matrimonio de la joven no culmina exitosamente. La esposa es el medio para continuar la línea de los antepasados; tiene un cargo en las ceremonias de sacrificio del culto establecido en su honor; si es incapaz de cumplir su oficio en estos sacrificios, no debe ser considerada esposa[11]. Es responsabilidad de la esposa preparar el contenido de la cesta [que contiene el sacrificio] y presentarla[12]. En la antigüedad, las provisiones del interior del palacio, como las conservas de verduras crudas o cocidas y otras cosas de este tipo, eran supervisadas y estaban bajo la autoridad de la esposa del rey; en sus sacrificios, los propios príncipes feudatarios cortaban la carne de los animales y lo mismo ocurría con todos aquellos que estaban investidos de los títulos de marqués y otros del mismo tipo. "Acuchilla" es lo que se hace para recoger sangre para los sacrificios; el *Libro de los Ritos*[13] dice: "la sangre es la esencia perfecta de los sacrificios". La mujer debe presentar la cesta, si no está llena, al estar vacía, no hay nada que ofrecer en sacrificio, lo que indica que ella es incapaz de cumplir su oficio en las ceremonias sacrificiales. El marido y la mujer realizan las ceremonias juntos en el templo de los ancestros; si la esposa es incapaz de ayudar a preparar los sacrificios, el marido no puede ofrecerlos ni realizarlos; por eso, cuando sacrifica la oveja, ésta no sangra, lo que nuevamente indica que no tiene nada que presentar como una ofrenda y por lo tanto no debe realizar el sacrificio. Siendo la mujer incapaz de cumplir su oficio en los sacrificios, conviene repudiarla, lo que indica que el vínculo entre marido y mujer no es indisoluble. ¿Qué se podría entonces emprender que fuera ventajoso?

ZHU XI. — El trazo *yin* superior, con suavidad maleable, ocupa el último puesto en La Muchacha que se Casa, y no tiene correspondencia con ningún trazo. Fija el momento del matrimonio, pero no lo completa. De ahí la imagen simbólica. Por consiguiente, para quien consulta el oráculo, nada será favorable.

---

11 Debe ser repudiada.
12 Durante los sacrificios.

13 El Libro de los Ritos, Liji, 禮記, es uno de los Cinco Clásicos del canon confuciano.

55 La Abundancia / La Plenitud | *Feng*

El carácter que le da nombre a este hexagrama muestra una vasija ritual, 豆, con algo sobre ella. El contenido de la vasija es el carácter 丰, duplicado, que según Karlgren es "la imagen de una flor, un ramo". Que este elemento vegetal esté duplicado da la idea de proliferación, vitalidad y fertilidad. También podríamos interpretar este carácter como una maceta con plantas lujuriantes creciendo en ella.

Significados asociados

Abundancia, plenitud, esplendor, lujo; abundante y fructífero, prolífico, maduro, completo; prosperidad, riqueza; alcanzando el cenit. Algunos opinan que este hexagrama describe un eclipse solar, que indica el eclipse de la influencia de los hombres capaces[1]; el oscurecimiento que se describe en varios trazos, también se ha asociado con la Torre Sobrenatural del Rey Wen, que permitiría ver lo invisible en pleno día[2].

El Dictamen

La Abundancia tiene éxito.
El rey la alcanza.
No estés triste.
Sé como el sol al mediodía.

> Tanto el rey como la referencia al sol al mediodía denotan crecimiento personal y elevación.

Alcanzaremos el cenit, pero tal como el sol comienza a descender tan pronto como llega a su cenit, este será un momento de gloria transitoria. Esta es la razón de la advertencia: "no estés triste".

El sol da calor y luz a todas las cosas, comparte su energía con todos los seres humanos. No tratemos de acaparar la plenitud para nuestro propio uso, no es posible, y tal comportamiento va en contra de las exigencias del momento. Por el contrario, debemos estar bien dispuestos a ayudar y sostener a otros, compartiendo nuestras bendiciones con un corazón abierto, tal como el sol derrama su luz sobre todos, sin discriminación.

Este hexagrama relata encuentros y desencuentros, interferencias y confusión porque la abundancia no sólo es transitoria sino que también es difícil de obtener.

CHENG YI. — La Abundancia expresa la perfección de la grandeza, una expansión exitosa. Llevar el brillo y la grandeza del mundo al límite extremo. Sólo el rey puede lograrlo. El carácter 假, *jia*, traducido como "alcanza", significa acercarse, conseguir, alcanzar. La preeminencia de la situación del Cielo, la riqueza de los cuatro mares, la multitud de todo lo que vive y existe, la grandeza del camino del rey, el camino de la extrema grandeza, sólo pertenecen al rey. En un momento de grandeza floreciente, la multitud de personas es innumerable, los negocios y todas las cosas son complicadas e importantes. ¿Cuan fácil es abarcar todo para gobernar? Conviene poseer la perfecta inteligencia [claridad] del sol, que ilumina ampliamente por todos lados y cuyos rayos llegan a todas partes; entonces no habrá preocupación ni tristeza.

ZHU XI. — La Abundancia indica grandeza y moverse con claridad [como el sol en su curso]. Fuerza inherente al perfecto desarrollo de la grandeza. El sentido adivinatorio incluye el camino al éxito. Sin embargo, cuando el rey llega a este punto, tal como cuando la perfección ha llegado a su límite extremo, debe sobrevenir la deca-

---

[1] Aunque *Feng* se traduce generalmente como "plenitud" o "abundancia", también fue el nombre de un río y de una ciudad. La ciudad de *Feng* era la capital de los *Zhou* (la dinastía china cuyo fundador es considerado el autor del *Libro de los Cambios*) antes de la caída de la dinastía *Shang*, pero posteriormente fue abandonada. El hexagrama 55 podría tener una interpretación completamente diferente si tomamos a *Feng* como el nombre de una ciudad y el texto de varios de los trazos como las referencias a un eclipse, que fue visto como un presagio de la caída de la dinastía *Shang* (acorde a S. J. Marshall, en su libro *The Mandate of Heaven*, Sección I, cap. IV y V).
[2] De acuerdo a Wu Jing-Nuan, en su traducción del *YiJing*, p. 194-195.

dencia, por eso es un camino de preocupaciones e inquietudes. El sabio considera estas inquietudes y preocupaciones como vanas e inútiles. Para evitar el exceso en la abundancia debemos mantener exclusivamente reglas permanentes e inmutables. Por eso el texto advierte: "No estés triste. Sé como el sol al mediodía".

La Imagen

El Trueno y el Rayo llegan juntos:
la imagen de la Abundancia.
Así el noble decide los casos legales y aplica los castigos.

> El trueno y el rayo simbolizan el poder ejercido desde una posición superior, con visión clara.
> La falta de claridad y las sospechas harán difícil la interacción interpersonal bajo las presentes circunstancias por lo que es necesario aplicar medidas enérgicas y claras para corregir esos inconvenientes.
> Los casos legales y los castigos indican que hay que tomar las medidas que sean necesarias para restaurar la confianza de la gente y para evitar que personas de bajo nivel y malas intenciones interfieran y confundan las relaciones sociales.

CHENG YI. — El trueno y el rayo caen al mismo tiempo, la luz y el movimiento actúan al mismo tiempo. Las dos sustancias se unen y por eso el texto dice "llegan juntos", la luz y el movimiento se complementan: es la imagen simbólica del desarrollo completo de La Abundancia. El trigrama *Li*, ☲, indica luz; es la imagen simbólica del examen y el juicio, que aporta claridad a los detalles de la investigación. El trigrama *Zhen*, ☳, representa el movimiento y es la imagen simbólica de autoridad en la toma de decisiones. Quien "decide los casos legales", debe dilucidar la intención y los hechos del caso, y sólo la claridad pueden lograrlo. Quien "aplica los castigos", así impone una sentencia al vicio y la maldad; y su exactitud, hace que el efecto sea ejemplar. Además, el noble ve la imagen simbólica del relámpago y el trueno iluminando y conmoviendo y aplica este ejemplo al emitir juicios y pronunciar sentencias. Mientras *Shi he*, 噬嗑, ䷔ (21, *La Mordedura Tajante*) habla de los primeros reyes que formularon las reglas[3]; La Abundancia habla del noble que pronuncia juicios. Cuando el trigrama de la claridad está arriba, aunado con la autoridad del trigrama del movimiento, es una cuestión que depende del rey; por eso la Imagen de La Mordedura Tajante dice: "Así los antiguos reyes aplicaban con inteligencia los castigos y promulgaban sus leyes". Cuando el trigrama de la claridad está abajo, aunado a la autoridad, el texto habla del noble; por eso la Imagen de La Abundancia dice: "Así el noble decide los casos legales y aplica los castigos", pero no prolonga indefinidamente el castigo. Cuando se trata del noble siempre es así.

ZHU XI. — El texto resalta la imagen simbólica de autoridad [trueno] y claridad [fuego] que actúan al mismo tiempo.

Al comienzo un nueve (muta al hex. 62)

Encuentra el señor que es su igual.
Aunque pasen diez días no habrá culpa.
Ir es honorable.

> Conoceremos a alguien que comparte nuestros valores y puntos de vista pero está situado en una posición más alta que la nuestra. Esa persona nos ayudará a alcanzar nuestras metas.
> En la antigua China la semana duraba diez días,[4] esos diez días indican un período durante el cual podremos completar lo que tenemos que hacer con nuestro señor —o más bien jefe o maestro, en un contexto actual— sin caer en el error. Ese período nos permitirá desarrollar un proyecto compartido con la ayuda de nuestro maestro.
> Si tratamos de prolongar la duración de esa relación para obtener más beneficios, nos perjudicaremos a nosotros mismos.

Trabajo: Posiblemente seamos promovidos con la ayuda de amigos en las altas esferas. Utilicemos nuestra nueva posición de manera constructiva y no abusemos de la confianza que se nos concede, dado que las oportunidades, por otra parte, sólo durarán por cierto tiempo.

Vida privada: Un amigo que tiene una mejor posición que la muestra nos ayudará y trabajaremos junto a él por un tiempo.

Salud, sentimientos y relaciones sociales: Buena salud. Tendremos una relación muy positiva, pero transitoria con alguien, que nos guiará.

CHENG YI. — "El Trueno y el Rayo llegan juntos": imagen simbólica de La Abundancia. La claridad y el movimiento se apoyan mutuamente; es el camino de La

---

3   La Mordedura Tajante está compuesto por los mismos trigramas que La Abundancia: *Li* y *Zhen*, pero sus posiciones están invertidas.

4   En la antigua China la semana de diez días en uso se basaba exclusivamente en consideraciones numéricas, sin ninguna relación astronómica. Los diez días se asociaban con los Diez Tallos Celestiales (*gan tian*), el **Glosario** tiene más información al respecto.

La Abundancia / La Plenitud

Abundancia. Sin luz nada puede brillar; sin movimiento nada puede moverse; estos dos poderes se llaman entre sí como forma y sombra, y se complementan el uno al otro como los dos lados de un mismo objeto. El primer trazo *yang* está al comienzo del trigrama de la claridad; el cuarto trazo *yang* es el origen del movimiento; es apropiado que se necesitan mutuamente para poder cumplir su función. Por eso "aunque pasen diez días no habrá culpa". Su posición significa que se corresponden, su efecto los lleva a ayudarse mutuamente. "Encuentra el señor que es su igual"; el carácter traducido como "igual" [配, *pei*] expresa una condición de igualdad. Así es en la expresión "semejante al cielo". El texto dice que el primer trazo es similar al cuarto; el texto del cuarto trazo dice que ese trazo es similar al primero. "Diez días", aquí tiene el significado de "similares". Aquellos en el mundo que se corresponden generalmente no son estrictamente iguales ni equivalentes; esto es visible, por ejemplo, en la correspondencia entre *yin* y *yang*, en la suavidad que se deleita en seguir la firmeza, en la propensión de lo inferior a unirse con lo superior. Si los dos objetos fueran estrictamente iguales, ¿por qué querrían seguirse? Sólo en el caso de los trazos primero y cuarto de La Abundancia, sus efectos conducen a la ayuda mutua, que completa su correspondencia, de modo que, aunque iguales en su energía *yang*, se ayudan el uno al otro, sin exceso ni culpa. De hecho, sin claridad, el movimiento no sabría adónde ir; sin movimiento, la luz no tendría ningún efecto[5]. Se ayudan mutuamente y cada uno produce su propio efecto, como indica la frase "en el mismo barco cruzamos un lago con el mismo corazón". Ante el peligro común, incluso los mismos enemigos unen sus fuerzas: la fuerza de las cosas así lo exige. Comienzan un emprendimiento y se ayudan unos a otros, para poder completar la grandeza de su obra, y por eso el texto dice "ir es honorable"; hay motivos para elogiarlos. En otros hexagramas, no harían concesiones mutuas y se separarían.

ZHU XI. — "El señor que es su igual" designa el cuarto trazo; el carácter cuyo significado es "diez días" [旬, *xun*] se toma aquí con el significado de "igual"; esto indica que ambos son *yang*. En un momento de floreciente esplendor, la luz y el movimiento se ayudan mutuamente. El encuentro del primer trazo con el cuarto, aunque ambos son firmes y *yang*, lleva a este sentido adivinatorio.

Seis en el segundo puesto (muta al hex. 34)

La cortina tiene tal plenitud
que al mediodía se puede ver la Osa Mayor.
Si avanza obtendrá desconfianza y odio.
Al demostrar su sincera simpatía tendrá ventura.

El texto de este trazo tiene varias traducciones posibles, pero el sentido general es que nuestro avance será bloqueado debido a la desconfianza. La cortina indica el prejuicio y la envidia que evitarán que nuestros superiores reconozcan nuestras cualidades.
La acción directa no funcionará bien, pero si demostramos nuestra sinceridad y capacidad haciendo méritos, finalmente tendremos éxito y ganaremos la confianza de nuestros superiores.

Trabajo: Nuestro consejo no será escuchado y nuestros aportes serán ignorados pero, después de sufrir varias vicisitudes, tendremos ventura.

Vida privada: Nuestros planes serán obstaculizados por ciertas personas, pero si somos pacientes y sinceros, finalmente prevaleceremos.

Salud, sentimientos y relaciones sociales: Si tenemos problemas de salud, con el tiempo mejorarán. Este es un momento de aislamiento social, seamos pacientes y sinceros.

CHENG YI. — La luz y el movimiento se ayudan mutuamente[6], así se puede producir La Abundancia. El segundo trazo es el amo de la luz[7]; además posee centralidad y rectitud y es quien puede ser llamado esclarecido. El quinto trazo está en el lugar correcto, tiene suavidad *yin* pero carece de rectitud, por lo que es incapaz de moverse. El segundo y el quinto trazo son ambos *yin*, en el tiempo en que la luz y el movimiento se ayudan y complementan, ocupando puestos que se corresponden mutuamente. Pero las aptitudes del quinto trazo son insuficientes y las del segundo trazo que le corresponde tampoco son adecuadas para compensarlo, por lo que "la cortina tiene tal plenitud que al mediodía se puede ver la Osa Mayor", lo que indica que la claridad por sí sola es incapaz de alcanzar La Abundancia. Cuando no puede completar La Abundancia, pierde el mérito que resulta de su claridad [o inteligencia], de ahí la imagen simbólica de una densa cortina que permite ver la Osa Mayor al mediodía. El segundo trazo tiene las cualidades y habilidades de la luz extrema; pero como aquel que le corresponde es incapaz de ayudarlo, él no puede comple-

---

5 CHENG YI quiere decir que el primer trazo, por el trigrama que ocupa, tiene claridad, y el cuarto, que está situado en el trigrama del movimiento, tiene movimiento.

6 Se complementan.
7 El que conduce a la transformación del trigrama *Li*. ☲.

tar el desarrollo de La Abundancia, y al no producir más claridad, se considera que se encuentra en las tinieblas, de ahí la referencia a "ver la Osa Mayor", la cual sólo se ve durante la oscuridad de la noche.[8] La Osa Mayor pertenece al género *yin* y simboliza el amo de lo que da vueltas uniformemente[9]; es el símbolo del quinto trazo que emplea la suavidad *yin* y ocupa la posición del príncipe. Cuando el sol está en el medio[10], es el momento en que la luz es completa entonces, ver la Osa Mayor es como encontrarse con aquel de quien depende la suavidad *yin* en el momento de Abundancia y el brillo. La Osa Mayor sólo se hace visible en la oscuridad; pero el texto habla de ver la Osa Mayor [al mediodía], lo que indica que la luz desaparece y hay oscuridad. Aunque el segundo trazo posee las habilidades de extrema claridad [inteligencia], centralidad y rectitud, lo que encuentra es un príncipe suave, desprovisto de luz y rectitud. Como este príncipe no puede rebajarse a venir a implorar su ayuda, si él mismo se propusiera ir a implorar a este príncipe, por el contrario, sólo encontraría dudas, aversiones y sospechas. Por eso prevalece la oscuridad. Pero entonces, si esto es así, ¿qué será posible hacer? El noble que sirve a su superior, si no gana su corazón, sólo podrá llevar su sinceridad al extremo, para conmover e influir su juicio y sus ideas. Si la sinceridad de sus intenciones puede conmoverlo, entonces, aunque privado de luz y cegado [el quinto trazo], todavía podrá abrir los ojos. Aunque débil y suave, todavía puede ayudar; aunque [al quinto trazo] le falta rectitud, todavía puede mantenerse en el centro. Los hombres de la antigüedad que servían a príncipes mediocres o a maestros de valor ordinario, y que además eran capaces de llevar adelante su camino, sólo conseguían ser apreciados y comprendidos, haciendo resaltar, por encima de ellos mismos, la sinceridad de sus intenciones, haciéndola visible a los príncipes e inspirándolos con confianza. Tales son, por ejemplo, los ejemplos de Guan Zong al servicio del Duque Huan y de Kong Ming, que ayudó a su último maestro. Si es posible, mediante la buena fe y la sinceridad, revelar las propias tendencias e intenciones, será posible hacer prevalecer el Camino: "al demostrar su sincera simpatía tendrá ventura"; esto es lo que constituye un feliz augurio.

ZHU XI. — El segundo trazo *yin* se encuentra en un momento de desarrollo de La Abundancia; él es el amo de *Li*, ☲; él es el más brillante en inteligencia. Además, en la parte superior, se corresponde con la suavidad y oscuridad del quinto trazo *yin*, de ahí la imagen simbólica de la plenitud de la "cortina", que permite "ver la Osa Mayor". Una "cortina" es un velo que oscurece la vista de un objeto, que oculta y oscurece, de modo que a la mitad del día está oscuro. Si avanza y emprende algo, el príncipe de quien depende la oscuridad, necesariamente lo mirará con sospecha. Sólo desarrollando con sinceridad sus ideas, con el fin de conmover e influir [al príncipe], el augurio puede ser feliz. Esto una advertencia a quienes consultan el oráculo, para que actúen así, y se deshagan de todo prejuicio, como indica la imagen del centro vacío [el segundo trazo *yin*], que simboliza honestidad y sinceridad.

Nueve en el tercer puesto (muta al hex. 51)

El velo tiene tal plenitud que a mediodía
se pueden ver las estrellas menos brillantes.[11]
Él se rompe el brazo derecho.
Sin culpa.

> Condiciones desfavorables bloquearán cualquier intento de nuestra parte para superarlas. El brazo roto significa que nuestra influencia y poder serán disminuidos después de un intento fallido para avanzar.
> Las estrellas menos brillantes se refieren a personas de bajo nivel que prosperarán mientras que nosotros seremos obstaculizados.
> Pese a todos los inconvenientes no cometeremos ningún error y nuestra conducta será intachable.
>
> **Trabajo:** Seremos estorbados por los incompetentes que dirigen el espectáculo. Las personas capaces están aisladas y son dejadas a un lado.
>
> **Vida privada:** Nuestros planes no prosperarán, nos enfrentaremos a problemas y nuestros esfuerzos no serán reconocidos.
>
> **Salud, sentimientos y relaciones sociales:** Es posible que tengamos un percance con un brazo. No es buen momento para las relaciones sociales, lo que hagamos o digamos puede ser malinterpretado.

---

8   El carácter traducido como "cortina", 蔀, *bu*, indica una pantalla o estera colgante; es decir, el uso de algo oscuro y opaco para interceptar la luz, que sume al segundo trazo en la oscuridad.

9   Los dos trazos, el segundo y el quinto son similares, están unidos, y se relacionan armónicamente.

10 La expresión que es traducida como "mediodía", está escrita con dos caracteres chinos, uno designa al sol y otro el medio: el sol en el medio, es decir, el mediodía.

11 El carácter 沬, *Mei*, traducido como "estrellas menos brillantes", también podría ser el nombre de una estrella, o una referencia a pequeñas estrellas o una luz tenue. En algunas traducciones *Mei* se sustituye por otros caracteres.

La Abundancia / La Plenitud

CHENG YI. — El carácter 沛, *pei*, traducido como "velo", a veces es sustituido, en ciertas ediciones, por 旆, *pei*, una cortina o biombo de tela. Wang Bi considera que este carácter expresa las cortinas de la cama, lo que justifica claramente la equivalencia de estos dos caracteres. Se utilizan cortinas de cama o mosquiteros y cortinas para proporcionar refugio dentro de los apartamentos. "El velo tiene tal plenitud" indica que la oscuridad se vuelve mayor que si se usara una cortina[12]. El tercer trazo forma parte de la sustancia del trigrama de la claridad, *Li*, ☲, y, sin embargo, es más oscuro que el cuarto trazo; esto se debe a que se corresponde con un sombrío trazo *yin*. El tercer trazo ocupa el puesto más alto del trigrama de la claridad, es *yang* y firme; es quien, esencialmente, es capaz de iluminar. El camino hacia La Abundancia debe producirse mediante la ayuda mutua de la luz y el movimiento; el tercer trazo se corresponde con el trazo superior, quien es suave y *yin*; además, carece de una posición y se sitúa al final del trigrama *Zhen*, ☳, que simboliza el movimiento; pero al situarse al final, hay una detención, no puede moverse. En otros trigramas, alcanzar el último puesto expresa el límite extremo, pero cuando se trata de *Zhen*, llegar al final indica detenerse. Debido a que el tercer trazo no logra corresponderse[13] con el trazo superior, no es posible completar el desarrollo de La Abundancia. El carácter 沬, *mei*, traducido como "las estrellas menos brillantes", designa a las estrellas más pequeñas, sin nombre, innumerables. Para ver las estrellas más pequeñas, se necesita oscuridad absoluta. En un momento de Abundancia, encontrar el trazo *yin* superior es como ver las estrellas más pequeñas en pleno día. "Él se rompe el brazo derecho", el brazo derecho es el que más le sirve al hombre; aquí el texto dice que está roto; por tanto, es obvio que ya no puede utilizarlo para nada. Cuando un sabio erudito encuentra un príncipe inteligente, puede utilizar sus habilidades para actuar en beneficio del mundo; si, arriba, no encuentra ningún amo a quien pueda servir, no podrá producir ningún efecto, como cuando a alguien se le rompe el brazo derecho. Si hay falla en lo que hace un hombre, la culpa será suya; pero si quiere moverse, pero está privado del uso de su brazo derecho; si desea actuar, pero encima de él no tiene nadie que lo soporte; finalmente no podrá lograr nada. ¿Qué más podríamos decir? No se le puede imputar ninguna culpa.

ZHU XI. — El carácter 沛, *pei*, equivale 旆, *pei*, y se refiere a banderas y cortinas; el oscurecimiento resultante es incluso más intenso que el producido por una persiana o un biombo. 沬, *mei*, significa las estrellas menores[14]. El tercer trazo está en el puesto extremo del trigrama *Li*, ☲, lo que expresa claridad, y se corresponde con el trazo *yin* superior. Aunque no puede producir ningún efecto, no es culpable de ello, de modo que tal es el sentido adivinatorio y la imagen simbólica.

Nueve en el cuarto puesto (muta al hex. 36)

La cortina tiene tal plenitud
que al mediodía se puede ver la Osa Mayor.
Se encuentra con su señor que es su igual.
Ventura.

> Podremos superar la confusión causada por las malas influencias con la ayuda de un aliado que comparte nuestras virtudes y puntos de vista.
> Nuestros esfuerzos complementarán bien las cualidades de nuestro aliado y de esa forma seremos exitosos.

> **Trabajo:** Es posible que nuestros superiores sean un factor negativo, confundiendo las cosas y creando interferencia; pero si nos aliamos con la persona adecuada, progresaremos.

> **Vida privada:** En este punto comenzamos a superar la confusión y los obstáculos en nuestra vida, con la ayuda de un amigo con el que tenemos mucho en común.

> **Salud, sentimientos y relaciones sociales:** Si sufriéramos cualquier enfermedad, nos recobraremos. Nuestra situación social mejorará.

CHENG YI. — El cuarto trazo tiene firmeza *yang* y es aquel de quien depende la transformación del trigrama del movimiento [*Zhen*, ☳]; además, tiene la posición de un gran ministro; sin embargo, por su carencia de centralidad y rectitud frente al amo de la oscuridad *yin*[15], ¿cómo podría llegar a la grandeza del desarrollo de La Abundancia? La palabra "cortina" indica algo que lo rodea por todos lados; lo que está rodeado por todos lados no puede ser grande; lo que está enmascarado y velado no puede ser claro y brillante. "A mediodía se puede ver la Osa Mayor", esto expresa que, en medio de un momento

---

12 O una mampara o persiana de bambú en la entrada de la casa.
13 El tercer trazo busca al sexto, pero este último no se corresponde con él. En su comentario, unas pocas líneas arriba, CHENG YI dice "que se corresponde con un sombrío trazo *yin*"; pero este sombrío trazo *yin* (el sexto) no acepta esa correspondencia, porque está detenido en la oscuridad.

14 Ver la antepenúltima nota.
15 El quinto trazo.

de perfecta claridad, está sumido en oscuridad y sombra. "Su señor que es su igual" indica que tienen el mismo rango. Debido a que se corresponden, por eso el texto lo llama "señor". Tanto el primer como el cuarto trazo son *yang*, y ambos ocupan el primer puesto en un trigrama; los dos poseen las mismas virtudes. Además, ocupan posiciones que implican correspondencia, de modo que se les considera señores del mismo puesto. El cuarto trazo ocupa la posición de un súbdito en un puesto elevado, y posee la asistencia de un sabio situado debajo de él, en inferioridad. Cuando aquellos dotados de las mismas virtudes se ayudan mutuamente, ¿cómo podría menospreciarse el resultado de esta asistencia? En esto consiste el feliz augurio. Con las habilidades que tiene el cuarto trazo, teniendo como auxiliar al sabio colocado en el puesto inferior, ¿acaso no podrá alcanzar una floreciente grandeza? Respuesta: si el que está en el puesto superior es digno del cargo que ocupa, el que está en el puesto inferior será su asistente, y, a la inversa, si el que está en el puesto inferior tiene sabiduría, el que está en una posición superior se convertirá en su protector. ¿Cómo podría suceder esto sin producir un efecto ventajoso? Entonces el presagio es feliz.

Pero si se trata del esplendor y la grandeza del mundo, hay que ser un príncipe para poder producirlo. El quinto trazo es suave y *yin*, ocupa el puesto preeminente, pero forma parte de la sustancia del trigrama *Zhen*, ☳, que expresa el movimiento; por eso su centro vacío no simboliza ausencia de prejuicios, ni humilde sumisión a los consejos de la sabiduría. En cuanto al cuarto trazo, por su parte, aunque presenta numerosas características de sabiduría, nada indica que esté a punto de ejercer una acción importante. Esto se debe a que no tiene firmeza *yang*, ni centralidad y rectitud, de modo que no puede conducir el mundo hacia La Abundancia.[16]

ZHU XI. — La imagen simbólica es la misma que la del segundo trazo *yin*. "Que es su igual", es la traducción de 夷, *yi*, que significa igual, del mismo rango[17], y se relaciona con el primer trazo. El significado adivinatorio indica que si asciende, se encontrará con el amo de la oscuridad[18]; pero si desciende para unirse con aquel que está dotado de las mismas virtudes[19], el augurio será feliz.

○ **Seis en el quinto puesto** (muta al hex. 49)
Llega el esplendor.
Tendrá bendiciones y fama.
Ventura.

Superaremos la confusión imperante, haciendo buen uso de nuestras propias habilidades y con la ayuda de colaboradores capaces.
Nuestros méritos serán reconocidos y honrados y alcanzaremos el éxito.

Trabajo: Seremos recompensados por nuestros esfuerzos y podremos progresar trabajando en equipo.

Vida privada: La oscuridad y el aislamiento del pasado han terminado. Recibiremos el apoyo de nuestros amigos y familiares y seremos felices y prósperos.

Salud, sentimientos y relaciones sociales: Seremos bendecidos con energía y claridad espiritual. Gozaremos de excelente salud y disfrutaremos de una excelente vida social.

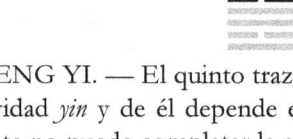

CHENG YI. — El quinto trazo emplea las aptitudes de suavidad *yin* y de él depende el esplendor, pero ciertamente no puede completar la grandeza de La Abundancia. Si puede simplemente alcanzar y emplear las habilidades que resultan de la belleza del trazo inferior, recibirá bendiciones y será feliz y, además, recibirá elogios por su belleza, lo que se indica con la expresión "ventura". El segundo trazo *yin* posee belleza y elegancia de forma, centralidad y rectitud, de ahí que "llega el esplendor". Quien está investido de autoridad por el quinto trazo, puede alcanzar la posición más alta con su perfecta sinceridad. Le es posible alcanzar el fulgor de la grandeza y el esplendor, ser aclamado con el apelativo de "esplendor", para que el augurio sea feliz. El término "llega el esplendor" se usa principalmente con respecto al segundo trazo; sin embargo, el primer, tercer y cuarto trazo también poseen las habilidades de la firmeza *yang*; si el quinto trazo es capaz de emplear a los sabios, avanzan juntos. Aunque el segundo trazo es *yin*, posee las virtudes de elegancia de forma, centralidad y rectitud; él es un gran sabio colocado en inferioridad. Aunque los trazos quinto y segundo no están en correspondencia correcta como si fueran *yin* y *yang*, se encuentran en un momento en el que la claridad [*Li*, ☲] y el movimiento [*Zhen*, ☳] se ayudan mutuamente. Si el quinto trazo puede lograr que llegue el esplendor, "tendrá bendiciones y fama", lo que llevará a la "ventura". Pero este quinto trazo es *yin* y no carece de prejuicios personales, ni se humillará ante la

---

16 Es recomendable leer el comentario de ZHU XI sobre el texto de este trazo, para entenderlo mejor.
17 夷, *yi* tiene otros significados, entre ellos "ocultar, oscurecer", por eso algunas traducciones del *Libro de los Cambios* lo traducen como "Se encuentra con su señor en secreto".
18 El príncipe *yin* en el quinto puesto.
19 El primer trazo *yang*.

La Abundancia / La Plenitud

sabiduría. El sabio[20] aclara el significado para convertirlo en una enseñanza.

ZHU XI. — Aunque su sustancia es suave y oscura, si logra llegar a la claridad que está abajo, "tendrá bendiciones y fama", y el augurio será feliz. De hecho, es por su suavidad y su oscuridad que el texto dice esto, e indica cómo remediarlo[21]. Si quien consulta el oráculo puede cumplir con estas condiciones, el significado adivinatorio le será aplicable.

Al tope un seis (muta al hex. 30)

Oculta a su casa con un dosel.
El espía desde su puerta, silente y sin nadie a su lado.
No ve a nadie por tres años.
Desventura.

> Este trazo describe a alguien que en lugar de enfrentarse a los problemas de la vida diaria se refugia en los recuerdos del pasado retirándose del mundo exterior. Si pretendemos monopolizar para nuestro propio uso la abundancia, y consideramos inferiores y despreciables a nuestros semejantes, nos quedaremos solos. Nuestra actitud rígida nos mantendrá al margen de la vida social durante un período completo simbolizado por los tres años de los que habla el texto.
>
> **Trabajo:** Si no estamos dispuestos a hacer frente a la realidad, nos dejarán a un lado.
>
> **Vida privada:** La arrogancia y el egoísmo pueden arruinar nuestra vida familiar. Corremos peligro de perder a nuestra familia y amigos, e incluso nuestra propiedad.
>
> **Salud, sentimientos y relaciones sociales:** Las sospechas paranoicas paralizarán nuestra vida.

CHENG YI. — Este trazo utiliza su suavidad *yin* para ubicarse en el último puesto de La Abundancia. Situado al final del trigrama del movimiento, *Zhen*, ☳, su presunción y su apuro por moverse son extremos. Al estar situado en un momento de Abundancia y esplendor, conviene que sea modesto y sepa inclinarse, pero está situado en el puesto más alto. El efecto de la Abundancia y el esplendor está ligado a la firmeza *yang*, sin embargo, su sustancia es blanda y *yin*. Investido del poder de producir Abundancia y esplendor, encontrándose en el momento en que esta grandeza debe producirse, es indigno de la posición que ocupa. En las condiciones en que se encuentra el trazo *yin* superior, que de ninguna manera responde a las necesidades requeridas, la "desventura" es evidente. Está situado muy alto, en el tope de La Abundancia. "Oculta a su casa con un dosel" indica que se sitúa en un lugar carente de claridad. Por ser suave y *yin*, se coloca en esplendor, pero en un puesto que no implica posición reconocida alguna, es decir, excede los límites propios de elevación y está en tinieblas y oscuridad; rompe con los hombres por su propia voluntad: ¿quién es entonces el hombre que se aliaría con él? Entonces espía a través de la puerta y mira, con los ojos bien abiertos, la ausencia de los hombres. Esto dura hasta tres años, sin que él pueda cambiar, y el presagio es naturalmente desafortunado. "No ve a nadie" significa que continúa sin ver a un hombre, porque de hecho, no cambia. Un trazo *yin* que ocupa el último puesto al final de un hexagrama conlleva el significado de modificación, pero éste es incapaz de cambiar, porque sus poderes son insuficientes.

ZHU XI. — Puesto que tiene suavidad *yin*, y está situado en la cima del fulgor de la Abundancia, ocupando el último puesto en el trigrama del movimiento, y debido a que, contrariamente a estas condiciones, es oscuro y falto de claridad, se considera que indica gran Abundancia, pero se oculta a sí mismo. Las expresiones "sin nadie a su lado" y "no ve a nadie" indican además la profundidad de la oscuridad en la que se esconde; el presagio es extremadamente malo.

---

20 Confucio.
21 Quizás ZHU XI tuviera presente otro de los significados que tiene el carácter 來, *lai*, traducido como "llega", que es "traer". En todo caso, si el quinto trazo puede traer o llegar hasta el segundo trazo, tendrá bendiciones y fama.

56 El Andariego | *Lu*

Los caracteres que forman el sinograma que le da nombre a este hexagrama son: *yan*, "bandera" y *cong*, "seguir": hombres errantes que siguen una bandera.

Significados asociados

Andariego, peregrino, huésped, vagabundo, viajero, extraño, forastero, exilio, expatriado; estar lejos de casa, hospedarse en un lugar; momento de transición, situación temporal; tropas sin lugar fijo.

El Dictamen

El Andariego.
Éxito en pequeñas cosas.
La determinación del Andariego trae ventura.

> Residimos en una tierra extraña; debido a que no tenemos el apoyo de nuestra familia ni una amplia red de amigos, nuestras perspectivas son limitadas, por eso sólo podremos hacer pequeñas cosas.
> La determinación del andariego indica que debemos adaptarnos a las limitaciones de nuestra situación actual y actuar de acuerdo a nuestras posibilidades.
> Como andariego estamos buscando un lugar donde podamos hospedarnos y descansar, y tal vez también conseguir un empleo. Hasta que consigamos un buen lugar donde asentarnos, deberemos contentarnos con pequeñas comodidades, sin pedir demasiado de los demás. Somos extranjeros y debemos comportarnos con dignidad y modestia.
> En otro nivel de interpretación, este hexagrama indica una fase de transición, una situación temporal.

CHENG YI. — El Dictamen se refiere a los poderes de los trigramas, con ellos es posible tener "éxito en pequeñas cosas". Poseer la perfecta determinación del Andariego trae ventura.

ZHU XI. — El Andariego significa viajar en tierra extraña. La montaña se detiene en la base, el fuego arde y flamea en la cima, lo que constituye la imagen simbólica de alejarse de lo que permanece en su lugar [la montaña], sin quedarse en el mismo sitio, por eso el hexagrama se llama El Andariego. El quinto trazo *yin* posee centralidad en el exterior[1] y se inclina sumisamente ante los dos trazos *yang* colocados encima y debajo de él. *Gen*, ☶, indica detención y *Li*, ☲, se adhiere a la luz, de ahí el significado adivinatorio de que hay "éxito en pequeñas cosas", y que "la determinación del Andariego trae ventura". El Andariego nunca permanece en un lugar, porque está de paso; sin embargo, el Camino subsiste siempre en todo lugar, de modo que él mantiene su determinación, de la cual no debe desviarse ni por un solo momento.

La Imagen

Arriba de la Montaña hay Fuego:
la imagen del Andariego.
Así el noble aplica los castigos con claridad y prudencia
y no prolonga las pendencias.

> El fuego sólo perdurará mientras tenga algo que quemar, es un fenómeno transitorio, de la misma manera los castigos deben ser aplicados por un corto tiempo y sólo cuando no haya otra opción.
> Los conflictos pueden tener resultados impredecibles y peligrosos, como el fuego en una cumbre de la montaña, que impulsado por los vientos, puede crecer más allá de todo control.
> Posiblemente tengamos que defendernos, pero no tenemos los recursos para sostener un conflicto prolongado, por eso deberíamos tratar de solucionar cualquier conflicto en forma rápida. Conviene llegar a un acuerdo, aunque no sea muy ventajoso.

CHENG YI. — Puesto que el fuego está en lo alto, no hay nada que no quede iluminado por su brillo. El noble contempla la imagen simbólica de la claridad proyectando su luz e iluminando, y "aplica los castigos con claridad y prudencia". La inteligencia no debe confiar en sí misma, por eso el texto advierte de la necesidad de pruden-

---

1 En el trigrama superior.

El Andariego

cia. Claridad y detención[2]: ésta es la imagen simbólica de la circunspección. Al contemplar la imagen simbólica del fuego que actúa sin permanecer en un lugar, el andariego "no prolonga las pendencias". Sólo se dictan sentencias penales en casos en los que es absolutamente imposible prescindir de ellas; pero si alguien en la nación ha cometido una falta y está sujeto a la aplicación de una pena, ¿cómo sería lícito dejar que la cuestión se prolongue?

ZHU XI. — Circunspección en la aplicación de las penas, como lo expresa el trigrama que representa la montaña; no prolongarlas cosas, como sugiere la acción del fuego.

Al comienzo un seis (muta al hex. 30)

Si el Andariego es demasiado quisquilloso,
eso sólo le acarreará desgracias.

El carácter traducido como "quisquilloso" (瑣, *suo*, duplicado, lo que incrementa su intensidad) también significa "trivial, mezquino, molesto, delicado, despreciable". La idea general es que el andariego tiene una opinión exagerada de su propia importancia y se convierte en una molestia para los demás, es un alborotador.
Siendo esta el primer trazo, representa a una persona de escasos recursos y posición social baja. Alguien de tan escasa importancia caerá en desgracia debido a su comportamiento inapropiado, porque nadie tolerará sus desaires.

Trabajo: Podemos llegar a perder nuestro trabajo porque exigimos mucho y aportamos poco.

Vida privada: Si somos intolerantes y pretenciosos, nos buscaremos problemas.

Salud, sentimientos y relaciones sociales: Por nuestro propio bien, deberíamos revisar nuestras prioridades y ocuparnos de lo que es más importante, ignorando las pequeñeces. Para tener relaciones sociales armoniosas es importante que seamos tolerantes y no pidamos mucho.

CHENG YI. — Este trazo emplea las cualidades de la suavidad *yin* en el tiempo de El Andariego. Se sitúa en un puesto inferior y humilde; es un hombre débil, que viaja con pocos recursos. Se encuentra en un puesto humilde y vil, y se mantiene en este estado sórdido e insignificante. Un hombre de tendencias humildes, quien, al encontrarse en las difíciles circunstancias del tiempo del Andariego, es despreciado, por ser rústico, insignificante y sin valor, está expuesto a todo, y es por eso que sufrirá desgracias y se arrepentirá. Ser "quisquilloso" es ser despreciable y molesto. Su falta de recursos en el tiempo de El Andariego, y su carencia de aptitudes son tales, que aunque recibiera acogida y asistencia[3] de su superior, sería incapaz de hacer nada. Además, el cuarto trazo *yang* es parte de la sustancia del trigrama *Li*, ☲, por eso no es alguien que esté dispuesto a dirigirse hacia abajo[4]. La posición de un elevado ministro, en El Andariego, es diferente a la de otros hexagramas.

ZHU XI. — En el tiempo de El Andariego, este trazo ocupa la situación inferior con sus cualidades de debilidad *yin*; de ahí la imagen simbólica y el significado adivinatorio.

Seis en el segundo puesto (muta al hex. 50)

El Andariego llega a una hostería.
Mantiene a buen recaudo sus pertenencias.
Consigue un joven y leal sirviente.

Encontraremos un buen lugar donde podremos descansar con seguridad por un tiempo.
El carácter traducido aquí como "pertenencias" (資, *zi*) también significa "dinero, medios de vida y propiedad"; además de su significado literal, simboliza nuestros recursos, conocimientos y habilidades. El mantener nuestras pertenencias a buen recaudo también significa que estamos comportándonos correctamente, con aplomo y modestia.
El joven sirviente indica que recibiremos apoyo, lo cual será positivo, aunque es de esperarse que un joven sirviente tendrá algunas limitaciones, porque le faltará experiencia.

Trabajo: Vamos a consolidar un poco nuestra posición y esto nos proporcionará una base para poder progresar más. También podemos llegar a obtener un asistente.

Vida privada: Este es un período de transición, aún estamos aprendiendo cómo manejarnos en nuestro nuevo entorno. Nos estamos adaptando bien y puede que incrementemos nuestros recursos, o al menos consigamos un buen lugar donde hospedarnos.

Salud, sentimientos y relaciones sociales: Ya no estamos solos, tenemos gente que nos apoya y nos sentimos seguros.

---

2 CHENG YI se refiere a los atributos de los dos trigramas.
3 Del cuarto trazo *yang*, con quien tiene una relación de correspondencia.
4 *Li* es el trigrama del fuego, que flamea hacia arriba, no se inclina hacia abajo. De la misma forma, el ministro en una elevada posición, caracterizado el cuarto puesto, no asiste al primer trazo.

CHENG YI. — El segundo trazo posee las virtudes de sumisión y gentileza, centralidad y rectitud; como es suave y sumiso, la multitud se alía con él; como es central y recto, se coloca en su puesto con propiedad. De ahí que "mantiene a buen recaudo sus pertenencias"; y su joven sirviente, a su vez, tiene absoluta fidelidad y buena fe. Si bien no posee las virtudes del orden y la claridad, como el quinto trazo, consigue la ayuda de quienes están arriba y abajo, lo que lo coloca en condiciones ventajosas en el tiempo de El Andariego. La "hostería" es un lugar donde descansan los viajeros; "sus pertenencias" son los bienes de un viajero; el "joven sirviente", acompaña al viajero y le asiste. Logró llegar un lugar de descanso; pone a buen recaudo sus bienes y vela por su conservación y finalmente disfruta de la lealtad de un joven servidor; ésta es la mejor condición [posible] para un viajero. Quien que es sumiso y débil, estando colocado en inferioridad, es el niño; el que es fuerte y vigoroso y que se coloca fuera es el sirviente[5]. El segundo trazo, suave y sumiso, dotado de centralidad y rectitud, es ayudado, con sinceridad, desde el exterior y el interior; estando de viaje, aquellos con quienes vive en la intimidad son el niño y el sirviente. El texto no habla de un buen augurio[6]; pero en las circunstancias y azares de un viaje, poder evitar males y calamidades es algo bueno.

ZHU XI. — Al llegar a un lugar donde puede detenerse, descansará; cuidando sus bienes. Prosperará, porque cuenta con la honestidad y la pureza de intenciones de un joven sirviente, que no lo decepcionará, sino que podrá confiar en él. Esto es lo que constituye el mayor augurio feliz del viajero. El segundo trazo posee las virtudes de centralidad y rectitud, es sumiso y adaptable, de ahí el significado adivinatorio y la imagen simbólica.

Nueve en el tercer puesto (muta al hex. 35)

El Andariego quema su refugio.
Pierde a su joven sirviente.
La determinación es peligrosa.

> Quemar el propio refugio indica una conducta violenta y prepotente que socavará nuestra propia seguridad.
> Si tratamos a los demás con arrogancia y insensibilidad, perderemos su cooperación.
> Si seguimos por ese camino errado, quedaremos aislados y sólo encontraremos problemas en el futuro.

Trabajo: Vamos a perder tanto nuestra posición como cualquier apoyo que tuviéramos previamente, si no moderamos nuestro comportamiento extremo.

Vida privada: Si actuamos sin preocuparnos por los sentimientos o las opiniones de los demás, éstos nos quitarán su apoyo y también perderemos lo que hemos conseguido. No seamos tercos; detengámonos antes de que sea demasiado tarde. Podemos llegar a perder nuestra propiedad o arruinar nuestra relación con los que nos rodean. Peligro de incendio.

Salud, sentimientos y relaciones sociales: Si estamos demasiado estresados, nuestra salud se verá afectada. Vamos a enfrentar una crisis. Es aconsejable moderar nuestras exigencias y aceptar lo que tenemos, sin pedir más.

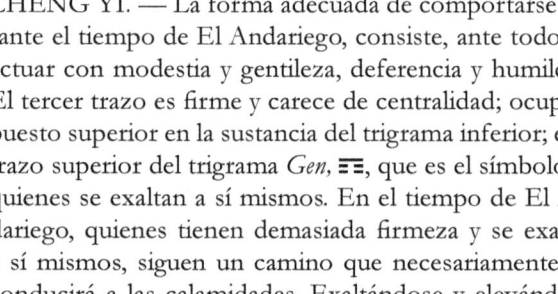

CHENG YI. — La forma adecuada de comportarse durante el tiempo de El Andariego, consiste, ante todo, en actuar con modestia y gentileza, deferencia y humildad. El tercer trazo es firme y carece de centralidad; ocupa el puesto superior en la sustancia del trigrama inferior; es el trazo superior del trigrama *Gen*, ☶, que es el símbolo de quienes se exaltan a sí mismos. En el tiempo de El Andariego, quienes tienen demasiada firmeza y se exaltan a sí mismos, siguen un camino que necesariamente los conducirá a las calamidades. Exaltándose y elevándose, le falta sumisión al superior, por lo que éste no se alía con él; y quema su lugar de reposo y descanso; pierde lo que aseguraba su descanso. El trigrama superior *Li*, ☲, simboliza el fuego y las calamidades que de él resultan. Al tener demasiada firmeza, es cruel con sus inferiores, por lo que lo abandonan y pierde la confianza y determinación de los "sirvientes y niños"[7], es decir, pierde sus corazones. Este trazo sigue un camino lleno de peligros.

ZHU XI. — Este trazo tiene excesiva firmeza y carece de centralidad, ocupando el puesto superior del trigrama inferior; de ahí la imagen simbólica y el significado adivinatorio. Pierde al joven sirviente, no sólo pierde su corazón. El carácter traducido como "determinación", toma su significado de la siguiente sentencia[8].

Nueve en el cuarto puesto (muta al hex. 52)

El Andariego se establece en un lugar.
Consigue posesiones y un hacha.
"Mi corazón no está contento".

---

5   CHENG YI lee el texto de este trazo como "Consigue la lealtad de niños y sirvientes", de ahí la referencia a un niño.
6   No se menciona la palabra "ventura".

7   Ver la penúltima nota.
8   Es decir el texto del cuatro trazo.

El Andariego

Finalmente encontramos un lugar para establecernos por un tiempo, y disfrutamos de cierta seguridad.

El hacha puede indicar que debemos trabajar duro para establecernos o que tenemos que mantenernos en guardia contra lo inesperado. Todavía estamos inquietos, no nos sentimos seguros.

Nuestras aspiraciones aún no se han cumplido; sabemos que nuestro alojamiento actual no es el lugar idóneo. La idea general es que encontraremos soluciones temporales que son aceptables, pero no muy buenas.

Trabajo: Obtener una propiedad y un hacha[9] significa conseguir cierto reconocimiento y una posición suficientemente buena. Pero no estamos cómodos en nuestro nuevo trabajo y sentimos la necesidad de asegurar nuestra posición.

Vida privada: Estamos de paso por un lugar. Aunque hayamos encontrado un alojamiento más o menos adecuado no gozamos de muchas comodidades ni tenemos tranquilidad.

Salud, sentimientos y relaciones sociales: Nuestra posición social es estable, pero no estamos satisfechos con lo que hemos obtenido.

CHENG YI. — El cuarto trazo, firme y *yang*, aunque carece de centralidad, al situarse en el puesto inferior del trigrama superior, lo que implica gentileza, simboliza el empleo de la suavidad y la capacidad de someterse, lo cual es consistente con el tiempo de El Andariego. Por sus capacidades de firmeza y claridad, el quinto trazo se alía con él; también se corresponde con el trazo inicial, lo que es bueno en El Andariego. Sin embargo, el cuarto puesto no es una posición correcta[10], por lo que, aunque encuentra allí un lugar de descanso, su condición no es comparable a la del segundo trazo que "llega a una hostería". Teniendo las habilidades de firmeza y claridad [inteligencia], consigue aliarse con el superior y el inferior, por eso "consigue posesiones y un hacha", disfruta de sus bienes y se beneficia del uso de sus herramientas. Aunque esto es bueno en El Andariego, sin embargo, por encima de él no encuentra la alianza y la ayuda de la firmeza *yang*, y, por debajo, sólo encuentra las simpatías de la suavidad *yin*, de modo que no puede aplicar sus virtudes plenamente, por eso "mi corazón no está contento". La palabra "mi" se refiere al cuarto trazo.

ZHU XI. — Un trazo *yang* ocupa un puesto *yin*, pero por estar situado en el puesto inferior del trigrama superior, utiliza la gentileza y es capaz de rebajarse, de ahí la imagen simbólica y el significado adivinatorio. Pero este trazo no ocupa la posición que le corresponde; además, por encima de él, no goza de la ayuda de la firmeza *yang*, y abajo sólo encuentra la correspondencia de la suavidad *yin*, de modo que hay motivos para que su corazón no esté contento.

○ **Seis en el quinto puesto** (muta al hex. 33)

Le dispara a un faisán.
Aunque la primera flecha falla,
finalmente es alabado y le dan empleo.

> Dispararle un faisán significa buscar empleo exhibiendo nuestras habilidades.[11]
> Es posible que tengamos algunas dificultades demostrando lo que somos capaces de hacer, pero finalmente conseguiremos lo que buscamos, después de demostrar nuestra capacidad.
> En otro nivel de interpretación tendremos que ofrecer algo de valor antes de ser aceptados.

Trabajo: Recibiremos una promoción o un nuevo trabajo, pero solo después de establecer claramente nuestros méritos.

Vida privada: Vamos a prosperar y seremos bien recibidos donde vayamos.

Salud, sentimientos y relaciones sociales: Este es un buen momento para establecer nuevas relaciones sociales.

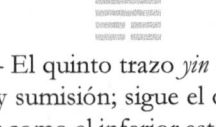

CHENG YI. — El quinto trazo *yin* tiene las virtudes de claridad, orden y sumisión; sigue el camino del medio, y tanto el superior como el inferior están aliados con él. Es quien, en El Andariego, se sitúa en condiciones de extrema excelencia. En el tiempo de El Andariego, cuando uno puede adaptarse al camino del orden y la claridad, ciertamente se le puede calificar con la palabra "bueno". Un andariego que emprende un viaje a veces puede perder algo[12], y luego le sobrevienen la miseria y la vergüenza; si comienza a moverse y no sufre pérdidas, esto constituye un bien. El trigrama *Li*, ☲, simboliza un faisán, es decir un ser elegante y brillante. "Le dispara a un faisán" significa seguir las reglas de la elegancia del orden y ajus-

---

9   El carácter traducido como hacha (斧, *fu*) puede referirse tanto a una hacha común como a una hacha ritual, que era indicadora de cierta posición social. El carácter 資, *zi*, traducido como propiedad, también puede significar dinero, riqueza, mercancías.
10 Por ser un trazo *yang*.
11 "En la antigüedad, se usaba el tiro con arco para elegir a los feudatarios y funcionarios. Se suponía que la precisión en el tiro representaba la rectitud del corazón y viceversa." (Wieger).
12 Pierde la primer flecha, que no da en el blanco.

tarse a ellas. Aunque la primera flecha falla, "finalmente es alabado y le dan empleo". Las "alabanzas" indican renombre y recompensas; "le dan empleo", significa recibir un nombramiento o una misión. El quinto trazo ocupa una posición que implica orden y elegancia, y posee las virtudes de orden y esclarecimiento, de modo que si se mueve seguirá el camino con elegancia y claridad. El quinto puesto es la posición del príncipe, pero un príncipe no es un viajero ni un comerciante; si viajara a un país extranjero, como comerciante, perdería su puesto, de modo que el texto de este trazo no se refiere a un príncipe.

ZHU XI. — El faisán es un animal elegante y brillante; ésta es la imagen simbólica expresada por el trigrama *Li*, ☲. El quinto trazo *yin* es sumiso y gentil, hermoso y brillante. Además, sigue el Camino del medio y es el gobernante del trigrama *Li*, de ahí este texto, que simboliza la acción de disparar una flecha a un faisán. Aunque no puede evitar sufrir una pérdida[13], lo que pierde no es mucho y, finalmente, recibe alabanzas y una misión.

Al tope un nueve (muta al hex. 62)

El pájaro quema su nido.
El andariego primero ríe
pero después llora y se lamenta.
Pierde su vaca por su descuido[14].
Desventura.

> El nido indica una posición elevada pero inestable. La risa y el llanto indican que perderemos nuestra posición si somos arrogantes y descuidados, una cosa que sucede muchas veces en el último puesto de los hexagramas cuando se pierde el control o se exceden los límites de la corrección.
> Perder la vaca significa perder nuestros recursos y ser incapaz de adaptarnos a las exigencias de la situación. El carácter 鳥, *niao*, que se traduce como "pájaro" en este trazo, solo aparece otras cuatro veces en el *Yijing*

---

13 Ver la nota anterior.
14 El carácter traducido como "descuido" es 易, *yi*, que también se puede traducir como "campo, cambio o fácil", pero también es probable que sea una referencia histórica a Wang Hai, una figura legendaria que no sólo perdió a su rebaño en *Youyi* (*Yi*), pero que también fue asesinado allí, tal vez porque cometió adulterio con la mujer equivocada o como resultado de una disputa sobre los campos de pastoreo. Supuestamente Wang Hai fue quien comenzó con la ganadería y por eso él es reverenciado como un héroe cultural en China. Si seguimos esta interpretación, el texto se leería como "Pierde su vaca en Yi".

y siempre indica que las actitudes extremas causan la desgracia.

Trabajo: Nuestra incapacidad para adaptarnos a lo que requiere el momento, y nuestra arrogancia, destruirán nuestra base de sustentación. Es posible que seamos despedidos, o que, si tenemos nuestro propio negocio, este quiebre.

Vida privada: La negligencia y el exceso de confianza pueden causarnos pérdidas significativas. Un incendio puede dañar nuestra propiedad.

Salud, sentimientos y relaciones sociales: Nuestros sentimientos están descontrolados, oscilan de la alegría a la angustia. Si no nos moderamos quedaremos aislados.

CHENG YI. — "Pájaro" se refiere a lo que vuela y se posa en lo alto. Este trazo superior es *yang* y firme, está desprovisto de centralidad y se sitúa en lo más alto. Además, forma parte de la sustancia del trigrama *Li*, ☲, y el exceso es evidente, por lo que el pájaro lo simboliza. En el tiempo de El Andariego, la modestia y humildad, la dulzura que lleva a la concordia, garantizan la posibilidad de protegerse, pero este trazo tiene exceso de firmeza y se eleva y exalta a sí mismo; así ineludiblemente pierde lo que le da descanso. El "nido" es el lugar de descanso donde el pájaro se detiene y se retira; al quemar su nido, pierde lo que aseguraba su descanso y ya no tiene un lugar donde detenerse. Al estar en el puesto superior de trigrama *Li*, se considera que presenta la imagen de la acción de quemar [prender fuego]. Un trazo *yang* y firme, colocándose en lo más alto, comienza dando satisfacción a sus intenciones, de modo que "primero ríe"; más tarde, cuando ha perdido el descanso y no sabe a quién acudir, "llora y se lamenta". La ligereza y la negligencia le hacen perder sus virtudes de sumisión, y de ahí resulta el funesto augurio. La vaca es un animal sumiso y pasivo; "pierde la vaca por su descuido" significa que su prisa y negligencia le hacen perder su sumisión inicial. El trigrama *Li* designa el fuego, cuya naturaleza es elevarse y simboliza el entusiasmo y la ligereza. La primera frase se refiere al pájaro que quema su nido, después el texto menciona al "andariego"; si no se mencionara al "andariego", sería el pájaro quien reiría o lloraría.

ZHU XI. — El trazo *yin* superior tiene exceso de firmeza; se coloca en la cima de El Andariego. Llega al colmo de la brillantez y la arrogancia, ignorando la sumisión, un camino que lo lleva a un augurio desafortunado, de ahí la imagen simbólica y el significado adivinatorio.

57 Lo Suave / Lo Penetrante / El Viento | *Xun*

El carácter que le da nombre a este hexagrama muestra a dos personas arrodillándose enfrente de una mesa: sumisión.
Este es uno de los ocho hexagramas que están compuestos por un mismo trigrama, repetido dos veces, en este caso es ☴, *Lo Suave, El Viento*.
Se puede ver más información sobre *Lo Suave* en **Los ocho trigramas**.

Significados asociados

Obediente, dócil, sumiso, cumplidor; suave penetración; inclinarse en sumisión, inclinarse para entrar.

El Dictamen

Lo Suave.
Éxito en pequeñas cosas.
Es favorable tener un lugar adónde ir.
Es propicio ver al gran hombre.

> El éxito en las pequeñas cosas indica una actitud obediente y humilde, pero persistente y determinada. Esto significa que vamos a lograr nuestros fines, poco a poco, pero de una manera segura.
> El tener un lugar adonde ir quiere decir que necesitamos perseverar y perseguir objetivos claros y bien definidos, de lo contrario nuestra suave influencia se disipará sin producir efectos duraderos.
> Ver al gran hombre quiere decir que necesitamos conseguir un guía o mentor, pero también indica que deberíamos crecer espiritualmente y en entendimiento para poder llevar a cabo nuestros planes.

CHENG YI. — Gracias a los poderes de este hexagrama, se puede tener "éxito en pequeñas cosas", por lo que "es favorable tener un lugar adónde ir" y "es propicio ver al gran hombre". Los hexagramas Lo Suave y Lo Alegre (*Dui*, 兌, ☱ – 58) tienen firmeza, centralidad y rectitud; además sus significados son similares. Pero en Lo Alegre hay éxito, y en Lo Suave sólo hay "éxito en pequeñas cosas". Lo Alegre simboliza el producto de *yang*, mientras que Lo Suave simboliza lo producido por *yin*. En Lo Alegre, el trazo *yin* está en el exterior; éste es el efecto de la suavidad; en Lo Suave, el trazo *yin* se encuentra dentro, esta es la naturaleza de la suavidad, por eso en Lo Suave sólo hay "éxito en pequeñas cosas".

ZHU XI. — Lo Suave es penetración. Un trazo *yin* se inclina bajo dos trazos *yang*. Su naturaleza le permite penetrar con suavidad. Simboliza el viento, de ahí su significado de "penetración". *Yin* rige este tiempo, por eso sólo hay "éxito en pequeñas cosas". Dado que *yin* sigue a *yang*, "es favorable tener un lugar adónde ir". Sin embargo, hay que estar seguro de que lo que se sigue es coherente con la rectitud, por eso el texto añade "es propicio ver al gran hombre".

La Imagen

Vientos que se siguen el uno al otro:
la imagen de Lo Suave.
Así el noble disemina sus comandos
y actúa para llevar adelante sus quehaceres.

> Confucio dijo: "La relación entre superiores e inferiores es la misma que se da entre el viento y la hierba: la hierba se dobla cuando el viento sopla a través de ella". Esta cita indica claramente el significado de la Imagen.
> El viento influye en la hierba de una forma clara, pero imperceptible, porque el viento es invisible. De la misma manera, debemos influir sin cesar a la gente que guiamos, inspirándolos y apoyándolos, para que realicen sus tareas.
> Las frase "disemina sus comandos" significa que debemos estar siempre detrás de nuestros proyectos, impulsándolos, y estimulando a nuestros ayudantes, pero también indica la necesidad de concentrarnos en nuestros objetivos, evitando distracciones innecesarias.

CHENG YI. — Dos vientos repetidos uno sobre el otro: "vientos que se siguen el uno al otro". La palabra "siguen" tiene el significado de sumisión. El noble contempla con humildad la imagen simbólica de la repetición del trigrama *Xun*, ☴, que se sucede por duplicado, y "disemina sus comandos y actúa para llevar adelante sus quehaceres". La palabra seguir conlleva el significado de repetición, lo que indica que, arriba y abajo, siempre hay sumisión. El superior se somete al inferior y se adelanta; el inferior se somete al superior y lo sigue; tanto el superior como el inferior demuestran sumisión, lo que implica el sentido de repetición de la humildad[1]. En materia de decretos, ordenanzas y asuntos de gobierno, si el príncipe se ajusta al principio de las cosas, así concuerda con el corazón del pueblo y el pueblo se somete y obedece.

ZHU XI. — "Siguen" significa seguirse el uno al otro.

Al comienzo un seis (muta al hex. 9)

Avanzando y retirándose.
Es favorable la determinación de un guerrero.

> Avanzar y retirarse simboliza un estado de indecisión y duda, carencia de estabilidad, pero también indica que es preciso que tengamos la suficiente flexibilidad para ajustarnos a las cambiantes necesidades de cada momento.
> Lo que necesitamos es la determinación de un guerrero, es decir actuar con firmeza, resolución y valor. Quizás las circunstancias nos obliguen a demorar nuestros planes, pero es importante que no perdamos de vista lo que somos y lo que queremos lograr.
>
> **Trabajo:** La situación no es estable, experimentaremos altibajos. Mantengámonos enfocados en nuestro objetivo principal y hagamos todo lo posible para alcanzarlo, aunque no podamos lograrlo directamente.
>
> **Vida privada:** Tendremos pérdidas y ganancias. Debemos actuar con firmeza y resolución para alcanzar buenos resultados.
>
> **Salud, sentimientos y relaciones sociales:** No estamos seguros de lo que hacemos, ni de cual es nuestra posición. Ya es hora de decidirnos, no dejemos que otras personas nos manipulen; elijamos nuestro camino y perseveremos en el mismo. Nuestra salud tendrá altibajos.

CHENG YI. — Con su suavidad *yin*, este trazo, ocupa una posición humilde e inferior, carente de centralidad. Se sitúa en el puesto más bajo y sirve a un trazo firme; indica exceso de humildad. Cuando alguien suave y *yin* es excesivamente humilde y sumiso, sus deseos y propósitos son restringidos por el miedo, y no puede disfrutar de descanso ni tranquilidad. A veces avanza, a veces retrocede; no sabe qué lado tomar, por eso "es favorable la determinación de un guerrero". Si puede actuar con determinación y firmeza, como un guerrero, será ventajoso. Si se esfuerza por ser firme, superará su humildad y miedo excesivos.

ZHU XI. — El primer trazo *yin*, ocupa el puesto inferior; él es el regente del trigrama *Xun*, ☴[2]; e indica excesiva humildad; además se considera que expresa la imagen simbólica de la acción de avanzar y retroceder, sin decidirse. Si nos colocamos en esta situación con la perfección del guerrero, podremos remediar lo que falta y alcanzar lo que es adecuado.

☐ Nueve en el segundo puesto (muta al hex. 53)

Penetración bajo la cama.
Usar adivinos y hechiceros en gran número
trae ventura.
Sin culpa.

> Los adivinos y hechiceros muestran que tenemos que ir tras factores o influencias ocultas. El carácter traducido como "adivinos", 史, *shi,* también puede traducirse como "escribas o historiadores", lo que sugiere influencias intangibles que provienen del pasado. Los hechiceros, 巫, *wu,* además de su significado literal, en nuestro mundo moderno podrían ser psicólogos, psiquiatras o investigadores.
> El mensaje es que necesitamos emplear métodos y especialistas que puedan ayudarnos a aclarar la situación y descubrir las fuerzas ocultas nocivas que están operando. Este tipo de trabajo se debe hacer con sutileza y delicadeza, un asalto frontal sería inútil.
> Vale la pena que nos esforcemos por sacar a la luz lo que se esconde debajo de la superficie, porque sólo así quedaremos "sin culpa", es decir, sólo así evitaremos cometer un grave error.
>
> **Trabajo:** Algunas de las personas que nos rodean pueden tener malas intenciones y lo ocultan. Ciertas influencias negativas que desconocemos pueden perjudicarnos. Busquemos la ayuda de personas cualificadas para ayudarnos a aclarar la situación.

---

1 Repetición del trigrama *Xun*, ☴.

2 Debido que al transformarse, pasando de ser un trazo firme a uno quebrado, da origen al trigrama *Xun* que reemplaza al trigrama *Qian*, ☰.

Lo Suave / Lo Penetrante / El Viento

Vida privada: Hay algo que no es lo que parece en nuestra familia o círculo de amigos. Puede que alguien esconda un rencor en nuestra contra u oculte algún designio que puede perjudicarnos. Es importante que saquemos a la luz esas maquinaciones ocultas.

Salud, sentimientos y relaciones sociales: Penetrar debajo de la cama significa arrojar luz sobre factores subyacentes en la mente inconsciente, sacar a la luz sentimientos o prejuicios que son reprimidos. Necesitaremos ayuda profesional para hacer esto.

CHENG YI. — El segundo trazo *yang* se encuentra en el tiempo de Lo Suave, que indica humildad y sumisión. Está situado en un puesto *yin* inferior; lo que expresa exceso de humildad. La "cama" es lo que el hombre utiliza para descansar: "penetración bajo la cama" es un exceso de humildad y significa ir más allá del nivel que asegura el descanso. Si el exceso de humildad y sumisión en el hombre no resulta del miedo y la pusilanimidad, será causado por el espíritu de adulación; en ningún caso es correcto. El segundo trazo es firme, enérgico y central; aunque forma parte de la sustancia del trigrama *Xun*, ☴ [humildad] y ocupa un puesto *yin*; se considera que expresa exceso de humildad, sin tener un corazón vicioso y malvado. Aunque el exceso en la respetuosa humildad no constituye rectitud en el decoro, puede prevenir y evitar la vergüenza y las afrentas, y eliminar las causas de los reproches y la culpa, por lo que no deja de ser un camino cuyo augurio es feliz. "Adivinos y hechiceros" son quienes están en comunicación con los espíritus [que tienen sinceridad espiritual]. "En gran número" indica que si hay extrema sinceridad y calma en la modestia y la humildad, serán muchos quienes podrán comprender esta sinceridad espiritual; [de esa forma] el augurio será feliz y no habrá culpa, lo que significa que la sinceridad será suficiente para conmover a los hombres. Si otras personas no examinan la sinceridad de sus intenciones, considerarán el exceso de humildad como adulación.

ZHU XI. — El segundo trazo *yang* se sitúa en un puesto *yin*, en una posición inferior; esto implica la idea de ausencia de tranquilidad. Sin embargo, en un tiempo de sumisión, no oprime a los humildes y, además, tiene centralidad; no lleva las cosas al extremo. El sentido adivinatorio indica un exceso de humildad y la insistencia continua, con palabras corteses, para hacer prevalecer sus intenciones. De esto resulta la "ventura" y la ausencia de culpa. El significado adivinatorio indica "ventura" al llevar al extremo la sinceridad en la realización de los sacrificios.

Nueve en el tercer puesto (muta al hex. 59)

Penetración repetida.
Humillación.

Si no podemos lograr lo que nos proponemos e intentamos forzar nuestro avance a ciegas, una y otra vez, sin alcanzar nuestros objetivos, sólo nos humillaremos a nosotros mismos. Cada cosa tiene su tiempo y no es posible lograr resultados sin la debida preparación.

En otro nivel de interpretación, el texto también puede indicar que tenemos dudas y vamos a cavilar interminablemente sobre algún asunto. Tal indecisión no nos servirá para lograr nada bueno y nos hará sufrir.

Trabajo: La improvisación y actitudes intransigentes nos meterán en problemas y nos avergonzarán.

Vida privada: Si no fortalecemos nuestra voluntad y suavizamos nuestros métodos, seremos humillados.

Salud, sentimientos y relaciones sociales: La falta de equilibrio interno puede dañar tanto nuestra salud física como espiritual, y también perjudicará nuestra vida social.

CHENG YI. — El tercer trazo *yang*, se sitúa en un puesto firme; pero no tiene centralidad. Está en el puesto superior del trigrama inferior, que ocupa con exceso de firmeza. Eso, en un tiempo de sumisión y humildad, indica a quien es incapaz de humillarse; se esfuerza por ser humilde y continuamente fracasa en sus intentos. Se encuentra en un momento de humillación, se sitúa en inferioridad y el superior[3] lo contempla con humildad. El cuarto trazo utiliza la gentileza y la sumisión, cabalgando un trazo firme, acercándose; lo que pisa es firme, y encima de él hay dos trazos *yang*. Aunque [el tercer trazo] no quisiera ser humilde, ¿podría lograrlo? Además, fracasa continuamente en sus intentos y vuelve a intentar ser humilde, y esto es ciertamente motivo de aprensión.[4]

ZHU XI. — Tiene exceso de firmeza sin centralidad, ocupando el puesto superior en el trigrama inferior. Es aquel que es incapaz de humildad. Se esfuerza y fracasa perpetuamente en sus intentos. Transita el camino a la humillación; de ahí el significado adivinatorio y la imagen simbólica.

---

3 El superior es el cuarto trazo *yin*, que ocupa un puesto *yin*, y por eso no carece de humildad.
4 El comentario de CHENG YI parece poco claro. En síntesis, el tercer trazo intenta ser humilde, una y otra vez, aunque esto no concuerda con su disposición natural, y, naturalmente, no lo logra.

☐ **Seis en el cuarto puesto** (muta al hex. 44)

El arrepentimiento se desvanece.
Captura tres tipos de presas en la cacería.

> Tradicionalmente, los animales atrapados en las cacerías reales eran divididos en tres categorías; una cacería que proporcionaba suficientes presas para cubrir lo que se necesitaba para cada categoría, se consideraba un gran éxito.
>
> Aplicado a la situación actual, esto significa que lograremos excelentes resultados en todos los niveles y conseguiremos todo lo que necesitamos.
>
> **Trabajo:** Seremos exitosos y alcanzaremos nuestros objetivos.
>
> **Vida privada:** Encontraremos lo que estamos buscando, no nos faltará nada, y tendremos buenas ganancias.
>
> **Salud, sentimientos y relaciones sociales:** Si estamos enfermos, recibiremos un diagnóstico y tratamiento adecuados y nuestra salud mejorará. Si algo nos falta en nuestra vida, posiblemente lo consigamos.

CHENG YI. — La suavidad *yin* de este trazo no tiene correspondencia. Tanto el trazo que cabalga, como el que sirve, son firmes[5], naturalmente, debe haber arrepentimiento. Pero el cuarto trazo, con sus virtudes *yin*, ocupa un puesto *yin* y obtiene la rectitud de Lo Suave. Situado en el puesto inferior de la sustancia del trigrama superior, ocupa un puesto alto y es capaz de inclinarse; permaneciendo en el puesto inferior del trigrama superior, es humilde hacia los superiores; velando por los inferiores con humildad, se muestra humilde con sus inferiores. Al estar bien situado, "el arrepentimiento se desvanece". Lo que hace que sus arrepentimientos se desvanezcan es que "captura tres tipos de presas en la cacería"; así llega arriba y abajo. La caza capturada durante la caza se divide en tres categorías, una para secar [para el vaso de sacrificio]; otra para ofrecer a los huéspedes e invitados y para cocinar; y la última para los batidores y ayudantes de la caza. El cuarto trazo muestra humildad hacia los trazos *yang* colocados encima y debajo de él; es como quien obtiene tres tipos de presa en la caza, es decir, llega a todas partes, arriba y abajo. El terreno o puesto que ocupa el cuarto trazo implica esencialmente la existencia de arrepentimientos; pero debido a que se ha situado bien "el arrepentimiento se desvanece" y, lo que es más, obtiene mérito. En los asuntos de este mundo, si nos ubicamos bien, a veces es posible que los arrepentimientos se disipen y el resultado sea meritorio.

ZHU XI. — Este trazo tiene suavidad *yin*, sin ningún trazo que le corresponda; además los trazos que están arriba y abajo son firmes, de modo que naturalmente debe sentir arrepentimiento. Pero, siendo un trazo *yin* en un puesto *yin*, situado en el puesto inferior del trigrama superior, consigue olvidar sus arrepentimientos. Además, el pronóstico adivinatorio sobre el resultado de la caza es bueno.

○ **Nueve en el quinto puesto** (muta al hex. 18)

La determinación es venturosa.
El arrepentimiento se desvanece.
Nada que no sea favorable.
No hay principio, pero sí un final.
Antes del séptimo tronco [día] tres días,
después del séptimo tronco [día] tres días.
Ventura.

> Si nuestros primeros intentos fallan, deberíamos tratar alcanzar lo que buscamos de otra forma. Si actuamos con determinación y flexibilidad no tendremos nada de lo que preocuparnos.
>
> La mención del séptimo tronco (o día) se relaciona con la antigua semana de diez días.[6] Esto significa que si realizamos ajustes en el medio de la semana, para el final de la misma veremos buenos resultados (no tomemos el número de días literalmente). También significa que cualquier cambio en nuestros métodos debe aplicarse gradualmente y que llevará algún tiempo para que los cambios produzcan resultados visibles.
>
> **Trabajo:** Tendremos que hacer algunas correcciones y ajustes a nuestros planes. Si nos mantenemos firmes en nuestro nuevo *modus operandi*, seremos exitosos.
>
> **Vida privada:** Este es el momento adecuado para corregir los errores del pasado. Si lo hacemos, evitaremos pasar vergüenza y tendremos buena fortuna.
>
> **Salud, sentimientos y relaciones sociales:** Llegó la hora de arreglar lo que está mal, este es un momento decisivo. No nos arrepentiremos de actuar con decisión.

---

5 Este trazo se encuentra entre dos trazos *yang*, el tercero y el quinto.

6 En la antigua China la semana de diez días en uso se basaba exclusivamente en consideraciones numéricas sin ninguna relación astronómica. Los diez días se asociaban con los Diez Troncos Celestiales (*gan tian*), que son un sistema chino de números cíclicos proveniente de la dinastía Shang. Para más detalles consultar DIEZ TRONCOS CELESTIALES en el **Glosario**.

Lo Suave / Lo Penetrante / El Viento

CHENG YI. — El quinto trazo ocupa la posición preeminente; es el regente de Lo Suave, de él provienen los decretos, ordenanzas e instrucciones. Al situarse se conforma a la centralidad y la rectitud, y extrema el bien en el camino de la humildad. Sin embargo, la humildad es un camino de mansedumbre y sumisión; lo que hace ventajoso seguir este camino es la determinación. No es que el quinto trazo carezca de determinación, pero en el caso de Lo Suave, conviene que haya una advertencia. Si hay determinación, el augurio es feliz y "el arrepentimiento se desvanece", y no hay "nada que no sea favorable". Determinación significa mantener la rectitud y la centralidad. Los decretos emitidos en el tiempo de Lo Suave, con centralidad y rectitud, hacen que el augurio sea venturoso. Si hay mansedumbre y humildad, pero se carece de determinación, eso dará lugar al arrepentimiento; [en ese caso] ¿cómo puede ser que no haya nada que no sea favorable? Al dictar decretos u ordenanzas, hay motivo para hacer cambios y renovaciones. "No hay principio" significa que comienza mal. "Pero sí un final", indica que a través de cambios y renovaciones se corrige el mal principio. Si el bien ya se hubiera logrado, ¿para qué serviría el uso de ordenanzas? ¿Por qué haríamos cambios y renovaríamos las leyes? "Antes del séptimo tronco tres días, después del séptimo tronco, tres días"; la forma apropiada para promulgar leyes o prescribir reformas debe ser así. El primer tronco [甲, *jia*], indica el comienzo de una cosa; el séptimo tronco [庚, *geng*], indica el comienzo del cambio. 戊, *wu* y 己, *ji*, están en el medio de los diez troncos; más allá del medio hay una transformación, este tronco se llama 庚, *geng* [cambio, el séptimo día]. En el cambio y renovación de las cosas, todo debe depender del principio y tender hacia el final; este es el significado de la expresión: "antes del séptimo tronco tres días, después del séptimo tronco tres días"; de esa forma el augurio es feliz. Esto es explicado en el dictamen del hexagrama 18, *El Trabajo en lo Echado a Perder*.

ZHU XI. — El quinto trazo *yang* es firme, activo, central y correcto, y es parte de la sustancia de Lo Suave. Aunque hay arrepentimientos, debido a su determinación el presagio es feliz. Cuando hay arrepentimientos "no hay principio"; cuando "el arrepentimiento se desvanece", se consigue "un final". 庚, *geng* [el séptimo tronco] significa un cambio, una transformación de las cosas. "Antes del séptimo tronco tres días", es 丁, *ding* [el cuarto tronco, o día]; tres días después del día *geng*, es 癸, *gui* [el décimo día o tronco]. *Geng* expresa lo que causa el problema antes de la transformación; *gui* indica aprecio y moderación después de la transformación. Cualquiera que tenga que hacer algún cambio y obtenga este pronóstico al consultar el oráculo, sabrá que tendrá ventura.

Al tope un nueve (muta al hex. 48)

Penetración bajo la cama.
Pierde sus pertenencias y su hacha.
La determinación es ominosa.

"Penetración bajo la cama" significa que estamos obsesionados por aclarar todos los detalles de algún tema, hasta la última minucia, antes de actuar y seguir adelante. Si gastamos toda nuestra energía y tiempo ocupándonos de detalles sin importancia, no seremos capaces de enfrentar nuestros problemas reales. Si llevamos algún asunto demasiado lejos, causaremos más problemas que buenos resultados.

Trabajo: La paranoia o las obsesiones no nos permitirán lograr nada bueno. Estamos en peligro perder nuestro trabajo o negocio.

Vida privada: Posibles pérdidas. No pospongamos lo que tenemos que hacer, ocupémonos de lo que tenemos entre manos sin dar más vueltas, o tendremos serios problemas.

Salud, sentimientos y relaciones sociales: Compulsión paranoica. Podemos llegar sufrir una enfermedad.

CHENG YI. — La cama es el lugar de descanso del hombre; estar debajo de la cama, tiene un significado que indica exceso en el descanso. Un trazo *yang* que ocupa el puesto extremo en Lo Suave, expresa exceso de humildad. "Pertenencias" se refiere a lo que se posee; el "hacha" es un instrumento para cortar. La firmeza *yang* implica esencialmente decisión; como el trazo tiene un exceso de humildad y pierde la firmeza de su decisión[7], pierde lo que tenía, por lo tanto "pierde sus pertenencias y su hacha". Ocupa el puesto superior y su humildad es excesiva, al punto que provoca su propia perdición; en el camino de la rectitud, esto se considera un presagio desafortunado.

ZHU XI. — La humildad está debajo de la cama; esto indica un exceso de humildad. "Pierde sus pertenencias y su hacha"; pierde los medios de decisión[8]. En estas condiciones, aún con determinación, el augurio es "ominoso". Ocupa el límite extremo de Lo Suave, pierde sus virtudes de firmeza y decisión, de ahí el significado adivinatorio y la imagen simbólica.

---

7 La pérdida de la capacidad de decisión es simbolizada por la pérdida de su hacha, porque el hacha permite cortar, lo que se relaciona con una decisión tajante, ya que decidir es discriminar, separar las cosas.
8 Ver la nota anterior.

58 Lo Alegre / El Lago | *Dui*

El carácter que le da nombre a este hexagrama muestra palabras saliendo de la boca de una persona.
Este es uno de los ocho hexagramas que están compuestos por un mismo trigrama, repetido dos veces, en este caso es ☱, *Lo Alegre, El Lago*.
Se puede ver más información sobre *Lo Alegre* en **Los ocho trigramas**.

Significados asociados

Felicidad, contento, satisfacción, alegría; franqueza, intercambio, transacciones voluntarias, negociación; charla alegre, comunicación.
"Buenas palabras que disipan la pena y regocijan al oyente, de ahí sus dos significados: hablar y alegrarse." (Wieger).

El Dictamen

Lo Alegre.
Éxito.
La determinación es favorable.

> Una actitud alegre es contagiosa y sirve para fomentar las buenas comunicaciones y relaciones de amistad entre las personas.
> La alegría debe fluir desde el interior y no depender de las circunstancias externas. Si buscamos la alegría, no la encontraremos. La esencia de la alegría es un carácter abierto que goza de las pequeñas cosas de la vida, no una búsqueda sin sentido de placeres externos.
> La alegría desenfrenada puede debilitar la voluntad, por eso el Dictamen dice que la determinación es favorable, para evitar los excesos.

CHENG YI. — Lo Alegre significa complacer, satisfacción que lleva al éxito. Si algo puede complacer a los seres, todos los seres sin excepción experimentan placer de ello y se apegan a ello, lo cual es suficiente para alcanzar el éxito. Sin embargo, el camino de la satisfacción, [sólo] resulta ventajoso a través de la determinación y la rectitud. Buscar agradar de otra forma, apartándose de ese camino llevará a una adulación viciosa y resultará en arrepentimientos y culpa, por lo que el texto advierte sobre la ventaja de la determinación.

ZHU XI. — Lo Alegre significa agradar, satisfacción. Un trazo *yin* avanza por encima de dos trazos *yang*, manifestación externa de satisfacción. La imagen simbólica es el lago, por la sensación de satisfacción que produce en todos los seres. Este hexagrama también tiene la imagen simbólica de obstaculizar el flujo del agua [de 習坎, *Xi Kan*, ☵, *Lo Abismal / El Agua*] e impedir que fluya hacia abajo. En la sustancia de los trigramas componentes, la firmeza está en el interior y la docilidad está en el exterior. La firmeza está dentro, por eso agrada y lleva al éxito; la dulzura está en el exterior, por lo que "la determinación es favorable". En efecto, Lo Alegre implica el camino hacia el éxito, y el placer ilícito no puede dejar de ser objeto de una advertencia, de modo que éste es el significado adivinatorio. Además, la docilidad externa es agradable y exitosa, mientras la firmeza interna permite tener determinación, que es apropiada; lo que tiene el mismo significado.

La Imagen

Dos Lagos juntos: la imagen de la Alegría.
Así el noble se junta con sus amigos para la discusión y el estudio.

> Tal como dos lagos unidos entre sí mezclan sus aguas y evitan el estancamiento, la libre comunicación con otras personas enriquecerá nuestras ideas y le dará una perspectiva adecuada a nuestros pensamientos, manteniendo nuestros conocimientos actualizados y vitales.
> La comunicación abierta con nuestra familia y amigos, no sólo nos brindará conocimientos, sino que también nos hará felices.

CHENG YI. — Lagos contiguos; dos lagos que se suceden y se comunican entre sí; dos lagos enlazados que producen simultáneamente su efecto uniendo la influencia de su humedad; esta es la imagen simbólica de la reci-

Lo Alegre / El Lago

procidad en beneficio del efecto de uno hacia otro. Así, el noble, contemplando esta imagen simbólica, se instruye y ejercita con sus amigos, así reciben beneficio mutuo. Un antiguo filósofo confuciano[1] dijo que entre lo que puede alegrar al mundo, nada iguala la instrucción y el ejercicio con los amigos, y en realidad, esto es ciertamente lo más grande de lo que puede causar satisfacción. Sin embargo, es fundamental aclarar esta idea del beneficio mutuo.

ZHU XI. — Dos lagos que se suceden y se alimentan mutuamente. En la enseñanza mutua entre amigos, ésta es la imagen simbólica.

Al comienzo un nueve (muta al hex. 47)

Alegría armoniosa.
Ventura

> El carácter traducido como "armoniosa", 和, *he*, también significa "equilibrio, ritmo, responder a, acuerdo", indicando que estamos en sintonía con la situación actual y con las personas que nos rodean.
> Tenemos libertad de acción porque gozamos de paz interior y sabemos como actuar sin entrar en conflicto con otras personas.
>
> **Trabajo:** Vamos a prosperar con la ayuda de nuestros asociados o compañeros de trabajo, gracias a las excelentes relaciones que cultivamos con ellos.
>
> **Vida privada:** La armonía doméstica prevalecerá. Evitemos presionar a las personas que nos rodean, seamos amable con todos ellos.
>
> **Salud, sentimientos y relaciones sociales:** Muy buen estado de salud y de ánimo.

CHENG YI. — Aunque el primer trazo es *yang*, ocupa el puesto más bajo en la sustancia del trigrama que expresa la alegría [*Dui*, ☱], sin tener correspondencia con otro trazo; esto indica que es capaz de ocupar una posición baja con humildad, de encontrar satisfacción en la sumisión; además, no tiene ningún vínculo de interés privado y/o parcialidad que lo dirija o lo obstaculice. Cuando la alegría resulta del espíritu de armonía y no está impulsada por ningún sentimiento de egoísmo, esto es lo que constituye la rectitud de esta alegría. La firmeza *yang* no es humilde; por el contrario, la aceptación de un puesto inferior implica humildad; al estar colocado en el trigrama de la alegría, será capaz de gentileza y concordia. La ausencia de correspondencia indica que no hay parcialidad. Cuando nos situamos con alegría de esta manera, esto conduce a un feliz augurio.

ZHU XI. — Este es un trazo *yang* que forma parte del trigrama de la alegría [*Dui*, ☱] y que expresa satisfacción. Se sitúa en el puesto más bajo, y no está vinculado a ningún trazo por una relación de correspondencia, de ahí la imagen simbólica y el significado adivinatorio.

○ Nueve en el segundo puesto (muta al hex. 17)

Alegría sincera.
Ventura.
El arrepentimiento se desvanece.

> No permitamos que otros compliquen nuestra vida con placeres dudosos. Hagamos lo que nos parezca mejor sin tener en cuenta lo que los demás opinen. De esa manera evitaremos problemas y tendremos buena fortuna.
>
> **Trabajo:** Tengamos fe en nuestros propios planes y decisiones; no nos dejemos seducir; no corramos riesgos ni tratemos de tomar atajos indebidos.
>
> **Vida privada:** Puede que estemos tentados a desviarnos de nuestro camino o hacer algo inapropiado para satisfacer a otras personas. No renunciemos a nuestros principios.
>
> **Salud, sentimientos y relaciones sociales:** Puede que vacilemos y dudemos cuando nos enfrentamos a una tentación. Mantengamos nuestra firmeza.

CHENG YI. — El segundo trazo se acerca y apoya a la docilidad *yin* [del tercer trazo]. La docilidad *yin* indica a un hombre inferior. Si se alegra con él, se arrepentirá. El segundo trazo posee las virtudes de firmeza y centralidad; está lleno de buena fe y confianza; aunque se acerca al hombre inferior, se mantiene alerta, y así no comete ningún error. El noble mantiene la armonía con él, pero no lo imita. Se alegra, pero sin perder su firmeza ni su centralidad, por lo que hay "ventura" y "el arrepentimiento se desvanece". Sin su firmeza y centralidad, el segundo trazo se arrepentiría. Sólo porque se mantiene alerta "el arrepentimiento se desvanece".

ZHU XI. — La firmeza y la centralidad implican buena fe; ocupar un puesto *yin* [siendo un trazo *yang*] es motivo de arrepentimiento. Si quien consulta el oráculo hace uso de la buena fe y se contenta con ella, el augurio será feliz y los arrepentimientos se desvanecerán.

---

[1] CHENG YI se refiere al comentario de Kong Yingda a La Imagen, quien dijo que no hay mayor alegría que la que tienen los amigos que comparten la misma visión del mundo y objetivos, cuando se reúnen, para hablar y estudiar sobre el significado del *Dao*.

☐ **Seis en el tercer puesto** (muta al hex. 43)

Va tras la alegría.
Desventura.

> Si somos demasiado indulgentes con nuestros propios apetitos y no sabemos como contenernos, eso nos ocasionará muchos problemas.

> **Trabajo:** Si buscamos progresar con un comportamiento obsequioso, fracasaremos. Dediquémonos a cumplir con nuestro deber, sin preocuparnos mucho por las pérdidas y las ganancias.

> **Vida privada:** Si sólo vivimos para los placeres, diversiones y el dinero, debilitaremos nuestra voluntad y no tendremos buena fortuna.

> **Salud, sentimientos y relaciones sociales:** No nos dejemos seducir por sueños vanos ni influenciar indebidamente por los demás.

CHENG YI. — El tercer trazo *yin* es dócil, es un hombre sin centralidad ni rectitud; si se alegra, no sigue el Camino. "Va tras la alegría"; es decir, busca su propia satisfacción. Se acerca a los trazos *yang* inferiores, se inclina sin preocuparse por el Camino. Precisamente porque va en busca de su propia satisfacción, el presagio es desafortunado. Llegar al interior desde el exterior es venir; arriba y debajo de él los trazos son *yang* y sólo él se dirige hacia adentro[2]. Es parte de la misma sustancia[3], pero su naturaleza, que es dócil, lo lleva a descender; pierde el Camino y se dirige hacia abajo.

ZHU XI. — De este dócil trazo *yin*, sin centralidad ni rectitud, depende la alegría expresada por el trigrama *Dui*, ☱[4]. Por encima de él no encuentra correspondencia y regresa a los dos trazos *yang* colocados debajo para buscar su propia satisfacción. Este camino lleva a la desventura.

Nueve en el cuarto puesto (muta al hex. 60)

Regateando la alegría.
Todavía no está en paz.
Después que limite su ansiedad tendrá felicidad.

> Estamos inquietos e indecisos, tratando de equilibrar las presiones externas, con nuestros propios deseos. Actuemos con mucho cuidado, elijamos lo que nos brindará un valor real y duradero y no sólo placer temporal.

> La alegría no se puede conseguir con dinero. Tenemos falsas expectativas, hasta que no nos soseguemos un poco y encontremos nuestro verdadero camino, no tendremos paz.

> **Trabajo:** Es posible que tengamos que decidir entre seguir el camino correcto o tomar el camino más fácil. No permitamos que los aduladores nos impidan cumplir con nuestro deber.

> **Vida privada:** Nuestras ambiciones o deseos no nos dan tregua. Es conveniente que nos relajemos un poco y tomemos las cosas con más calma.

> **Salud, sentimientos y relaciones sociales:** Deseos contradictorios nos provocarán una excitación morbosa. Enfermedad transitoria.

CHENG YI. — El cuarto trazo se eleva para servir al quinto trazo, central y recto, y desciende para asociarse con la viciosa debilidad del tercero. Aunque es firme y *yang*, carece de centralidad. El tercer trazo, dócil y *yin* atrae al trazo *yang*, además, el cuarto trazo no se decide. "Todavía no está en paz", es decir que calcula y pondera sin tener reposo, discute y delibera sobre a quien debe seguir, sin poder tomar una decisión definitiva. Lo que se sitúa entre dos cosas diferentes se llama límite; es lo que divide y separa[5]. Al carácter que representa los límites entre los terrenos, le agregamos el carácter que representa un campo[6], pero el significado es el mismo. Además, cuando se trata de preceptos o reglas que el hombre debe observar, utilizamos la palabra "limite" con el significado de restricción, restringir. Si así se restringe y limita, observando la justicia, y si corta [su conexión con] el mal y el vicio, tendrá felicidad. Atender al quinto trazo es lo correcto; seguir al tercero es vicio y maldad. El cuarto trazo se sitúa cerca de la situación del príncipe[7]. Si se restringe enérgicamente y observa la rectitud, si corta [su conexión con] el vicio y el mal, podrá ponerse de acuerdo con el

---

2 En un trigrama, el trazo superior es exterior, está afuera; si va hacia abajo, este trazo se dirige desde afuera hacia adentro.
3 El mismo trigrama.
4 Da origen a este trigrama por transformación del trigrama Qian, ☰.

5 CHENG YI se refiere a 介, *jie*, traducido como "límite", un carácter que significa "límite, restricción, borde, frontera, cota de malla; proteger, asistir, depender de; sólido, firme, determinado, grande".
6 Es decir el carácter 田, *tian*, "campo cultivado, principalmente arrozales"; sumando *tian* a *jie* (ver nota anterior) obtenemos 界, *jie*, "límite, dominio". Según Karlgren, 界, *jie*, etimológicamente es lo mismo que 介, *jie*, que originalmente significa (entre otras cosas) "límite". CHENG YI quiere decir que 界 y 介 (que es el carácter que se encuentra en el texto de este trazo) son equivalentes.
7 El quinto trazo.

LO ALEGRE / EL LAGO

príncipe para seguir el camino de este último; así la felicidad se extiende sobre los seres, lo que constituye una causa de felicidad. En el caso del cuarto trazo, el bien y el mal todavía son inciertos; dependerá de a quien siga.

ZHU XI. — El cuarto trazo sube para someterse a la centralidad y rectitud del quinto trazo y desciende para asociarse con la viciosa docilidad del tercero, de modo que no puede decidirse, y pondera qué cosa le dará más alegría; todavía no puede tomar una decisión. Sin embargo, sus características físicas incluyen esencialmente la firmeza *yang*, por lo que [finalmente] puede refrenarse, observando la rectitud y refrenando el mal y el vicio; de esta manera "tendrá felicidad". Siendo así el significado adivinatorio y la imagen simbólica, constituyen una profunda advertencia.

○ **Nueve en el quinto puesto** (muta al hex. 54)

Quien confía en influencias degradantes correrá peligro.

> Las influencias degradantes provienen de personas indignas en las que confiamos. Evitemos involucrarnos en cualquier situación dudosa o poco moral.
>
> El carácter traducido como "degradantes", 剥, *bo*, también significa "pelar, desollar, desplumar". No seamos ingenuos ni nos dejemos estafar.
>
> Este trazo también indica un exceso de confianza en nuestra propia capacidad y fortaleza sin tener en cuenta los posibles peligros.
>
> **Trabajo:** No pongamos nuestra confianza en la gente equivocada ni participemos en cosas poco claras. Desconfiemos de los halagadores.
>
> **Vida privada:** Mantengámonos en guardia. Corremos peligro de ser engañados; es peligroso asociarnos con gente de bajo nivel.
>
> **Salud, sentimientos y relaciones sociales:** Las malas influencias pueden perjudicarnos; no nos relacionemos con personas de bajo nivel. Cuidado con el abuso de sustancias.

CHENG YI. — El quinto trazo *yang* ocupa la posición preeminente con centralidad y rectitud; realiza el bien por el camino de la alegría[8], sin embargo, el sabio advierte sobre el peligro. Esto se debe a que, de hecho, la perfección alcanzada por Shun y Yao nunca se logra sin tener esta advertencia. La advertencia se refiere únicamente al objeto que la hace necesaria; aunque los sabios y los merecedores ocupen los puestos superiores, esto no impide que el mundo contenga siempre algunos hombres inferiores, pero éstos no se atreven a dar rienda suelta a sus sentimientos perversos. El sabio, por su parte, los anima a "cambiar su semblante"[9]. Estos, hombres inferiores, siempre saben adaptarse para hacer lo que complace a lo sabios. Tal como en el caso de los "cuatro malvados" que ocupaban puestos en la corte de Yao, quienes, de naturaleza viciosa y mala, sin embargo cumplieron sumisamente sus órdenes[10]. El sabio no ignoraba que eran incorregibles, pero aprovechó su temor al castigo para obligarlos a comportarse virtuosamente. Si el quinto trazo cree sinceramente que la falsa apariencia de virtud del hombre inferior se debe a una virtud real, y si no sabe reconocer lo que realmente esconde esa apariencia simulada, seguirá el camino hacia el peligro. En cuanto al hombre inferior, si no se toman las debidas precauciones, irá contra el bien. La idea que lleva al sabio a expresar esta advertencia es profunda. La palabra "degradantes" se refiere a la paulatina disminución de *yang*; *yin* desgasta gradualmente a *yang*, y, de hecho, este pasaje designa el sexto trazo *yin*, de ahí que "quien confía en influencias degradantes correrá peligro". Dado que el quinto trazo se encuentra en un momento que implica satisfacción, y se acerca en secreto al trazo *yin* superior, hay por tanto motivo de advertencia. Aunque sea un sabio como Shun, e incluso desconfiando de "la charla ingeniosa y las maneras afectadas", que "rara vez son signos de bondad"[11], cómo podría descartarse esta advertencia. La alegría conmueve e influye en el corazón del hombre, lo invade fácilmente y hay motivos para temerla; este es el significado.

ZHU XI. — "Degradantes" indica la capacidad que tiene *yin* de desgastar y disminuir a *yang*. El quinto trazo es firme y *yang*, central y recto; sin embargo, en presencia de un momento de alegría y ocupando la posición preeminente, se encuentra muy cerca del trazo superior, que es dócil y *yin*; de él depende la existencia de Lo Alegre[12]. Situado en el colmo de la alegría, podría complacerse a sí mismo de otras maneras, apartándose del bien y des-

---

8 De esta manera logra la perfección.

9 Cita del texto del trazo superior del hexagrama 49, La Revolución. "Cambiar su semblante" significa que lo único que se puede esperar de los hombres inferiores es que se adapten externamente a la situación imperante, sin que se reformen interiormente.

10 Cita del *ShuJing* (el Libro de la Historia o Libro de los Documentos).

11 Cita de *Analectas* 1.3; texto que también es mencionado por CHENG YI en el comentario al texto del quinto trazo del hexagrama 8, La Solidaridad.

12 Él es el regente constituyente de Lo Alegre, junto con el tercer trazo *yin*, porque ambos ocupan el tope del trigrama *Li*, ☲.

gastando a [el quinto trazo] *yang*, razón por la cual la advertencia dice que la confianza en el trazo superior sería peligrosa.

☐ **Al tope un seis** (muta al hex. 10)
Alegría seductora.

> La personas vanas y amantes de la diversión sólo se preocupan por sus placeres e intereses cambiantes.
> No nos dejemos arrastrar por otros en la búsqueda del placer, ni influenciemos a otras personas indebidamente.
>
> **Trabajo:** Si trabajamos en relaciones públicas o nos dedicamos a las ventas, la alegría seductora no nos perjudicará, de lo contrario nuestra inconstancia y falta de propósito firme no auguran nada bueno para nuestra carrera.
>
> **Vida privada:** No tendremos ganancias ni pérdidas porque vemos todo como un juego. Nuestra falta de propósito nos impedirá progresar.
>
> **Salud, sentimientos y relaciones sociales:** Intensa vida social, concentrada en el placer y el disfrute de la vida, sin pensar en el mañana. Si dependemos de la excitación que nos brinda el mundo exterior y la aprobación de otros, perderemos toda autonomía.

CHENG YI. — En otros hexagramas, cuando se alcanza el último grado, hay modificación y transformación; en Lo Alegre, que expresa el placer, al alcanzar el grado extremo, hay una satisfacción aún mayor. Este trazo ocupa el puesto extremo en Lo Alegre y representa a alguien que es incapaz de detenerse y moderarse. Además, cuando la alegría ya ha llegado a su límite extremo, la extiende más y la aumenta y, sin embargo, no se menciona ni arrepentimiento ni culpa; ¿cómo puede ser esto? Respuesta: al decir que no sabe como detenerse, no se indica si el objeto de su satisfacción es bueno o malo. Además, cabalga al quinto trazo *yang*, por lo que no puede producir satisfacción malsana en nadie[13]. Al contrario, el tercer trazo *yin* está entre dos trazos que no son correctos, y es por esto que conlleva un desafortunado presagio.[14]

ZHU XI. — El trazo *yin* al tope es de quien depende la realización de Lo Alegre[15]; al ser *yin* y ocupar el puesto extremo en este hexagrama, intenta que los dos trazos *yang* colocados debajo de él se alíen con él para su satisfacción, pero no puede lograr que lo sigan. Respecto del quinto trazo *yang*, hay motivos para formular una advertencia, mientras que, en el caso de este trazo superior, el texto no menciona ni un augurio feliz ni un augurio desafortunado.[16]

---

13 El quinto trazo no se deja inducir al mal.
14 CHENG YI compara el tercer y el sexto trazo porque ambos ocupan la misma posición al tope del trigrama *Li*, ☲.
15 Ver la nota al comentario de ZHU XI del quinto trazo.
16 Porque las acciones del sexto trazo no afectan a nadie, es decir, son irrelevantes.

59 La Dispersión | *Huan*

Los caracteres que constituyen el sinograma que le da nombre a este hexagrama son: *shui*, "agua" y *huan*, elemento fonético: agua chorreando.

Significados asociados

Dispersar, disolver, evaporar, fluir en direcciones dispersas; disipar malentendidos, ilusiones y miedos, relajarse; chorro, salpicaduras.

El Dictamen

Dispersión.
Éxito.
El rey se acerca a su templo.
Es favorable cruzar el gran río.
La determinación es favorable.

> Este hexagrama tiene un doble significado: a) dispersar a los obstáculos o malentendidos que impiden una unión; b) evitar que los conflictos, ilusiones y prejuicios separen a las personas.
> La gente es separada por los prejuicios y la intolerancia, pero el tiempo de la Dispersión es como un río que despejará los malentendidos y derretirá el hielo en los corazones de las personas.
> El rey es un líder que reúne a la gente a su alrededor. Para unirse a un grupo humano, se necesita compartir un sentido de propósito común e identidad. El templo simboliza el punto central, que permite concentrar la atención de la gente y así unir a las personas.
> En la China antigua, cruzar un río, ya fuera vadeándolo o pasando por encima del mismo cuando este se congelaba, no era una tarea sencilla porque no había puentes. Cruzar un río era peligroso y no era nada fácil; de ahí que la frase "es favorable cruzar el gran río" es una metáfora que indica que este es un buen momento para llevar adelante un emprendimiento de importancia, aunque sea peligroso, pero no debe ser tomado a la ligera.

CHENG YI. — La Dispersión, en el hombre, viene del interior; cuando el corazón del hombre se separa [del objeto de su afecto], sus sentimientos lo llevan hacia diversos objetos y el remedio para esta dispersión se basa esencialmente en la justicia. Si logramos aunar los corazones de los hombres, estos afectos esparcidos al azar podrán unirse. Además, el significado, en ambos trigramas, se basa en su centro. "La determinación es favorable" indica que la manera de reunir lo disperso consiste en la constancia de la rectitud.

ZHU XI. — *Huan* es dispersión; este hexagrama está formado por el trigrama *Kan*, ☵, en la parte inferior y *Xun*, ☴, en la parte superior; "el Viento se mueve por encima del Agua"; es la imagen simbólica de la separación y la dispersión, y es por eso que se le llama La Dispersión. Por fluctuación de hexagramas[1], este hexagrama proviene esencialmente de *Jian*, 漸, ䷴ (53, *Avance gradual*) en el cual un trazo *yang* pasa a ocupar el segundo puesto con centralidad, mientras que un trazo *yin* ocupa el tercer puesto, que era la posición del trazo *yang*, y asciende con el cuarto, de modo que el significado adivinatorio es que allí está el posibilidad de éxito. Además, al dispersarse los espíritus de sus antepasados, el rey debía acercarse al altar dedicado al culto de sus manes para reunirlos. Finalmente, el trigrama *Xun*, ☴, simboliza un árbol, la madera, y el trigrama *Kan*, ☵, el agua; esto da la imagen simbólica del timón de un barco, por lo que resulta ventajoso cruzar un gran río. El texto añade "la determinación es favorable"; es una profunda advertencia dirigida a quien consulta el oráculo.

La Imagen

El Viento se mueve por encima del Agua:
la imagen de la Dispersión.
Así los antiguos reyes ofrendaban al Señor Supremo
y erigían templos.

---

1 Consulte el **Glosario** para ver más información sobre la fluctuación de hexagramas.

El viento que sopla sobre el agua derrite el hielo sólido y pone en movimiento el agua. Tal como el viento derrite el hielo, los obstáculos que separan a la gente serán disueltos.

Los antiguos reyes simbolizan un patrón o modelo de buen gobierno que debemos esforzarnos por seguir. El hacer ofrendas significa superar el egoísmo, rencores y prejuicios que separan a la gente para hacer una contribución por el bien de la comunidad. El templo simboliza un proyecto compartido o una idea que convoca a las personas a su alrededor.

CHENG YI. — "El Viento se mueve por encima del Agua", es la imagen simbólica de la dispersión y la desunión, de la agitación turbulenta. Los primeros reyes, considerando esta imagen simbólica, remediaban la desunión y la dispersión del mundo, ofreciendo sacrificios al señor supremo y estableciendo templos para los espíritus de sus antepasados. Para unir los corazones de los hombres, nada es comparable a la práctica religiosa de sacrificios y acción de gracias a los espíritus de los antepasados. Estas prácticas son la manifestación de un sentimiento del corazón, por lo que las dos acciones mencionadas son la mejor manera de recuperar el corazón de los hombres. Atraer el corazón de los hombres es la forma de unir lo que está separado y disperso, por esa razón nada es más importante que esto.

ZHU XI. — El Viento y el Agua son los medios de unir y reunir lo que está disperso y separado.

Al comienzo un seis (muta al hex. 61)
Usa la fuerza de un caballo para liberarlo.
Ventura.

> Nos encontramos en el comienzo de la dispersión y debemos tratar de evitar que los altercados separen a la gente. Ayudar con la fuerza de un caballo significa solucionar los problemas con rapidez y energía.
> "Ventura" significa que podemos evitar que la situación empeore si actuamos con prontitud.
>
> **Trabajo:** Este es un buen momento para progresar, recibiremos nuevos recursos que nos permitirán avanzar con firmeza.
>
> **Vida privada:** Si corregimos cualquier malentendido apenas se manifieste, podremos evitar que los conflictos separen a nuestra familia.
>
> **Salud, sentimientos y relaciones sociales:** Disfrutaremos de un excelente estado de ánimo y tendremos mucha energía.

CHENG YI. — Este trazo *yin*, que ocupa el primer puesto en el hexagrama; indica el inicio de La Dispersión. Comienza La Dispersión y él la remedia. Además, "usa la fuerza de un caballo", lo que constituye un augurio feliz. Entre los seis trazos, sólo en el caso del primero el texto no habla de dispersión. La propensión a la dispersión y separación requiere una acción temprana para remediarla; si se remedia apenas comienza, las cosas no llegarán al punto de separación y dispersión; esto constituye, por tanto, una enseñanza profunda. El "caballo" es el ayudante que utiliza el hombre; aquí usa "la fuerza de un caballo", y por eso puede remediar la dispersión. El "caballo" designa el segundo trazo, que posee las virtudes de firmeza y centralidad. El primer trazo es *yin*, dócil y sumiso; ambos carecen igualmente de correspondencia con otro trazo; al no tener correspondencia, se abrazan y se llaman. La docilidad pasiva del primer trazo, apoyándose en las capacidades de la firmeza y la centralidad [del segundo trazo] para remediar la dispersión, es como la posesión de un caballo vigoroso cuando se trata de llegar lejos: la acción es necesariamente eficaz, por tanto, el augurio es feliz. Cuando remediamos la dispersión desde el principio, con la fuerza, la tarea es fácil, porque se adapta a las necesidades del momento.

ZHU XI. — Este trazo ocupa el primer puesto en el hexagrama, al inicio de la dispersión y de la separación. Si remediamos la dispersión desde su inicio, será una tarea fácil para la fuerza; si además se tiene un caballo vigoroso, el feliz augurio se hace evidente. El primer trazo *yin* no cuenta con las habilidades necesarias para atravesar sin peligro este período de separación y dispersión; sólo es capaz de servir al segundo trazo *yang*, de ahí la imagen simbólica y el significado adivinatorio.

☐ Nueve en el segundo puesto (muta al hex. 20)
Dispersión.
Corre hacia su soporte.
El arrepentimiento se desvanece.

> Estamos en peligro de quedar aislados y alejados de los demás, arrastrados por la marea de las circunstancias adversas.
> Tratemos de hacer ajustes para evitar problemas, entremos en contacto con otras personas y colaboremos con ellos en lugar de refunfuñar y mostrar mala voluntad.

La Dispersión

"Corre hacia su soporte" también significa utilizar nuestra energía de manera constructiva, haciendo lo que es nuestra verdadera vocación.

Trabajo: Estemos preparados para aprovechar las oportunidades que se nos ofrezcan en lugar de quejarnos de los demás. Este es un buen momento para cooperar otras personas.

Vida privada: Sólo podremos hacer realidad nuestros deseos si superamos nuestra misantropía.

Salud, sentimientos y relaciones sociales: Nuestro mal humor se disolverá si enfocamos nuestros pensamientos en metas inspiradoras.

CHENG YI. — Varios de los textos de los trazos de este hexagrama mencionan la palabra "dispersión"; esto expresa el momento de dispersión o separación. Este trazo se encuentra en un momento de separación y dispersión, colocado en medio del peligro[2], es claro que debe haber arrepentimientos; pero si puede correr y llegar rápidamente a un lugar de descanso, "el arrepentimiento se desvanece". La palabra "soporte" expresa la idea de un apoyo que nos fortalece al inclinarnos. "Corre" indica que va con prisa. Aunque el primer y el segundo trazo no se corresponden con rectitud, sin embargo, en presencia de un tiempo de separación y dispersión, estando ambos igualmente desvinculados[3], se invocan mutuamente debido a sus características *yin* y *yang*; por lo tanto, dependen el uno del otro. Es por esto que el segundo trazo ve al primero como un "soporte"[4], mientras que el primero ve al segundo como un "caballo". El segundo trazo se apresura a ir hacia el primero para encontrar descanso, y entonces "el arrepentimiento se desvanece". El primer trazo, aunque forma parte de la sustancia del trigrama *Kan*, ☵, pese a ello no se encuentra en medio del peligro. Pero, aunque podría cuestionarse la utilidad de la docilidad en posición baja del primer trazo, como punto de apoyo para algo; de hecho, en un momento de dispersión y separación, es la unión de los esfuerzos lo que permite el éxito. Todos los filósofos antiguos[5] consideraban que el quinto trazo representaba el "soporte". Esto no es correcto. Cuando comienzan la separación y la dispersión, ¿cómo podrían dos trazos *yang* seguir caminos idénticos? Si pudieran, la obra de remediar la separación habría alcanzado el máximo de su grandeza. ¿Cómo podría simplemente disiparse el arrepentimiento? La palabra "soporte" significa apoyarse en algo inclinándose[6].

ZHU XI. — Siendo un trazo *yang*, que ocupa el segundo puesto, debe arrepentirse[7]; pero en presencia de un momento de dispersión, llega sin agotarse hasta el final; así "el arrepentimiento se desvanece", de ahí la imagen simbólica y el significado adivinatorio. Este trazo "corre", y el segundo puesto es el punto más alto [que puede alcanzar]. [8]

Seis en el tercer puesto (muta al hex. 57)

Dispersa su persona.
No hay arrepentimiento.

Necesitaremos aplicar toda nuestra energía a la empresa que estamos llevando a cabo, no perdamos el tiempo ni desperdiciemos nuestras fuerzas ocupándonos de nuestros propios intereses egoístas.
Si nos esforzamos en pro del bien común, a largo plazo no sólo ayudaremos a los demás, sino que también nos beneficiaremos a nosotros mismos.

Trabajo: Concentrémonos en el ejercicio de nuestro deber. Tenemos mucho que hacer, no seamos perezosos ni negligentes.

Vida privada: Nuestra generosidad y altruismo beneficiarán mucho a nuestra familia.

Salud, sentimientos y relaciones sociales: Nuestra vida social será intensa y estará dedicada a ayudar a los demás. Nuestra disposición altruista asegura que no cometeremos errores.

CHENG YI. — El tercer trazo se encuentra en un momento de dispersión, y está solo, no tiene correspondencia ni alianzas; por tanto, no experimenta los arrepentimientos causados por la separación y la dispersión. Sin embargo, con docilidad *yin* y careciendo de centralidad y rectitud[9], ocupa un puesto elevado sin tener una posición

---

2 En medio del trigrama del peligro, *Kan*, ☵.
3 Porque ambos carecen de correspondencia con otros trazos del trigrama superior.
4 "Soporte" es la traducción de *ji*: taburete, banco o mesa de baja altura; artilugio, aparato.
5 Comentaristas del *Libro de los Cambios*.
6 Es decir apoyarse en algo que está abajo (el primer trazo), no arriba (el quinto trazo).
7 Por ser un trazo *yang* ocupando un puesto *yin*.
8 ZHU XI no toma al primer trazo como el "soporte" del segundo, a diferencia de CHENG YI. En su comentario al Dictamen, ZHU XI dice que La Dispersión, proviene del hexagrama 53, Avance Gradual, por fluctuación de hexagramas; él considera que el tercer trazo *yang* del hexagrama 53 se mueve (corre) hasta la posición central del segundo trazo, por ser más estable.
9 Porque no ocupa un puesto central y es un trazo *yin* en una posición *yang*.

definida. ¿Cómo podría él remediar la dispersión [desunión] de los hombres y hacerles sentir su influencia? Sólo si "dispersa su persona" no habrá arrepentimiento. El texto de este trazo comienza con el carácter 渙, *huan*[10]; esto expresa que en un momento de dispersión, él mismo no siente el pesar de la separación[11].

ZHU XI. — Este trazo es dócil, *yin*, y carece de centralidad y rectitud: la imagen simbólica del egoísmo y la parcialidad por los propios intereses. Sin embargo, ocupa una posición *yang*; sus tendencias le llevan a remediar los inconvenientes del momento, es capaz de dispersar su egoísmo para no sentir arrepentimientos, de ahí el significado adivinatorio[12].

▫ **Seis en el cuarto puesto** (muta al hex. 6)

Dispersa su grupo.
Sublime ventura.
La dispersión llega a la cima.
No es lo que se esperaría normalmente.

> "Dispersa su grupo" significa dejar atrás el partidismo de pocos alcances, tener la mente abierta y preparada para beneficiar a otros más allá de nuestros amigos cercanos. También indica que debemos superar los prejuicios y las costumbres que ya no sirven para nada.
> Esto significa que vamos a trabajar por el bien común y de esa forma alcanzaremos resultados mucho mayores que lo normal; de ahí que "la dispersión llega a la cima".
> "No es lo que se esperaría normalmente" indica que tal conducta altruista sólo puede ser esperada de una persona con elevación mental y espiritual, las personas comunes se comportarían con más egoísmo y no alcanzarían la "cima", es decir la grandeza.

Trabajo: Tratemos de ver el panorama global y planear a largo plazo, consideremos todas las opciones. Superemos nuestros prejuicios y ampliemos nuestra perspectiva.

Vida privada: Si somos capaces de pensar más allá de nuestro beneficio inmediato, vamos a prosperar mucho, con la ayuda de gente impensada.

Salud, sentimientos y relaciones sociales: Tendremos la oportunidad de elevarnos espiritualmente y de ampliar el alcance de nuestra mente, pero eso sólo será posible si estamos abiertos al cambio.

CHENG YI. — En La Dispersión, el significado de los textos de los trazos cuarto y quinto es similar y actúan recíprocamente, uno conduce al otro; por eso el comentario al Dictamen dice: "la docilidad se eleva de la misma manera". El cuarto trazo es humilde, sumiso y lleno de rectitud; ocupa el puesto de un gran ministro. El quinto posee firmeza, centralidad y rectitud, y ocupa el puesto del príncipe. El príncipe y el súbdito unen sus fuerzas, la firmeza y la dócil suavidad se ayudan y se templan mutuamente para remediar la dispersión que sufre el mundo. En el momento en que comienzan la separación y la dispersión, empleando una firmeza contundente, sería imposible dirigir a los hombres para reunirlos; emplear una dócil suavidad tampoco sería suficiente para atraerlos y someterlos. El cuarto trazo, al seguir el camino de la rectitud, con humildad y sumisión, ayuda al príncipe dotado de firmeza, centralidad y rectitud; el príncipe y el súbdito tienen el mismo mérito, y así pueden remediar la dispersión. Cuando el mundo se encuentra en un tiempo de dispersión[13], y somos capaces de agruparlo uniendo a los hombres en un solo rebaño[14], esto es lo que podemos llamar el feliz presagio de un gran bien. Lo que estaba esparcido se junta. "No es lo que se esperaría normalmente" es una expresión de admiración. La palabra "cima" significa el tamaño de la reunión. En el momento en que comienza la dispersión, puede llegar a la grandeza de la reunión, por lo que el mérito del trabajo es extremadamente grande y el trabajo en sí es muy difícil, mientras que su efecto es maravilloso. "Normalmente" significa sencillo, parejo, ordinario; [la acción del cuarto trazo] es algo que está fuera de la imaginación de la gente común[15]. Sin la inteligencia de la sabiduría, ¿quién sería capaz de alcanzar este objetivo?

ZHU XI. — El cuatro trazo ocupa un puesto *yin* con centralidad; asciende para ponerse al servicio del quinto trazo *yang*. Es quien está investido de la autoridad necesaria para remediar la dispersión del momento. Debajo de él no encuentra ni correspondencia ni alianza, lo que

---

10 El carácter *huan*, traducido como "dispersa" en este trazo, es el mismo carácter que le da nombre a este hexagrama: La Dispersión.
11 Porque "dispersa su persona", es decir, se ocupa del bienestar general, sin sentimientos egoístas.
12 Por lo general, en el caso de cada uno de los cuatro trazos superiores la idea de dispersión expresada por *huan* se aplica a la acción de remediar la dispersión: dispersión de la dispersión.

13 Fragmentación del imperio.
14 Eso es lo que significa "la Dispersión llega a la cima". La traducción de Legge es clara al respecto, cuando dice: "De la dispersión consigue reunir hombres buenos, una multitud de ellos, del tamaño de una colina, lo que es algo que los hombres comunes y corrientes no hubieran pensado".
15 Traducido como "No es lo que se esperaría normalmente".

LA DISPERSIÓN

constituye la imagen simbólica de poder separarse de sus apegos particulares[16]. Si el que consulta el oráculo se encuentra en tales condiciones, tendrá "sublime ventura". También indica la capacidad de dispersar un pequeño grupo para crear un grupo más grande, de modo que los que están dispersos se reúnan y formen una multitud; por lo tanto, no es un resultado al que puedan tender los pensamientos y preocupaciones de un hombre común y corriente.

○ **Nueve en el quinto puesto** (muta al hex. 4)

Edicto imperial, proclamado en voz alta,
dispersado como sudor.
Dispersa las posesiones del rey.
No hay culpa.

> Los edictos del rey –es decir de alguien con autoridad– disolverán los conflictos y rencores existentes entre sus súbditos.
>
> Dispersar las posesiones del rey significa compartir lo que tenemos con los demás, dar primero y pedir después, dar el primer paso para ayudar a los demás.
>
> **Trabajo:** Necesitamos obtener el apoyo de otras personas para poder salir adelante. Pero si queremos conseguir la ayuda de personas cualificadas tendremos que ser generosos con ellos.
>
> **Vida privada:** Es tiempo de hacer algún tipo de ajuste o cambio en nuestra familia, tal vez eso signifique redistribuir algunos bienes y renunciar a algo.
>
> **Salud, sentimientos y relaciones sociales:** Si estamos enfermos, nuestra salud mejorará. Evitemos el estrés, tomemos las cosas con calma, poniendo las posesiones materiales en un segundo plano.

CHENG YI. — Los trazos quinto y cuarto son el príncipe y el súbdito que unen sus virtudes; emplean el camino de la firmeza, la centralidad, la rectitud y la humildad en la sumisión, para remediar los males de la dispersión. Para conformarse a este camino, sólo hay que influir en los corazones de los hombres como si se los impregnara, así se someterán y obedecerán. Conviene, pues, proclamar un "edicto imperial" para ablandar el corazón de los hombres, que penetrará como el "sudor" que se esparce por los cuatro miembros; así los hombres confían, se someten y obedecen. Bajo estas condiciones, es posible remediar la desunión y la dispersión en el mundo; quien practica este camino es digno de la posición de príncipe y no tiene culpa. El "edicto imperial" son ordenanzas sobre las grandes instituciones civiles del estado, es decir, los grandes edictos para la renovación del pueblo[17] y las grandes instituciones políticas para remediar la dispersión[18]. El carácter 换, *huan* [dispersión] se repite aquí dos veces; primero se trata de un momento de dispersión [cuando se proclama el edicto], luego se dice que dispersando [las posesiones del rey[19]] uno quedará sin culpa. Respecto al cuarto trazo, ya se ha discutido la grandeza del feliz augurio; respecto al quinto, sólo se trata de ser digno de la situación señalada. Los trazos quinto y cuarto de La Dispersión expresan la misma idea; en este tiempo, es la separación y la dispersión lo que constituye el mal. Los males se remedian para lograr la reunión. ¿Sería posible que el príncipe y el súbdito pudieran remediar esto si no estuvieran animados por la misma voluntad y si no aunaran sus esfuerzos? El sentido de los textos de estos dos trazos [cuatro y quinto] es que se necesitan mutuamente, lo que es una consecuencia natural del tiempo.

ZHU XI. — *Yang*, enérgico, central y recto; este trazo ocupa la posición preeminente. En el momento de la dispersión, poder difundir las ordenanzas y mandamientos así como los bienes ya acumulados es lo que permite remediar la dispersión y evitar toda culpa. De ahí la imagen simbólica y el significado adivinatorio. El quinto trazo *yang* es parte de la sustancia del trigrama que simboliza la humildad [*Xun*, ☴] y simboliza ordenanzas y edictos. La palabra "sudor", tiene el mismo significado que algo que se esparce como el sudor. "Dispersa las posesiones del rey" es lo que menciona Lu Zhi cuando dice "esparcir un poco para recoger mucho"[20].

Al tope un nueve (muta al hex. 29)

Dispersa su sangre.
Se va, se mantiene alejado.
No hay culpa.

> La sangre simboliza el peligro, el odio y la violencia. "Dispersa su sangre" significa que debemos evitar por todos los medios necesarios entrar en conflicto con los demás.

---

16 De ahí que "dispersa su grupo".

17 Las leyes fundamentales promulgadas por el primer príncipe de cualquier nueva dinastía.

18 En todo lo que precede a esta palabra, "dispersión" se toma alegóricamente para expresar disensiones civiles en tiempos de revolución.

19 Volvemos a citar a Legge que traduce el texto de este trazo como "dispersa ampliamente las acumulaciones en los graneros reales".

20 Lu Zhi (754–805), fue un político chino, mejor conocido por su servicio como asesor personal y más tarde canciller del emperador Dezong de la dinastía Tang.

Todo lo que puede causar serios problemas debe ser repudiado. No asumamos ningún riesgo, ni provoquemos a nadie, seamos sumamente precavidos.

Si es necesario para mantener la paz, debemos estar dispuesto a retirarnos o renunciar a alguno de nuestros proyectos.

Trabajo: Posiblemente seamos reasignados a un nuevo puesto de trabajo o quizás tengamos que empezar nuestro negocio de nuevo, en otro lugar.

Vida privada: Un mal acuerdo es mejor que un buen pleito. Es mejor aceptar un compromiso, para poder resolver una controversia o un litigio, en lugar que proseguir con el mismo.

Salud, sentimientos y relaciones sociales: Estamos demasiado estresados. Relajémonos un poco, aceptemos que tenemos que renunciar a algunas cosas; no tratemos de controlar todo ni de tener siempre la última palabra.

CHENG YI. — La mayor parte de los trazos de La Dispersión no se corresponden con otro trazo, lo que simboliza dispersión y separación. Sólo el trazo superior se corresponde con el tercer trazo, que está situado en el colmo del peligro y el impedimento[21]; [pero] si el trazo superior bajara para seguir al tercero, sería incapaz de salir de la situación caracterizada por La Dispersión[22]. El peligro simboliza todo lo que hiere o daña, todo lo que inspira miedo, por eso el texto menciona la "sangre" y las preocupaciones[23]. Sin embargo, este trazo utiliza la firmeza *yang* y se coloca fuera de La Dispersión, de ahí que "se va, se mantiene alejado". Además, ocupa el puesto extremo de trigrama *Xun*, ☴, que expresa la capacidad de poder conformarse con sumisión al principio de las cosas. Por eso el texto dice que si "dispersa su sangre" y "se va, se mantiene alejado", no habrá culpa. La palabra "su" se refiere a sus posesiones[24]. En tiempo de La Dispersión, la capacidad de unir a las personas es lo que constituye el mérito de la acción. El trazo *yang* que ocupa el puesto extremo es el único capaz de tener una relación de correspondencia, y vigila el peligro desde arriba, de modo que, para él, poder escapar de La Dispersión y alejarse del daño[25] es lo que constituye el bien.

ZHU XI. — El trazo superior utiliza los poderes *yang* para mantenerse en el puesto extremo de La Dispersión. Es capaz de salir de ese estado de perturbaciones, de ahí la imagen simbólica y el significado adivinatorio. "Sangre" indica lo que duele y perjudica. "Se mantiene alejado" es la traducción de 逖, *ti*, y debe ser reemplazado por 逿, *ti*[26]. Como en el caso del cuarto trazo *yin* del hexagrama 9, La Fuerza Domesticadora de lo Pequeño, esto significa que, a través de la dispersión, la sangre fluye, y a través del cambio, las preocupaciones se disiparán.

---

21 Representado por el trigrama *Kan*, ☵.
22 Es decir, no podría superar un tiempo caracterizado por cambio abrupto, dispersión y separación.
23 Aunque el texto asociado a este trazo sólo menciona la "sangre", no las "preocupaciones", CHENG YI relaciona este texto con el cuarto trazo del hexagrama 9, La Fuerza Domesticadora de lo Pequeño, que dice: "Si eres sincero, desaparece la sangre y las preocupaciones son echadas de lado".
24 Esto quiere decir que sólo renunciando a algo (sus posesiones), evitará complicaciones y culpas
25 La "pequeña imagen", *Xiao Xiang* de este trazo (que es parte de la quinta Ala, no incluida en esta traducción) dice: "Él disuelve su sangre. Con ello se aleja el daño".
26 El primero significa "alejarse rápidamente", el segundo significa "preocupación, miedo".

60 La Restricción | *Jie*

Los caracteres que conforman el sinograma que le da nombre a este hexagrama son *zhu*: "bambú" sobre *ji*, componente fonético: "una persona de rodillas en sumisión": controlar a alguien por medio de la fuerza (la caña de bambú).

"El principal significado de *Jie* denota las articulaciones del bambú, pero se utiliza también para las articulaciones del cuerpo humano y para definir las partes del año. Todo lo que esté dividido en partes regulares puede ser llamado *Jie*; también las ideas de regulación y restricción; el tema de este hexagrama es la regulación del gobierno". (Legge)

Significados asociados

Nudos o junturas de bambú u otras plantas; de ahí los significados adicionales de división regular; juntura, circunstancia; moderar, economizar, restringir, regular, regir, ley; integridad moral, auto-control; bastón, símbolo de autoridad.

El Dictamen

Restricción. Éxito.
Una restricción severa
no se puede aplicar con persistencia.

> Restricción significa poner cada cosa en su lugar correcto y actuar en el momento adecuado.
> Las restricciones sirven para poner orden en la vida, como al limitar cuanto comemos o al controlar nuestro temperamento. En otros casos, es necesario establecer limitaciones temporales para adaptarnos a alguna circunstancia, como cuando es preciso limitar nuestros gastos en tiempos de dificultad económica.
> "Restricción severa" se refiere a un control excesivo que puede causar resultados contraproducentes en lugar de ser beneficioso.

CHENG YI. — Cuando las cosas estén restringidas, pueden desarrollarse libremente y por eso La Restricción incluye el significado de éxito. La nobleza de los principios reside en su conformidad con la centralidad, pero si la firmeza se excede, se vuelven crueles y abusivos. Cuando la restricción es demasiado severa, ¿cómo podría aplicarse permanentemente? No se puede observar y mantener firmemente de manera permanente, por lo que "una restricción severa no se puede aplicar con persistencia".

ZHU XI. — La Restricción se refiere a los límites y el orden. Este hexagrama se compone del trigrama *Dui*, ☱, abajo y *Kan*, ☵, arriba. Hay agua sobre el lago; pero la capacidad del lago es limitada, lo que constituye una limitación o regulación. La Restricción ciertamente indica el camino al éxito. Además, en la sustancia de este hexagrama, los trazos *yang* y *yin* tienen igual número y, además, el quinto y el segundo trazos son ambos *yang*, de modo que el significado adivinatorio indica éxito. Sin embargo, llevada al exceso, la restricción se vuelve problemática y cruel, de modo que el texto también advierte que no se puede aplicar con persistencia.

La Imagen

Encima del Lago hay Agua: la imagen de la Restricción.
Así el noble instituye el número y la medida
y delibera sobre la virtud y la conducta [correcta].

> El lago tiene límites precisos, que definen su área y profundidad.
> De la misma manera, a través de limitaciones autoimpuestas, damos forma a nuestra vida y canalizamos nuestra energía en el camino elegido.
> Establecer el número y la medida significa regular adecuadamente nuestros esfuerzos o nuestro trabajo a lo largo del tiempo. También indica que debemos descartar algunas cosas y privilegiar otras, estableciendo las prioridades adecuadas.
> Deliberar sobre la conducta correcta significa que es preciso que ajustemos nuestro comportamiento a la situación presente, es decir que debemos adaptar nuestras normas de conducta a las necesidades actuales.

CHENG YI. — La capacidad del lago para contener agua tiene límites; si hay demasiada se llenará y se desbordará. Este es un ejemplo de restricción, por lo que se considera que este hexagrama expresa regulación restrictiva. El noble contempla la imagen simbólica presentada por La Restricción e "instituye el número y la medida". Todas las cosas, ya sean importantes o poco serias, grandes o pequeñas, elevadas o mínimas, virtuales o reales, se corresponden siempre a un número y a una medida determinada, que se considera como un principio. El número expresa la mayor o menor multiplicidad; la medida expresa la norma establecida que limita y define. Deliberar sobre "la virtud y la conducta", significa mantener intactas las virtudes interiores e innatas, mientras su manifestación exterior constituye la conducta. Las virtudes y la conducta del hombre deben ser sopesadas; después de una deliberación, la restricción se ajusta [a lo que es necesario]. Deliberar significa discutir y apreciar, con el fin de alcanzar el grado justo y adecuado.

ZHU XI. — No ofrece comentario para La Imagen de este hexagrama.

Al comienzo un nueve (muta al hex. 29)

No cruza la puerta[1] para ir al patio.
No hay culpa.

> En este caso, no salir al patio, significa quedarse en un lugar seguro y familiar.
>
> Permanezcamos bien dentro de nuestros límites, no nos pongamos al descubierto, esperemos una oportunidad; no abandonemos nuestro lugar prematuramente.
>
> **Trabajo:** No intentemos forzar los cambios que buscamos ni ampliar nuestras responsabilidades. Atengámonos a los métodos probados y mantengamos un perfil bajo.
>
> **Vida privada:** Sigamos con nuestra rutina diaria sin hacer cambios. Evitemos llamar la atención de los demás y limitemos nuestra exposición pública. No es buen momento para viajar.
>
> **Salud, sentimientos y relaciones sociales:** No tendremos ningún problema si continuamos con nuestra vida habitual, sin excedernos ni arriesgarnos. Seamos discretos.

CHENG YI. — La "puerta" [戶, *hu*] se refiere a la puerta interior, que da entrada a la casa [conectando la casa con el patio]; el "portón" [門, *men*, en el siguiente trazo] es la puerta principal [que da a la calle]. El primer trazo *yang* está en el puesto inferior; arriba encuentra correspondencia, y simboliza a alguien a quien le cuesta restringirse a sí mismo. Además, está situado al inicio de La Restricción, por lo que el texto advierte que es necesario que nos contengamos con prudencia, hasta el punto de no cruzar la puerta interior para salir al patio; de esa forma" no hay culpa". Cuando desde el principio nos restringimos con firmeza, finalmente nos adaptaremos a nuestro entorno; pero si no actuamos con prudencia desde el principio, ¿cómo sería posible llegar al fin sin fracasar? Por eso hay una advertencia tan seria al inicio de este hexagrama.

ZHU XI. — El "patio" se encuentra cruzando la puerta [interior]. Este firme trazo *yang* ocupa el primer puesto en La Restricción con corrección. Todavía no es capaz de actuar, pero puede restringirse, de ahí el significado adivinatorio y la imagen simbólica.

Nueve en el segundo puesto (muta al hex. 3)

No sale afuera del portón[2] de su casa.
Desventura.

> Si no actuamos con rapidez perderemos una buena oportunidad.
>
> Salir afuera del portón significa aventurarnos en el mundo, abrirnos a nuevas posibilidades, viajar, estar dispuestos a conocer gente nueva y correr algunos riesgos.
>
> No permitamos que nuestras dudas y temores nos impidan actuar cuando llegue el momento propicio.
>
> **Trabajo:** Este es un buen momento para aprender cosas nuevas e innovar. Estemos dispuestos hacer frente a las nuevas oportunidades que se presentarán.
>
> **Vida privada:** El cambio nos beneficiará. No nos conviene seguir con nuestra vieja rutina. No nos limitemos a nosotros mismos.
>
> **Salud, sentimientos y relaciones sociales:** Si expresamos lo que sentimos nos arrepentiremos. Necesitamos un poco de ejercicio físico y también una vida social más activa.

---

[1] La típica casa de la China antigua era ocupada por muchos miembros de la misma familia; constaba de varias edificaciones situadas sobre un patio interno, rodeadas por una pared limítrofe. Cada estructura tenía su propia puerta de entrada (que salía al patio) y también estaba la puerta que daba entrada al conjunto sobre la pared exterior. El carácter traducido como "puerta" en el primer trazo es 戶, *hu*, se refiere a una puerta que da al patio interno. En el segundo trazo, el "portón" mencionado es 門, *men*, que está ubicado sobre la pared que rodea el recinto familiar, que da a la calle y al mundo exterior.

[2] Ver la nota anterior.

La Restricción

CHENG YI. — Aunque el segundo trazo tiene las virtudes de firmeza y centralidad, sin embargo ocupa un puesto *yin*, se ubica en el trigrama que expresa satisfacción [*Dui*, ☱], y sirve a un trazo *yin*. Al estar situado en un puesto *yin*, carece de corrección; al ser parte del trigrama que expresa satisfacción, pierde su firmeza; sirviendo a un trazo *yin*, está muy cerca de cometer el mal. El camino de La Restricción implica el uso de firmeza, centralidad y rectitud; el segundo trazo pierde sus virtudes de firmeza y centralidad y se diferencia del quinto trazo por no ser firme, central y dotado de rectitud. "No sale afuera del portón de su casa" significa que no sigue al quinto trazo. Aunque los trazos segundo y quinto no se corresponden correctamente, como *yin* y *yang*[3], y por eso no se siguen el uno al otro, si se pusieran de acuerdo, juntos, a través del Camino del centro y la firmeza, podrían completar el trabajo de La Restricción. Pero el segundo trazo ha perdido sus virtudes, y debido a que pierde la oportunidad, cae en "desventura". Debido a que no sigue al quinto trazo, su restricción no es correcta. Se considera que la centralidad, la firmeza y la rectitud constituyen principios reguladores: "así el noble controla su ira y restringe sus pasiones"[4], así se reducen los excesos. Ejemplos de restricción sin rectitud incluyen la tacañería en las cosas necesarias y la excesiva timidez en las acciones.

ZHU XI. — El "portón" se refiere a la puerta de entrada principal. El segundo trazo *yang* se encuentra en un momento en el que debe actuar, pero le falta firmeza y rectitud y carece de correspondencia por encima de él[5]. Él sabe cómo restringirse, pero no como actuar y comunicarse, de ahí el significado adivinatorio y la imagen simbólica.

Seis en el tercer puesto (muta al hex. 5)

El que no sabe restringirse lo lamentará.
Sin culpa.

> Si no somos capaces de disciplinarnos a nosotros mismos y carecemos de moderación, eso puede causar algunas situaciones embarazosas al relacionarnos con otras personas. Cada esfera de la sociedad tiene sus propias reglas, si las ignoramos crearemos conflictos innecesarios.
> "Sin culpa" significa que los problemas que suframos debido a nuestro descontrol no serán graves. Aún así, nos sentiremos avergonzados, porque comprenderemos que no estuvimos a la altura de la situación, debido a que fuimos débiles y complacientes con nosotros mismos.

Trabajo: Si intentamos ocuparnos de asuntos que no nos competen o tratamos de tomar atajos, ignorando las normas, pasaremos vergüenza.

Vida privada: Cumplamos con nuestra palabra y actuemos con prudencia; de otra forma nos arrepentiremos.

Salud, sentimientos y relaciones sociales: Seamos moderados y evitemos abusar de la comida y la bebida. No nos estresemos demasiado.

CHENG YI. — El tercer trazo *yin* carece de centralidad y rectitud; cabalga un trazo *yang* y vigila el trigrama del peligro, por lo que tendrá culpa. Sin embargo, dócil, sumiso, dotado de bondad, si sabe contenerse de acuerdo a los principios y ajustarse al deber, podrá evitar cometer errores. De lo contrario, necesariamente tendrá culpa, y habrá motivo de lamentaciones y sufrimiento. Por eso "el que no sabe limitarse lo lamentará", eso será el resultado de su propia conducta, sin que pueda echarle su culpa a nadie.

ZHU XI. — Este trazo es dócil y *yin*, sin centralidad ni rectitud. En un momento en que le convendría contenerse y moderarse con restricción, es incapaz de obedecer ninguna regla restrictiva. De ahí el significado adivinatorio y la imagen simbólica.

Seis en el cuarto puesto (muta al hex. 58)

Restricción tranquila.
Éxito.

> Si somos realistas, aceptando de buen grado las restricciones impuestas por la vida, tendremos éxito. Aprendamos a controlar nuestro comportamiento y temperamento, eso nos ayudará a lograr un mejor resultado en la lucha por la vida y nos ahorrará muchos problemas. Con el tiempo podremos adaptarnos fácilmente a las restricciones impuestas por la realidad, sin sufrir estrés.

Trabajo: Nuestro trabajo leal y dedicado será recompensado. Gozamos de la confianza de nuestros superiores porque ellos saben que somos confiables y nos atenemos a las reglas.

Vida privada: Si sabemos adaptarnos a la situación actual y reconocemos nuestros límites, progresaremos.

---

3 No se corresponde con el quinto trazo por ser ambos *yang*.
4 Como dice La Imagen del hexagrama 41, La Merma.
5 Ver la nota anterior.

Salud, sentimientos y relaciones sociales: Aceptemos las restricciones físicas o emocionales que la vida nos impone con paciencia.

CHENG YI. — El cuarto trazo obedece sumisamente al quinto trazo *yang* y se somete a la firmeza, centralidad y rectitud del mismo. Esto es tomar la centralidad y la rectitud como preceptos o principios. Con sus cualidades *yin* ocupa un puesto *yin*: asegura su descanso mediante la rectitud. Al ser digno de la situación que ocupa, simboliza tener principios fijos a los que uno se ajusta. Se corresponde con el primer trazo en el trigrama inferior. El cuarto trazo es parte de la sustancia de trigrama *Kan*, ☵, que representa el agua; cuando el agua sube y se desborda representa la ausencia de preceptos, es decir, de restricción; cuando desciende, representa la conformidad a los preceptos y reglas naturales[6]. Según el significado del cuarto trazo, no necesita violentarse para restringirse a sí mismo; así puede alcanzar calma y descanso en la observación natural de la restricción. Eso le permite tener éxito. Es bueno tener tranquilidad y paz; pero si nos conformamos a ellas por la fuerza y sin encontrar la paz, no pueden constituir reglas permanentes y duraderas. ¿Cómo se podría garantizar el éxito en tal caso?

ZHU XI. — Este trazo tiene docilidad *yin*, es sumiso y correcto. Por encima de él, obedece al quinto trazo *yang*, ajustándose a la restricción natural y espontáneamente, de ahí la imagen simbólica y el significado adivinatorio.

○ **Nueve en el quinto puesto** (muta al hex. 19)
Dulce restricción.
Ventura.
Avanzar trae alabanzas.

> Para actuar adecuadamente, con equilibrio, debemos restringirnos a nosotros mismos antes que pedirle a los demás que se restrinjan.
> Dado que ocupamos una posición de liderazgo (el puesto del príncipe), las personas que nos rodean nos tomarán como un ejemplo a emular. Si sabemos controlarnos a nosotros mismos, la gente nos seguirá, así podremos alcanzar nuestros objetivos y ganaremos el aprecio de los demás.

> **Trabajo:** No les exijamos a nuestros subordinados nada que nosotros mismos no seamos capaces de hacer. Si somos imparciales y realistas, ganaremos el apoyo de nuestros subordinados y seremos alabados por nuestros superiores.

> **Vida privada:** La disciplina, combinada con la benevolencia, nos ayudarán a prosperar y a tener una vida familiar feliz.

> **Salud, sentimientos y relaciones sociales:** Tendremos buena salud y disfrutaremos de excelentes relaciones sociales con los que nos rodean, porque sabemos moderar nuestra conducta.

CHENG YI. — El quinto trazo *yang* es firme, central y recto; ocupa la posición preeminente y es el regente del hexagrama. Es digno de su posición debido a su centralidad y rectitud. Ejercita en sí mismo una acción tranquila y serena, pero también actúa en el mundo; recibe satisfacción en la obediencia y la sumisión, porque hace dulce su restricción. El feliz presagio es obvio. Actuar en estas mismas condiciones debe necesariamente contribuir a la grandeza del trabajo realizado, de modo que, si se emprende algo, será posible recibir elogios y felicitaciones.

ZHU XI. — Lo que llamamos "dulce restricción" es la ventura resultante de la centralidad y la rectitud, de ahí el significado adivinatorio y la imagen simbólica.

Al tope un seis (muta al hex. 61)
Restricción severa.
La determinación es ominosa.
El arrepentimiento se desvanece.

> Si aplicamos restricciones excesivas provocaremos consecuencias indeseables y finalmente eso ocasionará la desgracia. Si tratamos a los demás con dureza vamos a generar resentimiento y resistencia; si somos demasiado duros con nosotros mismos, amargaremos nuestra propia vida.
> Una limitación severa puede ser útil sólo por un tiempo limitado y debería aplicarse únicamente en casos extremos y cuando no quede otra opción.
> Si corregimos nuestros propios excesos antes de llegar demasiado lejos, no tendremos nada de lo que lamentarnos, por eso el texto dice "el arrepentimiento se desvanece".

> **Trabajo:** Si somos arrogantes y duros con nuestros subordinados, crearemos más problemas que los que solucionamos.

> **Vida privada:** Una disciplina dura sólo puede sostenerse por un tiempo limitado. Si somos demasiado duros solo lograremos que los demás nos detesten.

---

6 Dado que se corresponde con el trazo *yin* en el primer puesto, se considera que este trazo desciende.

La Restricción

Salud, sentimientos y relaciones sociales: Si pedimos demasiado de nosotros mismos, nuestra salud se verá perjudicada. Si exigimos demasiado de los demás, nos dejarán solo.

CHENG YI. — El trazo *yin* superior ocupa el puesto extremo de La Restricción; expresa lo doloroso y duro de la restricción. También ocupa el puesto extremo en el trigrama *Kan*, ☵, que simboliza el peligro, lo que da la sensación de doloroso rigor. De observar la restricción con determinación inquebrantable, el presagio será desafortunado; pero si se arrepiente, el desgraciado augurio desaparecerá. La palabra "arrepentimiento" es una expresión que indica que reduce lo que es excesivo para volver a lo correcto. La expresión "el arrepentimiento se desvanece", en este hexagrama, también aparece en otros hexagramas, pero su significado es diferente.

ZHU XI. — Este trazo ocupa el puesto extremo en La Restricción, por eso expresa una "restricción severa". Habiendo alcanzado la posición del exceso máximo, aunque posee rectitud, no puede escapar al desafortunado presagio. Sin embargo, en cuanto a las reglas rituales, el exceso es preferible a la insuficiencia, de modo que aunque uno experimente arrepentimientos, al final estos pueden disiparse.

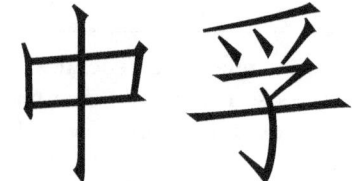 

61 La Verdad Interior | *Zhong Fu*

Los dos caracteres chinos que le dan nombre a este hexagrama son: *zhong*: "interior, centro, acertar en el centro, bien balanceado, correcto" y *fu*: "verdad, sinceridad". La escuela modernista traduce *fu* como "captura, prisionero, saqueo", pero aquí nos atendremos al significado tradicional[1].

Significados asociados

Sinceridad interior; confiabilidad, honestidad, inspirar confianza en otros, confianza interior, confianza en uno mismo.

El Dictamen

La Verdad Interior.
Cerdos y peces.
Ventura.
Es propicio cruzar el gran río.
La determinación es favorable.

> Este hexagrama muestra cómo nuestra honestidad, equilibrio interior y la confianza en nosotros mismos nos permitirán ganar la confianza de otras personas y obtener el éxito.
> Cerdos y peces eran ofrecidos en sacrificio al Señor de los Cielos por la gente común pero esas contribuciones humildes presentadas con sinceridad interior eran dignas de recibir las bendiciones del Cielo. No importa lo pequeña que sea nuestra contribución, si es presentada con sinceridad, será apreciada. Los cerdos y los peces también indican el alcance de la verdad interior. Los cerdos y los peces son animales inferiores, si nuestra verdad interior es tan fuerte que puede influir hasta a los animales inferiores, podremos emprender exitosamente cosas difíciles, tales como cruzar el gran río.
> En la China antigua, cruzar un río, ya fuera vadeándolo o pasando por encima del mismo cuando este se congelaba, no era una tarea sencilla porque no había puentes. Cruzar un río era peligroso y no era nada fácil; de ahí que la frase "es favorable cruzar el gran río" es una metáfora que indica que este es un buen momento para llevar adelante un emprendimiento de importancia, aunque sea peligroso, pero no debe ser tomado a la ligera.
> La Verdad Interior muestra la importancia del equilibrio interior. Si sabemos lo que sentimos y tenemos objetivos claros, podremos proyectar una buena imagen e influiremos de manera positiva a las personas que nos rodean. Esto no significa que los manipularemos para nuestro beneficio, sino que podremos mantener relaciones sinceras y fructíferas con ellos.

CHENG YI. — Los cerdos están inquietos, los peces están en la oscuridad, es difícil influenciar esos seres. Si la sinceridad y la confianza pueden influir hasta los cerdos y los peces, está claro que nada puede quedar fuera del alcance de esta influencia, de ahí el feliz augurio. Si la sinceridad y la confianza[2] permiten caminar sobre el agua o el fuego, ¿que sucederá cuando se atraviese el gran río? Para mantener la verdad interior hay que ser firme y recto, por lo que "la determinación es favorable".

ZHU XI. — El segundo carácter del texto, 孚, *fu*, equivale a 信, *xin*[3]. En este hexagrama, los dos trazos *yin* están dentro y los cuatro trazos *yang* están fuera. Además, los dos trazos *yang*, que ocupan el segundo y el quinto puesto, tienen centralidad. En cuanto al hexagrama, éste indica el

---

1 Esta es una traducción del *Libro de los Cambios*, es decir, la obra que se generó al combinar el *ZhouYi*, que fue el texto original, con el pensamiento confuciano. Más específicamente, esta traducción intenta reflejar el *Libro de los Cambios*, tal como lo veían CHENG YI y ZHU XI, por lo que siempre nos atenemos al significado clásico de los caracteres chinos, no a las reconstrucciones de su significado primigenio en el *ZhouYi*.

2 La verdad interior consiste en la sinceridad, 孚, *fu*, interior, que permite actuar con moderación y equilibrio, siguiendo el camino del centro, 中, *zhong*, en el exterior, lo que permite lograr la confianza de todos los seres.

3 信, *xin* significa "confiable, verdadero; creer, confiar; buena fe". Viene de 亻, *ren*, "persona" y 言, *yan*, "palabras": la palabra de una persona.

La Verdad Interior

vacío interior[4]; desde el punto de vista de los trigramas, éstos expresan la verdad interior, lo que es siempre una imagen simbólica de sinceridad y buena fe. El trigrama inferior [*Dui*, ☱] se deleita en la correspondencia comprensiva con el trigrama superior [*Xun*, ☴], y el superior es modesto y escucha los consejos del inferior, lo que constituye a su vez el sentido de buena fe. Los "cerdos y peces" son animales sin inteligencia ni entendimiento. Además, la madera se sitúa encima del lago[5]; hay realidad sólida afuera y vacío por dentro, lo que constituye también la imagen simbólica de un barco. La sinceridad más extrema es capaz de influir y conmover a los cerdos y los peces; permite enfrentar peligros y dificultades sin perder la rectitud, por lo que si quien consulta el oráculo puede lograr la simpatía de los cerdos y los peces, el augurio será feliz y será ventajoso "cruzar el gran río", y ciertamente "la determinación es favorable".

La Imagen

Encima del Lago está el Viento:
la imagen de la Verdad Interior.
Así el noble discute los casos criminales
y es leniente con la pena de muerte.

> Los dos trazos *yin* (quebrados, abiertos), situados en el medio de este hexagrama (3ro y 4to) simbolizan el corazón y la mente libres de toda preocupación que no sufren ninguna inhibición, disfrutando de la verdad interior.
> Una persona veraz en una posición de autoridad intenta comprender de manera cabal la conducta de los demás y no se precipita a condenarlos. Esto indica que debemos tomar todas las precauciones necesarias para comprender las motivaciones y acciones de las otras personas antes de tomar ninguna acción disciplinaria.

CHENG YI. — "Encima del Lago está el Viento": [el viento] influye en el interior del agua. La sustancia del agua es fluida [vacía], por lo que el viento puede penetrarla. El corazón del hombre está vacío, por lo que los seres pueden moverlo e influirlo. El movimiento comunicado al lago por el viento es como la influencia penetrante de los seres, que constituye la imagen simbólica de la Verdad Interior. El noble contempla esta imagen simbólica y "discute los casos criminales y es leniente con la pena de muerte". La acción del noble al deliberar sobre los asuntos criminales consiste sólo en llevar al límite la sinceridad; en la aplicación de la pena de muerte, consiste únicamente en llevar la indulgencia al límite extremo, por lo que la sinceridad de su sentimiento de justicia lo lleva continuamente a buscar razones para el aplazamiento y el indulto. Ser leniente es ser indulgente. Nunca hace otra cosa que llevar al extremo su clemencia en los asuntos del mundo, y la discusión de los juicios y la leniencia en la pena de muerte son los asuntos más graves.

ZHU XI. — El viento influye con su movimiento, el agua sufre esta influencia; es la imagen simbólica de la Verdad Interior. La discusión de los casos criminales y la leniencia en la aplicación de la pena de muerte son siempre resultado de la Verdad Interior.

Al comienzo un nueve (muta al hex. 59)

Es auspicioso estar preparado.
Si hay algo [otros] más no habrá paz.

> Es conveniente que tomemos medidas preventivas, no dejemos nada librado al azar. Confiemos en nuestros propios recursos; no dependamos del apoyo de los demás.
> Si nos enfocamos en nuestros objetivos y no vacilamos ni desperdiciamos nuestra energía en cosas sin importancia, todo saldrá bien.
>
> **Trabajo:** Podremos prosperar si somos auto-suficientes y estamos bien preparados. Sigamos los métodos probados, no es tiempo para ensayar cosas nuevas.
>
> **Vida privada:** Tenemos todo lo que necesitamos para disfrutar de una vida feliz. Tengamos cuidado con los extraños.
>
> **Salud, sentimientos y relaciones sociales:** No nos descuidemos, ni abandonemos nuestros principios.

CHENG YI. — Este trazo *yang* se encuentra en el inicio de La Verdad Interior, por lo que el texto advierte que debemos examinar nuestras propias creencias. "Preparado" [que es la traducción de 虞, *yu*], significa "medir, apreciar, evaluar". Evaluemos lo que es posible creer con confianza y luego ajustémonos a eso. Aunque [el primer trazo está] animado por una confianza extrema, si esta confianza se aplica a algo que no es digno de ella, resultarán arrepentimientos y culpa; por eso hay que evaluar y apreciar primero, luego, con confianza, el presagio será feliz. Desde el momento en que se verifica el objeto de esta confianza, la confianza podrá ser completa y perfecta, pero si se aplica a otros objetos, la calma y la serenidad de la seguridad se vuelven imposibles. "Paz" se refiere a la satisfacción y la serenidad. "Si hay algo más" indica indecisión; cuando el juicio del hombre carece de fijeza y certeza, se perturba y le falta calma y seguridad. Los

---

4 Ausencia de parcialidad o prejuicios.
5 De acuerdo a la simbología de ambos trigramas.

trazos primero y cuarto están en correspondencia comprensiva y consistente con la rectitud. El cuarto trazo es parte del trigrama que indica humildad, y mantiene su puesto con rectitud; todo en él es bueno. Pero el sentido del texto del primer trazo viene principalmente de que está situado al inicio o al principio, sin que su correspondencia con el cuarto trazo se considere importante; si lo fuera, no se mencionaría la importancia de "estar preparado"[6].

ZHU XI. — En el momento del inicio de la Verdad Interior[7], este trazo se corresponde con el cuarto trazo *yang*, arriba. Si es capaz de evaluar a quien debe creerle, y luego confiar en él, el presagio será feliz. Si le otorga su confianza a otros, perderá la centralidad que resulta de su primer juicio, y no podrá gozar de la certeza que le aseguraría su descanso y tranquilidad. Esta es la advertencia dada a quien consulta el oráculo.

Nueve en el segundo puesto (muta al hex. 42)

Una grulla[8] llamando desde la sombra.
Su polluelo le responde.
Tengo una buena copa,
la compartiré contigo.

> Si nos acercamos a los demás con sinceridad, todos aquellos que compartan nuestro mismo temperamento responderán a nuestra llamada.
> Vamos a prosperar con la ayuda de personas afines, si somos capaces de compartir libremente nuestras bendiciones.
>
> **Trabajo:** Seremos promovidos y contaremos con el soporte de nuestros superiores.
>
> **Vida privada:** Compartamos las cosas buenas de la vida con nuestros amigos y familia. Abundancia. Un niño puede nacer en nuestra familia.
>
> **Salud, sentimientos y relaciones sociales:** Buena salud y felicidad.

CHENG YI. — El segundo trazo es firme y está pleno de Verdad Interior. Quien es extremadamente confiable, puede moverse e influir libremente [a los demás]. La "grulla" anida en un lugar solitario y oscuro; no podemos oír su canto, pero "su polluelo le responde"; los deseos internos de sus corazones se comunican libremente a través de su canto. "Tengo una buena copa. La compartiré contigo" indica que comparten las preferencias de sus corazones. Cuando hay buena fe en nuestro interior, todos los seres responden sin excepción con simpatía, porque la sinceridad es la misma. Para la sinceridad extrema, no hay intervalo, ni distinción, entre lo cercano o lo lejano, lo profundo o lo superficial, por eso el *Gran Tratado*[9] dice que, "Si enuncias bien tus palabras, encontrarás aprobación a más de mil millas de distancia... Si no enuncias bien tus palabras, encontrarás oposición a una distancia de más de mil millas"; esto expresa que la sinceridad de los sentimientos se comunica libremente. La extrema sinceridad es la razón de la libre comunicación de influencias; quien conoce el Camino es capaz de comprenderlo.

ZHU XI. — El segundo trazo *yang* expresa la realidad de la Verdad Interior y el quinto trazo *yang* le corresponde, también a través de la realidad de la Verdad Interior, de modo que eso presenta la imagen simbólica del pájaro cantor y su pequeño que coinciden con sus cantos, la idea expresada por las palabras: "tengo una buena copa. La compartiré contigo". La "grulla llamando desde la sombra" se refiere al trazo *yang* en el segundo puesto. La "buena copa", significa alcanzar el centro. "Compartiré" [靡, *mi*], equivale a "sujetar" [縻, *mi*]; esto expresa que las grandes virtudes son las que el hombre estima y aprecia. Además, aunque soy el único que posee esta "buena copa", todos están fuertemente apegados a ella y la desean.

☐ Seis en el tercer puesto (muta al hex. 9)

Consigue un antagonista.
A veces toca el tambor, o bien se detiene,
a veces llora, o bien canta.

> El carácter traducido como "antagonista", 敵, *di*, también puede traducirse como "contrincante, enemigo o camarada".
> Si dependemos de las relaciones con otras personas para alcanzar nuestra felicidad o para tener confianza en nosotros mismos, nuestra estabilidad emocional será errática, dependiendo de los cambios en el estado de ánimo y la estima o enemistad de los demás hacia nosotros mismos.
> Tratemos de ser más independientes.
>
> **Trabajo:** Tendremos altibajos en nuestro trabajo en función de los caprichos de otras personas.

---

6 Resulta ilustrativo comparar el texto de este trazo con el comentario de CHENG YI a La Imagen del hexagrama 6, El Conflicto.

7 Quizás también podríamos leer esto como "confianza justa" o "confianza justificada".

8 La grulla es un emblema de longevidad, sabiduría y nobleza.

9 El Gran Tratado, 大傳, *Da zhuan*, es parte de las Diez Alas.

La Verdad Interior

Vida privada: Los buenos momentos se alternarán con problemas. Experimentaremos ganancias y pérdidas.

Salud, sentimientos y relaciones sociales: Nuestra falta de estabilidad emocional y nuestra dependencia de otras personas perturbarán nuestra vida.

CHENG YI. — "Antagonista" [敵, *di*] en el texto indica "uno que es capaz de competir en igualdad con otro"; esto significa que lo que forma el vínculo de confianza es sólo la correspondencia con el trazo *yang* superior. Los trazos tercero y cuarto son ambos, por su vacío interior[10], aquellos de los que depende el cumplimiento de La Verdad Interior[11]. Sin embargo, su forma de posicionarse es diferente. El cuarto trazo ocupa una posición correcta[12], [por eso] se mantiene en rectitud, por lo que se olvida del que está emparejado con él[13], para seguir al trazo superior. El tercer trazo está desprovisto de centralidad y no tiene rectitud, por lo que "consigue un antagonista", algo equivalente a sí mismo, que influye en sus propias tendencias. Por sus características físicas de docilidad dada al placer, en el momento en que hay algo que lo retiene y lo atrae, sólo sigue lo que le inspira confianza. "A veces toca el tambor", "o bien se detiene" y se da por vencido; "a veces está llora, o bien canta" y hace música. Agitado o en reposo, triste o alegre, eso se debe a que está contenido y atraído por lo que le inspira confianza, de modo que no se sabe si el presagio es feliz o infeliz. Sin embargo, éste no es el camino que debe seguir un noble que esté esclarecido.

ZHU XI. — "Antagonista" se refiere al trazo *yang* superior, a quien otorga su confianza. El dócil tercer trazo *yin*, carente de centralidad y rectitud, se sitúa al tope del placer[14] y se alía con el trazo superior con el que se corresponde. De ello se sigue que no es dueño de sí mismo, de ahí la imagen simbólica.

□ **Seis en el cuarto puesto** (muta al hex. 10)

La luna está casi llena.
Un caballo de la yunta desaparece.
Sin culpa.

---

10 Falta de prejuicios.
11 Son los regentes constituyentes del hexagrama.
12 Trazo *yin* en puesto *yin*, lo que lo hace correcto.
13 El tercer trazo *yin* su "antagonista, enemigo, o camarada", según se traduzca el carácter 敵, *di*.
14 El trigrama inferior, *Dui*, ☱.

La luna casi llena indica que un ciclo está por terminar y cambios están llegando (compare con 9.6 y 54.5, donde también se menciona la luna casi llena).

El caballo que desaparece significa que alguien seguirá su propio camino. También puede indicar el final de una relación, sociedad o proyecto.

Este es el momento adecuado para elegir un nuevo camino, puede que tengamos que dejar algo atrás para seguir nuestras propias metas o quizás alguien nos abandone.

No vacilemos en aceptar el asesoramiento de quien tenga más conocimiento o experiencia que nosotros, pero tomemos nosotros mismos la decisión final.

Trabajo: Puede que seamos reasignados o quizás nos promuevan para iniciar un nuevo proyecto. También es posible que perdamos un colaborador.

Vida privada: Es posible que nos desprendamos de viejos amigos o relaciones en busca de algo nuevo o quizás alguno de nuestros amigos nos abandone.

Salud, sentimientos y relaciones sociales: No cometeremos errores si comenzamos a seguir un nuevo camino. Aceptemos las cosas tal como son, nada es eterno. Posibilidad de rompimiento de una pareja.

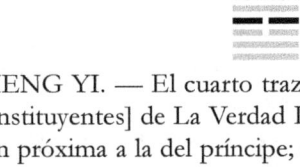

CHENG YI. — El cuarto trazo es uno de los regentes [constituyentes] de La Verdad Interior; ocupa una situación próxima a la del príncipe; su posición es coherente con la rectitud, y el trazo superior tiene máxima confianza en él. Es digno de ser investido de autoridad con total confianza. Es como cuando la luna está muy cerca de estar llena; cuando está llena está en oposición. Si un súbdito está en oposición al príncipe, pronto deben sobrevenir desgracias y decadencia, por lo que el momento en que está a punto de ser enteramente brillante [luna llena] constituye el límite extremo de la abundancia. "Un caballo de la yunta desaparece": el cuarto y primer trazo se corresponden correctamente; estos son los que están apareados[15]. En la antigüedad se utilizaban cuatro caballos para tirar de un carro; cuando no todos tenían el mismo color, entonces la yunta de atrás y la de adelante se apareaban por color. Además, también tenían que ser del mismo tamaño, por lo que dos caballos constituían una yunta. Los caballos son seres que caminan y circulan, el primer trazo asciende y se corresponde con el cuarto, mientras este también avanza y sigue al quinto. Todos ascienden, por lo que la imagen simbólica está tomada de los caballos. El camino de La Verdad Interior consiste

---

15 Es decir, puestos lado a lado.

en la unidad absoluta de las tendencias; desde el momento en que el cuarto trazo sigue al quinto, si descendiera para unirse al primer trazo, la unidad ya no existiría; esto perjudicaría La Verdad Interior, y habría culpa. Por eso si "un caballo de la yunta desaparece", no habrá culpa; [el cuarto trazo] asciende y sigue al quinto trazo y no es retenido por el trazo inferior, por lo que uno de los caballos enyuntados desaparece. Si el primero lo retuviera, no avanzaría y no podría completar la obra de La Verdad Interior.

ZHU XI. — El cuarto trazo *yin* ocupa un puesto *yin*, en la ubicación correcta; su situación es cercana a la del príncipe, lo que constituye la imagen simbólica de la luna casi llena. "Un caballo de la yunta" se refiere al primer trazo, que forma una yunta con el cuarto trazo. Pero el cuarto rompe con el primero y asciende a causa de la confianza que deposita en el quinto, de modo que esto constituye la imagen simbólica del caballo que desaparece. Si quien consulta el oráculo se encuentra en estas condiciones, no habrá culpa.

○ Nueve en el quinto puesto (muta al hex. 41)

Sinceramente unidos.
Sin culpa.

> Este trazo es el regente del hexagrama. La confianza que inspira su sinceridad le permite reunir a todos sus seguidores bajo su liderazgo.
> Este es el momento adecuado para afianzar relaciones y adjuntar asociados.
>
> **Trabajo:** Gozaremos de la confianza de la gente que nos rodea y no cometeremos errores.
>
> **Vida privada:** Nuestra sinceridad y confiabilidad nos ganarán el respeto y la lealtad de nuestra familia y amigos. Todo se desarrollará correctamente.
>
> **Salud, sentimientos y relaciones sociales:** Buena salud. Somos honestos, tanto con nosotros mismos como con las personas que nos rodean.

CHENG YI. — El quinto trazo ocupa la posición del príncipe. El camino del príncipe debe basarse en la más extrema sinceridad y penetrar en todo el mundo, influyendo libremente por doquiera, para inspirar confianza y tocar el corazón de todos, uniéndolos con lazos indisolubles; entonces el príncipe quedará libre de culpa. Si la buena fe del príncipe fuera incapaz de producir este vínculo inquebrantable, entonces, entre millones y millones de corazones, ¿cómo podríamos garantizar que no se produzcan casos de abandono y alejamiento?

ZHU XI. — El quinto trazo *yang* es firme, fuerte, central y recto; expresa la realidad de La Verdad Interior y ocupa la posición preeminente; de él dependen la confianza y la buena fe. En la parte inferior, se corresponde con el segundo trazo *yang*, [ya que ambos] poseen las mismas virtudes, de ahí la imagen simbólica y el significado adivinatorio.

Al tope un nueve (muta al hex. 60)

El sonido del faisán sube hasta el cielo[16].
La determinación es ominosa.

> Cuando la reputación es mayor que la capacidad, las promesas no pueden mantenerse. Tarde o temprano, la realidad se hará cargo de la situación y la desgracia llegará. No prometamos más de lo que podemos conseguir ni finjamos ser lo que no somos, no lograremos nada bueno con sólo bellas palabras.
>
> **Trabajo:** Seamos realistas y conservadores. No intentemos embellecer la realidad con mentiras o falsedades, atengámonos a los hechos.
>
> **Vida privada:** Si somos jactanciosos o tenemos expectativas poco realistas, podemos meternos en grandes problemas. Detengámonos antes de ir demasiado lejos.
>
> **Salud, sentimientos y relaciones sociales:** No dejemos que el orgullo y la vanidad nos hagan vivir en un mundo de ilusiones fatuas. Si insistimos en ignorar la realidad, tarde o temprano nuestras ilusiones se derrumbarán.

CHENG YI. — "El sonido del faisán sube hasta el cielo", pero la realidad no lo acompaña. Este trazo se coloca al final del hexagrama que simboliza la confianza; cuando cesa la confianza, todo se corrompe; la fidelidad interior se pierde, la belleza y la elegancia exteriores se desvanecen, por eso el texto habla de un sonido que sube hasta el cielo. La rectitud, a su vez, es destruida. La naturaleza de un trazo *yang* es avanzar hacia arriba; y la característica del viento es volar con un movimiento circular. Este trazo *yang* se encuentra en el tiempo expresado por La Verdad Interior; está situado en el puesto más elevado,

---

16 El grito o clamor del faisán (que alternativamente podría traducirse como "el ruido producido por sus alas") es un mal presagio en este trazo. El texto divinatorio puede tener relación con la historia de un faisán que apareció en un sacrificio real y fue considerado un mal presagio. Compare con el segundo trazo, donde la grulla llama y su polluelo le responde; allí el grito de la grulla indica sinceridad y camaradería, pero en el sexto trazo el grito del faisán simboliza la mentira y la vanidad, y es un mal presagio.

La Verdad Interior

es quien tiene confianza en su movimiento ascendente, pero que no sabe detenerse. El grado extremo en la acción del sonido del batir de alas en el vuelo de las aves es ascender al cielo. Al forzar hasta tal punto la determinación absoluta de un acto, sin poder ajustar [o moderar] nuestra conducta, el aciago augurio salta a la vista. Fuzi[17] dice: "Amar la honestidad sin amar el aprendizaje conduce al daño"; esta una expresión que indica determinación sin inteligencia.

ZHU XI. — Este trazo ocupa el puesto extremo en La Verdad Interior. Tiene extrema confianza, pero es incapaz de corregirse. Aunque tiene determinación, sin embargo sigue un camino ominoso, de ahí la imagen simbólica y el significado adivinatorio.

Se hace referencia al faisán en la expresión "el sonido del faisán". [Este trigrama] es la imagen simbólica de la humildad; situarse en el rango extremo del trigrama [*Xun*, ☴], que expresa humildad, se considera como alcanzar los cielos. El faisán no es un animal capaz de elevarse a los cielos[18] y, sin embargo, le gustaría llegar hasta allí; cree lo que no debe creer y es incapaz de modificar sus aspiraciones, de ahí el significado [adivinatorio].

---

[17] Confucio, en *Analectas* 17. 8.

[18] Aunque los faisanes son capaces de volar cortas distancias, prefieren caminar o correr. Si se les asusta pueden alzar el vuelo con un ruidoso batir de alas, emitiendo llamadas de alarma para alertar a sus congéneres.

62 El Exceso de lo Pequeño | *Xiao Guo*

Los dos caracteres chinos que le dan nombre a este hexagrama son: *xiao*: "pequeño, insignificante, común" y *guo*: "preponderancia, exceso, ir más allá, cruzar un límite".

Significados asociados

Preponderancia de lo pequeño, mantener un bajo perfil, pequeños logros, trabajo escrupuloso y humilde, arreglarse con poco.

El Dictamen

El Exceso de lo Pequeño.
Éxito.
La determinación es favorable.
Se pueden hacer cosas pequeñas, no grandes [cosas].
El pájaro vuelta soltando su grito.
No es bueno ascender.
Es bueno descender.
Gran ventura.

> El Exceso de lo Pequeño indica falta de fuerza y carencia de recursos para hacer grandes cosas. Debido a que los únicos dos trazos *yang* en este hexagrama están situados el centro, en la parte interior del hexagrama, no hay suficiente fuerza para hacer frente al mundo exterior.
>
> El pájaro volador, 鳥, *niao*, simboliza el riesgo de llevar algo demasiado lejos, más allá de lo posible, como un pájaro que vuela demasiado alto y es derribado. Fuera de este hexagrama, donde se repite tres veces, *niao* sólo aparece en el trazo superior del hexagrama 56, donde indica desgracia producida por la arrogancia. El pájaro volador es un símbolo que advierte contra el peligro de la ambición desmedida y el comportamiento osado en un lugar y un tiempo cuando tal osadía lleva al desastre.
>
> Tendremos éxito si nos concentramos en nuestras rutinas diarias con atención y modestia otorgando la debida atención a los pequeños detalles. Limitémonos a nuestras tareas cotidianas con máxima escrupulosidad, no intentemos emprender nada atrevido y mantengamos un perfil bajo.

CHENG YI. — Exceso es ir más allá de las reglas habituales, como, por ejemplo, el orgullo y la licencia emprendedora que pasan por encima de la ley. El exceso es lo que conduce de nuevo a la ley. En los negocios, sean los que sean, hay ocasiones en que todo responde a la conveniencia natural del sujeto; hay momentos en los que es necesario ir más allá de las reglas ordinarias y en que de este exceso resulta el éxito. Es por eso que el Exceso de lo Pequeño, en sí mismo conlleva el significado de éxito. "La determinación es favorable", significa que el camino del exceso es ventajoso a través de la determinación. No perder la oportunidad del momento es lo que llamamos corrección o rectitud; esto es lo que hace que el exceso conduzca de nuevo al centro. El exceso se da en las cosas pequeñas[1]. ¿Cómo podría haber exceso en cosas importantes? Esto también se discute claramente respecto del hexagrama *Da guo*, 大過, ䷛ (28, Exceso de lo Grande). El sonido que suelta el pájaro al volar designa aquello que no puede exceder un límite muy cercano. No conviene subir, conviene bajar; es decir, la sumisión es adecuada. Con sumisión habrá "gran ventura"; ir más allá y luego acercarse es, de hecho, conformarse al principio de las cosas. Exceder y luego conformarse al principio es necesariamente venturoso.

ZHU XI. — Pequeño significa *yin*; el hexagrama se compone de cuatro trazos *yin* colocados en el exterior y dos trazos *yang* colocados en el interior. Los trazos *yin* son más numerosos que los *yang*; lo pequeño supera y vence. Cuando *yin* supera a *yang*, podrá tener éxito: "La determinación es favorable", como advierte el texto. Los trazos segundo y quinto son dóciles y centrales, por lo que son capaces de cosas pequeñas; el tercer y cuarto trazo están mal situados debido a su firmeza [*yang*], y ambos carecen de centralidad, de modo que "pueden hacerse cosas pe-

---

[1] Es un exceso de atención a los pequeños detalles, extrema escrupulosidad; no exceso de ambición.

EL EXCESO DE LO PEQUEÑO

queñas, no grandes". La constitución física del hexagrama tiene solidez real interior, pero está vacío por fuera, como un pájaro volando. "El pájaro vuelta soltando su grito": como en el vuelo del pájaro el sonido baja y no sube, si uno actúa de la mismas forma, será apropiado bajar; así, si se hacen sólo cosas pequeñas habrá "gran ventura". Esto indica la incapacidad para hacer grandes cosas.

La Imagen

Arriba de la Montaña está el Trueno:
la imagen de El Exceso de lo Pequeño.
Así el noble, en su conducta es excesivamente respetuoso;
en las honras fúnebres, muestra excesivo pesar;
en sus gastos, es excesivamente frugal.

> Este es un tiempo para aceptar y respetar las normas sociales al máximo grado, un tiempo para expresar humildad, actuar con suma prudencia y trabajar a conciencia.
> Seamos corteses y respetuosos con todos. La referencia a las honras fúnebres significa que debemos controlar nuestro temperamento. Seamos moderados en nuestra vida social y en nuestros gastos.
> Aceptemos nuestras limitaciones actuales, no tratemos de forzar la situación ni de destacarnos. Mantengamos nuestra rutina cotidiana y conformémonos con el papel que desempeñamos, no es el momento para cambiar ni mejorar nuestra vida. Obedezcamos las reglas, hagamos lo que se espera de nosotros.

CHENG YI. — El trueno tiembla sobre la montaña, su ruido es extraordinario, por eso se considera que el hexagrama expresa exceso. En los asuntos del mundo hay momentos en que el exceso es conveniente, pero este exceso no debe ser muy considerable; es lo que constituye El Exceso de lo Pequeño. El noble contempla la imagen simbólica del Exceso de lo Pequeño: en las cosas en las que conviene superar el nivel medio, se esfuerza por superarlo; en su conducta y en sus acciones lleva al exceso las señales de respeto en su actitud exterior; en el luto, lleva el dolor al exceso; al satisfacer sus necesidades, lleva la economía al exceso. Este es el significado. Cuando el exceso es lo adecuado, se excede el nivel ordinario, esto es lo debido. Pero si el exceso se aplica donde no corresponde[2], eso es un error.

ZHU XI. — "Arriba de la Montaña está el Trueno"; su ruido es lo pequeño que pasa[3]. En los tres casos de exceso citados en el texto, siempre se trata de un exceso de lo pequeño. El exceso es admisible en las cosas pequeñas y no lo sería en las grandes; podemos cometer un exceso en lo pequeño, pero no debemos llevar este exceso a un punto considerable; esto es lo que indica el Dictamen al decir "se pueden hacer cosas pequeñas, no grandes".

Al comienzo un seis (muta al hex. 55)

El pájaro que vuela tendrá desventura.

> El primer trazo indica lo que pasará si tratamos de llevar a cabo algo que está más allá de nuestra capacidad o conocimiento.
> No corramos ningún riesgo o tendremos problemas. Permanezcamos donde estamos. El pájaro que vuela será derribado, el pájaro que se queda en su nido se salvará.
>
> **Trabajo:** Dediquémonos a nuestras tareas normales con atención, si intentamos progresar o nos entrometemos en lo que no nos compete, tendremos problemas.
>
> **Vida privada:** Si permanecemos en nuestra posición actual, sin buscar más, evitaremos problemas. No tratemos de innovar; seamos modestos, no llamemos la atención.
>
> **Salud, sentimientos y relaciones sociales:** Nuestros sueños no son realistas; no intentemos destacarnos, seamos moderados y no desafiemos las convenciones sociales.

CHENG YI. — El primer trazo *yin* es dócil y se encuentra en el puesto inferior; es la imagen simbólica del hombre inferior. Además, se corresponde con el cuarto trazo, que forma parte de la sustancia del trigrama del movimiento [*Zhen*, ☳]. El hombre inferior es imprudente y frívolo, y encuentra ayuda y asistencia por encima de él. Si se excede en las cosas, incluso cuando el exceso es conveniente, necesariamente acabará cometiendo un exceso considerable. ¡Cuánto más cuando no es adecuado excederse y, sin embargo, se excede! El exceso en sus acciones es como "el pájaro que vuela", y es por esto que el presagio es desafortunado. Semejante imprudencia unida a excesiva prisa constituye la rapidez en el exagerado exceso. Nunca podrá prevenirse ni remediarse.

ZHU XI. — El primer trazo es dócil y *yin*; se eleva con correspondencia hacia el cuarto trazo *yang*; además, se encuentra en un momento que implica excesos; es quien sólo sabe ascender y no descender. "El pájaro vuelta soltando su grito. No es bueno ascender. Es bueno descender"; de ahí la imagen simbólica y el significado adivina-

---

2 No corresponde excederse en grandes cosas.
3 ZHU XI se refiere al texto del Dictamen: "El pájaro vuelta soltando su grito".

torio. Un comentarista dice que cuando uno encuentra este trazo al consultar el oráculo, puede indicar un desastre causado por insectos alados[4].

○ **Seis en el segundo puesto** (muta al hex. 32)

Sobrepasa a su antepasado, pero encuentra a su antepasada. No llega hasta su príncipe, pero encuentra al ministro. Sin culpa.

> Este trazo indica como relacionarse con nuestros superiores jerárquicos. Encontrar a la antepasada en lugar del antepasado o encontrar al ministro en lugar del príncipe significa que debemos ser excesivamente cautelosos al acercarnos a la autoridad y que no debemos exigir demasiado. Estemos satisfechos con lo que podamos lograr. Esto también indica que debemos seguir la línea de menor resistencia para aprovechar al máximo nuestros recursos, que son limitados.
>
> **Trabajo:** Utilicemos nuestros contactos con inteligencia para apoyar nuestros planes. No necesitan ser de alto nivel para ser útiles.
>
> **Vida privada:** Podemos recibir ayuda de un familiar, posiblemente una mujer mayor.
>
> **Salud, sentimientos y relaciones sociales:** Si somos adaptables y realistas, podremos encontrar amigos en los lugares más inesperados.

CHENG YI. — El trazo *yang* superior [en el tercer puesto] simboliza al padre. Se respeta al padre porque es la imagen simbólica del antepasado. El cuarto trazo está encima del tercero, por lo que se considera que representa al antepasado. Los trazos segundo y quinto ocupan puestos y situaciones que se corresponden y concuerdan; comparten las mismas virtudes de centralidad y suavidad. Las tendencias del segundo trazo no lo llevan ni hacia el tercero ni hacia el cuarto trazo, por lo que va más allá del cuarto, hasta llegar al quinto, esto es ir más allá del antepasado. El quinto trazo es dócil y preeminente, es la imagen simbólica de la abuela; tiene las mismas virtudes que el segundo trazo y se corresponden comprensivamente. En otros hexagramas, [sólo] *yin* y *yang* se atraen entre sí, pero en el momento del Exceso de lo Pequeño, las consecuencias deben exceder los límites ordinarios, por lo que el significado es diferente. Nada está exento de excesos, por lo que el segundo trazo sigue al quinto y el texto advierte acerca del exceso. "No llega hasta su príncipe, pero encuentra al ministro", significa avanzar hacia arriba, pero sin invadir los derechos del príncipe y siguiendo exactamente el camino del súbdito; en estas condiciones no habrá culpa. "Encuentra" significa aquí "conformarse a"; se ajusta a la condición del ministro; si excediera los derechos que le corresponden a la condición del ministro, la culpa sería manifiesta.

ZHU XI. — El segundo trazo *yin* es, obediente, central y recto. Si avanza, irá más allá del tercer y el cuarto trazo, y se encontrará con el quinto trazo *yin*; esto sería ir más allá de la fuerza *yang* y encontrar la fuerza *yin*. En estas circunstancias, naturalmente se atenderá a su propia condición, sin llegar al quinto trazo *yin*: "no llega hasta su príncipe, pero encuentra al ministro". Sobrepasar, pero sin cometer excesos, implica la idea de mantener la rectitud observando la centralidad; es un camino que indica la ausencia de toda culpa, de ahí la imagen simbólica y el significado adivinatorio.

Nueve en el tercer puesto (muta al hex. 16)

Si no es excesivamente cuidadoso,
acaso alguien lo siga y lo asalte con violencia.
Desventura

> Si no tomamos las precauciones adecuadas, un ataque inesperado nos perjudicará. El carácter traducido como "asalto", 戕, *qiang*, también significa "matar, herir, asalto violento, maltratar".
> El ataque vendrá sin aviso, como una puñalada por la espalda, y puede provenir de alguien en quien confiamos.
>
> **Trabajo:** Alguien puede tratar de engañarnos o perjudicarnos. Desconfiemos y evitemos arriesgarnos.
>
> **Vida privada:** No seamos ingenuos. Tomemos todas las precauciones necesarias para evitar el peligro. Pueden intentar robarnos, asaltarnos o estafarnos.
>
> **Salud, sentimientos y relaciones sociales:** No descuidemos el cuidado de nuestra salud. Seamos prudentes en nuestro trato con la gente.

CHENG YI. — El Exceso de lo Pequeño marca el momento en que los trazos *yin* superan a los trazos *yang*, que pierden sus posiciones. Sólo el tercer trazo [*yang*], ocupa su posición con rectitud, pero está en una posición inferior, y no es capaz de hacer nada. Es odiado por los trazos *yin*, que están celosos de él, de modo que es propicio que sea "excesivamente cuidadoso" contra los hombres inferiores. Si no tiene mucho cuidado, tal vez lo sigan y lo maten o lastimen, por lo que el presagio es

---

[4] Quizás ZHU XI se refiera a una plaga, como las langostas que devastan las cosechas, aunque también podría referirse a un insecto que pica a una persona.

desafortunado. El tercer trazo, en el tiempo marcado por el exceso de la fuerza *yin*, emplea la fuerza *yang* y ocupa un puesto que implica firmeza, con exceso. Además de la advertencia sobre el exceso de precaución para protegerse, el exceso de firmeza da lugar a otra advertencia más. El modo de protegerse de los hombres inferiores consiste, ante todo, en la rectificación de la propia persona; el tercer trazo no carece de rectitud, por lo que el trazo no necesariamente conlleva el significado de un presagio desafortunado; si puede ser "excesivamente cuidadoso" al protegerse, evitará la desgracia. Cualquiera que ocupe una posición elevada entre los inferiores, como el tercer trazo, que ocupa el puesto superior en el trigrama inferior, se encuentra en la misma situación.

ZHU XI. — En el tiempo de El Exceso de lo Pequeño, hay que ocuparse de todo en exceso, y es a partir de este exceso que se alcanza el límite justo. El tercer trazo *yang* es firme y mantiene la rectitud; es a él a quien la multitud de trazos *yin* quiere destruir. Pero él se apoya y confía en su propia firmeza y no quiere depender del exceso de sus actos, de ahí la imagen simbólica y el significado adivinatorio. Si quien consulta el oráculo es capaz de un exceso de precaución para protegerse, podrá evitar el peligro que le amenaza.

Nueve en el cuarto puesto (muta al hex. 15)

Sin culpa.
Sin ir más allá él lo encuentra.
Avanzar es peligroso.
Uno debe estar en guardia.
Determinación a largo plazo no debe emplearse.

> Esta es una advertencia para que nos quedemos tranquilos en nuestra posición actual y nos restrinjamos. Hagamos lo que tenemos que hacer y nada más, no nos extralimitemos. Seamos humildes, y no entremos en conflicto con otras personas.
>
> Estar en guardia significa que tenemos que esperar, con cautela, y ver que pasa. Este no es un buen momento para hacer planes a largo plazo ni para intentar cambiar las cosas.
>
> **Trabajo:** Cumplamos con nuestro deber, pero no tomemos la iniciativa. Mantengamos un perfil bajo. No nos adelantemos a los hechos.
>
> **Vida privada:** Adaptémonos a la situación y respondamos a las circunstancias según sea necesario pero no tratemos de forzar la situación. Es propicio que nos defendamos, pero no que ataquemos a nadie. No es recomendable viajar.

> **Salud, sentimientos y relaciones sociales:** Seamos discretos. Quedémonos tranquilos, descansemos y mantengamos el *status quo*.

CHENG YI. — El cuarto trazo se encuentra en el tiempo de El Exceso de lo Pequeño; utiliza la firmeza para posicionarse, en un puesto que implica dócil suavidad, por eso su firmeza no es excesiva, y por lo tanto no hay culpa. Dado que no se excede, se encuentra dentro de los límites adecuados. Por eso el texto dice que "él lo encuentra", es decir encuentra el Camino. Las palabras "avanzar es peligroso", son una advertencia contra abandonar la gentileza y avanzar con firmeza, más bien "uno debe estar en guardia". La naturaleza de los trazos *yang* es la dureza y la firmeza energética, además el texto advierte que hay que amoldarse a las necesidades y conveniencias del momento, sin obstinarse en la misma forma de actuar, por eso la "determinación a largo plazo no debe emplearse". En el momento en que comienza el exceso de *yin*, cuando la firmeza *yang* pierde su posición, entonces el noble debe amoldarse al momento y doblegarse a las circunstancias sin aferrarse obstinadamente a su forma ordinaria de actuar. El cuarto trazo ocupa una posición elevada y no tiene relación con los trazos superiores ni inferiores; aunque se acerca al quinto y se corresponde con el primero, en el momento en que comienza el exceso de los trazos *yin*, ¿cómo aceptarían éstos seguir un trazo *yang*? Además, si avanza, correrá peligro.

ZHU XI. — En un tiempo de exceso, en el que conviene ir más allá del nivel ordinario, un trazo firme que se sitúa en un puesto que implica gentileza, va más allá de los límites ordinarios de la dignidad, manifestada en sus acciones y calma exterior. Es un camino que no conlleva culpa. Afrontarlo sin ir más allá significa no exagerar la firmeza y adaptarse a las circunstancias actuales; ir más allá sería excesivo, también sería peligroso, como el texto advierte. La naturaleza de la fuerza *yang* es dureza y firmeza, por lo que el texto advierte que la "determinación a largo plazo no debe emplearse", lo que significa que hay que adaptarse a las necesidades del momento, sin apegarse con obstinación invencible a una manera única de ver y hacer las cosas. Se ha dicho que "sin ir más allá él lo encuentra" se puede interpretar de dos maneras: si es según las reglas aplicables en el caso del segundo trazo *yin*, la interpretación será conforme a lo que se acaba de decir, pero si seguimos las reglas establecidas respecto del tercer trazo *yang*, entonces las palabras "exceso" y "encuentra" deben tener el mismo significado que la expresión "tener un exceso de cautela".

○ **Seis en el quinto puesto** (muta al hex. 31)

Hay densas nubes pero no lluvia de nuestra frontera occidental[5].

El príncipe dispara y captura[6] al que está en la cueva.

> Las nubes indican la obtención de algunos resultados, pero la falta de lluvia indica que todavía no podemos alcanzar el objetivo final.
>
> Necesitamos encontrar algo nuevo que pueda ayudarnos, pero que puede ser difícil de hallar, como si estuviera escondido en una cueva. Puede ser una persona o alguna cosa que necesitamos tener o entender para poder alcanzar el éxito.
>
> Notemos que el texto no pronostica, éxito, desventura, ni culpa. Tampoco pronostica lluvia, que indica la conclusión de una situación; eso significa que, nuestros actos no tendrán ningún efecto inmediato.
>
> **Trabajo:** El camino a seguir está bloqueado. Necesitaremos conseguir la ayuda de personas capaces para poder seguir avanzando. No esperemos ganancias ni grandes cambios a corto plazo.
>
> **Vida privada:** Llegamos a un callejón sin salida. Necesitamos buscar nuevas ideas o personas que puedan ayudarnos.
>
> **Salud, sentimientos y relaciones sociales:** Nuestra situación es estresante y confusa. Tratemos de aclarar nuestra mente, para entender lo que realmente sentimos. Podría ser útil consultar a un psicoanalista para sacar a la luz contenidos reprimidos.

CHENG YI. — El quinto trazo emplea la suavidad *yin* para ocupar la posición preeminente. Aunque desea hacer algo más[7], ¿cómo podría completar su trabajo? Las nubes espesas no pueden causar lluvia porque provienen de las llanuras occidentales, y la fuerza *yin* no puede producir lluvia, como ya hemos explicado en el comentario al Dictamen del hexagrama 9, La Fuerza Domesticadora de lo Pequeño. "El príncipe dispara y captura al que está en la cueva": esto significa lanzar una flecha a una presa y apoderarse de la misma[8]. La "cueva" es una oquedad ahuecada; el "que está en la cueva" es el segundo trazo. El segundo y el quinto trazos no están esencialmente y naturalmente en correspondencia; aquí uno lanza una flecha y captura al otro. El quinto trazo ocupa la posición correcta, por lo que se le designa como "el príncipe", es decir aquel que está por encima de los demás dignatarios. El segundo y el quinto trazo son del mismo género y se unen, pero aunque estén aunados, ¡cómo podrían lograr grandes cosas dos trazos *yin*! Son como nubes espesas que no pueden producir lluvia.

ZHU XI. — Este es un trazo *yin* ocupando un puesto preeminente, en un tiempo en el que la fuerza *yin* debe prevalecer y exceder el nivel ordinario; pero no puede actuar. Lanza una flecha y captura el segundo trazo [*yin*] para conseguir ayuda, de ahí la imagen simbólica. "En la cueva", indica una cosa o situación *yin*. Los dos trazos *yin* se encuentran el uno al otro, pero es evidente su incapacidad para producir grandes cosas.

Al tope un seis (muta al hex. 56)

Lo sobrepasa sin encontrarlo.
El ave voladora parte.
Desventura.
Esto significa error y calamidad.

> Si no sabemos cuando debe detenernos y tratamos de volar demasiado alto nos enredaremos en problemas. El carácter traducido como "calamidad", 災, *zai*, significa "desastre, daño, herida; desgracia provocada por causas fuera de nuestro control, quizás procedente del Cielo, como las inundaciones y el fuego".
>
> **Trabajo:** Estemos satisfechos con obtener ganancias razonables. No sobrepasemos los límites o estaremos cortejando el desastre.
>
> **Vida privada:** Si somos demasiado arrogantes y confiamos excesivamente en nuestra propias fuerzas, tendremos grandes dificultades. No nos apartemos del camino correcto.
>
> **Salud, sentimientos y relaciones sociales:** Si pedimos demasiado a nuestro su cuerpo nuestra salud se verá perjudicada. Si exigimos demasiado a los demás, nos abandonarán.

CHENG YI. — Este trazo *yin* forma parte de la sustancia del trigrama *Zhen*, ☳, que indica movimiento. Se sitúa en el límite extremo del exceso y no concuerda con

---

5   Este texto es similar al del dictamen del hexagrama 9, La Fuerza Domesticadora de lo Pequeño. La frontera occidental es una referencia a la ubicación de la tierra del rey Wen, en la parte oeste de China. El rey Wen fue el fundador de la dinastía Zhou y el autor del *Libro de los Cambios*, de acuerdo a la tradición china.

6   Los caracteres chinos traducidos como "dispara y captura" (弋取, *yi qu*), significan "obtener disparando con flecha y cuerda". En la China antigua se cazaban aves y peces con arco y flecha, atando un cordel a la flecha para que el animal herido no pudiera escaparse.

7   Destacarse por sus acciones.

8   Ver la penúltima nota, que tiene más información al respecto.

El Exceso de lo Pequeño

el principio. Si se mueve, siempre va más allá de lo que sería apropiado; sus desvíos del justo principio van más allá de los límites ordinarios. Se agita inquieto y apresurado, como un pájaro que bate sus alas en el vuelo, y es por esto que el presagio es desafortunado. "Parte" indica ir muy lejos en el exceso. "Esto significa error y calamidad": la calamidad es la consecuencia natural [del error]. Las calamidades son males o flagelos que provienen del Cielo o de la acción de los hombres. Desde el momento en que se supera el límite extremo del exceso, ¿cómo podrían limitarse las consecuencias a los males resultantes de las acciones de los hombres? Es obvio que las plagas celestiales también deben surgir. Ese es el caso tanto para los propósitos del Cielo como para las acciones humanas.

ZHU XI. — El sexto trazo *yin* ocupa el puesto superior en la sustancia del movimiento; se sitúa en la cima del exceso de *yin*. Este exceso ya es elevado y supera con creces los límites ordinarios, de ahí el significado adivinatorio y la imagen simbólica. Se ha dicho que "lo sobrepasa sin encontrarlo", tal vez debería leerse como "sin ir más allá él lo encuentra", tal como en el cuarto trazo *yang*. No sabemos si esto es así o no.

63 Después de la Consumación | Ji Ji

Los dos caracteres chinos que le dan nombre a este hexagrama tienen la misma pronunciación: *ji*; ellos significan: "consumado, completo" y "cruzar un curso de agua en un lugar donde está baja, completar una tarea": tarea cumplida.

Significados asociados

Después de terminar, después del clímax, después de cruzar el río, después de vadear el río, tarea terminada, misión cumplida.

El Dictamen

Después de la Consumación. Éxito.
La determinación es favorable para pequeñas cosas.
Al principio ventura, al final caos.

> La frase "Después de la consumación", literalmente significa, "después de vadear el río".
> En la China antigua, cruzar un río, ya fuera vadeándolo o pasando por encima del mismo cuando el río estaba congelado, no era una tarea sencilla porque no había puentes. Cruzar un río era peligroso y no era nada confortable; de ahí que haber cruzado el río indica el cumplimiento de una tarea difícil.
> Ya alcanzamos el éxito. Ahora debemos manejar la transición hacia una nueva etapa. Si olvidamos tomar precauciones las cosas pueden ir cuesta abajo muy velozmente.
> No demos por sentado que la situación seguirá siendo propicia, ni nos descuidemos pensando que todos harán lo que esperamos de ellos. Las pequeñas cosas que a menudo son pasadas por alto pueden causar serios problemas más adelante, prestemos atención escrupulosa a todos los detalles, solo así podremos mantener la situación equilibrada.

CHENG YI. — En el tiempo expresado por Después de la Consumación, ya se alcanzó el éxito en lo grande, pero no así en las pequeñas cosas. Aunque ya se estableció el orden aún es posible que se puedan mejorar las pequeñas cosas. El cuarto carácter, 小, *xiao*, pequeño, está situado después del carácter 亨, *heng*, éxito; es el orden natural del lenguaje. Si las posiciones de ambos caracteres estuvieran invertidas, *xiao* calificaría a *heng* y significaría "poco éxito". "La determinación es favorable" indica que cuando uno está en el tiempo de Después de la Consumación, es favorable una constante firmeza para mantenerlo y conservarlo. "Al principio ventura"; es decir, en el momento en que se consumó la transición al orden; "al final caos"; cuando el restablecimiento del orden ha llegado a su límite final, se produce una inversión en la dirección opuesta.

ZHU XI. — Después de la Consumación significa, "ya restaurado"[1], es decir cuando algo está consumado. El hexagrama se compone de agua y fuego unidos, cada uno de los cuales puede producir su efecto[2]. La posición de cada uno de los seis trazos corresponde en cada caso al carácter *yang* o *yin* de estos trazos, con rectitud, de modo que ya se consumó la transición al orden. En cuando al éxito, se debe entender que hay éxito en lo pequeño, no que el éxito es pequeño. En general, en este hexagrama, tanto en el Dictamen como en las fórmulas adivinatorias de los seis trazos, hay advertencias y llamadas a la prudencia: ésta es la consecuencia natural del tiempo.

La Imagen

El Agua sobre el Fuego:
la imagen de Después la Consumación.
Así el noble medita por anticipado sobre la calamidad, para prevenirla.

> La interacción entre el fuego y el agua es muy útil, como cuando se cocina algo en un caldero, pero si el fuego es demasiado fuerte, el agua se derramará fuera

---

1 ZHU XI quiere decir que se restauró el orden, porque cada trazo está en el lugar que le corresponde.
2 Debido a que el fuego está debajo del agua, así puede ser utilizado para la cocción de alimentos.

Después de la Consumación

del caldero al hervir descontrolada, y si es demasiado débil el agua no hervirá.

Tal como un caldero hirviendo debe ser atendido con cuidado para obtener los resultados adecuados, todos los factores en la situación actual deben mantenerse armonizados y en sus lugares apropiados para evitar problemas.

No esperemos a que la situación se descontrole, evitemos que los pequeños problemas empeoren ocupándonos de ellos apenas se manifiestan, o mejor aún, previniéndolos.

CHENG YI. — Desde el momento en que el agua y el fuego interaccionan, cada uno de estos dos elementos produce su efecto; esto constituye Después de la Consumación; en este tiempo no queda otra preocupación que la anticipación de los males o peligros que puedan surgir, por lo que al pensar en ellos los prevenimos, e impedimos que lleguen al punto donde producirían el mal. Desde la antigüedad, cuando se restablece el orden en el mundo [Después de la Consumación], si ocurren calamidades es porque éstas no han sido previstas con antelación, para evitarlas.

ZHU XI. — No ofrece comentario para La Imagen de este hexagrama.

Al comienzo un nueve (muta al hex. 39)

Frena sus ruedas y moja su cola.
Sin culpa.

> Frenar las ruedas significa contener nuestro avance, evitar correr ciegamente hacia adelante. No nos apresuremos, avancemos con cuidado.
>
> El Dictamen del siguiente hexagrama –que es la imagen especular de éste– habla de un zorro cruzando un arroyo. La cola que se moja en este trazo, es una referencia implícita a la cola del zorro. La cola mojada simboliza inconvenientes menores que no pueden evitarse, pero si evitamos descontrolarnos, es decir, si sabemos frenar a tiempo, podremos evitar problemas mayores y así minimizaremos nuestras pérdidas.
>
> **Trabajo:** Planeemos cuidadosamente nuestros movimientos. No asumamos riesgos innecesarios y no tomemos decisiones apresuradas.
>
> **Vida privada:** Avancemos con cautela para evitar complicaciones. No dejemos que otros nos apresuren. Tomémonos todo el tiempo que necesitemos para decidir qué haremos.
>
> **Salud, sentimientos y relaciones sociales:** Seamos conservadores, este no es un buen momento para in-

novar. No nos comprometamos ni nos dejemos presionar por nadie.

CHENG YI. — El primer trazo ocupa el puesto inferior con su fuerza *yang*, y se corresponde con el cuarto trazo, arriba. Además, es parte de la sustancia del fuego; sus tendencias a seguir adelante son vivaces y decididas. Pero, dado que se encuentra en el tiempo de Después de la Consumación, un movimiento de avance incesante conducirá a arrepentimientos y culpas. "Frena sus ruedas y moja su cola" indica como evitar la culpa. Las ruedas permiten avanzar, pero se frenan para detener el avance. Cuando los animales vadean un arroyo, se ven obligados a sacar la cola del agua; si mojan su cola, ya no pueden vadearlo[3]. Al comienzo de Después de la Consumación, poder detener el avance es poder evitar toda culpa; aquellos que no puedan detenerse, inevitablemente terminarán siendo culpables.

ZHU XI. — Las ruedas están abajo [del carro], la cola está detrás: ésta es la imagen simbólica del primer trazo. Al frenar las ruedas, el carro ya no avanza, al mojar su cola, el zorro ya no puede cruzar el curso de agua. Al comienzo de Después de la Consumación, si se puede tener tal prudencia y cautela, se transitará un camino "sin culpa". Si el que consulta el oráculo se encuentra en estas mismas condiciones, quedará libre de culpa.

○ Seis en el segundo puesto (muta al hex. 5)

La mujer pierde la cortina[4] de su carruaje.
No corras a buscarla, en siete días la conseguirás.

> Sufriremos un revés temporal, que nos detendrá por un tiempo. Perder la cortina significa quedar en una situación expuesta, vulnerable.
>
> Controlemos nuestra ansiedad y seamos discretos, no atraigamos la atención de los demás sobre nosotros mismos. En lugar de intentar presionar hacia adelante, esperemos hasta que la situación mejore y podamos avanzar sin ponernos en peligro.
>
> Además de en este hexagrama, el carácter traducido como siete, 七, *qi*, sólo aparece en el hexagrama 24, y también en el Dictamen y en el segundo trazo del hexagrama 51. Aquí indica el regreso de la cortina de un carruaje, en el hexagrama 24 se relaciona con un retorno y en el hexagrama 63, con el regreso de dinero.

---

3 Quienes explican este pasaje citan como ejemplos la ardilla, el zorro, etc.

4 El carácter traducido como "cortina" es 茀, *fu*. Una oda del *ShiJing* cuenta una historia sobre la cortina perdida de un carruaje, que se recupera después de siete años.

Trabajo: Podemos llegar a perder el apoyo de nuestros superiores debido a circunstancias comprometedoras, no tratemos de forzar la situación. Si llevamos a cabo nuestros deberes a la perfección seremos reintegrados a nuestro estado anterior después de que se complete un ciclo.

Vida privada: Quizás pasemos un poco de vergüenza y tendremos que enfrentar una situación complicada. Si soportamos los problemas con modestia y discreción, todo volverá a la normalidad con el paso del tiempo.

Salud, sentimientos y relaciones sociales: Descansemos hasta que nos sintamos mejor. No nos expongamos, seamos discretos y prudentes.

CHENG YI. — El segundo trazo emplea las virtudes de orden, centralidad y rectitud; arriba, simpatiza con el príncipe dotado de energía *yang*, centralidad y rectitud, representado por el quinto trazo *yang*. Es natural que consiga hacer prevalecer sus tendencias. Sin embargo, el quinto trazo ocupa la situación preeminente, y está situado en el tiempo de Después de la Consumación; incluso sin seguir avanzando más, puede actuar. ¿Cómo entonces puede intentar dirigirse al sabio capaz situado en inferioridad[5] para emplearlo? Por eso el segundo trazo no debe dar rienda suelta a sus propios actos. Desde la antigüedad, siempre han sido raros los príncipes que, una vez restablecido el orden, fueran capaces de emplear hombres capaces. Taizong, el fundador de la dinastía Tang era capaz de escuchar los consejos, pero raramente los aplicaba[6]; y esto solo empeoró con el tiempo y el paso de las generaciones. Este es el tiempo en que la firmeza y la justicia se distorsionan y se convierten en complacencia. En este tiempo se considera que los trigramas *Kan*, ☵, y *Li*, ☲, constituyen una antítesis. El hombre que puede reconocer el momento y apreciar la modificación que se está produciendo puede ser considerado como capaz de entender el *Libro de los Cambios*. El segundo trazo es *yin*, por lo que simboliza a una mujer. La "cortina", se refiere a una pantalla que las mujeres llevan consigo cuando salen, para esconderse de la vista. "Pierde la cortina" indica la imposibilidad de salir [de su casa]. El segundo trazo, al no ser llamado ni utilizado por el quinto, no puede actuar; es como una mujer que ha perdido su cortina. Sin embargo, el camino de la centralidad y la rectitud nunca puede olvidarse ni abandonarse; una vez pasado el momento, podrá actuar; por eso el texto dice "no corras a buscarla". Al buscarla [la mujer] descuidaría preservarse a sí misma, por eso el texto advierte que no corra a buscarla. Si se observa a sí misma sin cometer negligencia alguna, "en siete días la conseguirás". Los hexagramas tienen seis puestos, por lo que el número siete indica que se produce una modificación y que el hexagrama se transforma. "En siete días la conseguirás" es una expresión que indica que el tiempo se modifica. Aunque el segundo trazo no sea empleado por el superior, el camino de la centralidad y la rectitud nunca puede abandonarse ni olvidarse permanentemente. Aunque le es imposible actuar ahora, actuará en otro tiempo. El consejo del sabio es profundo.

ZHU XI. — El segundo trazo posee las virtudes de elegancia[7], centralidad y rectitud. Se corresponde con el quinto trazo *yang*, arriba, que simboliza un príncipe dotado de energía *yang*, centralidad y rectitud. Es natural que logre actuar y hacer prevalecer sus tendencias. Pero, como el quinto trazo *yang* se encuentra en el tiempo de Después de la Consumación, es incapaz de inclinarse ante los sabios para practicar y seguir su Camino. El segundo trazo simboliza a una mujer que pierde la cortina de su carruaje. El término "cortina" hace referencia a las persianas del carruaje de una mujer; esto expresa que pierde lo que le permite circular y salir [sin exponerse]. Sin embargo, el camino de la centralidad y la rectitud no puede abandonarse definitivamente; una vez pasado el momento, volverá a prevalecer. Además, el texto advierte: "no corras a buscarla, en siete días la conseguirás", porque el éxito llegará en forma natural [sin buscarlo].

Nueve en el tercer puesto (muta al hex. 3)

Cuando el Eminente Antepasado[8] atacó
la Tierra del Demonio[9],
tardó tres años en conquistarla.
No deben ser utilizados hombres inferiores.

---

5 El segundo trazo.
6 El Emperador Taizong exilió y ajustició a algunos de sus ministros, aunque eran muy capaces.
7 Por ocupar el centro del trigrama del fuego, *Li*, ☲, uno de cuyos atributos es la elegancia.
8 Los dos caracteres traducidos como "Eminente Antepasado", 高宗, *Gao zong*, eran el título nobiliario del rey de la dinastía Shang que conquistó la tribu llamada *Gui fang*. Por ello, este trazo incluye una referencia histórica. Además *Gao zong* indica un alto puesto o el ilustre fundador de una dinastía, por eso lo traducimos como el Eminente Antepasado. Ver la siguiente nota.
9 Los caracteres traducidos como "Tierra del Demonio", 鬼方, *Gui fang*, también podrían traducirse como "tribu *Gui*". Posiblemente *Gui fang* se usaba en sentido general para referirse a los enemigos de los Shang y los Zhou.

Después de la Consumación

Una campaña de conquista que dura tres años indica la realización de una empresa difícil y peligrosa. Los tres años simbolizan un largo período de amargos conflictos. El triunfo se puede lograr, pero no sin pagar un alto costo.

La Tierra del Demonio indica lo que está fuera de las leyes, un factor de riesgo y corrupción que debe ser subyugado por la fuerza.

Para consolidar el triunfo, debemos utilizar sólo métodos y personas fiables, de lo contrario pondremos en peligro los logros que tanto nos costó alcanzar.

Trabajo: Si estamos en el ejército, entraremos en combate. En otros casos, tendremos muchas dificultades para expandir nuestro negocio o iniciar algo nuevo, pero a largo plazo, las perspectivas son buenas, si nos rodeamos de personas capaces y de confianza.

Vida privada: Podremos alcanzar nuestras ambiciosas metas, pero nos tomará bastante tiempo, e insumirá muchos recursos. Tengamos cuidado con los pleitos y procedimientos legales.

Salud, sentimientos y relaciones sociales: Hagamos un esfuerzo para controlarnos a nosotros mismos, para comportarnos de forma más racional. No va a ser fácil y requerirá una estricta autodisciplina.

CHENG YI. — El tercer trazo *yang* se sitúa en el tiempo de Después de la Consumación, cuando el orden ya está restablecido. Es firme y ocupa un puesto que implica firmeza, de ahí que emplea firmeza extrema. Tal uso de firmeza Después de la Consumación, es similar a cuando el Eminente Antepasado atacó a los *Gui fang* [la tierra del demonio]. El Eminente Antepasado, ciertamente se refiere a Gao Zong, de la dinastía Shang. Como los asuntos del imperio ya estaban en orden, persiguió por todas partes y destruyó a los rebeldes a su autoridad. La autoridad y el poder de las armas, guiados por el deseo de asegurar la felicidad del pueblo, tal es el acto del príncipe; sólo los príncipes sabios y dignos son capaces de esto. Pero la violencia desenfrenada en la represión, la ira contra quienes aún no son sumisos, la ambición de dominar vastos territorios, conducen a la destrucción de los pueblos y a la injusta satisfacción de las pasiones. Es por esto que el texto advierte que "no deben ser utilizados hombres inferiores"[10]; si es un hombre inferior el que actúa, sólo se dejará llevar por sus resentimientos personales y su interés privado; y en caso de que no se deje llevar por su ambición y su ira no querrá hacer nada. "Tardó tres años en conquistarla" indica la extrema dificultad que presenta la tarea en cuestión. El sabio nos indica que el tercer trazo *yang* está en presencia del tiempo de Después de la Consumación, cuando el orden ya está restablecido y, sin embargo, emplea enérgica dureza; desarrolla esta idea para enseñar a los hombres las reglas y advertirles. ¿Cómo podríamos considerar a la ligera la posible extensión de las acciones y su amplio alcance?[11]

ZHU XI. — En el tiempo de Después de la Consumación, cuando el orden ya está establecido, utilizar la firmeza, ocupando un puesto que implica la firmeza, expresa la imagen simbólica del Eminente Antepasado destruyendo al pueblo de la Tierra del Demonio. "Tardó tres años en conquistarla" expresa la duración de la acción y luego el éxito. Es una advertencia para quien consulta el oráculo, de que no debe pensar en actuar a la ligera. "No deben ser utilizados hombres inferiores"; esta es la misma advertencia que vemos en el trazo *yin* superior del hexagrama 7, El Ejército.

Seis en el cuarto puesto (muta al hex. 49)

Tiene seda desgarrada y trapos.
Sé precavido hasta el final del día.

La harapos de seda y los trapos sirven para taponar las vías de agua en un bote que está cruzando el río, simbolizan las medidas preventivas que deben implementarse cuando se intenta hacer algo peligroso. Podemos encontrar problemas inesperados a lo largo del camino; estemos en guardia, preparados para enfrentar las posibles contingencias. La situación no es estable; puede que las cosas no sean lo que parecen.

Trabajo: Los mejores planes pueden tener fallas. Es recomendable tomar medidas preventivas para hacer frente a dificultades imprevistas. Debemos tener mucho cuidado.

Vida privada: Si somos prudentes y tomamos todas las precauciones posibles, evitaremos muchos problemas.

Salud, sentimientos y relaciones sociales: No nos descuidemos, corremos peligro. No demos por sentado nada ni seamos ingenuos.

---

10 También podríamos deducir que este oráculo sólo se aplica a los nobles, no a los hombres inferiores.

11 Aquí somos advertidos que comenzar una guerra de conquista es algo muy grave y de vastos alcances. Es mejor pensar dos veces antes de hacerlo. Además, notemos que el texto adivinatorio no contiene las palabras "éxito" ni "ventura", aunque el hecho de que se pueda conquistar la Tierra del Demonio indica cierto grado de éxito.

CHENG YI. — El cuarto trazo es parte de Después de Cruzar el Río[12] y del trigrama que simboliza el agua[13]; por eso está implicado el significado de un bote. El cuarto trazo se acerca a la posición del príncipe; representa a quien es el depositario de la autoridad[14]. En vista del tiempo de Después de la Consumación, lo urgente es estar en guardia contra los reveses de la fortuna y prevenirlos, para evitar disturbios y revoluciones. El carácter traducido como" seda desgarrada" [繻, *xu*], debe ser leído como "estar mojado" [濡, *ru*]; esto expresa una fuga o paso de agua que conduce a la inmersión. El barco tiene un agujero por el que entra el agua, por eso tiene "trapos" para taponar el agujero. "Sé precavido hasta el final del día", tal debe ser la previsión contra los peligros y los males. No se trata de un feliz augurio, porque este es un momento en el que uno apenas está a salvo del peligro. En el tiempo de Después de la Consumación, basta con estar a salvo del peligro. ¿Qué más podríamos decir?

ZHU XI. — En el tiempo de Después de la Consumación, este trazo emplea suave docilidad y ocupa un puesto que incluye esta misma suavidad; representa a quien, con temor, puede mantenerse en guardia y prevenir los males; de ahí la imagen simbólica. El Maestro Cheng dice: "El tercer carácter del texto [seda desgarrada, 繻, *xu*] debe ser reemplazado por un carácter análogo [濡, *ru*] que significa 'estar mojado'; los trapos sirven para tapar la vía de agua y evitar que el barco se hunda".

Nueve en el quinto puesto (muta al hex. 36)

El vecino del Este que sacrifica a un buey
no recibe una bendición tan plena
como el vecino del Oeste con su pequeña ofrenda[15].

> La sinceridad será recompensada. Una contribución humilde presentada con verdadero sentimiento será mejor recibida que una exhibición pretenciosa.
> No necesitamos hacer grandes cosas para causar una buena impresión, seamos sinceros y modestos.

Trabajo: Si somos demasiado ambiciosos fracasaremos, pero si somos sencillos y realistas tendremos éxito.

Vida privada: No intentemos impresionar a los demás con nuestra riqueza ni intentemos aparentar lo que no somos. Si mantenemos las cosas simples y sin pretensiones tendremos buena fortuna.

Salud, sentimientos y relaciones sociales: La sinceridad y la modestia serán ventajosas. No seamos presumidos.

CHENG YI. — El centro del quinto trazo está lleno[16], lo que indica buena fe; el segundo trazo está vacío en el centro, e indica sinceridad. Ambos trazos reciben un significado relativo a distintos sacrificios. "El vecino del Este" es *yang*, y designa el quinto trazo. "El vecino del Oeste" es *yin*, y designa el segundo trazo. "Sacrifica un buey" significa un sacrificio abundante; por el contrario, los caracteres traducidos como "pequeña ofrenda"[17] designan varios tipos de sacrificios más modestos. Lo abundante no es igual a lo magro, esto se debe a la diferencia que existe entre los distintos momentos considerados. Los trazos segundo y quinto también tienen las virtudes de buena fe, sinceridad, centralidad y rectitud. El segundo está en el fondo de Después de la Consumación, todavía tiene que avanzar, por eso recibe una bendición más plena. El quinto trazo se coloca en la cima del mismo hexagrama, ya no tiene donde avanzar. Debido a la extrema sinceridad con que mantiene su rectitud y centralidad, aún no ha llegado al punto del trastocamiento del orden establecido. El principio de las cosas no incluye el desarrollo extremo de una acción sin un trastocamiento final. Habiendo alcanzado el límite extremo, y aunque esté situado entre los mejores, ¿por qué debería escapar a esta regla? Por eso tanto el texto de este trazo, como la *Pequeña Imagen*[18], sólo comparan los dos momentos.

ZHU XI. — El Este es *yang*, el Oeste es *yin*. Éste es el quinto trazo *yang* que ocupa el puesto preeminente, aunque el tiempo ya haya pasado[19]. Estas condiciones no son tan buenas como las que encuentra el segundo tra-

---

12 Una traducción literal del nombre de este hexagrama, 既濟, *ji ji*, Después de la Consumación.
13 *Kan*, ☵, indica el agua que corre, como un río peligroso, porque también es el trigrama del peligro.
14 Delegada por el príncipe, como un ministro.
15 Los caracteres traducidos como "pequeña ofrenda": 禴祭, *yue ji*, son una referencia al sacrificio Yue (*ji* significa sacrificio) realizado en el verano –cuando el alimento escasea–, que consiste en ofrendas de granos para los antepasados. En comparación con una ofrenda de bueyes u ovejas, este es un sacrificio magro. Una traducción literal sería "sacrificio *Yue*".

16 Porque es un trazo *yang*, no un trazo *yin*, que está partido, y es hueco en el centro.
17 Ver la penúltima nota.
18 Esta traducción no incluye la Pequeña Imagen (小象, *xiao xiang*), que es un comentario adicional a los textos de cada trazo. La Pequeña Imagen de este trazo dice: "El vecino del Este que sacrifica a un buey no concuerda tanto con el tiempo como el vecino del Oeste".
19 El tiempo expresado por el hexagrama.

Después de la Consumación

zo *yin*, colocado en inferioridad, que apenas comienza a disfrutar de las ventajas del tiempo [de Después de la Consumación]. Además, esto corresponde a los acontecimientos relacionados con el Rey Wen y Zhou[20], de ahí el significado simbólico y adivinatorio. El comentario Tuan, que dice: "primero un buen augurio, luego desorden y problemas", expresa la misma idea.

Al tope un seis (muta al hex. 37)

Se le moja la cabeza.
Peligro.

> Hemos ido demasiado lejos y demasiado hondo y ahora tendremos que pagar el precio por nuestra falta de cuidado.
> Si dejamos pasar el momento adecuado para retroceder o detenernos, caeremos en el peligro. Podemos sufrir un serio revés por habernos descuidado cuando creíamos que todo estaba bajo control.
>
> **Trabajo:** Si tratamos de hacernos cargo de más cosas que las que podemos manejar bien, nos meteremos en grandes problemas y podemos llegar a perder todo lo que hayamos alcanzado.
>
> **Vida privada:** Estamos involucrados más allá de lo que es conveniente con una persona o una situación que no podremos controlar. Peligro de ahogamiento.

Salud, sentimientos y relaciones sociales: Mojarse la cabeza significa excederse con el vino y los placeres sensuales. También indica peligro de asfixia y una completa pérdida de autocontrol.

CHENG YI. — En el límite de Después de la Consumación, no hay calma, pero sí peligro. Aquí, un trazo *yin* ocupa este puesto y se sitúa en el puesto superior de la sustancia [del trigrama] que indica el peligro [*Kan*, ☵]. *Kan* representa el agua; y Después de la Consumación, también tiene un significado relacionado con el agua[21]; además el texto de este trazo indica la extrema agudeza del peligro al decir "se le moja la cabeza". El peligro es obvio; es el fin del orden establecido; dado que un hombre inferior ocupa esta posición, sólo se puede esperar decadencia y ruina.

ZHU XI. — Este trazo ocupa el último puesto, tanto de Después de la Consumación, como del trigrama del peligro [*Kan*, ☵]. Este es un suave trazo *yin* situado en el puesto más alto en la sustancia del peligro. Se considera que esto expresa la imagen simbólica de un zorro nadando a través de un arroyo y mojándose la cabeza. Si quien consulta el oráculo carece de prudencia, seguirá un camino que lo lleva al peligro.

---

20 El último rey de la dinastía Shang.

21 Como ya explicamos en una nota anterior, una traducción literal del nombre de este hexagrama, 既濟, *ji ji*, sería Después de Cruzar el Río.

64 Antes de la Consumación | *Wei Ji*

Los dos caracteres chinos que le dan nombre a este hexagrama son: *wei*: "antes, todavía no" y *ji*: "vadear un río en un lugar donde el agua está baja, completar una tarea": la tarea todavía no está cumplida.

Significados asociados
Antes de terminar la tarea, antes de la culminación, antes de cruzar el río.

El Dictamen
Antes de la Consumación.
Éxito.
Si al pequeño zorro se le moja la cola
cuando está terminando de vadear el río
nada será favorable.

> En la China antigua, cruzar un río, ya fuera vadeándolo o pasando por encima del mismo cuando este se congelaba, no era una tarea sencilla porque no había puentes. Cruzar un río era peligroso y no era nada fácil; de ahí que la referencia a "vadear el río" es una metáfora que indica que nos enfrentamos a emprendimiento de importancia, que es peligroso y no debe ser tomado a la ligera.
> En este hexagrama, el cruce del río simboliza una dificultosa transición entre el caos y el orden.
> La advertencia acerca de evitar mojarse la cola indica las dificultades de la empresa. Debemos tener un excedente de fuerza y prudencia para hacer frente a esa tarea. Si no podemos sostener el esfuerzo hasta el final, todo lo que conseguimos previamente estará en peligro.

CHENG YI. — En el tiempo de Antes de la Consumación existe una razón natural para alcanzar el éxito, además, los poderes de los trigramas ofrecen un camino para alcanzar el éxito, que reside en elegir donde situarse con cautela. El zorro puede cruzar el agua, pero si se moja la cola ya no podrá cruzar. Cuando el zorro ya es viejo, se muestra muy desconfiado y temeroso, por eso al caminar sobre el hielo escucha, temiendo que este se quiebre. Pero cuando es joven, no teme, y es incapaz actuar con prudencia, por lo que se atreve a aventurarse a cruzar. "Cuando está terminando", debe leerse como "atrevido", que indica vigor y valentía atrevida y audaz. El *Shu Jing*[1] dice: "Bravo, bravo hombre valiente." El pequeño zorro se decide a cruzar [el río], pero se le mojará la cola y no podrá hacerlo. En el tiempo de Antes de la Consumación, al buscar la manera de atravesar [el río], conviene tener la mayor prudencia, y entonces se tendrá éxito. Pero si actuamos con el temerario atrevimiento del joven zorro, seremos incapaces de remediar los peligros del momento. Si no podemos remediarlos, nada será ventajoso.

ZHU XI. — Antes de la Consumación es el tiempo en el que las cosas no están del todo ordenadas. El agua y el fuego no interactúan y no producen ningún efecto conjunto. Los seis trazos de este hexagrama no están bien situados[2], lo que indica que el cruce [del río] aún no se ha consumado. "Al pequeño zorro se le moja la cola cuando está terminando de vadear el río" indica el significado de Antes de la Consumación. Si quien consulta el oráculo está en estas condiciones, ¿qué podría resultarle ventajoso?

La Imagen
El Fuego encima del Agua:
la imagen de Antes de la Consumación.
Así el noble es cuidadoso en la discriminación de las cosas, para que cada una ocupe su lugar.

> El fuego sobre el agua no sirve para cocinar los alimentos ni para hacer nada útil porque ambas fuerzas están fuera de lugar y no interaccionan correctamente.

---

1 El *Shu Jing* (el Libro de la Historia o Libro de los Documentos), es uno de los Cinco Clásicos del canon confuciano que influyó enormemente en la historia y la cultura chinas.
2 Los puestos impares están ocupados por trazos *yin* y los pares por trazos *yang*, cuando lo correcto es que sea a la inversa.

Antes de la Consumación

Discriminar las cosas colocándolas en sus posiciones correctas significa reconocer el potencial de cada elemento; saber como ordenarlos y estructurarlos en función del objetivo buscado.

Distribuyendo las cosas en su correcta posición, se puede ordenar una situación caótica.

CHENG YI. — El agua y el fuego no interactúan, no se complementan para producir un efecto útil, por lo que se considera que los trigramas expresan el orden aún no establecido. "El Fuego encima del Agua", ésta no es la posición que le conviene. El noble contempla la imagen simbólica de algo que no está en su lugar correcto, y la aplica con circunspección; al situar las cosas y los seres, discierne lo que le conviene a cada uno de ellos, y coloca a cada uno en el lugar que le conviene, es decir, fija a cada uno en su lugar.

ZHU XI. — El agua y el fuego son cosas absolutamente diferentes y cada una ocupa su propio lugar, por eso el noble contempla los símbolos, discierne y distingue.

Al comienzo un seis (muta al hex. 38)

Se moja la cola.
Humillación.

El personaje que moja su cola es el pequeño zorro mencionado en el Dictamen. La cola mojada simboliza el fracaso y es el resultado de una acción precipitada, sin planificación y con ignorancia.

La humillación nos forzará a reconocer nuestros propios límites y nos hará dar marcha atrás, para evitar sufrir peores daños.

Trabajo: Si actuamos basándonos en suposiciones erróneas, cometeremos un error. Podemos llegar a ser degradados o nuestros planes pueden fracasar.

Vida privada: La falta de experiencia sumada a acciones negligentes nos pondrán en una situación incómoda.

Salud, sentimientos y relaciones sociales: Nuestra falta de moderación o excesiva audacia, nos harán pasar vergüenza pública.

CHENG YI. — Este trazo usa suavidad *yin* en el puesto inferior; se encuentra en peligro y se corresponde con el cuarto trazo. Al estar en peligro[3], no está satisfecho con el puesto que ocupa; al corresponderse con el cuarto trazo, sus tendencias lo llevan a ascender. Pero el primer trazo es *yin* y dócil, y el cuarto trazo, que carece de las cualidades de justicia y rectitud, es incapaz de acogerlo y ayudarlo a superar el peligro. Cuando los animales cruzan el agua, deben levantar la cola; si se moja la cola, ya no pueden cruzar. "Se moja su cola" significa que no puede cruzar. No evalúa correctamente su capacidad ni su fortaleza y sigue adelante; pero finalmente no puede atravesar el peligro; es una razón plausible de vergüenza y aprensión.

ZHU XI. — Emplea la fuerza *yin* para ocupar el puesto inferior, en presencia del comienzo de Antes de la Consumación, no puede avanzar por sí solo, de ahí la imagen simbólica y el significado adivinatorio.

Nueve en el segundo puesto (muta al hex. 35)

Frena sus ruedas.
La determinación es venturosa.

Frenar las ruedas significa contener el avance, evitar correr ciegamente hacia adelante, y avanzar con cuidado.

Determinación significa mantenernos enfocados en nuestras metas y en el cumplimiento de nuestras responsabilidades. Debemos ser cuidadosos, para evitar que la situación se nos salga de las manos.

Trabajo: Todavía tenemos que superar algunos obstáculos, meticulosamente, ocupándonos concienzudamente de todos los detalles. Con prudencia podremos progresar lentamente, pero lo haremos de manera segura.

Vida privada: No nos apresuremos; limitémonos a los métodos probados, no corramos riesgos innecesarios.

Salud, sentimientos y relaciones sociales: No dejemos que otros nos apuren, tomemos todo el tiempo que necesitemos para decidir que curso tomaremos.

CHENG YI. — En otros hexagramas, cuando un trazo *yang* ocupa el segundo puesto, se considera que ocupa una posición suave y tiene centralidad; por eso no se considera que tenga excesiva firmeza. En Antes de la Consumación, el sabio analiza cuidadosamente el significado simbólico del hexagrama para convertirlo en objeto de una advertencia y muestra claramente el camino para servir al superior con respeto y obediencia. Antes de la Consumación expresa el tiempo en que el camino del noble está lleno de dificultades. El quinto trazo, con su docilidad, ocupa la posición del príncipe, mientras que el segundo, con sus capacidades de firmeza *yang*, ocupa un

---

3 Al inicio de *Kan*, ☵, el trigrama del peligro.

lugar que indica su mutua correspondencia. La firmeza conlleva el significado de oprimir la suavidad; y el agua es el símbolo de la capacidad de extinguir el fuego. En el momento en que comienza la dificultad, el súbdito capaz, en el que se apoya el superior, debe seguir absolutamente el camino del respeto y la obediencia. Por eso el texto contiene una advertencia, al decir: "frena sus ruedas", sólo así actuará con corrección y tendrá ventura. Frenar las ruedas reduce la fuerza natural de la acción y ralentiza el movimiento hacia adelante. Esta es una advertencia sobre el uso excesivo de la firmeza. Cuando hay un exceso de firmeza, fácilmente se llega a desafiar y despreciar a los superiores y la obediencia es incompleta. Guo Ziyi y Li Sheng, en la dinastía Tang, fueron extremadamente respetuosos cuando se enfrentaron a dificultades y peligros, por lo que fueron considerados justos y pudieron asegurar su buena fortuna al final. En el momento en que el peligro aún no se ha evitado, el poder llevar el respeto y la obediencia hasta el límite, es el medio que asegura la conformidad con la centralidad y la posibilidad de garantizar y asegurar el final feliz de los acontecimientos que tienen lugar. En cuanto al quinto trazo *yin*, el texto señala su determinación, ventura y esclarecimiento, haciendo uso del bien al máximo, siguiendo camino del príncipe. En el caso del segundo trazo *yang*, recibe una advertencia relativa al respeto y la obediencia, para hacer uso al máximo de la rectitud en el camino del súbdito; juntos, estas dos textos, explican comprensivamente el camino del superior y el inferior.

ZHU XI. — Como el segundo trazo *yang* se corresponde con el quinto trazo *yin*, y como ocupa un puesto que implica dócil dulzura y posee centralidad, se considera que tiene la capacidad de contener su avance; conserva su centralidad en la inferioridad, de ahí la imagen simbólica y el significado adivinatorio.

Seis en el tercer puesto (muta al hex. 50)

Antes de la Consumación.
Marchar trae desventura.
Es favorable vadear el gran río.

> Si somos inflexibles o actuamos con osadía y agresividad todos nuestros planes fallarán.
> Asegurémonos de obtener el apoyo necesario antes de actuar y no seamos intransigentes. No vamos a lograr nada bueno usando la fuerza bruta, ni apresurándonos más de lo debido.
> Tomando todas las precauciones necesarias podremos cruzar el río, es decir lograremos progresar exitosamente.

Trabajo: Necesitamos la ayuda de otros, debemos actuar con diplomacia para alcanzar el éxito.

Vida privada: Evitemos las actitudes agresivas, es mejor que tratemos de llegar a un compromiso en lugar de confrontar frontalmente a nuestro adversario.

Salud, sentimientos y relaciones sociales: Si estamos enfermos, es importante que seamos muy cuidadosos y evitemos tratamientos agresivos que pueden causar más daño que bien. En el plano social, evitemos los conflictos.

CHENG YI. — "Antes de la Consumación. Marchar trae desventura"; esto significa que permanece en el peligro[4] y que no logra hacer nada que pueda sacarlo de él, de modo que si actúa y emprende algo, el presagio es desafortunado. Primero debe salir del peligro, sólo entonces le será posible avanzar y emprender cosas. Debido a sus capacidades de docilidad *yin*, sin centralidad ni rectitud, y porque se encuentra en peligro, el tercer trazo no es capaz de satisfacer las necesidades del momento, de restablecer el orden. Todavía no tiene una forma de remediar el estado actual de las cosas y no produce ningún efecto capaz de sacarlo del peligro, de modo que, si avanza y emprende algo, es esto lo que le lleva a un augurio desafortunado. Sin embargo, en este hexagrama existe una manera natural de remediarlo; cuando el peligro llega a su fin, hay una forma de escapar del peligro. Arriba, goza de la correspondencia con la firmeza *yang* [del sexto trazo]; si puede aventurarse a atravesar el peligro para seguir al trazo superior, todo será reparado y puesto en orden. Por eso "es favorable vadear el gran río". Sin embargo, ¿cómo podría la docilidad *yin* del tercer trazo escapar del peligro y luego seguir adelante? Hasta que llegue el momento, será incapaz de hacerlo; sus habilidades no le permiten hacerlo.

ZHU XI. — Este trazo tiene docilidad *yin*, pero carece de centralidad y rectitud. Está situado en el tiempo en que el orden aún no se ha restablecido; si emprende algo tendrá "desventura". Pero como un trazo dócil cabalgando uno firme[5], este trazo está a punto de emerger del peligro expresado por el trigrama *Kan*, ☵, la imagen simbólica de "vadear el gran río", de ahí el significado adivinatorio.

---

4 Ocupa la cima del trigrama del peligro, *Kan*, ☵.
5 El segundo trazo *yang*.

Antes de la Consumación

Nueve en el cuarto puesto (muta al hex. 4)

La determinación es venturosa.
El arrepentimiento se desvanece.
Conmoción para conquistar la Tierra del Demonio.[6]
En tres años recibirás un gran país como premio.

> El avance cuidadosamente planeado será exitoso, por eso el arrepentimiento se desvanecerá.
>
> La palabra "conmoción" indica un rápido y fuerte avance, que inspira miedo en los antagonistas que van a ser conquistados. También significa que enfrentaremos una dura y difícil lucha para poder lograr nuestros objetivos.
>
> La Tierra del Demonio indica lo que está fuera de las leyes, un factor de riesgo y de corrupción que debe ser subyugado por la fuerza.
>
> El país obtenido como premio indica que obtendremos muchos beneficios. Notemos que el pronóstico de este trazo es mucho mejor que el del tercer trazo del hexagrama anterior, donde se necesitan tres años para conquistar la Tierra del Demonio, pero no hay ninguna mención acerca de recompensa alguna.
>
> **Trabajo:** Si estamos en el ejército, participaremos en una campaña. En otros casos, nos enfrentaremos a intensos conflictos y luchas con el objetivo de ampliar nuestro negocio, pero al final tendremos éxito.
>
> **Vida privada:** Recibiremos grandes beneficios después concluir exitosamente una tarea difícil y conflictiva.
>
> **Salud, sentimientos y relaciones sociales:** La Tierra del Demonio indica los miedos internos y pasiones que debemos vencer con disciplina para lograr el autocontrol sobre nosotros mismos.

CHENG YI. — El cuarto trazo, dotado de firmeza *yang*, ocupa la situación de un ministro en un alto puesto; encima de él se encuentra un amo con centralidad y sin prejuicios[7], inteligente y dócil a los consejos. Además, él mismo sale del peligro[8]; y ha superado el centro de Antes de la Consumación. Sin las habilidades de actividad y firmeza *yang*, no es posible remediar los peligros y dificultades del mundo. Aunque este trazo es *yang*, ocupa el cuarto lugar[9], por lo que el texto advierte que "el arrepentimiento se desvanece", pero habrá ventura sólo si tiene" determinación". Sin determinación no podremos restablecer el orden, y esto llevará al arrepentimiento. La palabra "conmoción", debida al trueno[10], indica fuerza extrema. Lo que requería el máximo uso de fuerzas, entre los hombres de la antigüedad, era la destrucción de la tribu *Gui fang*[11]; además esta expresión se utiliza por tener un significado alegórico[12]. Las fuerzas que atacan un lugar lejano, durante tres años, recibirán "un gran país como premio", por su acción de restablecer el orden y remediar los peligros. La forma de regular el mundo es emplear una determinación perfecta, como se acaba de explicar. Debido a que el cuarto trazo ocupa un puesto que implica suavidad dócil, se menciona la necesidad de "determinación".

ZHU XI. — Siendo *yang*, ocupa el cuarto puesto; le falta rectitud y se arrepiente de ello. Puede ejercitar su fortaleza y habilidades; al hacerlo con determinación, "el arrepentimiento se desvanece". Sin embargo, como le falta rectitud, tiene que esforzarse, buscar alcanzar la perfección. Si no lleva su energía *yang* al extremo, si no dedica todos sus esfuerzos [a la tarea] durante mucho tiempo [tres años], no lo conseguirá. De ahí viene la imagen simbólica de atacar la Tierra del Demonio y obtener una recompensa después de tres años.

○ **Seis en el quinto puesto** (muta al hex. 6)

La determinación es venturosa.
No hay arrepentimiento.
La luz del noble es verdadera.
Ventura.

> La lucha fue ganada usando métodos duros, pero para administrar nuestros nuevos dominios, es mejor actuar con diplomacia y moderación.
>
> La gloria del noble indica sinceridad, cortesía y esclarecimiento. Al situarse en el centro de la trigrama de la luz (el trigrama superior), nada está oculto de su vista, sabe emplear a personas capaces y dignas como ayudantes sobre la base de sus méritos reales.
>
> **Trabajo:** Seremos promovidos y nuestros méritos sean ampliamente reconocidos.
>
> **Vida privada:** Nuestros deseos se cumplirán. Seremos respetados y prosperaremos.
>
> **Salud, sentimientos y relaciones sociales:** Disfrutaremos de buena salud y claridad mental.

---

6 Las palabras traducidas como "Tierra del Demonio" son *Gui fang*, su traducción literal sería "tribu *Gui*", una tribu enemiga, cuyo nombre posiblemente era usado como un término para identificar a los enemigos de los Shang y los Zhou.
7 Vacío por dentro.
8 Porque deja atrás el trigrama *Kan*, ☵, que simboliza el peligro.
9 Que es un puesto *yin*.

10 El carácter traducido como "conmoción", 震, *zhen*, se relaciona con el trigrama ☳: lo suscitativo, el trueno, que sacude la tierra.
11 Ver la nota en el texto de este trazo.
12 Es un proverbio.

CHENG YI. — El quinto trazo es el amo de la elegancia de las formas[13]. Ocupa un puesto firme y se corresponde con un trazo firme[14]. Ocupa el lugar del centro, libera su corazón de todo prejuicio[15], y es asistido por un trazo *yang*. Aunque emplea dócil gentileza para ocupar la posición preeminente, sin embargo se coloca allí con extrema rectitud y excelencia. No es insuficiente en ningún aspecto, mantiene su puesto con perfecta centralidad; por eso "no hay arrepentimiento" y hay "ventura". Dado que posee determinación y certeza, no hay advertencias. Empleando estas cualidades para remediar el desorden, no hay nada que no quede regularizado por su acción. El quinto trazo es aquel del que depende la inteligencia de la forma, por eso "la luz del noble es verdadera". Alcanza la perfección del esplendor de las virtudes del noble y su obra responde a ello y es digna de ello. Al inicio del texto dice "la determinación es venturosa", al ser dócil y gentil, y al mismo tiempo capaz de determinación, gracias a su virtud tiene "ventura". Al final del texto, el texto repite el feliz augurio, respecto del trabajo realizado[16]. Cuando se tiene esclarecimiento, con buena fe[17], es tiempo de ordenar el mundo.

ZHU XI. — Dado que es un trazo *yin* quien ocupa el quinto puesto, le falta rectitud; pero, sin embargo, es de él de quien depende la claridad de la forma; reside en el centro y se corresponde con la firmeza [el segundo trazo]. Mantiene su corazón vacío de prejuicios para buscar la ayuda de los que están debajo de él; por eso "la determinación es venturosa" y "no hay arrepentimiento". Además, tiene la perfección del brillo y del esplendor, es sincero y sin falsedad; todo ello encierra una serie de felices augurios.

Al tope un nueve (muta al hex. 40)

Se bebe vino en confianza.
Sin culpa.
Pero la confianza se perderá si moja su cabeza.

> Un nuevo tiempo está por comenzar pero la situación todavía entraña algunos peligros. Celebrar el final de un ciclo exitoso y el comienzo de una nueva etapa, no es una mala idea. Sin embargo, mojar la cabeza indica una actitud de desequilibrio y pérdida de control.
> Este trazo es una advertencia contra dejarnos intoxicar por el éxito que parece estar al alcance de la mano. Indica que no debemos bajar la guardia aunque todo parezca perfecto.
>
> **Trabajo:** Celebrar nuestros logros no es malo, pero si somos extravagantes, dañaremos nuestra reputación.
>
> **Vida privada:** Si no podemos auto-controlarnos a nosotros mismos, seremos humillados y perderemos el respeto de los demás.
>
> **Salud, sentimientos y relaciones sociales:** Mojarse la cabeza significa excederse en el vino y los placeres sensuales. En cualquier caso, indica una pérdida completa de control sobre nosotros mismos.

CHENG YI. — Este trazo *yang* emplea la firmeza para ocupar el puesto más alto, con el grado extremo de firmeza. Ocupa el puesto superior del trigrama[18] que simboliza la claridad, lo que indica el grado extremo de claridad[19] alcanzada. Dado que la firmeza también alcanza el grado extremo, pero es capaz de inteligencia, esto ya no se considera como una expresión de descontrol, sino como una indicación de agudeza de decisión. La inteligencia puede iluminar los principios; la firmeza puede determinar el deber. Ocupa el puesto extremo de Antes de la Consumación, pero esta no es una posición que le permita ayudar [a otros]. Si no está en condiciones de ayudar y no hay ninguna razón para hacerlo, entonces debería simplemente disfrutar de las bendiciones del Cielo y cumplir con su destino. Si fuera el final del hexagrama 12, El Estancamiento, se derrumbaría al modificarse el tiempo, pero en el hexagrama Antes de la Consumación, no hay razón para que las cosas lleguen a su límite extremo y se regularicen, por lo que el texto sólo indica el grado extremo del orden no establecido. Con perfecta sinceridad, estando contentos con el destino y el cumplimiento de nuestros deberes y festejándolo con alegría, será posible estar libre de culpa. Beber vino es alegrarse, disfrutar de la propia alegría. Si uno no está satisfecho con su situación, se entregará a la ira y a la pasión y caerá como un fruto maduro, es decir, se hundirá en la culpa y los augurios serán desastrosos. Si, por el contrario, uno se dedica exclusivamente al bienestar y a los placeres y se entrega a la voluptuosidad con exceso, superando todas las leyes morales, hasta el punto de que "moja su cabeza", le será

---

13 Ocupa el puesto del centro del trigrama *Li*, ☲, que simboliza la claridad, el estilo, la inteligencia.
14 Del segundo trazo.
15 Por ser hueco en el medio.
16 Notemos que el carácter 吉, *ji*, que traducimos como "ventura" y "venturosa", aparece dos veces en el texto de este trazo, repetición muy inusual.
17 El carácter traducido como "buena fe", 孚, *fu*, significa "verdad, sinceridad; inspirar confianza a otros".

18 *Li*, ☲.
19 El significado aceptado es "inteligencia".

Antes de la Consumación

imposible vivir en paz, ni estar contento con la propia situación. "En confianza" quiere decir que tiene sinceridad interior, "la confianza se perderá", indica que se pierde la noción de decoro. En este caso, la "confianza" es una desventaja. El hombre que cae en desgracia, cuando reconoce que no tiene nada que hacer o intentar y se deja llevar sin reaccionar, ¿cómo podría decir que está contento con su destino y el cumplimiento de sus deberes?

ZHU XI. — Con su firmeza y claridad ocupa el puesto extremo de Antes de la Consumación; el momento en que aún hay algo que hacer. Si tiene confianza en sí mismo y se fortalece esperando el destino; seguirá un camino que excluye la culpa. Si, por el contrario, se deja llevar sin reaccionar, como el zorro que cruza sobre el agua y moja su cabeza, esto sería un exceso de confianza en sí mismo y constituiría un abandono del deber.

Cómo Consultar al Oráculo

Se ha dicho que cada pregunta tiene su respuesta oculta en sí misma, esto significa que solo una pregunta claramente expresada obtendrá una respuesta significativa.

La misma regla se aplica a las consultas al *Libro de los Cambios*, es difícil comprender nuestros problemas cuando no entendemos con claridad cuales son y tampoco sabemos como expresarlos.

El *Libro de los Cambios* contesta a las preguntas con uno o dos hexagramas, donde los distintos trazos representan diferentes protagonistas y posibilidades que interactuarán y se presentarán a medida que la situación se desarrolle. Los hexagramas relatan una historia que es también una lección práctica y moral sobre cómo proceder en una situación dada.

El consultante debe aplicar esa historia a su situación, entendiendo qué parte le corresponde y cómo es posible influenciar en forma positiva el resultado final.

Los hexagramas también pueden verse como un mapa simbólico de las posibilidades y peligros subyacentes a la situación. Si abrimos nuestra intuición, podremos entender el mensaje. Posiblemente la respuesta no sea clara en el primer momento, pero si meditamos sobre ella con seriedad, finalmente podremos entender la respuesta del oráculo.

Las preguntas deberán ser definidas con claridad, evitando preguntar varias cosas al mismo tiempo. Si queremos elegir la mejor opción entre varias posibilidades, tendremos que preguntar por separado sobre cada una de las alternativas. Ejemplos:

¿Debería comprar la casa situada en las sierras? Esta pregunta es concisa y eso facilitará entender la respuesta.

¿Me conviene ir a París o a Madrid? Este tipo de pregunta no nos permitirá obtener una respuesta clara, porque el oráculo no podrá indicarnos a cual ciudad es conveniente ir, más bien deberíamos preguntar por una sola ciudad.

Otra forma válida de consultar al oráculo es pedirle que describa la situación, opcionalmente indicando un período de tiempo. Ejemplo:

¿Qué posibilidades tengo de formar pareja en los próximos dos años?

Para entender la respuesta necesitamos recordar bien cual fue la pregunta exacta que hicimos. Escribamos nuestra pregunta antes de iniciar su consulta, después podemos anotar la respuesta en la misma hoja. Reservar una libreta para anotar las consultas al oráculo podría ser una buena idea.

El oráculo a veces actúa como un espejo, mostrando los miedos y esperanzas del consultante. La respuesta siempre es acerca del consultante, sus miedos y expectativas y su interacción con el mundo exterior. El oráculo no va a cambiar la situación externa, ni modificar lo que sentimos pero puede ayudarnos a entender donde están nuestros puntos débiles y cuales son nuestras posibilidades de éxito, para que podamos manejar mejor la situación que nos toca vivir.

En algunas ocasiones el significado de la respuesta será claro en el primer momento, otras veces tendremos que meditar sobre el mensaje del oráculo por varios días hasta que podamos dilucidar su significado real.

Tomemos el tiempo necesario para poder entender las respuestas del oráculo. Si hacemos pregunta tras pregunta, sin pausa, sólo lograremos confundirnos más.

Obteniendo nuestra respuesta

La consulta oracular produce seis números, que sirven para dibujar uno o dos hexagramas.

Para consultar al oráculo, la mayor parte de la gente usa el método de las tres monedas, que se explica a continuación. Este libro también describe el antiguo método de los palillos de milenrama, un poco más adelante.

Algunas personas suelen seguir un ritual predefinido antes de la adivinación, como lavarse las manos, prender una varita de incienso, etc.; si preferimos hacerlo así, el ritual puede ayudarnos a concentrarnos.

Lo más importante es concentrarnos, enfocar la mente en la consulta oracular. Si nuestra mente está distraída es posible que no obtengamos una respuesta válida. En condiciones ideales, el *Libro de los Cambios* no debería ser consultado a menos que sea posible hacerlo en forma relajada, sin distracciones ni interferencias.

Consulta con tres monedas

Se dice que este método se viene utilizando desde el siglo 4 a. C.; el método de los palillos de milenrama es más antiguo, pero el método de las monedas es el procedimiento más utilizado debido a que es la forma más sencilla y rápida para obtener una respuesta oracular.

Tradicionalmente se utilizan tres monedas chinas, que tienen un agujero cuadrado en el centro, pero en la práctica cualquier tipo de monedas servirán, siempre y cuando las tres sean iguales.

Las monedas deben tirarse seis veces para obtener la respuesta, cada tirada genera un trazo del hexagrama. Los trazos se dibujan de abajo para arriba, de acuerdo a como caigan las monedas. La siguiente tabla muestra como interpretar las monedas:

Posición de las monedas	Números equivalentes	Resultado obtenido	Dibujo
Tres cruces	2 + 2 + 2 = 6	Un trazo *yin* mutante	▬✕▬
Tres caras	3 + 3 + 3 = 9	Un trazo *yang* mutante	▬O▬
2 cruces y 1 cara	2 + 2 + 3 = 7	Un trazo *yang* estático	▬▬▬
2 caras y 1 cruz	3 + 3 + 2 = 8	Un trazo *yin* estático	▬ ▬

El lado de las monedas opuesto a la cara (sol en México) tiene diferentes nombres en distintos países: cruz, seca, ceca, escudo, sello, águila.

Las caras valen 3 y las cruces 2; sumando los números de las tres monedas se puede obtener 6, 7, 8 o 9 para cada tirada. En las monedas chinas el lado que tiene más caracteres (normalmente cuatro), es cara (valor tres), y el que tiene dos caracteres es cruz (valor dos).

Los trazos partidos son *yin* y los enteros *yang*. Solo si el hexagrama dibujado tiene uno o más trazos mutantes, se generará un segundo hexagrama, con todos los trazos mutantes invertidos: *yin* se convertirá en *yang* y viceversa.

A medida que se tiran las monedas, anotemos el número de cada trazo y dibujemos a su lado el trazo correspondiente, siempre de abajo para arriba, hasta tener seis trazos.

Ejemplo:

A la izquierda dibujamos los trazos obtenidos, a la derecha (si mutan uno o más trazos) dibujaremos el segundo hexagrama, invirtiendo los trazos mutantes.

El hexagrama situado a la izquierda en la figura superior (55) es el primero que dibujaremos, de acuerdo a cómo caigan las monedas. En este ejemplo ese hexagrama tiene dos trazos mutantes: uno *yang* en la tercera posición y otro *yin* en la sexta posición.

Dibujemos el segundo hexagrama (21) tal cual el primero, pero reemplazando los trazos mutantes por sus opuestos. Si el trazo mutante es *yang* se reemplaza por un trazo *yin* y viceversa. En el ejemplo anterior los trazos mutantes en la tercera y sexta posición son reemplazados por sus contrarios.

Si no hay trazos mutantes obtendremos un solo hexagrama.

Después de dibujar el/los hexagrama/s debemos consultar la **Tabla de trigramas y hexagramas** situada el final de libro para obtener sus números.

Volviendo al ejemplo de la página anterior, donde se obtuvimos el hexagrama 55 que se convierte en el 21, debemos leer el Dictamen, la Imagen y el tercer y sexto trazo del hexagrama 55, pero solo el Dictamen y la Imagen del hexagrama 21.

En general, el hexagrama 55 es el punto de inicio de una situación que llevará al hexagrama 21, el cual describe la situación final.

Cómo interpretar el oráculo

Si obtenemos un sólo hexagrama, la situación no cambiará muy rápidamente y sólo deberíamos leer el Dictamen y la Imagen para saber cómo se desarrollarán las circunstancias y qué tipo de conducta es la más apropiada.

Si obtenemos dos hexagramas, generalmente el primer hexagrama describe la situación inmediata y el segundo su futuro desarrollo, aunque ambos pueden estar vinculados de otras formas.

El texto de los trazos mutantes sólo se leerá en el primer hexagrama, pero debemos leer el Dictamen y la Imagen de ambos hexagramas.

Cómo interpretar los trazos mutantes

Es útil aplicar algunas reglas para evitar contradicciones en las interpretaciones de las respuestas con varios trazos mutantes y así entenderlas mejor.

Si mutan entre uno y cinco trazos, deben leerse todo ellos en el primer hexagrama.

Cuando sólo muta el sexto trazo o si mutan más de 4 trazos, el énfasis se pondrá en el segundo hexagrama.

Cuando mutan varios trazos, el trazo superior es el más importante, porque define la conclusión de la situación (en el *tiempo* del primer hexagrama). Si hubiera contradicción entre este trazo y otras trazos mutantes o el Dictamen o la Imagen, tomemos el texto del trazo superior como el resultado final.

Procedimientos alternativos para interpretar los trazos mutantes

Cada trazo mutante vincula el primer hexagrama con otros hexagramas. Si mutasen varios trazos se produciría un segundo hexagrama, pero asimismo, cada uno de esos trazos mutantes puede ser cambiado –sin modificar los otros trazos– generando un hexagrama distinto para cada trazo. En esos casos, leamos solamente el texto del trazo del hexagrama vinculado. Ese texto servirá de explicación suplementaria al texto del trazo mutante original. Por ese motivo, en este libro se indica el hexagrama vinculado con cada trazo, para facilitar su consulta.

Usemos este método con prudencia, cuando sea necesario clarificar el significado de algún trazo.

Ningún trazo muta

Solo hay un hexagrama. Leamos el Dictamen y la Imagen. La situación puede evolucionar lentamente.

Sólo un trazo muta

Leamos el texto del trazo mutante en el primer hexagrama, como también el Dictamen y la Imagen de ambos hexagramas. El trazo toma precedencia sobre el Dictamen. En caso de contradicción entre este y el Dictamen, tomemos el trazo que muta como el oráculo válido.

Si el trazo mutante es el superior, en la sexta posición, el tiempo del primer hexagrama está pasando; en ese caso leamos sólo el texto del trazo mutante y el Dictamen y la Imagen del segundo hexagrama.

Dos, tres o cuatro trazos mutan

Leamos los trazos que mutan en el primer hexagrama, además de leer el Dictamen y la Imagen de ambos hexagramas.

Cinco trazos mutan

Leamos los trazos que mutan en el primer hexagrama, además de leer el Dictamen y la Imagen de ambos hexagramas. La situación descripta por el primer hexagrama va a concluir pronto.

Todos los trazos mutan

La situación descripta por el primer hexagrama va a concluir pronto, por eso el segundo hexagrama es el más importante. No leamos los trazos mutantes, sino solo el Dictamen y la Imagen de cada hexagrama.

Nota: los hexagramas 1 y 2 tienen un texto especial para leer cuando todos los trazos mutan.

Relaciones entre los trazos mutantes

Los trazos describen la evolución de la situación, desde abajo (inicio) hasta llegar al trazo superior (final), cada trazo ilustra un momento distinto de la situación –que puede ser bueno o malo– pero los trazos también describen relaciones entre distintas personas.

Las posiciones de los trazos tienen una jerarquía natural, por eso muchas veces describen relaciones entre personas de distinta posición social.

El primer trazo representa a alguien en una posición social baja, con poca experiencia, un principiante o alguien que no tiene poder. Puede indicar también una influencia o una persona que recién está entrando en la situación.

El segundo trazo simboliza a una esposa (o el cónyuge más débil), un asistente, un empleado con alguna responsabilidad, o un funcionario que está situado lejos del centro de poder. A veces es un sabio que asiste al gobernante.

El tercer trazo es un puesto de transición y puede representar un intermediario.

El cuarto trazo representa a un ministro, un funcionario ejecutivo que trabaja en una posición cercana a una figura de autoridad, como un líder, un gobernante o un rey.

El quinto trazo representa a un gerente, un gobernador, un rey, un líder o el jefe de un grupo o familia.

El sexto trazo representa a un sabio, un líder espiritual, un consejero, o alguien que se ha distanciado de la situación. Algunas veces puede representar a alguien que va demasiado lejos y que se convierte en un transgresor.

Las trazos adyacentes pueden relacionarse a través de un vínculo de solidaridad, especialmente entre trazos *yang* y *ying*.

Las trazos en los puestos 1$^{ro.}$, 2$^{do.}$ y 3$^{ro.}$ están relacionados con las trazos en los puestos 4$^{to.}$, 5$^{to.}$ y 6$^{to.}$ por una relación de correspondencia. Trazos *yang* se corresponden con trazos *yin* y viceversa.

La información dada brinda una idea general sobre la jerarquía y vinculaciones de las trazos, pero hay muchas situaciones especiales y excepciones que no podemos explicar aquí, aunque CHENG YI y ZHU XI a menudo se refieren a ellas en sus comentarios.

Los trigramas

Cada hexagrama está compuesto por dos trigramas, uno corresponde a los tres trazos inferiores y el otro a los tres trazos superiores.

La interacción de ambos trigramas determina el carácter del hexagrama. En la Imagen, esta interacción se usa como ejemplo para seguir una conducta apropiada para el tiempo de cada hexagrama.

Los trigramas están asociados a muchos significados simbólicos, que pueden enriquecer mucho la interpretación de los hexagramas.

El trigrama inferior está relacionado con el mundo interior: sentimientos, opiniones y esperanzas; y el superior con el mundo externo: la situación objetiva.

Podemos ver amplia información sobre los trigramas en **Los ocho trigramas**.

Consulta con palillos de milenrama

Los palillos o tallos de milenrama se han usado durante los últimos tres mil años como la forma tradicional de consultar al *Libro de los Cambios*.

Los palillos utilizados originalmente para la consulta oracular, eran tallos de la milenrama asiática, *Achilea mongolica;* en Europa, la especie más parecida es la milenrama europea, *Achilea millefolium*. Muchas personas utilizan palillos delgados de madera o bambú en lugar de tallos de *Achilea*.

Ignoramos el tamaño de los palillos usados en la antigüedad, pero cualquier grosor, longitud y material serán adecuados si podemos manipularlos con comodidad.

El número de palillos a usar es cincuenta. Si el número de palillos no es el indicado, no se obtendrán resultados correctos, por eso los palillos deben ser almacenados de manera segura para evitar la pérdida de cualquiera de ellos. Es recomendable guardarlos envueltos en un lienzo limpio o en un recipiente.

Notemos que las probabilidades de obtener trazos mutantes *yang* o *yin* en una consulta oracular, no son las mismas con los palillos que con las monedas.

Con las monedas, existen las mismas posibilidades de obtener trazos mutantes *yang* o *yin*, pero con los palillos, hay más posibilidades de obtener trazos mutantes *yang* que *yin*.

Al tirar las monedas hay una probabilidad de uno en ocho de obtener un trazo mutante, ya sea *yang* o *yin*, pero con los palillos hay una probabilidad en dieciséis de obtener un trazo mutante *yin* y tres probabilidades en dieciséis de conseguir un trazo mutante *yang*. Los trazos estáticos que no mutan, ya sean *yang* o *yin* tienen las mismas probabilidades de aparecer con las monedas, pero con los palillos hay más probabilidades de obtener trazos estáticos *yin* que *yang*.

En la práctica, ambos métodos oraculares funcionan igualmente bien. La principal diferencia es que el lanzamiento de las monedas es más sencillo y veloz, mientras que el uso de los palillos es más complicado –por lo menos hasta que uno se acostumbra a usarlos– y toma más tiempo.

Como usar los palillos

Desenvolvamos los 50 palillos, pero volvamos a poner uno de ellos en su envoltorio original, porque sólo usaremos 49. Repitamos seis veces los pasos indicados a continuación, para obtener los seis trazos del hexagrama –podemos llegar a obtener dos hexagramas distintos, de haber trazos mutantes–. Al dibujar un hexagrama siempre lo haremos desde abajo hacia arriba.

1. Dividamos los 49 palillos al voleo en dos montones, que colocaremos sobre la mesa, uno a nuestra izquierda y el otro a nuestra derecha.
2. Tomemos un palillo del montón de la derecha y coloquémoslo entre los dedos meñique y anular de nuestra mano izquierda.
3. Tomemos el montón de la izquierda con nuestra mano izquierda y comencemos a sacar grupos de cuatro palillos del mismo colocándolos aparte (en un montón al que llamaremos Grupo A), hasta que queden 4 o menos palillos en ese montón. Coloquemos los palitos remanentes entre los dedos medio y anular de nuestra mano izquierda.
4. Agarremos el montón que dejamos a la derecha con nuestra mano izquierda y comencemos a sacar grupos de cuatro palillos del mismo, colocándolos aparte (en el Grupo A), hasta que queden 4 o menos palillos en ese montón. Coloquemos los palitos remanentes entre los dedos medio e índice de nuestra mano izquierda.
5. Si hicimos todo bien, quedarán 9 o 5 palillos en nuestra mano izquierda: el primero que colocamos entre nuestros dedos meñique y anular mas los dos remanentes del conteo. Si hay 9 palillos anotemos un número 2, si hay 5 anotemos un 3. Tendremos que escribir tres números para cada uno de los seis trazos del hexagrama, los que luego sumará (tal como sucede con las monedas). Por ejemplo 3 + 2 + 3.
6. Apartemos los palillos que tenemos en nuestra mano izquierda (exceptuando el situado entre los dedos meñique y anular) en un montón que llamaremos Grupo B. Dividamos al voleo los palillos que quedan en el Grupo A en dos montones, que colocaremos sobre la mesa, uno a nuestra izquierda y el otro a nuestra

derecha. Repitamos los pasos del 3 al 6 hasta que hayamos escrito los 3 números necesarios para obtener el trazo que estamos calculando. La segunda y tercera vez que realicemos el proceso, obtendremos un resto de 8 o 4 palillos, anotemos 2 para el 8 y 3 para el 4.

7. Después que hayamos escrito los tres números para el trazo, juntemos todos los palillos que hay sobre la mesa (grupos A y B) y repitamos nuevamente todos los pasos previos desde el principio. El proceso terminará cuando hayamos escrito los tres números que definirán cada una de los seis trazos del hexagrama. Los números para cada trazo se escriben en renglones sucesivos, de abajo hacia arriba, como se muestra en la tabla inferior

Después de terminar nuestra consulta con los palillos, habremos escrito seis renglones con números (tal como sucede con las monedas), como muestra el siguiente ejemplo:

6to trazo	2 + 3 + 3 = 8	→ Un trazo *yin* estático	▬▬ ▬▬
5to trazo	2 + 3 + 2 = 7	→ Un trazo *yang* estático	▬▬▬▬▬
4to trazo	3 + 2 + 2 = 7	→ Un trazo *yang* estático	▬▬▬▬▬
3er trazo	3 + 3 + 3 = 9	→ Un trazo *yang* mutante	▬▬O▬▬
2do trazo	3 + 2 + 3 = 8	→ Un trazo *yin* estático	▬▬ ▬▬
1er trazo	2 + 2 + 2 = 6	→ Un trazo *yin* mutante	▬▬X▬▬

Cada número corresponde a diferentes tipo de trazo:

8 =	Un trazo *yin* estático	▬▬ ▬▬
6 =	Un trazo *yin* mutante	▬▬X▬▬
9 =	Un trazo *yang* mutante	▬▬O▬▬
7 =	Un trazo *yang* estático	▬▬▬▬▬

Los trazos partidos son *yin* y los enteros son *yang*. Si obtenemos uno o más trazos mutantes, eso generará un segundo hexagrama, que será similar al primero, pero con todos sus trazos mutantes invertidos. *Yin* se volverá *yang* y viceversa.

Ejemplo:

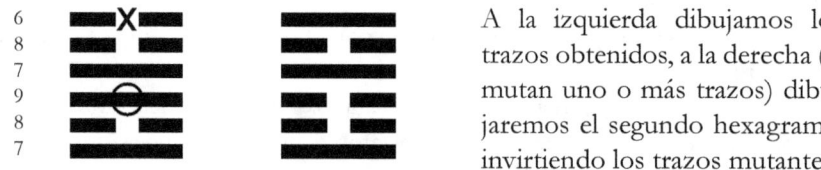

A la izquierda dibujamos los trazos obtenidos, a la derecha (si mutan uno o más trazos) dibujaremos el segundo hexagrama, invirtiendo los trazos mutantes.

El primer hexagrama (55) tiene dos trazos mutantes, uno *yang* en la tercera posición y otro *yin* en la sexta posición.

El segundo hexagrama (21) se forma copiando el dibujo del primero, pero reemplazando cualquier trazo mutante (*yang* o *ying*) por su inverso. Si el trazo mutante es *yang*, un trazo *yin* se dibujará en el mismo lugar en el segundo hexagrama, si el trazo mutante fuera *yin*, se dibujará un trazo *yang*. En este ejemplo sólo cambian los trazos tercero y sexto.

De no haber ningún trazo mutante, sólo obtendremos un hexagrama.

Los Ocho Trigramas

Cada hexagrama puede ser dividido en dos trigramas, que son grupos de tres trazos consecutivos, ya sea los tres trazos inferiores o los superiores. Sólo existen ocho trigramas, en chino *bagua*, 八卦 (*ba* significa ocho), porque sólo hay ocho formas de combinar trazos partidos y enteros en grupos de tres.

Aunque la tradición sostiene que los trigramas anteceden a los hexagramas, no hay prueba de ello y puede que hayan sido abstraídos a partir de los hexagramas en un período posterior, situado entre la creación del texto básico del *Yijing* (el *ZhouYi*, que solo comprendía el Dictamen más los textos para cada trazo) y la composición de las Diez Alas, las cuales los mencionan.

Los nombres de los ocho trigramas se refieren a los elementos naturales: *Qian* (Cielo), *Kun* (Tierra), *Zhen* (Trueno), *Kan* (Agua), *Gen* (Montaña), *Xun* (Viento o Madera), *Li,* (Fuego) y *Dui* (Lago).

Cada hexagrama está compuesto por dos trigramas, el superior o externo y el inferior o interno.

Asimismo los trazos 2, 3 y 4 y los trazos 3, 4 y 5 forman otros dos trigramas, llamados nucleares.

Es importante conocer los significados simbólicos de cada trigrama y saber cómo se relacionan entre sí para entender su relación con el significado de los hexagramas. La mayor parte de los significados expuestos a continuación proviene del Ala 8, *Shuogua*.

LO CREATIVO / EL CIELO

El Cielo simboliza la fuerza y es el principio de todas las cosas.

Trigrama relacionado: ☷, la madre.
Acción: gobierna.
Pronunciación: qian
Símbolo natural: el Cielo.
Miembro de la familia: el padre.
Parte del cuerpo: la cabeza.
Animales: un buen caballo, un caballo viejo, un caballo flaco, un caballo salvaje, un caballo pinto.
Estación: otoño.
Color: rojo profundo.
Puntos cardinales: nordeste.
Otras asociaciones: un círculo; un gobernante, un príncipe; fuerza, firmeza; movimiento vigoroso, infatigable labor; un padre; jade; metal; frío; hielo; los frutos de los árboles.

Dios combate en ☰. Significa que lo Oscuro y lo Luminoso se excitan mutuamente.

LO RECEPTIVO / LA TIERRA

☷-坤

La Tierra simboliza la docilidad y nutre a todos los seres.

Trigrama relacionado: ☰, el padre.
Acción: conserva, preserva.
Pronunciación: kun.
Símbolo natural: la tierra, entre las tierras es la tierra negra.
Miembro de la familia: la madre.
Parte del cuerpo: el vientre.
Animal: vaca y ternero, una vaquilla joven, una yegua.
Estación: verano.
Color: amarillo.
Puntos cardinales: sudoeste.

Otras asociaciones: tela; una marmita; parsimonia; un torno que gira; un carro grande; cosas abigarradas; una multitud, cantidad; una manija y un soporte; frugalidad, ahorratividad; ferviente entrega, devoción, protección, abnegación, magnanimidad, docilidad, ductilidad; el número 10.

Dios es servido en ☷.

LO SUSCITATIVO / EL TRUENO

El Trueno simboliza movimiento y velocidad.

Trigrama relacionado: ☴, la hermana mayor, porque el trueno y el viento no se obstaculizan el uno al otro sino que se excitan entre sí.
Acción: surgir, pone las cosas en movimiento.
Pronunciación: zhen.
Símbolo natural: el trueno, la madera.
Miembro de la familia: el hijo mayor, quien es decidido y vehemente.
Parte del cuerpo: los pies, porque sirven para el movimiento.
Animal: el dragón; entre los caballos, aquellos que saben relinchar bien, los que tienen patas traseras blancas, los galopadores, los que tienen una estrella sobre la frente.
Estación y hora: primavera, madrugada.
Color: amarillo oscuro; azul violáceo y amarillo.
Punto cardinal: este.
Otras asociaciones: desarrollo; una gran carretera; decisión y vehemencia; es bambú verde nuevo, junco y caña (todos estos símbolos indican movimiento y velocidad de crecimiento); entre las hortalizas significa las leguminosas; entre los productos agrícolas sugiere la idea de lo que retorna la vida después de desaparecer (bajo la superficie), de lo que al final se convierte en lo más fuerte y lo que es más lujuriante; florecimiento, expansión, el comienzo de todas las cosas nuevas; adelantarse, adelantar; lo fuerte, lo que prospera en opulencia.

Dios se manifiesta al surgir en ☳ (Dios se revela en el trueno).

LO SUAVE / EL VIENTO

El Viento simboliza penetración.

Trigrama relacionado: ☳, el hermano mayor, porque el trueno y el viento no se obstaculizan el uno al otro sino que se excitan entre sí.
Acción: dispersa (las semillas de) las cosas.
Pronunciación: xun.
Símbolo natural: el viento, la madera.
Miembro de la familia: la hija mayor.
Parte del cuerpo: los muslos; falta de pelo; frente ancha, mucho blanco en los ojos, ojos torcidos.
Animal: gallo.
Estación: primavera.
Color: blanco.
Puntos cardinales: sur-este.
Otras asociaciones: leña; una plomada; la escuadra de un carpintero; longitud; elevación, grandiosidad, refinamiento; avance y retroceso, flujo y reflujo, falta de decisión; suspiro, dulzura, suavidad; aireado; penetración; olores intensos; entre las tendencias: vehemencia, persecución celosa de la ganancia; mercaderes; trabajo; empresas; feria; exclamar, proclamar; un ciclo de diez días; finalmente, puede convertirse en el trigrama de la decisión.

Dios lleva todo a la plenitud en ☴.

LO ABISMAL / EL AGUA

El Agua simboliza lo que es escarpado y peligroso.

Trigrama relacionado: ☲ la hermana del medio, con quien no compite.
Acción: humedece.
Pronunciación: kan.
Símbolo natural: agua, nubes, río, luna.
Miembro de la familia: el hijo del medio.
Parte del cuerpo: las orejas.
Animales: cerdo; zorro; los caballos con hermosos lomos, los briosos, los que dejan caer su cabeza, los de cascos delgados y los de paso desparejo.

Estación: invierno.
Color: rojo.
Punto cardinal: norte.
Otras asociaciones: canales y acequias; escurrirse; ocultarse; emboscada; misterio; astucia; bandidos, pleito judicial, ladrones; peligro; esfuerzos; doblar para enderezar o para torcer; un arco; una rueda; referido al hombre, sugiere un aumento de la melancolía, angustia mental, pecados; dolor en los oídos, enfermedad cardíaca, es el trigrama de la sangre; carruajes defectuosos; penetración atravesante; esfuerzo; la luna; los árboles fuertes y sanos en su corazón.

Dios hace trabajar afanosamente en ☵.

LO ADHERENTE / EL FUEGO

☲ - 離

El Fuego simboliza lo que es luminoso y lo que es adherente.

Trigrama relacionado: ☲, el hermano del medio, con quien no compite.
Acción: calienta y seca.
Pronunciación: li.
Símbolo natural: el sol, el fuego del rayo.
Miembro de la familia: la hija del medio.
Parte del cuerpo: los ojos.
Animales: faisán, vaca, tortuga, cangrejo, mejillón, caracol.
Estación: verano.
Punto cardinal: sur.
Otras asociaciones: peto de cuero y yelmo; lanza y espada, armas, objetos dañinos; referido a hombres, los de gran vientre; hornear; es el trigrama de la sequedad; referido a los árboles, sugiere aquellos huecos y podridos por encima; claridad, discernimiento, percepción clara.

Dios hace que todo salga y se manifieste en ☲.

EL AQUIETAMIENTO / LA MONTAÑA

La Montaña simboliza detención.

Trigrama relacionado: ☴, la hija menor, con quien une e intercambia fuerzas.
Acción: detiene las cosas, las mantiene en su lugar.
Pronunciación: gen.
Símbolo natural: la montaña.
Miembro de la familia: el hijo menor.
Parte del cuerpo: las manos, los dedos, el dedo anular, la nariz.
Animales: perro, rata, pájaros con poderoso pico.
Estación: invierno.
Puntos cardinales: sudeste.
Otras asociaciones: una montaña, un camino secundario, una puerta; una roca pequeña; los frutos de los árboles y las plantas trepadoras; un portero o un eunuco (guardianes); entre árboles, aquellos que son fuertes, con muchas junturas; retener y sostener, reglas firmes, mantenerse quieto, descanso; fin y comienzo.

Dios completa (el trabajo del año) en ☶.

LO SERENO / EL LAGO

El Lago simboliza placer y satisfacción.

Trigrama relacionado: ☳, el hermano menor, con quien se une e intercambia fuerzas.
Acción: regocija.
Pronunciación: dui.
Símbolo natural: lago, pantano, marisma, ciénaga, charca, aguas bajas, tranquilas y profundas. El espejo de agua del lago.
Miembro de la familia: la hija más joven que esparce regocijo y alegría a su alrededor.
Parte del cuerpo: la boca y la lengua. Se relaciona no sólo con los placeres de la mesa pero también con el habla, palabras, órdenes, la risa y los besos.

Animal: la oveja, los dos trazos separados al tope son sus cuernos, la oveja es un animal del oeste (la oveja y la cabra llevan el mismo nombre y tienen las mismas connotaciones en China).

Estación y hora: mitad del otoño (tiempo de la cosecha); el atardecer.

El tiempo: nublado.

Puntos cardinales: oeste.

Otras asociaciones: una hechicera; decadencia y descarte de las cosas (en la cosecha); podredumbre y rotura; remoción de los frutos que cuelgan de las ramas; caer al suelo y estallar (como los frutos de la cosecha); romper, quebrar; metal; defensa, armas; metal; matar; tierra dura y salada; una concubina.

La estructura del trigrama indica dureza, tenacidad y obstinación interior, pero por afuera (el trazo *yin* superior) es flexible y dócil.

Dios les brinda a las criaturas placer en ☱. Pero el exceso de placer tiene sus peligros, por eso la dupla placer / destrucción es el eje de significado de este trigrama.

Glosario

Las palabras señaladas con negrita en la explicación de los términos tienen entradas en el Glosario donde se explica su significado.

Analectas: La versión escrita de una serie de charlas que Confucio impartió a sus discípulos, que fueron escritas y compiladas por estos. El título original en chino, *Lun Yu*, significa "discusiones sobre las palabras" (de Confucio).

Camino del medio: Ver **Dao**.

Centralidad: Significa seguir el camino del medio, ver **Dao**.

Cruzar (o cruzando) el Gran Río: En la antigua China, cruzar ríos, ya fuera vadeándolos o pasando sobre el río congelado, no era una tarea fácil porque había muy pocos puentes. Implicaba peligros y dificultades, por lo que cruzar el gran río significa llevar a cabo una tarea difícil.

Culpa, Sin (no hay defecto o no cometerá errores): Los caracteres chinos para este término son *wu jiu*, que se pueden traducir como "sin culpa, sin error". Este pronóstico no promete el éxito, sólo dice que no habrá culpa ni calamidades.

Dao (道): El Camino, tanto el curso adecuado de acción como el absoluto metafísico. Forma de hacer las cosas, principio, doctrina, camino, en el sentido de camino correcto, el camino del medio. En el mundo natural todas las cosas siguen el Camino, excepto el hombre, que trastorna todo por no estar en armonía con el *Dao*, o Camino. Hay tres diferentes *Daos*: del Cielo, del Hombre y de la Tierra, que conforman los tres poderes. El *Dao* del hombre, que es el que enseña el Libro de los Cambios, se refiere a los estándares éticos y morales de una persona ejemplar (el **Noble**). Pero el Camino no es estático, sino que constantemente se transforma; para poder seguir el Camino hay que entender la Ley del Cambio, que nos enseña el Libro de los Cambios. Por otra parte, debemos tener presente que el concepto de *Dao* es posterior a la composición del estrato más antiguo del libro de los cambios, ya que fue añadido en las **Diez Alas**; sin embargo es importante tenerlo presente, porque los comentarios de Cheng Yi y Zhu Xi lo emplean, cuando hacen mención al Camino (escrito con mayúscula inicial). "El *Yin* y el *Yang* se llaman el Camino" (El Gran Tratado, 大傳, *Da zhuan*).

Determinación: El carácter chino traducido como "determinación", 貞, *zhen*, significa "perseverancia, determinación (con el doble sentido de decisión y acción firme y continuada), constancia, compromiso, lealtad, devoción, prueba". Este carácter es el más frecuente y uno de los más importantes para entender el significado del Libro de los Cambios. Originalmente 貞 era el término que definía el acto de adivinación, un augurio, la resolución de las dudas (de esa forma "es propicia la determinación" podría traducirse como "augurio favorable"). Wilhelm lo traduce como "perseverancia", pero "determinación" puede aplicarse de ambas formas, tanto para indicar una acción perseverante, firme y continuada, como para referirse a la acción y efecto de decidir algo, determinar qué cosa hacer, como cuando se consulta al oráculo.

Dictamen, El: Se trata de un texto (llamado *Guaci*) que explica el significado del hexagrama y del cual se toma el título del hexagrama, generalmente usando el primer carácter del mismo, aunque algunos hexagramas toman los dos primeros caracteres del Dictamen como título.

Diez Alas: Las Diez Alas son diez anexos añadidos al **Zhouyi** varios siglos después de su aparición. Provienen de varias fuentes; algunas de ellas son de la escuela confuciana, pero no se cree que sean un trabajo directo de la mano de Confucio. Probablemente las *Diez Alas* fueron compuestas entre el 200 a. C. y el 200 d. C., durante la dinastía Han. La única parte de las *Diez Alas* incluida en esta traducción es La Imagen (*Daxiang*).

Diez Troncos Celestiales: Los *Diez Troncos Celestiales* (天干, *tiangan*) son un sistema chino de números ordinales que aparecieron por primera vez durante la dinastía **Shang**, ca. 1250 a. C., como los nombres de los diez días de la semana. También se utilizaron en el período ritual de la dinastía **Shang** como nombres de miembros muertos de la familia, a los que se ofrecían sacrificios en el día correspondiente de la semana. Los troncos celestiales se utilizaban en combinación con las *Ramas Terrenales*, un ciclo similar de doce días, para producir un ciclo de sesenta días.

Fluctuación De Hexagramas (*gua bian* 卦變): Transformación que resulta de la transposición de líneas de un hexagrama a otro, aunque también puede referirse a la inversión (giro de 180 grados) de los hexagramas, y otras transformaciones. La fluctuación que Zhu Xi analiza principalmente es aquella en la que el hexagrama original y el resultante tienen el mismo número de líneas *yin* y *yang*, que se han transpuesto de un hexagrama otro.

Gran Tratado, El, 大傳, *Da zhuan*, es parte de las **Diez Alas**.

Hexagrama: Es un símbolo gráfico (*Gua*), un dibujo compuesto por seis trazos paralelos, combinando trazos enteros y partidos (exceptuando los dos primeros hexagramas que sólo tienen trazos enteros o partidos). Hay 64 hexagramas diferentes. Cada hexagrama también incluye textos como El Dictamen (*Guaci*), comentarios para cada línea, y en ocasiones otras secciones de las **Diez Alas**, como La Imagen (*Daxiang*). Es común el uso de la palabra hexagrama para referirse no sólo al dibujo, sino a todos los textos relacionados. Lo más probable es que los hexagramas precedan al **Zhouyi**. No se sabe si fueron creados mediante la combinación de diferentes trigramas o si los trigramas fueron abstraídos de los mismos.

I Ching: Ver **Yijing**.

Imagen, La: La Imagen (*Daxiang*) proviene de las **Diez Alas**.

Lluvia: en el Libro de los Cambios, siempre que se menciona la lluvia, significa que *yin* y *yang* se unen, y como resultado, se relaja la tensión.

Noble: Los caracteres chinos traducidos como noble son 君子, *jun zi* y originalmente designaban a los descendientes de los príncipes y la aristocracia menor. Con el tiempo, se añadieron otros significados a esa palabra:
- Una persona de carácter noble o principios elevados.
- Una palabra honorífica usada por las mujeres para referirse a su marido.
- La filosofía confuciana añadió el concepto de "hombre superior", el *jun zi*, como un paradigma del hombre perfecto que todos los confucianos toman como modelo.

En muchas traducciones del *Libro de los Cambios*, *jun zi* se traduce como "hombre superior", siguiendo la filosofía confuciana, pero la palabra "noble" es más incluyente, ya que abarca tanto el significado original de *jun zi*, como significados tales como "altos principios" y "hombre superior", que fueron agregados más tarde.

Nordeste: En el *Yijing* el Nordeste indica el avance, el lugar donde uno se presenta ante su señor, donde no cuentan los afectos privados, sino el cumplimiento del deber. El Nordeste es una región *yang*, mientras que el **Sudoeste** es una región *yin*.

Préstamo: Se utiliza el término "préstamo" o "préstamo fonético" como una referencia a un carácter chino que sustituye a otro carácter porque tiene un sonido similar.

Regente: El regente gobernante, usualmente está situado en un puesto central, es decir el 2º o el 5º puesto, aunque puede situarse en otras posiciones; además, algunos hexagramas tienen dos regentes gobernantes. En cuanto al regente constituyente (marcado con un cuadrado: □), es el trazo que representa mejor el significado esencial del hexagrama. En la mayor parte de los hexagramas, el mismo trazo es tanto regente gobernante como constituyente, siendo marcado con un círculo (○); pero no es extraño que dos diferentes trazos sean regentes constituyente y gobernante. Para determinar qué trazos son regentes, nos atenemos al sistema de *LiGuangDi,* que se considera el más completo.

Qi: Fuerza material vital. Se trata de un concepto que describe a la vez materia y energía. Es el fluido universal, activo como el *Yang* y pasivo como el *Yin*, a partir del cual todas las cosas se condensan y en el que se disuelven. Es una fuerza vital que forma parte de cualquier entidad viva. Literalmente significa "vapor", "aire" o "aliento". El *qi* es un concepto fundamental en la medicina tradicional y en las artes marciales chinas. El sistema para cultivar y equilibrar el *qi* se denomina *qigong*.

Glosario

Rey: El rey es un líder que controla un territorio y gobierna al pueblo. Puede simbolizar a cualquier persona que es una autoridad en su propio dominio (como un gerente, el jefe de una familia o un gobernante). Por lo general, el quinto trazo del hexagrama es el rey o regente del mismo, porque esa posición es el puesto del rey, pero ocasionalmente un trazo diferente puede ser el regente.

Rey Wen: ver **Wen, rey**.

Shang: La dinastía **Shang** gobernó desde el siglo 17 a. C. hasta el siglo 11 a. C. Fue seguida por la dinastía **Zhou**, que la depuso.

Shijing: Es el Libro de las odas, que proviene de la misma época que el **ZhouYi**; varias imágenes y palabras poéticas son comunes a ambos libros.

Sudoeste: El Sudoeste significa retroceder y el nordeste indica el avance, porque la dinastía **Zhou** se originó en la zona situada al sudoeste de la ciudad capital de los **Shang**. Asimismo, el sur está asociado con el trabajo comunitario y el verano y el norte con la presentación de informes al amo y el invierno oscuro y frío. El ir al sur también indica la vuelta a la vida normal y evitar problemas y peligros. El Sudoeste es una región *yin*.

Tao: Ver **Dao** (**Tao** es la antigua forma de romanizar el carácter 道, según el método Wade-Giles; actualmente se emplea PinYin para la transcripción fonética de los caracteres chinos al alfabeto latino, que romaniza 道 como **Dao**).

Templo: El templo simboliza un proyecto compartido o una idea que convoca a la gente a su alrededor.

Trigrama: Consulte **Los Ocho Trigramas**.

Vergüenza (humillación o arrepentimiento): Se refiere tanto a una situación objetiva externa como a los sentimientos subjetivos involucrados en ella. Otros significados asociados son "angustia, dolor, tristeza".

Wen, Rey: El rey Wen fue el fundador de la dinastía **Zhou**, alrededor del año 1000 a. C., en la Edad de Bronce china. Según la tradición, fue el autor de el **Zhouyi**. La dinastía **Zhou** sustituyó a la dinastía **Shang**.

Yang y Yin: En el **Yijing**, con su filosofía de cambio y transformación de los opuestos, existe el germen de las ideas que conducen a la doctrina del *Yin-Yang*, varios siglos más tarde. Tenga en cuenta que sólo el carácter chino para *Yin* aparece en el **Zhouyi**. En este libro, usualmente usamos los términos *Yin* y *Yang* para indicar los dos diferentes tipos de trazos en los hexagramas: quebrados (que son *Yin*) y enteros (que son *Yang*). *Yang* se asocia a atributos tales como: masculino, activo, luz, caliente y duro y *Yin* con los atributos opuestos: femenino, pasivo, oscuro, frío y suave. Son principios interconectados, que siempre se alternan constantemente en el flujo del cambio, *Yang* se transforma en *Yin* y viceversa. Las fuerzas *Yin* y *Yang* están presentes en cada persona, creciendo y menguando armónicamente.

Yijing: Ver **Zhouyi**.

Zhou: La dinastía **Zhou** gobernó desde alrededor 1000 a. C. hasta 221 a. C. Sustituyó a la dinastía **Shang**. Ver **Wen, Rey**.

Zhouyi: El libro de los cambios originalmente era conocido como **Zhouyi** (El cambio de los **Zhou**). La tradición nos dice que el rey **Wen** escribió el texto que acompaña a cada hexagrama: "El dictamen" y que su hijo, el duque Dan, añadió textos explicativos para cada línea de los hexagramas. Los textos debido a rey **Wen** y su hijo fueron conocidos en su época —la Edad de Bronce en China— como **Zhouyi**, siendo **Zhou** el nombre de la dinastía iniciada por el rey **Wen**. Después que se le añadieron las **Diez Alas**, el **Zhouyi** fue llamado **Yijing** (Libro o Clásico de los Cambios).

Indice

Introducción 5

LOS 64 HEXAGRAMAS

1. Lo Creativo | *Qian* 9
2. Lo Receptivo | *Kun* 17
3. La Dificultad Inicial | *Zhun* 24
4. La Necedad Juvenil / Ceguera | *Meng* 30
5. La Espera | *Xu* 36
6. El Conflicto / El Pleito | *Song* 41
7. El Ejército | *Shi* 47
8. La Solidaridad | *Bi* 53
9. La Fuerza Domesticadora de lo Pequeño | *Xiao Chu* 60
10. Pisar / El Comportamiento | *Lu* 67
11. La Prosperidad | *Tai* 72
12. El Estancamiento / La Decadencia | *Pi* 79
13. La Comunidad con los Hombres | *Tong Ren* ... 84
14. La Posesión de lo Grande | *Da You* 90
15. La Modestia | *Qian* 95
16. La Satisfacción | *Yu* 100
17. El Seguimiento | *Sui* 106
18. El Trabajo en lo Echado a Perder / Corrupción | *Gu* 112
19. El Liderazgo | *Lin* 118
20. La Contemplación | *Guan* 123
21. La Mordedura Tajante | *Shi He* 129
22. La Elegancia / Decoración | *Bi* 135
23. La Desintegración | *Bo* 141
24. El Retorno | *Fu* 146
25. Sin Expectaciones / Sin Defecto / Espontaneidad | *Wu Wang* 152
26. La Fuerza Domesticadora de lo Grande / Gran Acumulación | *Da Chu* 158
27. La Alimentación / Las Mandíbulas | *Yi* 165
28. El Exceso de lo Grande / Sobrecarga | *Da Guo* 172
29. Lo Abismal / El Agua | *Xi Kan* 178
30. Lo Adherente / El Fuego | *Li* 184
31. El Influjo / El Cortejo | *Xian* 190
32. La Duración | *Heng* 196
33. La Retirada | *Dun* 201
34. El Poder de lo Grande | *Da Zhuang* 206
35. El Progreso | *Jin* 212
36. El Oscurecimiento de la Luz | *Ming Yi* 218
37. La Familia | *Jia Ren* 225
38. El Antagonismo | *Kui* 231
39. El Impedimento | *Jian* 238
40. La Liberación | *Jie* 244
41. La Merma | *Sun* 250
42. El Aumento | *Yi* 256
43. La Resolución | *Guai* 262
44. El Ir al Encuentro | *Gou* 268
45. La Reunión | *Cui* 274
46. La Subida | *Sheng* 281
47. La Opresión | *Kun* 286

48 El Pozo | *Jing* … … … … … … … … … … 293	**61** La Verdad Interior | *Zhong Fu* … … … 370
49 La Revolución | *Ge* … … … … … … … … 299	**62** El Exceso de lo Pequeño | *Xiao Guo* … 376
50 El Caldero | *Ding* … … … … … … … … … 306	**63** Después de la Consumación | *Ji Ji* … … 382
51 Lo Suscitativo / La Conmoción | *Zhen* … 312	**64** Antes de la Consumación | *Wei Ji* … … 388
52 El Aquietamiento / La Montaña | *Gen* … 319	
53 Avance Gradual | *Jian* … … … … … … … 324	
54 La Muchacha que se Casa | *Gui Mei* … 331	Cómo Consultar al Oráculo … … … … … … 395
55 La Abundancia / La Plenitud | *Feng* … 337	Consulta con tres monedas … … … … 396
56 El Andariego | *Lu* … … … … … … … … … 344	Consulta con palillos de milenrama … … 399
57 Lo Suave / Lo Penetrante / El Viento | *Xun* … 349	Los Ocho Trigramas … … … … … … … … … 401
58 Lo Alegre / El Lago | *Dui* … … … … … 354	Glosario … … … … … … … … … … … … … 405
59 La Dispersión | *Huan* … … … … … … … 359	Tabla de Trigramas y Hexagramas … … … 411
60 La Restricción | *Jie* … … … … … … … … 365	

Tabla de Trigramas y Hexagramas

Superior ▶ Inferior ▼	Quian ☰	Zhen ☳	Kan ☵	Gen ☶	Kun ☷	Xun ☴	Li ☲	Dui ☱
Quian ☰	1	34	5	26	11	9	14	43
Zhen ☳	25	51	3	27	24	42	21	17
Kan ☵	6	40	29	4	7	59	64	47
Gen ☶	33	62	39	52	15	53	56	31
Kun ☷	12	16	8	23	2	20	35	45
Xun ☴	44	32	48	18	46	57	50	28
Li ☲	13	55	63	22	36	37	30	49
Dui ☱	10	54	60	41	19	61	38	58

Cada hexagrama está compuesto por dos trigramas, uno situado encima del otro. El inferior está formado por los tres trazos inferiores y el superior por los tres trazos superiores.

La tabla de esta página muestra los números de hexagrama para todas las combinaciones posibles de los ocho trigramas.

Si disfrutó de este libro, posiblemente también le interese el libro cuya tapa mostramos abajo.

La *Matriz de significados del Libro de los Cambios* supera las limitaciones de las traducciones convencionales del *YiJing*, permitiendo al lector un vistazo al texto chino subyacente, para que pueda armar sus propias lecturas y comprender mejor el mensaje original.

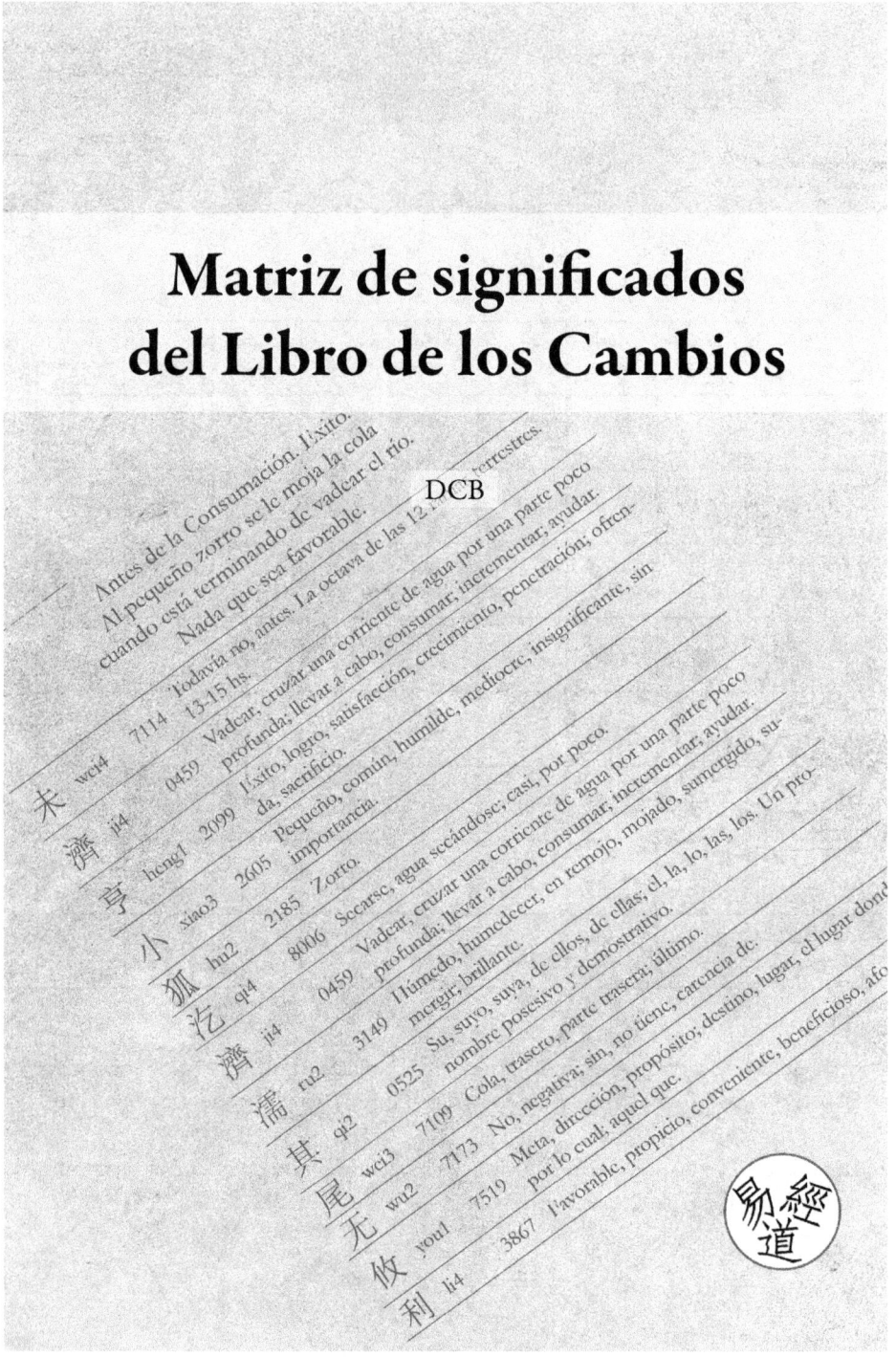

Este libro puede encontrarse en Amazon.com y otras tiendas de Internet.

www.ingramcontent.com/pod-product-compliance
Lightning Source LLC
Chambersburg PA
CBHW080321080526
44585CB00021B/2428